ARMIN STROHMEYR

JANKE
oder
Die Reise
zum Nil

Roman

für Hans

Inhalt

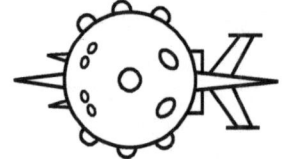

JANKE
oder Die Reise zum Nil

Ich war ein Stümper! Nicht einmal einen richtigen Knoten konnte ich knüpfen. Warum zum Teufel bekam man das in der Schule nie beigebracht? Man wurde vollgetrichtert mit Infinitesimalrechnung und Photosynthese, mit Investiturstreit und unregelmäßigen lateinischen Verben – aber nichts wurde einem vermittelt, was man im Leben hätte ernsthaft gebrauchen können. Und wenn schon nicht im Leben, dann zumindest im Sterben. Nichts!

Ich stand auf drei leeren Bierkästen, die ich aufeinandergestapelt hatte, und mühte mich, einen Knoten in das Seil zu knüpfen, das ich über die provisorische Wasserleitung geworfen hatte. Das Rohr zog sich quer durch den offenen Rohbau. Es roch nach feuchtem Mörtel und Beton, nach Ziegelsteinen und Silikon. Ich glaubte auch abgestandenen Männerschweiß wahrzunehmen, und es stank säuerlich nach den Bierresten in den Flaschen, die in den Fensterlaibungen abgestellt waren. Es zog. Eine Flasche ging zu Boden und zerbrach. Ich drohte das Gleichgewicht zu verlieren und sprang von den Bierkästen hinunter. Glasscherben knirschten unter meinen Schuhen. Die Feuchtigkeit des Rohbaus drang durch die dünnen Ledersohlen. Es war unklug gewesen, die guten Budapester Schuhe anzuziehen. Aber meine Nokia-Gummistiefel lagen bei Cordula in Berlin. Ich besaß tatsächlich noch Nokia-Gummistiefel, die ich mal im Urlaub in Finnland in einem Krämerladen gekauft hatte, während der Ladenbesitzer gelangweilt auf seinem Nokia-Handy herumgetippt und wahrscheinlich die Börsenkurse abgerufen hatte, um zu sehen, ob er wieder einen satten Tagesgewinn mit Nokia-Aktien gemacht hatte. Das war in den Goldenen Neunzigern gewesen, kurz vor dem Börsenkrach, dem ersten von mehreren. Und so, wie ich es inzwischen aufgegeben hatte, die Crashs an der Börse zu zählen, hatte ich mich auch an die Debakel in meinem Leben gewöhnt. Glaubte ich zumindest. Bis zu jenem feuchtheißen Junitag, an dem Cordula mir am Telefon schnippisch mitgeteilt hatte, sie habe ein Verhältnis mit Kevin Lauridsen (ausgerechnet mit diesem pomadisierten Shooter!) und beabsichtige, das Kind auszutragen; sie fühle einen »genuinen Hang zur Mütterlichkeit«, und so sei es ihr egal, von wem das Kind stamme, von Lauridsen oder von mir, Tim Feldtmann, dem »Grövaz«, oder ihretwegen auch vom Heiligen Geist.

Ich hatte in dieser Baracke in Wermsdorf gestanden, die wir von der *Urbanitas* uns mit den Bauleuten teilen mussten, und im Augenwinkel gesehen, wie der Bauleiter und der Polier ungeniert gegrinst hatten. Ich war noch so blöde gewesen, ins Telefon hinein zu fragen, was dieser abgeschmackte Vergleich mit Hitler solle, dem »größten Feldherrn aller Zeiten«. Daraufhin hatte Cordula gemeint, das schreibe sich mit »Vögelvau«, für den »größten Versager aller Zeiten«. Dann hatte ich ein Klicken in der Leitung gehört, und der Bauleiter hatte in die Stille hinein gefragt, ob ich ein Bier wolle, entgegen den Regeln auf der Baustelle, aber das sei jetzt vielleicht nötig und überhaupt, »das flenst«. Mir war eher zum Flennen zumute. Ich hatte nur »muss pinkeln« gemurmelt, war hinausgegangen, am Dixiklo vorbei und hinter den Verhau aus alten Ölfässern, die hier lagerten, und verholztem Buschwerk, das demnächst vom Bagger beiseitegeschoben würde.

Daran musste ich jetzt denken, während das Wasser durch die dünnen Sohlen meiner Budapester Schuhe drang, die Glasscherben knirschten und ich in der zugigen Luft des Rohbaus stand. Ich befand mich in der sächsischen Provinz, am Ortsrand von Wermsdorf, schaute aus dem Mauerloch, das einmal ein Fenster werden sollte, atmete den beißenden Geruch von Zement, starrte auf die Unlandschaft, auf Brachgestrüpp und halbfertige, scheußliche Eigenheime, die etwas unsäglich Trauriges hatten. Ich hatte all das satt, wollte mich nicht mehr einbinden lassen in »Produktionsabläufe«, die einem als Leben verkauft wurden, ein Leben, in dem man sogar zu unselbständig war, einen richtigen Knoten zu knüpfen, wenn man sich erhängen wollte.

Ich rüttelte die Bierkästen zurecht, damit sie sicher standen, dann stieg ich hinauf und mühte mich erneut mit dem Seil ab. Mir fiel zunächst nur ein Schnürsenkelknoten ein, und als ich probeweise daran zog, ging er auf. Ich fluchte. Draußen gingen ein paar Leute vorbei, Behinderte, die nebenan in der Anstalt wohnten.

Das hier war erst der Beginn eines Riesenprojekts. Vorgeplänkel: Umbau und Luxussanierung ehemaliger Kavaliersgebäude. Die eigentliche Herausforderung kam erst noch: Wenige Hundert Meter von hier stand ein altes Schloss, Hubertusburg, ein riesiger barocker Kasten. Früher mal ein Lust- und Jagdschloss von irgendwelchen sächsischen Kurfürsten, später eine Heilanstalt, so nannte man das zu DDR-Zeiten. Heute sprach man wohl von einer *psychiatrischen Klinik samt integrativer Wohneinrichtung für Menschen mit eingeschränkter kognitiver Leistung.* Cordula jedenfalls hatte das so genannt, als wir in der Strandbar Mitte waren und über das neue Projekt gesprochen hatten und sie mir den zu kurzen Strohhalm in meiner Flasche mit der Berliner Weiße, Waldmeistergeschmack, versenkt hatte. »Zur Strafe«, hatte sie gesagt. Und auf meinen fragenden Blick hin: »Weil man als erwachsener Mann nicht so grüne Glibberlimo trinkt.«

Ich stand mit dem Seil in den Händen da und blickte hinaus auf die Bewohner, die wohl vom Einkaufen kamen, jedenfalls trugen sie Taschen und Einkaufsnetze. Sie unterhielten sich laut und wieherten, ein Dicker schubste eine hagere Frau, die sich aber nicht wehrte und nur ängstlich darauf bedacht war, ihre Netze nicht fallen zu lassen.

Ich war schon ein paar Mal im Schloss gewesen. Auch so eine krude Idee dieses Lauridsen, dieses Babyface. Zwei Flügel der Schlossanlage waren zum Verkauf gestanden, in den gängigen Immobilienzeitschriften und den Internetauftritten hatten wir das gelesen – und sogleich wieder vergessen. Andere Projektgesellschaften und Architekturbüros offensichtlich genauso. Denn wer wollte schon neben einer Heilanstalt leben?

Aber dann war Babyface Kevin Lauridsen gekommen. Nomen est Omen, wie der Lateiner sagt. Wer Kevin heißt, muss ja süß und unschuldig aussehen. Kommt gut an bei den Frauen, sogar Cordula ist auf ihn reingefallen. Lauridsen also, mit seinem pomadisierten Seitenscheitel, hatte von Schloss Hubertusburg gelesen und das in die Teambesprechung eingebracht: Schloss Wiesenburg im Fläming sei doch auch gut gelaufen, und man könne so etwas Ähnliches nun in Sachsen wiederholen.

Aber Wiesenburg, hatte ich gemeint, sei vollständig geräumt gewesen, während in Hubertusburg nur zwei Gebäudeflügel veräußert würden. Außerdem sei das zu abgelegen, in der Provinz.

Aber *was* für eine Provinz, hatte Lauridsen erwidert, unweit von Leipzig, das boome! Und außerdem seien die Räumlichkeiten in Hubertusburg, so wie es scheine, viel großzügiger. Da könne man wirklich architektonisch gestalten, und nicht wie in Wiesenburg nur raumplanerisch verwalten.

Das Gespräch war noch eine Weile so weitergegangen, und schließlich hatte Lauridsen bei der Abstimmung doch die Mehrheit auf seine Seite gezogen: Cordula und Robert, und vor allem Jens-Peter, unseren Chef, den wir eigentlich immer »Jotpe« nennen. Damit war die Sache zunächst mal angenommen, und Lauridsen hatte gleich Hubertusburg kontaktiert. Die Kavaliersgebäude, wo früher die Hofbediensteten wohnten, hatten wir ohne Umstände bekommen, diese Bauten wollte eh keiner mehr haben. Abbruchreif. Aber das Schloss war das Filetstück – hatten wir gedacht. Das war noch in der Anfangseuphorie, als die meisten von uns geglaubt hatten, das sei eine Goldgrube und werde mal eine schicke Lifestyle-Residenz. Bald darauf hatten wir ein großes Baugruppenprojekt an Land gezogen, in Berlin-Weißensee. Früher ein verschlafener Kiez, total *jottwede*, wie der Berliner sagt. Janz weit draußen. Aber inzwischen eine angesagte Gegend, Wohnen im Grünen, zwischen Seen und Tümpeln, Parks und Friedhöfen. Und plötzlich war Hubertusburg ein Klotz am Bein der Firma gewesen. Und der schnieke Lauridsen, Babyface, hatte nun lieber im feinen Berlin bleiben und Vermittlungsgespräche mit gut verdienenden, stets entspannten, Coffee to go schlürfenden Mittelstandsfamilien führen wollen, als in der sächsischen Provinz den ganzen Verhandlungskram zu übernehmen mit Anstaltsleitung und Bürgermeister vor Ort und irgendwelchen Gemeinde- und Landräten von den Linken, die in unserem Projekt das auferstandene Kapitalismusgespenst gewittert hatten.

Also war mir dieses Himmelfahrtskommando aufgehalst worden, und ans Aufhalsen musste ich jetzt denken, als ich mit diesem verdammten Knoten kämpfte, damit ich mir endlich die Schlinge um den Nacken legen konnte.

Das Grüppchen aus Hubertusburg war inzwischen hinter einem Holundergebüsch verschwunden, das direkt vor dem Rohbau wucherte. Im steilen Blickwinkel konnte ich es nicht weiterverfolgen. Die Sonne, die den ganzen Vormittag über gestochen hatte, war nun von dunstigem Gewölk verdeckt, das sich an den Rändern blau färbte. Es roch nach Gewitter. Ich überlegte, wie es wäre, wenn Sturm und Regen durch die offenen Fensterhöhlen hereinpeitschten. Mein Sakko wäre ruiniert, und die guten Budapester Schuhe würden durchweichen. Ich ließ den Strick sinken und schaute unschlüssig auf die Brachlandschaft hinaus. Die Vögel hatten zu singen aufgehört, nur zwei, drei Schwalben flogen kreuzweise über das Gelände, wobei ihre Flügel das gelbe Grasgestrüpp beinahe streiften.

Das Gewölk zog immer näher, bäumte sich auf, wurde gelb wie Schwefel. Erneut warf ich das Seil über das Wasserrohr und zog beide Enden an. Mein Blick fiel auf die Aktentasche. Darin waren diese absurden Zeichnungen aus Hubertusburg, die Chefarzt Dr. Stavenhagen mir in Kopie überlassen hatte. Weltraumraketen, atombetriebene Flugzeuge und anderes Zeug. Skurrilitäten eines wohl wirren Hirns. Und natürlich – weit wichtiger – die Grundrisse der Gebäudeflügel, die wir zu kaufen beabsichtigten und die in »individuell zugeschnittene Domains«, wie unser Internetauftritt großspurig versprach, aufgeteilt werden sollten.

Ich hatte durchaus Mühe in das Projekt gelegt, und obwohl es mir zum Halse heraushing, war ich irgendwie auch stolz darauf. Jotpe hatte ein Recht auf die Unterlagen und Pläne. Immerhin hatte er schon viel Geld investiert. Und Kevin Lauridsen, dieser Himbeerbubi, sollte nach meiner Himmelfahrt sehen, welches Potenzial das Projekt barg. Und schließlich Cordula: Sie konnte ruhig wissen, dass ich nicht der vollkommene Loser war, für den sie mich hielt.

Ich stieg von den Bierkästen herab, schnappte meine Aktentasche und stellte sie auf die Behälter. Die Papiere sollten, wenn es in den Rohbau regnete und sich Pfützen auf dem Betonboden bildeten, nicht nass werden. Ich stieg wieder hinauf und klemmte die Tasche zwischen die Fußknöchel. Dann wandte ich mich den Seilenden zu. Ich musste zwei Knoten knüpfen, das war mir klar: einen, um das Seil am Rohr zu befestigen, den anderen für die Schlinge. Ich wurstelte herum, drehte und knüpfte an dem Strick. Irgendwann hatte ich einen Knoten beisammen, der imposant aussah und – ich zog mit beiden Händen daran – auch zu halten schien. Freilich war diese obere Schlinge am Wasserrohr sehr groß geraten. Sie schlenkerte merkwürdig in der Luft. Ich musste das Seil bis zur Halsschlinge kurz genug nehmen, sonst würde ich – wenn ich mich von den Bierkästen abstieß – mit den Füßen auf dem Boden landen. So ein Missgeschick durfte ich mir nicht erlauben. Am Ende würde ich ohnmächtig, man fände mich hier, nur in die Bewusstlosigkeit gedrosselt, und der ganze Knalleffekt, das ganze »Euch zeig ich's!« wäre für die Katz'! Lauridsen, der gescheitelte Warmduscher, würde sich scheckiglachen, und Cordula hätte mit ihrer Einschätzung, ich sei ein heilloser Stümper, irgendwie noch recht. Ich versuchte also, die zweite Schlinge nahe der ersten zu platzieren. Irgendwie gelang es mir auch, obgleich es bescheuert aussah, weil ein ziemlich langes Stück Seil von dieser Schlinge bis zum Boden hinab hing. Aber ich durfte die Frage der Selbstentleibung nicht ästhetisieren. Ich prüfte die zweite Schlinge: Auch sie schien zu halten. Zur Sicherheit schlang ich das freie Ende nochmals um den Knoten.

Ich war so weit: Ich legte mir die Schlinge um den Hals. Dann stand ich da. Mit einem Mal erschien mir der Freitod nicht mehr so einfach zu sein, die Argumente für und wider tanzten in meinem Kopf. Das Denken würde rasch ein Ende haben, raunte eine verführerische Stimme in mir, sobald ich mich von den Bierkästen abgestoßen hätte und frei in der Luft baumelte. Dann würde ich Farben und Sterne sehen, Gesänge hören, frei durch den Äther fliegen. So jedenfalls hatte ich es mir in den Tagen zuvor zurechtgelegt. Aber noch zögerte ich, die Hand am Knoten ...

Draußen hatte sich der Himmel verfinstert. Die Farbe der Wolken war in ein Blauschwarz geronnen. Heftiger Wind kam auf, ich hörte die Bäume rauschen. Dann ein scharfer Blitz, der für Bruchteile von Sekunden den Himmel unwirklich ausleuchtete. Gleich darauf ein kurzer, harter Donner, eigentlich nur ein lautes Knallen, als hätte jemand mit einer großen Eisenstange auf ein Ölfass gehauen. Ich erschrak, ließ von dem Knoten los, kippte ein wenig nach hinten, die Bierkästen schwankten. Um auszugleichen, stieß ich mich nach vorne, verlor das Gleichgewicht, die Kästen rutschten unter mir weg. Ich sackte nach unten. Für einen winzigen Augenblick, der sich in meinem Gehirn zu einem schier endlosen freien Fall dehnte, hing ich in der Luft ... Dann ein stechender Schmerz an der Kehle, das Seil spannte sich, ich griff mit beiden Händen an den Knoten, der verdammt gut hielt. Ich wollte um Hilfe schreien, doch eine riesige Faust hatte mich am Hals gepackt und drückte zu. Ich schrie und schrie, und konnte doch meinen eigenen Hilferuf nicht hören. Panisches Röcheln, ein wenig Spucke spritzte, es drehte mich in der Luft, die dunkle Gewitterfront rauschte an meinem Blick vorüber, es drehte mich zur Seitenwand, zur Rückwand, ich starrte auf rote Ziegelmauern, die sich vor mir auftaten, mich einzusaugen schienen, in eine Höhle, von der es Feuer und Wasser gleichzeitig prasselte ...

Als ich zu mir kam, wusste ich zunächst nicht, wo ich war. Ich griff mir an die Kehle. Die Schlinge saß ziemlich fest, aber ich bohrte den Zeigefinger zwischen Strick und Hals und konnte sie ein wenig lösen. Mit Wonne hörte ich mein eigenes Krächzen. Ich lebte also, mein Kehlkopf war nicht zerdrückt. Gierig sog ich die nach Regen riechende Luft ein. Ich war klatschnass, es pladderte auf mich herab. War das der Gewitterregen?

Mühsam drehte ich mich um, das Seil straffte sich. Panisch riss ich daran. Hart schlug etwas neben mir auf, traf mich am Fußknöchel. Ich schrie auf, griff nach dem Gelenk, ertastete etwas Glattes, Kaltes. Erst jetzt begriff ich, dass ein Eisenrohr mich beinahe erschlagen hätte. Ich wälzte mich aus dem Strahl, blinzelte bibbernd zur Decke: Ein Stück des Rohrs, an dem ich mich hatte erhängen wollen, hatte sich gelöst und war herabgebrochen. Unaufhörlich prasselte das eiskalte Wasser in den Raum. Ich lag in einer Pfütze. Ich wollte aufstehen, aber der Schmerz im Fußgelenk tobte. Mühsam robbte ich über den Betonboden, riss mir an einem Draht den Unterarm auf. Das Seil um meinen Hals zog sich wieder zu. Ich riss daran, endlich gelang es mir, die Schlinge zu weiten und den Kopf herauszuziehen. Erschöpft, durchnässt, frierend, mit Schmerzen in Fuß und Unterarm, sank ich zurück, lag auf dem Rücken, starrte zur Betondecke hinauf. Glücklich. Ich war glücklich.

Meine Finger bekamen etwas Glattes, Weiches zu fassen. Es war meine Aktentasche. Die Schnalle löste sich, die Deckklappe ging auf, Papiere fielen heraus. Ich blickte zur Seite, sah die Grundrisse von Hubertusburg und die seltsamen Konstruktionspläne dieses Verrückten in einer Pfütze liegen. Ich griff danach, meine Hand patschte ins eiskalte Wasser.

»He, was machst denn du da?«, hörte ich eine dunkle Stimme hinter mir sagen.

Und eine zweite, brüchige, setzte kreischend hinzu: »Der hat da etwas runtergerissen!«

Ich wandte den Kopf, blickte auf Füße in Sandalen, mit weißen Tennissocken. Neben den haarigen, fleischigen Beinen baumelten Einkaufsnetze. Jemand beugte sich zu mir herab. Runder Schädel, Knopfaugen, Glatze. »Warum hast du beim Schwimmen keine Badehose an?«

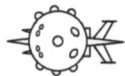

Warum ließ man ihn nicht in Frieden? War es zu viel verlangt, dass man ihn in Ruhe ließ, in seiner Denkwerkstatt?

Liebe Menschheit, ich arbeite nicht für mich, sondern zu eurem Wohl. Ich bin kein Idiot, ich bin ein normal schaffender Mann mit höherer Schule. Ich bin der erste unseres Volkes, der alles für die Raumfahrt fertig stellt. Und sagt dann: Rechtschön danke – das hast du uns geschenkt. Karl Hans Janke.

Janke blickte von seinen Konstruktionsplänen auf. Es ging ihm heute nicht gut von der Hand. Seine Finger zitterten. Eine Folge des morgendlichen Kohlenschleppens, vom Bunker hinauf in die Schlafsäle der Insassen. Er sog den Geruch der Farbe ein. Erst in der Woche zuvor war der Flur gestrichen worden. Braune Ölfarbe, zähflüssig, schimmernd. Knapp bis zur halben Höhe der Wand. Wenn Janke sich auf die Zehenspitzen stellte, berührte sein Scheitel gerade noch die Oberkante der Farbschicht. Sein imaginierter Scheitel. Seit seiner Jugend trug er das Haar nach hinten gekämmt, die Geheimratsecken waren in den letzten Jahren, der Notzeit nach dem Krieg, größer geworden, der Scheitel war auf der Kalotte nach hinten gewandert. Janke hatte sich gestern an die Wand gestellt, um sich die Kabinenhöhe für sein Trajekt vorzustellen. Dabei hatte er übersehen, dass die Farbe an einigen Stellen noch feucht war. Nun starrten auf den Schulterteilen des

Sakkos zwei braune Flecken. Das ärgerte ihn. Er würde das Sakko zur Kleiderkammer bringen und die Wäschefrau um Gallseife bitten. An einer reinlichen Erscheinung war ihm gelegen. Schließlich war er nicht als Patient in *dieser Stelle*, diesem Hubertusburg. Man hielt ihn hier fest. Ein Unding, eine Böswilligkeit, im besten Falle ein Missverständnis. Andererseits wollte er der Leitung der Anstalt keinen Anlass geben, ihn für unwillig und daher krank einzustufen. Aber eines Tages müssten sie alle diesen Fehler einsehen, würden ihn, Janke, um Entschuldigung bitten, ihn nach draußen lassen, damit er der Menschheit seine Erfindungen bringen könnte. Bis dahin hieß es sich bescheiden und das schlechte Spiel mitspielen. Freilich war es ihm wichtig, seine Aura zu verteidigen, seine Würde, die Würde eines anständigen Mannes mit technischem Verstand. Einmal hatte er diesem aufdringlichen Menschen, der sich Direktor nannte, der sein Unverständnis über die Trajekte und Sonnenfahrzeuge geäußert hatte, frei heraus ins Gesicht gesagt: *Entschuldigen Sie, das glaube ich nicht. Auf technischer Basis ist es vielleicht denkbar, weil Sie nicht so informiert sind über technische Sachen. Wer technisch informiert ist, findet sich da rein.*

Janke betrachtete die schwarzen Ränder seiner Fingernägel. Auch das kam vom Kohlenschleppen, trotz der Arbeitshandschuhe, die er trug. Als Einziger. Auf Handschuhe hatte er bestanden. Schließlich wollte er nicht die Pratzen eines Arbeiters haben – und nun waren die Nagelränder doch schwarz geworden. Er würde auch das in Ordnung bringen, mit Seife und einer Bürste sauber schrubben.

Janke trat zurück an seinen Tisch, den die Leitung der *Stelle* ihm eingeräumt hatte. Es war ein solider Tisch, die Platte etwa eins sechzig mal eins sechzig, groß genug, um Konstruktionspläne darauf auszubreiten. Ein kariertes Wachstuch war darübergelegt, das konnte man abwischen, wenn er mit Farben arbeitete. Davor ein einfacher Holzstuhl. Das war ihm recht. Bequemlichkeit verabscheute er. Bequemlichkeit machte Körper und Geist lax. Vor ihm die Wand mit der braunen Ölfarbe. Einen etwas freundlicheren Ausblick hätte er sich schon gewünscht. Er hätte den Tisch zum Fenster schieben können, ans Ende des langen Flurs, in dem sein Konstruktionsbüro untergebracht war. Aber das hätte ihm wohl Ärger mit der Leitung *dieser Stelle* eingehandelt, und das wollte er vermeiden, das kostete nur Schaffenskraft. Sich auf das Wesentliche konzentrieren, auf die *Trajekte* und *Terrae Venussae*, auf die Triebwerke des Fabrikats *Germania*. In der Konzentration versank alles andere ins Unwesentliche, und er, Janke, wurde fühllos den Gemeinheiten und Widrigkeiten dieser Welt gegenüber, die er mit den Kindern des *Sonnenlands* bald hinter sich ließe.

Er betrachtete seine jüngsten Zeichnungen und Pläne, Querschnitte und Aufrisse. Hinter seinem Rücken trappelten Insassen *dieser Stelle*, Janke spürte ihre Blicke. Er ließ sie gewähren, solange sie ihn nicht ansprachen. Er hatte sich das strikt verbeten, war ein oder zwei Mal auch laut geworden. Er mochte die Menschen nicht sehr, die meisten waren ihm fremd. Aber er fühlte sich der Menschheit verbunden in seiner Idee, sie mithilfe seiner *Trajekte* in die neue Dimension des *Sonnenlandes* zu lotsen.

Janke nahm das oberste Blatt zur Hand. Er zeichnete gern auf großen Formaten, DIN A3 oder A2. Die erhielt er von der Direktion freilich nur selten. Papiermangel, hieß es. Janke schien das eine faule Ausrede zu sein. Nicht im zwölften Jahr seit dem Ende des großen Krieges! Er wusste, dass in der sozialistischen Republik nicht alles zum Besten stand, daran waren die Kriegstreiber aus dem kapitalistischen Westen schuld. Aber das eine oder andere Ries Papier müsste doch aufzutreiben sein, noch dazu in national wichtiger Sache! Also klebte Janke kleinere Blätter zusammen, sofern Klebstoff nicht auch defizitär war. Und notfalls konstruierte er auch auf kleinen Formaten, in seiner gestochenen Schrift, seiner akkuraten Zeichenstiftführung. Das freilich ging an die optischen Grenzen: Ohne Lupe war das kaum zu entziffern.

Janke knipste die Schreibtischlampe an. Bereits früh kroch die Dämmerung in den Flur. Er beugte sich über das Blatt, einen gespitzten Bleistift zwischen Daumen und Zeigefinger der linken Hand geklemmt. Das rechte Auge zusammengekniffen, um die Feinheiten des Strichs besser sehen zu können, kontrollierte Janke, was er in den letzten Tagen zu Papier gebracht hatte. Hin und wieder ergänzte er noch etwas an der feinen grauen Schraffur, zog einen Umriss nach. Mit Wohlwollen betrachtete er das Blatt: Elegant hob sich das *Weltall-Fahrzeug D-001*, das *Deutsche Raum-Trajekt Venusland*, vom Untergrund des weißen Papiers ab, es schien bereits zu fliegen. Der Korpus hatte die angenehme Rundung einer Frau. Janke musste an seine Mama denken, an ihren schönen Bauch, ihre fülligen Brüste. Er hatte als Junge manchmal durch das Schlüsselloch zur Waschküche gespäht, wenn seine Mutter am Samstagabend den großen Bottich mit dampfend heißem Wasser aus dem Kessel gefüllt, sich ausgezogen und mit wohligem Seufzen in das Schaff niedergelassen hatte.

Versonnen drehte Janke den Bleistift zwischen den Fingern, legte ihn dann aus der Hand und griff zu Rotstift und Lineal. Penibel ging er die Erklärungen und Kommentare auf dem Blatt durch, die er kalligrafisch in schwarzer Tusche verfasst hatte. Hin und wieder unterstrich er säuberlich etwas in roter Farbe, was ihm zum Verständnis für die Begutachter besonders wichtig erschien.

Dieses ist keine Rakete, las er murmelnd, *sondern ein durch Edelgas getragenes Raumschiff.*

Er griff zum gelben Stift und unterlegte die Worte: *Die beheizbaren Edelgas-(Helium-Xantom)Kessel tragen das Schiff zur Sonne empor!*

Dann, das war bereits mit schwarzer Tusche unterstrichen, las er: *1200–2000 Klm/Std.*

Die Erläuterung am linken Rand war eigentlich verständlich genug, selbst für Laien, entschied Janke. Ihm gefiel die gleichermaßen prägnante wie poetische Umschreibung: *Mit Höhenstrahlungssicherer Raum-Kabine im ›Kopfteil‹ der Atom-Magnetischen Schiffsanlage und Kontraktor der Raum-Strahlungs-Elektrizität!*

Dann zog er in roter Farbe eine Linie unter die Worte: *Vertikaler Start! Vertikale Landung! Bei Horizontallage des Schiffes! Stillstand in der Luft u. Wenden ›über Ort‹ durch Spreizklappen, Hubdüsen u. Strahlruder!*

Er kramte in der Ablage für die Stifte, fand einen graublauen und unterstrich: *Ohne schädliche radioaktive Abdämpfe od. Staub!*

Dann wandte er sich den Erläuterungen am unteren Rand des Blattes zu. Links neben einem Trajektflügel mit Hubdüse stand in Tinte: *Inneneinrichtung siehe beiliegende Konstruktions-Zeichnung: Der Antrieb u. die Steuerung der ›Venusland‹ erfolgt durch Trommelanker-Turbinen u. Strahl-Hitzewerfer in Verbindung mit ›Blenden‹, ›Hubdüsen‹ u. ›Strahlrudern‹ im luftverdünnten Weltraum; (auf den Spiralnebel-Ringstraßen des Sonnen-Systems!). Die Flächen sind keine ›Tragflächen‹, sondern nur Auffang- u. Ausgleich-Flächen im Luftraum! Der Start erfolgt mit angeheizten Kesseln, geöffneten ›Hubdüsen‹ u. angezogenen Strahlrudern! Bei laufenden Turbinen!*

»Na, Janke, wieder fleißig?«

Janke wandte sich nicht um. Das war die Stimme des Direktors dieser Stelle, der sich leutselig gab. Janke reagierte darauf grundsätzlich nicht. Er wurde hier gegen seinen Willen festgehalten und fühlte sich nicht verpflichtet, mit Laien, denen der Sachverstand fehlte oder – weit schlimmer! – die sich ihres rudimentären Verstands aus Trägheit nicht bedienen wollten, gemein zu werden. Lediglich für das Bürokratische – denn Ordnung musste sein – war dieser Mensch gut zu haben. Die Nachwelt wollte schließlich einmal alles nachvollziehen können, die Chronologie der Erfindungen wollte genau dokumentiert sein, und schließlich war es ihm, Janke, wichtig, dass seine Blätter als die seinen amtlich abgezeichnet waren, damit es später nicht zum Plagiat kam. Wernher von Braun hatte ihn damals in Peenemünde oft genug davor gewarnt, von den Plänen etwas nach draußen dringen zu lassen. Neid und geistiger Diebstahl lägen nahe beieinander und in der menschlichen Natur.

Jankes Blick wanderte zum rechten unteren Rand. Hier zog er mit Tuschfeder und Lineal feine Striche unter die ersten drei Zeilen: *Das erste, voll-atom-elektrisch betriebene Fahrzeug des Sonnenraumes mit der Hochspannungs-Anlage des ›Deutschen Atoms‹!*

Darunter stand in kleinerer Schrift: Raum-Trajekt: »Venusland«.

Janke war stolz auf diesen Einfall. Venusland! Das implizierte die Utopie von einer prächtigen, friedlichen, schönen Zukunft! Es war das Gegenteil zur V1 und V2, Hitlers »Wunderwaffen«, an denen Wernher von Braun und seine Leute damals gebaut hatten – sehr zu Jankes Missfallen, wie er sich zu erinnern glaubte.

Ja, die »Venusland«, das Werk von fast dreißig Jahren Tüftelei und harter Arbeit, war ihm gelungen! Sie würde funktionieren, sie würde ins All fliegen, zu fernen Sonnensystemen, und den Menschen neue Räume erschließen, zur Besiedelung und friedlichen Nutzung.

Eine Klingel schrillte und rief zum Abendessen. Janke tauchte eine feine Tintenfeder ins Glas und schrieb in Schreibschrift unter die Zeichnung:

Beeidige, in allen technischen Teilen eigene Idee: 1928–1937 (Außenschale DRP, Berlin) – 1952/3. Dez. (Atom) – 20. Okt. 1954 (Antrieb) – 1957.

Kolberg/Pommern Ostseebad, Domstraße 1, Karl Hans (Joachim) Janke, Großenhain, Sachsen / Hubertusburg-Wermsdorf.

»Janke, mach Feierabend! Das Essen steht auf dem Tisch.«

Das war wieder der Direktor *dieser Stelle*. Wer hatte ihm erlaubt, ihn, Janke, zu duzen? Janke wollte sich auf dieses Niveau nicht begeben. Er wandte sich um, hielt dem Direktor die Tuschfeder hin und sagte: »Haben Sie die Freundlichkeit, hier unter ›Gesehen‹ abzuzeichnen? Und einen Stempel bitte. Ordnung muss sein!«

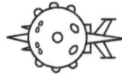

Ich schloss mich in mein Zimmer in dieser schauderhaften Pension in Wermsdorf ein, rief, obwohl mir das Sprechen schwerfiel, Jotpe in Berlin an und röchelte etwas von »Halsentzündung mit Fieber« in den Hörer.

»Kein Problem«, meinte Jotpe am Telefon, »solange die Birne noch dran ist.« Hatten die Bewohner der Anstaltsleitung etwas verraten und die wiederum bei der *Urbanitas* gepetzt? »Aber«, schob Jotpe nach, »da die Birne noch dran ist, kannst du ja die Umbaupläne und Unterlagen studieren. Es sind hier bereits erste Interessenten für das Schloss aufgetaucht, sie haben ihre Kontaktdaten hinterlassen und den Fragebogen ausgefüllt. Ich maile dir das zu.«

Dann legte Jotpe auf. Einfach so. Kein Gruß, kein Wunsch der Besserung, nichts. Auch kein Wort über Cordula oder diesen Lauridsen, aber vielleicht war das auch besser so. Wusste Jotpe denn überhaupt von der Geschichte? Ich war mir nicht sicher. Eigentlich gehörte es ja in den Bereich des Privatlebens; andererseits waren wir in der Firma alle per Du und pflegten ein »amerikanisches« Kollegenklima, mit gemeinsamem abendlichen Ausgehen und dergleichen.

Ich setzte mich auf das verratzte Sofa, das in dem Zimmer stand. Ein Modell noch aus DDR-Zeiten. Mistbraun, abgewetzter Cord. Schaumstoff, der an der Seite, wo eine Naht aufgeplatzt war, herausbröselte. Alles weich und durchgelegen, nur der Unterbau, wohl aus giftiger Spanplatte, schien stabil zu sein. Das Ding stand auf vier Kugelfüßen, konnte gerollt werden. Metallimitat. Ein Fuß war abgeknickt, wodurch das Sofa nach links hing, was mir nur entgegenkam, weil ich unwillkürlich nach hinten rutschte und mich dort unter einer Decke einigelte.

»Ich bin der Welt abhandengekommen.« Dieser Vers Friedrich Rückerts aus einem Mahler-Lied ging mir durch den Kopf, und so sollte es wohl sein, und so wollte ich es, es war mir recht. Sie sollte mich gefälligst in Frieden lassen, die schnöde, blöde Welt, mit ihrem Bruttosozialprodukteifer und ihrem Beziehungsquatsch.

Im winzigen Gefrierfach meines Zimmerkühlschranks hatte ich mir Eiswürfel gemacht, die ich nun in ein Taschentuch wickelte und an den Hals presste, dort, wo sich ein Striemen abzeichnete. Es brannte, nicht nur der Striemen auf der Haut, sondern die ganze Kehle, die Luftröhre, die Speiseröhre. Zunächst hatte ich die Absicht gehabt, zum Arzt zu gehen, aber ich fürchtete Scherereien. Man konnte sich heutzutage ja nicht einmal mehr frei das Leben nehmen, ohne in Querelen zu geraten!

Als ich hinunter- und vorging zur Straßenecke, wo »Sabine's Würstchentreff« stand – mit falschem Apostroph –, um mir etwas zu essen zu holen, hatte ich vorsorglich einen Rollkragenpullover übergezogen, damit keiner den Striemen sah und fragte. Natürlich guckten die Leute bei der Würstchenbude komisch. »Ey Mann, friert's dich oder biste in die Wechseljahre?« Ich hustete nur, flüsterte meinen Wunsch – Flüstern tat nicht so weh – und beachtete den Blödisten nicht weiter.

Zurück in der Pension, in meinem schäbigen Zimmer, goss ich mir einen Nescafé auf und setzte mich an den kleinen, wackeligen Tisch vor dem Fenster. Der Blick ging hinaus auf einen Garagenhof. Draußen feilte und bohrte der spillerige achtzehnjährige Sohn der Pensionswirtin gerade an seinem Moped herum. Das ging schon seit Tagen so und mir gehörig auf die Nerven. Zwischendurch heulte der Motor auf, und ich wünschte mir, der Liter Benzin würde zehn Euro kosten, damit der Bengel endlich auf vernünftige Gedanken käme. Krachend warf ich das Fenster zu. Der Typ, Sunny hieß er, in gelben Flip-Flops und Soccerpants, die am Bund so tief nach unten hingen, dass man die Gesäßritze ahnte, wandte sich um und schnitt eine Grimasse. Ich zog ebenfalls eine Fratze und kehrte an den Tisch zurück, schlürfte die braune Brühe und starrte auf die Unterlagen.

Pläne und Flyer-Entwürfe für das Hubertusburg-Projekt. Das sollte alles nochmals korrigiert werden, der Text musste schmissiger sein. Die Werbeagentur *Kaisergold*, mit der die *Urbanitas* zusammenarbeitete, wartete darauf. Jotpe hatte angemahnt, ich solle mich dahinterklemmen. Verzweifelt hielt ich mich am Kaffeebecher fest und stierte auf das Hochglanzlayout, eine Broschüre von acht Seiten, im schicken Querformat, mit bunten, computergenerierten Ansichten: Schloss Hubertusburg in strahlendem Weiß unter einem unwirklich blauen Himmel, die Anlage von kugelförmig geschnittenen Buchsbäumchen umgeben; eine Lindenallee führte auf das Hauptportal des Schlosses zu, auf der Straße ein paar Mittelklasselimousinen; im Vordergrund, auf der grünen Wiese vor dem Schloss, lagerte eine junge Familie – Vater, Mutter, zwei Kinder – auf Decken und machte Picknick. Alles strahlte, leuchtete, lachte.

Die Darstellung war absolut daneben. Irreal. Wie aus einem Hollywood-Film. Die Werbelyriker von *Kaisergold* (welch bescheidener Name!) hatten sich nicht einmal die Mühe gemacht, Hubertusburg anzusehen. Ein paar Fotos, die wir zur Verfügung gestellt hatten, ein bisschen Internetrecherche, der Rest war Imagination und Inspiration. »We do at your best!« war der Leitspruch – »our philosophy« – des Start-up-Unternehmens.

Gelähmt starrte ich auf die Entwürfe. Wo nur sollte ich anfangen? Jotpe meinte, es genüge, ein paar Formulierungen zu ändern, etliche Kommas einzufügen (die Jungs und Girlies bei *Kaisergold* kannten keine Satzzeichen). Aber damit war es nicht getan. Alles war Mist, überzogen, fauler Zauber. Ich schämte mich, so etwas den Kunden anzubieten. »Snowwhite – your residence is your castle«, so betitelten die das. Jotpe fand das in Ordnung. Damit sollten auch Anleger aus Amerika geködert werden. Gerade die Menschen jenseits des Großen Teichs fuhren ja ab auf Heidelberg und Neuschwanstein, hatten so etwas selbst nicht. Warum also nicht Hubertusburg? Schloss Hubertusburg. »Snowwhite Castle«.

Hubertusburg war nicht weiß. Es war dunkelgrau. DDR-grau. Freilich, man würde es frisch verputzen und neu streichen, nicht nur die von uns reservierten Flügel, sondern auch den Rest, die Heilanstalt. Das war mit der Leitung schon vereinbart. Gelder würden vom Freistaat Sachsen und von der EU fließen, aus irgendwelchen Förderprogrammen. Auch müssten die Käufer der Snowwhite-Wohnungen einen gewissen Betrag in einen Fonds zahlen, der wiederum zur Sanierung des gesamten Komplexes einschließlich der Außenanlagen verwendet würde. Aber all das machte aus einer psychiatrischen Klinik und einer angeschlossenen Behinderteneinrichtung noch lange keine Wohlfühloase. Wenn es nach mir gegangen wäre, hätte ich von dem Bauvorhaben gelassen, aber dieser verdammte Schnösel Lauridsen ...

Das Handy klingelte. Im Reflex ging ich ran, obwohl ich kaum sprechen konnte. Es war Cordula. Ich zuckte zusammen.

»Wie weit bist du mit der Überarbeitung dieser furchtbaren *Katzengold*-Entwürfe?«

Ich krächzte etwas ins Telefon, weniger wegen der Halsschmerzen als vielmehr aus Überraschung.

»Ich brauche das bis morgen, oder besser noch heute.« Cordula war schlecht gelaunt.

»Heute?«, krächzte ich.

»Ja, Tim, heute! Hier stehen die ersten Interessenten auf der Matte, und wir haben nur unsere Grundrisse zum Zeigen. Das turnt die Leute nicht eben an. Wir brauchen ansprechendes Material. Und der *Katzengold* ...«

»*Kaisergold*«, verbesserte ich.

»– der *Katzengold*-Mist muss mit deiner Überarbeitung ja erst noch zurück in die Agentur und dann in die Druckerei. Also korrigiere es, baue es meinetwegen um, scanne es, schicke es her, mach hinne!«

Die letzten Worte hatte sie wie Befehle geschossen. Ich glaubte im Hintergrund Lauridsens mieses Lachen zu hören. Dann klickte es in der Verbindung. Cordula hatte aufgelegt. Ohne Gruß, ohne Frage nach meinem Ergehen, ohne Erklärung, wie es denn jetzt weitergehen solle, mit uns beiden, mit dem Kind.

Ich fegte die *Kaisergold*-Unterlagen beiseite. Darunter kam holziges, vergilbtes, welliges, an den Rändern eingerissenes, teilweise gefaltetes und mit Eselsohren geknicktes Papier zutage. Ich nahm eines der Blätter, roch daran, sah vor meinem inneren Auge einen Dachboden, in dem die Sommerhitze hockte, der Staub tanzte, die Dachbalken vor Trockenheit knackten, Salpeter an den Innenseiten der alten Dachziegel ausblühte. Ich faltete das Blatt auseinander, versenkte mich in die feine Konstruktionszeichnung, in die seltsamen Randnotizen und Erklärungen, die mit sicherer kalligrafischer Hand ausgeführt waren. Ich las die eigenartigen Bezeichnungen der Maschinen und Objekte: »Weltall-Fahrzeug D-001, Raum-Trajekt *Venusland*«. Auch auf zwei weiteren Blättern war das raketenähnliche Flugzeug gezeichnet und erklärt, in

Quer- und Längsschnitten, in Seiten-, Front- und Heckansicht. Dr. Stavenhagen von der Anstalt Hubertusburg hatte mir die Blätter überlassen, als ich ihm die vorläufigen Pläne der *Urbanitas* für die zum Verkauf stehenden Gebäudeflügel vorgestellt hatte.

»Das ist eine Dreingabe für Sie, Herr Feldtmann«, hatte der Chefarzt, ein Zwei-Meter-Hüne mit Glatzkopf und Dreitagebart, kryptisch gemurmelt. Ich hatte ihn fragend angesehen, und Stavenhagen hatte lapidar gemeint: »Von einem unserer Patienten, er starb kurz vor der Wende. Wir fanden auf dem Dachboden mehrere Kisten, voll mit Zeichnungen, Briefen, zudem Krankenakten. Nach so langer Zeit vernichten wir Unterlagen gewöhnlich, aber das hier«, er hatte mit seiner riesigen, fleischigen Hand auf das gelbe Papier geschlagen, »ist so schön gezeichnet, dass es mir leidtäte. Also einstweilen lassen wir das in unserem Besitz. Aber der Dachboden muss ja geräumt werden. Schauen Sie sich das doch mal an, vielleicht haben ja Sie eine Idee, was man damit machen könnte.«

Draußen heulte das Moped des Halbstarken auf. Ich glaubte noch durchs geschlossene Fenster die Abgase zu riechen. Sollte ich hinuntergehen und den Typen zusammenstauchen? Doch das Weltraumfahrzeug schlug mich in den Bann. Ich schloss die Augen. Das Aufheulen des Motors verwandelte sich jetzt in den Feuerstoß der Trajekt-Triebwerke. Ich sah, wie die Flammen aus dem Antrieb fauchten, spürte, wie die verbrannte Erde zitterte und mit einem ohrenbetäubenden Knall das Trajekt in den Himmel schoss und nach wenigen Sekunden sich im Blau der Stratosphäre verlor. Nur der Schall, langsamer als das Himmelsgeschoss, blieb noch eine Weile knatternd in der Luft hängen.

Die Sonne kam hinter einer Wolke hervor und stach mir ins Gesicht. Ich stand auf, wollte den Vorhang zuziehen. Draußen knatterte noch immer Sunnys Moped. Wütend riss ich einen Fensterflügel auf, wollte etwas hinausbrüllen. Da sah ich, dass der halbstarke Grünschnabel, der auf seiner fahrbaren Untertasse im Hof seine Kreise zog, nicht allein auf dem Sattel saß. Hinter ihm, eng an ihn geschmiegt, beide Arme um seine Hüften gelegt, hockte eine junge Frau, blond, das Haar zu einem Pferdeschwanz zusammengebunden. Sie war ein paar Jahre älter als Sunny, und als das Moped nun frontal und provokativ direkt vor meinem Fenster quietschend bremste, erkannte ich die junge Krankenschwester aus der Anstalt Hubertusburg, die bei der Besprechung mit dem Chefarzt einmal kurz hereingekommen war und Kaffee gebracht hatte. Stavenhagen hatte sie brummend als »Schwester Sivi, unser hübschestes Detail« vorgestellt, und ich hatte mich noch gefragt, ob »Sivi« wohl eine Abkürzung von »Sylvia« sei, da hatte Sivi bereits die beiden Kaffeetassen so unwirsch auf den Tisch geknallt, dass ein paar Tropfen auf eine der Zeichnungen dieses seltsamen Typen gespritzt waren, direkt auf die spitze Schnauze des Trajekts *Venusland*. Stavenhagen hatte seltsamerweise nicht protestiert, sondern Sivi nur schmachtend angesehen, und sie hatte, bevor sie das Büro verließ, sich nochmals umgedreht, mir hinter Stavenhagens Rücken frech ins Gesicht gegrinst und dann blitzschnell ihre rosa Zungenspitze herausgestreckt – ob mir oder dem Chefarzt, weiß ich nicht.

Sivi ließ jetzt Sunnys Hüften los, die durch die herabgerutschten Soccers aufreizend nackt waren, stieg ab, trat noch drei Schritte näher unter mein Fenster, unterbrach für einen Augenblick ihre Kaugummi wälzenden Kieferbewegungen und rief zu mir hoch: »Na, was glotzt du denn so? Noch nie ein frisiertes Moped gesehen? Nie jung gewesen?« Noch bevor mir eine Antwort einfiel, stieg sie wieder auf die Maschine, umfasste den jungen Burschen, der frech grinste, und warf mir die Worte zu: »Wir fahren zum Baden, an den Baggersee, hinter dem Ortsausgang links. Wenn du magst, kannst du ja nachkommen. Ohne Schal schwimmt es sich übrigens besser.«

Sie drehten auf dem knatternden, stinkenden Ding eine Ehrenrunde und rasten dann zum Hof hinaus, auf die Straße. Ich starrte ihnen nach, mit wohl ziemlich blödem Gesichtsausdruck, bis sie hinter einer Biegung verschwanden.

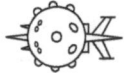

Janke goss Kaffee in einen emaillierten Blechbecher. Seine Hand zitterte, ein paar Tropfen fielen auf eine Konstruktionszeichnung, die auf der Arbeitsplatte ausgebreitet lag, knapp neben die Buchstaben *EMW C2*. Das Wort *Wasserfall* wurde hingegen getroffen, zerlief, wurde zu dem, was es aussagte. Janke nestelte in seinem Hosensack, fand ein zerknülltes Taschentuch und wischte über den *Wasserfall*. Der stürzte nun noch weiter nach unten, braune Schlieren zogen sich über die feinen Bleistiftlinien der Zeichnung, die den Aufriss einer Raketenspitze zeigte. *Tupfen, nicht wischen!* mahnte eine Stimme in Jankes Kopf, aber da war es bereits zu spät. Rasch legte er ein Blatt Löschpapier auf die Konstruktionszeichnung und darauf noch ein schweres Lineal aus Metall. Der Chef *dieser Stelle* durfte das nicht entdecken. Jankes Hände zitterten nun beide, er setzte den Becher auf dem Löschpapier ab, ein brauner, halbkreisförmiger Rand zerfaserte auf dem groben Rupfen.

Janke kreuzte die Arme vor der Brust, steckte die Hände unter die Achseln, verharrte so eine halbe Minute, atmete ruhig und geregelt. Als das Zittern seiner Hände aufhörte, zog er sie unter den Achseln hervor, wischte die Handinnenflächen an seinem weißen Ingenieurskittel ab, griff nach dem Henkelbecher, setzte ihn an die Lippen. Der heiße, stark gezuckerte Kaffee tat ihm wohl. In diesen Zeiten war es ja schon ein Privileg, weißen, raffinierten Zucker zu haben. Und erst recht echten Bohnenkaffee. Aber das geheime Raketenentwicklungsgelände stand ja auch unter der persönlichen Ägide des Führers. Das Institut galt als kriegswichtig, ja als kriegsentscheidend und wurde mit Personal und Material daher bestens versorgt. Bohnenkaffee durfte da nicht fehlen. Koffein als Hirnstimulans bei der Entwicklung der Wunderwaffe. Der Endsieg unter dem Einsatz aller erdenklichen Kräfte und Drogen. Einige Mitarbeiter, so hatte Janke munkeln hören, benötigten noch mehr als Koffein; die griffen auch zu einem weißen

Pülverchen, Pervitin, das sie sich vom Schwarzmarkt in Berlin besorgten. Doch seit die Reichshauptstadt immer mehr unter den Luftangriffen zu leiden hatte, wurde es schwierig: Auch die dunklen Kanäle wurden bisweilen verschüttet, die Zwischenhändler ausgebombt oder getötet.

Peenemünde war von Luftangriffen bislang verschont geblieben, die Anlage streng geheim und von der Luftabwehr geschützt. Wernher von Braun hatte beste Verbindungen ins Luftfahrtministerium, in die Reichskanzlei und in hohe militärische Kreise. Auch Hermann Oberth, hieß es, ließ seine Verbindungen spielen, damit das Unternehmen reibungs- und sorgenlos arbeiten konnte, gerade in dieser schwierigen Phase des Krieges, wo es galt, die militärischen Kräfte in einer totalen völkischen Anstrengung zu bündeln, um den Endsieg herbeizuführen und das widerständige England ins Herz zu treffen.

Janke hatte Hermann Oberths Buch *Die Rakete zu den Planetenräumen* gelesen. Er war auch dem *Verein für Raumfahrt* in Breslau beigetreten, als Gründungsmitglied sogar, damals, 1927, als er, Janke, sein Elternhaus bei Kolberg verlassen hatte und nach Berlin gegangen war, um sich auf das Abitur vorzubereiten. Danach hatte er Abendkurse an der Technischen Universität in Berlin besucht. Besonders Motor- und Antriebstechnik hatten ihn interessiert. Aber die Raketentechnik blieb noch die Vision weniger Pioniere, die in privaten Laboratorien tüftelten oder am Schreibtisch ihre kühnen Pläne zeichneten und ihre Utopien in blumige Worte kleideten. An der Universität war das Wort *Rakete* damals noch fremd gewesen und von den arrivierten Akademikern allenfalls belächelt worden: Hirngespinst, Phantasmagorie, Schreibtischausgeburt. Janke war enttäuscht gewesen, hatte die Abendkurse abgebrochen. Die Eltern auf ihrem kleinen bäuerlichen Anwesen bei Kolberg hatten gemahnt, er solle etwas Vernünftiges lernen, etwas Reelles. Also war er in seine pommersche Heimat zurückgekehrt und hatte in Greifswald Zahnmedizin studiert. Indes: Die Raumfahrt hatte ihn nicht losgelassen. Die Vereinszeitschrift aus Breslau hatte die irdische Sphäre weit unter deren fantasiearmen Bürgern zurückgelassen und ihn, Janke, in seinen Träumen weit hinauf katapultiert in die Unendlichkeit, die absolute Freiheit, das All ...

Die Jahre auf Erden hingegen flossen dahin wie der Kaffee auf dem Löschpapier: in diffusen Formen, mit ausgefransten Rändern, die nichts Klares erkennen ließen.

Janke hatte sich weitergebildet. Sprachen, hatte sein Vater gemeint, seien immer gut zu gebrauchen. Also hatte er, Janke, Englisch und Französisch studiert und das Dolmetscher-Examen abgelegt. Das hatte ihn aber auch nicht herausgeführt aus seinem lieblichen Ländchen Pommern, in dem alles etwas später anzukommen pflegte. Nur die Nazis, die waren pünktlich und ohne Verzögerung gekommen, bis in die hintersten Winkel der Boddenküste, auch hinüber übers Stettiner Haff, und sogar bis Kolberg und darüber hinaus, in das Bauerndorf, wo Jankes Eltern ihren Hof bewirtschaftet hatten. Da war die Welt schlagartig kleiner geworden, war zusammengeschrumpft auf ein paar Morgen Blut und Boden, in einem Hirn, das vom Hass und Neid auf alles, was anders, größer, schöner war, zerfressen war, vom Neid auf die Fantasie, auf den Flug hinauf zu den Sternen des menschlichen Geistes ...

Jankes Pläne, eine Zeit lang ins Ausland zu gehen, waren also unter den Stiefeltritten der Braunen zertreten worden, und bald schon hatten die Sirenen geheult, nicht, um den Raketenstart in den Weltenraum anzukündigen, sondern den Überfall auf den Feind. Der saß im Osten, unweit vom Hof der Eltern, und sprach die Sprache der Saisonarbeiter im Dorf, die jeden Sommer zum Einbringen der Getreideernte gekommen waren.

Einmal hatte Janke ein paar schöne Wochen mit Agnieszka verlebt, als er in den Semesterferien zu Hause war, um den Eltern bei der Feldarbeit zu helfen. Er hatte Agnieszka liebgehabt, ihre blauen Augen, in denen sich der Himmel spiegelte. Ihre runden Arme, von Sommersprossen übersät. Sie hatten sich während der Nachmittagspause auf dem Feld in eine der großen Weizenhocken verkrochen, drinnen aus einer Blechkanne kalten Fencheltee getrunken und die dick mit Butter und Schnittlauch beschmierten Stullen gegessen. Janke hatte

Agnieszka auf einem Grashalm *Kein schöner Land* vorzupfeifen versucht, und Agnieszka hatte ihm, während er noch auf der Brotrinde kaute, den oberen Hemdknopf geöffnet und ihre weiche Hand mit den kurzen Fingern unter den Stoff geschoben. Er hatte ihre Fingerkuppen auf seiner Haut gespürt, auf einer seiner Brustwarzen, und er hatte in dem Augenblick geglaubt, schon nahe den Sternen zu sein, bis die Stimme des Vaters sie gerufen hatte, sie rasch aufgestanden waren, ihr Versteck verlassen und so getan hatten, als sei nichts gewesen. Aber noch bis zum Feierabend waren ihre Blicke gewandert, wenn sie, wenige Meter voneinander entfernt, die Halme geschnitten und zu Garben gebunden hatten, hin und her. Und Janke hatte geglaubt, in Agnieszkas Gesicht ein Lächeln zu erkennen, das mehr nach Spott denn nach Verschwiegenheit ausgesehen hatte.

Im nächsten Sommer waren die Arbeiter aus Polen weitgehend ausgeblieben, denn es hatte schon nach Krieg gerochen, der dann – die Äpfel und Birnen hingen noch an den Bäumen, die Kartoffeln waren noch in der Erde – auch wirklich hereingebrochen war. Im Jahr darauf waren die Arbeiter erneut aus Polen gekommen, das nun Warthegau hieß, aber sie wurden zugeteilt, und was aus Agnieszka geworden war, hatte Janke nie erfahren. Er hatte in jenem Sommer auch nicht mehr auf den Feldern seiner Eltern geholfen, sondern war mitmarschiert, in den gleichen Stiefeln, deren Tritte er Jahre zuvor auf den gepflasterten Straßen Berlins hatte knallen hören. Aber es war für Janke nicht nach Polen gegangen, wo er Agnieszka vielleicht hätte finden können (das hatte er sich in seinen sterndeutenden Nächten jedenfalls eingebildet), sondern über den *deutschen Rhein*, ins Land der *Franzmänner*, wie die Offiziere bei ihren Ansprachen auf dem Kasernenhof laut gedröhnt hatten, und deren samtweiche Sprache, als liefe eine Katze durchs taufrische Gras, Janke ja sprach.

Janke hatte Glück, sofern man denn von Glück sprechen konnte, wenn man wider Willen in ein Land geschickt worden war, das einen nicht gerufen hatte. Er hatte nicht an offenen Kämpfen teilgenommen, sondern war nach Frankreich gekommen, als es bereits besetzt war. Zwei Tage war er in Paris gewesen, hatte mit einer Rollfilmkamera die Tuilerien fotografiert, die Kathedrale Notre-Dame, Sacré-Cœur … Am meisten hatte ihm der Eiffelturm imponiert: Das war kein Turm, das war ein Stahl gewordener Wille, den Orbit zu stürmen, eine Rakete in Startposition. Janke hatte vor seinem inneren Auge die Antriebsdüsen an den vier mächtigen Grundpfeilern gesehen, die allein schon einen kathedralgroßen Raum überspannten. Er hatte sich mit einem elektrischen Impuls die Antriebe zünden gesehen, ein gewaltiger Feuerstrahl hatte sich entladen, die Pfeiler des Turms hatten vibriert, der Boden unter ihm hatte gezittert wie bei einem Erdbeben. Dann waren die Fundamente geborsten, eine gewaltige Faust hatte sie aus dem betonierten Grund gerissen, der Turm hatte sekundenlang gezittert, als wollte er in sich zusammenstürzen, und hatte sich unter dem ohrenbetäubenden Zischen und Fauchen der vier Antriebsraketen erhoben, war ein wenig geschlingert, bevor er pfeilschnell in die Höhe geschossen war, und die Turmspitze war durch die Wolken gestoßen und im Azur des dahinter liegenden Himmels verschwunden …

… Die Fensterscheiben klirrten. Der Tisch, auf dem die Pläne lagen und Janke seinen Kaffeebecher abgestellt hatte, vibrierte. Janke glaubte die Rollbildkamera an einem Lederbändel vor dem Bauch hängen, seine Finger suchten nach dem Auslöser, griffen ins Leere – da wurde die *Wasserfall* bereits vom Rückstoß der Zündraketen nach oben gedrückt, wenige Meter erst, sie schien knapp über dem Boden zu schweben, die Reißleinen hielten noch, dann sprengte es die Seile, die Rakete schoss, wie ein Komet einen lohweißen Feuerstrahl hinter sich herziehend, in die Stratosphäre und bohrte sich tief in Gottes Himmel hinein. Janke spürte einen lähmenden Schmerz in der Nierengegend, seine Hände suchten an der Tischkante krampfhaft Halt. Mühsam hangelte er sich am Tisch entlang zu einem wenige Schritte entfernt stehenden Stuhl, auf dem er zusammensackte. Ihm war mit einem Mal schwindlig und schlecht. Er ließ seinen Kopf auf die vor ihm liegenden Konstruktionspläne sinken, schloss die Arme darum, als müsste er Schutz suchen. Unter seiner Schädeldecke breitete sich unter gewaltigem Druck ein roter Feuerball aus, der sein Gehirn wie eine Rakete zünden wollte. Janke schloss die Augen, atmete ruhig und regelmäßig …

Nachdem er Paris auf zwei Tage besucht hatte, war er nach Cherbourg an der Kanalküste gefahren. Dort hatte er in einer Funk- und Abhörstation gedient. Sie hatten den englischen Morseverkehr aufgezeichnet und dechiffriert, um deren militärische Abwehrstrategien auszuspionieren und die Möglichkeiten einer Invasion vorzubereiten.

Janke war nach Dienstschluss durch die Stadt spaziert. Es war ein lauer Spätsommerabend gewesen, überall auf den Straßen waren die Menschen flaniert, hatten beisammengesessen, an kleinen Tischchen Pernod oder Cidre getrunken. Aus einer Kneipe war Akkordeonmusik geperlt. Janke hatte das gefallen. So hatte er sich Frankreich immer vorgestellt. Wenn er seinen Blick die Straße mit den breiten Trottoirs entlang hatte schweifen lassen, hatte sich ein Bild der Geruhsamkeit gezeigt, des kleinen Glücks. Die wenigen deutschen Ausgehuniformen hatte man gern übersehen.

Er hatte die Kneipe betreten. Ein schmaler, aber tiefer Raum, durch den sich an einer Seite eine Schanktheke mit messingbeschlagenen Kanten hinzog. Auf der anderen Seite standen vier Tischchen mit Stühlen, hart an die Wand gerückt. Von der Decke hing ein in die Jahre gekommener Ventilator und quietschte leise bei jeder eiernden Umdrehung. Die Tische waren frei gewesen, nur an der Theke waren auf Barhockern zwei ältere Männer gesessen, die Rücken ihm zugewandt. Eine kleine dicke Frau mit hennarot gefärbten kurzen Haaren war hinter dem Tresen gestanden und hatte Gläser poliert. Janke war sich unsicher gewesen, ob er bedient würde oder an die Bar gehen sollte, um zu ordern. Die breiten Rücken der Männer hatten ihn eingeschüchtert. Unschlüssig hatte er sich an einen der Tische gesetzt, verlegen in die Spiegel geschaut, die an der Wand hingen, und gesehen, wie die Wirtin seelenruhig und ohne aufzublicken weiter die Gläser poliert und ins Regal geräumt hatte. Janke hatte gehüstelt, einen auf dem Tisch stehenden Salzstreuer genommen und ihn verlegen in der Hand gedreht. Schließlich hatte er sich ein Herz gefasst, den Kopf gewandt, direkt zur Theke geblickt und leise gesagt:

»Madame« ... Die Wirtin hatte nicht aufgeblickt. Janke hatte sich nochmals »Madame« sagen hören und: »Je voudrais ordonner.« Seelenruhig hatte die Wirtin mehrere Gläser ins Regal gestellt, das Tuch auf die Platte geworfen, sie war in den Gastraum gekommen, achtlos an Janke vorbei gegangen und hatte das Radio, das neben der Tür auf einem Bord stand, lauter gestellt, war zum Tresen zurückgekehrt und hatte geräuschvoll Wasser ins Spülbecken eingelassen, wobei sie ein paar belanglose Worte mit den beiden Männern gewechselt hatte. Janke hatte noch ein paar Augenblicke gewartet, dann war er leise aufgestanden, hatte den Stuhl ordentlich an den Tisch geschoben und die Bar verlassen. Er hatte gezittert, ein stechender Schmerz hatte sich ihm in die Nieren gebohrt.

Draußen hatte sich ihm ein Bild des Friedens und Glücks geboten: Die Menschen an den Tischen auf den Trottoirs hatten sich angeregt unterhalten. Einzelne Frauen und Männer, auch ein paar Liebespärchen, waren die Straße entlanggeschlendert, hatten gelächelt oder versonnen in den fliederfarbenen Abendhimmel geschaut. Der Schmerz hatte zugenommen, war von den Lenden aufwärts gekrochen, über den Rücken, den Nacken, hatte ins Kleinhirn gestochen. Janke hatte Halt gesucht an einer Laterne, dann hatte sich das idyllische Abendbild schwarz gefärbt –

Als er wieder zu sich gekommen war, hatte er auf einer Pritsche in einem gefliesten Raum gelegen. Er hatte den Stabsarzt erkannt, der an seinem Bett gestanden war und ihm eben eine Spritze gesetzt hatte.

»Ein Kreislauf wie ein pubertierendes Mädchen«, hatte Janke ihn sagen hören, »bewegen Sie mal den rechten Arm.« Janke hatte mühsam den linken Arm gehoben. »Nicht den linken, den rechten«, hatte der Arzt gesagt. Janke hatte ihn ratlos angesehen. Der Arzt hatte nach seiner Hand gegriffen. »Hier, diesen Arm, heben Sie den mal an.« Er hatte Jankes Hand losgelassen, die kraftlos aufs Laken gefallen war. »Anheben!«, hatte der Arzt befohlen. Janke hatte ratlos zur Zimmerdecke geblickt, wo eine Fliege saß. »Hören Sie schlecht?« Janke hatte zu sprechen versucht, etwas hatte sich seinem Hals entrungen, das er mit seiner Zunge nicht hatte fassen können. »Oha«, hatte der Arzt gesagt, »da haben Sie aber einen Volltreffer, Mann. Auch ohne Geschützfeuer.«

Janke war zwei Wochen auf der Krankenstation geblieben, dann hatte man ihn nach Kolberg zurückgebracht. Für ihn war der Krieg zu Ende gewesen. In seinen Entlassungspapieren war von einem Schlaganfall mit zerebralen Funktionsstörungen die Rede gewesen. Das Bewegen der Arme und Beine hatte nach wenigen Tagen wieder funktioniert, aber die Wörter hatten sich ihm verwirrt und von den Dingen losgelöst. Janke hatte anfangs kaum sprechen können. Erst nach und nach hatte er zurück zu den Gegenständen und ihren Namen gefunden, die aber bisweilen noch durcheinanderpurzelten. Die Zahnspange wurde ihm zur Spanzange, der Mistwagen zum Whistmagen, der Fliederbaum zum Biederflaum. Er hatte lange Listen von Wörtern erstellt, die er nicht vergessen wollte, vor allem aus Oberths Buch *Die Rakete zu den Planetenräumen*. Das war ihm zur Fibel geworden, zum Brevier. Von der Zahnmedizin hatte Janke Abschied genommen, das Mundinnere eines Menschen mit dessen kariösen Kauinstrumenten hatte ihn gelangweilt und war ihm im Vergleich zur vollendeten Schönheit des Alls geradezu als Verhöhnung seines, Jankes, Ästhetizismus vorgekommen.

Janke hatte umgesattelt. Ein mit Termini aus Oberths Buch gespicktes pathetisches Bewerbungsschreiben an Wernher von Braun, worin er auch seine Fähigkeit zum Zeichnen hervorgehoben hatte, hatte ihm die Tür zu den Planetenräumen geöffnet. Als er zum ersten Mal die Pforte der geheimen Versuchsanstalt in Peenemünde auf Usedom passiert hatte, hatte sich Janke einem Sternentor nahe geglaubt. Er bräuchte nur noch ein Trajekt, das ihn nach oben trüge, hatte er gedacht. Daran wollte er zeichnen und mit Braun zusammenarbeiten.

Das Telefon klingelte. Janke hob den Kopf. Der Schmerz hatte nachgelassen, die Verkrampfung sich gelöst. Das musste sein Chef sein, Wernher von Braun. Der Start der *Wasserfall*-Rakete war ein Erfolg. Das würde man in Brauns Büro mit Sekt feiern. Janke suchte nach dem Telefon, blickte nach oben: Die schrille Klingel an der Wand, unterhalb der Decke.

»Kommen Sie, Herr Janke, genug geträumt. Abendessen!«

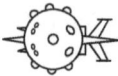

Jotpe hatte Sekt und Fingerfood versprochen – und eine Überraschung.

Da auf der Autobahn Stau gemeldet war, fuhr ich Bundesstraßen. In Torgau überquerte ich die Elbe. In den Tagen zuvor hatte es viel geregnet. Der Fluss führte inzwischen Hochwasser. Unterhalb des Torgauer Schlosses hatte das Technische Hilfswerk Sandsäcke entlang der Ufermauern gestapelt. Eine Vorsichtsmaßnahme, hieß es. Das Wasser stieg. Die Uferlinien waren weit ausgebuchtet, die Fluten schmutzig braun, aufgewühlt, von Strudeln durchzogen, große Äste und ganze Bäume schaukelten darin stromabwärts. Die Sonne stach. Ich hoffte, das Wasser würde in den nächsten Tagen weiter steigen und die Brücken mit sich reißen. Noch immer schmerzte mein Hals, ich trug einen Seidenschal, um den Bluterguss zu verbergen. Ich wünschte Hubertusburg und alle Gefilde südlich der Elbe zur Hölle, dann bliebe mir die vorzeitige Himmelfahrt erspart – aber das waren Wünsche, die mir Gott oder der Teufel oder das blinde Fatum sowieso nicht gewähren würden.

Am frühen Abend erreichte ich Prenzlauer Berg. Vergeblich fuhr ich durch die Dunckerstraße, die Raumerstraße, die Senefelderstraße. Alles zugeparkt wie eh und je. Jenseits der Danziger Straße ergatterte ich eine Lücke, wobei ich mit dem Heck in die von Ökos unter einem Straßenbaum angelegte Blumenrabatte geriet. Die Stoßstange knickte ein paar Malven. Weil es schade war, wenn die Blumen hier verwelkten, pflückte ich sie. Eine Schwangere mit Kinderwagen blickte mir böse nach.

Mit einer halben Stunde Verspätung kam ich zum Göhrener Ei: Hier war die Göhrener Straße in einer Schlinge geführt, was von oben wohl wie ein Ei aussah. Göhrener Schlinge, fand ich, passte besser, und ich hatte, als ich mich dem Büro der *Urbanitas* näherte, wieder dieses drückende Gefühl in der Kehle. Ich wusste, das kam nicht von dem Strick, den ich mir selbst geknüpft hatte, sondern von den Stricken, die Jotpe, Cordula und dieser Lauridsen mir drehten, wann immer es ging.

Bereits durch das Schaufenster des Ladenlokals sah ich, dass die Bude voll war. Ein Saxofonist spielte *Strangers in the night*, man konnte es durch die Scheibe hören. Leute mittleren Alters, Ehepaare, auch ein paar Kinder. Wollte Jotpe etwa die Eröffnung einer Kita feiern? Im kinderreichsten Stadtteil Deutschlands würde sich das wahrscheinlich mehr lohnen, als den Leuten Eigentumswohnungen in ehemaligen psychiatrischen Anstalten anzudrehen. Ich öffnete die Tür. Eine alte Türglocke schrillte, die stammte noch aus DDR-Zeiten, als sich hier ein *Konsum* befand. Jotpe, in einem Hawaiihemd mit großem Blumenmuster, kam auf mich zu, in jeder Hand ein Glas Sekt, und reichte mir eines.

»Na, Tim, spät, aber knorke«, sagte er, mit einem Grinsen im Gesicht, so schmierig wie die Gläser seiner Harry-Potter-Brille, die er wohl schon seit Monaten nicht mehr geputzt hatte. Am liebsten hätte ich ihm die Faust auf sein blödes Gestell verpasst, aber da hielt ich schon das Glas in der Hand, und so kippte ich den Sekt hinunter. Jotpe wandte sich erneut den Gästen zu.

An der hinteren Wand entdeckte ich einen Tisch mit Sandwiches und Fingerfood. So etwas hatte ich hier noch nie gesehen. Jotpe schien von Hirnerweichung befallen. War seine Schwiegermutter gestorben, oder hatte er den Leuten wieder einen nicht ausgebauten Dachboden in Prenzelberg, mit morschen Balken und vom Schwamm zerfressenen Dielenbrettern, als »Belle-Etage-Location im Herzen der Weltstadt« verkauft? Jedenfalls waren alle Anwesenden bester Laune und grinsten, als hätten sie gekokst.

Ich zwängte mich durch die in Grüppchen Herumstehenden und häufte mir eben am Buffet einen Teller voll, als Cordula neben mir stand.

»Was ist denn das für eine Party?«, fragte ich, ohne sie anzusehen.

»Was ist denn das für eine Begrüßung?«, zischte sie. »Und weshalb kommst du so spät? Jotpe hat dich früher erwartet.«

»Es war Hochwasser, die Brücken gesperrt, ich musste bei Torgau durch die Elbe schwimmen«, erklärte ich bemüht witzig.

Eine vielleicht Dreißigjährige in Jeans und T-Shirt, die Haare nach hinten gebunden, kam zum Buffet und schaufelte sich Shrimps auf den Teller. Sie wandte uns den Rücken zu, und ich bemerkte, dass sie einen leichten Buckel hatte.

»Und was soll dann das Grünzeug, du Meisterschwimmer?«, fragte Cordula spitz und deutete auf die Malven, die ich noch immer in der linken Hand trug.

»Die sind für die schönste Frau des Abends.«

»Komm mir nicht so, Tim, du weißt, dass es zwischen uns aus ist.«

Sie streckte provokant ihren Bauch vor, und ich erkannte die Rundung, die sich unter ihrer Bluse abzeichnete. Das war mein Kind! Das Kind, das Cordula mir vorenthalten wollte. Ich musste den Teller, den ich in der rechten Hand hielt, abstellen, so sehr zitterte ich.

»Darf ich Ihnen diese Blumen verehren?«, fragte ich die Bucklige. »Eine kleine Aufmerksamkeit der Firma.«

Die Frau wandte sich um, starrte zuerst mich an, dann die Malven (zugegeben, die sahen etwas zerrupft aus), danach wieder mich, mitleidig und nachsichtig zugleich, wie man einen Geistesbeschränkten anschaut, und ging wortlos mit ihrem Shrimps-Teller zurück zu den anderen.

»Der Malvenritter kommt wohl nicht so gut an bei den Damen«, meinte Cordula schnippisch, griff nach den Blumen und stopfte sie in ein hohes Bierglas, in dessen schmutzigem Wasser ein langes Messer zum Schneiden einer Tarte d'abricots stak. »Perfektes Stillleben.«

Dann wandte sie sich um und ging zu dem Grüppchen, wo

Lauridsen stand. Der pomadisierte Typ legte Cordula eine Hand –
er trug einen Ring mit einem fetten Amethyst – auf den Hintern.
War ja alles klar.

»Hi, Tim!« Robert. Den mochte ich. Obwohl er, vermutete ich,
mit Cordula auch schon einmal etwas gehabt hatte. Aber sicher
war ich mir nicht. Jedenfalls war Robert ein fairer Kollege und ein
prima Kerl. Er stammte aus Franken. Sein Akzent ging auf Samt-
pfoten. Das hörte ich gern.

»Ich musste bei Torgau die Elbe durchschwimmen«, sagte ich
wie zuvor zu Cordula bemüht witzig, »und das unter laufendem
Beschuss durch die Sowjets.«

»Kann ich mir gut vorstellen«, erwiderte Robert mit ernstem
Gesicht, »das macht hungrig. Lang nur kräftig zu.«

»Sag mal: Was wird hier eigentlich gefeiert? Ist das das Treffen
einer Selbsthilfegruppe? Die Dachbodenmillionäre?«

Robert sah mich verdutzt an.

»Na ja«, erläuterte ich, »diese Leute kaufen sich doch für ein
Heidengeld halb verrottete Dachböden, Hauptsache, mitten im
angesagten Kiez, und können auf die halbe Million dann noch
einmal eine halbe Million drauflegen, um den Schwamm rauszu-
kriegen und die Hütte überhaupt erst menschenwürdig zu
machen. Das zieht einen doch echt runter. Da muss man sich organisieren und quasi eine Wutbürgergruppe bilden, mit Shrimps,
Avocadosalat und Sekt.«

»Hör mal, Tim«, sagte Robert seltsam ernst, was sonst nicht
seine Art war, »du weißt wohl wirklich nicht, was hier abläuft?«
Er sprach gedämpft. »Hat Jotpe dich nicht informiert? Na ja, er ist
wohl sauer auf dich, weil er glaubt, in Wermsdorf gehe es nicht
recht voran. Also«, Robert blickte sich kurz um, um zu kontrollieren, dass keiner mithörte, »das hier ist eine Art Einstandsfeier,
anlässlich eines großen Coups. Den hat übrigens Kevin eingefädelt, und so, wie es aussieht, auch gut durchgezogen. Na, jedenfalls schauen alle recht heiter und zufrieden drein, und eigentlich
ist alles in trockenen Tüchern. Nachher läuft noch eine Power-

point-Präsentation mit Computersimulationen, ein kleines Filmchen, und ich denke, so wie die Senkrechtstarter hier drauf sind, die gleich mit Frau und Kind und Kegel angerückt sind, unterzeichnen sie vielleicht heute noch, spätestens in den nächsten Tagen. Kevin hat die Verträge bereits vorbereitet. Alles unterschriftsreif, notfalls reicht«, Robert blickte sich vorsichtshalber nochmals um, »notfalls reicht ein Kreuzchen oder ein Fingerabdruck, für die, die nicht schreiben können. Das können nämlich längst nicht mehr alle, wenn du dir die E-Mails dieser Leute anschaust. Privilegierte Legastheniker ersten Grades. Aber Geld wie Heu.«

So stand die Sache also. Man hatte mich eigens aus Sachsen herbeordert, aber es nicht für nötig befunden, mir zu sagen, worum es eigentlich ging. Von Schloss Hubertusburg war im Augenblick keine Rede mehr. Wir hatten »richtig fette Beute an Land gezogen«, und ich wusste überhaupt nichts davon.

Ich sah mich im Raum um, zählte über dreißig Leute, meist Pärchen, also rund fünfzehn »Parteien«, die uns ins Netz gegangen waren. Cordula und Lauridsen. Ein gutes Team. Der Amethyst an seinem Finger kontrastierte hübsch zu ihrem knallroten, engen Kleid. Seine Finger wogen Cordulas Hintern, wie man im Supermarkt eine Melone in der Hand prüft.

»Und worum geht's bei dem größten Coup aller Zeiten?«, fragte ich Robert, ohne meinen Blick von Cordulas Melonenhintern abzuwenden. Obwohl sie mich wie Dreck behandelte, wie einen »Grövaz« eben, erregte mich der Anblick von Lauridsens Hand auf ihrer Melone.

»Eine Baulücke mitten in Prenzlauer Berg«, sagte Robert.

»Eine Baulücke? Wo soll denn hier noch eine Baulücke sein? Es ist doch alles dicht. Oder sollen jetzt auch noch die Spielplätze in Deutschlands kinderreichstem Bezirk zugepflastert werden?«

»Du hast es erfasst.« Robert lächelte sardonisch. »Kevin hat genau das hingekriegt. Er kennt einen vom Bezirksamt, ein hohes Tier, der Name bleibt geheim, die Methode auch. Ich will nicht sagen, Bestechung, das können wir uns nicht erlauben, aber doch ein wenig Nachdruck. Kevin hat gute Verbindungen in die Parteienlandschaft, und da hat er den Leuten vom Bezirksamt klar gemacht, dass sie sich entscheiden müssen: solvente, junge Bauherren, die Geld in den Kiez spülen und Arbeitsplätze schaffen, oder eben ein halb verratzter Spielplatz, wo die Hunde sich entleeren.«

Ich starrte Robert fassungslos an. »Ist das dein Ernst? Ein Spielplatz wird bebaut? Und was ist mit den Kindern? Ich meine, die jungen Pärchen hier haben doch meist selbst welche.«

Robert zuckte mit den Schultern. »Die Kinder sind bloß Accessoire. Status. Für sehr viele jedenfalls. Wenn diese Eltern ihre Kinder lieben würden, zögen sie nie in den Prenzelberg. Auch das ist nur Status. Immer wollen sie *in* sein, dazugehören, und sind meist doch nur Ego-Krüppel. Peter-Pan-Syndrom. Immer Kind bleiben, nie erwachsen werden. Schau dir die Leute doch an, Tim: Nicht einmal richtig anziehen können sie sich. Soccer-Jeans mit dreißig, darüber ein Kapuzenshirt, und ganz oben drauf, als Krönung, ein Glatzkopf, am besten ist's, wenn der Haarkranz noch blond gefärbt ist. Echt lächerlich. Oder die Frauen: Girlie-Look mit Pippi-Langstrumpf-Zöpfen, ein kurzes Röckchen, bauchfreies Shirt, völlig daneben, wenn du mich fragst. Aber immer die Finger am Smartphone, wenn sie den Kinderwagen übers Kopfsteinpflaster schubsen. Und an der Schiebestange des Kinderwagens noch einen missmutigen Köter angeleint. Der ist ebenso Status wie ein Kind, wie ein Auto in dieser völlig zugeparkten Gegend, wie das neueste Smartphone und wie die eigene PR-Firma oder die Assistenzstelle im Ich-mach-irgendwas-in-Medien-Bereich. Wenn das Kind unterwegs ist, wird es schon auf dem Gymnasium angemeldet, damit der Platz an der Schule auch sicher ist, wenn der Sohnemann oder das Töchterlein so alt ist. Das ist der kinderfreundliche Prenzelberg. Wer seine Kinder wirklich liebt, zieht aufs Land, wo sie sich austoben können und auch mal in den Kuhdreck reinfallen dürfen. Wichtige Erfahrung, auch fürs spätere Berufsleben. Und wer Hunde liebt, schafft sich keinen an. Punkt.« Robert goss sich Rotwein nach.

»Und wo soll nun ein Kinderspielplatz plattgemacht werden?«, fragte ich.

»In der Sonnenburger Straße, dort wurde im Krieg ein Haus weggebombt. An der Stelle hat der Bezirk nach der Wende halbherzig einen Spielplatz errichtet, auf privatem Grund. Eine Rutsche, ein verdreckter Sandkasten, eine Schaukel. Damit lockt man heute kein Kind mehr an. Nun hat sich die Erbengemeinschaft, Juden aus Amerika, zum Verkauf des Grundstücks entschieden. Denn damit ist weit mehr Geld zu machen als mit der bisschen Pacht, die sie vom Bezirk erhalten.«

»Und ihr glaubt, ihr könntet da mitbieten? Die Amerikaner wollen doch bestimmt den Preis kosmisch hochtreiben.«

»Klar wollen sie das. Aber Kevin hat über irgendwelche Kanäle frühzeitig von der Absicht der Erbengemeinschaft erfahren. Er kennt Leute in New York, und da hat er ihnen, noch bevor die großen Immobilienfritzen sich dranhängten, ein Angebot unterbreitet, mit dem sie – offen gesagt, erstaunlicherweise – einverstanden waren. Vielleicht brauchten sie einfach rasch Geld.«

»Und ausgerechnet unser kleines Unternehmen soll so viel Knete haben?«, lachte ich ungläubig.

»Wir nicht. Aber die Leute hier.« Robert zeigte hinter sich. »Lauter betuchte Newcomer. Ärzte, Juristen, Jungunternehmer, IT-Leute und so weiter. Und was sie nicht selbst verdient haben, haben sie geerbt. Die Vermögen aus sechzig Wirtschaftswunderjahren werden derzeit ja lawinenartig weitergereicht.«

»Und die sollen nun also zahlen und in Vorleistung gehen? In ein Grundstück investieren, auf dem noch nichts steht?« Ich lächelte ungläubig.

»Genau. Das ist im Übrigen bereits geschehen. Während der Wochen, als du in Wermsdorf warst – Jotpe ist ziemlich sauer auf dich, weil er nicht glaubt, dass du das Projekt dort wirklich weiterbringst –, während deiner ›sächsischen Auszeit‹ also, O-Ton Jotpe, hat Lauridsen alles fast allein gedeichselt: mit der Erbengemeinschaft aus New York verhandelt, die Leutchen hier zusammengetrommelt, ein erstes Baukonzept erstellt, eine Vorkaufsoption mit den Amerikanern ausgehandelt. Wir fungieren bei der Sache übrigens nicht als Bauträger, sondern nur als Architekturbüro: Das heißt, die Klienten bilden eine GbR, wir stellen ihnen das Grundstück zur Verfügung, das wir von ihrem Geld den Amerikanern abgekauft haben, erstellen die Pläne, begleiten sie in der Bauphase, wenn sie nach und nach als GbR die Gewerke gemeinsam sondieren und die Aufträge erteilen. Zwar verdienen wir damit nicht so viel, aber es hat den Vorteil, dass wir nicht so groß in Vorleistung gehen müssen, eigentlich nur für das Grundstück, das ja von den Kaufinteressenten bereits bezahlt ist, und für unsere eigenen Dienstleistungen. Da sind die Risiken überschaubarer, als wenn wir die Gewerke am Hals hätten. Für deren Leistung müssen die Bauherren, also die Leute hier hinter uns, sofort selbst aufkommen, die Rechnungen der Bauleute und Handwerker gehen zwar über unseren Schreibtisch, aber nur zur inhaltlichen und buchhalterischen Kontrolle, dann werden die Rechnungen gleich weitergereicht.«

»Und unsere laufenden Gehälter?«

»Die sind in unseren Honorarforderungen eingerechnet, aber natürlich gehen wir da etwas in Vorleistung, ein paar Monate sicherlich. Da heißt es notfalls sich etwas gedulden, bis die Sache richtig angelaufen ist, dann gehen ja die Gelder von den Bauherren ein. Also, ich meine, im schlimmsten Fall, Tim, arbeiten wir drei oder vier Monate umsonst. Die Karre muss erst anlaufen, aber wenn sie läuft, dann läuft sie, zuverlässig wie ein alter VW Käfer.«

»Na, hoffentlich rollt das Unternehmen etwas schneller als ein alter Käfer«, lachte ich.

»Es wird. Übrigens hat das Projekt einen hübschen Namen: *Sonnenland*.«

Ich wurde hellhörig. In den Zeichnungen und Unterlagen jenes verrückten Tüftlers aus Schloss Hubertusburg, die der Chefarzt

Stavenhagen mir leihweise überlassen hatte, war der Begriff *Sonnenland* wiederholt zu lesen.

»*Sonnenland*? – Wieso zum Teufel *Sonnenland*?«

»Na, ist doch klar, Tim: in der Sonnenburger Straße eben. *Sonnenland* klingt gut, und irgendwie erinnert es an Utopia. Also, jeder will doch nicht nur sein Nest bauen, sondern auch etwas Größeres, Höheres damit verbinden. Gerade diese Shooter wollen das entsprechend aufbereitet haben. Das ist wie mit den Mahlzeiten. Mit Braten, Kartoffeln und Soße brauchst du diesen Leuten nicht mehr zu kommen, auch im übertragenen Sinn nicht. Da isst nicht nur der Gaumen, sondern auch das Auge. Das muss entsprechend auf dem Teller drapiert sein, braucht gar nicht viel zu sein, eher ein Appetithäppchen. Den Rest denkt man sich unwillkürlich dazu, das Unterbewusstsein, du verstehst schon. Der Teller ist sowieso das Wichtigste. Das darf nicht mehr Rosenthal sein oder Villeroy und Boch, lieber Designware aus Italien oder Billigmaterial aus China, mit einem Stempel aus Schweden drauf. Und so ist es mit *Sonnenland* auch: Ich will nicht sagen, dass das billig wird. Im Gegenteil – du wirst staunen. Da wird wirklich etwas geboten. Da kann kein Bauträger mit, also nicht zu diesem Preis. Aber die Aufmachung im Vorfeld, um die Kunden ins Boot zu holen, also der Anstrich des Boots ist eigentlich wichtiger als die Auskunft, wohin die Fahrt geht. Und das Beste: Unsere Passagiere zahlen nicht nur für die Überfahrt, sie rudern auch selbst.«

Draußen welkte das fahle Licht eines langen Sommerabends. Der Saxofonist dudelte eben *Ce mortel ennui*. Ich konnte den Song nicht mehr ertragen. Er lief damals auf meiner Anlage, als ich Cordula einen Heiratsantrag machte, und sie meinte, sie wolle sich nicht so fest binden, jedenfalls nicht mit mir ...

Lauridsen ließ gerade an Fenster und Eingangstür die Jalousien herunter. Ein Beamer warf ein Lichtviereck an die seitliche Wand.

»Liebe Baugruppenmitglieder, liebe Bauherren – und Baudamen ...« Das war Jotpes Stimme, die sich mühte, die Gespräche zu übertönen, vergebens.

Ich hatte eben die Flasche mit dem Dornfelder leergemacht und ließ sie auf den Boden aus italienischem Feinsteinzeug fallen. Das laute Zerscherben zerhackte die Gespräche, die Köpfe wandten sich wie auf Kommando mir zu, in manchen Gesichtern las ich Vorwurf. Der Saxofonist ließ sein Instrument sinken und ging zum Buffet.

»Liebe Baugruppenmitglieder«, setzte Jotpe zum zweiten Mal an, »schön, dass Sie gekommen sind, und dass Sie auch Ihre Kids mitgebracht haben. So viel Leben hier in unserer Hütte – und bald wird noch mehr Leben in diesen coolen Kiez einziehen, nämlich ins *Sonnenland*.« Wie ein Magier seinen Zauberstab schwingt, so griff Jotpe zur Fernbedienung, zeichnete damit geheimnisvolle Zeichen in die Luft. Im scharfen Licht des Beamers konnte man die Schmutzschicht auf seiner Harry-Potter-Brille besonders gut sehen. »Ich zeige Ihnen jetzt einen kleinen Film, den mein großartiger Mitarbeiter Kevin, applause for Kevin!«, die Meute klatschte auf Geheiß, es war wie in der *Muppet Show*, »für Sie erarbeitet hat. Film ab!« Damit drückte Jotpe auf eine Taste der Fernbedienung.

An der Wand erschien eine Luftaufnahme von Berlin, mit dem Fernsehturm im Vordergrund. Aus kleinen Lautsprechern, die rechts und links vom Laptop aufgestellt waren, erklang nun Lauridsens ölige Vertreterstimme: »Willkommen in Berlin. Welcome to Berlin. Die Weltstadt mit Glamour, die Partystadt, die Shoppingstadt, die Stadt der innovativen Ideen, die Stadt der Trendsetter, der Künstler und Designer, der Startups und Selbstverwirklicher.«

Der Zoom schwenkte auf den Kollwitzplatz mit dem Wasserturm.

»Prenzlauer Berg wandelte sich in den letzten zwanzig Jahren vom heruntergekommenen Arbeiterkiez mit rußgrauen Fassaden zum mondänen Großstadtbezirk. Vor allem junge Leute, auch Familien, wissen das Neben- und Miteinander von quirligem Leben und geruhsamen Oasen zu schätzen: Hier wird gearbeitet und gefeiert, hier läuft Brainstorming neben Chillen, Familie und Freunde neben Business-Meetings, Kultur und Freizeit neben office-work. Ein Dorado für das junge Leben. *Das* Statement eines individuellen Lifestyles. Unweit der quirligen Shopping-Meile der Schönhauser Allee, mit perfektem U-Bahn- und S-Bahn-Anschluss, die Sie in nur wenigen Minuten in die City bringen, liegt die verkehrsberuhigte Sonnenburger Straße. Charmante Häuser aus der Kaiserzeit mit detailverliebtem Fassadenstuck vermitteln ein außergewöhnliches Ambiente. Wenn im Frühjahr die Zierkirschen in voller Blütenpracht stehen, erscheint die Straße wie aus einem Feenmärchen. Auch diese Häuser wurden in den letzten zwanzig Jahren liebevoll saniert und modernen Wohnansprüchen angeglichen. Hier erzielen Eigentümer tolle Renditen, und wer sein Objekt selbst bewohnt, outet sich als Prenzelberg-Gourmand. Hier, mitten im alten Gründerzeit-Flair zu leben, ist ein Privileg, um das sich viele reißen. Aber nur selten bieten sich noch Chancen, individuelle Wohnträume zu verwirklichen.«

Wieder wechselte das Bild: Eine Computersimulation wurde sichtbar, ein heller Neubau zwischen zwei stuckverzierten Altbauten. Davor rosa blühende Bäume. Der Neubau mit französischen Fenstern und einzelnen grünen und vergoldeten Steinelementen in der weißverputzten Fassade wirkte edel, aber zwischen den Altbauten ein wenig wie ein Ufo zwischen Zeppelinen.

»Ein Lückengrundstück in der Sonnenburger Straße bietet nun diese unerwartete Möglichkeit: Hier hat die *Urbanitas Stadtplanung und Grundstücksentwicklung* nach langen und zähen Verhandlungen mit einer Erbengemeinschaft in New York den Zuschlag erhalten. Auf dem Grundstück, wo bis zum Krieg ein Altbau stand, kann nun neues Wohnleben entstehen, ganz nach Ihren Vorstellungen, Wünschen und Träumen!«

Erneut ein Bildwechsel, man sah nun einen Lageplan des Grundstücks, mit Vorderhaus und Gartengebäude.

»Wir bieten im Vorderhaus zehn Wohnungen in Größen zwischen fünfundsiebzig und hundertvierzig Quadratmetern, zudem im Dachgeschoss eine Loft-Wohnung mit sagenhaften hundertachtzig Quadratmetern und unbezahlbarem Blick auf den Berliner Fernsehturm, das Wahrzeichen der Stadt. Wir haben mit Rücksicht auf zeitgemäße Ansprüche nach Luft und Licht auf die Errichtung eines Seiten- und Hintergebäudes, wie sie im originalen Baubestand vor dem Krieg existierten, übrigens verzichtet. Ein großzügig angelegter Gemeinschaftsgarten mit Spielplatz für die lieben Kleinen lädt zum Chillen und zu free-air-working ein. Eine kleine, aber feine Maisonette an der hinteren Grundstücksgrenze schließt den Komplex optisch ab: Hier bieten wir auf zwei Split-Level-Ebenen zwei exklusive Luxuswohnungen in gehobener Ausstattung mit jeweils einhundertzwanzig Quadratmetern. Auf dem Dach des Maisonette-Hauses wird übrigens eine Fitness-, Pool- und Saunalandschaft gebaut, eine Gemeinschaftsanlage für alle Eigentümer des Komplexes, was nicht nur dem Entspannen dient, sondern auch das Gemeinschaftsgefühl der Bewohner stärken soll. Be one family! Be Berlin!«

Wieder ein neues Bild, ein Wohnungsgrundriss, farbig hinterlegt.

»Und hier ein Beispiel für ein Apartment. Natürlich werden Sie als Bauherren ganz individuell die Grundrisse und die Ausstattung bestimmen können. Aber wir von der *Urbanitas* verfügen über vieljährige Erfahrung und können Ihnen mit Rat und Tat zur Seite stehen. Nehmen Sie dies also nur als Vorschlag, als Amuse-gueule, wie die Franzosen sagen, als kleines Appetithäppchen entgegen. Ein Beispiel für eine Wohnung mit hundertfünfundzwanzig Quadratmetern. Küche und Wohnraum in einem, ganz im Trend liegend. Schlafzimmer, zwei Kinderzimmer, Bad, Gästetoilette, Wirtschaftsraum, Loggia nach Westen. Der Bau entspricht übrigens KfW 55, bester Energiestandard. Die Ausstattung in Bädern und Toilette, Becken und Armaturen, ausschließlich von deutschen Markenherstellern, Fußbodenheizung in den Bädern, ansonsten die üblichen Wandheizkörper. Die Böden in den Bädern Schiefer, Granit oder Feinsteinzeug, in den Wohnräumen Parkett,

Stärke und Holzart frei wählbar. Fenster und Balkontüren dreifachverglast. Holzrahmen, versteht sich. Die Raumhöhen angenehme zwei Meter achtzig.«

Der Grundriss wich einer kurzen Filmsequenz, in der eine PC-Simulation des Bauprojekts wie aus einem fliegenden Hubschrauber heraus gezeigt wurde, alles im Sonnenschein. Die weißen Fassaden, das üppige Grün des Innenhofs, die darin spazierenden Erwachsenen und spielenden Kinder – all das strahlte Heiterkeit und Gelassenheit aus, das Gebäude glänzte wie ein Feenschloss, in dem das Glück höchstselbst wohnte. Dann raunte eine Stimme, Cordulas Stimme, aus dem Off: »Sonnenland. Live your dream, children of the sun!« Unter ein paar Takten süßlicher Kaufhausmusik vom Synthesizer schwenkte die Drohnenkamera nach oben, das Projekt *Sonnenland* wurde kleiner und kleiner im Straßengewirr der Millionenstadt, der imaginäre Raumgleiter entschwebte in die Atmosphäre.

Der Saxofonist begann, *Night and day* von Cole Porter zu spielen. Ich mochte den Song, Porter war dazu angeblich im Mausoleum der Kaiserin Galla Placidia in Ravenna inspiriert worden, dessen Gewölbe von einem Firmament Tausender kleiner Sterne überzogen ist. Ich hatte mit Cordula einmal eine Reise nach Ravenna unternommen, ihr das Mausoleum gezeigt und ihr dabei, obwohl die Führerin säuerlich guckte, das Lied vorgesungen – gut, vielleicht nicht ganz fehlerfrei, aber immerhin, mit Inbrunst und vor allem sehr, sehr verliebt.

Hatte der Saxofonist ein Abkommen mit Cordula geschlossen, mir andauernd auf meiner akustischen Erinnerung herumzutrampeln? Ich spürte, dass mir die Tränen kamen. Doch da trat Jotpe auf den Musiker zu und klopfte ihm auf die Schulter, der legte daraufhin einen abgewürgten Tonikaschluss hin.

»Meine Damen und Herren«, begann Jotpe seinen einstudierten Sermon, »liebe Sonnenländler. Wir hatten ja in den letzten Wochen mit Ihnen allen Sondierungsgespräche, und Sie sind über die grundsätzlichen Aspekte des Bauprojekts, aber auch der besonderen Gesellschaftsform, der Baugemeinschaft in der juristischen Form einer GbR, informiert. Unsere kleine Präsentation – ich danke an dieser Stelle meinem Mitarbeiter Kevin Lauridsen, der nicht nur diesen Clip erstellt hat, sondern einen Gutteil des bisherigen Projekts mitentwickelt hat.« Jotpe zeigte wie ein Showmaster mit ausladendem Schwung seines Arms auf den strahlenden Lauridsen, dessen Hand an Cordulas Hintern mit *Uhu* festgeklebt schien. Die Baukandidaten klatschten wie im Studio eines TV-Talks.

»Unsere Präsentation hat nochmals zusammengefasst, was die Qualitäten und Vorzüge von *Sonnenland* sind: Sie selbst fungieren als Bauherren innerhalb einer GbR, wir begleiten Sie zuverlässig und fachkundig. Sie entscheiden in der Gruppe, haben dafür aber keinen profitorientierten Bauträger über sich. Andererseits werden durch die gemeinsame Erteilung der Aufträge an die Gewerke die Kosten stark gesenkt. Fazit: Sie bauen nach Ihren ganz individuellen Wünschen und Vorstellungen, wir beraten, organisieren, korrigieren, kontrollieren. Am Ende steht das *Sonnenland*: Hochwertiges, großzügiges, ästhetisch überzeugendes Wohnen auf höchstem Niveau. Aber nun genug geredet«, Jotpe erhob sein Sektglas, »lassen Sie uns nochmals anstoßen, auf den Erfolg unseres Fluges zur Sonne. Hier auf dem Schreibtisch meiner lieben Mitarbeiterin Cordula liegen die Gesellschafterverträge. Ich bitte die, die noch nicht unterzeichnet haben, es jetzt zu tun, notfalls genügt auch ein Fingerabdruck, oder Ihre süßen Kleinen malen ein Haus mit einer Sonne hin.« – Lachen einiger Mütter – »Dann können wir gleich nochmals anstoßen, auf die Gründung unserer GbR *Sonnenland*. Bereits in wenigen Wochen sehen wir uns auf dem Gelände, zur Grundsteinlegung. Da grillen wir dann, denn es geht nun los, krempeln Sie schon einmal die Ärmel hoch, symbolisch gesehen. Prost!«

Alle erhoben ihre Gläser, lachten, ein paar stießen Freudenjuchzer aus, ein kleines Mädchen schrillte durch eine Trillerpfeife, ein dicker kleiner Junge mit Sommersprossen ließ seinen Luftballon, auf dem groß *Sonnenland* stand, direkt neben mir platzen. Ich erschrak, und ein wenig Ketchup spritzte von meinem Teller auf das T-Shirt des Jungen, der belämmert dreinblickte. Es geschah ihm recht.

Ich wandte mich ab, lud mir am Buffet nun auch den Teller voller Shrimps, obwohl ich die nicht sonderlich mochte – einfach nur, um Jotpe ein klein wenig zu schröpfen.Dann ging ich nach hinten in die Teeküche. Auf der Anrichte standen Styropor-Boxen und Tupperschüsseln des Catering-Service. Zerknüllte Alufolie lag auf dem Boden, im halb gefüllten Spülbecken lagen ein paar Teller und Tassen. Aus einem kleinen Transistorradio dudelte leise Schlagermusik. Ein Moderator faselte zwischendrin vom größten Hit eines Fred Jacaranda oder so ähnlich, gleich darauf jaulte eine Eunuchenstimme etwas von der *Stewardess im blauen Dress, die schaut ein jeder Mann sich gerne zweimal an*[1].

Ich setzte mich auf die Eckbank, schob die Plastikschüsseln etwas beiseite und begann, lustlos von den Shrimps zu knabbern. Sie schmeckten fad, das Fleisch zog sich wie Gummi. Ich kippte das Zeug in den Mülleimer. Neben dem Kühlschrank entdeckte ich eine angebrochene Flasche Bordeaux. Ich goss mir ein, schaltete das Radio aus, öffnete das Fenster und blickte hinaus auf den Hof. Der Schemen einer Linde stand dunkel und unbewegt vor einem Abendhimmel, aus dem das letzte Licht entschwand. Ich trank das Glas Wein in einem Zug aus. Ich fühlte mich leer und verbraucht und wollte diese Leere mit Alkohol ausfüllen. Der Raum sog sich mit dem süßen Lindenduft voll. Ein Nachtfalter flog herein und stieß gegen das Milchglas der Deckenleuchte. Ich schaltete das Licht aus und stellte mich wieder ans offene Fenster. Der Falter flog mir auf die Schulter. Ich wandte den Kopf und betrachtete ihn. Er klappte seine Flügel zusammen, sein Körper pumpte Luft, die Fühler zitterten. Sanft blies ich ihn an. Er schlug mit den Flügeln ein, zwei Mal, blieb aber sitzen.

Hinter mir war das Klackern von Stöckelschuhen zu hören. Jäh ging das Licht an und zerschnitt den Zauber.

»Was mauschelst du denn hier in der Finsternis, Tim?«

Cordula. Ich wandte mich um, der Falter flog auf, trudelte empor zur Decke, knallte gegen das Licht, torkelte, stürzte ab, fiel ins Spülbecken, worin schmutziges Wasser schwamm. Ich ging zum Becken und fischte ihn heraus. Er saß nun auf meiner Handinnenfläche, vom fettigen Wasser verklebt, und versuchte, seine Flügel durch heftiges Öffnen und Schließen zu trocknen.

»Bist du unter die Schmetterlingsjäger gegangen?«

Sanft hauchte ich den Falter an, dem das zu gefallen schien. Wieder pumpte er Luft in seinen Leib. Vorsichtig setzte ich ihn auf die äußere Fensterbank. Noch immer fächelte er mit seinen Flügeln. Ich hoffte, die Nachtluft würde ihn wieder hinaus ins Freie locken, weg vom Licht.

»Was ist? Bist du taub? Sprichst du nicht mehr mit mir?«

Ich warf das leere Weinglas aus dem Fenster, es zerscherbte auf dem Beton im Hof. Der Falter flog auf und stieg hinauf in die Krone des Lindenbaums. Ich glaubte ihn noch einmal vor dem fahlen Viereck des abendlichen Himmels zu sehen, dann verschwand er endgültig.

»Mach bitte das Licht aus«, sagte ich, das Gesicht noch immer in die Baumkrone gewandt.

»Der Letzte macht das Licht aus, ja?« Cordulas Stimme war scharf wie ein Messer. »Aber du brauchst nicht zu glauben, dass du dich aus allem so heraustehlen kannst. Den Schmetterlingen nachträumen! Wo lebst du eigentlich? Weißt du, wie dein Stand in der Firma ist? Absolut bescheiden! Während Kevin sich hier komplett reingehängt hat, um *Sonnenland* zu gründen – er ist sogar nach New York geflogen, um mit der Erbengemeinschaft zu verhandeln, und dann die langwierige Akquise mit den Bauinteressenten, die Gespräche, um sie zu überzeugen, und ich habe in der Zeit, obwohl, noch gar nichts sicher war, Tag und Nacht an den Plänen gezeichnet, zusammen mit Jotpe. Mann, das wird wirklich ein Renommierprojekt! *Sonnenland*! Allein der Name – darauf bin übrigens ich gekommen, ich finde ihn genial. Also, während wir uns hier total verausgabt, alles gegeben haben, bist du in Wermsdorf gesessen, hast dieses Schloss bestaunt und dich nicht weiter gemeldet. Hin und wieder allenfalls eine SMS oder eine kurze E-Mail. Aber eigentlich wissen wir alle kaum etwas von den Gegebenheiten, und wie die Chancen dort sind, das Schloss zu vermarkten, und welche Ideen du für die Umgestaltung hast. Ich meine, wir haben uns hier wirklich aufgerieben, Tim, und du …«

Ich wandte mich um: Cordula trug ein enges Kleid, das ihre Brüste betonte. Ich sah die Wölbung ihres Bauches. Mein Seidenschal hatte sich gelockert und war nach unten gerutscht.

Sie starrte auf das Mal an meinem Hals. »Hat dich da etwa der Falter gebissen? Oder ist das ein Knutschfleck von einer sächsischen Maid?«

»Nein, von einem sächsischen Mann«, antwortete ich und machte ein möglichst gelangweiltes Gesicht.

Cordula sah mich verwirrt an. »Aha … na, jeder nach seinem Geschmack. Dann dürfte es dir ja nicht schwerfallen, wenn ich das Kind allein großziehe. Abtreiben kommt jedenfalls nicht infrage. Dagegen sperre ich mich. Versuche ja nicht, irgendwie Druck auszuüben. Außerdem glaube ich, dass das Kind eher von Kevin ist. Also nur damit du im Klaren bist. Wir lassen einen Vaterschaftstest machen. Falls doch du der Vater bist, wirst du natürlich Unterhalt zahlen müssen. Ich habe mich mit Kevin schon besprochen. Er hat mir zu einem Anwalt geraten, wenn es so sein sollte. Also, jedenfalls, ich sage dir das, Tim, damit du nicht glaubst, du könntest dich aus der Verantwortung stehlen, so wie mit Schloss Hubertusburg. Und was du dort unten in Sachsen machst, ist mir so was von egal, ob du mit Männern rummachst oder was. Aber wenn ich dir in aller Freundschaft doch einen Tipp geben darf: Bring das Projekt dort ins Laufen, und zwar dalli. Du stehst nämlich bei Jotpe auf der Abschussliste. Ich habe damit übrigens nichts zu tun«, sie zeigte mir ihre Handflächen, als wenn ich darin ihre Unschuld lesen könnte. »Wir sind hier ein kleines Büro, das sich

Versager, die in den Himmel gucken und Schmetterlinge jagen, nicht leisten kann. Ciao!« Mit kokettem Hüftschwung stöckelte Cordula zur Tür, wandte sich aber nochmals um: »Ach ja, ich vergaß: Ich habe das Schloss an meiner Wohnungstür auswechseln lassen. Deine Sachen nimmst du noch diese Woche mit, aber ruf vorher an, wenn du kommen willst. Wenn dein Krempel nicht bis Sonntag aus meiner Wohnung ist, werfe ich ihn vor die Tür.«

Ihre Schritte entfernten sich, aus dem Ladenlokal hörte man Gelächter, Stimmen und das schmutzige Nölen des Saxofons.

Ich starrte zur Decke. Wenn ich die Augen etwas zukniff, konnte man meinen, ein Fixstern hinge dort oben. Von draußen wehte mich kühle Nachtluft an. Ich blickte hinaus, sog den süßen, verführerischen Duft der Linde ein. Dann schwang ich mich aufs Fensterbrett, sprang hinaus auf das Betonpflaster, ging über den Hof und auf die Straße. Ich wollte eigentlich nach Wermsdorf zurück. Aber ich hatte zu viel getrunken und konnte nicht mehr Auto fahren. Meine Sachen musste ich ja wohl in den nächsten Tagen aus Cordulas Wohnung holen. Mir fiel Frank ein, bei dem konnte ich heute Nacht sicherlich bleiben. Er wohnte in der Parkstraße in Weißensee.

Zu Fuß machte ich mich auf den Weg. Die kühle Nachtluft ließ mich etwas frösteln, aber das tat gut. Je länger ich ging, desto nüchterner wurde ich im Kopf, und desto leichter das Herz. In Prenzlauer Berg waren viele Nachtschwärmer unterwegs. In Weißensee hingegen waren die Gehsteige bereits hochgeklappt. Vom See her wehte mich eine frische Brise an. Im Wasser spiegelte sich der Mond, groß und rot wie eine Blutorange.

Dort vorne war das Haus, in dem Frank wohnte. Ich wollte noch etwas allein sein und ging zum Seeufer hinab. Kein Mensch war unterwegs. Ich streifte die Kleidung ab und stieg ins Wasser, das wärmer war als die Luft. Mit ruhigen Zügen schwamm ich hinaus in die Mitte des Sees, zu den Düsen, aus denen tagsüber die hohe Fontäne emporsprang. Mit einem Mal fühlte ich mich leicht. Leicht und glücklich. Etwas in mir war zerbrochen, aber hinter der geborstenen Milchglasscheibe erkannte ich wieder ein Stück von der Welt.

Im Sommer störte das Loch in der Milchglasscheibe wenig. Ohnehin öffnete Janke mit dem langen Stangenzug das Oberlicht des hohen Raums, in dem sich die Klosetts *dieser Stelle* befanden: An einer Längsseite des schlauchartigen Gelasses waren fünf Waschbecken angebracht, darüber – so hoch, dass er sein Gesicht nur sehen konnte, wenn er sich streckte – kleine Spiegel, die an den Rändern abgeschlagen waren und blinde Flecken zeigten.

In der hinteren rechten Ecke des Raums waren zwei Kabinen, deren Türen man von innen nicht verriegeln konnte. Wenn Janke aufs Klo ging, hängte er außen an die Klinke ein Schild. Das hatte er selbst gefertigt. Nicht einfach ein Stück Pappe, das erschien ihm zu hässlich; vielmehr hatte er mit roter Tinte und in Druckschrift auf weißem Papier geschrieben: *Diese Kabine ist momentan BESETZT! K. Janke.* Er hatte das Papier auf dünnes Sperrholz gezogen, genau im Maß einer Postkarte, die Kanten rund geschliffen, rechts und links oben mit einem feinen Bohrer zwei Löchlein gesetzt und eine dünne Kordel hindurchgezogen. Das Schildchen trug er in der Innentasche seines Werktagssakkos. Es war ihm wichtig, ordentlich herumzulaufen und nicht den Eindruck zu erwecken, er sei ein Patient. Dennoch konnte er nie sicher sein, dass nicht einer der anderen Insassen dieser Stelle die Tür öffnete, weshalb Janke, während er auf der Klobrille saß, es sich angewöhnt hatte, mit einem Bein das Türblatt zuzudrücken. Janke fand, dass die Raumgerüche am Rande des Erträglichen waren. Im Sommer achtete er darauf, dass das Oberlicht gekippt war, auch wenn das nur wenig Luftaustausch ermöglichte. Im Winter hingegen hatte das Kippfenster – Anordnung der Leitung – geschlossen zu bleiben, weil der Raum nicht zu beheizen war. Dennoch zog es unangenehm durch das Loch in einer der Milchglasscheiben, und Janke hielt sich nicht länger als nötig hier auf. Freilich war er stets bemüht, sich reinlich zu halten.

Ein Vollbad durfte er nur alle zwei Wochen nehmen. Es war eine aufwendige Prozedur, die man im Keller vollzog, in einer Art Waschküche, in der sich ein großer, mit Holz und Kohlen beheizbarer Wasserkessel befand, davor zwei Wannen auf gusseisernen Füßen, so hoch, dass man einen hölzernen Tritthocker brauchte, um hineinsteigen zu können. Der Kessel, aber auch die Öfen in der Küche und den Gemeinschaftsräumen wurden mit Kohle aus dem Bunker beheizt. Auch er, Janke, war in einer Truppe eingeteilt, die nach einem festgelegten Wochenplan die Kohle in blecherne Eimer und Schüttkannen schaufeln und in die jeweiligen Räume tragen musste. Janke hatte bereits zwei Mal in einem Schreiben an den Direktor dieser Stelle Protest eingelegt: *Der am Ende Unterzeichnete ist ein ehrlich arbeitender Ingenieur und Erfinder und kein Idiot. Er bittet daher die zuständigen Behörden dieser Stelle, ihn aus den niederen Verpflichtungen des Kohleschleppens zu entbinden. Hochachtungsvoll Janke, Wermsdorf.* Doch es änderte sich nichts, und Janke schaufelte und transportierte die Kohle weiterhin wie angeordnet. Schließlich hatte er es ja auch ganz gern, wenn er alle zwei Wochen ins heiße Wasser steigen durfte, obgleich es ihm nicht gefiel, dass dann in der Wanne nebenan, nur durch eine Bretterwand getrennt, ein anderer Bewohner sich wusch. Auch im gewöhnlichen Waschraum konnte Janke nicht auf mehr Privatsphäre pochen, wenn er an einem der Becken stand, die an die Wand montiert waren. Im Gegensatz zu anderen war es ihm wichtig, sich täglich zu waschen, das tat er freiwillig, er musste dazu nicht von den Kräften *dieser Stelle* angehalten werden, das wollte er nicht, das war unter seiner Würde, auch wenn es im Winter durch das Loch in der Milchglasscheibe zog und der vier Meter hohe Raum manchmal in Eisesluft lag.

Herr Jonas, einer der Bediensteten, war freilich sein Freund: Der versorgte ihn mit Material für seine *Sonnenland*-Werkstatt und hatte sich für ihn, Janke, beim Direktor dafür eingesetzt, dass er nur jede zweite Woche Kohle schleppen musste, denn die Trajektentwicklung genoss im Staate Vorrang vor den niederen Bedürfnissen der Menschheit.

Janke hatte seine Notdurft erledigt, betätigte die Wasserspülung, zog die Hose hoch und verließ die Kabine. Er musste an jene Zeit denken, die er für sich *die schwere* nannte ...

Er sah sich auf einem Lokus sitzen, irgendwo im Oderbruch, hinter einem verlassenen, kaputt geschossenen Bauernhaus. Der Frühling war in jenem Jahr zeitig gekommen und so machtvoll, als wollte er das ganze Leid mit Blüten überdecken. Janke roch den faulenden Unrat unter sich. Das Holz, auf dem er saß, war im Laufe von Jahrzehnten von unzähligen Hinterteilen, schweren und leichten, dicken und dünnen, jungen und alten, blank geschurbelt und fühlte sich kühl und angenehm an. Durch eine breite Ritze in der seitlichen Spundwand wehte ein linder, satter Geruch von Erde herein. Janke schloss die Augen und genoss den Frieden. Der Frieden war auf ein paar Minuten zusammengeschrumpft, er hatte sich zurückgezogen in ein Klohäuschen, das zwischen Holundersträuchern und Fliederbüschen halb verborgen lag. Draußen tobte der Irrsinn, herrschten Tod, Angst und Leid. Hier aber fühlte sich Janke geborgen wie in einem Mutterleib.

Erst seit Kurzem waren sie unterwegs. Aber die Last von Hunderttausenden, die sich in schier endlosen Trecks über verstopfte Landstraßen nach Westen mühten, zu Fuß, auf Esels- und Pferdekarren, mit Leiterwagen, die sie selbst zogen, oder schlicht mit einer Kinderchaise, worin sie ihre wenigen geretteten Habseligkeiten transportierten, legte sich auch auf Janke und seine Mutter Hedwig. Erst vier Tage zuvor hatten sie ihren Hof hinter Kolberg verlassen. Mit einem Pferdefuhrwerk waren sie aus dem Dorf hinausgezogen. Die Mähre war betagt, das einzige Pferd, das ihnen geblieben war. Die anderen waren schon vor Jahren von der Wehrmacht requiriert worden. Man wollte die Welt erobern und hatte nicht einmal genügend Treibstoff für die Lastwagen und Panzer und zog mit Pferdewagen in den russischen Osten, wie Napoleons Truppen hundertdreißig Jahre zuvor.

Als Janke aus Frankreich zurückgekommen war, einen Entlassungsschein in der Tasche und ein Gerinnsel im Kopf, und er an einer Krücke mühselig den kurzen Weg von der Dorfstraße hinüber zum Bauernhaus der Eltern zurückgelegt hatte, war die Mutter vor der Tür gesessen und hatte Erbsen gepult: Als die Holzpforte quietschend aufgegangen und Janke durch den bäuerlichen Vorgarten zum Haus gehinkt war, war ihr die Blechschüssel aus dem Schoß gefallen und scheppernd zu Boden gegangen, die Erbsen waren auf die alten gebrannten Tonplatten geprasselt. »Jesusmaria«, hatte die Mutter gerufen, und: »Otto, komm schnell!« Der Vater war aus dem Haus gekommen, die Lesebrille in der einen Hand, in der anderen den Heimatkalender, den er das ganze Jahr las, bis sich spätestens im Oktober die Klebebindung löste und der Kalender die Blätter fallen ließ wie die Bäume das Laub.

Janke war auf dem elterlichen Hof geblieben. Er hatte die Ochsen vor den Pflug gespannt, Kartoffeln gesetzt und Weizen gesät, die vier Kühe gemolken, im Herbst die Spalierbirnen an der Scheunenwand geerntet und die Boskopäpfel im Obstgarten hinter dem Stall. Er hatte beim Kartoffelklauben geholfen, beim Mähen und Dreschen, und kaum war ein halbes Jahr um gewesen, konnte er wieder ganz ohne Krücke gehen, hatte schließlich nicht einmal mehr gehinkt. Nur manchmal hatte er plötzlich starke Kopfschmerzen bekommen, war auch ein paar Mal ohnmächtig geworden. Die Mutter hatte ihm dann Stirn und Nacken mit Melissengeist aus der Apotheke eingerieben, ihm auch ein Gläschen davon zu trinken gegeben. Das hatte lindernd gewirkt und die nebulösen Löcher in seinem Kopf vertrieben, hatte Janke geglaubt.

Im Volksempfänger, den sich der Vater zugelegt hatte, war wieder einmal – der Krieg war bereits in seinem fünften Jahr – die Stimme des Führers zu hören, die sich wie tollwütig überschlug und vor Hass und Geifer kaum zu verstehen war. Gegen das böse England hatte der Führer seine Tiraden geschleudert und gedroht, es mit der Wunderwaffe zu zermalmen, desgleichen die Amerikaner, die in der Normandie gelandet waren, und auch die Russen, die bereits vor Ostpreußen gestanden waren.

Janke war um diese Zeit alle paar Wochen in die Stadt geradelt, um sich in der öffentlichen Bücherei Werke über Astronomie und

Mechanik, auch über Naturwissenschaften und Geschichte auszulei-
hen. Der Bibliotheksdirektor hatte ihn einmal beiseitegenommen und
ihm zugeraunt, es sei ihm aufgefallen, dass er, Janke, sich für den
Weltenraum und für Raketentechnologie interessiere. Ob er denn
schon von Hermann Oberth und Max Valier gehört habe? Deren
Schriften und Bücher könnten Janke interessieren. Leider versage da
die Kolberger Bücherei, aber er, der Direktor teile dieses Interesse und
könne Janke gern aus seiner privaten Bibliothek den einen oder anderen Titel leihen.

Janke hatte den Direktor wenig später in dessen Haus am Rande
der Altstadt besucht, eine prächtige Villa aus der Kaiser-Wilhelm-Zeit,
mit stuckierten Blumengirlanden und Satyrköpfen an der Fassade.
Hier hatte Janke zum ersten Mal von Wernher von Braun gehört und
von der Heeresversuchsanstalt Peenemünde auf Usedom. »Im Vertrauen, und ganz unter uns«, hatte der Direktor ihm verschwörerisch
zugezwinkert und, als wollte er einen Verschwiegenheitspakt damit
besiegeln, Janke ein Gläschen Danziger Goldwasser eingeschenkt.
Dann hatte er Janke, der auf einem urtümlichen, gewaltigen Kanapee
gesessen war, einen Stapel Bücher auf den Sofatisch gelegt: Hermann
Oberths *Die Rakete zu den Planetenräumen*, Max Valiers *Der Vorstoß
in den Weltenraum* und Wernher von Brauns *Konstruktive, theoretische
und experimentelle Beiträge zu dem Problem der Flüssigkeitsrakete*.

»Brauns Dissertation dürfte für Sie als Laien vielleicht etwas
schwierig sein«, hatte der Bibliotheksdirektor begonnen, »aber versuchen Sie's ruhig. Sie sind ja ein heller Kopf, Herr Janke. Ihnen traue
ich manches zu. Übrigens ist die Heeresversuchsanstalt in Peenemünde nur noch der Kopf des Unternehmens. Die Alliierten haben die Pro-
duktionsstätten schon vor einiger Zeit bombardiert. Meine Frau ist mit
Braun verwandt, und sie will erfahren haben, dass die Produktion
nach Thüringen verlegt worden ist, in die Nähe von Nordhausen.
Unterirdisch sollen dort die V2-Raketen und andere Wunderwaffen
produziert werden, heißt es, im großen Stil. Es ist wie in Wagners *Ring
des Nibelungen*, beiläufig die Lieblingsoper unseres geliebten Führers:
Tief im Berg wird nach dem Gold, um das sich doch alles auf Erden

dreht, gegraben.« Der Direktor hatte Janke vom Danziger Goldwasser nachgegossen. »Das bleibt selbstverständlich unter uns. Man munkelt so manches, auch über den Einsatz von Zwangsarbeitern und Strafgefangenen in großem Ausmaß. Gerüchte sicherlich, auch durch Feindpropaganda geschürt. Egal: Wo gehobelt wird, da fallen Späne. Wer will rechten über ein Volk, das sich lediglich gegen die übermächtigen Feinde wehrt und seinen geschichtlichen Auftrag als Herrscher vollziehen will? Es geht hier um Sein oder Nicht-Sein, und Brauns Raketen können uns den Endsieg bringen und damit den Frieden auf Erden. Heil Hitler!«

Der Direktor hatte die Hacken zusammengeschlagen, als stünde er auf dem Kasernenhof. Janke hatte ein Pochen in der Schläfe gefühlt. Er hatte das Goldwasser stehen gelassen, sich erhoben, die Bücher genommen, kurz gedankt und das Haus verlassen ...

So könnte es gewesen sein, dachte Janke, als er die Hosen hochzog und das Plumpsklo jenes zerschossenen Bauernhauses im Oderbruch verließ. So, oder auch anders. Peenemünde, die Wunderwaffe, die Rakete zu den Planetenräumen. Janke griff sich an die Schläfe: Alberich und Mime und der Nibelungenhort, die Götterdämmerung und der Endsieg, die Bombenangriffe auf Kolberg, die Trecks aus Ostpreußen, nachts über das zugefrorene Haff, das brechende Eis – was ist wahr, was ist Traum?

Der Vater, den man eines Abends im Januar am Tisch in der guten Stube vorgefunden hatte, sein Kopf war auf den frischen Heimatkalender für das Jahr 1945 gesunken, die Lesebrille war daneben gelegen. Er konnte ihn noch nicht ausgelesen haben, vielleicht hatte er noch nicht einmal die Erzählungen seiner Lieblingsautoren gelesen, Reuter, Storm und Müller-Partenkirchen. Da war der Tod an ihn herangetreten, hatte ihm die Brille abgenommen und gesagt: *Es ist genug. Du findest die Lösung darin nicht.*

»Ein sanfter Tod«, hatte der Dorfarzt gesagt, »er hat nichts gespürt. Das Herz.«

Dann hatte er den Totenschein ausgefertigt. Darin hatte er Übung, denn immer mehr Flüchtlinge kamen aus dem Osten, auch durch Jankes Dorf, und bettelten an den Türen um etwas Brot, Butter und Milch, bevor sie weiterzogen, noch waren die Brücken über die Oder intakt. Der Totengräber hatte Mühe gehabt, ein Loch in den gefrorenen Boden zu graben, und Jankes Mutter hatte ihm eine Extraration Kartoffeln und Schmalz geschenkt. Der Pastor hatte ebenfalls von einem sanften Tod gesprochen, und dass in dieser schweren Zeit, in der Deutschlands Jugend an allen Fronten das Vaterland gegen die Bolschewiken und die Amerikaner verteidige, auch der Dienst hinter dem Pflug ein Heldendienst sei, und den habe Jankes Vater siegreich bestanden. Der Pastor hatte das Kreuzzeichen über dem Loch gemacht, auch über der kleinen Trauergemeinde, dann hatte er Jankes Mutter und Janke kurz die Hand gedrückt und war zurück zum Pfarrhaus gegangen, ohne zu warten, bis sich das Grüppchen aufgelöst hatte. Janke hatte eine Kelle voll Erde hinabgeworfen, dumpf hatte es auf den Sargdeckel geklatscht.

Das war wahr, das wusste er, auch jetzt, als er den mit duftendem Flieder eingewachsenen Pfad vom Abort zurück zu dem zerschossenen Bauernhaus ging, denn er hatte die Kelle voll Erde in der Hand gehalten, hatte den kalten Griff gespürt − er hatte in der Aufregung die Handschuhe zu Hause liegen lassen. Zu Hause, das nun auch schon nicht mehr war, da sie nun wie Hunderttausende vor ihnen nach Westen flohen, an den Türen um etwas Brot bettelten und in die Ruinen kletterten auf der Suche nach Essbarem, das vielleicht in der Eile zurückgelassen worden war.

Unter einem Fliederbaum wartete Jankes Mutter. Sie saß auf der Deichsel des Pferdewagens, der ihre Habseligkeiten enthielt. Der Gaul war ausgespannt, er stand ein paar Meter entfernt und graste. Der Frühling war vorzeitig und mit elementarer Wucht gekommen. Die Grashalme sprossen, der Löwenzahn stand fett in Blüte. Janke atmete tief ein. Die Luft war süß wie Zucker.

»Es nützt nichts, wir müssen weiter. In Gottes Namen«, sagte die Mutter.

Ihre Haare waren weiß geworden, ihre Wangen hohl. Von fern hörte man am Himmel ein dunkles Brummen, wie von einem Schwarm

Hornissen. Janke blickte nach oben: Über den First des Hauses, in ziemlicher Höhe, kam ein Geschwader russischer Jagdbomber. Sie zogen nach Westen, Richtung Berlin.

»Schirr den Gaul an, Karl«, sagte die Mutter, »wir haben keine Zeit zu verlieren.«

Wenige Minuten später rumpelten sie weiter, über einen staubigen Feldweg. Sie nahmen den gleichen Weg wie die Flieger, die ihre Bomben in die Städte und Dörfer trugen. Janke sah sich um: hinter ihnen, schon in einiger Entfernung, das Bauernhaus, halb verborgen hinter Flieder und Holunder. Der Frieden hatte eine Stunde lang gedauert und hatte in einem zerschossenen Gehöft Rast gemacht. So zogen sie mit dem Krieg, wie all die anderen.

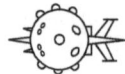

Ich holte bei Cordula meine Sachen ab. Anderthalb Jahre hatte ich bei ihr gewohnt, und nun, als alles in meinem Golf verstaut war, wunderte ich mich selbst, wie wenig ich besaß. Das war noch immer das bisschen Krempel eines Studenten. Viel weniger hatte ich auch nicht besessen, als ich aus der westfälischen Provinz nach Berlin gegangen war, um Architektur zu studieren. Eigentlich lebte ich seit jeher nur im Provisorium.

Nach dem Abitur zog ich bei meinen Eltern aus und lebte in einer WG in Detmold, nach dem Zivildienst ging ich nach Berlin, hauste zunächst in einem Studentenwohnheim in Steglitz, dann in diversen WGs in Kreuzberg und Neukölln. Ich war ein Zaungast, ließ mich wie ein Vogel nieder, wie es mir gerade beliebte. *Sie säen und sie ernten nicht, und dennoch sorgt unser Vater im Himmel für sie* – das klang mir seit Kindheitstagen im Ohr, als ich mit meinen Eltern sonntags noch zur Kirche gegangen war. Ich war überall rasch zu Hause und nirgends daheim.

Als mein Vater an Lungenkrebs starb – er hatte zeitlebens das Rauchen nicht nur für sich abgelehnt, sondern es der ganzen Welt als *schändliches Laster* vorgehalten und war nun ausgerechnet an Lungenkrebs gestorben, als müsste er einen Stellvertretertod hinnehmen –, stand ich bei der Trauerfeier vor seiner Urne und kapierte schlicht nicht, dass in dieser Metallkapsel das sein sollte, was er gewesen war. Nicht, dass ich mir nicht vorstellen konnte, wie ein Sarg samt Leichnam in einem Krematoriumsofen verbrannt wurde – ich hatte darüber einen Film auf 3sat gesehen, irre, wie schnell das ging, und bei welch hohen Temperaturen. Aber es erschien mir so absurd, dass mein Vater, Karlheinz Feldtmann, Beamter a. D. im Finanzamt Detmold, der in seinem Leben immer alles richtig gemacht hatte – das jedenfalls hatte er mir, meiner Mutter und seinem ganzen Umfeld suggeriert, seit ich denken konnte –, dass dieser Karlheinz Feldtmann einfach so zur Bedeutungslosigkeit eines Staubhäufchens zusammengeschmurgelt war, das man in eine hässliche Metallkapsel geschüttet hatte. Ich ertappte mich bei der Trauerfeier bei diesem Gedanken und dabei, wie *ungehörig* dieser Gedanke war, wie *undankbar* (Lieblingsbegriffe meines Vaters). Doch ich konnte nicht leugnen, nicht vor mir und nicht vor der Welt, wie fremd mir diese ganze Zeremonie war, wie lächerlich sie mir vorkam.

Mir war, als wäre mein Vater endlich dabei ertappt worden, dass er ein Hochstapler war, der in Wahrheit nicht mehr Platz brauchte als in dieser Blechdose war, die man nun in einem Loch verbuddelte. Ich kam meinem Vater überlegen vor und der ganzen Trauergemeinde fremd, und als die Gäste sich in einer Reihe anstellten, um meiner Mutter und mir die Hand zu schütteln und verlegen ein *herzliches Beileid* zu murmeln, nahm ich das weniger kaltherzig auf als vielmehr fremd, wie bei einer *Verwechslung*. Es war, als hätte mein alter Mathelehrer Obenaus die Namen von mir und meinem Banknachbarn Uli verwechselt, denn Obenaus war ein begnadeter Kopfrechner, aber mit Wörtern konnte er schlicht nichts anfangen, und so verwechselte er schon mal die Namen und schrieb dem Uli, der eine Leuchte war, ins Zeugnis eine Fünf und mir eine Eins. Uli brach in Tränen aus, und Obenaus

stammelte verlegen etwas. Der Direktor bekam davon Wind und
bügelte alles glatt, weil sogar er vor Urzeiten ein Schüler des alten
Obenaus gewesen war, und weil Obenaus, seit vierzig Jahren
Lehrer an dieser Schule, eine Instanz war, unangreifbar, kurz vor
seiner Pensionierung. Der Direktor herrschte Ulis Mutter an, Uli
habe eine Sauklaue, das könne ja kein Mensch lesen, und sie solle
ihrem Sohnemann mal beibringen, seinen Namen deutlich zu
schreiben, das sei ja wohl von einem Gymnasiasten nicht zu viel
verlangt! Auch damals kam mir alles irgendwie fremd und unwirklich vor, so wie später die Beerdigung, die Verscharrung der väter-
lichen Urne.

Auch jetzt, als ich vor meinem alten alpinweißen Golf stand
und meine Habseligkeiten betrachtete, erschien mir alles irgendwie fremd und urkomisch: Seit sechzehn Jahren tingelte ich nun
so durchs Leben, das schon fünfunddreißig Jahresringe zählte,
ohne mehr zusammengekauft und angesammelt zu haben. Ich war
leicht und unbedeutend wie die Vögel, von denen im Evangelium
die Rede war, und ich fühlte mich wohl dabei.

Ich schlug die Heckklappe zu, sah im Augenwinkel Cordula, die
am Küchenfenster stand und mir nachblickte. Eher fassungslos,
wie ich zu bemerken glaubte, als triumphierend. Denn ich hatte
ihr keine Szene gemacht und war auf ihre spitzen Bemerkungen
nicht angesprungen, und das brachte sie, ich wusste es, erst recht
in Rage. Am Ende hatte sie herumgeschrien und mir eine Kiste mit
IKEA-Geschirr vor die Tür geworfen, sodass das Meiste hörbar zu
Bruch gegangen war. Ich hatte den Karton, ohne mit der Wimper
zu zucken, gepackt und nach draußen zu den Mülltonnen
geschleppt und dort einfach hineingekippt. Als ich nochmals
nach oben gekommen war, um zwei Taschen zu holen, hatte ich
unschuldig gefragt: »Sag mal, Cordi, war das jetzt richtig, in die
schwarze Tonne, oder hätte das in die Altglastonne gesollt? Waren
ja auch ein paar Senfgläser drin, und die Weingläser aus Böhmen,
die du mir mal geschenkt hast. Ich möchte nicht, dass du Ärger
mit der Hausverwaltung kriegst, wegen unzulässiger Müllent-

sorgung.« Und als sie zu weinen begonnen hatte, vor lauter Wut, hatte ich hinzugefügt: »Wein dich nur aus, Cordula. Das befreit«, und war hinuntergegangen, nicht ohne vorschriftsmäßig die Haustür ins Schloss fallen zu lassen, denn es war Abend gewesen, und *nach 20 Uhr* war *die Haustür zu schließen – Hausverwaltung Glöbke.*

Noch in der Nacht fuhr ich nach Wermsdorf, mit meinem bisschen Krempel (die Gläser hätte ich sowieso nie benutzt), und schaffte alles in mein Pensionszimmer. Im Briefkasten lag ein gelber Zettel, darauf mit grüner Tinte, in rundlicher Schrift: *Stavenhagen will dich sprechen. Sivi.*

Stavenhagen. Was wollte er von mir? Ging es um das Projekt »Residieren im Schloss«? Oder hatte er mir nochmal etwas über diesen Geisteskranken mitzuteilen? Na ja, wenn ich an die *Urbanitas* dachte und an die *Sonnenland*-Party, war dieser Janke ja nicht der Gestörteste auf Erden. Immerhin hatte er zeichnen können. Und Fantasie hatte er offensichtlich auch gehabt.

Mein Blick fiel auf ein vergilbtes Blatt in A3, die Ränder waren ausgefranst, wie von Mäusen angefressen. Das Papier war mehrmals gefaltet gewesen, die Falze waren zum Teil gerissen. Darauf eine Zeichnung in Bleistift, Tusche und Aquarellfarben von einer Weltraumrakete, in doppelter Ausführung: einmal im Längsriss, einmal in räumlicher Perspektive schräg von vorne. Die Rakete erschien ungemein plastisch, sodass man glauben mochte, sie schösse jeden Augenblick auf den Betrachter zu. Verdammt gut zeichnen konnte der Kerl! Wenngleich das, was darüber und darunter in einer feinen, stilsicheren Grafikerhandschrift geschrieben war, wenig Sinn ergab: *Deutsches Raum-Trajekt »Venusland«* stand da als Überschrift, unterstrichen. Daneben, doppelt unterstrichen: *Mit dem »Deutschen Atom«!* Der Typ war bestimmt so ein durchgeknallter Alt-Nazi gewesen, dachte ich. *Deutsches Atom!* Darunter las ich: **Das erste atom-elektrische Schiff (Fahrzeug) des Weltalls!** Aha, also ein Fanatiker des damaligen Atomzeitalter-Wahns. Eine Atomrakete aus der Zeit des Kalten Kriegs. Doch gleich daneben standen in schwarzer Tinte, rot umrandet, die Worte: *Keine Rakete!* Eine Atomrakete, die auch aussah wie eine Rakete, mit Spitze, langem Schaft, hinten die Triebwerke, und die also doch keine Rakete sein sollte?! Ein Wirrkopf, dieser Mensch aus der Hubertusburger Anstalt.

Warum musste Stavenhagen mich überhaupt mit solch Zeug belangen? Hatte ich nicht schon genug am Hals? Immerhin war ich eben noch dem Strick entgangen, stand in meiner Firma kurz vor dem Rausschmiss, war von meiner Freundin geschasst worden und wurde Vater, ohne zu wissen, ob ich tatsächlich der Vater war. Welche Ahnung hatte dieser Janke denn schon von den Sorgen des Daseins?! Verrückt müsste man sein, dachte ich, dann wäre manches weit weniger verrückt, und die Verrückten ließen einen in Ruhe. Ich las noch: *Mit Trommelanker, Strahlhitze-Turbinen und beheizbarem Edelgas-Auftrieb. (Edelgas, genoppt, unbrennbar gemacht!) Zug-Blenden; Hub-Düsen und Strahl-Rudern!* Das war starker Tobak. Darauf brauchte ich eine Zigarette.

Ich ging hinters Haus und setzte mich auf eine Betonstufe. Hier hatte ich vor wenigen Tagen Sivi gesehen. Es war inzwischen tief in der Nacht, so still, dass ich glaubte, das Pulsen in meinen Ohren zu hören. Der Mond schob sich hinter einer Wolke hervor und sandte ein silbriges Licht herab. Ich blickte den Rauchgirlanden nach. Hier auf dem Land sah man haufenweise Sterne am Firmament, die Nacht war nicht so lichtverschmutzt wie in Berlin. Am westlichen Himmel konnte ich den Abendstern, die Venus, ausmachen. *Venusland*, ging mir durch den Kopf. Ich nestelte mir den Seidenschal vom Hals. Neben mir stand das Moped dieses jungen Pickelburschen, Sunny. Ich drückte die Zigarette auf dem Sattel aus. Ich fühlte mich leicht. Am anderen Morgen würde ich Sivi aufsuchen und sie fragen, ob sie mit mir eine Spritztour machen wolle.

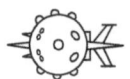

Malte Jonas war sein Freund und Kollege – sofern man das von jemandem sagen konnte, der *in dieser Stelle* arbeitete. Jonas war noch nicht lange hier. Er hatte die Werkstätten unter sich und in den weitläufigen Kellergewölben, hallenartigen Labyrinthen, sein Reich. Dort befanden sich auch die Heizanlage und der Kohlen- und Brikettbunker, wo er, Janke, *entgegen allen kontraktlichen Gepflogenheiten* hin und wieder eingeteilt wurde, aber weit seltener als früher, was er Herrn Jonas' Fürsprache zu verdanken hatte. Und Jonas hatte im Keller eine Werkstatt mit allerlei Geräten und Maschinen, zudem ein Lager.

Janke durfte Jonas jederzeit aufsuchen. Mit kundigem Blick schlenderte Janke, der an solchen Tagen immer einen weißen Ingenieurskittel trug, dann durch die Werkstatt und begutachtete die Apparaturen: die Kreissäge, die Drechselmaschine, die Schleifmaschine, zudem die diversen Werkzeuge, die Herr Jonas – er war ein ordentlicher Mitarbeiter – säuberlich in Halterungen an der Wand festgeklemmt hatte: Hämmer, Stichel, Schraubenzieher, Zangen, Zwingen, Stemmeisen, Hobel ... Besonders die elektrisch betriebenen Maschinen fanden Jankes Interesse, wenngleich er mit einem gewissen Tadel feststellen musste, dass sie nicht auf der Höhe des technisch Machbaren standen. Zudem mangelte es ihnen durchweg – *durchweg!* – an ästhetischer Ausgewogenheit, an einem wohlwollenden Auge seitens der *Abteilung Entwicklung und designierte Anwendung*, an Ansprüchen, wie sie ihm, Janke, unter Oberth und Braun vermittelt worden waren.

Einige Geräte in Herrn Jonas' Werkstatt wurden manuell bedient, dagegen war nichts einzuwenden, außer dass Janke fand, dass im anbrechenden Zeitalter der *Trajekte* menschliche Körperkraft sinnvoller genutzt werden konnte. Der Maschinenantrieb mittels Benzin- oder Dieselmotor erschien ihm indes als ein völlig veraltetes Prinzip: laut, stinkend, ineffizient (die meiste Energie ging ja als Wärme verloren!) und vor allem von fossilen Brennstoffen abhängig, über die die Deutsche Demokratische Republik ebenso wie die meisten sozialistischen Bruderstaaten nicht hinreichend verfügten. Auch der Elektromotor, vor nicht einmal hundert Jahren von Johann Kravogl entwickelt und auf der Pariser Weltausstellung der staunenden Öffentlichkeit präsentiert, erfüllte in Jankes Augen nicht die Erfordernisse, derer eine zukünftige, friedliche Staatengemeinschaft bedurfte. Die elektrische Spannung, im Volksmund vereinfachend und ungenau »Strom« genannt, musste ja erst durch andere Kräfte – Wasser, Diesel oder in jüngster Zeit gar die Atomkernspaltung – produziert und über weite Strecken vom Kraftwerk zu den Abnehmern transportiert werden. Auch hierbei ging ein großer Teil der Spannung verloren, die Stromerzeugung wiederum war alles andere als ökonomisch sinnvoll.

Janke hatte bereits zwei Mal versucht, Herrn Jonas, der ihm im Übrigen ein einsichtiger und vernunftbegabter Kopf erschien, diese Nachteile auseinanderzusetzen. Doch war er gescheitert – weniger an mangelnder Intelligenz des Kollegen als vielmehr an dessen unzureichender historischer und weltpolitischer Bildung und Einsicht in die Verantwortung des menschlichen Erfindergeistes für die Allgemeinheit. Die Atomkraft, so hatte Jonas ihm versichert, sei die Energie der Zukunft: Jederzeit und überall nutzbar; aus kleinsten Mengen radioaktiven Materials könnten ungeheure Mengen Energie freigesetzt werden. Janke hatte auf die Gefahren einer unkontrollierten Kettenreaktion verwiesen, auch auf den kriegerischen Einsatz, etwa bei den Atombombenabwürfen auf Japan im August 1945. Doch der Kollege Jonas hatte nur gelacht, abgewunken, als wollte er eine lästige Fliege verscheuchen, und gemeint, erstens sei das der imperialistische Klassenfeind gewesen, und zweitens werde man diesen Klassenfeind eben durch jene Atomkraft in Schach halten, wie es die siegreiche Sowjetunion seit vielen Jahren tue. Und schließlich habe das Atomzeitalter ja gerade begonnen. Die eigentliche friedliche Nutzung der Kernspaltung stehe erst noch bevor. Nicht nur in Kraftwerken, die man quasi überall bauen könne, auch in Ländern ohne fossile oder natürliche Ressourcen, sondern irgendwann auch im Wettlauf zu den Sternen: So wie man bereits heute atombetriebene U-Boote in die tiefsten Tiefen und die entlegensten Weiten der Weltmeere entsandte, ebenso sei auch der Einsatz der Atomkraft in Weltraumraketen denkbar. Der

Wettlauf zu den Sternen habe ja erst begonnen, bislang mit bescheidenen Sonden, die mittels treibstoffgezündeter Raketen in die Erdumlaufbahn geschossen wurden. Aber wer wisse es schon: Vielleicht gelangten solche Raketen in nicht allzu ferner Zukunft auf den Mond, vielleicht gar bemannt? Und vielleicht könnten bald die Planeten unseres Sonnensystems, Venus, Mars oder der beringte Saturn, mit solchen Atomraketen erreicht, wissenschaftlich erforscht und eines fernen Tages gar von Menschen besiedelt werden?

In solche Spekulationen schwadronierte Kollege Jonas sich bisweilen hinein und fand in ihm, Janke, einen zwar geduldigen und interessierten, keineswegs aber überzeugten Zuhörer. Denn die Spaltung von Atomkernen war Jankes Ansicht nach aus dem Ungeist des Krieges entstanden, sie war zu militärischen Zwecken in fürchterlicher Weise eingesetzt worden, und die Namen »Hiroshima« und »Nagasaki« mit einer Viertelmillion Toten würden auf ewig als Schandmal menschlichen Zerstörungstriebes gelten. Auch das jetzige Wettrennen der Supermächte – davon war Janke überzeugt – stellte eine Sackgasse dar: Zwei mit Munition beladene Lastwagen rasten nebeneinander her, und es würde nur eine Frage der Zeit sein, dass sie miteinander kollidierten oder am Ende der Gasse in die Mauer donnerten und in einer riesigen Explosion die Menschheit in den Tod rissen.

Das zu verhindern fühlte Janke sich berufen. Deshalb war er getarnt *in dieser Stelle* untergebracht. Denn der Klassenfeind im Westen, aber auch konterrevolutionäre Kräfte im eigenen Land durften nicht wissen, dass er, Janke, sich mit der Lösung der drängendsten Probleme der Menschheit, der Energiefrage und der damit einhergehenden Frage um Krieg oder Frieden, Tod oder Leben, befasste. Er fürchtete im Falle einer Aufdeckung Intrige, Verschwörung, Komplott, ja auch Erpressung, Entführung oder gar Ermordung. Nicht dass Janke sonderlich Angst um sein eigenes Leben, um seine Person gehabt hätte. Im Krieg und auf der Flucht hatte er mehrmals dem Tod ins Auge gesehen. Aber er fühlte sich der weltumspannenden Menschheit und dem universalen Frieden verpflichtet. Auf seinen Schultern, die sich unter dem weißen Ingenieursmantel verbargen, lastete die wissenschaftliche Bürde des Erdballs, die große, drängende Frage des 20. und 21. Jahrhunderts. Aus dieser Verantwortung und zur Mahnung an die Nachwelt signierte er die Konstruktionspläne seiner bahnbrechenden Erfindungen stets mit dem Vermerk *Achtung! Nur für friedliche Zwecke! Karl Janke.*

Die Zukunft hatte erst begonnen. Doch zuerst galt es, die Gegenwart zu meistern. Janke brauchte den freundlichen Kollegen Jonas. Nicht als Konversationspartner, denn Jonas war bei aller Intelligenz doch eine eher subalterne Erscheinung, mit dem man zwar plaudern, aber nicht wissenschaftlich disputieren konnte. Nein, Janke brauchte einen Materiallieferanten: Insofern war Jonas nolens volens und wissend unwissend zum Konspiranten für den Weltfrieden und die Einläutung des Siegs der sozialistischen Bruderidee geworden. Denn Jonas war der Herr der Dinge: Papier und Pappe, Kartonagen, Sperrholz und Farbe, Blei- und Farbstifte, Tinte und Klebstoff. All diese Schätze bewahrte er im Materiallager auf, zu dem außer Jonas keiner Zutritt besaß. An den Wänden dieses Raums zogen sich hohe Metallregale hin, darin waren — offen oder in Schachteln untergebracht — die Hilfsmittel des wissenschaftlichen und technischen Arbeitens deponiert. Auch andere Mitarbeiter *dieser Stelle* kamen hin und wieder zu Herrn Jonas, und er händigte ihnen dann das Gewünschte — dazu mussten sie einen Vordruck, den *Fasszettel* ausfüllen — aus. Janke hatte ebenfalls solche Fasszettel fein säuberlich beschrieben, war aber in den Vorjahren, bevor Kollege Jonas *in diese Stelle* kam, mehrfach abgewiesen worden. *Defizit* war das Schreckenswort des sozialistischen Arbeiter- und Bauernstaates, dem Janke nach Krieg und Flucht zugeschlagen worden war. Doch Kollege Jonas hatte intuitiv ein Einsehen mit Jankes sprühendem Erfindergeist, mit der Notwendigkeit und Bedeutung des von Janke Ersonnenen. Auch in Zeiten des verordneten Defizits fand Herr Jonas daher immer Mittel und Wege — vielleicht hart am Rande des Legalen, Janke wollte das gar nicht so genau wissen —, um dem einstigen Raketenbauer von Peenemünde und nunmehrigen Geheim- und Großerfinder von Hubertusburg das Notwendige zukommen zu lassen.

Janke freilich war nicht nur ein genialer Mann, sondern auch ein penibler und ehrlicher Bürger der sozialistischen Volksrepublik und quittierte den Empfang der Materialien stets korrekt, ja, ließ sich die Aushändigung mit Stempel und Unterschrift zusätzlich absichern: *Sachlich und rechnerisch richtig.*

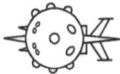

Um sieben Uhr schaltete sich der Radiowecker ein, wie durch roten Nebel hörte ich etwas von *nordkoreanischen Raketentests mit Atomsprengköpfen* und von *Protesten der amerikanischen Regierung*, die *den UN-Sicherheitsrat einberufen* wolle. Nur halb bei Bewusstsein, drückte ich auf den Sleep-Knopf – und döste weiter.

Ich träumte, die Bundeskanzlerin riefe bei mir an und fragte nach dem Stand der Dinge in Schloss Hubertusburg. Ich stammelte eine Entschuldigung, ich müsse erst noch meine Sachen dort herausholen, aber die Kanzlerin herrschte mich an: »Das ist eine Weisung! Die Bundesrepublik befindet sich im Krieg mit Nordkorea. Die Regierung muss nach Schloss Hubertusburg ausweichen, denn die *Urbanitas* will das Kanzleramt und den Reichstag zu Eigentumswohnungen umbauen.« Ich wollte die Kanzlerin eben noch fragen, was der Krieg gegen die Koreaner und die Veräußerung des Reichstags miteinander zu tun hätten, aber sie rief: »Machen Sie hinne! Denken Sie ans Vaterland!« und legte auf. Panisch rannte ich zum Schloss, raffte dort das Kinderspielzeug zusammen, das ich ja in einem Dritten Weltkrieg nicht mehr brauchte, da erschien hinter mir, in blau-weiß gestreifter Anstaltskleidung, Cordula und rief: »Haltet den Dieb! Ich habe abgetrieben, aber ich musste es tun, denn es gibt kein Spielzeug mehr zu kaufen, und Kevin ist auf und davon, ins Sonnenland emigriert!« Ich achtete nicht weiter auf sie, stopfte noch eine Mappe mit Unterlagen des verrückten Erfinders in meine Reisetasche, schon kreiste eine nordkoreanische Drohne über dem Schloss. Sekunden später schlug punktgenau eine Rakete ein: Ein fünf Meter tiefer Krater gähnte dort, wo eben noch Cordula geheult hatte. Ich rannte aus dem Schloss, im Ehrenhof war eine Abschussrampe, darauf eine Transallrakete, ihre Spitze glänzte silbern in der Sonne und ragte über den barocken Dachreiter hinaus. In marineblauer Farbe prangte am Schaft der Rakete der Name *Venusland*. Die Reisetasche über die Schulter geworfen, kletterte ich eine Metallleiter zur Einstiegsluke hinauf. Entsetzt stellte ich fest, dass die schwere Stahltür verschlossen war. Hinter mir ein Krachen und Bersten. Ich blickte mich um: Eine weitere koreanische Rakete hatte das Schloss getroffen. Holzbalken, Ziegel und Fetzen von Kupferplatten lagen im Ehrenhof verstreut. Da hörte ich durch den Schlosshof ein Moped mit abgesägtem Auspuffrohr knattern. Es war Sunny, mit quietschgelber Kappe und in roten Shorts, mit freiem, braungebranntem Oberkörper, im Mundwinkel eine Kippe. Hinter ihm saß Sivi, sie umschlang seine Brust. Sunny hielt vor der Rampe, Sivi stieg ab, riss ihm lachend das Käppi vom Kopf und setzte es sich auf. Dann kletterte sie ebenfalls die Leiter hinauf, während Sunny wieder losfuhr und ihr noch zurief, er müsse nach Wurzen und dort die Kanzlerin vom Bahnhof abholen. Wieder schlug eine nordkoreanische Rakete ein, sie verfehlte den davonratternden Sunny nur um Haaresbreite. »Du musst die Losung sprechen!«, schrie Sivi mir zu. »Die Losung?«, fragte ich. »Woher soll ich denn die Losung kennen?« Entgeistert blickte ich auf Sivis quietschgelbes Käppi. In roten Buchstaben stand darauf: *Terra venussa*. »Terra venussa?«, sagte ich halblaut zu Sivi. Im selben Augenblick wurde die Stahltür von innen aufgeschoben. Im Türrahmen erschien die Gestalt eines kleinen, schmächtigen Mannes, das dunkle Haar war nach hinten gekämmt. Er hatte braune, blitzende Augen, ein freundliches Gesicht, unter einem Oberlippenbärtchen zeigte sich ein Lächeln. »Bitte einzutreten«, sagte er, »willkommen an Bord der *Terra venussa*, der *Venusland*! Wir starten nun zum Flug ins Sonnenland, dem Reich der glücklichen Kinder und friedfertigen Menschen!« Wieder krachte eine

Rakete und schlug in die Schlossfront ein. Ich nahm Sivi an der Hand und kletterte mit ihr in die *Venusland*. Hinter uns schloss sich die Stahltür. Der freundliche ältere Herr stieg ins Cockpit und betätigte mehrere Schalter und Hebel. Die *Venusland* begann gewaltig zu dröhnen. »Jetzt zünde ich die acht Antriebsstufen!«, rief der ältere Herr in den Krach hinein. Er legte einen feuerroten Hebel um. Das Dröhnen schwoll noch mehr an, die *Venusland* bebte und ächzte, die Stahlwände vibrierten so sehr, dass ich mich instinktiv an Sivi festhielt und sie mit beiden Armen umschlang. Ein fürchterlicher Knall ...

Ich schrak hoch, sah auf die Uhr: Es war bereits elf!

Die Wand, an der mein Bett stand, zitterte und vibrierte, von der anderen Seite machte sich ein Schlagbohrer daran zu schaffen. Ein Gemälde, eine Waldlichtung mit einem röhrenden Hirsch darstellend, war durch die Erschütterungen vom Nagel gerutscht und auf einen Holzstuhl gekracht. Fluchend stand ich auf, strauchelte. Mein linkes Bein war eingeschlafen. Ich schüttelte und massierte es, humpelte ins Badezimmer.

Aus dem Spiegel starrte mir ein fremder Mann entgegen, der etwa zwanzig Jahre älter war als ich. Ich nahm eine kalte Dusche, rasierte mich: Von den Augenringen abgesehen, und wenn man sich das immer noch rote Mal am Hals wegdachte, kam der Schemen meiner Person schon recht nahe. Im Kühlschrank fand ich noch einen Becher Joghurt. Ich kippte Cornflakes dazu, machte mir eine Tasse Nescafé und setzte mich an den Tisch. Glücklicherweise hatten die Handwerker nebenan aufgehört, sie waren wohl in der Mittagspause.

Wieder hatte ich die Zeichnungen dieses Erfinders Janke vor Augen. Die *Venusland* hatte mich also schon in den Traum verfolgt und hätte mich beinahe in den Orbit geschossen. Mit Sivi. Nicht schlecht. Aber was tun dort oben? Eine flotte Nummer im Schwerelosen, das stellte ich mir aufregend vor. Aber nicht in Jankes Gegenwart. Zum Teufel, der Kerl schlich sich in meine Gedanken und Träume ein.

Ich legte das Blatt mit der *Venusland* beiseite. Darunter kam eine andere Zeichnung zum Vorschein. Wieder eine Weltraum-rakete. Wieder die *Venusland*. Aber diese Zeichnung erschien nun viel genauer, zeigte im Aufriss das Innenleben der Rakete: Ich konnte das Cockpit erkennen, im hinteren Teil so etwas wie Brennstäbe oder Triebwerke, dazwischen, im langen Schaft, an dem zwei stumpfe Flügel wie bei einem modernen Bomber ange-bracht waren, so etwas wie Röhren, an deren Seiten sich zehn Generatoren reihten.

Die Zeichnung war an den Rändern eng beschrieben, teilweise so klein, dass man eine Lupe benötigte. Jankes gestochene Schrift. Ich las: *Deutsches Raum-Trajekt »Venusland«. Beachten Sie bitte: Ohne Benzin! Ohne Dieselöl! Ohne Treibgas! Ohne Reaktor! Ohne Dynamo! Ohne Raketen-Treibstoff! Ohne Kernbrennstoff!* Na also, das war die Rakete der Zukunft, ein Perpetuum mobile ohne jeg-lichen Brennstoff, der Stein der Weisen, die Lösung all unserer globalen ökonomischen und ökologischen Probleme! Heilige Ein-falt! Dieser Janke war ein völlig durchgeknallter Typ, aber irgend-wie auch ein Tausendsassa: *Mit beheizbaren Edelgas-Kesseln als Auftriebs-Erzeuger; »Zug«-Blenden; Hubdüsen und Strahlruder-Klap-pen, einem Atom-magnetischen »Rückgrat«, Lade-Einheiten nebst Kompressoren, einer Kontraktions-Anlage für Raum-Elektronische Steuerkabine im Kopfteil des magnetischen Fahrzeug-Aggregates; mit Strahl-Hitze-«Vestibül« und Steuer-, bzw. Schubstrahl-Erhitzer-Dampfstoff-Kolben (magnetisch).* Alles klar. Hatte ich voll verstan-den. Weiter rechts stand in roter Tinte: *Bitte zu beachten: Nur für friedliche Zwecke!* Und ganz klein darunter: *Beeidige, eigene technische Idee in allen wesentlichen Teilen: 1928 – 1937 – 3.12.1952 – 20.10.1954 – 1957. Kolberg/Pommern, Ostseebad, Domstraße 1, Großenhain/Sachsen – Hubertusburg/Wermsdorf. Karl Hans (Joachim) Janke.*

Das war ja ein halber Lebenslauf. Kam dieser Janke also aus Pommern? Wie meine Mutter. Auch sie war, als kleines Kind, gemeinsam mit ihren Eltern gegen Ende des Krieges aus Pommern geflohen, aber nicht ins Gebiet der späteren DDR, sondern weiter, nach Westdeutschland. Das war ihr Glück (und meines) gewesen. Dafür saß nun ich hier, im hintersten Sachsen, und hatte mich mit einem völlig heruntergekommenen Barockschloss, einer ehemaligen Anstalt, den wahnwitzigen Ideen einer Wohnresidenz und eines längst verblichenen Insassen abzuplagen.

Nur für friedliche Zwecke! Nobel gedacht von diesem Janke. Also doch kein Alt-Nazi oder Nationalist. Aber was dann? Immerhin hatte er noch das Glück gehabt, im Kalten Krieg zu leben. Da waren die Fronten klar: Hier Freund, dort Feind. Aber heute? Alles verschwommen, verworren, nichts, woran man sich festhalten konnte. Keine tragenden Ideen mehr, nur noch der Götze des Kapitalismus, dem wir alle uns beugten. Dem hatten die meisten nur ihr kleines bisschen Privatsphäre entgegenzusetzen, trautes Heim, Glück allein. Oder zu zweit. Aber was, wenn nicht einmal mehr dieses kleine, spießige Glück zustande kam?

Cordula kam mir in den Sinn. Ich hatte geglaubt, sie verachten zu können, hatte mir vorgemacht, sie sei mir egal. Aber das war nur eine Kompensation. In Wahrheit hing ich noch immer an ihr, und dass sie ein Kind von mir unter dem Herzen trug (ich dachte tatsächlich: »unter dem Herzen«), machte die Sache umso schmerzlicher. Wie konnte sie das alles, die gemeinsame Zeit, die schönen Momente, so abstreifen? Konnte sie das? Mir kamen die Tränen. Jankes gestochene Schrift verschwamm vor meinen Augen.

Ich sah an der hinteren Tischkante den gelben Zettel mit Sivis Schrift und fasste einen Entschluss. Es war kurz nach zwölf. Ob sie in der Heilanstalt war? Und Dr. Stavenhagen? Ich zog Schuhe an und verließ die Pension. Sunny kam mir entgegen, an der Schulter baumelte eine Schultasche. So sah er eigentlich ganz nett aus, nicht so rotzig, wie wenn er auf seinem Moped den Halbstarken mimte. Grußlos schlich er an mir vorbei und stierte zu Boden.

»Gehst du heute Abend wieder zum Baden?«, fragte ich. Er blieb stehen und schaute mich fragend an. »Ich dachte nur, falls ja, könnten wir zusammen gehen.«

Er zuckte mit den Schultern. »Meinetwegen«, brummte er. »Ich lade dich auch auf eine Cola ein«, sagte ich und ging weiter. Kaum war ich auf der Straße, ärgerte ich mich über mich selbst. Der Bengel musste ja glauben, ich sei schwul und wolle ihn anmachen. Dabei ging es mir eher um Sivi. Er kannte sie offensichtlich näher, und ich wollte mehr über sie erfahren. Es war wie in der tiefsten Pubertät.

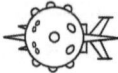

Sie zogen mit dem Krieg, bis der Krieg sie einholte und überrollte. Im Städtchen Müllrose hatten sie Unterschlupf für eine Nacht in der Remise eines Hauses am Marktplatz gefunden. Jankes Mutter war mit der Hausbesitzerin entfernt verwandt. Den Gaul hatten sie im Stall untergebracht, wo nur noch eine höckerig gewordene, bejahrte Kuh stand, die wider alle Vernunft ihr Gnadenbrot erhielt. Die Pferde waren schon vor Jahren von der Wehrmacht beschlagnahmt worden und hatten wohl in Russland ein jämmerliches Ende gefunden. Über der Remise befand sich eine leer stehende Knechtkammer, dort fanden Janke und seine Mutter auf einem Lager, das sie sich aus Stroh und ihren mitgebrachten Federbetten bereiteten, Obdach.

Es war stickig, Janke öffnete das kleine Giebelfenster. Die Frühlingsnacht war ungewöhnlich lau, der Mond schien herein. Jankes Mutter schlief. Sie schnarchte leise. Janke lag wach, ließ die Erinnerung an die vergangenen Tage der Flucht vorüberziehen. Seine Mutter hatte ihn gewarnt: »Wir müssen weiterziehen, Karl. Man darf in dieser schweren Zeit nicht zurückgehen und nicht zurückblicken. Wer zurückschaut, der hat schon verloren. Es ist wie mit Lots Weib.«

Janke kannte die Geschichte. Zu Hause hatte er sogar eine eigene Bibel. Die hatte er zur Konfirmation geschenkt bekommen. Es war die Luther'sche Übersetzung, mit Kupferstichen von Matthäus Merian. Auf einer Abbildung war die Flucht Lots und seiner Familie aus dem brennenden Sodom dargestellt: Sie waren bereits außerhalb der

Stadt, am Rande eines Waldes, schon beinahe in Sicherheit, während hinter ihnen die Stadt in Flammen stand, die bis in den Himmel hinauf loderten. Lot und seine beiden Töchter erreichten eben den Waldrand, hohe Eichen, unter deren dichtem Blätterdach man Schutz und Rast fand. Lots Frau hingegen war ein paar Schritte zurückgeblieben, nicht aus Erschöpfung, sondern weil die Neugier sie ergriff. Der Künstler zeigte sie, wie sie eben den Kopf wandte, um das Grauen zu betrachten. Das Schreckliche ist, wenn es einen Menschen unmittelbar betrifft, nicht zu ertragen. Die Anschauung des Leids anderer jedoch erfüllt den Menschen uneingestanden mit einer geheimen Lust und der tiefen Befriedigung, selbst noch einmal davongekommen zu sein. Lots Frau blickte auf das Inferno. *Da ließ der Herr auf Sodom und Gomorra Schwefel und Feuer regnen, vom Herrn, vom Himmel herab.* Das war der Augenblick, vor dem die Engel des Herrn gewarnt hatten: *Bring dich in Sicherheit, es geht um dein Leben. Sieh dich nicht um und bleib in der ganzen Gegend nicht stehen! Rette dich ins Gebirge, sonst wirst du auch weggerafft.* Aber Lots Weib sah sich um, gleichermaßen entsetzt und erregt: *Als Lots Frau zurückblickte, wurde sie zu einer Salzsäule.*

Das Bild des brennenden Sodom vereinte sich mit den rauchenden Dörfern des Oderbruchs, die Janke und seine Mutter aus einigen Kilometern Entfernung, vom Rand des Bruchs herab, hatten erkennen können. Sie waren in den letzten Tagen immer wieder an liegen gebliebenen Fuhrwerken vorbeigekommen. Männer, Frauen und Kinder, die nicht mehr weiterkonnten. Oder ein Wagenrad war zerbrochen, eine Achse kaputt gegangen, der Gaul war verendet. Immer wieder waren Leichen am Straßenrand gelegen, die keiner beerdigte, weil keine Zeit mehr war. Ihre leeren Münder hatten einen Schrei geschrien, den keiner hörte, ihre offenen Augen hatten in einen Himmel gestarrt, den es nicht gab. Von Osten hatten sich die Panzer der Roten Armee herangewälzt, die Artillerie der Sowjets hatte eine breite Schneise ins Land gesprengt. Im Vergleich hierzu erschien Janke das Schicksal von Lots Frau geradezu gnädig: Ein rascher Tod, unerhört, einfach zur Salzsäule zu erstarren, keinen Schmerz mehr zu spüren, keine Angst mehr zu haben, keine Tränen mehr vergießen zu müssen, sondern selbst Salz sein.

Er hätte nicht zurückblicken sollen. Man berief das Unglück, wenn man es betrachtete. Zuerst dachte Janke an einen Donnerschlag, an ein Wettergrollen. Doch als weitere dumpfe Schläge folgten, wurde ihm bewusst, dass es sich um das Zündungsknallen der russischen Geschütze handelte.

Jankes Mutter erwachte: »Jesusmaria! Sind sie schon so nah? Schnell, Junge, steh auf, pack alles zusammen, schirr den Gaul an. Wir müssen rasch weiter, bevor es Tag wird und die Straßen verstopft sind.«

Zehn Minuten später rumpelten sie über das Kopfsteinpflaster des Müllroser Marktplatzes. Sie wählten nicht die Straße, die nach Fürstenwalde und weiter nach Berlin führte, denn – so hatte ein junger Soldat, der noch nicht einmal einen Anflug von Bartwuchs besaß, ihnen versichert – genauso gut könnten sie sich gleich vor ein Kanonenrohr binden. Die Russen würden schnurstracks nach Berlin ziehen und die Reichshauptstadt wie mit einer Zange umfassen und alles zermalmen und niederwalzen. Janke wunderte sich, dass der junge Mann so offen gesprochen hatte.

Hinter Frankfurt waren sie einmal durch ein Dorf gekommen, vor dessen Schule an der Querstange einer Kinderschaukel zwei junge Burschen in Wehrmachtsuniform aufgeknüpft waren. Um den Hals trugen sie Pappschilder mit der Aufschrift *Ich bin ein Vaterlandsverräter*.

Janke und seine Mutter schlugen eine schmale Landstraße Richtung Südwesten ein, die auf das Städtchen Beeskow zuführte. In den Morgenstunden kamen sie besser voran als erhofft. Erst gegen Mittag wurde es mühsamer, weil immer mehr Flüchtlingswagen aus den umliegenden Dörfern hinzukamen und es auf der Landstraße enger wurde. Wenn ein Pferd oder ein Zugochse schweißüberströmt zusammenbrach, fing bei den Nachfolgenden ein Schimpfen und Fluchen an. Einmal sprang Janke vom Fuhrwerk herunter und half einem alten Ehepaar, dessen Ochse am Bein verletzt war, den Karren auf den

Wiesenrain zu lenken. Als sich solche Zwischenfälle wiederholten, unterließ er es aber und zeterte wie all die anderen. Der Krieg hatte sie zu Egoisten abstumpfen lassen.

Kurz vor Beeskow, wo es eine Brücke über die Spree gab, kamen sie: Plötzlich fing von hinten ein angsterfülltes, panisches Schreien und Kreischen an. Die Zugtiere scheuten und gebärdeten sich, als würden sie von einem Schwarm Dasselfliegen verfolgt. Janke und seine Mutter hörten Holz splittern, Blech krachen. Instinktiv sprang Janke vom Bock, riss den Gaul am Halfter und zog Tier und Wagen seitlich in ein Feld. Der Boden vibrierte, die Luft dröhnte. Da rollten sie auch schon an: Schwere sowjetische Panzer und Geschütze. Wer sich nicht mit einem Satz zur Seite retten konnte, wurde überrollt und wie eine überreife Birne zerquetscht. Die Motoren dröhnten so laut, dass nicht einmal mehr das Schreien und Wehklagen der Menschen zu hören war.

Blick dich nicht um, ging es Janke durch den Kopf. Er blickte sich doch um: Die Einheiten der Roten Armee wanden sich über die weite Ebene, es war kein Ende abzusehen.

Beeskow mit seiner mächtigen Marienkirche, der Burg auf der Spreeinsel und dem wuchtigen Bergfried lag wie eine Fata Morgana aus einer besseren, friedlichen Zeit vor ihnen. Janke, seine Mutter und andere Flüchtlinge blickten wie gebannt über die Spreewiesen zur Stadt. Mit einem Mal hörten sie das Krachen der Geschütze; Staub und Rauch stiegen auf. Die Panzer fuhren über die Spreebrücke in die Stadt. Von dort waren die Einschläge der Geschütze zu hören, aus manchen Dächern schlugen Flammen empor, die bis nach Oegeln zu sehen waren. Dann hörte das Schießen auf, gespenstische Ruhe kehrte ein.

Unschlüssig warteten die Flüchtlinge in den Feldern. Manche hatten ihr Kochgeschirr hervorgekramt, suchten sich Reisig und trockenes Gras und zündeten Feuerchen an, um sich eine dünne Suppe zu kochen. Einige führten ihre Ochsen und Gäule zum Tränken an einen naheliegenden Fließgraben. Der Abend brach herein, ohne dass sie wussten, wie und wann es weitergehen könne. Die Rote Armee war nun in der Stadt oder unmittelbar davor. Die Brücken über die Spree-arme waren beschädigt, aber noch befahrbar. SS und Volkssturm hatten sie nicht mehr rechtzeitig sprengen können.

Es dunkelte bereits, als mit einem Mal wieder Schüsse zu hören waren. Janke blickte zur Stadtsilhouette: Die Turmhaube der gewaltigen Marienkirche wurde in Stücke gesprengt, aber der mächtige Turm hielt. Das Schießen ging weiter, wenige Minuten später schlugen Flammen und Rauch aus dem Dachgebälk der Kirche, die wie ein riesiger gestrandeter Wal in der Stadtlandschaft lag. Sie sahen die Flammen die ganze Nacht hindurch, glaubten sogar, es prasseln zu hören. Es war ein Feuer, das nicht wärmte.

Janke und seine Mutter verbrachten die Nacht auf dem Wagen, und obwohl sie ihre Federbetten und Decken über sich gebreitet hatten, war ihnen kalt. Der Anblick der lohenden Marienkirche ließ sie innerlich frösteln. Als endlich der Morgen anbrach, war der Himmel in trübe Wolken gehüllt. Ihr erster Blick ging zur Stadt und zur Kirche: Die Turmhaube fehlte. Wo gestern noch das mächtige Dach gewesen war, gähnte ein Loch, aus dem es qualmte. Schwarze Dachbalken ragten hervor. Die Außenmauern waren zum Teil eingestürzt und sahen aus, als hätte ein riesiges Untier daran gefressen.

Von Mund zu Mund lief das Gerücht, die Russen ließen die Flüchtlinge weiterziehen. Die Front war über sie hinweggegangen. Nun flohen sie nicht mehr vor den Eroberern, sondern sie zogen ihnen hinterher, wie Marketenderinnen oder wie die Pest. Sie waren die Pest des zu Ende gehenden Krieges. Wo die flüchtenden Menschen auftauchten, schloss man die Türen und verweigerte ihnen Unterkunft. Sie tauschten ein, was sie von zu Hause noch gerettet hatten: Silberbesteck gegen halbfaule Kartoffeln, Porzellan gegen ein paar Rüben aus feuchten Kellern. Schnaps und Tabak waren mehr wert als Gold und Silber.

Langsam setzte sich der Tross der Flüchtlinge wieder in Bewegung, sie zogen auf die Spreebrücke zu, passierten die halb zerstörte Burg, weiter an der rauchenden Ruine der mächtigen Marienkirche vorbei. Die russischen Panzer hatten den nördlichen Teil der Altstadt niedergewalzt. Wo gestern noch jahrhundertealte Häuser gestanden waren, klaffte nun eine Schneise, bedeckt mit Trümmern, Möbelresten, kaputtem Geschirr, zerfetzten Kleidern, durch die sich der Zug der Flüchtlinge langsam voranbewegte.

Nach zehn Minuten hatten Janke und seine Mutter die Stadt Beeskow durch das Luckauer Tor verlassen. Sie zogen weiter, Richtung Südwesten, dort musste Sachsen sein. Sie hofften, dort irgendwo unterzukommen, denn Berlin würde, so dachten sie, bald dem Erdboden gleichgemacht sein. Vor ihnen dröhnten die russischen Panzer und Geländewagen. Die Flüchtlinge folgten ihnen und hofften, die Russen würden von den Deutschen nicht mehr aufgehalten werden. Sie wünschten sich den Sieg der Roten Armee, denn dann wäre der Weg frei, und sie könnten weiterziehen, irgendwohin, wo ihnen der Frieden der Erschöpfung und der Niederlage blühte und ein Neubeginn in der Hoffnungslosigkeit.

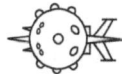

Es war ein heißer Tag, keine Wolke stand am Himmel. Ein paar Jugendliche radelten zum Baden. Von den nahen Feldern her duftete es nach gemähtem Heu. Ich musste an meine eigene Schulzeit denken: An den Nachmittagen radelten wir in einer Clique zum Freibad. Noch heute liebte ich den Geruch des Wassers, vermischt mit dem Duft von Gras und vom Gummi der Luftmatratzen. Für fünfzig Pfennig am Kiosk Lakritze oder Schweinegummi gekauft, die fruchtige Limonade von *Caprisonne* hatte man von zu Hause mitgebracht. Den Strohhalm musste man oben in die Alufolie stechen, was meist nicht gelang, weil der Halm abknickte. Also biss man eine Ecke ab, das klebrige Getränk rann einem über die Finger. Dann mit Michi, Robbi und Uli Sechsundsechzig gespielt oder auch Oldtimer-Quartett, während die Mädchen aus der Klasse, Moni, Andi und Ulrike, immer beieinanderhockten, tuschelten und kicherten – eigentlich richtig albern. Manchmal half ich Moni, ihre Luftmatratze aufzublasen, weil sie schon eine halbe Ewigkeit lang vergeblich am Ventil rumnuckelte. Das Ventil schmeckte süßlich, nach ihrer Spucke, und ich stellte mir vor, wie es wäre, Moni zu küssen. Dabei gefiel sie mir gar nicht. Da war Andi schon die »schärfere Braut« (so redeten wir Jungs, natürlich nur, wenn die Mädchen uns nicht hören konnten). Manchmal sprangen wir vom Beckenrand – obwohl das eigentlich verboten war, und wir mussten immer aufpassen, dass der Bademeister es nicht sah – mitten hinein in die kreischenden Mädchen, die dann immer um ihre Frisur fürchteten, oder dass die Augenschminke verlief. Das passierte auch manchmal, und die schwarzblaue Tusche rann ihnen die Wangen hinunter; und je mehr sie daran wischten, umso schlimmer sah es aus. Das Schwimmen und die Sonne machten müde, und wenn wir aus dem Becken kamen, legten wir uns träge auf unsere Decken und Luftmatratzen, hörten Musik vom Walkman, lasen Krimis oder Vampirromane, lachten, dösten. Ich blickte verstohlen zur Seite und genoss es, wenn Andis Bikini-Oberteil ein wenig verrutschte, sodass ich einen Teil ihres Busens erspähen konnte.

Hinter mir schrillte eine Fahrradklingel. Erschrocken sprang ich zur Seite.

»Nicht träumen, Tim«, rief eine freundliche Stimme. Es war Sivi, die die quietschende Bremse zog und direkt neben mir hielt. »Du solltest aufpassen, wenn du die Straße querst. Links, rechts, links, dann gehen! Oder hast du das in der Schule nicht gelernt?«

»Nein, ich war in einer Baumschule. Wie alle im Westen.« Das war ein blöder Spruch, ich wusste es, aber ich konnte die Worte nicht wie an einer Schnur zurückholen.

»Aber lesen kannst du immerhin? Dann hast du ja sicherlich den gelben Zettel von mir richtig gedeutet? Stavenhagen will mit dir sprechen.«

»Ich bin eben auf dem Weg zu ihm. Worum geht es denn?«

Sivi zuckte mit den Schultern. »Keine Ahnung. Wahrscheinlich um diesen Janke. Stavenhagen hat dir doch einige Zeichnungen von ihm gegeben.«

»Entliehen«, verbesserte ich. »Ich weiß gar nicht, warum. Vielleicht soll ich etwas über den Geist des Hauses erfahren, wenn wir das bald vermarkten und umbauen. Das Feng Shui von Hubertusburg, sozusagen.«

»Du kennst Stavenhagen nicht. Er ist eigentlich fehl in seinem Beruf. Ich will gar nicht sagen, dass er ein schlechter Arzt oder ein mieser Direktor wäre. Im Gegenteil. Er ist echt okay, aber eigentlich ist er in seinem Herzen ein Kulturmensch. Er wäre besser in einem Museum in einer Metropole aufgehoben, oder an einer Akademie. Ich meine, eigentlich verkümmert Stavenhagen hier in Wermsdorf. Viel zu feinnervig ist er. Und dieser Dachbodenfund – der klassische Fall, beinahe irrwitzig. Als sie die Unterlagen von diesem Karl Janke fanden, vor ein paar Jahren, das war echt ein großes Ding. Das ging sogar durch die Presse, und das Fernsehen kam eigens aus Leipzig, um für eine Kultursendung zu berichten.«

»Aber was soll *ich* mit diesen Zeichnungen? Ich meine, sie sind technisch versiert, kaum ein Architekt hat so einen feinen, sicheren Strich, aber diese ganzen *Trajekte* und *Venusland*-Raketen, die mit einem *deutschen Atom* zu den *Sonnenland*-Kindern fliegen – ziemlich abgefahren, das Ganze.«

»Stavenhagen ist ein Fuchs. Er gibt dir das nicht einfach so, Tim. Du wirst es ja erfahren.«

Wir hatten das Klinikgelände Hubertusburg erreicht. Es war riesig, beinahe labyrinthisch. Etliche eingeschossige Gebäude, zu DDR-Zeiten errichtet, lagen hinter verwahrlosten Vorgärten, in denen hüfthoch Brennnesseln und Disteln wuchsen. Aschgrauer, grober Verputz ließ diese Häuser und Schuppen aussehen, als trügen sie einen Aussatz. Manche der Gebäude standen leer oder wurden als Lager genutzt, andere waren bewohnt, was man nur an vergilbten Vorhängen erkennen konnte, hinter denen selbst jetzt, am helllichten Tag, eine Lampe brannte oder ein Fernsehgerät blau flackerte. In manchen Fenstern standen verstaubte Kakteen oder verlauste Geranienstöcke. Ich versuchte mir vorzustellen, wer dort wohl wohnte. Und ich stellte mir Männer mit Bierflaschen und in Feinripp-Achselshirts vor, und ältere Frauen mit großmustrigen Dederon-Küchenschürzen (*DeDeRon*, so brachten die Genossen den Namen ihrer sozialistischen Republik in die synthetische Industrieproduktion ein). Aber vielleicht waren das Klischees, die ich jedoch nicht entkräften konnte, da nie jemand zu sehen war. Es war wie nach einem Reaktorunfall.

Wir passierten einen Parkplatz und kamen auf die frühere Hauptzufahrt zum Schloss. Zur Rechten lag die Drogenklinik, links ein Kiosk und die Rettungswache, an den Seiten die ehemaligen Kavaliershäuser. Die beiden Flügel der Kavaliershäuser öffneten sich und schwangen elegant in zwei Bogen nach außen: Vor uns breitete sich der Hof aus, größer als drei Fußballfelder. Am anderen Ende des freien Platzes lag das Schloss, dreigeschossig, vierflügelig, die Hauptfassade mit einem ovalen Risalit, und alles gekrönt von einem zwiebeltürmigen Dachreiter. Die sächsischen Kurfürsten hatten es erbaut, um in den umliegenden Wäldern der Hetz- und Treibjagd nachzugehen. Ein Jagdschloss, größer als manche Königsresidenz.

»Weißt du eigentlich, dass hier der erste Weltkrieg beendet wurde?«, sagte ich zu Sivi und bereute es schon im selben Augenblick. Ich musste ihr wie ein Oberlehrer vorkommen.

»Was? Der mit dem ollen Kaiser Wilhelm?«

»Nein, der Siebenjährige Krieg. Eigentlich der erste Weltkrieg der Menschheitsgeschichte. Damals wurde auf drei Kontinenten gekämpft: in Europa, Asien und Amerika. Und genau hier, in Schloss Hubertusburg, wurde 1763 Frieden geschlossen.«

»Was du nicht sagst. Du warst wohl in der Schule eine Rakete?«

»Kann ich nicht behaupten. Ich habe das Abitur eher mit Ach und Krach bestanden. Aber Geschichte hat mich schon interessiert.«

»Und jetzt machst du in Immobilien?« Sivi schaute mich verächtlich an. »Meine Eltern hatten einen *Konsum* hier im Dorf, haben zu zweit das Geschäft geschmissen, sechs Tage die Woche.

Und abends, nach Ladenschluss, noch die Buchführung, die Bestellungen, das Einräumen der Regale. Und mehr als einmal dachten sie, jetzt sei Schluss, jetzt werden sie enteignet, und alles werde als VEB weitergeführt. War aber nicht so, es ging gerade noch so. Dann kam die Wende, und meine Eltern waren heilfroh und dachten, jetzt gehe es aufwärts, und sie könnten endlich ihr Geschäft renovieren, vielleicht erweitern und ein besseres Sortiment führen – und auf einmal setzte sich zweihundert Meter entfernt ein Discounter fest, ein Jahr später schräg gegenüber ein zweiter. Da war's dann natürlich aus und vorbei. Mein Vater fand glücklicherweise Arbeit, hier in der Klinik, als Hausmeister. Meine Mutter zog sich ins Hausfrauendasein zurück. Das ging ihr nah, sie ist ja eigentlich eine Geschäftsfrau und das eigenständige Arbeiten gewohnt. Na ja, aber was sollten wir machen? Wir mussten ja leben. Ich war damals noch in der Schule, mein älterer Bruder in der Ausbildung zum Automechaniker. Vor ein paar Jahren hatten meine Eltern endlich so viel zusammengekratzt, um sich eine Eigentumswohnung zu kaufen – raus aus der Miete, endlich mal in den eigenen vier Wänden, auch als Altersvorsorge. Sie gerieten an einen Immobilienhai aus Stuttgart, der hier im Ort alte Plattenbauten aufkaufte, für einen Appel und ein Ei, sanierte und verkaufte. Da dachten meine Eltern, das sei *die* Gelegenheit, und noch dazu hier im Ort. Also der Kaufpreis war okay, und weil meine Eltern nur die Hälfte flüssig hatten, sagte der Investor, er hätte eine Bausparkasse aus dem Westen bei der Hand, die das finanzieren würde, alles kein Problem; aber sie müssten schnell zuschlagen, er hätte eine Warteliste. Ja, Warteliste hat er tatsächlich gesagt: mehr Kaufinteressenten als Wohnungen, die Nähe zu Leipzig und der geplante Verkauf des Schlosses – das würde boomen und richtig Geld nach Wermsdorf bringen. Und da sind meine Eltern mit dem Immobilienmann rasch zum Notar nach Grimma. Der Stuttgarter holte sie vor dem Termin sogar von zu Hause ab, ganz schnieke im großen BMW, brachte sie nach Grimma, und sie haben unterschrieben. Erst später haben Mama und Papa bemerkt, dass die Wohnung ganz billig saniert worden war und dass hinter dem bisschen Putz und Farbe der Schimmel hockte und der Schwamm, die Wasserrohre waren rostig und die Elektrik noch aus Ulbrichts Zeiten. Also alles Lug und Trug. Meine Eltern gingen daraufhin zum Anwalt, und der sagte: Keine Chance, der Vertrag habe solche Klauseln, dass der Anwalt nichts machen könne, vor allem hätten sie sich die Wohnung vorher besser anschauen sollen. Sie suchten dann einen anderen Anwalt auf, der für sie prozessierte, und sie haben letztlich verloren.«

Sivi schniefte. »Nun haben sie also diese Schrottwohnung am Hals, dazu die Prozess- und Anwaltskosten, und beide sind nervlich ziemlich am Ende. Die kleine Rente reicht ohnehin kaum zum Leben. Nee, ich habe die Nase voll von dieser elenden Immobilienbranche. Und jetzt wird die Klinik, wo ich arbeite, auch noch zurückgebaut. Das Behindertenwohnheim soll ganz geschlossen werden, die Bewohner kommen nach Leipzig. ›Umstrukturierung‹ wird das genannt. Aber letztlich wird nur alles verhökert, es werden Leute entlassen, und was noch bleibt von der Klinik, wird abgewickelt. Früher hatten wir hier mehrere Hundert Betten, für die ganze Region. Was bleiben wird, ist allenfalls eine Privatklinik für gut Betuchte. ›Patienten First Class‹, oder so etwas, ›wie die Könige kuren‹, kennt man doch.«

Sie sah mich zornig an, als sie sagte: »Und du, du gehörst doch auch zu denen, die hier alles kaputt schlagen.«

Ich war sprachlos, wusste nicht, wie ich diese Suada losgetreten hatte, auch nicht, was ich darauf antworten sollte. Natürlich war die *Urbanitas* an einem Teil des Schlosses und der Kavaliershäuser interessiert. Und eine Reihe weiter hinten wurde ja bereits von uns umgebaut. Aber die Klinik stand doch – das war ein offenes Geheimnis – kurz vor der Insolvenz, und wir waren letztlich die Retter in letzter Minute: kauften zu einem fairen Preis, bauten um, neues Leben sollte hier einziehen. Zugegeben, die Klinik würde schrumpfen, gewaltig schrumpfen. Aber das war doch *die* Chance: ein Neubeginn im verkleinerten Maßstab. Der Massenbetrieb wie einst zu DDR-Zeiten, mit Hunderten Betten, war doch nicht mehr möglich, zumindest nicht unter diesen baulichen Gegebenheiten: ein Schloss mit fünf Meter hohen Räumen, alten Leitungen, schlechter Heizung, desolater sanitärer Ausstattung – das war doch kein Establishment für eine moderne Klinik, die heutzutage mit anderen Einrichtungen konkurrieren musste. Der Markt war ja inzwischen frei und gnadenlos. Verstand Sivi das denn nicht?

»So darfst du nicht denken, Sivi«, sagte ich sanft. Es klang wie in einer seichten Vorabendserie.

»Lass mich«, wehrte Sivi ab, »mein Dienst beginnt in fünf Minuten.« Dann verschwand sie hinter einer der Türen der Kavaliershäuser.

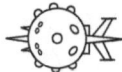

Sie waren geschlagen und besiegt. Aber im alltäglichen Kampf um Kartoffeln, Brot, Holz zum Schüren des Kanonenofens war keine Zeit, um darüber nachzugrübeln. Nichts war auferstanden aus Ruinen, man hatte sich in ihnen eingefunden und lernte die Löcher und schmutzigen Winkel lieben, weil sie einem mehr Heimeligkeit boten als die süße, aber vage Erinnerung an die verlorene Heimat.

Janke blieb der Zungenschlag fremd, die breite, gequetschte Aussprache, als hätten die Vokale O-Beine. Er wollte sich nicht an das Sächsische gewöhnen und bevorzugte das Schriftdeutsche, das er in den feinen Auf- und Abstrichen seiner Konstrukteursschrift aufs Papier malte. Das freilich war Defizit, die Zuteilungen durch die sowjetische Verwaltung waren wie bei so vielen anderen Waren gedrosselt, eigentlich beinahe abgewürgt. Selbst im Jahre vier seit der Kapitulation, die sie »Befreiung« nennen mussten, war es ein Dasein wie unter Wasser. Man fühlte sich seltsam taub, man bewegte sich langsam, das Atmen vollzog sich mühsam, wie durch einen Schnorchel, man sprach kaum und verlegte sich auf Gesten. Die Hoffnung war gekappt, man lebte von einem Tag auf den anderen und war schon froh, einen Topf mit Kartoffeln aufs spärliche Kienholzfeuer setzen zu können. Mehr glaubte man dem Schicksal, das bekanntermaßen blind ist, nicht abtrotzen zu können.

Schon wieder war von Krieg die Rede: Was wenige Jahre zuvor noch alliierte Liga gewesen war, zerfiel nun in Ost und West, in Klassenfeinde. Die Faschisten jenseits der Demarkationslinie, so wurde den Menschen gesagt, bereiteten einen neuen Krieg vor. Es war sogar von einer deutschen Staatsgründung im Westen die Rede, die das deutsche Volk zu spalten drohte.

Janke sinnierte darüber nicht nach. Ihn interessierte der Topf mit Kartoffeln, den seine Mutter und er abends aufsetzen würden. Kartoffeln, die sie statt Geld bekommen hatten, denn die noch immer kursierende Reichsmark war keinen Pfifferling, geschweige eine Kartoffel wert. Kartoffeln, die sie für Töpfe bekommen hatten, alte gusseiserne, die bereits ein Menschenalter auf dem Feuer standen, löchrig geworden, die Henkel abgerissen. Töpfe, die Janke in seiner Werkstatt flickte, in der Abseite einer Remise in Großenhain, wo seine Mutter und er im Sommer 1945 Unterschlupf gefunden hatten, nachdem sie von der russischen Front überrollt worden waren und sich Sachsen Schritt für Schritt genähert hatten.

In Großenhain war ihre Flucht zu Ende gewesen. Sie hatten nicht mehr gekonnt, der Gaul war eines Morgens tot am Boden gelegen, und so waren sie zum Ortsvorsteher gegangen, einem jahrelang untergetauchten Mitglied der Kommunistischen Partei, und hatten eine Eingabe um Unterkunft gemacht. Janke war drei Wochen lang jeden Tag aufs Rathaus gegangen, in den Gängen hatten Hunderte gewartet. Und schließlich hatte er dem Ortsvorsteher Oberths Buch *Die Rakete zu den Planetenräumen* geschenkt, *das ist keine Bestechung, sondern eine Anerkennung für Ihren heldenmütigen Kampf gegen den Faschismus*. Anderntags hatten Janke und seine Mutter die Remise beziehen können, im Hinterhof eines Mehrparteienhauses aus der Jahrhundertwende. Es wohnten dort noch zwei andere Familien, aber immerhin konnten Janke und seine Mutter eine Kammer für sich behaupten. Das war schon fast Luxus, sich einen Raum nicht mit wildfremden Leuten teilen zu müssen. Der größte Schatz war eine Abseite, ein Kämmerchen von zwei mal zwei Metern, an die Remise angebaut, ursprünglich wohl für Hof- und Gartengeräte gedacht. Hier richtete Janke seine Erfinder- und Konstrukteurswerkstatt ein. Und da ihm nicht nur das Zeichnen lag, sondern auch das Tüfteln und Bauen von Modellen, erwärmte er sich sogar für alte Töpfe, die lange erkaltet gewesen waren, und wurde zum Kesselflicker, Schuster, Puppendoktor, und was sonst noch an Professionen an ihn herangetragen wurde.

Die Kinder waren Janke lieb. *Meine Zwerge* nannte er sie. Ihm war, als wären *sie* die richtigen Menschen, die noch nicht aus dem Geheimnis gefallen waren, die noch eine zarte Nabelschnur an die Gegenwelt band. Aber die Heimat der Seelen, das wusste Janke, lag in einem ewigen Bereich, der im unendlichen Sternenraum lag, vielleicht auch noch dahinter, von Sphärenmusik begleitet, in einer Dimension, die jenseits von Raum und Zeit lag und daher nicht alterte, nicht Tod noch Schmerz noch Krieg kannte. Zu diesem Leben hatten nur die Kinder noch eine Weile Zugang, bis dieses Schlüsselloch, durch das alles, was war, hindurchmusste, sich verschloss und der Schlüssel unter den grauen und fantasielosen Sedimenten der Realität verloren ging.

Janke hätte wenig über Gott sagen können. Nicht, dass er nicht so etwas wie Gläubigkeit oder Frömmigkeit empfunden hätte, wenn er etwa Bäume betrachtete oder abends den Sternenhimmel. Das waren für ihn Wunder. Aber was hätte er über Gott sagen und denken sollen, der doch weit größer war als das menschliche Denken? Es erschien ihm absurd, das Göttliche in ein System bringen zu wollen, wie die Theologen es taten. Denn alles Denken war nur ein Abglanz dessen, was das Wunderbare und Wunderliche war. Allenfalls die Mathematik, so ahnte Janke, kam Gott ein Stück weit auf der Linie des Unendlichen näher. Ja, vielleicht war die Mathematik selbst ein kleines Fingerglied Gottes, falls Gott überhaupt Finger hatte, denn auch das war ein unzureichender Vergleich, den das menschliche Gehirn in seiner Bresthaftigkeit zog.

Die Kinder aber waren ihm wirklich lieb. Sie grenzten immer noch an das Wunderbare und verloren es, um es vielleicht im Tode wiederzusehen. Was dazwischen lag, war ein schales Gebräu, das man Leben nannte, und dem man solch eine Wichtigkeit zumaß, dass es zum Lachen war. Janke konnte minutenlang in sich hinein kichern, wenn er an das *menschliche Dasein* und die *Realität* und den *Ernst des Lebens* dachte. Es gab keinen Ernst, außer im Spiel, und der Ernst des Spiels war ja kein Ernst, sondern Spiel, sonst wäre es ja kein Spiel. Also war Spielzeug das Wichtigste im Ernst des Lebens, vor allem das gebrauchte, benutzte, ramponierte Spielzeug, denn es war durch Kinderhände gegangen und besaß daher den Nimbus des Ewigen, so wie die Reliquien der Heiligen den Nimbus der Heiligkeit ausstrahlen mochten.

Wenn die Kinder aus Großenhain zu ihm kamen, ließ Janke jeden abgeplatzten Topf stehen; jeder Schuh, der zu besohlen war, musste dann im Schraubstock warten. Sie brachten ihm ihre Puppen, denen Köpfe, Arme und Beine abgebrochen waren. Er setzte ihnen neue Gelenke aus Holz ein, damit sie wieder lebendig würden und die Seelen der Kinder in sie zurückkehren konnten. Einigen Puppen waren im Krieg die Haare versengt oder die Kleider vom Leib gerissen worden. In diesen Fällen vermochte Janke nicht zu helfen, denn er war ja Erfinder und konnte nur mit Materialien basteln, die er aus dem Modellbau kannte. Also nähte Jankes Mutter den Puppen aus Stofffetzen, die sie in ausgebombten Häusern gefunden hatte, neue Kleider und flocht ihnen aus Wollresten, aufgetrennten alten Pullovern, rote und grüne Perücken. So wurden die Puppen wieder ganz, und der Krieg und die Angst, die sie mit den Kindern durchlitten hatten, waren verschwunden, und ihre Puppenseelen wieder heil.

Janke fand seine Mutter an einem Sommertag des Jahres 1948 tot über ihrem Nähzeug. Wie sehr sich die Tode glichen, dachte Janke, und hatte den Vater vor Augen, und wie sie ihn über den Heimatkalender gebeugt vorgefunden hatten. Das Puppenkleid, an dem die Mutter gearbeitet hatte, war noch fertig geworden, solange hatte der Tod gewartet, und Janke brauchte mit einer Schere nur den Endfaden abzuschneiden. Dann konnte die Seele der Mutter entweichen, und Janke öffnete das Fenster – es war ein lauer Abend, draußen schwirrten die Schwalben durch den Hof, über dem eben der Abendstern aufgegangen war – und blickte ihr freundlich nach.

Anderntags kamen die Menschen, die ebenfalls in der Remise wohnten. Die Mutter wurde in die Sudküche gegenüber gebracht, dort gewaschen und mit einem weißen Nachthemd bekleidet. Janke durfte nicht dabei sein. Aber man führte ihn später hinein, und er sah sie zwischen Bottichen und Waschbrettern aufgebahrt auf dem Waschtisch, ein kleines Blechkreuz in den gefalteten Händen, zur Linken und Rechten des Kopfes brannten auf Holzbrettchen kleine weiße Kerzen. Janke wusste nicht, ob er beten sollte. Die Anwesenheit der Leichenfrau verunsicherte ihn. Es war ihm nicht um ein Gebet, sondern darum, dass er nicht wusste, was man von ihm erwartete, und ob er sich angemessen benahm.

Ihm war oft so, als verhielte er sich falsch. Nicht, dass er sich in seinem Verhalten selbst schlecht fühlte, sondern es wurde an ihn herangetragen, dass er sich schlecht fühlen solle, weil er sich ungehörig benommen habe. Also unterließ er immer öfter das, was man vielleicht von ihm erwartet hatte, und kehrte sich ins Schweigen, was nun wieder als Fühllosigkeit empfunden wurde. Aber Janke konnte im Schweigen ja erst recht fühlen und nicht, wenn er reden oder irgendetwas tun sollte. Wie konnte einer denn fühlen, wenn er gleichzeitig etwas anderes tat? Das begriff Janke nicht, und so unterließ er es auch, das letzte Püppchen, das die Mutter bekleidet hatte, ihr zwischen die gefalteten Hände zu stecken. Denn da lag ja schon einer, der Herr Jesus nämlich, und nahm den restlichen Platz ein. Und da war auch kein Platz mehr für Jankes Worte, und so ließ er es sein.

Er sah zu, wie zwei Männer kamen mit einer Holzkiste, die Mutter packten und hineinlegten, einen Deckel darauf schoben und festnagelten, die Kiste hinaustrugen in den Hof und auf einen Leiterwagen hievten. Dann ergriffen beide die hölzerne Deichsel und zogen den Karren durch die Hofeinfahrt hinaus auf die Straße. Janke und ein paar Frauen, Männer und Kinder gingen hinterdrein, zum evangelischen

Friedhof, denn dort wartete bereits der Pastor. Eine Grube war gegraben, die Männer ließen die Kiste an Seilen hinab, der Pastor sprach ein paar Worte, *Ich werde leben, und auch Ihr sollt leben.* Dann kamen die Leute nacheinander heran, bis zur Kante der Grube, die mit Brettern abgesichert war, und warfen eine Kelle voll Erde hinab, das klatschte laut auf den Deckel der Kiste. Schließlich wurde auch Janke von zwei Händen, die sich von hinten auf seine Schultern legten, nach vorne geschoben. Da hätte er beinahe das Püppchen hinabgeworfen, aber er besann sich gerade noch rechtzeitig, denn dann hätte das Mädchen, dem die Puppe gehörte, geweint, und so sagte er nur: *Entschuldigen Sie, aber das ist kein Spiel, sondern eine ernste Angelegenheit, und ich bin mindestens ein so ehrenwerter Mensch, wie andere auch, so besteht auch kein Grund, sich darüber zu freuen, dass meine Frau Mama bereits zu den fernen Sonnenlandbewohnern aufgefahren ist.* Dann nahmen ihn wieder Hände an den Schultern und schoben ihn beiseite. Er hatte noch immer das Püppchen in Händen und freute sich über die Freude des Mädchens, dem er noch heute Abend die Puppe zurückgeben würde. Die Erde klatschte weiterhin auf den Kistendeckel, und die Leute zerstreuten sich, auch der Pastor ging, und Janke stand allein da und wusste nicht, ob er auch gehen dürfe, bis die Männer mit den Schaufeln in der Hand sagten: *Mein Beileid.* Und Janke antwortete: *Ich danke, meine Herren, aber mit Verlaub, das ist kein Beilschwur, das ist ein Schaufelschwur, ich bitte das zu bedenken.* Die Männer grinsten seltsam und blickten sich bedeutungsvoll an.

Janke wandte sich um und ging weg, vors Tor hinaus und die Straße hinab, bis er wieder in seiner Erfinderwerkstatt war. Da konnte er zum ersten Mal an diesem Tag aufatmen und seine Konstruktionspläne hervorholen, weil doch das *Sonnenland-Trajekt* einen verbesserten Antrieb benötigte, bei den riesigen Distanzen, die nun die Mutter zurücklegen musste.

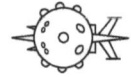

Ich atmete tief durch, stand eine Minute ratlos da. Dann schlenderte ich über den Ehrenhof auf das Schloss zu. Beim Hauptportal wandte ich mich nach rechts, ging zu einem Seiteneingang und betrat das Gebäude. Selbst an diesem sommerheißen Tag schlugen einem im Inneren die Kühle des alten, feuchten Gemäuers entgegen und der Mief, den die jahrzehntelange Nutzung als Anstalt hinterlassen hatte: Es roch nach schlechtem Putzmittel, nach DDR-Linoleum und billiger Ölfarbe, auch nach Kampfer und Chlor. Am Fuße der Treppe waren auf einer hölzernen Stecktafel die Abteilungen, Namen und Zimmernummern bezeichnet. Dr. Stavenhagens Büro lag im ersten Stock, ich wusste das ja bereits. Langsam stieg ich die Treppe hinauf. Der seltsame Geruch nahm von Stufe zu Stufe zu, als wollte er mich einhüllen und nicht mehr loslassen.

Die Tür zu Stavenhagens Vorzimmer stand offen. Ich klopfte am Rahmen und trat ein. Mit dem Rücken zur Tür saß seine Sekretärin vor einem modernen Bildschirm, der seltsam zu der sonstigen verratzten Büroeinrichtung, den hohen Fenstern mit der abblätternden Farbe und zu einer Deckenleuchte aus DDR-Zeiten kontrastierte. Die Sekretärin – sie hatte einen Dutt, wirkte geschlechtslos und musste kurz vor der Pensionierung stehen – blickte mich nur flüchtig an und fragte emotionslos: »Ja?«

»Feldtmann, Tim Feldtmann«, sagte ich kleinlaut. Ich kam mir vor wie zu Schulzeiten, als ich ins Sekretariat zitiert worden war, wenn ich mal wieder vom Direktor einen Verweis wegen Schwänzens abholen musste. In diesem Augenblick öffnete sich Stavenhagens Tür.

»Ah, Tagchen, Herr Feldtmann, nur hereinspaziert. Gut, dass Sie jetzt kommen, passt mir gerade, denn in einer Stunde habe ich einen Termin. Kaffee? Oder ein Wasser?« Der Chefarzt war ein Hüne, wies mit seinem Riesenarm einladend in sein Büro.

»Wasser, bitte«, sagte ich.

»Ein Wasser für den Herrn, Frau Stolpe.«

Die Sekretärin brachte ein Glas und eine kleine Flasche Mineralwasser und schloss hinter uns die Tür. Ich setzte mich in einen orangeroten Klubsessel aus den Sechzigerjahren. In Prenzlauer Berg waren die Newcomer auf solchen Trödel ganz hip.

Stavenhagen nahm hinter seinem Schreibtisch Platz, ein solides, aber abgewetztes Ungetüm aus Nussholz, das wohl noch aus Kaiserzeiten stammte. Er nahm die Brille – runde Gläser in einer Metallfassung – ab und rieb sich die gerötete Nasenwurzel, wobei er mir seine blankpolierte Glatze entgegenhielt. Dann blickte er mich mit seinen freundlichen, kurzsichtigen Augen an. Irgendwie schielte er knapp an mir vorbei.

»Also, Herr Feldtmann, Schwester Sivi hat Ihnen ja eine Nachricht gebracht. Sie wusste, wo Sie ein Zimmer haben, denn ich hatte Ihre Handynummer verschludert … Nun, ich will es kurz machen. Zwei Dinge. Oder besser formuliert: Ich will zu Ihnen heute als Chefarzt und als Hobby-Historiker sprechen. Zunächst als Chefarzt: Die Klinikleitung tagte vorgestern nochmals, auch Vertreter von der Trägerschaft, von der Gemeinde und vom Land waren da. Was ich ihnen heute sage, muss unter uns bleiben, oberste Vertraulichkeit, verstehen Sie?«

Ich nickte.

»Natürlich wird die *Urbanitas*«, fuhr Stavenhagen fort, »in den nächsten Tagen noch ganz offiziell informiert werden. Das geht dann über das Büro des Trägers, aber ich will Sie doch in aller Freundschaft – na ja, das ist jetzt übertrieben, Freundschaft, sagen wir vielleicht besser, aus Gutmütigkeit oder Menschenliebe, wie auch immer –, also, Sie verstehen, was ich meine?«

Ich nickte wieder und verstand doch kein Wort.

»Nun, dann ist es ja gut. Die Sache ist eben die: Die *Urbanitas* war hinsichtlich der Nutzung der beiden Flügel von Schloss Hubertusburg, die verkauft werden sollen, etwas voreilig und gutgläubig. Nein, erschrecken Sie nicht: Der Träger will weiterhin verkaufen, aber das Projekt wird andere Dimensionen annehmen. Andernfalls werden die Unterschriften vom Träger nicht geleistet, und auch mit der Förderung durch Gemeinde und Land wird es nicht klappen, ganz zu schweigen von der EU. Hubertusburg ist mehr als nur irgendein alter, großer Kasten und mehr als ein kurfürstlich sächsisches Schloss, denn es ist ein Schloss von Symbolwert und von europäischem Rang: Immerhin wurde hier der Hubertusburger Friede von 1763 unterzeichnet, ein großer europäischer Krieg damit beendet, und nur auf dieser europäischen Ebene sollten wir denken und handeln. Anders kriegen wir das Projekt nicht gebacken, wir nicht und Sie nicht. Verstanden?«

Ich nickte, grinste verlegen und verstand nach wie vor kein Wort.

»Nun, ich sage mal so: Ich denke, das heißt, nicht ich, sondern die Trägerschaft denkt, dass die *Urbanitas* hinsichtlich eines Projektes dieser Größenordnung, dieser Quadratmeterzahl und dieses Symbolwerts etwas, naja, naiv und vorschnell war. Sie wissen, dass erst ein Vorvertrag abgeschlossen ist, eine Art Verkaufsabsicht. Aber angesichts der stockenden Bemühungen der *Urbanitas* und des träge anlaufenden Marketings in den letzten Monaten sind Geschäftsleitung und Trägerschaft zu dem Schluss gekommen, das Projekt nochmals auszuschreiben. Kurz: Man ist nicht mehr ohne Weiteres von der Liquidität und den marktstrategischen Fähigkeiten und Erfahrungen der *Urbanitas* überzeugt. Ich plaudere hier kein Geheimnis aus, denn Ihr Chef wird in den nächsten Tagen entsprechend informiert werden. Ich spreche hier nur aus Menschenfreundlichkeit, denn Sie sind mir sympathisch, Herr Feldtmann, und ich möchte, dass Sie ein wenig auf die Hiobsbotschaft vorbereitet sind.«

Mir sackte das Herz in die Hose. Gelähmt starrte ich Stavenhagen an, wie das sprichwörtliche Kaninchen die Schlange.

»Na ja, also, noch ist Polen nicht verloren, wie man so schön sagt, und so schnell schießen die Preußen nicht, auch wieder so eine Redensart, und das hier, an diesem geschichtsträchtigen Ort. Egal. Jedenfalls ist in groben Zügen Folgendes beschlossen worden: Es sollen nicht nur *zwei* Flügel des Schlosses verkauft werden, sondern alle *vier*. Jawohl, Sie hören richtig, Herr Feldtmann:

alle vier Flügel. Damit, ganz einfach nach Adam Riese, verdoppelt sich natürlich der Umfang des Vorhabens, das heißt: Auch sein Wert verdoppelt sich, angesichts steigender Preise in der Immobilienlandschaft verdreifacht er sich sogar eher. Gehen wir von einer Verdreifachung aus, so ist die Trägerschaft gewillt, anstatt aufwendiger Restaurierungsmaßnahmen des Klinikbereichs im historischen Baubestand lieber die ganzen Nebengebäude aus DDR-Zeiten, die hinter dem Schloss und den historischen Kavaliershäusern bestehen, allesamt abzureißen und auf dem verbleibenden Gelände, das ja riesig ist, rechts und links der Hauptachse zwei völlig neue Klinikgebäude zu errichten: ansprechende Neubauten, mit viel Glas, offenen Bereichen, ganz so, wie es einer zukunftsorientierten Patientenbehandlung und -unterbringung gebührt. Was heißt das nun konkret für Sie, ich meine, für die *Urbanitas*?«

Ich zuckte mit den Schultern und blickte Stavenhagen wie ein Schulbub an, der beim Spicken erwischt worden war.

»Das heißt, für die *Urbanitas* ist das Rennen keineswegs zu Ende, aber Sie, die *Urbanitas*, müssen erst einmal beweisen, dass Sie rennen *können*. Es ist eben nicht mehr so wie in der Geschichte von Hase und Igel: *Ich bin schon da.* Nein, nein, hier rennen plötzlich auch noch Leoparden mit, und die *Urbanitas* muss sich gehörig anstrengen. Nehmen Sie es sportlich: Der Bessere gewinnt. Kurz: Der Vorvertrag wird den Klauseln entsprechend aufgelöst, die Ausschreibung neu formuliert, das vergrößerte Projekt neu ausgeschrieben, und dann kann die *Urbanitas* gern wieder mit der Trägerschaft verhandeln. Das Projekt *Snowwhite Castle*, oder wie Sie es humorig zu benennen beliebten, kann sich sogar verdoppeln, denn mit vier Motoren fliegt es sich sicherlich besser als mit zweien, wenn ich mir dieses Wortspiel erlauben darf. Kurz: Stellen Sie sich auf einen kleinen Orkan ein, lieber Herr Feldtmann, vielleicht überleben Sie ihn ja. Ich wollte Sie nur vorwarnen, denn Sie wurden uns von der *Urbanitas* schließlich als Kurier entsandt, um vor Ort alles einzufädeln. Naja, ganz ehrlich, meine Großmutter selig, blind war sie, hat mit ihrem Fingerspitzengefühl einen Faden leichter ins Öhr eingefädelt als Sie das Projekt *Snowwhite* – auch Ihre nonchalante Arbeitsweise hat etwas zur Irritation der Trägerschaft beigetragen. Und mal unter uns gesprochen, mit der Grobheit, die man uns Ärzten ja bisweilen nachsagt: *Snowwhite,* was für ein bescheuerter Name! Denken Sie sich gefälligst etwas Besseres aus. Wäre ich Kaufinteressent einer Eigentumswohnung in einem barocken Schloss, mir verginge die Lust spätestens bei diesem Disney-Gequatsche!«

»Das ist nicht von mir, sondern von der Marketing-Agentur *Kaisergold*«, sagte ich kleinlaut.

»*Kaisergold?*«, polterte Stavenhagen. »Herr im Himmel, seid ihr denn alle meschugge oder was? *Kaisergold, Katzengold, Katzendreck* – daraus lässt sich ja eine Dada-Oper komponieren. Haha!«

»Und – was raten Sie mir nun?«

Stavenhagen setzte seine Brille auf, stand schwerfällig auf, indem er sich mit beiden Fäusten auf der dicken Tischplatte abstützte, ging um den Schreibtisch herum und schlug mir väterlich auf die Schulter, so fest, dass ich ein wenig zusammensackte.

»Wehren Sie sich redlich«, sagte der Chefarzt, »aber lassen Sie es in Gottes Namen, wenn die Gegner zu zahlreich und zu stark sind. Das ist es dann nicht wert. Glauben Sie mir, Herr Feldtmann, ich behandle seit mehreren Jahrzehnten Patienten, und einige wären nicht in die Klapsmühle gekommen – Sie entschuldigen den Ausdruck »Klapsmühle«, aber ich finde ihn gar nicht so menschenfeindlich, wie die politisch korrekten Besserwisser immer vorgeben –, also, ich meine, etliche wären noch leidlich gesund an Körper, Geist und Seele, wenn sie diese verdammten Grabenkämpfe der heutigen Zivilisation nicht so ernst genommen hätten. Natürlich kann man nicht gleich die Flinte ins Korn werfen, aber man sollte wissen, wer man ist, und verdammt noch mal: Jeder ist wer! Und keiner hat das Recht, auf Ihrer Seele herumzutrampeln und immer mehr Leistung und Flexibilität und so neumodischen Quatsch zu verlangen! Hätten einige meiner Patienten frühzeitig gesagt: *Tut mir leid, nicht mit mir*, dann wären sie anders aus dem Spiel ausgestiegen als später, nämlich gesund und bei Sinnen, und nicht krank und verwirrt. Genau das rate ich Ihnen auch: Vergessen Sie den *Snowwhite*-Jux. Es sind nur Eigentumswohnungen in einem heruntergekommenen Schloss. Wenn Ihnen die Sache zu viel wird, ziehen Sie sich einfach rechtzeitig zurück und suchen Sie sich etwas anderes. *Etwas Besseres als den Tod finden wir allemal!* Kennen Sie? Auch ein Märchen, aber nicht *Snowwhite*, sondern *Die Bremer Stadtmusikanten*. Glauben Sie mir, ich weiß, wovon ich spreche.

Es sind übrigens nicht immer die geistig Labilsten, die es erwischt und die zu uns kommen. Schauen Sie sich nur Karl Janke an: ein wirklich genialer Mann, dessen bin ich mir inzwischen sicher. Persönlich habe ich ihn ja leider nicht gekannt, er starb 1988, ein Jahr vor der Wende. Ich kam erst Anfang der Neunziger hierher. Aber das, was ich aus seinen Konstruktionsplänen und Vortragstexten herauslese, sagt mir, dass Janke ein genialer Tüftler war. Er hätte vielleicht ein ganz großer Erfinder und Konstrukteur werden können, bei der NASA, wie Wernher von Braun, oder bei Airbus oder EADS, was weiß ich. Doch in einer Kurve des Spiels des Lebens trug es ihn hinaus. Zack, aus und vorbei! Und dann ziehen die anderen an einem vorbei, und obwohl die langsamer und schlechter sind, kommen sie doch durchs Ziel – während Sie selbst daliegen, und die Räder drehen leer durch. So war das auch bei Janke. Natürlich war er schizophren, aber nicht von Anfang an. Da gab es irgendeinen Auslöser in seinem Leben, einen Wendepunkt, ein Schlüsselereignis, wie immer Sie es formulieren wollen, das ihn aus der Bahn getragen hat. Keine Ahnung. Aus seinen Unterlagen wird man nicht recht schlau. Ich kenne auch selbst nicht alles, hatte nie die Zeit, die Papiere systematisch durchzugehen. Es sind ja mehrere große Kisten, die wir vor einigen Jahren auf dem Schlossspeicher fanden. Das alles liegt jetzt hier in diesem Schrank …«

Stavenhagen ging zu einem großen, grauen Stahlschrank in der

Ecke, zog einen Schlüsselbund aus der Tasche, schloss auf und öffnete beide Flügeltüren. In den oberen Fächern lagen Dutzende von Zeichenmappen, prall gefüllt mit Papieren, die mit zum Teil eingerissenen Rändern hervorquollen. In den beiden unteren Fächern hingegen waren Kartons verstaut, auf denen *Briefwechsel, Fotos* und *Krankenakten* stand.

»Hier, das ist erst grob geordnet, es müsste mal professionell von einem Archivar gesichtet, sortiert und erschlossen werden. Wir haben aber nicht das Geld dazu, so jemanden zu beschäftigen. Ein Museum, das wär's. Aber auf das große Geld vom Kreis oder vom Freistaat können wir nicht hoffen. Ein *Freundeskreis Karl Janke* wäre vielleicht eine Alternative, das ist angedacht – vielleicht können wir so einen Verein gründen, sobald wir die Sache mit der Schlossveräußerung über die Bühne gebracht haben. Geht nicht alles auf einmal, gut Ding will Weile haben. Und guter Rat ist teuer.«

Stavenhagen griff eine Jurismappe heraus. »Hier einige Briefe von und an Janke. Einige Kopien von Zeichnungen habe ich Ihnen neulich ja bereits mitgegeben. Hier also Briefe, ohne Anspruch auf chronologische oder logische Abfolge. Querbeet, in Kopien, als Pressemappe, denn es war schon einmal einer vom Rundfunk da, auch ein Redakteur von der *Leipziger Volkszeitung*. Das Ganze soll ja an die Öffentlichkeit. Vielleicht finden wir irgendwann doch noch einen Sponsor, Publicity ist heutzutage ja alles. Womöglich schreibt sogar einmal jemand einen Roman darüber, verrückt genug wäre die Geschichte ja. Kurz und gut: Sie können die Mappe gern mitnehmen, Herr Feldtmann, und darin blättern. Vielleicht geht Ihnen ja ein Licht auf, was man damit machen könnte. Das Ganze ist vielleicht mehr wert als *Kaisergold* und *Katzendreck*. – Heute ist schönes Wetter. Was machen Sie noch? Ich an Ihrer Stelle würde zum Baden fahren. So. Schluss, ich muss los. Adieu.«

Stavenhagen drückte mir die Mappe in die Hand, riss die Tür zum Vorzimmer auf: »Frau Stolpe, die Unterlagen für meinen

Termin. Und Ihnen, Herr Feldtmann, alles Gute. Und vergessen Sie nicht, was für den armen Janke auch galt: geschlagen, aber nicht besiegt!«

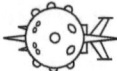

Janke hielt sich mit beiden Händen am Griff fest, der am Rahmen zwischen vorderem und hinterem Fenster des alten Volkswagens, einem Vorkriegsmodell, festgenietet war. Er musste beide Hände in die Schlaufe legen, denn *die Herren von der Polizei* hatten ihm Handschellen angelegt, *zu Ihrer eigenen Sicherheit*, wie sie bemerkten. Im Wageninneren roch es nach gestockter Kleidung und nassem Hund. Janke fiel ein, dass *die Herren von der Polizei* wohl gewöhnlich ihre Schäferhunde auf der hinteren Sitzbank liegen hatten.

Sie fuhren im Schritttempo durch Großenhain, über Kopfsteinpflaster und Schlaglöcher. Langsam zogen die verdreckten Fassaden, an denen noch die Einschusslöcher aus dem Krieg zu sehen waren, an ihnen vorüber. Dann und wann ein ausgebranntes Haus, die Fensterlöcher mit Brettern vernagelt. Vor Janke saßen die beiden *Herren von der Polizei*; links von ihm hatte man einen kleinen grauen Pappkoffer auf die Rückbank gelegt, darin seine wenigen Sachen zum Anziehen. Seine Konstruktionspläne und Werkzeuge hatte er in der Abseite zurücklassen müssen. Auf dem Koffer lag *das Beweisstück*, wie *die Herren von der Polizei* es genannt hatten: ein Pappschild, auf das Janke eine Doppelseite aus einem großen Schreibheft geklebt hatte, kariertes Papier, Vorkriegsware, angegilbt, aber nicht so haderhaltig und verwittert wie das, was man jetzt auf dem Schwarzmarkt zu kaufen bekam, im Jahre fünf seit der Befreiung durch die Rote Armee.

Das *Beweisstück* hatte Janke säuberlich mit einer breiten Feder gezogen, in schwarzer Tinte, die Worte *Kanonen*, *Hitler* und *Gewehr* sogar in Rot, damit die Bevölkerung, die mit viel Blut und Tränen, unter Einsatz aller Kräfte und unter vielerlei persönlichen Verlusten aufseiten der Roten Armee den Sieg über den Faschismus erzwungen hatte, aufgerüttelt würde. Denn was die amerikanischen, britischen und französischen Besatzungsmächte in Kumpanei mit dem westdeutschen Politklüngel unter jenem Dr. Konrad Adenauer beabsichtigten, war nichts weniger als eine Spaltung des deutschen Vaterlandes, eine Wiedereinsetzung faschistischer Seilschaften in Politik, Verwaltung und Gerichtsbarkeit und eine Zuspitzung der weltpolitischen Lage mit dem Ziel eines Dritten Weltkriegs. Das durfte nicht sein! Janke hatte die Finten jener kriegstreibenden Mächte durchschaut und sah sich als Bürger der sowjetischen Zone in Mitteldeutschland, die vielleicht bald eine sozialistische Republik auf deutschem Boden würde, dazu verpflichtet, seine Mitbürger über diese geheimen Machenschaften aufzuklären, ja wachzurütteln und sie zum Kampf gegen faschistische und imperialistische Tendenzen aufzurufen. Also hatte er das Schild geschnitten und mit breiten, gut lesbaren Federstrichen in schwarzer und roter Tinte darauf geschrieben:

Mit dem heutigen Tage dürfen keine Spielsachen für die Kinder mehr angefertigt werden, da wir das ›Material‹ für Kanonen brauchen. A. Hitler

Drei Dinge sollen sie haben:

1. Eine große Schnauze zum tüchtigen Angeben

2. Einen Fußball zum Austoben

3. Ein Gewehr zum Kriegführen

Das Schild hatte Janke im Schaukasten eines leer stehenden Geschäfts im Vorderhaus des Hauses Turnstraße 5 aufgehängt, damit die vorbeigehenden Bürgerinnen und Bürger es dort sähen und über den wahren Sachverhalt aufgeklärt würden. Denn er, Janke, war wie alle friedliebenden Bürger am Ausgleich zwischen den Völkern und politischen Lagern interessiert, mehr noch: Er beabsichtigte eine gründliche und endgültige Lösung der Energiefrage, die bislang immer in Kriege mündete und weiterhin in Krieg münden würde, wenn es den Nationen dieser Erde nicht gelänge, eine Energieform zu entwickeln, die ungefährlich und allen Völkern gleichermaßen zugänglich wäre. Kein Krieg um Öl, und kein Krieg mit der Kernspaltung, das waren Jankes edle Absichten. Er hatte genug vom Krieg gesehen und genug daran gelitten. Das mussten seine Mitmenschen doch begreifen.

O ja, sie würden es begreifen, denn die Welt gehörte doch den Kindern, und nicht den Politikern. Und für sie, die Kinder, die immer so gern zu ihm kamen, mit ihren kaputten Puppen und Spielsachen, die er, Janke, dann reparierte und wieder ins Leben zurückbrachte, für sie wollte er ja seine Forschung einsetzen, die Forschung zum friedlichen *deutschen Atom*, die Energiequelle der Zukunft, billig, sauber, für jedermann erhältlich. Dann erst, mit dem deutschen Atommotor, könnten die *Trajekte* zu fernen Welten fliegen, zum *Sonnenland* mit seinen Sonnenmenschen der Zukunft!

Der Wagen hielt vor dem Rathaus. Janke kannte das Gebäude, denn hier hatte er damals vorgesprochen, um einen Bezugsschein für eine Unterkunft zu erhalten. Durch einen Seiteneingang ging es ins Souterrain. Hier war die Polizeistation. Wie ein Verbrecher wurde er hineingeführt.

Ich ersuche Sie höflichst, mir doch die Handschellen abzunehmen. Ich bin ein ehrbarer Mann und Konstrukteur.

Sein Protest zerscherbte auf gleichgültigen, abgestumpften Gesichtern. Er wurde in einen Nebenraum geführt. Grauer Linoleumboden. Ein alter, zerschundener Schreibtisch. Darauf eine Akte, ein Stethoskop, ein Hämmerchen, eine Schere, ein Maßband, ein schwarzes Telefon. An einer Wand eine Liege, darauf ein blaues Wachstuch. Daneben ein einzelner Stuhl. Janke musste sich setzen. Ein Mann in weißem Kittel betrat den Raum, der sich als Amtsarzt Dr. Hohner vorstellte. Er stellte Janke allerlei Fragen nach seiner Herkunft, seinem Werdegang.

Meine Mutter starb 48, ich habe keine Geschwister weiter, habe mir müssen alles selbst kochen und machen, deshalb bin ich ziemlich weit herunter und deshalb habe ich schon darauf angespielt, weil ich fühle, dass es mit mir nicht mehr so ist – ich fühle mich körperlich nicht mehr so.

Ob er denn keinen Beruf ausgeübt habe?

Natürlich, als Konstrukteur. Meine Eltern hatten eine Landwirtschaft und da haben wir alle Versuche aus Privatmitteln bestritten und auch auf dem Patentamt angemeldet.

»Aha, Erfindungen, ja?«

Natürlich, alles beeidet und behördlich bestätigt. Beim Reichspatentamt. Im Jahre 1936 ein Flugzeug mit schwingender Tragfläche, drei Jahre später ein Standortanzeiger, insbesondere für Luftfahrzeuge. Beides mitten im Kriege – da war ich bereits nicht mehr kriegsdiensttauglich – vom Reichspatentamt bekanntgemacht. Die Bürokratie brauchte sieben respektive vier Jahre, um einen positiven Bescheid zu erteilen. Ich stelle das hiermit fest, denn es lag nicht an mir, insbesondere der Standortanzeiger hätte für die Kriegsproduktion von erheblichem Nutzen und Vorteil sein können, ebenso, wie Wernher von Brauns Wunderwaffe V2.

Braun sei ein Handlanger der Nationalsozialisten gewesen, ein Klassenfeind. Warum er, Janke, denn solch konterrevolutionäres Zeug öffentlich ausgehängt habe?

Mit Verlaub, Herr Amtsarzt, ich bin kein Klassenfeind. Ich hätte die Juden ausbezahlt, zu 80 Prozent. Ich habe bei der Heeresversuchsanstalt in Peenemünde mitgewirkt, um die Wissenschaft voranzubringen. Die Erschließung des Sternenraums zu friedlichen Zwecken. Es soll nur für die Wissenschaft sein und für die Polizei.

Der Amtsarzt verzog den Mund zu einem lautlosen Lachen. »Warum für die Polizei?«

Die könnte das auch für ihre Zwecke verwenden. Ich brauche nur fünfhundert Bogen Papier und so weiter. Ich habe die juristische Bearbeitung dieser Sachen selbst geführt und habe mich selbst daran gebildet, juristisch ausgebildet in diesen Sachen sozusagen. Da die Sache eilt, habe ich mich dazu entschließen müssen, die Sache auf irgendeine Art bekanntzumachen und nun musste das seinen Lauf weitergehen.

»Und wo haben Sie das Geld hergenommen für Ihre Erfindungen?«

*Ich habe mir das verdient, ich habe Töpfe genietet. Es gibt Topfdichter, die mit Schrauben festgemacht sind, aber die lassen sich nicht überall anwenden, das wird alles genietet, nicht mehr geschraubt, und

damit habe ich mir mein Brot verdient, ich habe keine Unterstützung bezogen und damit habe ich auch meine Sachen finanziert. Ich bin kriegsbeschädigt, hatte doppelseitige Lungenentzündung und habe davon einen Herzfehler zurückbehalten. Der Befund lautete: Nervenschwäche mit Herzaffektion, das bedeutet aber nicht Nervenkrankheit, sondern sehr nervös.*

»Nun, das werden wir ja im Rahmen der heutigen Untersuchung feststellen. Aber Ihre Aussagen widersprechen sich, wie mir scheint: Konstrukteur bei Wernher von Braun, mehrfacher Patentinhaber, und später Kesselflicker, der in seiner Werkstatt an großartigen Erfindungen bastelt ...«

Sie dürfen nicht der Auffassung sein, dass das vielleicht auf einer Art Sinnestäuschung beruhe oder eine Art Halluzination wäre. Es ist einwandfrei geklärt worden durch mich, dass es fast wie der Sechste Sinn anmutet, um eine ganz völlig neue Erscheinung auf elektrotechnischem Gebiet sich handelt, die man als Telepathie bezeichnen könnte, die uns die Vorgänge in der Natur offenbart. Man könnte ohne Übertreibung sagen, man hätte Einblick genommen in die göttliche Allmacht der Natur.

»Na, dann machen Sie sich mal frei, Herr Janke, legen Sie sich auf die Liege, und gewähren Sie mir mal Einblick in *Ihre* Natur«, sagte der Amtsarzt, ging zur Tür und rief den im Vorraum sitzenden Polizisten zu: »Eine Sauerei, mir eine Person in so einem Zustand herzuschicken! In Zukunft zuerst ab ins Kreiskrankenhaus und in die Badewanne! Soll ich mir die Krätze holen, oder was!?« Dann wandte er sich wieder Janke zu und murmelte: »Na ja, Lunge und Herz abhören und Reflexe kontrollieren. Ist eigentlich eh alles klar.«

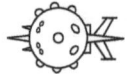

Die Mappe mit Jankes Dokumenten unter dem Arm, ging ich zurück zur Pension.

Im Hof kam mir Sunny auf dem Moped entgegen, mit Helm, bloßem Oberkörper, Shorts. Seine Arme und Beine waren braun gebrannt und hatten einen leichten, goldenen Flaum. An seinen Füßen trug er Flip-Flops. Er hatte einen Leinenrucksack geschultert, aus dem eine Bastmatte ragte. Hinter ihm saß ein etwa gleichaltriger Junge, spillerig, pickelnarbig, auch er nur in Shorts und mit Flip-Flops. Grußlos und ohne die Miene zu verziehen knatterten sie an mir vorbei. Ich malte mir aus, welche Figur ich im Vergleich mit den beiden beim Baden am Baggersee machen würde, ich, mit meinem Speckansatz an den Hüften, den Haaren am Bauch, den zu dünnen Armen. Eine *Schreibtischfigur*, hatte Cordula gespottet. Und ich hatte Sunny auch noch gefragt, ob wir zum Baden fahren könnten! Die Jungs würden sich scheckig über mich lachen.

Die Luft in meinem Zimmer war schwül und abgestanden. Ich riss das Fenster auf, obwohl es draußen heiß war. Zumindest die Handwerker hatten mit ihrem akustischen Terror aufgehört. Ich warf mich auf das alte DDR-Sofa, das nach dem Schweiß werktätiger Bevölkerung roch. Draußen zogen sich Gewitterwolken zusammen. Die Luft lud sich elektrisch auf. Ich strich mir durchs Haar, es knisterte. Mit Zeige- und Mittelfinger fuhr ich den Haaransatz entlang. Seit meiner Jugend verfolgte mich die Angst, dass ich eine Glatze bekommen könnte. Der Ansatz an der Stirn war zurückgegangen, die Geheimratsecken waren nicht mehr zu leugnen, auch wenn ich die Haare seit geraumer Zeit nach vorne kämmte.

Ich war nun fünfunddreißig und hatte bereits Panik vor dem Altern. Oder vielleicht weniger vor dem Altern, als vielmehr davor, dass mir die Jahre unter den Fingern verrönnen und ich leer zurückbliebe. Wie war das doch gleich mit den drei Dingen, die ein Mann in seinem Leben tun sollte? Ein Kind zeugen, einen Apfelbaum pflanzen, ein Haus bauen? Ein Kind hatte ich gezeugt, oder vielleicht auch nicht? Das wusste nur Cordula. Und selbst wenn dem so wäre, würde sie nie zugeben, dass es von mir ist und nicht von diesem Klabautermann Lauridsen. Einen Apfelbaum zu pflanzen wäre noch das Einfachste. Ich besaß zwar kein Grundstück, aber irgendeine Brachfläche hier in Wermsdorf würde sich wohl finden, wo ich einen Setzling aus dem Baumarkt für neununddreißig fünfundneunzig einbuddeln könnte. Und ein Haus bauen? Na ja, immerhin war ich als Beschäftigter der *Urbanitas* daran beteiligt, Häuser zu errichten oder zumindest zu sanieren, für Sonnenkinder und Schlossresidenten. Wenngleich mir das jetzige Projekt, wofür ich ja hierher in die Ödnis geschickt worden war, unter den Fingern zerronnen war, ohne dass ich es bemerkt hatte. Stavenhagen hatte es mir vorhin gesteckt. Seltsamer Kauz übrigens, dieser Stavenhagen. Vaterkomplex wohl. Oder eine Frühform von Senilität, in der man gutmütig und leutselig wird. Jedenfalls würde ich mich in den nächsten Tagen auf ein gehöriges Donnerwetter von Jotpe gefasst machen können. Und sobald die Hiobsnachricht von der Hubertusburger Trägerschaft in der Göhrener Straße einlief, würde Lauridsen triumphieren und zu Höchstform auflaufen. Im Spötteln und Intrigieren und Fallenstellen war er ein Meister.

Ich ging zum Kühlschrank. Dort bewahrte ich eine Flasche Klaren auf. Den hatte ich von der Wirtin geschenkt bekommen. Sie hatte neulich über den Meldezettel mitbekommen, dass ich Geburtstag hatte, und mir deshalb den Schnaps geschenkt. »Selbstgebrannt«, wie sie stolz dazugesetzt hatte, »von eigenen Pflaumen im Garten.«

Das war doch etwas! Sie hatte also vor Jahren oder Jahrzehnten einen Pflaumenbaum gesetzt. Oder ihr Mann. Und ein Kind hatten die beiden auch. Diesen Sunny. Nicht eben ein Glanzstück der Evolution, aber zumindest schien er an allen Gliedern gesund zu sein und könnte wohl später selbst für Nachwuchs sorgen. *Wachset und mehret euch.*

Ich goss mir ein Gläschen von dem Pflaumenschnaps ein, trank auf das Wohl der Wirtin, auf Sunnys Gesundheit und natürlich auf den Pflaumenbaum, und beschloss, später zum Baumarkt zu fahren, um einen Apfelschössling zu kaufen. Den würde ich dann irgendwo hinter den Plattenbauten einsetzen, dort störte es niemanden.

Der Schnaps war erstaunlich gut für einen selbstgebrannten. Nicht so scharf, eher mild und fein. Vom Brennen verstanden die Wirtsleute etwas. War ja eigentlich verboten, aber hier in den Dörfern juckte das niemanden. Neulich hatte ich in einem Gemüsegarten ein ganzes Beet Haschisch-Pflanzen entdeckt. Das war quasi die kleine Anarchie des Alltags. Geburtstag hin oder her. Ich würde hoffentlich nicht blind davon werden. Wäre schade. Sivis Busen gefiel mir. Und ihre Augen natürlich auch. Hatte sie grüne oder blaue? Ich beschloss, beim nächsten Mal genauer hinzusehen.

Die Mappe, die Stavenhagen mir mitgegeben hatte, lag auf dem Tisch. Ich setzte mich und öffnete sie. Vorsichtig nahm ich Blatt für Blatt heraus. Auch Briefe waren darunter. Die legte ich einstweilen beiseite. Der Rest waren Krankenakten, Protokolle der Anstalt Hubertusburg, Notizen Jankes.

Die Protokolle der Anstalt und die Krankenberichte stapelte ich zu einem Häufchen. Das Meiste war von Hand geschrieben, anderes auf Vordrucken und mit der Schreibmaschine ausgefüllt. Solch ein Vordruck, in DIN A5, lag zuoberst:

Auf Antrag des Sozialamtes wurde um 10.00 Uhr der Häftling Hans Janke, geb. 21.8.1909, vorgestellt.

Er macht einen ziemlich verwahrlosten Eindruck. Seine Kleidung ist hochgradig defekt und besteht im Wesentlichen aus Lumpen.

Die Untersuchung ergibt einen mäßig reduzierten Ernährungszustand. Der psychische Eindruck ist der eines hochgradigen Neurasthenikers mit schizoiden Wesenszügen.

Aufgrund dieser Tatsache wird er im öffentlichen Leben immer wieder Anstoß erregen, sich zu Handlungen hinreißen lassen, die mit der öffentlichen Meinung nicht in Einklang zu bringen sind. Um die Mög-

lichkeit zu erwägen, in einer Pflegeanstalt seinen Zustand zu kontrollieren und zu bessern, müsste zumindest vorübergehend die Unterbringung in einer solchen versucht werden.
Kreisgesundheitsamt Großenhain, 27.4.1949, Amtsarzt*

Daran angeheftet ein beidseitig ausgefüllter Vordruck der psychiatrischen Landesanstalten Arnsdorf und Hubertusburg:

Hans Janke, ledig, Beruf: Konstrukteur.

Geburtstag: 21.8.1909, Kinder: keine.

Geburtsort: Kolberg.

Kolberg lag im Osten, in Pommern. Ein Vertriebenenschicksal
also. Das war mir aus meiner eigenen Familie vertraut. Mein
Großvater war aus dem Sudetenland vertrieben worden, zwei Jahre nach Kriegsende. Vertreibung oder Flucht: In meinem Bekann-
tenkreis gab es viele, deren Vorfahren dieses Schicksal teilten. Und
irgendwie hatte man, wenn das Gespräch auf einer Party zufällig
auf dieses Thema kam, sofort das Gefühl: Das verbindet uns. Es
war mehr als eine kollektive Erfahrung (zumal es in meiner Generation ja keine persönliche Erfahrung mehr war). Es war ein kollektiv erlittenes Trauma, das sich weitervererbt hatte, auf die
Kinder – die das vielleicht noch selbst miterleben mussten –, aber
auch auf die Enkel, die die Erzählungen von Eltern und Großeltern gehört und verinnerlicht hatten. Erst in der darauffolgen-
den Generation schien dieses Trauma zu versickern und zur
unpersönlichen, distanzierten Historie zu werden.

Weiter stand da: Wohnort: Großenhain, Turnstraße 5.

Das war gar nicht weit weg von Wermsdorf, ich war aber nie
dort gewesen.

Letzter Aufenthaltsort: Polizeihaftanstalt Großenhain.

Nicht schlecht, Herr Specht. Hatte der Weltraumeroberer Janke etwas ausgefressen? Es konnte doch auch zu Zeiten von sowje-
tischer Besatzung und DDR kaum strafbar sein, wenn man etwas
spintisierte und Orbitraketen zeichnete. Das hatten wohl zu jener
Zeit, in der allgemeinen Sputnik- und Apollo-Begeisterung im
Osten wie im Westen, viele Kinder und Jugendliche getan. Wieso

also nicht auch ein Vierzigjähriger? In jedem Mann schlummerte bekanntlich ein großes Kind.

Diagnose: Schizophrenie.

Die waren ja mit ihrem Urteil recht schnell gewesen. Und dann der Eintrag über die Aufnahme in der psychiatrischen *Landesanstalt Arnsdorf* (Wo lag das? Ich musste mal googeln):

4. Juni 1949. Entlassung: 8.11.1950, verlegt nach L. A. Hubertusburg.

Willkommen zu Hause! Hier trafen wir uns also, Herr Karl Hans Janke und ich. Hubertusburg schien wie ein überdimensionierter Magnet zu wirken. Ich wusste von Stavenhagen, dass Janke bis zu seinem Tod 1988 (nur ein Jahr vor der Wende!) in Schloss Hubertusburg gelebt hatte, also fast vierzig Jahre lang. Was für ein elendes Dasein! Vierzig Jahre lang weggesperrt in diesem kalten Kasten mit seinen vier oder fünf Meter hohen Räumen, den zugigen Fluren, den maroden Fenstern! Und nun saß ich selbst hier in Wermsdorf und war drauf und dran, mein Schicksal diesem Schreckensschloss in den Rachen zu werfen.

Ich hatte einmal einen Animationsfilm gesehen, über ein Haus, das lebendig war und seine Bewohner und die Nachbarn einfach verschlang. So ähnlich stellte ich es mir auch mit Schloss Hubertusburg vor. Von wegen Hubertusburger Frieden! Wahrscheinlich waren damals, 1763, die Verhandlungsführer von den blutgierigen Mauern verschlungen worden. Wenn man im Keller, unter den Gewölben, grub, stieß man bestimmt auf die Reste dieser historischen Friedensmahlzeit: Schädel, Gebeine, vielleicht auch rostige Gürtelschnallen und Stiefelsporen. Und vielleicht war Jankes angebliche Verrücktheit nur vorgetäuscht, vielleicht hatte er dem Schlossmonster in die Fratze geblickt und die Schizophrenie nur gespielt, um den Verstand nicht zu verlieren. Wenn einer verrückt war, schob sich eine Milchglasscheibe vor die Welt, sodass sie erträglicher anzuschauen war. Denn was ich im *ärztlichen Befund* las, der sich auf der Rückseite des medizinischen Beobachtungsbogens von 1949/50 befand, machte mir nicht den Eindruck, als sei Janke wirklich geisteskrank gewesen. Auffällig vielleicht,

fantasiebegabt, vielleicht einen Tick zu fantasiebegabt, aber geisteskrank?

*Mager, keine Ödeme. Herz: systolische Unreinheit über allen Ostien.
Leib: nicht druckempfindlich. LR u. CR bds. +. Auch sonst Hirnnerven
o. B. (Was bedeutete das? Googeln!). Feuchte Handflächen* (Meine
Güte, die hatte ich in Stresssituationen auch. Was war denn das
für eine Diagnose?). *Psychogene Schreckhaftigkeit und Überemp-
findlichkeit bei Prüfung der BDR u. ASR.*

Was immer bei Janke geprüft wurde: Wenn man so examiniert
wurde, und das wahrscheinlich auch noch nackt, war doch klar,
dass man feuchte Hände bekam, schreckhaft und überempfindlich
reagierte. Und überhaupt: Wer durfte sich anmaßen, über einen
sensiblen Menschen zu urteilen, er sei überempfindlich? Man
musste damals irgendetwas finden, um den armen Kerl einbehal-
ten zu können, in diesem Schreckensschloss …

Dann fand ich dieses Protokoll, von der ärztlichen »Verneh-
mung« in Arnsdorf, im Juni 1949, bei Jankes Aufnahme. Und
plötzlich war mir alles klar: Man wollte Janke aus dem Verkehr
ziehen, ihn unschädlich und mundtot machen, ihn wegsperren.
In dem Protokoll zitierte man ihn, es war ja seine Verteidigung,
sein Eigenplädoyer. Janke glaubte an die Gerechtigkeit, und dabei
war schon von vornherein über ihn geurteilt. Man hatte ein neues
Opfer, und das ließ man nicht mehr los. Da musste er ja sonderlich
und verschroben werden, und meinetwegen auch ein bisschen
konfus und wirr, in vierzig Jahren Weggesperrtseins:

*Ich bin kein Gesellschaftsmensch, ich habe jahrelang selbständig
gearbeitet und mich trotzdem nicht von der Welt zurückgezogen, sämtliche Eigenarten meiner Mitmenschen sind mir auch bekannt geworden. Ich habe teilgenommen an den Freuden und Leiden meiner
Mitmenschen, bin aber trotzdem kein Gesellschaftsmensch, kann meine Worte nicht so in Worte kleiden.*

Nein, so verrückt konnte dieser Janke gar nicht gewesen sein!

Er begann mich zu interessieren. Ein Mann, der weggesperrt
wurde und sich erst daraufhin in die Verschrobenheit rettete,

weil er vielleicht als Verschrobener besser durch alle Hindernisse des Anstaltslebens kam? Natürlich, in einer psychiatrischen Anstalt wurde ja per Definition verlangt, dass man auffällig und eben verrückt war, sonst ergab eine Anstalt keinen Sinn. Das eben war ja die Berechtigung einer Anstalt (und ihrer Angestellten, nicht ihrer Insassen), dass die Patienten auffällig und verrückt und im besten Falle sogar gefährlich waren, gefährlich für sich und die Allgemeinheit, damit man eine Berechtigung, eine Notwendigkeit vorspiegeln konnte, die Patienten zu »verwahren«. Aber hinter dieser aufgezwungenen oder auch selbst auferlegten Maske des Verrückten musste doch der wirkliche Janke ein Gesicht haben?

Ich blätterte die Papiere durch: Tagesberichte diverser Pfleger und Schwestern, unterschiedlichste Handschriften, manche routiniert, andere ungelenk, manche sympathisch und rund, andere eckig und wie ausgerissen. Ich würde sie lesen, wenn ich mehr Zeit und Ruhe hatte.

Jetzt suchte ich nach etwas anderem, einem Beweis für meine These, einem Plädoyer für Janke. Ich zog mehrere Blätter amtlicher Dokumente hervor: Oben prangte der deutsche Reichsadler, in seinen Fängen hielt er einen Kranz, darin das Hakenkreuz. Ich betrachtete die Überschriften. Es waren zwei Patente für *Hans Joachim Janke in Dryhn, Kolberg, Ostseebad*, ausgefertigt vom Reichspatentamt, beide aus dem Jahre 1943.

Das erste Patent war auf ein *Flugzeug mit schwingender Tragfläche* ausgestellt, beantragt am 24. Mai 1936, bekannt gemacht am 18. März 1943. Darin lautete es:

*Flugzeug mit schwingender Tragfläche, deren an der Stirnseite liegender Holm drehbar gelagert ist im äußeren Teil einer an ihrem Umfang drehbar gelagerten Triebscheibe und die mittels einer an ihrem hinteren Ende angreifenden Schubkurbel in einem verstellbaren Schlitz geführt ist, dadurch gekennzeichnet, daß die Triebscheibe als Trommel ausgebildet ist mit zwei in Rollenlagern laufenden Endscheiben und in der Mitte liegendem Antriebsrad, wobei ein Holm von etwa

T-förmigem Querschnitt und ausreichender Steghöhe mittels Kugellagerscheiben in den Endscheiben der Trommel gelagert ist.

Das verstand, wer konnte. Ich nicht. Nur so viel schien sich mir anzudeuten, dass dieses Flugzeug mit schwingenden Tragflächen gegenüber den älteren Typen mit starren Flügeln wendiger und gegen Böen weniger angreifbar war.

Weit sensationeller fand ich die zweite Patentschrift, *Standortanzeiger, insbesondere für Luftfahrzeuge*, beantragt am 11. Mai 1939, bekannt gemacht am 11. November 1943:

Die vorliegende Erfindung betrifft eine Anordnung zur selbsttätigen Anzeige der geographischen Lage eines Fahrzeugs, auf einer Landkarte durch aufeinanderfolgende Anpeilung zweier auf gleicher Welle mit verschiedener Kennung arbeitender drahtloser Sendestationen von bekannter Lage und Projektion der Peilrichtungen auf die Landkarte und ermöglicht damit dem Führer des Fahrzeugs, den jeweiligen Standort bezüglich der Landschaft auf einfachste Art selbst zu ermitteln.

Das war Technikersprache. Aber übersetzt, so viel konnte ich erschließen, bedeutete es nichts anderes, als dass Janke eine Art Navigationssystem erfunden hatte! Was wir alle (nur ich nicht, denn mein Golf stammte noch aus den tiefen Neunzigern) heute im Auto hatten, einen »Navigator« oder kurz »Navi«, dieses System war – wenngleich noch nicht computer- und satellitengestützt – eine Erfindung meines lieben Herrn Janke, des »Bekloppten« von Hubertusburg, den man vierzig Jahre lang ein- und weggesperrt hatte!

Ich musste mir ein drittes Gläschen von dem Pflaumenschnaps gönnen. Ob ich dann allerdings noch zum Baumarkt fahren konnte, stand auf einem anderen Blatt. Ich trank auf den Erfinder Janke, auf das Navi, auf die *Sonnenkinder*, sofern sie sich im Orbit bewegten, und genehmigte mir noch einen vierten Schnaps, um die Sonnenland-Residenz mit ihren Sonnenkindern in der Sonnenburger Straße in ein schwarzes Loch zu verdammen. Und mit ihnen Jotpe und Lauridsen und die ganze Göhrener Mischpoke, Robert einmal ausgenommen.

Ich wandte mich dem Stapel Briefe zu, ordnete ihn in Handschriftliches und Maschinengeschriebenes. Einige Briefe von Firmen, Institutionen und Ministerien waren darunter. Das würde ich mir in den nächsten Tagen in Ruhe ansehen, sofern Jotpe mir nicht in einem Kuvert eine Seidenschnur sandte. Das hatte man im alten China mit unbotmäßigen Beamten getan: Der Kaiser schickte eine feine Schnur, mit der sich der Delinquent selbst zu erdrosseln hatte. Eine freundliche Aufforderung, bevor man den Verdammten auf unangenehmere Weise – köpfen oder den Tigern zum Fraße vorwerfen – ins Jenseits beförderte. Bis zum Eintreffen dieses Briefes hatte ich wohl noch etwas Zeit: Heute war Freitag, morgen kam die Deutsche Post vielleicht nicht, dann bliebe mir eine Galgen- oder vielmehr Schnurfrist bis Montag. Na also. Ich hatte bis Montag Zeit, eine Entscheidung zu treffen und meinem Leben eine neue Richtung zu geben. *Geschlagen, aber nicht besiegt*, wie Stavenhagen vollmundig getönt hatte. Er hatte gut reden, bekam sein Chefarztgehalt, und das in einer krisensicheren Branche. »Bekloppte« würde es immer geben, und ihre Zahl wuchs.

Das Handschriftliche stammte durchwegs von Janke. Seine Schriftzüge kannte ich inzwischen: flüssige lateinische Buchstaben, gut leserlich und doch weit über das Stadium einer Schul- und Kinderschrift hinausgehend. Man sah dieser Schrift an, dass sie geübt war. Sie besaß Charakter und Eigenheit, gleichzeitig Sinn für Schönheit und Regelmäßigkeit. Ich mochte sie. Die meisten Briefe hatte Janke auf A5-Papier geschrieben, mit Tinte oder Blei. Manche waren eng beschrieben, auf anderen waren nur wenige Zeilen, wiederum andere waren mit Zeichnungen versehen, von technischen Apparaturen, aber auch von Tieren und Szenen aus dem Alltag in der Anstalt.

Ich nahm einen der kleineren Zettel zur Hand und las:
Meine liebe Evelyn!
Ich bringe Dir ein bißchen zum Knabbern! Lasse es Dir gut schmecken! Schokolade ist nahrhaft und gesund! Ich denke immer an Dich und wünsche Dir gute Erholung! Dein Hans 14.7.1963

Wer war Evelyn? Eine Verwandte? Eine Freundin? War sie Insassin der Anstalt gewesen? Der Ton des Briefleins klang vertraut und zärtlich. Und werbend. Auf dem nächsten Blatt war zu lesen:

*22. Okt. 63

Evelynchen!

*Laß dich mit keinem Mann ein im Leben, der Dich nicht heiratet! Auch wenn er das sagt! Wenn Du von dem ein Kind bekämst, der Dich nicht heiratet, dann würdest Du zeitlebens hier drinnen in der Anstalt gehalten werden, um für das Kind zu arbeiten! Ich meine es gut mit Dir, Evelyn! Der Mann, der Dich haben will, muß Dich erst heiraten, ehe er ein Kind macht! Sei vorsichtig! Dein Hänschen**

Darunter, auf demselben Blatt Papier, ein angefügter zweiter Brief:

Liebe Evelyn!

*Ich habe Dir absichtlich solche braunen Hausschuhe gekauft, damit die Frauen in Deiner Umgebung nicht neidisch auf Dich werden, wenn ich Dir rote oder grüne Schuhe kaufe. Pelzschuhe werden Dir auch etwas zu warm sein! Trage sie alle Tage, anstelle der Sandalen, die Du im Sommer wieder tragen kannst. In den Sandalen bekommst Du über Winter kalte Füße und das ist nicht gut! Ich hoffe, daß Dir die Schühchen passen und gefallen. Dein Hans**

Mir fiel es wie Schuppen von den Augen: Karl Hans Janke hatte sich also verliebt, in eine Mitpatientin namens Evelyn! Und er umsorgte sie mit Hingabe, schenkte ihr Schokolade, weil sie angeblich gesund war, und Schuhe, in denen sie nicht zu frieren brauchte. Und er warnte sie davor, sich leichtfertig mit Männern einzulassen, die ihr kein Eheversprechen gegeben hatten. Heißt das, Janke selbst sah für sich keine Chance, Evelyn zu bekommen? Freilich, damals wäre in der Psychiatrie eine Heirat zweier Patienten undenkbar gewesen. Und Janke war offensichtlich als unheilbar diagnostiziert und musste in Hubertusburg bleiben. Aber Evelyn? Sie war Patientin, doch offensichtlich – das konnte man aus Jankes Notizen schließen – mit der Aussicht auf Heilung und

Entlassung, zurück in die Welt der Gesunden, mit Aussicht auf eine Ehe, auf Kinder, auf ein Familienleben. Während Janke dazu verdammt war, bis an sein Lebensende in der Anstalt zu vegetieren, als Verrückter *abgestempelt* (im wahrsten Sinne des Wortes), und seine geliebte Evelyn ziehen lassen zu müssen. Gerade im Verzicht offenbarte sich die Größe seiner Liebe: Er wusste, dass Evelyn eines Tages entlassen werden würde, und dass das die Trennung für sie beide bedeutete. Er wusste, dass Evelyn einen anderen Mann heiraten würde. Aber dennoch liebte er sie innig, sorgte sich um sie, beschenkte sie mit Kleinigkeiten, um ihr Wohlbefinden und ihre Gesundheit zu festigen.

Das war starker Tobak. Mir standen ein paar Tränen in den Augen, und ich schämte mich dessen nicht. Auch im Kino weinte ich gern, denn da sah es ja keiner. Und hier, in meinem Zimmer in einer Wermsdorfer Pension, noch dazu psychisch aufgeweicht durch den Pflaumenschnaps der Wirtin, konnte mir das egal sein. Ich begann, Janke sogar ein wenig zu beneiden. Nicht um sein Weggesperrtsein, Gott bewahre. Obwohl er hinter den dicken Schlossmauern das sein konnte, was er war: ein Erfinder. Er brauchte sich nicht um die Allüren zickiger Eigenheimkäufer und die Winkelzüge von Trägerschaften und Großinvestoren zu sorgen. Ich beneidete ihn darum, dass er lieben konnte, und dass seine Liebe so groß war, dass sie sogar die Trennung und den Verzicht überdauerte und in den Schatten stellte.

Gab es ein Bild von Evelyn? Ich suchte in Jankes Unterlagen vergebens. Man müsste Stavenhagen fragen, ob sich in seinem Archiv nähere biografische Angaben zu Evelyn finden ließen: Fotos, Lebenslauf, eine Krankenakte. Andererseits: Man hatte nur Jankes Nachlass aufbewahrt, der sich durch einen Zufall erhalten hatte, weil er auf dem Dachboden gelagert und dort vergessen worden war, so lange jedenfalls, bis sich so viel Staub der Zeit darauf angesammelt hatte, dass man mit historischer Distanz und soziologischem Interesse diese Skripte und Zeichnungen zu lesen begann. Und was Evelyns Krankenakte anbelangte: Hatte man die

Unterlagen aus einer Zeit, die rechnerisch fünfzig Jahre her war, und historisch betrachtet weit länger zurücklag, nämlich in einem Staat, der untergegangen war, nicht schon längst vernichtet?

Ich stieß auf ein anderes Blatt von Jankes Hand: Darauf hatte er offensichtlich Evelyn porträtiert. Die Zeichnung zeigte eine junge Frau mit langen hellen Haaren, die auf einem Hocker sitzt, vor einem Fenster. Neben ihr ein junger Mann, von hoher Statur, schlank und kräftig. Er hatte eben das Eisengitter, das einen Ausbruch verhindern sollte, aus der Fensterlaibung gerissen. Der Weg aus der Anstalt, hinaus in die Freiheit, stand also offen. Der junge Mann musste Karl Hans Janke sein. Ein offensichtlich idealisiertes Selbstporträt. Die Zeichnung stammte vermutlich aus den Sechzigerjahren. Janke war damals bereits Mitte fünfzig. Er war, das wusste ich von Fotos, ein Mann von kleiner Statur, eher kräftig, kompakt gebaut, mit leichtem Hüftspeck und kleinem Bauch. Keineswegs der junge, strahlende Ritter, den die Zeichnung wiedergab. Und Evelyn? Wie alt war sie, als sie nach Hubertusburg kam? War sie jünger als Janke oder in etwa gleichaltrig? Und was mochte aus ihr geworden sein? Janke starb 1988. Lebte Evelyn vielleicht noch?

Ich legte die Zeichnung beiseite, fand ein weiteres Briefchen von Janke. Weshalb eigentlich hatten sich Jankes Briefe in seinem Nachlass erhalten? Hatte Evelyn sie ihm zurückgegeben? Oder hatte er diese Briefe nur für sich und für eine Fantasie-Evelyn geschrieben? Hatte Evelyn denn real existiert? Mir schien alles möglich, ich traute diesem Trajekte- und Selbst-Erfinder Janke nicht über den Weg. Er war ein genialer Fährtenleger, in seinen Zeichnungen und Konstruktionen, und möglicherweise auch in seinem Leben. Ich hielt es jedenfalls für denkbar.

Auf dem Blättchen, das ich nun entzifferte und das aus viel späterer Zeit stammte, las ich:

25.8.1982

Meine liebe Evelyn!

Ich bin so traurig, weil ich nicht weiß, wo und wie wir beide zusammenleben können! Du sagtest mir, Du wolltest einmal weit wegfahren, am liebsten nach Afrika, wo die Sonne immer scheint, an den Nil. Aber Du tust mir Unrecht, denn Du weißt ja, daß ich nicht so viel Geld gespart habe und daß ich Dir alles gebe, wozu ich in den traurigen Umständen meines Abgesondertseins in der Lage bin. Ich mache Dir immer eine kleine Freude, jede Woche. Nun bleib schön gesund und auf Wiedersehen.

Herzliche Grüße und Küsse, Dein Karl Hans Janke.

1982, das war zwanzig Jahre nach den ersten Briefen, die Janke an Evelyn geschrieben hatte (zumindest nach dem zu urteilen, was ich vor mir liegen hatte). War Evelyn zu jenem Zeitpunkt noch in der Anstalt in Hubertusburg? Oder hatte man sie längst als geheilt entlassen? Ein amtlicher Brief, verfasst vom Bürgermeister der Gemeinde Schöna in Sachsen, mit dem Datum vom 28. Februar 1968, gab mir unerwartet Antwort:

*Werter Herr Janke!

Das Fräulein Kubelka, das Sie suchen, ist nicht <u>Fräulein</u> Kubelka sondern <u>Frau</u> Kubelka und Mutter von drei Kindern. Sie ist hier verheiratet und lebt zur Zeit nicht mehr bei uns in der Gemeinde, sondern getrennt von ihren Kindern und ihrem Mann. Sie hält sich unbekannterweise im Kreis Löbau auf. Wenn Sie sie unbedingt heiraten wollen, das können Sie, denn sie lebt zur Zeit in Scheidung. Weiter können wir Ihnen nichts mitteilen und nehmen an, dass wir Ihnen damit gedient haben.*

Nun hatte ich also immerhin schon den vollen Namen der von Janke so zärtlich umworbenen Frau: Evelyn Kubelka, so zumindest ihr damaliger Name. Sie war im Februar 1968 bereits nicht mehr in der psychiatrischen Anstalt Hubertusburg (Wann war sie entlassen worden?), und war zu ihrem Mann und ihren Kindern zunächst nach Schöna (Wo lag das?) zurückgekehrt, dann aber in den Kreis Löbau gezogen und lebte damals in Scheidung. Hatte sie danach ihren Mädchennamen wieder angenommen? Und wenn ja, wie hieß sie nun, heute – falls sie überhaupt noch lebte? Doch immerhin: Einige wertvolle Anhaltspunkte besaß ich. Es war wie in einem Puzzle, zu dem ich schon eine Randleiste und eine Ecke gelegt hatte – ich besaß bereits eine vage Vorstellung von der Größe des zu erstellenden Bildes. Und es war ein Riesenpuzzle, das ich zu legen hatte!

Auf einmal stand für mich fest: Ich wollte Evelyn suchen. Falls sie überhaupt noch lebte. Falls nicht, würde ich auf ihr Grab einen Strauß weißer Rosen legen. Der kam von mir. Und zusätzlich einen Strauß roter Rosen. Von Janke, nachträglich, posthum. Das hatte er verdient, fand ich.

Und falls Evelyn doch noch lebte: Nun, so wollte ich sie erst recht finden, und sie befragen, wie das damals war, und ob Janke und sie ein Liebespaar gewesen waren, und ob sie tatsächlich einen anderen geheiratet hatte. Oder ob sie Janke zeitlebens nachtrauerte, ob sie ihm ein zärtliches Andenken bewahrte, ob er ihr vielleicht sogar das Herz gebrochen hatte, mit seiner übergroßen, selbstlosen Liebe?

Fragen über Fragen. Und ein kleiner Hinweis: Schöna. Der Ortsname begann in meinem Kopf zu kreisen. Der verdammte Schnaps der Wirtin!

Ich ging ins Bad, drehte das Wasser an der Brause kalt auf und hielt den Kopf darunter. Es machte mich schier besinnungslos, aber das Dröhnen im Hirn ließ nach. Mein Handy klingelte. War das vielleicht schon Jotpe? Der Vernichtungsbefehl? Es war eine Nummer, die ich nicht kannte. Ich ging ran, meldete mich nicht mit Namen, sondern sagte nur »Hallo?«.

»Hi, Tim, ich konnte mit meiner Schicht heute früher aufhören, eine Kollegin sprang ein, die Minusstunden hat. Willst du mitkommen, baden?«

»Sivi?«, fragte ich ungläubig. »Woher hast du meine Nummer?«

»Ich habe Stavenhagen gefragt.«

»Aha. Ich dachte, er hätte sie verschludert? Er geht ja recht generös mit den Daten anderer um.«

»Wieso?«

»Na, ich meine, auch in punkto Janke.«

»Was willst du damit sagen? Kommst du jetzt mit oder nicht?«

Was versäumte ich an diesem Tag schon groß? Allenfalls meine Liquidierung. »Gern«, sagte ich daher, »nur … mir fällt ein, ich glaube, ich habe keine Badehose.«

Sivi lachte. »Egal, wir im Osten baden sowieso nackt. Warst du noch nie an unserem Baggersee, oben, am Wald?«

»Äh, nein, ist das dort, wo du neulich mit Sunny hinfuhrst?«

»Ach, Sunny«, Sivi lachte, ich wusste nicht, weshalb, »der Spinner. Bei dem ist doch eine Schraube locker, aber er ist in Ordnung. Wahrscheinlich ist er auch dort. Also, ich bin in einer Viertelstunde bei dir, ja? Können wir in deinem Auto hinfahren?«

»Klar. Ja, bis gleich. Ich freue mich. – Warte, Sivi, ich wollte dich noch etwas fragen: Kennst du Schöna?«

»Wie?«

»Einen Ort namens Schöna.«

»Schöna? *Du* hast ja seltsame Fragen. Wollt ihr dort auch bauen? Das ist ein kleines Kaff bei Eilenburg, etwa zwanzig Kilometer nordwestlich von hier. Wie kommst du auf Schöna?«

»Wegen Janke. Erkläre ich dir später. Können wir dorthin fahren?«

»Nach Schöna? Na, wenn du meinst. Aber heute nicht mehr. Heute gehen wir baden. Morgen soll das Wetter schlechter werden. Jetzt aber genug gequasselt, Tim, ich bin in einer Viertelstunde bei dir.«

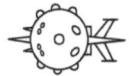

Der Pfleger, der Gummistiefel trug, ließ aus dem großen, weiß emaillierten Kessel heißes Wasser in die Wanne ein. Janke stand daneben,

in Unterhose, wartete, sinnierte. Er mochte diesen Pfleger, er war stets ausgesucht freundlich zu den Bewohnern, zu ihm, Janke, besonders. Er schien begriffen zu haben, dass er nicht irgendjemanden vor sich hatte.

»Moment, Her Janke, noch etwas kaltes Wasser, dann müsste es perfekt sein.«

Janke stand verlegen da. Es war ihm nicht recht, so lange, nur mit einer Unterhose bekleidet, warten zu müssen. Aber in *dieser Stelle* vollzog sich alles nach bestimmten Riten, die beinahe als geheiligt angesehen wurden. Dazu gehörte das zweiwöchentliche Bad, zu genau festgelegter Uhrzeit. Die Bewohner hatten bereits eine Stunde vorher in einem Raum neben der Wasch- und Badeküche zu warten und dort ihre Kleider abzulegen, die dann in einem offenen Spind mit mehreren Fächern verstaut wurden. Janke kam sich vor wie beim Antreten in der Wehrmacht. Er nahm sich vor, einen Beschwerdebrief an den Direktor *dieser Stelle* abzufassen.

Geehrter Herr Doktor! Ich muss sie dringend auffordern, die Bewohner dieser Stelle an den Badetagen nicht so zu behandeln wie beim Barras! So geht das nicht! Wir sind alle Menschen und sozialistische Bürger und keine Viecher. Sie als studierter Mensch müssten das eigentlich wissen. Hochachtungsvollst, Janke.

»Bitteschön, Herr Janke, dann genießen Sie mal die Fluten.«

Der hölzerne Tritthocker war glitschig vom heißen Dampf, der die Waschküche erfüllte, und von den unzähligen Füßen, die im Laufe der Jahrzehnte die blaue Ölfarbe abgewetzt und die Stufenbretter glatt geschliffen hatten. Der Pfleger hielt Janke am Oberarm und half ihm, in die Wanne zu steigen. Das Wasser war wohlig heiß.

»In Ordnung so?«

Janke nickte, ließ ein Stöhnen des Wohlbefindens vernehmen, ging in die Hocke, hielt sich mit beiden Händen an den Wannenrändern fest, ließ sich ins Wasser gleiten.

»Na dann, schwimmen Sie nicht so weit raus. Hier sind Seife, Schwamm und Bürste. Wenn etwas ist, rufen Sie mich, ich bin drüben, bei der anderen Wanne.«

Wieder nickte Janke. Der Pfleger verschwand hinter einer dünnen Bretterwand, wo sich die zweite Wanne befand und bereits ein anderer Bewohner wartete.

Janke griff nach Seife und Schwamm, die vor ihm auf einem Brett lagen, das quer über die Wanne gelegt war, und begann sich gründlich abzuschrubben. Er achtete peinlichst auf Sauberkeit. Er wollte nicht wie manche der hiesigen Bewohner *dieser Stelle* ein ungepflegtes Bild abgeben. Ein adrettes Äußeres war der Spiegel geistiger und charakterlicher Gesundheit, das hatte er einmal irgendwo gelesen. Vielleicht im Heimatkalender, den sein Vater Otto abonniert hatte, damals in Pommern?

Janke nahm die Bürste mit dem langen Stiel und rieb sich kräftig den Rücken ab. Dann Achseln, Brust und Bauch, die Stellen zwischen den Beinen ... Er ging gründlich und systematisch vor, wie bei allem im Leben. Wie bei seinen Erfindungen, seinen Konstruktionsplänen, seinen technischen Texten. Genauigkeit und Präzision. Er wollte schließlich einen guten Eindruck machen.

Herr Jonas, der freundliche Mitarbeiter, der ihn immer mit Material und Papier versorgte, hatte in Aussicht gestellt, er, Janke, könne noch dieses Jahr vor den Bewohnern *dieser Stelle* einen Vortrag halten, er habe deswegen beim Direktor schon vorgefühlt und eine wohlwollende Antwort erhalten, er, Janke, solle doch dem Herrn Direktor einen offiziellen Antrag zustellen, den könne der Herr Direktor schwerlich ablehnen. Janke wollte das tun, am besten morgen, frisch gewaschen, in frischer Wäsche, frisch rasiert, in seinem besten Hemd, seinem frisch gebürsteten Sakko. So würde er sein Anliegen unterbreiten, mündlich und schriftlich, einen Vortrag zu halten, über die friedliche Eroberung und Nutzung des Weltraums durch das *Trajekt*, aber einen öffentlichen Vortrag, denn auch Interessenten aus der ganzen Umgebung müssten die Möglichkeit haben, von Jankes bahnbrechenden Ideen Kenntnis zu erhalten. Er hatte ja in diesen Angelegenheiten bis nach Leipzig, Dresden, Berlin und Rostock korrespondiert, mit Gelehrten und Forschern, und war überall auf Erstaunen und Interesse gestoßen.

Aber Janke wollte noch aus einem anderen Grunde ein gepflegtes Äußeres an den Tag legen. Dieser Grund hatte einen Namen und ein Gesicht: Evelyn! Janke war ihr beim letzten *Gemeinschaftsabend* vor zwei Wochen zum ersten Mal begegnet. Diese *Gemeinschaftsabende* waren die fadeste Einrichtung *dieser Stelle*. Eigentlich eine Absonderlichkeit, eine moralisch verschrobene Tradition, Frauen und Männer getrennt unterzubringen, sie getrennt wohnen und getrennt arbeiten zu lassen. Janke verstand den Sinn dieser Vorschrift nicht. Waren sie nicht alle mündige Bürger eines sozialistischen Arbeiter- und Bauernstaates? Was fiel der Obrigkeit ein, ihnen vorzuschreiben, mit wem sie wann und welchen Umgang hatten?

Evelyn war ihm im Aufenthaltsraum aufgefallen, wo ein paar mit Wachstüchern gedeckte Tische standen, davor einfache Holzstühle, an den Wänden drei alte, durchgesessene Sofas, ein Kachelofen, eine verstaubte Zimmerlinde, in einer Ecke eine Musiktruhe mit Radioapparat und Plattenspieler des *VEB Funkwerk Kölleda*. Eine Platte war gelaufen, der abgewetzte Saphir hatte über das Vinyl geschrammt: *Zwei blaue Luftballons* von Jiri Popper, mit dem Rundfunk-Tanzorchester Leipzig, dann *Junge Leute brauchen Liebe* mit Helga Brauer und den Bergols. Janke wusste das noch genau, er kannte die kleine Schallplattensammlung des Gemeinschaftsraums, und nur er durfte an den *Gemeinschaftsabenden* die Musiktruhe betätigen, denn die anderen Bewohner *dieser Stelle* brachten nicht den nötigen technischen Sachverstand auf, den Apparat richtig und umsichtig zu bedienen. Dass die Saphirnadel dringend ausgetauscht werden müsste, hatte Janke freilich schon mehrmals bei der Leitung angemahnt, aber Herr Jonas hatte versichert, die sei zur Zeit nicht zu bekommen, wegen eines Defizits, was Janke kopfschüttelnd hinnehmen musste.

Es war *Junge Leute brauchen Liebe* gelaufen, als die Tür aufgegangen war – und die Sonne: Der Gemeinschaftsraum lag nach Osten in kühler Feuchtigkeit. Doch durch die sich öffnende Tür und das gegenüber liegende Fenster – es war später Nachmittag gewesen, die Sonne war schon tief gestanden – war mit einem Mal alles in ein goldenes, wärmendes Licht getaucht worden, das hatte den Staub über Tische und Stühle tanzen lassen, die Zimmerlinde schien frisch zu ergrünen, die Vinylplatte blitzte, und selbst die bescheidenen Harmonien des Schlagers funkelten auf. Dann war da eine Gestalt gewesen – im Gegenlicht. Janke hatte, geblendet von der Sonne, ihr Gesicht zunächst nicht erkennen können. Die Gestalt war langsam, wie scheu hereingekommen, hatte mitten im Raum gestanden. Auch die anderen Bewohner hatten ihre Köpfe gewandt und die Fremde neugierig angeblickt. Sie war von mittlerer Statur gewesen, schlank, hatte bis zur Schulter reichendes glattes, blondes Haar gehabt. Ihr Gesicht, nein: es war ein Antlitz – ein schmales Oval, ein kleiner Mund, blaue Augen. Janke hatte gewusst: Diese Frau kam aus dem Sonnenland. Für sie allein hatte er seine Trajekte entwickelt, um zu dem fernen Planeten zu gelangen, wo es so schöne, so vollkommene Menschen gab.

Aber war sie denn ein Mensch? Die Fremde hatte sich umgesehen, in Augen gesehen, die sie neugierig und bewundernd angestarrt hatten; dann hatte sie Janke angeblickt. Ja, ihn, Karl Hans Janke, den Erfinder, den begnadeten Konstrukteur, den Eroberer des Weltraums. Sie war auf ihn zugekommen, nein – geschwebt, hatte ihn beim Arm genommen – sie hatte ihn berührt! –, hatte ihn sachte beiseitegeschoben, den Zeigfinger – eine wunderschön manikürte Hand! – unter den Tonarm gesteckt und diesen angehoben – die Saphirnadel hatte beim Wort *Liebe* gekratzt. Janke hatte schon ansetzen und empört *So aber nicht, das gibt Kratzer* sagen wollen, doch da war ihm die schöne Fremde bereits zuvorgekommen, mit einer Stimme, die von einem rauchigen Timbre war, wie man sie der engelsgleichen Gestalt nicht zugetraut hätte. Janke hatte nur ungeschickt räuspern können. Die Erscheinung hatte die Schallplatte lieblos auf den Tisch geworfen, statt sie vorsichtig in die Hülle zu schieben, und hatte unautorisiert – das war Jankes Privileg! – in dem bescheidenen Vinylvorrat gewühlt.

»Na, das ist doch was!«, hatte die sonore rauchige Stimme gesagt.

Die Fremde hatte nach einer Hülle gegriffen, die schwarze Scheibe herausgezogen, eine *AMIGA*-Aufnahme, hatte sie auf den Plattenteller geschubst, die Starttaste gedrückt, den Tonarm aufgelegt (*immerhin, das tat sie routiniert*). Man hatte ein leises Knistern gehört, und dann hatte Helga Brauer *Heute tanzen alle jungen Leute* gesungen.

»Ein Lipsi«, hatte die rauchige Stimme gesagt, »das ist was Flottes.«

Plötzlich hatte Janke ihre Hand in der seinen gefühlt. Ihre andere Hand hatte sich auf seine Schulter gelegt – und schon, er hatte nicht gewusst, wie, hatte die Erscheinung ihn in die Raummitte gedrängt und begonnen, mit ihm – mit ihm, Karl Hans Janke, Erfinder und unfreiwilliger Bewohner *dieser Stelle* – zu tanzen! Janke konnte nicht tanzen, er hatte es nie gelernt. Einmal als Soldat, in einem Casino in Frankreich, hatte er mit einem französischen Mädchen zu tanzen versucht, aber bereits nach wenigen Takten hatte sie ihn wortlos stehen lassen und sich einen Kameraden gegriffen, einen großen Blonden, der wie ein Teufel springen konnte.

Aber jetzt – Janke hatte nicht gewusst, wie – war es plötzlich wie von selbst gegangen. Seine Füße waren zwar anfangs noch übereinander gestolpert, und einmal war er der schönen Fremden sogar auf den Fuß getreten, wofür er eine Entschuldigung gestammelt hatte, aber sie hatte nicht darauf geachtet, weder auf seinen Fehltritt noch auf seine Entschuldigung, hatte ihn angelächelt wie eine Göttin, hatte ihn gedreht, geführt, er hatte nicht gewusst, wie ihm geschah. Und mit einem Mal, nach etwa zwei Dutzend Takten, war es leidlich gegangen, ja es war immer besser gegangen. Janke hatte gespürt, wie die Musik in seine Hüften, seine Beine, seine Füße gesprungen war, wie er selbst zu springen begonnen hatte, und da hatte er auch nicht mehr ängstlich zu Boden und auf seine Schuhe starren müssen, sondern er hatte auf das Antlitz der Schönen mit der rauchigen Stimme schauen können, und Helga Brauer hatte gesungen und gesungen, und sie hatten Lipsi getanzt, und sich gewiegt und gedreht, und es hätte ewig so weitergehen können. Doch da hatte Helga Brauer zu singen aufgehört, der abgenutzte Saphir hatte über das Vinyl geknistert und der Tonarm war ausgeschert, hatte sich gehoben, war auf seine Anfangsposition zurückgeschwenkt, hatte sich gesenkt, den Kontakt gedrückt, und der Plattenspieler war still gestanden. Und die Stille hatte sich im ganzen Gemeinschaftsraum ausgebreitet wie eine plötzliche Explosion: Da war keine Luft mehr gewesen, keine Bewegung, kein Atmen. Alles war abrupt abgerissen, und Janke hätte sich nicht gewundert, wenn er augenblicklich in Ohnmacht gefallen wäre.

Doch er war nicht umgefallen, denn die Schöne hatte ihn gehalten, an der Hand und an der Schulter, als hätte noch immer die Platte auf dem Teller rotiert. Janke hatte sie unverwandt angeblickt. Er hatte nicht zu sprechen gewagt.

»Na, für den Anfang gar nicht schlecht«, hatte die rauchige Stimme gesagt. »Jetzt muss ich eine inhalieren.«

»Sind Sie lungenkrank?«

Die Fremde hatte wiehernd gelacht, das Gelächter hatte laut in den stillen Raum hineingeschallt.

»Mensch, inhalieren! Rauchen natürlich! Haben Sie vielleicht eine Zigarette?«

»Rauchen ist hier strikt verboten«, hatte eine alte, brüchige Stimme aus dem Hintergrund gemahnt.

Die schöne Fremde hatte sich nicht umgewandt, hatte nur weiterhin Janke angesehen, gelächelt, die Augenbrauen hochgezogen und schnippisch gesagt: »Müde Party hier.«

Janke hatte sich geräuspert, schließlich doch zu ein paar Worten gefunden: »Schokolade ist gesünder als Zigaretten.«

»Was soll ich denn mit Süßkram? Ich brauche etwas zum Rauchen. Von kalter Luft und Lipsi allein kann ich nicht leben.«

»Ich kann Ihnen aber gute Schokolade besorgen. Ich verfüge über Verbindungen.«

Janke hatte mit dem Kopf einen Diener angedeutet, da die Fremde hatte sehen sollen, dass er ein galanter und feiner Mann war.

»Ach, nein, danke, die *Konsum*-Schokolade kann ich mir auch selbst kaufen.«

»Ich habe Kontakte. Schokolade ist nahrhaft und gesund!«

»Sind Sie in der Partei?« In den Augen der Fremden hatte es geirrlichtert.

»Keineswegs. Ich bin ein ehrbarer Mann. Erfinder und Konstrukteur.« Janke hatte sich verbeugt. »Janke, Karl Hans Janke. Angenehm.«

»Ich weiß nicht, ob Sie angenehm sind. Ich kenne Sie ja gar nicht.«

»Ich darf Sie darauf hinweisen, dass ich gegen meinen erklärten Willen *in dieser Stelle* festgehalten werde, schon seit über elf Jahren. Ich stamme aus Kolberg in Pommern, studierte in Berlin, war in Peenemünde in der Heeresversuchsanstalt tätig, in der Raketenforschung. Ich bin den Herren verdächtig, weil ich unter Wernher von Braun assistiert habe. Aber ich bin ein ehrbarer Mann, meine Trajekttechnologie, ganz ohne Atom, wird die Weltraumforschung revolutionieren und unserem sozialistischen Staat Ruhm und Frieden einbringen. Ich stehe, müssen Sie wissen, mit höchsten Stellen in Korrespondenz.«

Janke hatte atemlos gesprochen, er hatte Angst, die Schöne könnte ihn, da sie keine Zigaretten von ihm erhielt, einfach abblitzen lassen.

Im Hintergrund war nun wieder die alte, brüchige Stimme zu hören. Sie sang: *»Erhalt uns, Herr, bei deinem Wort, und steur' des Papsts und Türken Mord ...«*

Janke hatte sie gleich erkannt. Eine altjüngferliche Betschwester.

»Schnauze! Wie soll man da denken?«, war es von der Fensterseite erschollen. Dort hatte ein alter Mann gesessen, der mit den Füßen immer übers Linoleum scharrte und unablässig Patiencen legte.

Die Betschwester hatte sich daraufhin animiert gefühlt. Ihr Gesang, bislang in der undefinierbaren Stimmlage eines Skeletts angesiedelt, hatte sich aus lauter Bosheit zu einem verblichenen Sopran emporgeschraubt, dessen Vibrato so ausgeleiert war wie ihre geblümte Trägerschürze: *»die Christum und die Kirchen schon wollen stürzen von ihrem Thron ...«*

Eine dicke Frau in weißem Silastik-Pulli, der eng über ihre drallen Brüste gespannt war und unter den Achseln große Schweißflecke zeigte, war aufgestanden, ein Glas Milch in der Hand, zu der von der *armen Christenheit* und von *der Ketzer Rott* vibrierenden Dürren gegangen und hatte ihr wortlos die Milch über den Kopf gekippt. Die

Betschwester hatte daraufhin angefangen zu kreischen, »Mörder! Mörder!!«, war aufgesprungen, hatte die Dicke gepackt, die aufjaulte und in Tränen ausbrach. Der Patiencenleger hatte in den Raum geschrien: »Eben geht sie auf, und schon machen die Weiber wieder Rabautz!«

Die fremde Schöne indes war scheinbar ungerührt zur Musiktruhe geschlendert und hatte die Starttaste gedrückt. *Heute tanzen alle jungen Leute* hatte es aus dem Lautsprecher geschallt, während die Dicke zu Boden gegangen war und die Betschwester mit sich gerissen hatte. Da war die Tür aufgeflogen, ein kleiner, bulliger Pfleger und ein dünner Arzt waren hereingestürzt, hatten die Streitlieseln gepackt: »Auseinander! Sofort auseinander!« Während Helga Brauer lautstark die Menschen zum Lipsi aufgefordert, und die fremde Schöne, die Augen geschlossen, die Arme halb erhoben, als hörte sie nicht das Geschrei und Gezeter, sondern nur die Musik, sich ganz allein im Takt gewiegt hatte.

Janke war dagestanden und hatte sie angegafft: So etwas Vollkommenes in diesen Mauern, wo sie die Verrückten zusammengetrommelt hatten! Er hatte gewusst, er würde die Dame mit Schokolade versorgen, ihr alle Wünsche von den Augen ablesen, denn er war ja keiner von den Meschuggenen, er war ein ehrbarer Bürger und bekannter Konstrukteur, der widerrechtlich in *dieser Stelle* festgehalten wurde. Die Gesunden mussten zusammenhalten, sonst würden sie unter dem Druck der Verhältnisse eines Tages selbst noch verrückt werden. Das durfte nicht sein, und er würde das schöne, tanzende Fräulein, den Engel, die Fee, vor aller Unbill beschützen.

»Gnädiges Fräulein«, hatte er gesagt. Die Fremde hatte die Augen geöffnet, als erwachte sie aus einem schönen Traum. »Darf ich Sie nach draußen geleiten? Ich würde Sie gern zu einem Spaziergang führen.«

Die Schöne hatte die Lippen geöffnet zu einem Lächeln, Janke war es warm geworden ums Herz. Wortlos hatte sie den Kopf geschüttelt.

»Aber, wir sehen uns doch wieder? Ich besorge Schokolade, beste Qualität ...«

»Ich brauche Zigaretten.«

Janke hatte nichts zu sagen gewusst. Wie sollte er an Zigaretten kommen? Vielleicht könnte ihm der freundliche Herr Jonas weiterhelfen?

Die Schöne war einen Schritt auf ihn zugekommen. »Dennoch, danke, ist lieb gemeint. Übrigens: Ich gehöre auch nicht hierher. Ich hatte einen Nervenzusammenbruch, sagen die Ärzte. Sie behaupten, ich sei krank.« Sie hatte ihren Zeigefinger (rosa lackiert!) verschwörerisch auf den Mund gelegt. »Aber ... nicht weitersagen! In Wahrheit bin ich nicht verrückt, doch die Ärzte dürfen das nicht wissen, sonst glauben sie mir nicht und sperren mich ganz weg. Ich weiß das.«

Janke hatte genickt. »Sehen wir uns wieder? In vier Wochen? Da ist nämlich wieder Gemeinschaftsabend. Das kann man sich gut merken.«

Die Fremde zuckte mit den Schultern. »Mal sehen.«

»Ich bin Janke, Karl Hans Janke«, hatte er wiederholt.

»Ich weiß«, hatte die Fremde gesagt, »ich bin Evelyn. Mehr verrate ich nicht, sonst kommen die und holen mein Zeug weg, wenn sie meinen ganzen Namen kennen. Die glauben nämlich, ich bin verrückt und gehöre weggesperrt. Aber ich sage denen nicht, wie ich heiße und wo ich wohne.«

Janke hatte verständnisvoll genickt. »Also, Fräulein Evelyn, dann in vier Wochen? Ich besorge gute und nahrhafte Schokolade. Die ist gesund.«

Evelyn hatte pantomimisch den aneinandergelegten Zeige- und Mittelfinger zu den geschminkten und gespitzten Lippen gehoben und getan, als nähme sie einen Zug.

»Sie haben ja verstanden«, hatte sie kokett gesagt, sich umgewandt, war an den glotzenden Insassen vorbeigegangen, hatte im Vorübergehen dem Alten eine Patience-Karte vom Tisch genommen und sie in die Höhe geworfen. Im Luftzug war sie wie ein Papierflieger getrudelt.

Der Alte hatte vor sich hingeschimpft. Die Dicke im weißen Pulli mit den großen Schweißflecken war stumpfsinnig am Tisch gesessen – man hatte ihr eine Beruhigungsspritze gesetzt – und hatte zur Wand gestiert. Die dürre Alte hatte wieder zu singen angefangen: »*Ein feste Burg ist unser Gott, ein gute Wehr und Waffen. Er hilft uns frei aus aller Not, die uns jetzt hat betroffen.*«

Auch Janke hatte sich betroffen gefühlt. Helga Brauer hatte noch immer von den *jungen Leuten* gesungen, die *heute tanzen*, sie hatte unbeirrt gegen das Lutherische Liedgut angesungen. Janke hatte beschlossen, anderntags zu Herrn Jonas zu gehen und ihn um Hilfe zu bitten, was das Organisieren von Zigaretten anbelangte. Der Tonarm war auf der Platte ausgelaufen. Luthers Lied nicht, es hatte zu viele Strophen.

Janke hörte von nebenan leises Pfeifen. Das war der Pfleger, der ihm das Bad bereitet hatte. Der konnte richtig gut pfeifen, Schlager und Operettenmelodien.

»Herr Janke?«

Janke brummte.

»Herr Janke? Sind Sie fertig? Dann komme ich rüber und helfe Ihnen aus der Wanne.«

Janke seufzte. Im heißen Wasser ließ sich so schön träumen. Warme Gedanken, die ihm das Herz zum Überlaufen brachten: Ach, Evelyn!

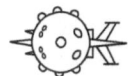

Wir lagen hinter einem Ginsterbusch. Über uns der blaue Himmel, über den vereinzelt dicke Wolken zogen, die trächtigen Kühen glichen. Sivi hatte von einem nahen Bauwagen, der zum Kiosk umfunktioniert war, drei *Capri*-Eis geholt. Wir dösten auf einer Decke im warmen Sand, nur wenige Meter vom Ufer des Baggersees entfernt. Ein paar kleine Kinder bauten Sandburgen oder bespritzten sich kreischend mit Wasser. Ich hatte seit meiner Schulzeit kein Wassereis mehr gegessen, hatte gar nicht gewusst, dass es *Capri* noch gab. Und jetzt lag ich da, das Wasser stand mir eigentlich bis zum Hals, wenn ich an Hubertusburg und die

Urbanitas dachte, und dennoch lag ich da, lutschte an der schrecklich süßen, schrecklich guten gefrorenen Limonade am Stiel, hatte noch vereinzelt Wassertropfen auf Bauch und Beinen, weil ich eben erst im See schwimmen gewesen war, und ließ mir das Gefühl von *Ferien* wohlig durch den Kopf wabern.

Vorsichtig schielte ich zu Sivi hinüber, die splitternackt auf ihrer Decke lag. Während ich ein Handtuch über meine Blöße gebreitet hatte, lag Sivi da, wie Gott oder die Natur oder wer immer sie geschaffen hatte: kleine, feste Brüste, ein flacher Bauch mit einem klitzekleinen Piercing am Nabel, runde, nicht zu breite Hüften, schöne gerade Beine, zierliche Füße, an dem einen Fußgelenk ein goldenes Kettchen, das gut mit der bronzenen Haut kontrastierte – und Sivi war am ganzen Körper gebräunt, streifenlos! Sie war wunderschön, einfach perfekt, wie eine griechische Aphrodite! Ach, Sivi!

Sivi hatte eine Tafel Schokolade mitgebracht, »eine aus der Schweiz, nicht das Zeug von hier«, und ich wunderte mich, wie abfällig sie über heimische Produkte sprach. Die Schokolade mit dem Zungenschmelz zerlief jedoch in der Sonnenhitze sofort, und wir konnten die braune Soße im Stanniolpapier nur noch in eine Abfalltonne werfen. Das dritte *Capri*-Eis – es war für Sunny gedacht – lag ebenfalls in der Sonne und schmolz in der Verpackung, und ich hatte partout keine Lust, es zwanzig Zentimeter nach links zu schieben, wo der Ginster ein wenig Schatten warf. Sollte Sunny selbst sehen, was er damit machte!

Ich hatte mich auf einen Nachmittag mit Sivi gefreut, lag mit geschlossenen Augen da, genoss das Feriengefühl und war eben dabei einzunicken, als sich ein Schatten über mich schob: Ich blinzelte und sah Sunny, der in einer knielangen, zitronengelben Badehose dastand, eine große Sonnenbrille im Gesicht, und auf uns herab grinste: »Na, ihr Hübschen, ihr habt euch ja ein richtiges Nest gebaut.«

Sivi stützte sich auf. »Halt den Mund, Sunny. Keine Eifersucht.«

»Eifersüchtig? Auf die Schwulette?«

»Du Idiot.« Sivi sah Sunny herausfordernd an.

»Weshalb sonst war er so scharf darauf, mit mir baden zu gehen?«

»Du kannst ja mal deine Badehose ausziehen, damit ich etwas sehe.« Das war mir herausgerutscht, ich wusste nicht, wie.

Er stieß mir mit dem Fuß eher spielerisch ans Bein. Ich verzog keine Miene.

»Sunny, hör sofort auf!« Sivi funkelte ihn an.

Ich versuchte, möglichst gelassen zu erscheinen. Dieses Grüngesicht sollte nicht den Triumph haben, ernst genommen zu werden.

»Ist ja gut«, wehrte Sunny ab.

»Du entschuldigst dich bei Tim!«, beharrte Sivi.

Sunny setzte eine coole Macho-Miene auf, die ihm aber nicht recht geriet, und reichte mir die Hand: »Okay, Kumpel, schlag ein. Was geht?«

Und ich schlug ein.

»So, und jetzt hole ich uns nochmal ein Eis«, sagte Sivi. »Ihr könnt euch ja unterdessen ein wenig anfreunden.«

Sunny mimte den Gelangweilten. »Ich gehe lieber ins Wasser.« Dann schlenderte er zum See.

Wenig später kam Sivi zurück. Ich lag da, leckte an meinem neuen *Capri*-Eis, genoss die Sonne, schaute in den blauen Himmel mit seinen trägen Wolken und schielte wieder auf Sivis wundervolle Nacktheit.

Nach einiger Zeit sagte ich: »Sivi, ich habe dich doch vorhin am Telefon gefragt, wo dieses Schöna liegt.«

»Hm.«

»Wo liegt das nochmal?«

»Tim, ich war eben am Wegschlummern. Du nervst mit deinen sächsischen Dörfern.«

»Aber ich muss das wissen.«

»Hm.«

»Was, hm?«, beharrte ich.

Sivi richtete sich auf und blinzelte mich müde an: »Bei Eilenburg, das habe ich dir doch vorhin schon gesagt. Das ist etwa zwanzig, fünfundzwanzig Kilometer von hier entfernt, nordwestlich, Breiten- und Längengrad habe ich leider gerade vergessen. Vorhin wusste ich's noch. Du kannst ja Sunny fragen.« Sie legte sich wieder hin und wandte mir ihren entzückenden Rücken zu.

»Und ... könnten wir morgen gemeinsam hinfahren?«

»Hm.«

»Was, hm?« Ich ließ nicht locker.

»Was willst du dort?«

»Es geht um diesen Janke.«

»Sag mal, Tim, ich dachte, deine Firma will das Schloss erwerben und schicke Eigentumswohnungen daraus machen. Stattdessen redest du dauernd von diesem Janke und seinen Raumschiffen und Düsenflugzeugen, oder was er so gezeichnet hat. Mich geht's ja nichts an, aber bei dir ist, glaube ich, auch eine Düse verstopft.«

»Bei mir?«

»Ja, bei dir. Hast du keine anderen Sorgen? Ich meine, so mitten in der Planungsphase, so ein großer Deal, das ist doch kein Pappenstiel, das Schloss. Und du willst nach Schöna, in irgendein Kaff, wegen Janke. Hat er da etwa eine Abschussrampe für seine Raumgleiter versteckt?«

»So ähnlich.«

»Was?«

»Ach, lass, Sivi.« Ich schüttelte unwirsch den Kopf. »Das ist nicht so wichtig. Aber Janke ... also, ich habe da einen Hinweis gefunden, einen Hinweis auf eine Art Psychiatrieliebe ...«

»Wie meinst du das?«

»Na, da war eine schöne, blonde Frau, die Janke wohl über alles liebte. So richtig, meine ich. Romantisch, mit Liebesbriefen und Schokolade und kleinen Geschenken. Und diese Frau soll aus Schöna stammen. Vielleicht wohnt sie ja noch dort.«

»Janke ist in den Achtzigerjahren gestorben, Tim. Wie soll dann seine Freundin noch leben?«

»Vielleicht war sie um einiges jünger als er?«

»Der Verrückte als Casanova? Du spinnst.«

»Warum denn nicht? Ich bin auch fünfunddreißig, und du bist um einiges jünger.«

»Ich bin aber nicht deine Freundin, klar?!«

»Ist ja gut. Aber ... ich bin fünfunddreißig, und Sunny ist achtzehn. Also warum nicht?«

»Bist du jetzt doch schwul?«

»Ich wollte nur sagen, dass alles möglich ist, Sivi. Auch bei Janke.«

»Aha. Begreife ich nicht.«

»Ich auch nicht so richtig. Aber deswegen will ich ja dorthin. Ich will diese Frau suchen. Vielleicht lebt sie noch. Und vielleicht sogar in Schöna.«

»Und dann? Willst du ihr einen Geranientopf schenken? Oder eine Tüte Gummibärchen?«

»Why not?«

»Tim Feldtmann, du bist aus dem Westen. Du spinnst.«

»Sivi, fahr mit mir dorthin, morgen, ja? Die Geschichte lässt mich nicht los.«

In diesem Augenblick kam Sunny zurück, tropfnass. »Na, gut geflirtet, ihr zwei?«

»Mensch, Sunny, stell dir vor: Tim will nach einer Frau forschen, die ihm den Kopf verdreht hat.«

»Ach?« Sunny glotzte ungläubig. Ich glaubte das selbst durch seine dunklen Brillengläser zu erkennen.

»Ja, morgen fahren wir dorthin. Kommst du mit?«, fragte Sivi.

»Ich habe Schule, aber nur bis zehn.«

»Also, du kommst mit?«, fragte Sivi noch einmal.

Ich wollte eben protestieren. Ich wollte diesen Grünschnabel mit seinem Testosteron-Getue nicht bei uns haben, wenn ich mich auf Spurensuche nach Jankes einzigartiger Freundin machte.

»Na, warum nicht«, sagte Sunny, und grinste wieder. »Besser, als hier herumzuhängen. Aber du lädst uns abends auch auf eine Pizza ein, Tim?«

Das war wohl ein Versöhnungsangebot. Ich seufzte. »Meinetwegen. Hier ist dein Eis.« Ich warf ihm die bunte Packung zu, die sich inzwischen anfühlte wie warmer Hundedreck im Plastikbeutel.

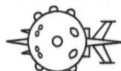

Ach, Evelyn!

Janke ließ die Feder auf die Konstruktionszeichnung eines Venus-Trajekts fallen. Ein Tropfen Tinte ergoss sich über das Cockpit, schwärzte den Piloten hinter der Glasscheibe, dem Janke die eigenen Züge verliehen hatte.

Hinter ihm knallte eine Tür. Unter anderen Umständen hätte er, Janke, den Übeltäter scharf angesehen und gefragt, ob man denn nicht achtgeben könne, etwas Rücksicht üben, mit ihm, dem technischen Konstrukteur?! Und überhaupt sei das hier kein Flur, auf dem man herumrennen könne wie auf einem Marktplatz, sondern ein Labor, ein Büro, *sein* Büro! Also bitte gefälligst Rücksicht und *Silentium*!

Aber nun ... Janke seufzte ein zweites Mal, tief, aus den innersten Kammern seines gepressten Herzens, nahm die Feder wieder zur Hand, legte sie wieder nieder.

Ach, Evelyn!

Seit er sie kennengelernt hatte, im Gemeinschaftsraum, als sie zu *Heute tanzen alle jungen Leute* geschwoft hatten, war nichts mehr wie zuvor. Jankes Welt drehte sich wie der Plattenteller des Musikschranks. Er fühlte sich leicht, als flöge er in einem Trajekt zu den unerforschten Sternenräumen, gleichzeitig wurde ihm die Luft abgeschnitten, als stiege er ohne Atemgerät mitten im All aus dem Raumfahrzeug aus, und das kalte, luftleere Wehen der Unendlichkeit schlüge ihm entgegen, presste ihm Lungen, Herz und Eingeweide zusammen – er verlor das Bewusstsein und hörte noch im Vergehen den Namen *Evelyn*, jubiliert, frohlockt, von den Chören der Cherubim und Seraphim gesungen.

Jankes Stirn war auf die Tischplatte gesunken. Wieder knallte irgendwo eine Tür, hörte man Trappeln und Schlurfen. Janke beachtete es nicht.

Evelyn! Wie süß und bitter zugleich schmeckte ihr Namen auf seiner Zunge, formte sich zu einer Kugel, die er hinunterwürgen wollte, was ihm nicht gelang, die sich vielmehr an seinen Gaumen heftete, dass ihm die Tränen in die Augen schossen, während die Kugel größer und größer wurde und er an ihr zu ersticken drohte.

Und wieder ging irgendwo eine Tür auf, ein starker Luftzug wehte durch den Flur, trieb den bitteren Geruch der braunen Ölfarbe an Jankes Schreibtisch vorüber, ein Geruch, der sich lähmend auf die Zunge legte und sein Gefühl, ersticken zu müssen, noch verstärkte. Ihm war schlecht, der Fußboden schien unter ihm zu schwanken. Er suchte mit der Hand nach Halt, stieß an etwas, das scheppernd zu Boden fiel. Mühsam hob er den Kopf, sah zunächst nur schleierhafte Umrisse, die sich jedoch langsam klärten. Auch die Übelkeit ließ etwas nach. Eine alte Kaffeedose, in der seine Zeichenutensilien staken, war auf den grauen Linoleumboden gestürzt. Stifte, Federn, Pinsel, Lineale lagen verstreut umher.

Die Spätnachmittagssonne schien durch das Fenster am Ende des Gangs, die wärmenden Strahlen erreichten seine Beine. Er blickte auf das Muster, das die Schatten der Gitterstäbe, die vor dem Fenster (wie vor allen Fenstern im Schloss) angebracht waren, auf das Linoleum zeichneten. Das machte ihm jäh bewusst, dass sie Gefangene waren. Sie lebten in einem Schloss und waren Häftlinge. War es das, was man ihnen versprochen hatte, als man nach dem Krieg die Adligen und Junker aus deren Palästen vertrieb? Nun saß er, ein Genosse in einem Arbeiter- und Bauernstaat, als Gefangener in einem Schloss ein – während er doch der Gesellschaft diente, nach besten Kräften. War er als Erfinder und Konstrukteur nicht ein wichtiges Rädchen in der

Maschinerie des sozialistischen Experiments, das Wohlstand und Fortschritt für alle erstrebte, in einer Gemeinschaft friedliebender Völker und Staaten, die den Kampf gegen den westlichen Kapitalismus auf ihre Fahnen geschrieben hatte? Stattdessen hielt man ihn *in dieser Stelle* fest, hinter Gittern, in Räumlichkeiten, in denen früher die sächsischen Kurfürsten und Könige von Polen residiert und gespeist und ihre waidmännischen Erfolge gefeiert hatten – ein Zynismus, der zum Himmel stank, bis in die Räume, die er, Janke, mit seinen Trajekten *nur zu friedlichen Zwecken* erobern wollte!

Ach, Evelyn!

Auch für sie wollte er ja die Trajekte bauen, damit er endlich berühmt und reich würde und *diese Stelle* verlassen könnte, diesen Ort der Drangsal, wo man ihn nur verhöhnte und behinderte und mit Medikamenten in haarsträubender Weise ruhigzustellen und gefügig zu machen versuchte!

Zuerst hatte er sie alle ausgetrickst, hatte die Tabletten, die man ihm jeden Morgen und Abend verabreichte, in die Backentasche geschoben (wie ein Hamster!) und das Wasser, das man ihm zum Runterspülen gab, so geschickt eingesogen, dass es an den Pillen vorbeifloss. Niemand hatte es bemerkt. – Das heißt, *eine* Schwester, die hatte rotes Haar, sie musste eine Hexe sein, dessen war er sich sicher, die hatte ihn auf dem Kieker, die war ihm unlängst auf die Schliche gekommen und hatte gesagt: »So geht das aber nicht, Herr Janke, da trinken Sie gleich noch ein zweites Glas Wasser, aber auch schön brav runterschlucken, wir wollen doch Ihr Bestes! Oder möchten Sie, dass ich dem Onkel Doktor sage, dass Sie unartig waren?« Janke hatte also nochmals ein Glas Wasser leergetrunken, und die Schwester, die Rothaarige, hatte ihn so scharf angeblickt, dass er vor lauter Schreck geschluckt hatte, das ganze bittere Gift, das ihn innerlich langsam zersetzte, sein Hirn auflöste, seine Schöpferkraft lähmte – während er doch für Evelyn arbeiten wollte, um das *Trajekt* zu konstruieren, es an die Industrie zu verkaufen, damit er reich würde und sie beide hier herauskämen, aus diesem Gefängnis, aus dem Elend, das kein gesunder, anständiger Mensch ertrug.

Der Geschmack in seinem Mund wurde immer bitterer. Waren es die Pillen, die man ihm verabreichte (seit ein paar Tagen eine größere Menge, er hatte das bemerkt, und die strenge Schwester ließ sich von ihm nichts mehr vormachen); oder waren es die Gedanken an Evelyn, die ihm die Zunge pelzig werden ließen und die Tränen in die Augen trieben? Es war zu wenig Liebe in der Welt, und er, Janke, wollte die Menschheit mit seinen Erfindungen beglücken, sie zu neuen Räumen führen, in neue Welten, die unverdorben und frisch waren, unzerstört von Hass und Neid und Lüge.

Bitter war ihm die Welt geworden. Sein Herz versalzte. Aber Evelyn sollte es schön und süß haben! Er hatte Zuckerwürfel vom Frühstück abgezweigt, sie sich vom Munde abgespart, denn Süßes war gesund. Schokolade war besser als Zucker, aber sie hatten neulich im *Konsum*-Laden, als er Freigang aus diesem vergitterten Schloss hatte, keine gehabt. *Defizit*, hatte die Kaufmannsfrau in der blauen Schürze ihm beschieden. Also hatte er die Zuckerwürfel aufgespart und sie in einer leeren Zigarrenkiste gesammelt, die der freundliche Herr Jonas ihm überlassen und Janke mit rosa Verpackungspapier ausgeschlagen hatte.

Janke öffnete die Schublade seines Schreibtisches, nahm das Kistchen heraus, klappte den Deckel auf: Da lagen die Würfel, ordentlich geschichtet. Zuoberst lag ein unverschlossenes Kuvert. Janke zog vorsichtig ein Blatt Papier heraus, faltete es auseinander und betrachtete mit Wohlwollen und Stolz, was er in seiner feinen Schrift verfasst hatte:

Meine liebe Evelyn!
Wenn es morgens Kaffee gibt,
Kannst Du den Zucker gut gebrauchen!
Ich weiß ja, was Evelyn liebt –
2 Löffel füllen und in den Kaffee tauchen,
Dann schmeckt der Kaffee himmlisch gut:
Zucker reinigt uns das Blut!
Etwas Butter streicht man auf das Brötchen,
Und streut da Zucker rüber

Das tun alle kleinen Mädchen –
Mit Zucker essen die das lieber!
Von Zeit zu Zeit, da nehme einen Löffel aus der Tüte
Von diesem Zucker erster Güte!
Dann wird ein »süßes« Mädchen draus,
Die eines Tages kommt hier raus! –
Es gibt auch Zucker-»Hüte«,
Die aber niemand tragen kann.
Für Dich ist wichtiger diese Tüte! –
Nun aber denke dran
Und lege sie in ein sicheres Versteck,
Sonst nimmt man Dir die weg! –
Hoffe, daß über uns beiden nochmals die Sonne scheint!
Gedenke mein, ich bin Dein guter Freund!
Selbst gedichtet für Dich!   *Karl Janke*
Ich bitte die lieben Schwestern der P 13, der kleinen Evelyn diesen Zucker
zukommen zu lassen und darauf zu achten, daß derselbe nicht von ande-
ren entwendet wird!
Hubertusburg, Wdf.
26. Januar 1964   *Karl Hs. Janke**

Janke faltete das Blatt wieder zusammen, schob es vorsichtig zurück in den Umschlag, legte ihn auf die Zuckerwürfel, klappte den Deckel der Zigarrenkiste zu und legte sie zurück in die Schublade, ganz nach hinten. Dann schloss er die Lade, zog den Schlüssel ab, den er sich an einer Schnur um den Hals hängte. Denn Neugierige und Diebesfinger gab es in *dieser Stelle* leider mehr als genug.

Wie würde Evelyn Augen machen, wenn sie die Schachtel öffnete und der süße weiße Schatz ihr entgegenleuchtete!

»Herr Janke!« Das war die Stimme dieser Hexe, der rothaarigen Schwester. »Ihre Tabletten für heute Abend. Und nicht schummeln! Sie wissen, ich sehe alles!«

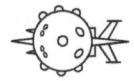

»Magst du einen Schokoriegel?«

Sivi, auf dem Beifahrersitz, beugte sich nach vorn und suchte in ihrer Strohtasche, die sie zwischen ihren nackten Beinen eingeklemmt hielt. Es war heiß, die Sonne stach erbarmungslos ins Innere meines uralten Golf, dessen Scheiben nicht getönt waren.

»Wird wohl nur noch braune Soße sein, bei der Hitze«, meinte ich.

»Hauptsache Zucker«, maulte Sunny, der hinter Sivi saß.

»Zucker ist gesund.« Sivi sprach es halblaut in ihre Strohtasche hinein. »Wo sind die Dinger nur?«

»Und Zucker macht fette, fiese Pickel«, sagte Sunny.

Ich blickte in den Rückspiegel: Sunny trug eine Sonnenbrille und ein pinkfarbenes T-Shirt, auf dem in großen blauen Buchstaben »Beyoncé« gedruckt stand. Er hatte grasgrüne Schlabbershorts an, diese Teile, aus denen oben die Unterhose, »Calvin Klein«, üppig herausschaute. Ich wunderte mich, woher die jungen Kerle das Geld hatten, sich so teure Unterwäsche zu kaufen. Sunny hatte Probleme, seine langen Beine unterzubringen. Einen Fuß hatte er zwischen die beiden Vordersitze geschoben. Immer wenn ich den Schaltknüppel betätigte, kam meine Hand an sein mit blondem Flaum bedecktes Schienbein. Sunny zog es nicht zurück. An seinen bloßen Füßen steckten grüne Flip-Flops.

Sivi kramte weiter. Ich blickte sie kurz von der Seite an. Auch sie trug eine Sonnenbrille, mit pinkfarbener Fassung, ein schulterfreies türkisfarbenes Shirt, weiße Shorts, darunter zeichnete sich ihr roter Slip ab. Auf ihrem Oberarm prangte ein kleines Tattoo, eine Rose. Das machte sie mir schon wieder sympathisch.

»Da sind sie ja«, triumphierte Sivi. Sie riss eine Verpackung auf, hielt mir ein *Snickers* vor die Nase. Dankend nahm ich den Schokoriegel entgegen. Der Überzug war kurz vor dem Zerfließen. Rasch schlang ich den Riegel hinunter und leckte mir die schokoverschmierten Finger.

»Magst du auch ein *Snickers*?«, fragte Sivi den langen Schlacks auf der Rückbank, der, die Beine weit gegrätscht, gelangweilt aus dem Fenster schaute. Ich musste vor einem Hügel zurückschalten und kam mit dem Unterarm wieder an sein Schienbein. Ich ließ die Hand auf der Gangschaltung liegen. Sunny zog das Bein nicht zurück.

»Ich weiß ja immer noch nicht recht, was wir hier wollen«, maulte Sunny, ohne auf Sivis Frage einzugehen. »In diesem Schönau, oder wie das Kaff heißt.«

»Schöna«, verbesserte Sivi, »bei Eilenburg, vor Mockrehna.«

»Betrachte es einfach als Spritztour«, sagte ich und schaute im Rückspiegel in Sunnys Gesicht. Der Junge grinste mich an. Die Innenfläche meiner Hand, die auf der Gangschaltung lag, war feucht.

»Wir werden dort eine hübsche junge Frau suchen«, erklärte ich Sunny.

»Die inzwischen Runzeln hat, kaum noch Zähne, weiße Haare und mit einem Rollator rasant den Weg zum Dorf-*Konsum* nimmt und dabei die Kurven schneidet«, lachte Sivi.

»Wer weiß?«, konterte ich. »Vielleicht ist sie eine flotte Siebzigerin, feines Äußeres, im hübschen Kostüm, Perlenkette auf dem gepflegten Dekolletee, goldene Clips an den Ohrläppchen, frisch manikürte Fingernägel, cremefarbene, nicht zu hohe Pumps an den Füßen, helle, wasserblaue, lachende Augen, flotter Kurzhaarschnitt ...«

»Ich wusste gar nicht, dass du gerontophil bist, Tim.«

»Gerontowas?«, fragte Sunny von hinten.

»Wenn einer auf alte Frauen steht«, erklärte Sivi.

»Aha«, sagte Sunny und rückte sein Bein zurecht. Sein nackter Fuß lag nun neben der Gangschaltung. Der Typ machte mich ganz offensichtlich an. Ich legte die rechte Hand wieder aufs Lenkrad, blickte in den Rückspiegel. Um Sunnys Mundwinkel spielte ein provokantes Lächeln. Ich beschloss, so zu tun, als merkte ich nichts und stierte verkniffen auf die Straße.

»Wir werden Evelyn Kubelka, denn so heißt die alte Dame, die von Janke angebetet wurde, sowieso nicht in Schöna finden. Sie ist nämlich schon vor fünfundvierzig Jahren von dort weggezogen«, sagte ich trocken.

»Was?!« Sivi schüttelte fassungslos den Kopf. »Und weshalb machen wir dann überhaupt diesen Ausflug?«

»Weil das Wetter so schön ist«, sagte ich.

»Ey, cool, Tim«, das war Sunny, »du bist voll die Dröhnung. Nimmst du Crystal, oder was? Wir fahren hier in die hinterste Prärie, um eine Oma zu besuchen, mit Clips in den Ohren und mit blassblau gefärbten Haaren, und plötzlich sagst du, die Alte wohnt nicht mehr dort?«

»Haargenau erfasst, Sunny.«

»Na hör mal, jetzt reicht's aber«, schaltete sich Sivi ein. »Warum dann diese Fahrt nach Schöna? Um Picknick zu machen?«

»Ich lade euch doch zu einer Pizza ein.«

»In Schöna gibt's eine Pizzeria?«

»Nein, aber in Eilenburg. Hoffe ich zumindest.«

»Also nochmals: Was ist nun mit der Alten?«, maulte Sunny.

Ich schaltete hoch. Sunny hielt noch immer das Bein vorgestreckt. Ich strich mit den Fingern über den Rist seines Fußes. Sivi bemerkte das nicht. Verbissen schaute sie aus dem rechten Seitenfenster. Sunny ließ mich gewähren, ohne auch nur zu zucken. Der Kerl ließ es wirklich drauf ankommen!

»Lass mich nur machen«, sagte ich zweideutig und schaltete nochmals hoch, um einen Laster zu überholen.

Wir hatten Wermsdorf über eine Landstraße verlassen, die nach Norden führte. Bei Luppa bogen wir auf die B 6 ein und fuhren nun nach Westen, Richtung Eilenburg. Schließlich erreichten wir Wurzen an der Mulde. Das Flüsschen, sonst ein eher unscheinbarer Wasserlauf, war stark angeschwollen. Am Eingang zur Stadt waren Hochwasserwarnschilder angebracht. Auf den Kaimauern stapelten sich weiße Sandsäcke. In den Straßen war kaum jemand zu sehen. Die meisten Geschäfte waren geschlossen, Rollläden herabgelassen, einzelne Schaufenster mit Brettern vernagelt, manche Haustüren mit Stahlschranken gegen das drohende Wasser abgeschottet. Man hatte hier aus der »Jahrhundertflut« von 2002 gelernt. Nun stand wieder eine Jahrhundertflut bevor, alle zehn oder zwölf Jahre, so schien es, musste man sich auf das Schlimmste gefasst machen. Es war unglaublich: In den letzten Tagen hatte die Sonne geschienen, wir waren sogar beim Baden gewesen. Aber weiter südlich, im Erzgebirge und in Böhmen, hatte es heftig geregnet. Und nun kam das Hochwasser hierher.

Ich drehte das Radio an: Die Wasserstandsnachrichten vermeldeten, dass die Mulde stieg und stieg, ebenso wie die Schwarze und Weiße Elster, die Elbe und andere Flüsse in Sachsen, deren Namen ich bislang gar nicht gekannt hatte. Und über allem schien die Sonne an einem wolkenlosen Himmel! Wir, drei Ausflügler in T-Shirts und Shorts, Sonnenbrillen im Gesicht, fuhren durch die Landschaft, während ich Sunnys Rist streichelte und Sivi, Kaugummi kauend, gelangweilt aus dem Fenster blickte. Es war gespenstisch.

In Wurzen bogen wir ab, weiter ging es auf einer Landstraße nach Norden. Die Gegend war unspektakulär, weder lieblich noch hässlich. Leichte Bodenwellen am Rande der Leipziger Bucht. Getreide und Mais, kaum Wald, alle paar Kilometer ein Dorf, gepflegt, hübsch, aber nicht pittoresk. Eine Landschaft für biedere, mittlere Gemüter.

Mockrehna war auf den Hinweisschildern bereits ausgeschrieben. Ein größeres Dorf, zu dem Schöna heute verwaltungstechnisch gehörte. Schöna lag, von Wurzen kommend, vor Mockrehna. Aber es hatte kein eigenes Bürgermeisteramt mehr, anders als noch in den Sechzigerjahren. Ich wollte dennoch zunächst in Schöna versuchen, etwas über Evelyn Kubelka herauszubekommen. In den Unterlagen, die Stavenhagen mir geliehen hatte, war ich auf einen Entlassungsschein gestoßen:

Kubelka, Evelyn, geb. Weiß
Geb. am 23.10.1936
Schöna Nr. 70, Kreis Eilenburg
Darüber hatte jemand handschriftlich vermerkt: *entlassen 24.9.65.*

In dem Schreiben des Bürgermeisters an Karl Janke, das mir ja ebenfalls vorlag, war davon die Rede, dass Evelyn sich von ihrem Mann und den Kindern getrennt habe und von Schöna in den Kreis Löbau gezogen sei. Dürre Angaben. Der Kreis Löbau, östlich von Bautzen, war groß. Und wie mochte Evelyn heute heißen? Hatte sie ihren Mädchennamen »Weiß« wieder angenommen? Oder hatte sie erneut geheiratet und trug den Namen ihres zweiten Mannes? Und wer sagte mir, dass ihr erster Ehemann oder eines ihrer Kinder, die inzwischen auch schon angegraute Mittfünfziger sein mussten, noch in Schöna lebten? Unwahrscheinlich, aber einen Versuch war es wert. In solch kleinen Dörfern kannte ja jeder jeden, und vielleicht gab es Verwandte, oder zumindest allwissende Nachbarn, die mir bereitwillig weiterhelfen konnten.

Ein gelbes Ortsschild tauchte auf: Schöna, Gemeinde Mockrehna.

»Da sind wir«, sagte ich überflüssigerweise.

Sivi blies apathisch Kaugummiballons. Ich schaute in den Rückspiegel: Sunny schlief, den Kopf nach hinten gebogen, die Beine weit gegrätscht. Wie der Farnesische Faun in der Münchner Glyptothek.

Das Dorf: sauber, fast adrett. Ehemals wohl von der Landwirtschaft lebend. Jetzt sahen die meisten Bauernhöfe so aufgeräumt und geleckt aus, dass klar war: Die Betriebe waren aufgegeben. Wahrscheinlich teilten sich zwei oder drei Unternehmer die ganze Umgebung, hatten nach der Wende das ehemalige Gemeineigentum der LPG, rückübertragen an die inzwischen alt gewordenen Bauern, zusammengerafft. Hinter einer Hoftür bellte wild ein Hund, als ich – das Seitenfenster heruntergekurbelt, um etwas Fahrtwind hereinzulassen – langsam durchs Dorf fuhr. In Fenstern bewegten sich Gardinen. Einmal blickte eine alte Frau, die in ihrem Gemüsegarten werkelte, argwöhnisch auf. Ein alter Mann, der hinkte, kam die Straße entlang, er zog einen Handwagen, auf dem er zwei blaue Kunststofffässer festgebunden hatte.

Ich suchte nach Hausnummer 70 und wurde enttäuscht: Die neue Zeit war auch über dieses Dorf gekommen. Statt der alten Nummerierung, die das ganze Dorf abdeckte, hatte man irgendwann den vier oder fünf Straßen Namen verpasst und die Häuser jeder Straße gesondert gezählt. Ich fuhr das Dorf auf und ab, las »Alte Kobershainer Straße«, »Salzstraße«, »Bäckerstraße«, »Am Steinbruch«.

Sivi wurde ungeduldig. »Was soll das Auf- und Abfahren bringen, Tim?«

Sunny war aufgewacht und mischte sich ein: »Hier gibt's jedenfalls keine Pizzeria.«

»Aber eine Dorfgaststätte«, sagte ich unbeirrt und bog auf den kleinen Parkplatz vor dem Wirtshaus *Zur Schmiede* ein. Sivi zog ein langes Gesicht und blies zum Zeichen ihres wachsenden Protests ihren Kaugummi zu einem sagenhaft großen Ballon auf, der schließlich schmatzend platzte und sich in schmierigen Fäden über Lippen und Kinn warf. Ich schaute in den Rückspiegel und sah Sunnys Grinsen, undefinierbar. Seine Augen waren hinter den dunklen Gläsern verborgen.

Ich schaltete den Motor aus und zog die Handbremse an. Hinter dem geschlossenen, eisernen Hoftor des Anwesens schlug ein Hund an, dem Bellen nach zu urteilen ein großes Tier.

»Echt cool hier«, raunzte Sunny.

Meine Hand lag noch auf der Handbremse, ich spürte seine nackten Zehen.

»Wir gehen jetzt hier rein«, erklärte ich nüchtern und bemüht teilnahmslos. »Ein Dorfgasthaus ist besser informiert als jeder Nachrichtendienst.«

»Naja, Füße vertreten kann nicht schaden«, sagte Sivi und kratzte sich die Kaugummifäden aus dem Gesicht. »Bevor Sunny noch einen Krampf im Bein bekommt.«

Wir stiegen aus. In der Tür erwartete uns bereits eine alte Frau mit halblangen, kastanienbraun gefärbten Haaren, in himmelblauer, geblümter Nylonschürze. Darunter trug sie lila Cordhosen und seltsamerweise Sneakers mit roten Zierstreifen. Geschäftig wischte sie sich die Hände an einem blau und weiß karierten Küchentuch ab.

»Guten Tag!«, grüßte ich in einem allzu lauten und leutseligen Ton.

Die Frau nickte wortlos, sagte dann: »Wollen Sie etwas essen?« Ich schaute auf die Uhr. Es war erst elf. »Zweites Frühstück?«

»Frühstück?« Die Wirtin schaute ungläubig und warf sich das karierte Tuch über die Schulter. »Zur Mittagszeit? Nein, Sie können Gulasch haben, mit Kartoffeln, Blumenkohl und Fleischsoße. Alles frisch, der Blumenkohl ist aus unserem Garten.«

»Und Pizza?« Das war Sunny, in seinen unmöglichen Schlabberhosen, der eben mit dem rechten Fuß sein linkes Schienbein kratzte.

»Nein, aber Kohlroulade, frisch und selbst gemacht.«

»Und etwas Vegetarisches?«, fragte Sivi.

»Vegetarisch?« Die Wirtin, die sich nicht einmal über Sunnys Schlabberhosen gewundert hatte, blickte jetzt entgeistert drein. »Na ja, also die Kartoffeln mit Blumenkohl und Weißkraut. Das Gulasch lassen wir weg. Aber die Soße wollen Sie doch? So ganz ohne Soße bleiben Ihnen ja die Kartoffeln im Hals stecken.«

Bevor Sivi etwas Falsches sagen konnte und Sunny sich noch weiter dumm sein Schienbein kratzte, antwortete ich rasch: »Das klingt doch gut! Kohlroulade, ja gern. Und irgendwie habe ich bereits Kohldampf. Kohldampf und Kohlroulade. Passt.«

Die Wirtin wandte sich wortlos um und ging voran, durch die offenstehende Haustür und eine dahinter liegende Pendeltür, die sie uns aufhielt.

Es war wie eine Zeitreise in die Siebzigerjahre. Im Gastraum standen nur vier quadratische Tische, darauf rot karierte Tischdecken, davor ein paar alte, einfach gezimmerte Holzstühle. Entlang zweier Wände zogen sich rot gepolsterte Bänke. Auf den Tischen standen kleine weiße Porzellanvasen mit Plastiknelken, daneben Pfeffer- und Salzstreuer, *Maggi*-Fläschchen und Keramiktöpfchen mit Zahnstochern. An der Rückseite des Raumes war ein Schanktresen, mit Resopal bezogen. Zapfhahn und Spülbecken waren wohl aus neuerer Zeit, sie blitzten makellos. An der rückseitigen Wand befanden sich hölzerne Regale, darin waren Gläser verschiedener Sorten und Größen penibel aufgereiht. Dazwischen hingen hölzerne Plaketten, auf denen in Brandtechnik eingravierte Sinnsprüche wie »Lieber einen Bauch vom Saufen als einen Buckel vom Arbeiten« oder »Durst ist schlimmer als Heimweh« zu lesen waren. Die Raufasertapete war von einem undefinierbaren Gelb, man wusste nicht, ob sie so gestrichen oder von mehreren Generationen von Rauchern so eingedampft war. Von der Decke hingen an schmiedeeisernen Ketten hölzerne Wagenräder, auf deren Speichen Glühlampen aufrecht standen. Die abgehängte Decke bestand aus braunen Kassetten aus Nussholzimitat. Ein paar Kassetten waren im Laufe der Zeit ausgewechselt worden und durch Kunststoffplatten in hellerem Ton ersetzt. Es war ein Gastraum, wie ich ihn von meiner Kindheit im Westfälischen her kannte und wie ich ihn allenfalls noch in einem Heimatmuseum erwartet hätte.

»Cool«, sagte Sivi und steuerte auf den Tisch zu, der in der Ecke beim Fenster stand.

»Das ist der Stammtisch, junge Frau«, erklärte die Wirtin bestimmt. Obwohl sie klein und schmächtig war, hatte sie eine erstaunliche Präsenz. Es war klar, dass sie seit einigen Jahrzehnten das Sagen im Haus hatte. »Aber, naja, mittags will ich mal ein Auge zudrücken.« Sie schob einen der Stühle zurück und machte eine einladende, knappe Handbewegung. Wir setzten uns.

»Nimm endlich die dämliche Sonnenbrille ab«, zischte ich Sunny an.

»Also Gulasch oder Kohlroulade? Oder Gulasch vegetarisch?«

»Drei Mal Kohlroulade, bitte«, sagte Sivi, ohne uns zu fragen. »Schmeckt bestimmt wie bei Muttern.«

»Das will ich meinen«, antwortete die Wirtin. »Ich habe zwar selber keine Kinder, aber den Burschen vom Schützenverein schmeckt's immer. Und zu trinken?«

Ich bestellte ein Spezi, Sivi ein Wasser, Sunny ein Bier. Die Wirtin verzog sich in die Küche.

»Na toll«, murrte Sunny, »jetzt sitzen wir hier im Museum, und es gibt Kohlroulade statt Pizza. Und von diesem Typen aus Hubertusburg und seiner Braut keine Spur.«

Ich stellte mich taub und starrte auf ein verblichenes, gerahmtes Farbfoto an der Wand. Es zeigte Männer in Uniform, manche mit Schirmkappen auf dem Kopf, andere barhäuptig. Einige trugen Schnauzbärte, die bis über die Mundwinkel hingen, und wuchernde Koteletten, die eher schon Backenbärte waren. Darunter stand: »Feuerwehrbrigade ›Lokomotive‹, Schöna 1974«. Mir fiel auf, wie sich die Haarmode – und nicht nur die – in Ost und West doch geähnelt hatte. Die Mode brachte zusammen, was in den Köpfen von Ideologen geteilt gewesen war.

Die Wirtin brachte die Getränke. »Essen kommt gleich«, sagte sie und ging zurück in die Küche.

Wir waren die einzigen Gäste. Ich fragte mich, für wen sie das Essen offensichtlich vorgekocht auf dem Herd stehen hatte. Dass wir kommen würden, hatte sie ja wohl nicht riechen können.

Nach ein paar Minuten, die sich durch Sivis und Sunnys trotziges Schweigen ins schier Unendliche dehnten, kam die Wirtin mit einem großen Tablett. Sie stellte die Teller mit den dampfenden Kohlrouladen auf den Tisch. Es roch fein nach Kümmel und Bratensoße.

»Lasst's euch schmecken«, sagte sie mütterlich und verschwand wieder in der Küche, wo man sie mit Töpfen klappern hörte.

Sunny zog die Nase kraus und stocherte im Essen herum. Ich strafte ihn mit Nichtbeachtung und zerteilte mit Messer und Gabel die Kohlroulade und die Kartoffeln und tunkte sie in die sämige Soße. Es schmeckte köstlich, wie aus einer anderen Zeit. Ich fühlte mich in meine Kindheit zurückversetzt. Selbst Sunny, nachdem er genug herumgestochert hatte, aß nun mit Appetit. Er hatte wohl erst die Fata Morgana einer Pizza verscheuchen müssen.

»Spitze.« Das war Sivi. »Ich bin wieder versöhnt. Gute Idee, einen Ausflug hierher zu machen. Und nachmittags gehen wir noch baden, wenn wir irgendwo einen See finden.«

Wir waren gut satt. Die Wirtin räumte ab und fragte: »Hat's geschmeckt?«

Wir nickten eifrig.

»Darf's noch etwas sein? Kaffee vielleicht?«

Ich bestellte drei Kaffee. Als sie nach ein paar Minuten wiederkam, sagte ich leutselig: »Ach, bitte, setzen Sie sich doch für ein paar Minuten zu uns.«

Ich kam mir im selben Augenblick blöd vor, jemanden, dem die Wirtschaft gehörte, an seinen eigenen Tisch einzuladen. Aber die Frau schien das nicht zu stören.

Sie sagte sogar: »Na, da gebe ich doch glatt einen Schnaps aus.« Sie holte aus dem Regal hinter dem Ausschank eine Flasche Klaren und vier Schnapsgläser, die sie auf den Tisch stellte. Dann goss sie üppig ein – ich wagte nicht, einen Hinweis auf die gebotene Nüchternheit beim Autofahren anzubringen. »Na, denn, Prost!«, rief sie und erhob ihr Glas. »Der Schnaps ist hier aus dem Dorf. Klarer und Kaffee zusammen schmecken übrigens hervorragend.« Wie ein geübter Trinker stürzte sie den Schnaps in einem Zug hinunter. Das hätte ich der kleinen, schmächtigen Frau nicht zugetraut. Sie goss sich sogar nochmals ein und schaute zufrieden in die Runde.

Der Augenblick schien mir günstig. »Sagen Sie, Sie leben doch bestimmt schon lange hier im Dorf?«, tastete ich mich heran.

Die Alte lachte. »Na, junger Mann, das will ich meinen. Unsere Familie führt die Wirtschaft seit Kaisers Zeiten. 1888, um genau zu sein, das Drei-Kaiser-Jahr. Der da«, sie zeigte auf die Schwarz-Weiß-Fotografie eines Soldaten in Paradeuniform und mit Pickelhaube an der Wand, »war mein Urgroßvater. Er diente als junger Mann im Krieg gegen Frankreich, 1870. Eigentlich kam er aus Brandenburg, heiratete nach dem Krieg eine Bauerstochter aus dem Dorf. Die hatte er mal auf der Durchreise kennengelernt, er war im zivilen Leben nämlich Handlungsreisender, na ja, besserer Hausierer, und da ging auf der Durchreise von Leipzig her, von der Messe kommend, in Schöna ein Rad ab, ein Pferdekarrenrad natürlich.« Die Wirtin lachte. »Das Rad hier oben«, sie zeigte mit dem Finger auf ihre Stirn, »das war schon in Ordnung bei Urgroßvater Lehmann. Er war ein ganz Gewiefter. Er musste also hier in Schöna logieren, weil der Wagenbauer das nicht gleich reparieren konnte. Und weil es damals im Dorf kein Wirtshaus gab, wohnte er praktischerweise bei dem Wagenbauer, und der hatte eine schöne Tochter, die meine Urgroßmutter wurde, nachdem mein Urgroßvater, der da auf dem Foto, der schmucke Soldat, sie *heimgeführt* hatte, wie man damals sagte. Aber eigentlich hat sie *ihn* heimgeführt. Er zog nämlich nach Schöna, in unser kleines Dorf, und machte, weil es dort kein Wirtshaus gab, eines auf, zunächst für einige Jahre in einem leer stehenden Bauernhaus, aber das war zu klein und heruntergekommen. Und nachdem sie etwas angespart hatten, bauten die beiden ein neues, großes Gasthaus, im Drei-Kaiser-Jahr. Das hier, wo wir heute sitzen.«

Stolz blickte sie uns an. Die beiden Schnäpse ließen ihre Augen feucht werden. Vielleicht waren es auch Tränen nostalgischer Rührung, ich war mir nicht sicher.

Sunny rülpste. Ich stieß ihn unter dem Tisch ans Schienbein, was er damit quittierte, dass er mir die Zunge zeigte. Sivi sandte mir einen vieldeutigen Blick zu – ich las daraus Ungeduld und eine Aufforderung zu handeln. Die Wirtin hatte von unserer seltsamen Kommunikation glücklicherweise nichts bemerkt. Ihr schnapsverhangener Blick – sie hatte bereits ein drittes Glas gekippt – ruhte noch immer wohlgefällig auf dem Konterfei ihres pickelbehaubten Altvorderen.

Ich entschloss mich zu einem Blitzangriff: »Frau Lehmann, Sie kennen doch bestimmt alle Leute hier im Dorf, auch die von früher?«

Sie blickte mich beinahe entgeistert an. »Was für eine Frage, junger Mann. Natürlich kenne ich alle. Wir sind doch hier wie eine große Familie. Übrigens wirklich eine Familie. Hier haben über die Jahrhunderte alle untereinander geheiratet. Na ja, ein wenig hat man schon darauf achtgegeben, dass nicht der Cousin die Cousine ... wegen der Inzucht und der erblichen Blödheit ... Sie wissen schon ... Damit es nicht so endet wie in manchen Königshäusern, wo nur noch Bekloppte auf dem Thron saßen.«

»Na, dann sagt Ihnen bestimmt auch der Name Karl Janke etwas? – Oder Evelyn Kubelka?«

Der alkoholhelle Blick der Wirtin verdunkelte sich plötzlich. »Kubelka?« Ihre Miene erhielt einen Widerwillen, als hätte sie auf eine bittere Wacholderbeere gebissen. »Die Kubelkas waren nicht von hier. Sie waren Flüchtlinge, kamen nach dem Krieg.«

»Und die Kubelkas siedelten sich also in Schöna an?«, fragte ich möglichst arglos.

»Na ja, angesiedelt, kann man so nicht sagen. Sie wurden zugewiesen. Man konnte ja nichts dagegen machen. Also, ich war damals noch ein Kind, bin aber schon zur Volksschule gegangen. Ich kann mich noch gut daran erinnern. Die Kubelkas, das waren Leute aus Schlesien; sie waren hierhergekommen, weil man sie in Polen nicht mehr wollte. Wir wollten die Flüchtlinge auch nicht. Es war schon so, dass Unfriede ins Dorf einzog. Die Flüchtlinge wurden ja wie gesagt vom Amt zugewiesen, in Eilenburg. Und die Beamten wussten doch nichts von den Verhältnissen vor Ort. Wir wohnten selbst alle beengt. Überlegen Sie mal, wie viele Kinder die Leute früher hatten, nicht so wie heute, wo sie zu zweit in einem Riesenhaus wohnen. Die Kinder schliefen damals zu dritt oder viert in einer Kammer. Und im Haus meist noch die Großeltern, Schwiegereltern oder eine unverheiratete Tante dazu ... Na, und da wurden uns in Schöna fünf Flüchtlingsfamilien zugewiesen. Der Ortsvorsteher bekam das Schreiben aus Eilenburg, damit ging er dann von Haus zu Haus und sprach mit den Leuten. Er hätte zwar auch einfach zuweisen können, denn er kannte die Verhältnisse im Dorf ja gut genug und wusste, wo vielleicht noch eine Kammer frei war. Aber er war einer von den Weichherzigen

– das ist im Leben oft gar nicht gut – und wollte die Angelegenheit gütlich regeln.«

»Voll krass«, sagte Sunny. Ich suchte unter dem Tisch wieder nach seinem Schienbein, aber er klemmte mein Bein zwischen die seinen.

»Und da kam der Ortsvorsteher auch zu meinem Vater selig und fragte nach Platz. Wir hatten natürlich ein paar Gastzimmer, die haben wir ja immer noch, es übernachtet aber kaum noch einer hier, allenfalls mal ein paar Biker oder Skater ...«

Ich wunderte mich, dass die Alte diese modernen Begriffe kannte – andererseits waren ihre Sneakers ja auch nicht von vorgestern.

»... und der Ortsvorsteher sagte: ›Lehmann, du kannst doch oben zwei Zimmer für eine Flüchtlingsfamilie freimachen, das geht doch!‹ Mein Vater aber blieb standhaft: ›Nee, nee, auf keinen Fall. Nur über meine Leiche!‹ Und der Ortsvorsteher: ›Tut mir leid, Lehmann, aber ich habe Anweisung vom Amt in Eilenburg. Andernfalls muss ich Amtsgewalt ausüben. Es sind schwere Zeiten, und da darfst du mich nicht im Regen stehen lassen.‹ Da sagte mein Vater: ›Pass auf, am alten Steinbruch, am Dorfrand, da steht doch diese Hütte mit dem Krempel drin, die ist sogar gemauert und hat zwei Fenster. Wenn ich den Krempel raushole, ist das kein schlechter Raum zum Wohnen. Sogar ein Kanonenofen steht drin, den soll der Schornsteinfeger auskehren, dann zieht er wieder prächtig.‹ Und so haben sie sich geeinigt, und mein Vater hat alles in die Wege geleitet. Er hat den Flüchtlingen sogar Brennholz aus unserem Stück Wald spendiert. Denn er war kein Unmensch. Wenige Tage später sind die Kubelkas dort eingezogen, mit Kind und Kegel.«

»Kind und Kegel?«, fragte ich.

»Na ja, so sagt man halt. Sie waren zu viert. Die alten Kubelkas, er und sie, gingen auf die fünfzig zu. Sie hatten in Schlesien einen Krämerladen besessen, sagten sie jedenfalls. Man konnte den Flüchtlingen ja nie so ganz trauen. Sie behaupteten oft Sachen, die gar nicht stimmten. Das konnte ja keiner nachprüfen. Jeder Dritte hatte angeblich eine Firma oder eine Villa oder gar ein Rittergut. Aufschneider, alles Aufschneider.«

»Voll die Dröhnung«, sagte Sunny. »Kann ich noch ein Bier haben?«

Sunnys Beine wurden mir langsam zu heiß.

»Kannst du nicht warten?«, fauchte ich.

Musste dieser aufgekratzte Bengel sich schon mittags die Birne zulaufen lassen? Außerdem war die alte Frau Lehmann eben so in Erzähllaune, das durfte man nicht leichtfertig unterbrechen.

Draußen fuhr ein Traktor vor, das Tuckern des Motors ließ die einfachen Fensterscheiben leise klirren.

Ohne zu murren, stand die Wirtin auf. Ihre Bäckchen hatten zu glühen begonnen, aber sie ging kerzengerade zum Tresen und schenkte Sunny noch ein Bier ein.

Die Tür ging auf, und ein alter Mann mit stoppelbärtigem Kinn kam herein. Er trug einen blauen Arbeitskittel, darunter eine graue Hose, deren Beine er in olivgrüne Gummistiefel gestopft hatte. Auf dem Terrazzo-Boden hinterließ er fette Erdkrumen, vielleicht war es auch Kuhdung, denn ein beißender Güllegestank ging von dem Mann aus, der nur noch von einem stechenden Alkoholdunst überlagert wurde.

»Mensch, Wenzel«, herrschte die Alte ihn an. »Kannst du nicht aufpassen?! Den ganzen Stalldreck hier reintragen!«

Wenzel scherte sich nicht darum. »Gib mir einen Doppelten. Korn. Aber von deinem, nicht den aus der Fabrik.«

Die Wirtin goss ihm einen Doppelten ein. Wenzel griff danach und stürzte den Schnaps, ohne auch nur daran gerochen zu haben, wie Wasser hinunter.

»Hast du Geld dabei?«, fragte Frau Lehmann teilnahmslos.

Wenzel schüttelte den Kopf. »Schreib's an. Ich bin diesen Monat klamm. Aber in fünf Tagen kommt wieder die Rente.«

»Die sind hier echt drauf wie die Junkies.« In Sunnys Stimme schwang Anerkennung. »Voll der Grusel, ey.«

»Hast du schon das Neueste in den Nachrichten gehört?«, fragte Wenzel. »Oberhalb von Wurzen ist der Muldedamm gebrochen. Vor einer Stunde. Dort säuft die ganze Landschaft ab. Wurzen steht zur Hälfte unter Wasser. Straßen und Brücken sind gesperrt. Geht gar nichts mehr durch, weder Richtung Leipzig noch Richtung Grimma. Land unter. Und dabei knallt die Sonne, als wäre nichts.« Er zeigte mit seiner dürren Hand zur Zimmerdecke, als schiene der Fixstern dort.

Die Wirtin zuckte mit den Schultern und meinte nur: »Na ja, dann kommen dieses Wochenende wohl keine Ausflügler hier durch. Mache ich halt drei Tage zu. Bringt mich auch nicht mehr um.«

»Wurzen gesperrt?«, fragte ich.

Ich konnte es nicht glauben. Erst vor zwei Stunden waren wir durch das sonnenbeschienene Städtchen gefahren.

Wenzel beachtete mich nicht, sah durch mich hindurch, starrte auf Sivi, ließ die Zunge anerkennend schnalzen und sagte mit Blick auf Sunny: »Eine hübsche Freundin hast du, Junge. Gut drauf aufpassen! Die Frauen laufen einem immer schnell weg. Ging mir auch so mit meiner Erna.« Er winkte ab, wandte sich wieder dem Tresen zu, griff, als wäre er zu Hause, selbst zur Flasche und goss sich ein. »Was wollt ihr denn überhaupt in Wurzen?«, sagte er mehr zu sich selbst. »Schöna ist auch schön.« Er kippte den Schnaps, sagte zur Wirtin: »Na, denn mach's gut, schreib's an, auf bald«, und schlurfte mit seinen schweren, speckigen Gummistiefeln hinaus.

Die Schwingtür blies für einen kurzen Moment eine Brise frische Luft herein, dann waren wir wieder allein, zusammen mit der Wirtin und dem Güllegeruch, der nicht mehr weichen wollte.

Frau Lehmann setzte sich erneut zu uns.

»Also, wie war das mit den Kubelkas, den alten und den jungen, in dieser Hütte?«, fragte ich. Ich hoffte, sie würde wieder in Erzähllaune geraten.

»Also, da war dieser junge Kubelka, der Sohn, Edmund hieß er, ein bildhübscher Achtzehnjähriger; in den war ich als kleines Mädchen schon ein wenig verliebt.« Sie rollte schwärmerisch mit den Augen.

Draußen ließ Wenzel seinen Traktor an. Der Motor tuckerte und hustete, als hätte er Bronchitis. Wenzel legte den Gang ein und begann, umständlich hin und her zu rangieren.

»Edmund hatte noch eine Schwester, die Gisi, sie war exakt so alt wie ich; sie schielte und starb ein paar Jahre später an Typhus. Aber der Edmund! Der Edmund! Ein Prachtbursche: dunkelblond, groß, kräftig, aber gertenschlank. Und so ein frisches Lachen und immer ein freundliches Blitzen in den Augen! Was hab' ich als Siebenjährige schon für ihn geschwärmt. Für ihn war ich freilich nur ein kleines Mädchen, ist ja klar. Aber ich war verliebt. Und ich war später schwer eifersüchtig, als die Evelyn Weiß den Edmund zum Mann bekam.«

»Evelyn Weiß?«

Ich hatte mir vorgenommen, möglichst teilnahmslos zu wirken. Aber der Name hatte mich wie ein Stromschlag berührt. Sunny, vom Bier immer gelöster, spielte mit seinen nackten Zehen an meinem Fußknöchel herum.

»Ja, die Evelyn. Sie war eine sehr Hübsche. Sechs Jahre jünger als der Edmund. Sie hat ihn vom Fleck weg geheiratet, da war ich vierzehn. Ein Traumpaar. Die beiden hatten dann auch drei Kinder. Also, wer sie damals bei der Trauung in unserer Kirche gesehen hat, der hätte sich nie träumen lassen, wie tragisch das mal endet, mit welchem Riesenknall.«

Draußen krachte es in diesem Augenblick gewaltig, Blech gegen Blech. Ich sprang auf, wegen des Krachens, aber auch Evelyns wegen; und weil Sunny mir gehörig auf den Geist ging mit seiner Fummelei.

»Ach, der Wenzel«, sagte die Wirtin gelassen. »er verträgt auch nichts mehr. Ist er wohl wieder gegen den Sammelcontainer gefahren. Dass die Leute von der Gemeinde das verdammte Ding aber auch uns vors Grundstück stellen mussten!«

Ich rannte zur Tür, riss sie auf, blieb erstarrt stehen: Der orangefarbene Sammelcontainer für Altglas stand unversehrt rechts vor dem Grundstück. Aber links, wo ich mein Auto geparkt hatte, lag ein Haufen zusammengeschobenen, aufgerissenen, verbogenen Blechs. Glasscherben bedeckten den Asphalt. Der Traktor hatte sich mit dem linken Hinterrad auf die Motorhaube meines Autos geschoben und hing nun wie halb aufgebockt in der Luft. Wenzel thronte hoch oben auf dem schief hängenden Fahrersitz, grinste dämlich und hielt sich krampfhaft am Lenkrad fest, um nicht herunterzufallen.

Ich stand wie gelähmt da, wollte schreien, konnte es aber nicht. Etwas hatte sich in meinem Hals verkantet. Ich hielt mich an der Türlaibung fest.

Hinter mir war Sivi, ich hörte durch den Wattebausch in meinem Hirn hindurch ihre gedämpfte Stimme »So ein verdammter Mist!« sagen.

Es stank nach Gülle. Wenzel stank und grinste, und die halbe Welt stank nach ihm, und da lagen die Reste meines geliebten kleinen Autos, als wäre eben eine Cruise Missile eingeschlagen.

»Ich krieg' die Motten«, sagte Sunny anerkennend, »die Leute sind hier echt voll auf Droge. Wahnsinnskaff.«

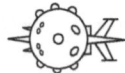

Janke saß auf dem Rand seines Bettes. Laut Hausordnung war das Licht um neun Uhr abends zu löschen. Die strengen Schwestern verstanden darin keinen Spaß. Aber heute hatte der nette Pfleger Nachtschicht, er nahm es nicht ganz so genau, zumal jetzt, im Advent.

Gestern, am Samstagabend, hatten sie im Aufenthaltsraum zusammensitzen dürfen, mit den weiblichen Gästen von der anderen Station. Janke hatte sich seit Wochen darauf gefreut, Evelyn, sein Evelynchen, wiederzusehen. Aber sie war nicht erschienen, und er hatte von ihrer Zimmergenossin gehört, dass sie erkältet war und das

Bett hüten musste. Dabei hatte er ihr doch so schöne warme Hausschuhe gekauft, im örtlichen *Konsum*. Die hatte er gesehen, als er Ausgang hatte, und er hatte die Hälfte von seinem angesparten Taschengeld dafür ausgegeben. Freilich brauchte er ja auch immer Papier und Schreibzeug und diverse Kleinigkeiten, was der freundliche Herr Jonas vom Materiallager ihm nicht beschaffen konnte, und all das musste er, Janke, im *Konsum* kaufen, das verschlang einen Gutteil seines Taschengeldes. Man gab ihm hier, *in dieser Stelle*, ja kaum etwas; dabei machte er sich doch verdient um die sozialistische Gesellschaft und hatte deshalb auch schon mal an den Staatsrat, der ihm allerdings eine Antwort schuldig geblieben war, um eine Unterstützung geschrieben.

Also, die braunen Hausschuhe, die er, Janke, seinem Evelynchen im *Konsum* gekauft hatte: Schön waren sie und warm, und er konnte sich gut vorstellen, wie sie sich ihren Füßchen anschmiegten! Und nun war sie bestimmt unartig gewesen und war barfuß morgens zur Toilette gegangen, jetzt in der kalten Jahreszeit, in dem zugigen Schloss! Und schon war's passiert, und er konnte nun wieder schauen, wie er sie zu Kräften brachte, denn die Leute *in dieser Stelle* waren doch vielfach gleichgültig und hatten nichts begriffen, denn sie waren gewöhnlich und einfach gestrickt und wussten nichts von tiefen, edlen Gefühlen, von der zarten Liebe zwischen zwei Menschen ... So hatte er, Janke, bei der Küchenfrau eine Flasche Karamell-Bier erstanden, denn es war ja Sonntag, 3. Advent. Der *Konsum* hatte geschlossen, es waren nur noch wenige Tage bis Weihnachten, und er, Janke, wollte doch, dass sein kleines Evelynchen bis dorthin wieder bei Kräften und gesund wäre, damit sie gemeinsam feiern konnten.

Janke öffnete die Schublade seines Nachttischs, ein altes Ding aus Metall, weiß gestrichen, auf Rollen, die immer fortfuhren, weil sie sich nicht arretieren ließen. Da lag die Flasche Karamell-Bier, die hatte er in goldenes Stanniolpapier eingewickelt, das er noch von letztem Weihnachten aufbewahrt und sauber geglättet hatte. Man konnte alles nochmals gebrauchen – das hatte er schon in Großenhain von seiner Mutter gehört, als sie kaum etwas besaßen und alles aufhoben, weil man es manchmal auf dem Schwarzmarkt tauschen konnte, gegen etwas Essen oder gegen irgendein Utensil, das er in seiner Erfinderwerkstatt verwenden konnte.

Janke entnahm der Schublade einen Zettel und einen blauen Stift. Einen ausführlichen Brief konnte er auf dem Nachttisch nicht schreiben, das war zu unbequem. Außerdem konnte der nette Pfleger jeden Augenblick kommen und das Licht löschen, und er, Janke, wollte ihm noch den Zettel und die Bierflasche mitgeben, für Evelyn. Das würde der nette Pfleger sicher tun, Janke wusste es. Der war nicht so hartherzig und prinzipienstur wie die rothaarige Schwester. Jetzt musste er aber schnell machen. Evelyn würde darüber hinwegsehen, wenn die Schrift etwas kraklig ausfiele. Hauptsache, sie erhielt heute noch das Karamell-Bier, damit sie wieder zu Kräften kam.

*Liebe Evelyn!

Ich bringe Dir eine Flasche Karamell-Bier. Die ist erfrischend u. wird Dir gut schmecken. Schön langsam trinken; auch ein- oder zweimal absetzen, ehe Du sie ganz leerst. Bewege Dich auch immer etwas, Evelynchen, damit Du nicht verstopft wirst! Du bist ein liebes kleines Mädel, was jeder gernhaben kann. Ich denke immer an Dich, Evelyn.

Herzliche Grüße, Dein Hans*

Eben ging der nette Pfleger draußen über den Korridor und pfiff ein Lied vor sich hin. Er war also wieder gut gelaunt. Gleich würde er hereinkommen und allen eine gute Nacht wünschen und das Licht löschen. Janke würde ihm den Zettel und die Flasche im Stanniolpapier in die Hand drücken und sagen: »Bitte, Herr Pfleger, eine Kleinigkeit für das Fräulein Evelyn. Aber sie muss es heute Abend noch bekommen. Ihre Gesundheit hängt nämlich davon ab.« Und der Pfleger würde lächeln und sagen: »Selbstverständlich, Herr Janke. Ihr Wunsch ist mir Befehl.« Ja, so musste es sein!

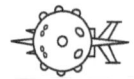

Ich glaubte nicht an ein Schicksal – bis zu diesem Tag. Da fühlte ich zumindest die Fingerspitzen der Nemesis. Und sie taten mir wohl, zur Gänsehaut aus lauter Wohlsein hätte nicht mehr viel gefehlt.

Die Wirtin war hinter uns in der Tür erschienen. Anstatt mein Auto und unser Pech zu beklagen, hatte sie nur ein paar dürre Worte der Verachtung für Wenzel übrig: »Kannst du nicht aufpassen? Schau, dass du den Schlamassel in Ordnung bringst. Und kehr die Scherben zusammen.« Und zu mir, dessen Auto unter dem Traktor zerquetscht lag, wie um Zustimmung zu heischen, sagte sie: »Ist doch wahr! Immer diese Sauerei und all die Scherben, dann hole ich mir mit meinem Fahrrad wieder einen Platten und kann schauen, wer mir den Schlauch flickt.«

Damit ging sie hinein, an ihre Arbeit, und ließ mich mit einer entsetzten Sivi, einem amüsierten Sunny, einem blöde grinsenden Wenzel und einem Haufen Blech und Scherben zurück.

»Was machen wir jetzt?«, fragte Sivi, die sich die Hände an die Schläfen hielt, als hätte sie Migräne. »Die Polizei rufen? Ich habe mein Handy im Auto liegen gelassen. Das ist im Eimer.«

»Das Handy?«, das war Sunny.

»Na ja, wohl beides«, sagte ich fatalistisch.

Wenzel lallte eine Entschuldigung und wollte vom Traktorsitz herunterklettern, verhedderte sich aber mit dem Hosenbein an der Gangschaltung. Ich sprang hinzu und fing ihn gerade noch auf. Sein dürrer, ausgemergelter Trinkerleib lag schwerer auf meiner Schulter, als ich erwartet hätte. Der Mann stank nach Fusel, altem Schweiß und Gülle. Ich hielt den Atem an, aber das machte den Ekel in mir nur noch größer. Ich zerrte Wenzel vom Traktor herunter und lehnte ihn an die Hauswand.

»Verdammter Mist«, sagte er. Das war das erste vernünftige Wort, das ich von ihm hörte.

Mein Handy hatte ich glücklicherweise in der Hosentasche. Ich rief die Polizei an. Nach einer Dreiviertelstunde, die mir wie drei Ewigkeiten erschien – Sivi und Sunny hatten sich inzwischen nach drinnen verzogen und tranken Kaffee –, schlich ein alter, grün und weiß lackierter Opel Corsa die Dorfstraße entlang. Erst als er vor der Wirtschaft hielt, begriff ich, dass es sich um ein Polizeiauto handelte. Ein kleiner, dicker Polizist stieg aus und ging, ohne das Autowrack oder mich auch nur eines Blickes zu würdigen, direkt auf Wenzel zu, der noch immer an der Hauswand lehnte, so wie ich ihn dort abgestellt hatte.

»Mensch, Wenzel«, sagte der Polizeibeamte, »musst du denn immer so viel trinken? Schöner Schlamassel. Und alles ohne Versicherung.«

Das gab mir einen Stich ins Herz. Mir war zum Heulen, als der Polizist sich mir zuwandte und mit unerwartetem Mitgefühl in der Stimme fragte: »Ihr Auto? Tja, tut mir leid.« Er reichte mir sogar die Hand, wie auf einer Beerdigung am Grab eines nahen Anverwandten.

Ich gab zu Protokoll, was ich gesehen und gehört hatte. Wenzel gab nichts zu Protokoll, der Polizist machte auch keinen Versuch, ihn zum Reden zu bringen, sondern trug nur dessen Personalien ein, die er auswendig kannte. Zudem schoss er ein paar Fotos, schrieb mir eine Telefonnummer auf, »der Abschleppdienst in Eilenburg«, zuckte bedauernd mit den Schultern, sagte »einen schönen Tag noch, Sie hören von uns«, stieg in sein Auto, fuhr davon und ließ mich zurück: mit einem Zettel in der Hand, einem betrunkenen Wenzel an der Hauswand, den Resten meines guten, alten Autos, der Sonne, die herunterbrannte, und der steigenden Flut in Wurzen, von der Wenzel nun erneut zu berichten versuchte.

Der Nachmittag dampfte. Ich war ziemlich mit den Nerven herunter, trank in der Wirtsstube abwechselnd Kaffee und Cola, redete mit Sivi dummes Zeug, während Sunny im Nebenraum, dem großen Saal mit Bühne, wo bei Festlichkeiten die Blaskapelle saß, eine uralte Jukebox entdeckte und fortwährend Kleingeld einwarf, um Schmonzetten wie *Junge Leute brauchen Liebe* und *Zwei blaue Luftballons* zu hören, DDR-Schlager, die keiner von uns kannte, außer Frau Lehmann, der Wirtin. Und die kam wieder vertraulich zu mir an den Tisch und griff, als wäre nichts geschehen, den Faden genau dort auf, wo sie ihn zwei Stunden zuvor verlockend hatte liegen lassen.

Sie erzählte mir vom schönen Edmund, dem die Mädchen im Dorf nachschauten, obwohl die Eltern sie davor warnten, denn die Kubelkas waren nicht von hier und trugen das Stigma der Flüchtlinge. Sie waren arm, hausten in Lehmanns Hütte am alten Steinbruch. Vater Kubelka fuhr jeden Tag mit einem klapprigen alten Fahrrad, das er auf dem Schwarzmarkt aufgetan hatte, nach Eilenburg und ging in die Konservenfabrik arbeiten. Seine Frau hingegen verdingte sich als Magd bei einem der großen Bauern im Dorf.

»Sie war ungeschickt bei der Landarbeit, die Frau Kubelka«, sagte die Wirtin, »denn sie kam ja aus der Stadt, wo sie einen Krämerladen – wenn's denn stimmt – betrieben hatten. Aber der Bauer war auch hartherzig, und er war zu Hitlers Zeit in der Partei gewesen. Nach ein paar Jahren, als die ersten Enteignungen kamen, da hat's auch den Bauern erwischt, nicht weil er so viel Land besessen hätte, *so* groß war sein Betrieb auch wieder nicht; sondern weil ihn jemand *drangehängt* hat, bei der Parteileitung in Leipzig. Es ist nie herausgekommen, wer's war, aber man konnte es sich ja denken.«

Ich dachte mir gar nichts und wollte nicht jede Denunziationsgeschichte wissen, sondern ging ab und zu hinaus und arrangierte mit Wenzel, der noch immer an der Wand lehnte, aber inzwischen wieder halbwegs nüchtern war, dass er den Traktor zwei Meter nach vorn bewegte (diesmal in die richtige Richtung), damit der Abschleppdienst seinen traurigen Service leisten konnte, den ich sofort, mit meiner EC-Karte, zu bezahlen hatte – ich, und nicht Wenzel. Denn ich war ja der Halter des Fahrzeugs und Wenzel nur der trunkene, mittellose Dorfdepp, mit dem alle, weil er einer Randgruppe angehörte, Mitleid und Verständnis hatten, und der in der Wirtin eine heimliche Unterstützerin besaß. Denn wie sonst sollte ich es interpretieren, dass sie ihn nicht richtig heruntergemacht hatte, sie, die in ihren Sneakers und mit ihrer teilnehmenden Schnapslaune wahrlich auch keine zerbrechliche Ophelia war.

Wenzel schlurfte nach Hause, ich hielt die Quittung des Abschleppdienstes in der Hand (eine Rechnung fürs Abwracken würde ich noch bekommen, beruhigte mich der Abschleppdienstler) und wusste nicht, wie ich von Schöna loskommen sollte. Also ging ich wieder in den Gasthof hinein, denn schließlich war ich Janke und seiner Evelyn auf der Spur. Die Nachmittagshitze brütete, aber drinnen in der Wirtsstube, hinter den dicken, über hundertjährigen Mauern, war eine gleichbleibende Kühle, wie in einer Kirche. Sivi und Sunny hatten sich verzogen, waren zu Fuß aus dem Dorf hinaus, zum Baden an einen der Teiche beim alten Steinbruch, dort also, wo der hübsche Edmund, Evelyns Mann, einst gewohnt hatte.

Da saß ich nun wieder in der Stube des Gasthauses *Zur Schmiede*, und die Wirtin, die zu den Frauen gehörte, die eine erstaunliche Fabuliergabe und ein beharrliches Durchhaltevermögen besitzen, bis in die feinsten Verästelungen einer Geschichte und bis ins siebte Glied eines Familienstammbaums hinein, erzählte und erzählte, als wäre sie Scheherazade und als ginge es um ihr Leben. Und um das ging es ja auch, denn das kleine Wirtshaustöchterlein hatte sich seinerzeit in den feschen Edmund Kubelka verliebt, der elf Jahre älter war als sie und altersmäßig unerreichbar (aber was kümmerte das die Liebe, oder vielmehr: die Verliebtheit?).

Edmund war klüger und wendiger gewesen als die alteingesessenen Bauernsöhne, die sich im Leben nichts mehr erkämpfen mussten. Er hatte in Leipzig eine Handelsschule begonnen, in Abendkursen das Abitur nachgemacht (denn in Schlesien, woher die Kubelkas kamen, hatte er kurz vor den Abschlussprüfungen gestanden, als der Umsiedlungsbefehl kam). Deswegen war Edmund nur an den Wochenenden nach Schöna gekommen, was das Verliebtsein der Wirtstochter nicht geschmälert hatte, im Gegenteil. Die Enteignungen waren erfolgt, und Edmunds Mutter hatte nun in der LPG gearbeitet, nicht mehr als Magd, sondern als landwirtschaftliche Facharbeiterin in der Molkerei. Sie hatte den Sohn des Bauern, bei dem sie geschuftet hatte, nun plötzlich unter sich. Die Kubelkas waren nun nicht mehr die bloßen Flüchtlinge mit fadenscheiniger Vergangenheit, sondern aufstrebende Werktätige, und alle waren sie in die Partei eingetreten, um am sozialistischen Arbeiter- und Bauernstaat nicht nur tatkräftig, sondern auch gesinnungsmäßig mitzubauen.

Vater Lehmann hatte das mit Misstrauen gesehen, denn sie waren ja eigenständige Wirtsleute, seit Generationen, und hatten zwar mit den Großgrundbesitzern und den Kapitalisten nichts zu tun, auch nichts mit den Adligen, die gleich nach dem Krieg von ihren Gütern vertrieben worden waren, aber eben auch nichts mit den Genossen, die von der Stadt aufs Land kamen und alles umzukrempeln versuchten und den Leuten beibringen wollten, wie sie ihre Betriebe zu führen hätten. Auch Edmund war der neuen Einheitspartei beigetreten, und sie, Frau Lehmann, hatte zum ersten Mal das Wort *Opportunist* gehört. Der Vater hatte es leise, aber mit Verachtung ausgesprochen, als Edmund einmal an ihrem Wirtshaus vorbeigegangen war und zu ihnen her gegrüßt, und sie, Lehmanns Tochter, strahlend zurückgegrüßt hatte.

Eines Tages aber hieß es im Dorf: »Kubelkas Edmund hat eine, aus der Stadt, aus Leipzig. Die will er heiraten.« Lehmanns Tochter hatte es zunächst nicht glauben wollen, bis sie ihn beim Dorffest gesehen hatte: Lehmanns hatten die Bewirtung übernommen, und sie, Lehmanns Tochter, hatte hinter dem Tresen mit dem aufgebockten Fass das Bier gezapft, das wild schäumte. Und da war plötzlich Edmund vor ihr gestanden, hatte sie angelächelt, zwei Bier bestellt, neben ihm ein junges Ding, wenige Jahre älter als sie, Lehmanns Tochter, aber schon voll erblüht, in weißer Bluse und blauem Rock. Sie hatte blondes Haar, blaue Augen, ein zartes Gesicht, das von innen her zu leuchten schien. Sie, Lehmanns Tochter, hatte geguckt und geguckt, während der Bierschaum, den sie zu schnell aus dem Fass ließ, ihr über die Hände gelaufen war, Hände, die nicht so weiß und makellos waren wie die von Edmunds Freundin, sondern bäurisch und vom Spülwasser rot und verquollen. Sie hatte beiden die schlecht eingeschenkten Biergläser gereicht, mit viel zu viel Schaum, und der fesche Edmund hatte gesagt: »Das musst du aber noch üben!« Und sie, Lehmanns Tochter, hatte sich geschämt und geärgert gleichzeitig und war trotz aller Eifersucht beinahe dankbar dafür gewesen, dass die schöne junge Frau mit den blonden Haaren sie angelächelt und gesagt hatte: »Danke. Es ist schön hier. Ich heiße übrigens Evelyn.«

Dann waren sie verschwunden, Edmund und Evelyn, zwischen den anderen Besuchern des Dorffests, und sie, Lehmanns Tochter, hatte weiter Bier eingeschenkt, Glas um Glas, mechanisch und im Kopf wie von einem Nebel eingehüllt. Sie hatte in lachende, derbe Gesichter gesehen, die sie anstarrten, ihr etwas zuschrien, aber sie hatte nur aufgesetzt gelächelt und weiter ihre Arbeit getan.

Und später, als die Blaskapelle aufspielte, hatte sie Edmund und seine Schöne tanzen sehen, und Edmund konnte eigentlich gar nicht tanzen, war nur von einem Fuß auf den anderen getrampelt, und selbst das nur leidlich im Takt. Aber die Blonde hatte ihn zu führen gewusst, ganz unmerklich, und eigentlich nur, indem sie ihn sanft an der Schulter berührt hatte. Das allein hatte gereicht, um ihn, den großen, kräftigen Edmund, zu dirigieren.

Sie hatte ihn dirigiert. Und wenige Wochen später war die Trauung gewesen, zunächst standesamtlich in Leipzig; später, das hatten Evelyns Eltern, die alten Weiß, so gewollt, die kirchliche Hochzeit in der Dorfkirche in Schöna. Edmund hatte sich zunächst gesträubt, auch weil er das Parteibuch hatte, aber Vater Weiß war in der Thomasgemeinde in Leipzig verankert und hatte es sich nicht nehmen lassen, die einzige Tochter vor den Altar zu führen, auch wenn der in Schöna bei Weitem nicht so schön und bedeutend war wie der in der Thomaskirche, unter deren Chorraum der große Johann Sebastian Bach begraben lag.

Das erzählte mir Lehmanns Tochter, die Wirtin, die über der

Arbeit von Jahrzehnten und dem Ausschank von Abertausenden Bieren alt geworden war, und die, wie sie mir gestand, nie heiratete, weil sie Edmund nicht bekommen hatte und ihn nie bekommen würde. Zwischendurch summte mein Handy, und ich schaute auf das Display, erkannte Cordulas Büronummer – und schaltete das Handy aus. Egal, was sie mir mitzuteilen hatte, ihre unausgegorenen persönlichen Belange oder die neuesten *Sonnenland*-Wahnideen, es ging mich nichts an, nicht heute, nicht an diesem Tag, an dem ich in der Gaststube eines Wirtshauses in der sächsischen Provinz saß und einer alten Frau zuhörte, die mich auf die Spur von Evelyn führte, während Sivi und Sunny irgendwo nackt an einem Teich lagen und mein gutes, altes Auto in Eilenburg wohl gerade in der Presse landete.

»Schöna ist klein, aber wie ein schwarzes Loch«, sagte die Wirtin unvermittelt und riss mich aus meinen Gedanken.

Ich wunderte mich, dass die Alte den Terminus *schwarzes Loch* kannte, aber ich war wohl in meinen Klischees älter an Jahren als sie, diese seltsame Frau mit ihren Sneakers.

»Ja, ein schwarzes Loch«, wiederholte sie leise, und zum ersten Mal in ihrer Erzählung traten ihr Tränen in die Augen, die sie verstohlen mit einem verknüllten Papiertaschentuch, das sie aus der Schürzentasche hangelte, wegwischte. »Wer hier einmal hängen geblieben ist, kommt nicht mehr weg, es sei denn mit den Füßen voran; oder weil sie einen in der Zwangsjacke abholen. Anders nicht.«

Sie blickte mich an, in ihren Augen las ich Trauer und Schmerz. Mir war nicht klar, wie ich ihre kryptischen Worte deuten und ob ich sie gar in den Arm nehmen sollte. Aber ich getraute mich nicht, denn wir kannten uns ja erst seit wenigen Stunden, und so unterließ ich, was wohl das Natürlichste gewesen wäre.

»Was ist aus Evelyn geworden?«, fragte ich, ungeduldig geworden, und weil ich die Spannung langsam nicht mehr ertrug.

Doch da hatte ich die Rechnung ohne die Wirtin gemacht, denn sie blickte mich nun scharf an, wie Erwachsene ein vorlautes und dummes Kind anblicken, und sagte: »So schnell schießen die Preußen nicht, junger Mann. Erst kam die Sache mit dieser Frau aus dem Westen ...« Da schlug der Regulator, der an der Wand hing, fünf Uhr, und Frau Lehmann sagte abrupt, als erwachte sie aus einem Traum: »Zeit ist's, gegen sechs kommen die ersten Gäste, ich muss noch Essen vorbereiten.«

»Und die Geschichte mit Evelyn?«, hakte ich beharrlich nach.

»Erst die Sache mit der Frau aus dem Westen. Aber das hat Zeit, diese Geschichte hat Jahrzehnte warten müssen, und Sie können wenigstens *einen* Tag warten. Morgen zeige ich Ihnen dann etwas. Und da Sie ohne Auto ohnehin nicht von hier fortkommen, werden Sie wohl hier übernachten müssen. Kommen Sie, ich weise Ihnen die Zimmer oben an, für Sie und Ihre Begleitung, und dann muss ich aber wirklich in die Küche.«

Sie dirigierte mich, das Geschirrtuch in der Hand, eine knarzende Holztreppe nach oben und zeigte mir zwei Zimmer, eines mit einem Doppelbett und eines mit einem Einzelbett. Die beiden Räume waren mit einer Durchgangstür verbunden und teilten sich ein Bad. Alles war einfach, auf dem Stand der Siebzigerjahre, aber sauber und ordentlich.

»Die einzigen, die frei sind. Die anderen sind von Erntehelfern aus Polen belegt.«

Ich nickte. Der Gedanke, hier zu nächtigen, gefiel mir sogar. Was interessierten mich Hubertusburg und Berlin, hier am Ende der Welt, nahe dem schwarzen Loch, von dem sogar die Wirtin wusste? Dass wir keine Sachen zum Wechseln dabeihatten, nicht einmal eine Zahnbürste, war mir irgendwie egal. Wir waren sowieso aus Zeit und Raum gefallen.

Im Gastraum saßen inzwischen die ersten Feierabendtrinker. Aus der Küche duftete es nach Sauerbraten. Mir wurde heimelig zumute. Den Ärger über Wenzel hatte ich irgendwie verdrängt, und als er, der Ärger, sich einmal meldete, bestellte ich ein Glas Wein.

»Wir haben nur welchen von hier«, sagte Frau Lehmann, und sie meinte sächsischen Wein.

So saß ich mit zwei polnischen Erntehelfern an einem Tisch und radebrechte mit ihnen über die diesjährigen Gurkenerträge, trank einen Weißburgunder von der Saale, Naumburger Gegend, der meinen aufkeimenden Unmut sogleich verwässerte, mein Erinnerungsvermögen betäubte, meinen Unterhaltungsdrang förderte und meinen Magen anregte. Ich hatte Hunger und freute mich auf Sauerbraten in dicker Soße, mit Klößen und Rotkohl, auf den Abend mit Sivi (na ja, Sunny war das Haar in der Soße) und auf die Fortsetzung der Geschichte – meiner und Evelyns.

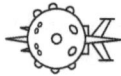

Liebe Evelyn!
Ich habe mir so Sorgen um dich gemacht, mein liebes Kleines, weil ich dich am Samstag nicht gesehen habe. Du bist noch immer krank? Das hat die Schwester, die mit den roten Haaren, mir gesagt. Aber sie lügt bestimmt, und der nette Pfleger war nicht da, der hat nämlich frei, und der lügt nicht, aber ich konnte ihn ja nicht fragen wegen dir. Aber er hat dir doch bestimmt das Karamell-Bier gebracht? Und das hast du brav getrunken, liebes Evelynchen? Ich weiß nämlich, was kleine Fräulein brauchen. Und dass du immer schön die Hausschuhe anziehst, die ich dir geschenkt habe, denn barfuß wird man krank und holt sich rasch einen Husten und Schnupfen, und das geht dann nur schlecht wieder weg, weil doch in dieser Stelle die Flure und hohen Räume so zugig sind und so wenig geheizt wird, wegen der schlechten Versorgungslage, wie mir der Herr Jonas gesagt hat, unten im Keller, wo er seine Werkstatt hat und das Materiallager für meine Erfindungen ist. Aber das sage ich dir jetzt im Geheimen, weil das darf eigentlich keiner wissen, dass ich das weiß von Herrn Jonas. Und dass ich schon an einer Erfindung arbeite, die eine neue Energie verwendet, ganz ohne Benzin und Diesel und ohne das Atom (was die Russen haben, aber vor allem der Klassenfeind in USA und in Adenauer-Deutschland). Das darfst du aber niemandem weitersagen, liebes Evelynchen! Ich vertraue dir, und das ist eine wich-

tige Sache, das mit dem neuen Motor, den ich baue, ganz ohne Abgase, und nur für friedliche Zwecke. Und dann wirst du es bald wieder warm haben, und die anderen auch, und gesund werden, nicht? Das versprichst du mir? Und dann werde ich kommen, Evelyn, und dich befreien, und dich vom Fleck weg heiraten. Sag, Evelyn, du hast doch keinen anderen? Aber das kann ja nicht sein, denn du schaust doch gar so lieb drein und bist keine von denen, die sich so leicht einem Mann versprechen und einen Ring am Finger tragen oder den gar heruntertun, dass man ihn nicht sieht. Gell, Evelyn, du nicht? Versprich es mir, denn ich hab' dich lieb, und übermorgen ist Weihnachten, und ich möchte mit dir unterm Weihnachtsbaum stehen und Lieder mit dir singen zu der schönen Musik aus dem Musikschrank. Du legst auch wieder Schallplatten auf? Das machst du so fein, dass man die Musik sogar in die Füße bekommt. Ich habe dich von Herzen lieb,
dein Karl Hans Janke.

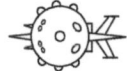

Sivi und Sunny kamen vom Baden zurück, Sand im Haar und Sonne auf der Haut. Meine Mitteilung, dass wir in der *Schmiede* übernachten würden, denn ich hätte der Wirtin noch nicht alle Geheimnisse entlockt, nahmen sie mit stiller Zustimmung auf.

»Es gibt Sauerbraten«, sagte Sunny vorfreudig. »Willst du der Alten das Rezept abluchsen? Und eines ist klar: Du bezahlst das Zimmer und das Essen, Tim. Schließlich hast du uns auch hierher gelotst, nach Mittelerde.«

»Und du bist in dem Blockbuster wohl der Hobbit?«, fragte ich.

»Nein, ein Ork«, sagte Sunny und verdrehte die Augen so schrecklich, dass nur noch das Weiße sichtbar war und ich mich vor Ekel abwenden musste.

Die Gaststube hatte sich gefüllt: Erntehelfer, Handwerker auf Montage, Leute aus dem Dorf. Die Hiesigen saßen vor ihrem Bier, die Auswärtigen hatten sich Abendessen bestellt. Frau Lehmann war nicht zu sehen, sie hantierte in der Küche. Hinter dem Tresen stand ein kleiner dicker Mann mittleren Alters und schenkte aus; eine verhärmte Vierzigerin, die den Dialekt der Region sprach, bediente.

Der Wein hatte mich eingelullt, das deftige Essen müde und zufrieden gemacht. Ich freute mich auf die Nacht, obwohl ich eigentlich nicht wusste, weshalb, aber ich spürte ein Kribbeln im Nacken, das stärker wurde, wenn ich Sivi anblickte. Und ich freute mich auf das Geheimnis, das Frau Lehmann mir anderntags verraten würde, denn es musste ja ein Geheimnis sein, sonst würde sie es nicht so umständlich vorbereiten. Wir unterhielten uns über Belangloses, plapperten ohne Verstand, schwiegen irgendwann und rauchten. Sunny rauchte auch, aber ihm wurde schlecht – vielleicht hatte er auch zu viel getrunken –, und so ging er bereits um zehn »in die Falle«, wie er murmelte.

Ich saß Sivi gegenüber und blickte ihr in die Augen. So schön und geheimnisvoll mussten die von Evelyn sein, ich konnte Janke absolut verstehen.

Jemand berührte mich an der Schulter. Wie aus einem Traum erwacht, schrak ich auf und sah in das gutmütige, von der Arbeit in der Küche erhitzte Gesicht von Frau Lehmann.

»Das habe ich doppelt, es ist ein Abzug, deswegen auch nicht ganz scharf, aber Sie dürfen es behalten. Und morgen erzähle ich Ihnen dann die restliche Geschichte, und wie alles dazu kam, dass Evelyn nach Hubertusburg musste, und wie es war mit diesem Janke, dem Erfinder, und alles Weitere … ja, das Weitere.« Sie stockte und schien zu sinnieren, dann sagte sie abrupt: »Ich muss wieder in die Küche. Schlafen Sie gut.«

Wie in Trance starrte ich auf das, was sie mir gegeben hatte: eine alte Farbfotografie, ausgeblichen, rotstichig. Aber der Schönheit des Gesichts im Halbprofil tat das keinen Abbruch. Im Gegenteil: Es wirkte dadurch erst recht geheimnisvoll, zerbrechlich, wie aus Porzellan. Evelyns große Augen blickten verloren in die Kamera, wie durch den Betrachter hindurch. Auf dem Kopf trug sie eine

rote Baskenmütze, kokett schief aufgesetzt. Darunter ihre halblangen, blonden Haare. Sie hatte einen cremefarbenen Rollkragenpullover an, wie sie in den Sechzigern modisch gewesen waren.
Eine Hand hatte Evelyn zur Wange geführt, zwischen drei Fingern
hielt sie etwas Rundes, Bräunliches, von Runzeln Durchzogenes,
das sich hart von der glatten Wange absetzte. Ich musste genauer
hinsehen, um zu erkennen, dass es sich um eine Walnuss handelte. Am linken Bildrand, im Hintergrund, erkannte ich einen Tan-
nenzweig, auf dem eine brennende Kerze steckte. Ich schaute auf
die Rückseite. Dort stand: *Für Edmund, Hubertusburg/Wermsdorf,
Weihnachten 1962.* Es war Evelyns erste Weihnacht in der psychiatrischen Anstalt. Ihr Geschenk an ihren Mann. Hatte er sie an
jenen Festtagen besucht? Oder hatte sie vielleicht sogar Ausgang?
Und was war mit Janke? Hatte er von seiner innig umworbenen
Evelyn auch so ein Foto erhalten?

Mein Kopf wurde über diesen Gedanken schwer und dumpf.
»Ich gehe dann wohl auch zu Bett. Hoffentlich schnarcht Sunny
nicht.«

»Ach wo«, sagte Sivi, »und wenn, stößt du ihn in die Seite. Das
wirkt.«

Ich ging nach oben, öffnete die Tür des Doppelzimmers, knipste das Licht an, stutzte: kein Sunny. Ich öffnete leise die Verbindungstür zum anderen Zimmer. Im Licht des Mondes, das auf das
Bett fiel, sah ich Sunny nackt liegen, die Decke war auf den Boden
gerutscht. Leise trat ich heran und deckte ihn sachte zu. Dann
ging ich hinaus und schloss die Tür hinter mir.

Während ich duschte, überlegte ich: Sivi wusste noch nichts
davon, dass Sunny das Einzelzimmer belegt hatte. Würde sie laut
protestieren, ihn wecken und verscheuchen?

Ich betrat das Doppelzimmer, das vom Mondlicht unwirklich
erhellt war. Sivi lag bereits im Bett, mit dem Rücken zu mir. Rasch
schlüpfte ich unter die Decke, flüsterte: »Sivi?«

»Mhm?«

»Nichts. Schlaf gut.«

Mein Herz raste. Ich lauschte auf Sivis Atem, der ruhig ging. Sie schlief.

Allmählich kam die Müdigkeit über mich. Der Kegel des Mondlichts wanderte an der Zimmerwand entlang, schlich über einen Öldruck, eine Heidelandschaft mit röhrendem Hirsch ...

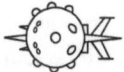

In der Kälte der Nacht war der Atem der Häscher als Dampfwolke auszumachen. Janke hielt Evelyn an seine Brust gepresst. Sand, Erde und welkes Laub vom Vorjahr rieselten als feiner Schleier vor ihren Augen herab. Sie kauerten in einem Erdloch – vielleicht ein aufgelassener Dachsbau –, hielten sich gegen Kälte und Angst umschlungen und starrten in die trübe Dämmerung hinaus. Die Verfolger, Piqueure mit Hirschfängern, Spießen und Lanzen, kamen die Flanke des Hügels herangestiegen. Ein böiger Wind war aufgekommen und rüttelte an den Eichen und Buchen, die selbst wie unter Angst knarrten und ächzten. In der Ferne war das Röhren eines Hirschs zu hören, das unheimlich wie ein Schiffshorn anschwoll und sich an den alten Baumstämmen und in den ausgewaschenen Sandkehlen als Echo brach.

Die Piqueure waren nur noch wenige Schritte entfernt. Folgten sie der Fährte des Dachses oder den Fußstapfen, die sie, Janke und Evelyn, in der feuchten Erde hinterlassen hatten? Janke glaubte, ein wütendes Geifern zu vernehmen. Spürhunde? Er blickte durch das Loch die Erdflanke hinab und sah im Mondlicht, das sich eben durch eine Wolkenlücke stahl, die bunten Uniformen der Landsknechte. Einer hatte – so viel konnte Janke im fahlen Licht erkennen – auf seine Lanze den Kopf einer Katze gespießt. Das sollte die bösen Waldgeister, die im Brombeer- und Schlehenverhau nisteten, bannen. Fehlte solch ein Fetisch, sprang einem der Dämon flugs auf den Rücken, krallte sich in den Nacken, ließ nicht mehr ab, so sehr man auch schrie und sich schüttelte und ihn abzuwiegeln versuchte. Dann stieß einem der Schrat den zolllangen Fingernagel zwischen die

Rippen, so tief, dass seine bösen Gedanken und Verwünschungen eindringen konnten, sich einnisteten und einem die Seele nach und nach aus dem Herzen wrangen, bis sie zerbröselte wie altes Laub, das man zwischen den Fingern zerrieb.

Die Piqueure waren nur noch zwanzig Schritte entfernt. Evelyn hatte das Gesicht in Jankes Wams gedrückt, hielt es geborgen an seinem menschenwarmen Herzschlag. Auch er fühlte ihr Herz pochen, spürte ihre weiche Haut, roch ihr Haar, dessen Duft er einsog, als müsste er mit dieser Erinnerung Abschied nehmen von dieser Welt.

Janke hörte ein Hecheln und grimmes Knurren: Bluthunde!

Instinktiv nahm er Evelyn noch fester in die Arme, lehnte sich zurück, presste sich hart an die Erdwand der kleinen Höhle. Ein Tausendfüßler rannte ihm über die Hand, er schüttelte ihn nicht ab, denn jede Bewegung, jedes Rascheln seiner Kleidung konnte sie verraten ... Die Schritte der Piqueure und das Trappeln der Hunde kamen näher und näher. Da fiel es Janke wie Schuppen von den Augen: Das Losungswort, das ihm anvertraut war, das zugleich binden und lösen konnte! Er besaß ja den Schlüssel in die andere Welt, und so sagte er feierlich und halblaut in die Stille der Höhle hinein: *Sonnenland*. – – –

Da öffneten sich die Mauern des Raums, der Dachsbau zerbarst, die Buchen und Eichen neigten sich stöhnend und ächzend zur Seite, fielen krachend um, zermalmten unter ihren alten, schweren Leibern die Hatz der Piqueure und Bluthunde, der Berg fing zu beben an und brach unter ihnen langsam ein. Sie aber, die *Sonnenkinder*, wurden emporgehoben, aus den Fesseln des Raums hinüber in eine andere Zeit, die aber noch immer ihre war, eine andere Dimension, zu der die Menschen, die nicht das *Sonnenmal* auf der Stirn trugen, keinen Zutritt hatten. Es war eine Zeit und eine Unzeit gleichermaßen, eine Welt und eine Überwelt, ein Einssein und eine Zweisamkeit.

Janke sah in Evelyns strahlendes, verklärtes Antlitz, er küsste sie auf die Lippen. Und sie erwiderte mit Wärme und Seligkeit seinen Kuss, und es war alles, alles gut ...

»Herr Janke, wachen Sie doch auf! Sie brauchen nicht zu schreien. Es war nur ein schlechter Traum. Träume sind Schäume!«

Janke riss die Augen auf. Sein weißgetünchtes Zimmer in Schloss Hubertusburg. Er sah das vergitterte Fenster, und davor, im Gegenlicht eines trüben Morgens, die roten Haare der Pflegerin.

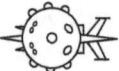

Ich erwachte und blickte in einen Raum voller Schemen: Der röhrende Hirsch war in Dunkelheit gehüllt, nur die Umrisse des goldfarbenen Rahmens hoben sich ab. Das Mondlicht war weitergewandert, lag nun auf einem Stuhl, über den Sivi die Klamotten geworfen hatte.

Ruckartig wandte ich mich um: blickte auf kurze Haare, eine nackte Männerschulter. Sunny lag zwischen Sivi und mir! Ich stupste ihn an. Er murmelte etwas und kuschelte sich unter meine Decke. Sein Atem, sein nackter Körper. Zuerst wollte ich ihn wachrütteln – doch dann ließ ich es sein. Ich lag da und wagte kaum zu atmen. Als er im Schlaf seinen Arm um meine Schulter legte, fand ich es mit einem Mal schön … Irgendwann schlummerte ich wieder ein.

Als ich am Morgen erwachte, war Sunny verschwunden. Hatte ich das geträumt? Ich blickte zu Sivi hinüber: Sie schlief. Zwischen uns auf dem Laken war deutlich eine Kuhle zu sehen.

An der Hausmauer rankte sich eine Glyzinie empor und streckte ihre blasslila Blüten ins Fenster. Ein Eichhörnchen huschte durch die Zweige. Ich sank auf das Kissen zurück und starrte zur Decke. Ein Gefühl von Gelöstheit durchströmte mich. Dann fiel mir Evelyn ein. Dieser heutige Tag würde mich ihr näherbringen. – Und die vergangene Nacht – die gehörte nur mir.

Die Nacht gehörte Jankes Alp. Der saß ihm auf der Brust, riss ihm die Haut vom Leibe, brach ihm den Thorax auf, wühlte in seinen Herzkammern. Er war unersättlich, gab sich nie zufrieden. Er besudelte Jankes Konstruktionspläne mit Urin und Kot. Er lachte hämisch über die Liebesverse, die Janke an Evelyn gerichtet hatte. Er setzte sich eine blonde Perücke auf, spielte die Verliebte, spitzte den Mund, der grell geschminkt war, plinkerte mit den Augenlidern, schwarzblau bemalt, riss ihn am Ohr und schrie keifend in die Muschel hinein: *Vergebens! Es ist ja alles, alles vergebens!*

Janke sah sich als Kind, auf dem Waschplatz des elterlichen Hauses. Über ihm die Leinen, zwischen vier hölzerne Pfosten gespannt, unerreichbar wie die Sonne und der Himmel, die noch höher lagen. Janke lief, ein barfüßiger Knabe in kurzen Hosen, über die von den Sonnenstrahlen erhitzten Steinplatten. Die Mutter kam eben aus der Waschküche. Sie schleppte einen großen Blecheimer mit bläulich-weißer Lauge, die sie auf die Platten schüttete. Langsam floss das Wasser ab, versickerte im umliegenden Gras. Eine Wasserhaut blieb zurück, über die er, Janke, barfuß hüpfte und tanzte. Er ergötzte sich daran, wie das Sonnenlicht die Wasserhaut langsam auffraß; erst sengte sie einzelne Löcher hinein, die größer wurden, ausrissen, sich mit anderen Löchern verbanden. Inseln bildeten sich, Länder und Kontinente. Dann plötzlich war die Wasserhaut verschwunden, und die Steinplatten unter seinen Fußsohlen begannen erneut zu brennen.

Es ist alles vergebens! Du wirst ewig auf Wasserhaut schreiben müssen! Der Alp treidelte ihm das Seelchen ab –

Morgens holte die Schwester Janke zurück ins Hiersein, legte ihm die Pillen in ein Schälchen auf seinem Nachttisch.

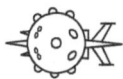

Frau Lehmann war bereits auf den Beinen und hantierte in der Küche. Als sie mich die Treppe herunterkommen hörte, rief sie in die Gaststube: »Setzen Sie sich nur, Herr Feldtmann. Frühstück bringe ich gleich. Kaffee oder Tee?«

»Kaffee, bitte«, rief ich, »schwarz, wie das schwarze Loch Schöna«, und setzte mich.

Auf dem benachbarten Tisch stand noch benutztes Geschirr von den polnischen Arbeitern, die bereits in aller Früh aufs Feld mussten.

Frau Lehmann kam aus der Küche, ein volles Tablett in Händen. »Gut geschlafen? Lassen Sie es sich schmecken. Ihre jungen Freunde kommen bald?« Sie wartete keine Antwort ab, erwartete vielleicht auch keine, sondern setzte sich zu mir, goss sich eine Tasse Kaffee ein und fuhr, als hätte man tags zuvor nur die Pause-Taste gedrückt, zu erzählen fort.

»Also, der fesche Edmund und die schöne Evelyn – oh ja, sie war eine der schönsten Frauen, die ich je kannte! Die beiden waren ein Traumpaar, wie man heute wohl sagt, ein bisschen wie Brad Pitt und seine – wie heißt die doch gleich? – egal, jedenfalls, der Edmund und die Evelyn, ja, die hat man im ganzen Dorf bewundert, und auch ein wenig beneidet. Vor allem ich. Denn der Edmund, der hätte mir schon gefallen, aber so läuft es eben im Leben. Ich war ihm halt nicht schön genug. Übrigens habe ich nie geheiratet, das hat sich nicht ergeben, und ich hatte immer so viel zu arbeiten. Die Wirtschaft, die ich von meinem Vater übernahm, und alles. Und ein wenig auch wegen Edmund, ich war ihm treu, zu treu vielleicht. Natürlich nur in Gedanken. Ich bin eben nie so recht darüber hinweggekommen. Merkwürdig, nicht? Sie lachen ja gar nicht. Na, das ist ja auch nicht eben zum Lachen. Ich weiß auch nicht, warum ich Ihnen das erzähle. Ich kenne Sie ja gar nicht. Vielleicht, weil Sie so gutmütige Augen haben. Oder weil Sie von so weit herkommen, um nach Evelyn zu forschen.«

Die Wirtin sah versonnen vor sich hin. »Jedenfalls«, fuhr sie fort, »wäre es wohl besser gewesen, die beiden hätten Schöna verlassen. Für Edmund, für Evelyn, für mich. Es hat nicht sollen sein. Schöna ist ein schwarzes Loch, das sagte ich ja gestern bereits.

Wahrscheinlich wären sie auch von Schöna fortgegangen, wenn Evelyn nicht schon schwanger gewesen wäre (also das mit dem weißen Kleid bei der Hochzeit, das ist meist nur Heuchelei). Der Edmund war mit der Handelsschule noch nicht fertig, und eigentlich wäre es für beide einfacher gewesen, sie hätten in Leipzig eine Wohnung bezogen. Doch sie bekamen keine. Es war die Zeit der Wohnungsnot. Noch bevor das große Plattenbauprogramm ins Leben gerufen wurde. Und es gab damals viele Eheschließungen, Babyboom und so fort. Also keine Aussicht auf eine Wohnung in Leipzig. Da hat es sich ergeben, dass hier in Schöna, drüben am alten Steinbruch, gleich neben unserer Steinhütte, wo die alten Kubelkas die ersten Jahre wohnten, ein Haus frei wurde. Denn bei den alten Kubelkas war es eng, und wer wohnt schon gern bei den Schwiegereltern? In dem Häuschen, das heute gar nicht mehr steht, hatte eine alte Frau gelebt; sie war just gestorben, ihr einziger Sohn wohnte oben in Rostock, und er verkaufte das Haus nun ganz günstig. Kubelkas, die etwas angespart hatten, konnten es erstehen, für den Edmund und seine Evelyn. Das Häuschen war sogar möbliert, noch von der Vorbesitzerin, die beiden konnten also manches übernehmen, zwar nicht das Neueste, ist klar, aber schlecht waren die Sachen nicht: noch richtig festes Mobiliar, handgeschreinert, aus der Zeit vor dem Krieg, nicht so ein billiges Spanplattenzeug, wie es dann aufkam, das schon vom Anschauen auseinanderfällt.

Da hinein zogen also der schmucke Edmund und die schöne Evelyn, mit ihrem Bauch, der immer runder wurde. Edmund fuhr weiterhin nach Leipzig, hatte dort ein winziges Zimmer zur Untermiete, besuchte die Handelsschule, machte einen glänzenden Abschluss. Während seine Frau in Schöna hockte und sich schonen musste. Ich kann mich erinnern, dass ihr oft schlecht war und sie viel liegen musste. Na ja, irgendwie fehlte ihr immer eine Aufgabe, auch später, als die Kinder größer wurden. Ich hatte ja vollauf hier in der Gastwirtschaft zu tun, damals hatten wir auch noch eine Kuh und ein paar Schweine und Hühner zu versorgen

– aber Evelyn? Immer nur ihren kleinen Haushalt, die Kinder großziehen, während der Mann Karriere machte und oft auf Wochen nicht nach Hause kam. So war das nämlich, und das ganze Geschwätz, das Edmund später verbreitete, von wegen glückliche Ehe und die Tragik von Evelyns Krankheit – alles Gewäsch, wenn Sie mich fragen. Welche Frau soll denn das auf Dauer aushalten? Ich will nicht sagen, dass Edmund daran schuld war. Aber unter anderen Umständen wäre Evelyn wohl nicht krank geworden. Das sage ich, auch wenn ich kein Seelenklempner bin. Aber die Leute in Hubertusburg waren es auch nicht, damals jedenfalls nicht. Die Menschen kamen oft kränker raus, als sie eingeliefert worden waren. Und da Sie mir gestern schon mit diesem Janke kamen: Also bekloppt, wenn ich das mal so salopp sagen darf, war er sicher. Aber unter anderen Umständen hätte man ihn auch draußen leben lassen können. Irgendwo bei einer netten Familie, wo er von Amts wegen sein Unterkommen, sein Zimmer, seine Wäsche und das bisschen Essen bekommen hätte. Da hätte er dann in Frieden seine Raketen bauen können und hätte doch niemandem damit geschadet. Ist doch klar, dass man hinter Gittern nicht gesund wird, sondern erst recht plemplem.«

*Täglich 9 Tabletten (gelöst)! In 365 Tagen (1 Jahr) 3285. In 8 Jahren 3285x8=26280 Tabletten. Ich habe vom Militär her eine linksseitige Beschädigung, wo ich ein Kneifen merke, wenn ich die Tabletten genommen habe! Ich möchte Sie herzlich bitten, die Tablettengabe <u>jetzt</u> abzusetzen, werte Frau Doktor! Es könnte zu meinem Schaden sein!

Janke*

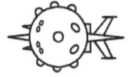

»Hat Evelyn denn von Janke erzählt?«, fragte ich und köpfte ein Ei.

»Nein, niemals«, antwortete Frau Lehmann. »Ich habe sie ja, nachdem sie aus Hubertusburg zurück war, kaum noch gesehen. Erst später, als ich die Steinhütte ausgeräumt habe, habe ich von diesem Janke ... aber immer schön der Reihe nach, junger Mann. Unterbrechen Sie eine alte Frau nicht, ich bin ja kein Hürdenläufer, nicht? Ich brauche immer ein wenig, bis ich in Fahrt komme ...«

Das fand ich nun nicht, aber ich hütete mich, ihren Erzählfaden zu verwirren.

Sunny und Sivi kamen die Treppe herunter. Sunny grinste verstohlen. Sivi sagte zur Wirtin: »Haben Sie auch Coffee to go?«

Frau Lehmann erwiderte trocken: »Nein, was soll denn das sein?«

Sivi setzte die Sonnenbrille auf und sagte gelangweilt: »Na, dann eben nicht. Ich schenke mir eine Tasse Kaffee ein und setze mich vor die Tür. Es scheint eben so schön die Sonne dorthin.«

»Ich komme mit«, rief Sunny, griff sich einen Teller, belud ihn mit Brötchen und Wurst und folgte Sivi. Ich war froh, mit der Wirtin wieder alleine zu sein.

»Gott, die jungen Leute. Immer auf dem Sprung, und alles wird im Stehen und Gehen gegessen und getrunken. Als ich das letzte Mal in Leipzig war, ist mir das schon aufgefallen. Die haben sogar einen eigenen Begriff dafür, er ist mir aber entfallen.«

»Und wie war das nun mit Edmund und Evelyn?«, beharrte ich.

»Ja, eben, also auf den Edmund wurden sie aufmerksam, als er noch in der Handelsschule war. Und in der Zeit ist er auch der SED beigetreten. Aber erst nach der Hochzeit. Dass Edmund kirchlich geheiratet hatte, durften die Parteigenossen nicht unbedingt wissen. Und ich sage mal, so seine Achillesferse hatte er immer.«

Ich wunderte mich, dass sie das Wort *Achillesferse* kannte.

»Er kam dann bei der Leipziger Messe unter, das waren die Jahre, als es in der ostdeutschen Wirtschaft bergauf ging. Es war ja nicht alles schlecht. Zumindest anfangs, vor dem Mauerbau. Damals gewann auch die Messe wieder an Bedeutung, vor allem im Handel mit den sozialistischen Bruderländern. Der Edmund machte rasch Karriere, lernte in Abendkursen Bulgarisch und reiste immer wieder auf den Balkan, mit dem Flugzeug. Ein richtig feiner Mann wurde er, bekam sogar etwas Weltmännisches. Irgendwann sah man ihn hier im Dorf nur noch im Anzug. Aber eigentlich sah man ihn ja kaum noch, denn er hatte bei der Messe bald eine Abteilung für den Außenhandel unter sich, hatte wohl auch mit dem Außenhandelsministerium in Ostberlin zu tun und fuhr auch immer öfter dorthin. Und ich sage Ihnen, dort in Berlin, das war ja noch vor dem Mauerbau, da muss er des Öfteren in die Westsektoren gekommen sein. Da war irgendetwas, und es würde mich nicht wundern, wenn das mit dieser Frau nicht schon damals begonnen hätte.«

»Mit einer Frau aus dem Westen? Ging Edmund fremd?« Ich war mehr als gespannt.

Frau Lehmann hob vielsagend die Schultern. »Ich weiß es nicht. Man sprach so im Dorf darüber. Und aus Evelyn war nichts herauszubringen. Bis zum Schluss nicht.«

Vor Schreck hätte ich beinahe den Kaffee verschüttet. »Zum Schluss? Lebt sie denn nicht mehr?«

»Sachte, sachte, junger Mann. Eins nach dem anderen. Und jetzt brühe ich erst einmal frischen Kaffee auf.« Sie verschwand in ihrer Küche, herzlos, wie ich fand, und ließ mich auf der Folterbank zurück.

Sivi kam herein. »Ich habe jetzt doch Hunger. Kaffee und Zigaretten allein machen nicht so richtig satt.«

»Dann setz dich. Was macht Sunny?«

Sivi rollte mit den Augen. »Er sitzt draußen, nölt herum und ist irgendwie seltsam.«

Ich schaute zur getäfelten Decke und musste mir ein Grinsen verkneifen.

»Was guckst du denn so komisch, Tim?«, fragte sie.

»Iss etwas. Da kommt ja Frau Lehmann mit Kaffee. Es dauert hier nicht mehr lange. Dann fahren wir zurück nach Wermsdorf.«

»Und womit, wenn ich fragen darf?« Sie schaute mich belustigt an, nahm sich ein Brötchen und ein Ei und verließ den Gastraum.

Die Wirtin stellte kommentarlos einen alten Schuhkarton auf den Tisch, schenkte uns beiden frisch ein und setzte sich wieder zu mir.

»Viel ist ohnehin nicht mehr zu erzählen«, meinte sie, »aber so viel muss noch gesagt sein: Dass eine junge, gesunde, hoffnungsvolle Frau krank wird, gemütskrank, das ist kein Wunder, wenn sie die meiste Zeit allein ist. Der Mann macht Karriere, ist auf dem Balkan unterwegs oder in Berlin, hat vielleicht sogar eine andere – und zu Hause, im tiefen Sachsen, auf dem Dorf, sitzt seine Frau mit drei Kindern …«

»Drei Kinder?«, fragte ich anerkennend.

»Drei Kinder«, bestätigte Frau Lehmann. »Evelyn war eine gute Mutter, das kann ich sagen. Bis sie krank wurde; oder von ihrem Mann krank gemacht wurde. Weiß man es so genau? Und über alles andere will ich nichts mehr erzählen, darüber weiß ich auch zu wenig. Denn Evelyn wurde richtig verschlossen. Als sie fünfundsechzig aus Hubertusburg zurückkam, nur noch für kurze Zeit, als *geheilt* entlassen, wie es so schön hieß, da war sie eine andere. Als hätte man ihr den Schädel aufgesägt und darin etwas vermurkst. Da war Evelyn uns irgendwie abhandengekommen, auch mir. Ich habe sie noch einmal besucht, kurz bevor sie wegging. Edmund hatte die Kinder schon zu sich genommen, nach Leipzig. Dort hatte er nämlich all die Jahre eine Wohnung und Evelyn nur nie etwas davon gesagt. Was später aus Edmund wurde, weiß keiner genau. Man sagt, er habe ›rübergemacht‹, sei in den Westen gegangen, mit den Kindern. Trotz seines Parteibuchs. Aber die Liebe zu einer Frau ist eben doch tiefer als die zur Partei. Wie er das gemacht hat, die Ausreise geschafft hat, weiß ich nicht. Wir im Dorf haben nie mehr etwas von ihm gehört, selbst nach der Wende nicht. Und Evelyn: Die ging nach ein paar Wochen ins

Tal der Ahnungslosen, in den hintersten Winkel unserer kleinen Republik, in den Kreis Löbau. Ich habe dann lange nichts mehr von ihr gehört.«

Die Wirtin machte eine Kunstpause, wie jeder versierte Erzähler sie zu setzen weiß, atmete tief ein, setzte eine wichtige Miene auf und sagte dann: »Und das«, sie zog die Schuhschachtel zu sich heran und nahm langsam den Deckel ab, »habe ich viel später, in den Achtzigern, gefunden, als ich unsere alte Steinhütte ausräumte, weil wir die an einen Bauern im Dorf verkauft hatten. Das Haus, in dem Evelyn mit ihren Kindern wohnte, war ja schon früher leergeräumt und veräußert worden. Damit hatten wir auch nichts zu tun. Das hat noch Edmund organisiert. Ich weiß nicht, was da alles auf den Schutt kam, ich will es auch gar nicht wissen. Aber die Hütte am alten Steinbruch, wo nach dem Krieg die alten Kubelkas gelebt hatten, gehörte ja uns, also meinem Vater. Der lebte damals noch. Und er sagte, es muss zweiundachtzig gewesen sein: ›Da drin steht noch Gerümpel, das muss raus, das meiste kann man zusammenhacken und verbrennen, aber ein paar Sachen kann man vielleicht noch gebrauchen.‹ Und so sind wir – mein Vater und ich – eines Morgens im Spätherbst hinübergegangen, mit einer Handkarre, und haben geräumt. Viel stand nicht mehr in der Hütte. Ein bisschen altes Brennholz, ein paar Ackergeräte von anno dunnemal, Farbeimer. Einen Teil haben wir verschenkt, das Eisen an den Altwarenhändler verscherbelt. Und dann stand da noch so ein uralter Kleiderschrank – woher der kam, wusste selbst mein Vater nicht mehr. Es war aber keine Antiquität. Vom einfachsten. Und völlig ramponiert. Den Schrank haben wir zusammengehackt und im Winter verschürt. Aber in dem Schrank habe ich diesen Karton gefunden. Als ich ihn aufmachte, war mir gleich klar, was ich entdeckt hatte: Das war von Evelyn. Sie hatte nämlich noch bis nach ihrer Entlassung aus Hubertusburg den Schlüssel zu der Hütte. Den Karton hat sie wohl im Schrank abgestellt. Vielleicht, weil sie ihn vergessen hat – oder – weil sie ihn vergessen *wollte*.«

178

Frau Lehmann griff in den Schuhkarton und holte einen Packen Briefe und Karten heraus, säuberlich mit einer Spagatschnur zusammengebunden. Es durchzuckte mich: die feine, akkurate Schrift Karl Jankes! Ich löste die Schnur, griff nach dem obersten Blatt und las:

*Ein »Frohes Neues Jahr« wünscht Dir, liebe Evelyn
Dein Freund Hans
Anliegend: 1 Schachtel Konfekt und 1 Apfelsine*

Frau Lehmann strich mit der Hand über das Bündel und fächerte es auf wie einen Satz Spielkarten. »Alles Briefe und Postkarten an Evelyn, von diesem Janke. Aus Hubertusburg. Alle hierher gesandt.«

»Es gibt noch weit mehr davon«, verkündete ich. »Aus der Zeit, als Evelyn in der Anstalt war. Aber offensichtlich hat Janke viele Briefe gar nicht überreicht oder nicht abgeschickt.«

»Darüber weiß ich nichts«, sagte die Wirtin. »Evelyn war ja sehr wortkarg geworden, schon in den Jahren vor ihrem Klinikaufenthalt. Und erst recht danach: Da war sie wie ein Stein. Verschlossen und undurchdringlich. Aber ein Stein hat auch Adern. Und aus denen blutete es noch immer.«

Ich war von den poetischen Bildern einer Dorfwirtin überrascht. »Wie meinen Sie das, Frau Lehmann?«

»Naja«, seufzte sie, »ich habe Evelyn nach ihrer Entlassung nur noch wenige Male gesehen. Aber sie war nicht mehr dieselbe. Ausgeblutet, wenn man so will, seelisch. Die Seele wollte nicht mehr, hing an einem Faden, als würde sie sich immer mehr verflüchtigen. Was schauen Sie mich denn so an?«

»Entschuldigung, aber das klingt etwas esoterisch.«

»Ich weiß, was Sie meinen. Diese Psycho-Ecken in den Zeitschriften. Tücher schwingende Ökos. Kenne ich doch alles, ich bin ja nicht von vorgestern.« Sie lachte. »Aber das mit dem Stein, der weint, das gibt es wirklich. Und Evelyn war so ein Stein geworden – sie war dazu gemacht worden. Gehen Sie mir zu mit den Seelenklempnern.« Sie machte eine wegwerfende Handbewegung.

»Jedenfalls damals: Psychopharmaka und weggeschlossen. Das war's dann schon an Fürsorge. Also, bei Evelyn war es so, dass sie hinterher ganz verschlossen war, in sich gekehrt, wie ein Stein eben. Nur manchmal, da blitzte es noch aus ihrer Schwermut heraus, über die Adern ihrer Seele eben.«

»Was ist aus ihr geworden, als sie wegzog?«

»Ich weiß es nicht. Sie ging in den Kreis Löbau, wie ich schon sagte. Was weiter aus ihr wurde – ich weiß es wirklich nicht.« Die Wirtin seufzte tief, als läge ihr etwas auf dem Herzen. »Und da tauchen Sie plötzlich auf, aus heiterem Himmel. Na ja, vielleicht hat der Sie auch geschickt. Ich habe diesen Karton all die Jahrzehnte aufbewahrt. Es war ja doch eine Erinnerung an die arme Evelyn. Obwohl Sie mir nicht eben sympathisch war. Sie hat mir den Edmund ausgespannt. Andererseits musste ich wohl froh sein, dass ich ihn nicht abbekommen habe. Er war ja regelrecht verrückt nach den Frauen, und diese Geschichte mit der Frau aus dem Westen, jedenfalls das, was so als Gerücht darüber umherging … Dennoch tat mir die Evelyn leid. Sie war am Leben vorbeigeschrammt, hat dann auch noch ihre drei Kinder verloren, und die Mauer war dreifach dazwischen: die von Hubertusburg, die ihrer zerstörten Psyche und die zwischen Ost und West. Als ich in den Achtzigern diesen Karton fand, wurde mir ganz anders, und ich habe viel über Evelyn nachdenken müssen. Aber man steckt so drin in seinem Alltag, in seiner Arbeit. Ich konnte mich nie auf die Suche nach ihr machen. Wir hatten ja nicht einmal Telefon. Wir hatten in den Sechzigern eines beantragt, weil wir die Gastwirtschaft hatten, und da war es manchmal schon praktisch, eines zu haben, wegen der Bestellungen, und bei großen Festen. Na ja, Buschfunk geht schneller: Im September neunundachtzig haben wir das Telefon dann endlich bekommen, quasi noch rechtzeitig vor dem Mauerfall. So konnten wir entfernte Verwandte in Bayern anrufen: Die haben nicht schlecht gestaunt, dachten zunächst, es seien Betrüger in der Leitung.«

Ich rutschte unruhig auf meinem Stuhl hin und her.

»Schon gut, junger Mann. Ich komme zum Punkt: Einmal, da lief mir Evelyn doch noch über den Weg, also nicht persönlich, aber indirekt. Das war in den Siebzigern. Und zwar, als ein Päckchen aus dem Westen kam, an ihre ehemalige Adresse hier in Schöna. Aber die Kubelkas wohnten da schon lange nicht mehr. Evelyn war irgendwo, im Kreis Löbau oder sonst wo, und Edmund war im Westen. Und ich war eben im Dorf unterwegs, auf dem Weg zum alten Kosinski, weil der noch ein paar Schweine mästete – sonst hatte nur noch die LPG welche, und da bekam man Fleisch nur auf Zuteilung –, also ich auf dem Weg zu Kosinski, um zu fragen, wann er schlachtete, und ob ich eine Sau kaufen könne. Da komme ich an dem ehemaligen Haus von Edmund und Evelyn vorbei – es war schon ganz heruntergekommen und stand leer – und begegne unserem Postboten.

Ratlos steht er vor dem Haus, sieht mich und sagt: ›Frau Lehmann, gut, dass ich Sie treffe. Haben Sie mir einen Rat? Hier ein Päckchen aus dem Westen, für die Evelyn Kubelka. Das ging durch den Zoll und alles, aber mit der Schönaer Adresse drauf. Was soll ich denn jetzt nur machen? Wenn ich's zurückschicke, ist das ein umständlicher bürokratischer Akt, und ich weiß nicht einmal, ob es an den Absender zurückgeht. Vielleicht reißen die Leute beim Zoll es sich unter den Nagel (aber das ganz unter uns gesagt, haben Sie mich verstanden?!). Und es ist wohl von einem der Kinder Evelyns: René, steht da, René Kubelka. Und eine Adresse in Bayern: Lindau im Bodensee. René, das ist doch der Sohnemann von Evelyn?‹

›Ja‹, erkläre ich, ›Evelyn hatte zwei Mädchen und den Jungen. Ein bildhübscher Knabe damals. Schwarze Augen, dunkelblondes, lockiges Haar. Ganz der Edmund.‹

›Na‹, sagt der Postbote, ›was mache ich denn jetzt? Schreibe ich drauf *unbekannt verzogen* und remittiere ich es, geht's im besten Fall zurück nach Lindau; im *besten* Fall, wohlgemerkt. Wahrscheinlich endet es in einer Asservatenkammer, oder jemand nimmt es an sich und verschmaust es selbst ...‹

›Verschmausen?‹, frage ich.

›Na ja‹, sagt er, ›was wird schon drin sein? Kaffee aus dem Westen oder ein Stück Speck oder Emmentaler, und was die drüben eben immer so reintun in ihre Päckchen. Die glauben ja, wir hätten hier überhaupt nichts. Aber schade wär's ja doch drum, wenn das Zeug verdirbt oder ein Unbefugter sich darüber hermacht.‹

Und da habe ich, ich weiß bis heute nicht, weshalb, es war wie eine Eingebung oder eine Einflüsterung, da habe ich, ohne nachzudenken, zum Postboten gesagt: ›Geben Sie ruhig her. Ich habe Kontakt zu Evelyn. Sie lebt in Leipzig. Ich habe ihre Adresse gerade nicht parat. Aber sie kommt mich immer vor Weihnachten besuchen, im Advent, wenn frisch geschlachtet ist, da bekommt sie immer von uns Würste und Fleisch. Also, sie kommt ganz sicher nächste Woche, und da gebe ich es ihr, Hand aufs Herz.‹

Dabei muss ich den Postboten so treudumm angeschaut haben, dass er mir das Päckchen anstandslos übergab und mir einen Zettel unter die Nase hielt: ›Aber quittieren müssen Sie mir das schon, Frau Lehmann. Es muss alles seine Ordnung haben.‹

Und ich unterschrieb mit ›i. A.‹, das heißt ›im Auftrag‹, denn das habe ich einmal auf einem Brief des Finanzamts gesehen, ›i. A. Lehmann‹, so unterschrieb ich, und vielleicht liegt der Empfangsschein heute noch irgendwo in einem Archiv der Post. Aber egal. Jedenfalls hatte ich das Päckchen. Ich ging damit nach Hause und habe es in meinem Schlafzimmer ganz heimlich aufgemacht –«

»Und«, fragte ich, »welche Sorte war's?«

»Sorte?«

»Na ja, *Tchibo* oder *Jacobs Krönung*?«

Sie lachte. »So habe ich damals auch gedacht. Aber als ich das Päckchen öffnete, staunte ich nicht schlecht.«

In diesem Augenblick kamen Sivi und Sunny wieder herein und setzten sich zu uns.

»Wie soll's denn nun weitergehen?«, fragte Sivi. Sunny fläzte den Oberkörper auf den Tisch und legte den Kopf auf die verschränkten Arme.

Ich wurde unwirsch: »Was heißt hier: Wie soll es weitergehen?! Und du«, sagte ich zu Sunny, »markiere bitte keinen Zusammenbruch. Du kannst froh sein, wenn du nicht nach Wermsdorf zu Fuß gehst.«

»Und wie sonst?«, fragte Sivi, »mit einer Draisine vielleicht?«

»Per Anhalter. Wie früher.«

Sunny gähnte und riss dabei den Mund auf wie ein hungriges Raubtier. »Und Wurzen steht unter Wasser. Können wir uns also aus Baumstämmen ein Floß zimmern und muldeaufwärts paddeln. Super Survival-Trip, das alles.«

»Du kannst ja schon mal vorausgehen und nach passenden Bäumen im Wald suchen. Frau Lehmann leiht dir bestimmt eine Axt«, rief ich.

Frau Lehmann stand auf. »Ich hole mal die Axt«, sagte sie trocken. Sunny glotzte dumm aus der Wäsche.

Die Wirtin ging kurz ins Nebenzimmer, man hörte sie eine Schublade öffnen. Dann kam sie zurück, eine rote Blechschachtel in Händen. Darauf ein Mohr, der für eine mir unbekannte Kaffeesorte Werbung machte.

»Aha, also doch nicht *Jacobs Krönung*«, meinte ich.

»Nein«, sagte Frau Lehmann, »aber doch eine Kaffeedose. Aus Äthiopien. Und als Päckchen aus dem goldenen Westen hierher geschickt, in den Arbeiter- und Bauernstaat.«

»Schick«, sagte Sunny gelangweilt.

»Na, und was, glauben Sie, war nun drin?«, fragte Frau Lehmann in die Runde.

»Kaffee?«, überlegte Sivi.

»Ist das ein Quiz?«, fragte Sunny. »Ich schätze mal: Haschisch. Aus dem Westen.«

Frau Lehmann tat so, als hätte sie nichts gehört. »Sie kommen ohnehin nicht drauf«, meinte sie, zog aus der Dose einen Gegenstand und stellte ihn vor uns auf den Tisch. Es war ein aus Ton gebranntes Häuschen, anthrazitfarben, zylinderförmig, mit einem Kegeldach, das mit Strohhalmen beklebt war. Eine quadratische Öffnung war in der Wand des Häuschens ausgespart und sollte wohl ein Fenster oder eine Tür darstellen.

»Ein Vogelhäuschen«, war Sunnys Feststellung.

»Quatsch«, sagte Sivi, »das ist handgefertigt. Aus Afrika. Ein Eingeborenenkral.«

»Ein was?«, fragte Sunny.

»Ein Kral. So heißen die Hütten dort unten.«

»Und was macht man nun mit diesem Kral?«, wollte Sunny wissen. »Stellt man da ein Teelicht rein, oder hängt man es an den Weihnachtsbaum?«

»Na, du hast vielleicht Fantasie!«, lachte Sivi. »Du kannst es ja auch als Salzstreuer verwenden.«

»Es sind aber keine Löcher oben drin«, meinte Sunny trocken.

Mir wurde dieses Quiz zu bunt: »Also, Frau Lehmann, nun verraten Sie uns doch: Was soll das sein, und wofür braucht man es?«

»Na ja, ein Sorgenhäuschen, aus Äthiopien, vom Oberlauf des Nils.«

»Aha«, sagte Sivi. »Und was macht man nun damit? Weshalb soll man sich deshalb Sorgen machen?«

»Hier«, Frau Lehmann griff nochmals in die Blechdose, holte eine Ansichtskarte hervor und hielt sie in die Höhe. Auf den ersten Blick war eine rotbraune Felskuppe zu sehen, oben flach, wie ein Plateau; im Hintergrund, tiefer gelegen, grünes Busch- und Baumland; am Horizont sah man im blauen Dunst die Konturen anderer Berge.

»Eine Karte aus Bayern?«, fragte Sunny.

»Unsinn«, konterte ich ärgerlich, »siehst du da etwa Schloss Neuschwanstein?«

Sivi erkannte es als Erste: »Das ist ja seltsam: ein riesiges Gebäude, wie in den Fels hinein gebaut.«

Es stimmte: Auf dem Plateau im Vordergrund war in Form eines griechischen Kreuzes eine behauene Fläche zu sehen, die

wiederum mit mehreren ineinander geschachtelten Kreuzen relief-
artig gestaltet war. Von den äußeren Kanten des Kreuzes führten
Wände senkrecht nach unten, in den Fels hinein. Zwischen ihnen
und den sie umgebenden Felswänden klafften schmale Spalten.

»Das ist nicht hineingebaut. Das ist hineingehauen, aus dem
weichen roten Tuffstein herausgeschnitzt, wenn Sie so wollen«,
erklärte uns Frau Lehmann stolz, als sei es ihr Werk.

Sie hielt die Karte sogar noch etwas höher, damit wir die Abbildung genauer betrachten konnten. Mit der anderen Hand nestelte sie aus ihrer Schürzentasche eine Lesebrille mit feuerroter
Fassung hervor, setzte sie auf und las vor.

»Liebe Mama, viele Grüße aus Lalibela in Äthiopien. Es gilt als
das Neue Jerusalem. Das auf dem Foto ist die alte Kirche Bet
Giyorgis, eine von elf Felsenkirchen aus dem Mittelalter. Ich war
hier vor Kurzem auf einer Schülerwallfahrt, organisiert von unserer Kirchengemeinde in Lindau. Ich hoffe, das erreicht dich. Ich
hab' dich sehr lieb. Anbei ein Tonhäuschen, das ich für dich in
Lalibela gekauft habe. Du kannst deine Sorgen und Wünsche auf
einen Zettel schreiben und hineintun – die Sorgen verschwinden,
die Wünsche werden erfüllt. Ich habe in der Kirche für dich gebetet. Mama, bitte melde dich. Es geht uns gut. Ich würde dir gern
den Nil zeigen, das würde dir gefallen. Tausend Küsse, Dein René.«

Frau Lehmann schaute triumphierend in die Runde und legte
mit großer Geste die Ansichtskarte vor uns auf den Tisch. Ratloses
Schweigen senkte sich über die Gaststube.

Nach einer gefühlten Stunde nahm Frau Lehmann die Lesebrille ab, holte ein Taschentuch hervor, schnäuzte sich laut und
umständlich, blickte uns auffordernd an und sagte feierlich: »Evelyn wartet seit vierzig Jahren auf dieses Päckchen, auf die Ansichtskarte aus Äthiopien, auf das Tonhäuschen für ihre Wünsche und
Sorgen und auf die Nachricht von René ...« Plötzlich schossen ihr
Tränen in die Augen, die sie vergebens mit dem Taschentuch zu
stillen versuchte. »Und ... ich ... ich fühle mich so schuldig, weil
ich ... so lange ... nichts unternommen habe.« Sie schnäuzte sich

erneut, fasste sich wieder. »Aber was hätte ich denn tun sollen? Sie mit dem Roten Kreuz suchen? Ich hätte ja zugeben müssen, dass ich das Päckchen damals widerrechtlich an mich genommen habe. Und ich habe es doch nur gut gemeint. Es wäre ja sonst an den Zoll gefallen, und was dann? Und ich weiß nicht einmal, ob René seiner Mutter nochmals schrieb, ob sie sich wiedergefunden haben, und wie es Evelyn geht, ob sie überhaupt noch lebt ...«

Es war Sivi, die an Frau Lehmann, die in sich zusammengesunken war, heranrückte, ihr behutsam den Arm um die Schultern legte und begütigend sagte: »Machen Sie sich mal keine Vorwürfe. Sie haben alles richtig getan. Und Sie konnten ja nichts dafür, dass die Mauer zwischen allen stand. Wissen Sie was? Es ist doch irgendwie Fügung, dass wir hier aufgekreuzt sind und dass Wenzel unser Auto zu Schrott gefahren hat. Es hat so sollen sein! Und weil's so sein soll, nehmen wir die Sache in die Hand. Ehrenwort! Wir biegen das zurecht, selbst nach vierzig Jahren. Wir finden Evelyn und überreichen ihr das Päckchen. Und dann kann sie ihre Wünsche in das Tonhäuschen legen und vom Nil träumen.«

Frau Lehmann, der vor Rührung schon wieder die Tränen kamen, nickte nur stumm, packte mit letzter Kraft, bevor sie wieder von einem Schluchzen durchwogt wurde, das Tonhäuschen und die Ansichtskarte zurück in die Blechdose, setzte den Deckel darauf, schob die Dose Sivi zu, weinte ein Weilchen stumm vor sich hin, hörte mit einem Mal, als hätte man einen Schalter umgelegt, auf, straffte sich und sagte mit fester Stimme, als wäre sonst nichts geschehen, und als würden wir uns seit Jahren gut kennen: »So, jetzt muss ich aber in die Küche, es geht ja schon wieder auf Mittag zu. Ihr esst doch noch hier? Und überhaupt: Geht alles aufs Haus. Ich hoffe, ihr beehrt mich mal wieder. Und sagt der Evelyn einen schönen Gruß von mir, falls sie sich überhaupt noch an mich erinnert. Und dass ich ihr nicht mehr böse bin wegen dem Edmund. Sie kann ja mal vorbeischauen in Schöna, ich würde dann auch eine Flasche *Rotkäppchen*-Sekt aufmachen. Ihr sagt ihr das, ja?«

Wir nickten, und Frau Lehmann stand auf und eilte in die Küche. Wir saßen zu dritt am Tisch, vor uns die rote Blechschachtel mit dem lachenden äthiopischen Mohren, und blickten uns ratlos an.

»Hat einer etwas zum Schreiben da?«, fragte ich.

Sivi und Sunny schüttelten den Kopf. Sunny zog sein Smartphone hervor und spielte darauf herum.

»Ich würde nämlich gern einen Wunsch in das Häuschen schieben: Dass wir Evelyns Adresse herauskriegen, ohne dass wir zum Roten Kreuz gehen oder in Archiven wühlen müssen.«

»Oschatz«, sagte Sunny auf einmal. »Das ist nur ein paar Kilometer von Wermsdorf entfernt!«

»Was soll in Oschatz sein?«, fragte Sivi.

»An der Döllnitz 40. Die Telefonnummer steht hier auch«, sagte Sunny. »Von wegen Rotes Kreuz, Mann, wo leben wir denn?«

Ich verstand noch immer nicht und blickte ihn fragend an.

»Mensch, Tim, du stehst manchmal aber auch auf der Leitung!« Sunny grinste mich an.

»Evelyn ...?«, fragte ich ungläubig.

»Bingo!«, sagte Sunny. »Sie wohnt in Oschatz. Na, dann kann der Ausflug ja weitergehen. Wir müssen nur schauen, wie wir über die Mulde kommen. Und ob wir einen Esel nehmen oder doch besser Stelzen.«

»Warum in die Ferne schweifen ...«, meinte Sivi altklug.

»Ich brauche einen Schnaps«, sagte ich fassungslos.

»Kriegst du«, sagte Sunny. »Mit Autofahren ist sowieso Schluss.«

»Wollt ihr Dörrfleisch und Linsen?«, rief Frau Lehmann aus der Küche. »Werktagsessen. Aber ich verspreche euch, so habt ihr es noch nie gegessen. Bis aus Oschatz kommen manchmal die Gäste deswegen hierher.«

»Aha«, brummte ich, nahm Sunny das Smartphone ab und starrte darauf. »Dann hätte Frau Lehmann bei ihren Gästen ja auch einmal herumhorchen können. Fällt ihr ja früh ein. Nach über vierzig Jahren.«

Draußen hörte man ein Rattern. Die dünnen Fensterscheiben vibrierten. Wenzel rumpelte auf seinem Traktor vorüber. Er suchte sich wohl ein neues Opfer. Ich hegte den Verdacht, dass er auf Berliner Kennzeichen erpicht war.

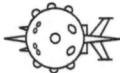

*Sehr geehrte Frau Doktor!
Ich betrachte das nicht mehr als Freundschaft, was Sie mit mir machen, liebe Frau Doktor!
Die ganze, lange Woche nur 2 ½ Stunden Ausgang, das ist ja furchtbar! Jeden Tag von 16 Uhr bis 16.30! Um ¾ 5 Uhr (¾ 17) gibt es Abendbrot bei uns! Und – wenn ich um 17 Uhr komme, bläkt man mich an, daß ich eine »extra Wurst« haben wolle – so spät erst! Um diese Anbläkerei zu vermeiden, gehe ich täglich um 16.30 Uhr rauf!
Man kann sich auch nicht mal ne Kleinigkeit kaufen für das erhaltene Taschengeld, weil der ›Konsum‹ zu hat! Des Abends! – Man behandelt mich als Arbeitslosen! Mit so viel hunderten von Zeichnungen, die Sie alle gesehen haben, Frau Doktor, die ich mit übermenschlichem Fleiß gefertigt habe, da werde ich wohl anders als ein Idiot zu behandeln sein! Und – meine vielen, so interessanten Sachen müßten auch mal in Schutz genommen werden! Und einer entsprechenden Würdigung unterzogen werden, ehe ich zu alt werde! Sonst könnte man das als Zerstörung an unseres Volkes Zukunft betrachten! – durch Sie!!
Bitte helfen Sie, Frau Doktor!
Also – bitte gewähren Sie mir den Freigang von 14–16 Uhr, Frau Doktor! Sonst wäre das an mir fleißigem Menschen eine furchtbare Ungerechtigkeit!
Verloren habe ich durch den Krieg alles, Frau Doktor!
Janke*

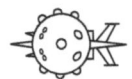

Das Wetter trübte sich ein. Dunkle Wolken zogen auf, verdichteten sich zur Wand, die sich wenig später abregnete. Mit den Sommergefühlen war es mit einem Mal vorbei. Alles, was ich in den letzten anderthalb Tagen erlebt hatte, schien mit dem Regen plötzlich wie von der Tafel der Erinnerung weggewischt und in den Gully gegossen, auf dessen schmiedeeisernem Rand das Wort *unwahrscheinlich* gnadenlos eingeprägt war. Doch der Umstand, dass wir im Taxi nach Wermsdorf saßen, und dass ich, wenn ich mich umwandte, Sivi mit der äthiopischen Blechschachtel und Sunny mit dem Karton mit Jankes Briefen sitzen sah, versicherte mir, dass alles, auch die Nacht zu dritt, kein Traum gewesen war.

Die Fahrt von Schöna zurück nach Wermsdorf ging über Nebenstraßen, durch Dörfer, die frisch saniert waren, mit teuer gepflasterten Gehwegen, schicken Straßenlaternen, unsinnigen Mini-Kreisverkehren, deren Mitte mit aufwendigen Blumenrabatten versehen waren. Dörfer, in denen aber kein Mensch zu sehen war, in denen es keinen Laden gab, keine Bäckerei, keine Fleischerei, nicht einmal eine Kneipe, in der man sich den Feierabendfrust von der traurigen Seele trinken konnte.

»Was machst du denn für ein bitteres Gesicht?«, fragte Sivi.

»Meinst du mich?«, fragte ich zurück.

»Na klar. Das erkenne ich ja sogar im Profil. Schau dagegen Sunny an: in kurzen Hosen und mit Flip-Flops, und das bei dem Regenwetter, aber er grinst vor sich hin, als wäre Weihnachten.«

»Mir geht das Wetter auf die –«

»Den Keks, wolltest du sagen«, sagte Sivi.

Aus dem Radio kamen Wasserstandsmeldungen: Landunter in weiten Teilen Sachsens und Sachsen-Anhalts, an der Elbe und deren Nebenflüssen. Wurzen versank. Die Autobahnbrücken hielten – noch. Torgau machte sich auf den Untergang bereit, zum zweiten Mal seit 1945. Einige Brücken über Mulde und Elster waren bereits gesperrt, eine war von den Fluten fortgerissen. Irgendwo war ein Damm gebrochen. Die Bundeswehr, so verkündete die Stimme im Radio, bereite Sprengungen vor.

Das Wunder blühender Landschaften war mit einem Mal vorbei: Wir hoppelten über Pisten, die voller Schlaglöcher waren und seit der Wende noch keine Schaufel Asphalt gesehen hatten.

»Kennen Sie sich denn noch aus?«, fragte ich den Fahrer, einen jungen Türken. Ich wunderte mich, dass auch hier auf dem Land das Taxigewerbe von Ausländern geprägt war, nicht nur in Berlin-Kreuzberg.

»Na klar«, antwortete der Fahrer in gestochenem Hochdeutsch, »wie meine Westentasche. Ich bin hier aufgewachsen. Gleich nach der Wende zogen meine Eltern aus Hannover nach Leipzig. Eine spannende Zeit damals, obwohl es für uns anfangs nicht leicht war, die Leute hier zu verstehen. Aber mit etwas Geduld ging's dann doch.«

Wir kamen durch Calbitz.

»Dort drüben ist der Collm, der höchste Berg hier in der Umgebung, 313 Meter hoch«, bemerkte der Fahrer.

»Woher wissen Sie das so genau?«

»Geografie ist mein Hobby. Außerdem war ich schon einmal oben. Müssen Sie unbedingt auch mal machen. Dort ist ein Aussichtsturm, von der Plattform hat man bei guter Wetterlage einen irren Blick über das ganze Land, nach Wermsdorf, Grimma, nach Torgau und Oschatz ...«

»Oschatz?«, fragte Sivi. »Dorthin wollen wir eigentlich auch.«

»Na, das fällt Ihnen aber früh ein. Der Herr hier«, er meinte mich, »sagte doch Wermsdorf.«

»Ja, das ist schon richtig«, bestätigte ich. »Erst einmal nach Wermsdorf. Mir wird das ansonsten zu viel.«

»Hast du etwa Angst vor der alten Evelyn in Oschatz?«, fragte Sunny.

»Halt die Klappe«, sagte ich. »Du musst eh zur Schule.«

»Zu spät«, sagte er trocken, »die Zeugnisvergabe war heute. Dann kriege ich wohl einen Verweis. Aber das macht das Zeugnis auch nicht schlechter.« Wohlig räkelte Sunny sich. »Jedenfalls sind jetzt Ferien, sechs lange Wochen. Super Gefühl.«

»Vor allem bei dem Regen«, meinte ich.

Der Taxifahrer sagte: »Also doch nicht nach Oschatz?«, und bog, ohne auf Antwort zu warten, Richtung Wermsdorf ein.

Sehr geehrter Herr Direktor!

Ich habe Ihre Hilfe bisher noch nicht in Anspruch genommen, und bitte Sie um freundliche Behandlung der heutigen Angelegenheit:

Ich bin der unglücklichste Mensch geworden, der je auf dieser Erde gelebt hat!

Meine große Lebensarbeit wird total vernichtet, so – als hätte ich nichts gehabt!

2–3000 wundervolle Zeichnungen –!

1 Vorzeit-Album!

Projekte für eine neue Raumfahrt/ohne Raketen!

Ein neuer Hochspannungs-Stromerzeuger für den Betrieb aller Fahrzeuge!

Und viele hunderte Kunstblattzeichnungen!

Und ich werde nur als Idiot behandelt! Es macht den Anschein, als wenn einige hier eines Tages einen Raubzug machen wollen, indem diese meine Zeichnungen entwenden oder vernichten. Dafür habe ich mich nicht gequält ein halbes Leben lang! Herr Direktor!

Sie müssen mir Hilfe bringen, Herr Direktor!

Man hat mich jetzt auf die Arbeitstherapie gesteckt, wo ich Briefmarken ausschneiden muß! Das empfinde ich als feindliche Behandlung meiner Person! Ich besitze doch höhere Bildungsstufe! Wo ich ein durch den Krieg schon total geschädigter Mann bin – mein Zuhause verlor, keine Familie, keine Kinder – nichts im Leben habe, deshalb kommt es einem Verbrechen an mir gleich, daß ich jetzt – nach all der mühevollen Arbeit – noch Briefmarken ausschneiden soll! – Wo die große Gefahr besteht, daß ich alle meine Arbeit umsonst gemacht habe, eventuell nur verliere. Traurig, sehr traurig, daß meine ganze Lebensarbeit so zugrunde gehen soll, Herr Direktor! Man sagt: Ich wiegele die Leute auf! *Das tue ich nicht*, Herr Direktor! Bitte helfen Sie mir sogleich! Freundlicher Gruß, K. H. Janke*

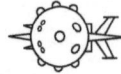

Das Telefon klingelte, kaum, dass ich in meinem Zimmer war. Erst beim sechsten Schrillen nahm ich ab.

»Verdammt, Tim, wo bist du? Seit zwei Tagen versuche ich es bei dir. Einfach das Handy ausschalten! Bist du im Hochwasser versunken? Weißt du eigentlich, dass uns die Felle hier davonschwimmen?!«

Es war Jotpe, der sich theatralisch produzierte. Ich schwieg. Was hätte ich ihm auch sagen sollen? Dass ich versagt hatte? Das wusste er selbst. Dass ich in einem sächsischen Dorf gewesen war, dass ein Betrunkener mit dem Traktor über mein Auto gefahren war, dass ich mit einer Krankenschwester und einem Schüler im Bett gelegen hatte? Dass ich auf der Suche nach der Angebeteten eines verrückten Genies war und ein äthiopisches Sorgenhäuschen im Gepäck hatte?

Ich hörte Jotpes Stimme, die mich beschimpfte, und blickte aus dem Fenster: Eben ging Sunny zu seinem Moped, er wandte sich um, sah zu meinem Fenster hinauf, nickte mir zu, stieg auf, setzte den Helm auf und fuhr davon.

»Ich mache dich haftbar, verstehst du das, du Idiot!«, schrie Jotpe aus dem Hörer, den ich von mir weg hielt wie den Kopf einer erlegten Schlange, deren Giftzähne man in einer Mischung aus Ekel und Faszination betrachtet. »Du musst doch gewusst haben, dass die Trägerschaft gegen uns tätig wird! Und du hast all die Wochen in Wermsdorf zugebracht, ohne das Projekt voranzubringen! Ohne mich zu informieren, dass es schlecht stand! Ich mach dich fertig!«

Das war zu viel der Verheißungen. Ich legte auf und zog den Stecker aus der Buchse, um vor weiteren Drohungen gefeit zu sein. Mein Diensthandy hatte ich bereits vorgestern ausgeschaltet. Ich nahm es, ging zum Tisch, auf dem mir die Pensionswirtin eine Vase mit Gladiolen aus ihrem Garten hingestellt hatte, nahm die Blumen heraus, warf das Handy ins Wasser, stopfte die Stiele wieder hinein.

Nun war mir leichter. Ich wusste, dass Jotpe und dieser schleimige Lauridsen mir beleidigende Mails geschickt hatten. Dennoch fuhr ich meinen Laptop hoch und öffnete das Programm. Denn ich wollte wissen, ob von Stavenhagen inzwischen eine Nachricht gekommen war. Die ungefähr zwei Dutzend Mails von der *Urbanitas* setzte ich auf die Spam-Liste. Ich tat das, ohne nachzudenken – so musste man sich fühlen, wenn man auf Drogen war. Eine Mail von Stavenhagen informierte mich, dass Leitung und Trägerschaft sich endgültig gegen die *Urbanitas* und für eine Neuausschreibung des vergrößerten Projekts Hubertusburg entschieden hatten. Nun ja, das war keine Neuigkeit, aber gut von ihm gemeint.

»Es tut mir leid für Sie, Tim«, stand da in vertraulichem Ton, »und denken Sie daran: geschlagen, aber nicht besiegt! Vielleicht sollten Sie sich eine Auszeit gönnen. Fahren Sie einfach mal weg, und etwas Besseres als den Tod findet man überall, um mit den Bremer Stadtmusikanten zu sprechen. Jankes Papiere bringen Sie mir bitte demnächst zurück. Eilt aber auch nicht sehr. Ich vertraue Ihnen. Alles Gute, der alte Stavenhagen.«

Das waren also seine Worte, die er mir mit auf den Weg gab. Auf den Lebensweg, auf den Fahrtweg. Eine Art väterlicher Segen, so empfand ich es. Ich wollte eben das Programm schließen, da kam eine E-Mail von Cordula an, von ihrer Privatadresse. Wohl wieder eine Vorwurfsgranate. Dennoch öffnete ich die Nachricht:

»Tim, ich weiß nicht, was los ist mit dir. Du hast die *Urbanitas* ganz schön in Schwierigkeiten gebracht. Wo steckst du überhaupt? Ich habe mich von Lauridsen getrennt, habe ihm den Laufpass gegeben. Na ja, so ähnlich. Ich weiß nun nicht, wie es weitergehen soll. Die *Urbanitas* hängt in Schieflage. Und das Kind – du kannst mich doch jetzt nicht einfach sitzen lassen? …«

Es reichte, ich war es leid, diese Winselei und Heuchelei. Ich klickte auf *löschen* und fuhr den Computer herunter.

Auf dem Gang werkelte die Wirtin mit ihrem Turbo-Staubsauger, sie reinigte zwei Mal die Woche diesen seltsamen Teppichläufer aus DDR-Zeiten, und sie tat es mit einem Zweitausend-Watt-Gerät, womit man bei der NASA wohl feindliche Satelliten aus der Umlaufbahn holte.

Ich musste weg von hier, bevor ich mir den Schädel an der Wand einrammte oder ich mit dem Obstmesser auf jemanden losging.

Rasch packte ich die Blechschachtel mit dem Tonhäuschen aus Lalibela in meinen Rucksack. Ich zog die Schuhe an und lauschte an der Zimmertür. Als der Turbo-Sauger jaulend die Landebahn erreicht hatte und die Triebwerke abgeschaltet waren, wartete ich noch eine Minute. Dann wagte ich es: Leise öffnete ich, schlich die halbe Treppe zur Eingangstür hinunter, stieß mit dem Rucksack an einen grünen Übertopf, der auf einer alten Pflanzenetagere stand und den ohnehin schmalen Aufgang noch mehr beengte. Der Topf, der einen verstaubten Philodendron, der wohl noch aus Honeckers Zeiten stammte, beherbergte, krachte auf die Steinfliesen und zerbarst. Als hätte sie nur auf dieses Ereignis gewartet, schoss die Wirtin aus ihrer Wohnung im Parterre hervor.

»Typisch! So etwas kann auch nur Ihnen passieren!«

»Entschuldigung. *Typisch* setzt voraus, dass einem etwas zum wiederholten Male passiert. Dies ist ein Einzelfall.«

»Mit Ihnen diskutiere ich nicht.«

»Warum sind Sie denn so schlecht gelaunt?«

»Guter Mann –«

»Ich bin nicht Ihr guter Mann, der liegt seit Jahren auf dem Friedhof.«

»Wollen Sie sich über das Leid einer Witwe lustig machen?«

»Nein, ich will mir einen schönen Tag machen.«

»Fahren Sie weg?«

»Glaube ich nicht. Mein Auto ist Schrott.«

»Hat Sunny also doch nicht gelogen. Ich wollte ihm nicht glauben, der Bengel ist ja gerade in einem schwierigen Alter. Verpasste den letzten Schultag. Nichts als Sorgen mit ihm. Und dabei ist er schon zwei Mal sitzen geblieben.«

»Ja, ich hatte auch den Eindruck, dass er nicht der Hellste ist.«

»Nicht der Hellste? Ehrlich ist mein Sunny! Er hat mir alles erzählt!«

Mir schoss das Blut in die Ohren.

»Alles«, bekräftigte die Wirtin. »Dass Sie hinter Oschatz betrunken von der Straße abkamen und gegen einen Baum donnerten. Gott sei Dank ist mein Sunny, auch wenn er eine schwierige Phase hat, ein vernünftiger Bursche. Er ist nicht bei Ihnen eingestiegen.«

Ich fand diese neue Wendung des gestrigen Ausflugs interessant. Der Junge hatte Fantasie.

»Nein, ich kann Ihnen versichern, er ist nicht bei mir eingestiegen. Und außerdem war eine Krankenschwester mit von der Partie, die hat mir gleich Erste Hilfe zukommen lassen.«

»Erste Hilfe? Ja ist Ihnen denn etwas Ernstes passiert?« Ihre Augen weiteten sich.

»Nein, das Auto war zwar platt wie eine Flunder, aber ich bin glücklich herausgekrochen, hatte nur ein paar kleine Kratzer und einen riesigen Bluterguss.«

»O je, o je! Zeigen Sie doch mal.«

Ich zeigte ihr das Stranguliermal am Hals.

»Na so etwas. Früher nannten wir das Knutschfleck.« Sie schien pikiert.

»Meine seelischen Verwundungen sind weit größer. Und deshalb verreise ich für ein paar Tage. *Ich brauch' Tapetenwechsel, sagt die Birke.* Etwas ausspannen, Wellness, Wandern gehen, Fallschirm springen oder Harakiri, etwas, was einen locker macht.«

Sie schien sich trotz meiner Winkelzüge wieder zu fangen: »Aber bevor Sie sich den Hals brechen – bitteschön, wenn Sie unbedingt wollen –, also zuerst zahlen Sie das Zimmer!«

»Die Rechnung geht an die Firma. *Urbanitas* in Berlin. Ich bin dort *First Project Development Manager*.«

Ich kramte eine Visitenkarte aus dem Portemonnaie. Das war eigentlich eine allgemeine Karte, auf der mein Name gar nicht draufstand, dafür aber irgendetwas von *Entwicklungsgesellschaft*, alles schick zweifarbig und in Hochprägung. Die steckte ich ihr in die Schürzentasche. »An diese Adresse.«

Ich hatte genug der Anbläkerei. Ohne die Pensionswirtin oder den Honecker-Philodendron noch eines weiteren Blickes zu würdigen, verließ ich das Haus.

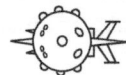

Der Regen schlug ihm wie mit nassen Handtüchern ins Gesicht. Janke stemmte sich gegen den Wind, der aus Westen blies. Er durchschritt das Tor des Klinikgeländes und ging aufs Dorf zu. Einmal in der Woche hatte er Ausgang, nachmittags, für zwei Stunden. Das war ihm nach mehreren Protestbriefen an die Anstaltsleitung zugebilligt worden. Sein Protest gegen das Ausschneiden von Briefmarken hingegen war ungehört verhallt. Als hätte er nicht der Menschheit gedient, ihr segensreiche Erfindungen geschenkt, die Lösung der Energiefrage, wegweisende Entdeckungen zur friedlichen Nutzung der Ressourcen und zur Erforschung des Weltraums zum Zwecke der Verbrüderung der Völker!

Janke wischte sich mit einem Taschentuch den Regen vom Gesicht. Er würde es nicht zulassen, dass böswillige Ignoranten ihm die Schöpferkraft brächen und seine wertvolle Zeit, die er in den Dienst der friedliebenden Menschheit stellte, stöhlen! Er würde eine Eingabe machen, an das Ministerium für Forschung in Ostberlin, oder besser gleich an den Genossen Vorsitzenden des Staatsrats, Walter Ulbricht. Man musste an höherer Stelle doch ein Einsehen haben in seine, Jankes, Not und ein Interesse zeigen an der zukunftsträchtigen, staatswichtigen Nutzung seiner Erfindungen!

Er wandte sich um und betrachtete die langgezogene Schlossmauer. Die hatte früher, in den Zeiten des Feudalismus, die Sphäre des Adels vor den Untertanen abgeschottet. Heute wurde durch diese Mauer die Bevölkerung von ihm, Janke, und von seinen Ideen ferngehalten. Verkehrte Verhältnisse! Dabei waren sie, so wurde ihnen doch immer gesagt, ein *Volk der Dichter und Denker*, und – freilich – auch eines der Arbeiter und Bauern. Und der Konstrukteure und Erfinder. Stand nicht im Staatswappen der Deutschen Demokratischen Republik neben dem Hammer der Zirkel? Und war das nicht – in Abgrenzung zu Hammer und Sichel des großen sozialistischen Brudervolks im Osten – eine Manifestation, ein Bekenntnis zum gesellschaftlichen Wert von Technik und Forschung? Warum also die Gitter vor den Fenstern, die Mauern um den Schlosspark, die Beschneidung seiner, Jankes, Zeit, die – offensichtlich von oben dirigierten – Engpässe und Defizite in der Materialbeschaffung?

Janke hatte vor Jahren in der Zeitung gelesen, dass die Regierung eine Mauer errichtet hatte, in Berlin, an der Grenze zu den Westsektoren. Es sei nötig gewesen, so hatte es geheißen, damit die Republik nicht ausblute. Der Sozialismus in seinem Lauf bedurfte aller Hände der Arbeiter und Köpfe der Techniker und Ingenieure. Man könne nicht dulden, dass das imperialistische Ausland die besten Kräfte der DDR abzog und so deren friedlichen Aufbauwillen konterkarierte. Janke war dies einsichtig erschienen. Er wusste aus eigener Erfahrung, wie schwer es war, etwas Neues aufzubauen, was es hieß, aus dem Nichts etwas zu erschaffen, den Schöpfergeist Tat werden zu lassen ...

Janke stand jetzt vor dem Laden des *Konsum*. Der Regen hatte zugenommen, peitschte ihm mit kalten Nadeln ins Gesicht. Er befühlte in seiner Manteltasche die Münzen, die er sich seit Langem abgespart hatte, obwohl er eigentlich dringend neue Schreibfedern und Bleistifte bräuchte. Aber er wollte seiner lieben Evelyn etwas Feines kaufen, damit sie sich freuen und wieder lachen könnte. Und, ja: damit sie ihn auch ein wenig lieb gewönne.

Er stieg die Stufen zur Eingangstür hinauf. Vertraut schrillte die Glocke.

Ich stand vor der Pension, hinter mir ein gefällter Philodendron und der wie Schwefel brennende Blick meiner Zimmerwirtin, die mir – ich spürte es im Rücken – durch ihr Küchenfenster wie einem Gewaltverbrecher nachstierte.

Ich wusste nicht, wohin ich sollte, geschweige denn, wie. Mein Auto war ja in die Blechpresse gegangen und wanderte jetzt wohl irgendwo als Konservendosen über ein Fabrikfließband, um mit zarten Erbsen oder Bismarckheringen befüllt zu werden. Und wohin wollte ich überhaupt? Nach Berlin? Ich war obdachlos, seit Cordula mich aus der Wohnung geworfen hatte. Nun, nachdem sie Lauridsen den Laufpass gegeben hatte, würde sie mich wahrscheinlich wieder aufnehmen, und sei es nur, damit ich Löcher in die Wand bohrte und ihren Fahrradreifen flickte. Aber ich hatte schon genug Löcher in meinem eigenen Leben und gäbe ein halbes Königreich (das ich nicht besaß) für ein Fahrrad, um aus Wermsdorf fortzukommen.

Ich ging, um dem Zunderblick der Zimmerwirtin zu entkommen, ein paar Schritte auf die Straße hinaus und bog um die Ecke. Dort unten lag das Schloss, das nun bald als Ganzes in etliche kleine Einheiten filetiert würde, wahrscheinlich von irgendeinem englischen oder russischen Investor, nur nicht von der *Urbanitas*. Die konnte weiterhin in Prenzlauer Berg ihre *Sonnenland*-Kinder verhätscheln und ihnen bunte Flyer in die Hand drücken, mit computeranimierten Bildchen drauf.

Ich stellte die Tasche ab, wischte mir mit einem Tuch die Stirn, obwohl sie trocken war, kam mir in dem Augenblick wie in einem B-Movie vor und blinzelte in die Sonne, die sich nach dem heftigen Regen wieder zeigte und auf die Erde brannte, als ginge Wurzen nicht eben in den Fluten der Mulde unter. Ein Knattern brachte mich auf den Boden der Tatsachen zurück: Es war Sunny, der auf seinem Moped die Straße entlangkam. Er bremste. Mit lässiger Geste schob er das Visier hoch und sah mich herausfordernd an.

»Kommst du von der Schule?« Das war die blödeste Bemerkung, die einem mittelalterlichen Menschen nur einfallen konnte.

»Das ist so ziemlich die blödeste Bemerkung, die einem einfallen kann«, sagte Sunny. »Jedenfalls habe ich den Zeugniswisch, gar nicht mal so schlecht ausgefallen wie befürchtet, und jetzt volle sechs Wochen Ferien.«

»Und du hast einen Verweis bekommen?«

»Dem Direktor habe ich erzählt, dass ich gestern in Wurzen, als ich meinen querschnittsgelähmten Onkel evakuiert habe, fast ertrunken bin und mit Müh und Not noch aus den Fluten herauskam. Der Direktor war total betroffen und meinte, ich hätte vorbildlich gehandelt. Er will das ans Kultusministerium melden, und vielleicht werde ich im kommenden Schuljahr zu einem Schüleraustausch oder so etwas eingeladen, mal sehen.«

»Und hast du einen Ferienjob?«, fragte ich.

»Zwei Wochen in einer Gärtnerei, mehr nicht. Mehr will ich auch nicht. Ansonsten: baden, faulenzen, Tischtennis spielen, vielleicht mit Sivi am Wochenende nach Leipzig fahren, zum Chillen. Und du?«

Ich zuckte mit den Schultern. Das sollte cool aussehen und wirkte wohl nur dämlich. Wie ein begossener Hund stand ich da, mit meinem Rucksack, mitten in Wermsdorf, mitten in der Sonne, mitten im Nirgendwo und im Weißnichtwohin.

»Steig auf«, sagte Sunny. Ich starrte ihn groß an. »Na, komm schon.«

»Ich habe keinen Helm.«

»Mach dir nicht ins Hemd, Tim.«

»Ja, aber, wohin denn?«

»Nach Oschatz, zu dieser alten Evelyn vielleicht?« Sunnys Augen blitzten.

Ich zögerte. »Nein, nicht heute. Ich muss mich erst darauf vorbereiten. Zumindest einen Blumenstrauß besorgen.«

»Sag ich doch. Ich jobbe in einer Gärtnerei. Da fahren wir vorbei, holen uns einen hübschen Strauß und dann ab nach Oschatz.« Er klopfte einladend auf den verschlissenen Ledersitz seines Mopeds, auf dem das Loch von meiner Zigarette, die ich neulich ausgedrückt hatte, zu sehen war.

Ohne recht zu wissen, was ich tat, schulterte ich den Rucksack und stieg auf.

»Schön festhalten«, sagte er.

Ich umschlang Sunnys Hüften, wunderte mich über seinen muskelbespannten Bauch, dachte kurz daran, dass ich selbst vielleicht einmal ins Fitnessstudio gehen sollte – da gab er bereits Gas und fuhr die Straße hinab, an der Pension vorbei, wo seine Mutter hinter der Gardine stand – zumindest bewegte die sich. Sunny knatterte durch Wermsdorf, am Schloss vorbei. Ich sah aus einiger Entfernung Stavenhagen mit seinem Aktenköfferchen über den Vorplatz schlendern, auf ein Grüppchen älterer Männer zu, die in schwarzen Anzügen (bei der Hitze!) dastanden. Waren das wohl Leute von der Trägerschaft? Oder von einer britischen Immobilienfirma, die der *Urbanitas* das Schloss wegschnappte?

Schon waren wir vorüber, und ich blickte nur noch kurz auf die vergitterten Fenster, hinter denen Janke einst gesessen hatte, wie ein Krimineller, weggesperrt. Dann fuhren wir an Feldern entlang, in den Sommer hinein. Die herbe Luft gemähten Heus umschmiegte uns, ein Hase sprang verschreckt über die Straße in ein Haferfeld hinein, irgendwo schlug ein Hund an, es duftete nach reifem Getreide und Dung.

In diesem Augenblick gab es nichts Schöneres auf Erden …

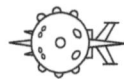

Jankes Welt reichte bis zum *Konsum*, wo er für Evelyn kleine Aufmerksamkeiten kaufen ging. Seine Welt war schraffiert, in Licht und Schatten, die die Eisenstäbe nachmittags auf den nach *Wofasept*-Putzmittel riechenden Linoleumboden des Flurs warfen, wo sein Zeichentisch stand. Jankes Welt war gezackt, wie die Ränder der Briefmarken, die er ausschnitt, und die, unter Wasserdampf abgelöst, an einen Trödler verkauft wurden. Seine Welt war auf ein Kleinformat beschnitten.

Die Fenster waren nicht zu öffnen. Wenn die Winterstürme vorbei waren und die Frühlingssonne den grauen Schnee von den Wiesen und Äckern fortgeleckt hatte, stand Janke manchmal am Fenster seines Flurbüros und betrachtete durch die schmierigen Scheiben die ersten Vogelschwärme, die vom Süden, aus Italien, nach Sachsen und noch weiter zogen. Er konnte ihre Schreie nicht hören, er konnte nicht den Duft der fetten Erde riechen, er sah nicht das Gras auf den Wiesen, das langsam wieder zu grünen begann.

Wenn er Freigang hatte, zwei Stunden in der Woche, hatte er Mühe, seine Besorgungen zu machen, im *Konsum* nach Petitessen für Evelyn und nach Kuverts und Schreibzeug für sich selbst zu fragen (immer öfter seit der Errichtung des *antifaschistischen Schutzwalls* kam es zu *Versorgungsengpässen*) oder in der Poststelle Briefe aufzugeben. Manchmal, wenn er beim *Konsum* um die Ecke bog, wehte ihn von Westen eine Böe an: feucht, nach Bäumen, Gras und nackter Erde duftend. Janke spürte in solchen Augenblicken, wie sich sein Herz in schmerzlicher Wonne zusammenzog.

Sein Freigang neigte sich bereits wieder dem Ende zu, er kehrte zurück in den Geruch von gewienertem Linoleum und säuerlicher Menschenhaut. Nur seine Briefe, seine *Fenster zur Welt*, gingen hinaus, zu Dutzenden, zu Hunderten. Man würde ihn, Janke, den genialen Erfinder, den Friedensbringer und Retter der Menschheit, eines Tages erkennen und befreien. Und er, Janke, würde seine Evelyn dann hinaus ins Leben tragen, in Licht und Wärme und Zärtlichkeit …

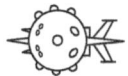

Oschatz war herausgeputzt. Sunny knatterte durch Straßen, die wie aus einem Märklin-Katalog anmuteten. Er hatte sein Smartphone vergessen, und so wussten wir nicht, wie wir die Straße, in der Evelyn wohnte, ausmachen sollten. In dem Spielzeugstädtchen fand sich keine Menschenseele. Endlich trafen wir auf fünf Jugendliche, die sich auf der Treppe des Renaissance-Rathauses fläzten, mit Bierflaschen in der Hand.

»Frag nie einen Eingeborenen«, warnte mich Sunny.

Aber ich wollte es besser wissen und nötigte ihn, die kleine Gruppe anzusteuern. Möglichst cool und freundlich zugleich fragte ich nach der Straße »An der Döllnitz«. Ich blickte in gelangweilte Gesichter, die die Ödnis ganzer Landstriche ausgetrunken zu haben schienen. Ihre Lippen waren wie zugenäht, und nur, wenn einer der pickeligen Burschen die Bierflasche an die Lippen hielt, öffneten sie sich einen Spalt breit. Drei der stummen Gestalten glotzten verächtlich auf Sunnys Moped, ein vierter musterte mich abfällig, als hätte er mich eben im Ringkampf niedergezwungen, der fünfte stierte ganz einfach in die Luft.

»Na, dann eben nicht«, sagte ich halblaut und tippte Sunny auf die Schulter, zum Zeichen, dass er weiterfahren solle.

Eben in diesem Augenblick rief der Bursche, der mit zugekniffenen Augen in den Himmel spähte, betonungslos und langsam, als wäre er ein Medium und holte seine Botschaften aus einer fernen, verborgenen Welt: »Die Straße dort gegenüber runter, dann die dritte links.«

Sunny gab Gas, fuhr, wie es uns eben vom Oschatzer Orakel geheißen worden war, und nach zwei Minuten standen wir vor Evelyns Heim. Jedenfalls war es die im Telefonbuch angegebene Adresse.

Ein kleines Fachwerkgebäude, so ziemlich das einzige in der Straße, das noch nicht saniert war. Es verströmte einen morbiden Charme, zumindest mochte es so auf Leute wirken, die ein Faible für romantische Ruinen haben: Die Balken des Fachwerks waren im Laufe der Jahrhunderte zur Mitte hin eingesackt, das Dach war ihm gefolgt. Eigentlich hätten die Scheiben unter diesen Verwerfungen springen müssen, aber irgendwie hielten die Fenster, obgleich sie kreuz und quer standen, nur nicht mehr in der Waagerechten. Vielleicht hatte man sie auch mal durch neuere ersetzt, irgendwann vor hundert Jahren. Altmodische, vergilbte Gardinchen waren in die Scheiben gespannt. Auf den inneren Fensterbänken standen Töpfe, aus denen altrosa Alpenveilchen hervorquollen. Das Fachwerk war von einem undefinierbaren Schlammgrau, von derselben Camouflagefarbe war auch der Verputz, der an ein paar Stellen herausgebrochen war und das darunter liegende Geflecht aus Stroh und Weidenzweigen offenlegte. Ein winziger Vorgarten mit einem verrosteten schmiedeeisernen Zaun trennte das Haus vom Gehweg. In den Beeten wucherten Malven, Rittersporn, Akelei und Kapuzinerkresse. Das ließ das Anwesen irgendwie heimelig erscheinen.

Sunny stellte den Motor ab und lehnte das Moped an den wackeligen Eisenzaun, der sich bedenklich nach innen neigte. Im selben Augenblick öffnete sich die mit Ochsenblutfarbe gestrichene Tür (der einzige farbliche Akzent an der Fassade). Mir fiel ein, dass wir es versäumt hatten, unterwegs einen Blumenstrauß zu kaufen.

Eine alte Frau, in einem abenteuerlich türkis und gelb gemusterten Trainingsanzug, an den Füßen altmodische weiße Ledersandaletten mit schmalen Riemchen, stand im Türrahmen und sagte in gepflegtem Hochdeutsch, das freilich einen leichten sächsischen Singsang besaß, und mit einer Raucherstimme: »Guten Tag, meine jungen Herren. Der Zaun ist älter als wir drei zusammen. Ich bitte, darauf gesondert Rücksicht zu nehmen!«

Ich stammelte eine Entschuldigung, zischte Sunny an und stellte sein Moped auf den Ständer.

»Sind Sie vom Ordnungsamt?«, wollte die alte Frau wissen. »Es ist nämlich hier vor dem Haus alles in Unordnung.« Sie machte eine ungefähre Handbewegung Richtung Straße.

Ich blickte mich um, konnte aber nichts Auffälliges entdecken. Alles war aufgeräumt, sauber gefegt, die Häuser auf der anderen Straßenseite saniert und gepflegt. An einer Ecke stand ein Kinder-

dreirad, an einer anderen eine einzelne gelbe Mülltonne. Von Ver-
wahrlosung keine Spur.

Sunny hatte den Helm abgenommen und stand bereits vor der
Haustür. »Wir sind vom *Bundesdienst*«, sagte er und zeigte auf eine
Applikation auf seinem T-Shirt, ein Fantasiewappen mit Adler und
englischer Umschrift. Ich hätte ihm am liebsten in den Hintern
getreten.

»Das trifft sich gut«, sagte die Alte trocken. »Ich möchte eine
alte Matratze entsorgen. Kommen Sie nur gleich herein. Aber vorher die Schuhe bitte ausziehen.« Sie deutete auf einen kleinen
gelben Haft-Klebezettel an der Tür.

Als ich nähertrat, konnte ich lesen: *Bitte Schuhe ausziehen!* Die
Worte waren mit grünem Filzstift in mädchenhafter Schreibschrift gemalt und mit rotem und blauem Stift säuberlich umkrin-
gelt. Ohne zu zögern, folgte ich der Weisung. Sunny zögerte, ich
machte ihm ein Zeichen, und auch er zog seine Sneakers aus und
stand barfuß da.

»Die Matratze steht oben, hier die Treppe hinauf. Vorsicht, die
dritte und die siebte Stufe sind morsch. Die müssen Sie übersprin-
gen, sonst brechen Sie durch.«

»Entschuldigung, aber wir ...«, ich suchte nach Worten, um
Evelyn – war sie überhaupt Evelyn? – zu erklären, wer wir sind
und was wir wollen.

»Ihren Rucksack stellen Sie mal hier ab, neben die Kommode.
Ich mag nicht, wenn alles so herumliegt.«

Widerspruchslos tat ich, wie mir geheißen. Sunny stieg bereits
die enge hölzerne Treppe hinauf und übersprang eben die dritte
Stufe.

»Nur zu«, Evelyns Hand wies nach oben.

Ich folgte Sunny, sprang über die dritte Stufe, vergaß die War-
nung vor der siebten, die tatsächlich bedenklich knackte und sich
nach unten bog.

»Passen Sie auf, junger Mann!«, rief Evelyn empört.

Oben angekommen, stand ich in einem kleinen Flur, von dem

nur zwei Zimmertüren abgingen, die in schiefen Rahmen hingen. Die Decke in dem jahrhundertealten Haus war so niedrig, dass Sunny den Kopf etwas einziehen musste. Die Matratze lehnte an der Wand, halb vor einer der beiden Türen. Evelyn kam langsam die Stufen herauf.

»Ich glaube, die Alte spinnt«, raunte ich Sunny zu.

Er zischte: »Egal, einfach so tun, als wär's normal. Wir sind vom *Bundesdienst*.«

»So ein Quatsch«, flüsterte ich, aber da war Evelyn schon hinter uns.

»Was ist hier ein Quatsch?«, fragte sie. Sie schien exzellent zu hören. Man musste vorsichtig sein. »Die Matratze liegt schon seit zwei Monaten hier. Wenn ich beim Rathaus anrufe, sagen die, sie haben keine Zeit. Und jetzt, wo endlich der *Bundesdienst* da ist, sagen Sie, das ist Quatsch. Geht man so mit alten Leuten um?«

»Also, die Matratze soll jetzt runter?«, fragte Sunny einlenkend.

»Ja, meinen Sie, hinauf?«

Wir blickten nach oben. Dort war nur die Klappe zum Dachboden zu erkennen.

»Dann hinunter damit«, sagte Sunny und hob die Matratze an. »Ist nicht schwer, geht allein.« Mit diesen Worten gab er der Matratze einen Schub, sie polterte nach unten und fegte eine Salzteigfigur – einen weinenden Pierrot – von der Wand.

»Kannst du nicht aufpassen?!«, herrschte ich Sunny an.

Die Alte blickte wie versteinert auf die bröseligen Bruchstücke. Das Gesicht des Pierrots war in zwei Teile gesprungen, das eine Auge – es war jenes, das nicht tränte – glotzte uns vorwurfsvoll an. Evelyn ging hinunter, wobei sie geübten Schrittes die siebte und die dritte Stufe überstieg, und klaubte die Fragmente auf. Als sie sich uns zuwandte, sah ich, dass ihre Augen feucht schimmerten.

»Heiliger Strohsack, auch das noch«, flüsterte ich, und Sunny rief: »Tut mir leid, wir ersetzen das gute Stück. Geht auf Rechnung des *Bundesdienstes*.«

»Hör doch mit dem Blödsinn auf«, sagte ich und ging nach unten, wobei ich den beiden maroden Stufen geschickt auswich. Evelyn – wenn sie es denn war – stand da, die Bruchstücke des Pierrots in Händen. Die Tränen, die ihr die Wangen herabrannen, waren nicht aus Salzteig, sondern echt.

»Es tut uns wirklich leid«, sagte nun auch ich. Und das war nicht geflunkert.

Sie blickte zu mir auf und meinte: »Ich glaube, ich kann es kleben, mit *Uhu* Alleskleber. Gibt es bei Rossmann, für 2,96 Euro die kleine Tube, die große für 6,65.«

Ich war erstaunt, dass sie die Preise auswendig wusste. »Und bei Edeka?«, fragte ich zum Spaß.

»5,29 Euro«, antwortete sie, ohne zu zögern.

Ich glaubte ihr aufs Wort. »Haben Sie im Einzelhandel gearbeitet?«

»Wie?«, fragte sie.

»Im Supermarkt«, erklärte ich.

»Sie meinen die Kaufhalle? Nein, aber in einer Krankenhausküche. Und lange Jahre gar nicht. Ich kriege aber eine kleine Zusatzrente, wegen meiner Krankheit.« Evelyn vollführte mit dem Zeigefinger eine drehende Bewegung an der Schläfe. Ich hätte nie gewagt, dieses Plemplemzeichen zu machen, aber ihr schien das ganz geläufig zu sein.

»Eine Krankheit?«, fragte ich zum Schein.

»Hubertusburg«, sagte sie leise. Ihr Blick verdunkelte sich. »Na, schaffen Sie die Matratze jetzt mal hinaus, meine Herren, und rufen Sie den Bundessperrmüll an, ich mache uns derweil einen Kaffee.«

Sie verschwand in der Küche, die gleich neben dem Eingang lag. Sunny kam die Treppe herunter.

Ich blickte ihn zornig an: »Kannst du Schlaumeier mir sagen, wie die Nummer des Bundessperrmülldienstes lautet?«

»Habe ich auf meinem Smartphone. Das liegt aber in Wermsdorf. Soll ich's holen gehen?«

»Nein, du bleibst schön hier. Den Schlamassel bereinigen wir zu zweit, verstanden?«

Evelyn rief uns in ihre Küche. Sie brühte frisch gemahlenen Kaffee auf. Ich blickte auf einen alten Küchenschrank mit Aufsatz und Glastüren, an deren Innenseiten fein gefältelte Vorhänge gespannt waren. So etwas kannte ich noch aus der Küche meiner Großmutter. Als sie gestorben war, schaffte man ihre Möbel, auch den schönen Küchenschrank, auf den Schuttplatz. *Alter Krempel*, hatte meine Mutter gesagt. Ich hatte dagegen protestiert, und man hatte mich mitleidig angeblickt, wie einen Geistesgestörten.

Die alte Frau, die vielleicht einmal die schöne Evelyn gewesen war, stand mit dem Rücken zu uns an der Spüle und goss eben kochendes Wasser durch einen Kaffeefilter. Daneben befand sich eine alte Kaffeemühle, noch zum Kurbeln. Neben der Spüle war ein Gasherd. Hinter uns, an der Rückwand, standen ein massiver Holztisch aus Eiche und eine Eckbank mit braunem Kunstlederbezug. Die Wände waren tapeziert, rote und gelbe Röschen, die sich an hellgrünen Spalieren emporrankten, bis hinauf zur Decke, wo alles in einen dunkelgrauen Schleier aus Staub und Ruß überging. Von der Decke baumelte eine Leuchte aus hellbraunem Flechtwerk. Auf dem schmalen Fensterbrett standen blühende Alpenveilchen und wild wuchernder Asparagus. Ich hatte seit Kindheitstagen diese *Omapflanze* nicht mehr gesehen und freute mich, so unvermittelt heimelig begrüßt zu werden.

Ich fühlte mich in Evelyns Wohnküche gleich wohl und war froh, dass sie uns auf der Eckbank einen Platz anbot und uns den duftenden Kaffee in alte Porzellanbecher eingoss, auf die Scherenschnittmotive der Biedermeierzeit gemalt waren. Seltsam waren allerdings gelbe Haft-Klebezettel, die überall, an den Wänden, an den Seiten des Küchenschranks, ja sogar auf den Pflanzenübertöpfen klebten, und auf denen in blauer Schreibschrift Mitteilungen, Erinnerungen und Mahnungen standen – ob an Evelyn selbst gerichtet oder an Außenstehende, konnte ich nicht beurteilen. Die einzigen Stilbrecher waren ein modernes Radio mit CD-Player in einer Ecke der Anrichte und Evelyns Jogginganzug. Ich wünschte mir in diesem Augenblick, sie trüge eine altmodische, geblümte Küchenschürze, so wie Frau Lehmann in Schöna. – Schöna! Ich musste langsam die Kurve kriegen und Evelyn reinen Wein einschenken, dass wir nicht vom *Bundesdienst* waren.

»Die sind von heute. Ich habe sie frisch gebacken«, sagte sie mit Stolz in der Stimme und stellte einen Teller mit Hefenudeln auf den Tisch. Dann wischte sie sich mit einem Taschentuch das letzte Tränenwasser aus den Augenwinkeln, schnäuzte sich und setzte sich uns gegenüber auf einen Stuhl.

Sunny hatte bereits eine halbe Nudel hinuntergeschlungen. »Schmeckt klasse«, knödelte er mit vollem Mund.

»Langen Sie zu, junger Mann. Ich habe noch mehr im Backrohr.«

Ich fuhr mit dem Daumen verlegen über den Rand meines Kaffeebechers und dachte nach, wie ich das Gespräch einfädeln sollte.

»Keinen Appetit?«, fragte Evelyn. »Der *Bundesdienst* macht doch bestimmt hungrig?«

»Doch, doch«, wiegelte ich ab, langte nach einer Hefenudel und biss hinein. Sie schmeckte überirdisch gut.

»Also«, schaltete sich Sunny ein, »zuletzt sind wir in Schöna so gut bewirtet worden. Da waren wir gestern, bei Frau Lehmann im Gasthaus *Zur Schmiede*.«

Evelyns Miene erstarrte. »Schö – – na?«, sagte sie langsam und gedehnt.

»Sei still«, fauchte ich Sunny an.

»Ja«, sagte Sunny unbeirrt, obwohl ich ihm unter dem Tisch ans Schienbein stieß, »in diesem Gasthaus, wo Tims Auto geschreddert wurde. Frau Lehmann hat Ihnen sogar etwas mitgeschickt.«

Ich fürchtete, ohnmächtig zu werden, und fühlte mich zugleich wie mein armes Auto: platt. Das Blut wich mir aus dem Gesicht. Evelyn – war sie denn überhaupt Evelyn? – musste sich ja völlig überfahren fühlen!

Evelyn stand langsam auf, griff nach dem noch halb vollen Teller, nahm ihn weg, öffnete ein Fach ihres Küchenschranks und schloss den Teller dort ein. Dann drehte sie sich langsam um, wie eine Diva, die ihrem Filmtycoon eben mitzuteilen gedenkt, dass sie zur Konkurrenz gehen wird, und sagte mit einer Würde, die in skurrilem Gegensatz zu ihrem Jogginganzug stand: »Meine Herren, meine Vergangenheit gehört mir! Und die kleine Lehmann war sowieso immer ein dummes und eifersüchtiges Ding – sie hat nämlich den schönen Edmund, der mein Mann war, nicht bekommen. Und nun«, sie zeigte zur Küchentür, »muss ich Sie bitten, die Matratze fortzuschaffen, schließlich warten noch mehr Leute auf den *Bundesdienst*.«

Es war alles zunichte!

Immerhin, eines war klar: Die alte Frau im Jogginganzug, die den Arm pathetisch Richtung Tür streckte, war tatsächlich Evelyn, Evelyn Kubelka, Karl Jankes *unsterbliche Geliebte*. Aber das war's auch schon. Unsere *mission impossible* war damit beendet. In meiner Fantasie schoss ich soeben Sunny kaltblütig über den Haufen. Die Diva ging zu einer anderen Filmgesellschaft, unsere Story hatte ein vorzeitiges, abruptes Ende genommen.

Mechanisch stand ich auf, gab Sunny ein Zeichen. Obwohl ich ihm eben in meiner schwarzgalligen Fantasie das Hirn ausgeblasen hatte, reagierte er wie sonst auch – was für mich der Beweis dafür war, dass bei ihm alles lediglich über elektrische Impulse ablief. Er war also so leicht nicht umzubringen.

Sunny ging hinaus in die Diele – und kam mit meinem Rucksack zurück. Er stellte ihn auf einen Küchenstuhl, setzte sich in aller Seelenruhe wieder hin, öffnete den Reißverschluss und zog die rote Blechschachtel mit dem aufgedruckten äthiopischen Mohren hervor. Mit feierlicher Miene schob er sie Evelyn zu und sagte: »Für Sie, gnädige Frau. Aus dem fernen Afrika. Mit geringer Verzögerung zuverlässig zugestellt.«

Evelyns Gesichtsausdruck war wie verwandelt: Ein seliges Lächeln lag auf ihren Lippen, ihre Augen leuchteten, als wäre das

Christkind eben durchs Zimmer geschwebt. Auch ich setzte mich wieder hin und tat so, als hätte ich den Film, der sich hier abspielte, zurückgespult: Evelyn holte wieder die Hefenudeln aus dem Schrank und stellte sie auf den Tisch, legte sogar ein paar Schokoeier hinzu, die wohl noch von Ostern stammten, und goss Kaffee nach. Wohliger Friede lag jetzt über der kleinen Gesellschaft in der Essküche eines alten Fachwerkhäuschens.

Evelyn zog den Blechdeckel ab, holte das in Papier eingepackte Tonhäuschen aus Lalibela heraus, wickelte es vorsichtig aus, betrachtete es kurz, ohne eine Frage an uns zu richten, stellte es vor sich hin. »Ein Vogelhäuschen«, sagte sie zu sich selbst. Sunny und ich sagten nichts, saßen nur da und beobachteten sie lauernd.

Sie schaute auf den Grund der Kiste, griff hinein, holte die Postkarte ihres Sohnes René heraus, mit der Ansicht der Kirche Bet Giyorgis. Lange betrachtete sie das Foto, so lange, dass es mich innerlich schier zerriss. Endlich wandte sie die Karte um und starrte auf die Rückseite, auch das – wie mir schien – unerträglich lange. Schließlich griff sie nach ihrer Lesebrille, die in dem offenen Fach des Küchenschranks lag, schob sie sich auf die Nase und begann zu lesen, lautlos, aber die Lippen zu Silben formend. Erst gegen Ende zu wurden die Silben zu Lauten, und ich konnte hören, wie sie stockend und tonlos flüsterte: »... Mama, bitte melde dich. Es geht uns gut. Ich würde dir gern den Nil zeigen, das würde dir gefallen. Tausend Küsse, Dein René.«

Es war still in Evelyns Küche. Nur irgendwo das Ticken einer Uhr, die ich nicht entdecken konnte.

»Die Karte ist aus den Siebzigern«, sagte Sunny ungeschickt. Ich hätte es der Alten nicht so direkt vermittelt, aber nun war es heraus, und vielleicht war es auch besser so.

Evelyn reagierte nicht, als habe sie es nicht gehört. Kein Aufschrei, kein Seufzer, keine Frage. Sie starrte auf das Foto der Felsenkirche Bet Giyorgis.

Wieder schaltete sich Sunny ein: »Ich meine, das ist doch nett von Ihrem Sohn, dass er so an Sie denkt. Und das mit dem Beten und so, in der Kirche, ist ja nicht jedermanns Sache, aber doch irgendwie cool. Na ja … Das Päckchen hat etwas länger gebraucht, aber immerhin haben Sie es noch gekriegt, bevor Sie das Zeitliche segnen.«

Ich hätte ihn ohrfeigen können, aber Evelyn starrte noch immer auf die Felsenkirche, und so ließ ich es sein.

»Und vielleicht«, plapperte Sunny fort, »können Sie mit Ihrem Sohnemann ja nun bald eine irre Kreuzfahrt nach Äthiopien machen.«

»Das ist ein Binnenstaat«, murmelte ich. Sunny begriff nicht, und Evelyn starrte weiterhin stumm auf die Ansichtskarte.

Schließlich löste sie sich davon, nahm das Tonhäuschen in die Hand, drehte es, schaute durch die Öffnung hinein. Dann stand sie langsam auf, ging zum Küchenschrank, zog aus einer Schublade einen blauen Filzstift und einen Block mit gelben Haftzetteln hervor, schrieb etwas darauf – hinter vorgehaltener Hand –, faltete den Zettel zwei Mal und steckte ihn in die Öffnung des Tonhäuschens.

»Na denn«, sagte sie, »kann's ja mal losgehen.«

»Was soll losgehen?«, fragte ich.

»Na ja, das ist doch ein Wunschhäuschen, oder nicht? Das kann ja mal was für mich tun. Schließlich habe ich nur eine kleine Rente, und gesund bin ich da oben auch nicht.« Sie machte wieder das Plemplemzeichen und tippte sich an die Stirn. Das schien für sie keineswegs diskriminierend zu sein.

»Na, so einfach geht das nicht«, schaltete sich Sunny ein. »Wünschen allein hilft oft gar nicht. Ich habe mir auch schon mal gewünscht, dass ich keine Fünf in Englisch bekomme, und am Schluss war's keine Fünf, sondern eine Sechs, und ich bin ein zweites Mal sitzengeblieben. Genau wie dieses Päckchen, das sitzengeblieben ist, in Schöna, vierzig Jahre lang. Und erst mussten wir vom *Bundesdienst* kommen, es in Empfang nehmen und amtlich hierherbringen, damit Sie es bekommen und sich daran erfreuen können.«

»Na, wenn es so ist. Kommt also der *Bundesdienst* dafür auf, ja? Ist ja amtlich, nicht?« Evelyn lachte und zeigte eine Reihe schönster dritter Zähne. Mit dem Zeigefinger angelte sie den gelben Zettel aus dem Tonhäuschen heraus, faltete ihn auseinander und las mit fester Stimme vor: »Ich möchte zum Nil!« Über die Ränder ihrer Lesebrille blickte sie uns triumphierend an und setzte nach: »Und?«

Wir starrten sie ratlos an.

»Na, was ist? Wann geht's los?«

»Was?«, stammelte ich. »Was haben *wir* damit zu schaffen? Fahren Sie doch mit ihrem Sohn René.«

»René ist tot«, sagte sie leise und strich mit der Handkante den Wunschzettel glatt. »Kurz nach der Wende. Flugzeugabsturz, über Indonesien. Er war Fotograf für ein Magazin. Das Flugzeug kam in einen Wirbelsturm, stürzte ins Meer. Man hat nur einzelne Wrackteile gefunden. Renés Leiche nie ... Und die anderen Kinder ... sind von Edmund, meinem Mann, aufgehetzt worden gegen mich. Sie wollen nichts mit mir zu tun haben. Ist so. Sie leben irgendwo im Westen.«

Verlegen blickten wir zur Seite. Ich wollte im Reflex Evelyns Hand ergreifen, zögerte aber doch.

Sie atmete tief aus und sagte dann: »Und deswegen, weil ich keinen Ort habe, an den ich hingehen kann, zu Renés Grab, es gibt ja kein Grab, also deswegen will ich zum Nil. Denn dorthin wäre mein Sohn mit mir gegangen, nach der Wende, wenn er nicht abgestürzt wäre. Und dorthin will ich. Ich habe ja nicht mehr viel Zeit, es kann ja schnell vorbei sein mit mir.« Sie nahm die Brille ab und blickte uns direkt ins Gesicht. Jetzt erst fiel mir auf, welch strahlend blaue Augen sie besaß. Ihr Blick war herausfordernd, beinahe herrisch, und sie fuhr mit fester Stimme fort: »Nehmen wir das Moped oder den Bus? Mit dem Moped könnten wir gleich los. Nach dem Bus muss ich erst im Fahrplan schauen. Nehmen Sie doch noch ein Schokoei. Sie schmecken lecker. Ich habe sie in Hubertusburg auch immer bekommen. Von einem Verehrer, damals.«

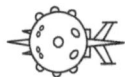

Liebe Evelyn!

Ist der »Karl« schon wieder da? So hast du mich heute »begrüßt«, als ich die Schwester bat, dich doch einmal zu sehen. Tut dir das nicht leid, Evelyn, wenn du den »Liebsten deines Lebens« so abfertigst? Ich denke jede Woche lieb an dich, und du hast mir wirklich den ganzen Sonntag verdorben! Sei doch ein bißchen lieb zu mir, Evelyn! Du kennst doch diesen »Sarg«. Wenn ich vor einer Frau (einem Mädchen) bisher noch keine Angst hatte, aber vor dir kann ich diese bekommen! Was ist denn bloß los, Linchen? Da muß dich doch wieder einer gegen mich aufgewiegelt haben?! Oder hast du so einen »Bohnenstengel« im Kopf, daß du mich so anschnauzt, Evelynchen? Aus meiner Liebe zu dir werde ich wiederkommen, aber dann erwarte ich, daß du lieb und nett zu mir bist. Sonst kann ich auch mal einer anderen meine Schokoladeneier bringen!   *Dein Hans**

»Mir ist schlecht«, jammerte Sunny, als wir auf dem Moped knatternd aus Oschatz hinausfuhren. »Zu viele Schokoeier. Und auch noch mit Eierlikör gefüllt. Die volle Bombe. Fehlt nur noch, dass wir in eine Kontrolle geraten.«

Auch mir war übel. Evelyn hatte uns stundenlang abgefüttert und bequatscht. Außerdem mussten wir vom *Bundesdienst* noch ihre Vorhänge in der Wohnstube aufhängen und hinter dem Haus den großen Rosenstock am Spaliergitter neu hochbinden. Wir waren an Händen und Armen von Dornen zerstochen. Endlich hatten wir uns loseisen können, wenngleich nur, um kurz nach Wermsdorf zu fahren und unsere Sachen zu packen. Evelyn wollte unterdessen nach dem Fahrplan schauen. Wohin der Bus abgehen sollte, war mir nicht klar, aber Evelyn hatte gesagt, sie sei eine erfahrene Fahrplanleserin, und hatte dabei auf eine zerfledderte Schwarte auf einem Tischchen neben dem Telefon gezeigt, wo tatsächlich ein *Kursbuch der Deutschen Reichsbahn* lag, aus dem Jahre 1969, wie auf dem Deckel groß zu lesen war. Aus dem Buchschnitt der Dünndruckausgabe lugten Dutzende kleiner farbiger Haftstreifen in Gelb, Grün und Rot. Kein Zweifel: Evelyn kannte sich aus.

Meine Hände, die ich um Sunnys Hüften geschlungen hatte, waren verstochen von den Dornen, aber das war nichts im Vergleich zu meinem Bauchgrimmen: Es waren wohl nicht nur die Schokoeier, die zusammen mit den Hefenudeln und dem Kaffee irgendeine unliebsame Verbindung eingegangen waren, sondern es war auch Evelyns eisern vorgebrachter Reisewunsch. Sie wollte partout zum Nil, um ihrem verstorbenen Sohn nahe zu sein und dort das Tonhäuschen den Fluten zu übergeben. *Zurück an den Ursprung*, wie sie meinte.

»Klar, wir machen das«, hatte Sunny großmäulig verkündet, und sie hatte gestrahlt wie ein Lampion beim Martinsfest. Die Sache schien unumstößlich. Zumindest für Evelyn, das sah man am irrlichternden Flackern in ihrem Blick. Das Streichholz war bereits entzündet, der Docht brannte, die Katastrophe schien unabwendbar.

Mein Magen revoltierte gegen dieses dräuende Feuerwerk, und in meinem Kopf hämmerte es wild und schrie unablässig: *Notbremse ziehen! Notbremse ziehen!* Aber mir fiel partout nicht ein, wo diese Notbremse war, und so krampften sich meine verstochenen Finger immer tiefer in Sunnys T-Shirt, als wir nach Wermsdorf rasten, bis er anhielt, sich umwandte und durch sein Visier hindurch sagte: »Reiß mir doch nicht das Hemd runter, Tim, oder hältst du es nicht mehr aus?« War das frivol formuliert, oder meinte er mein Bauchgrimmen?

Ich erwiderte nur: »Ein Magenbitter wäre jetzt recht.«

Sunny fuhr wieder an und steuerte in Calbitz kommentarlos auf einen Kiosk zu. Er verlangte zwei Kräuterschnäpse. Wir stießen mit den Fläschchen an, und Sunny meinte lakonisch: »Trink, Bruder, am Nil gibt's so was nicht.«

Ich nickte und kippte den Kräuterschnaps, der mir eigentlich gar nicht schmeckte, hinunter. Dann sagte ich zu Sunny: »Ich will da hoch«, und deutete mit dem leeren Fläschchen auf den nahen Collmberg.

Wir fuhren zu einem Parkplatz am Fuß des Berges. Sunny stellte das Moped ab. Etwa zehn Schritte entfernt stand ein alter, verrosteter, tarngrüner VW-Bus, wohl aus alten Bundeswehrbeständen. Die Heckklappe stand offen, davor saß auf einem Campingstuhl ein großgewachsener, hagerer, älterer Mann, mit weißem Spitzbart, langem grauen Haar, das zu einem Pferdeschwanz zusammengebunden war, in weinrotem Hemd und ärmelloser brauner Lederweste. Seltsam nahm sich ein bunter Batik-Seidenschal aus, den er sich um den Hals geschlungen hatte und dessen eines Ende ihm kokett über die Schulter nach hinten fiel. Er trug einen Humphrey-Bogart-Hut, was ihn verwegen aussehen ließ und sein Profil – es erinnerte mich an einen Musketier aus einem alten Degenfilm – betonte.

Hinter ihm war ein Tisch aufgebaut, eine Platte auf Holzböcken. Darauf hatte der Mann sein Warenangebot ausgebreitet: Das Sortiment bestand aus einem Körbchen mit Heidelbeeren, fünf Gläsern Honig und drei grünen Flaschen undefinierbaren Inhalts, vielleicht Obstsaft oder selbst angesetzter Beerenlikör. Ich wunderte mich, dass der Mann seinen Stand hier, mitten im Wald, aufgebaut hatte, wo vielleicht alle Viertelstunde mal ein Auto vorbeirauschte, und ansonsten allenfalls Pilzsammler und angehende Afrikareisende wie wir auftauchten.

Hinter dem Kleinbus wies ein Schild den Weg hinauf zum Gipfel. Ich wollte, einen Gruß nickend, eben an dem Mann vorbei, um den Wanderweg einzuschlagen, doch Sunny war wieder einmal auf Komplikationen aus: »Ey, Alter, verkaufst du nur Reformkost oder auch was zu rauchen?«

Der Typ mit dem Bogart-Hut verzog sein Gesicht zu einem

freundlichen Grinsen, zwei goldene Schneidezähne blitzten. Seine Augen funkelten schelmisch. Wortlos stand er auf, ging zu der offenen Heckklappe, kramte unter einem Bündel alter Decken einen Zwiebeltopf hervor, kam zurück und stellte ihn neben die Honiggläser. »*Et voilà*«, sagte er, »*spécialité de la maison.*«

Sunny guckte dumm, und ich fragte mich insgeheim, ob wir vielleicht einen gescheiterten Französischlehrer vor uns hatten, der nun als Althippie durch die Lande zog und den Leuten Honig und Zwiebeln andrehte, um einen Anlass zu haben, mit ihnen über Existenzialisten zu palavern.

Sunny fand die Sprache wieder: »Ich wollte eigentlich nicht in eine Zwiebel beißen, das kommt beim Küssen nicht so gut an.«

»Aber dein mickriges Moped kommt bei den Frauen gut an, ja?«, erwiderte der Mann seelenruhig, ohne dass sein freundlicher Gesichtsausdruck verschwand.

»Dein Kleinbus-Cabrio ist ja nun auch nicht eben mit einem Lamborghini zu verwechseln«, nuschelte Sunny halblaut, denn er hatte bereits meinen mahnenden Blick aufgefangen.

»Du brauchst nicht so zu nuscheln, mein Junge, ich höre noch ganz gut«, meinte der Mann gelassen, »also, was ist? Willst du ein bisschen Gras, oder nicht?«

Mir hatte es die Sprache verschlagen, aber Sunny erklärte: »Warum nicht?«

Der Typ nahm seinen Bogart-Hut ab, legte ihn neben die Likörflaschen, hob den Deckel vom Zwiebeltopf, griff hinein und holte ein Plastiktütchen heraus, darin etwas war, was wie bröckeliger Lehm aussah. Haschisch, wie mir gleich einleuchtete. Eben fuhr ein Auto die Straße entlang. Ich zuckte zusammen. Der Typ mit dem Pferdeschwanz war nicht aus der Ruhe zu bringen.

»Wie viel?«, fragte Sunny.

»Zwanzig das Piece«, sagte der Althippie. »Beste Qualität. Eigener Anbau. Oschatzer Südhang. Spätlese mit Prädikat.«

Sunny griff in die Hosentasche, holte einen Zwanzig-Euro-Schein hervor und gab sie dem Typen. Der reichte ihm das Tütchen, setzte seinen Hut wieder auf, als sei das Teil eines Kaufrituals, und sagte: »Rimbaud hat in Äthiopien nichts Besseres bekommen, das kann ich dir versichern.«

»Wer?«, fragte Sunny.

»Ein französischer Dichter«, beeilte ich mich zu erklären, um die Situation, die mir unangenehm war, hoffentlich abzukürzen. »Und jetzt lass uns weiterfahren, Sunny.«

»Ich dachte, wir gehen hoch auf den Berg, da könnten wir doch gemeinsam kiffen?« Sunny stellte sich stur.

Der Honig- und Haschisch-Einzelhändler beachtete mich nicht. Stattdessen wandte er sich an Sunny, den er wohl als Vertreter einer etwas hoffnungsvolleren Jugend ansah: »Rimbaud, mein Junge, war nicht *ein* französischer Dichter, er war *das* Genie der französischen Dichtung. *Je est un autre.* ›Ich ist ein anderer.‹ Spaltung der Persönlichkeit als Leiden an der Welt. Die Vertreibung des modernen Menschen aus dem Paradies als Fluch der Zivilisation. Und der Versuch einer Rückführung durch die Poesie und die göttlichen Drogen. Ja, die göttlichen Drogen. Und der bewusste Rückzug aus der Zivilisation, der Zersplitterung – ich weiß, wovon ich spreche, Junge, war ja schon selbst dort – zurück ins Heimatland der Menschheit, zu den Ursprüngen, nach Afrika, nach Äthiopien, zu den *Quellen des Nils.*«

Eine Granate schlug ein, deren Druckwelle Sunny und mich erfasste, uns durch die Luft schleuderte, uns Herz und Hirn aufriss … *der Nil!* Dorthin wollten wir, wollte vielmehr Evelyn, und der Althippie mit dem Bogart-Hut, dem Pferdeschwanz und dem Seidenschal war schon dort gewesen! Und er hatte einen Kleinbus. Keine Ahnung, ob der es bis Afrika schaffte, aber immerhin besser als mit Sunnys Moped oder mit irgendeinem Linienbus, den Evelyn eben aus dem Kursbuch von 1969 heraussuchte. Und er hatte zudem Haschisch – vielleicht war das auf solch einem Höllentrip gar nicht das Dümmste, um zu vergessen und die Schlaglöcher der Wüstenpisten besser zu ertragen!

Später, auf dem Collmberg, als Sunny und ich bis in die Abenddämmerung hinein auf der Plattform des Albertturms saßen und kiffend in die Landschaft schauten, nach Oschatz hinüber, wo Evelyn wohnte und das Kursbuch wälzte, gestand Sunny mir, dass er nicht schlecht über mich gestaunt hatte, als ich dem Bogart-Hippie die Hand gereicht und gesagt hatte: »Tim. Und das ist Sunny. Wir sind übrigens auf dem Weg nach Äthiopien, zum Nil. Vielleicht wollen Sie ja mitkommen?«

Der Althippie hatte verdutzt geschaut, sich mit der Hand über den Spitzbart gestrichen, mir tief in die Augen geblickt, als müsste er darin lesen, ob ich nicht log, und dann gesagt: »Ich bin Pierre. Eigentlich Peter. Aber das ist mir zu deutsch. Also für Freunde Pierre. Und für euch auch. Vielleicht werden wir ja noch Freunde.« Mit diesen Worten hatte er Sunny das Geld zurückgegeben. »Und das mit Äthiopien ... warum nicht. Hier versäume ich nichts. Ich muss gleich nachlesen, was der große Rimbaud darüber geschrieben hat. Dessen Werke führe ich nämlich stets mit, in meiner ›Bordbibliothek‹. Ihr holt noch eure Sachen, und dann stechen wir in See, ja? Treffpunkt morgen Punkt zehn, hier im Collmberger Hafen. *Salut*.«

Das vollautomatische Förderband mit *Deutschem Atom-Antrieb* – keine Strahlung! keine Gefahr! – schnurrte fast lautlos. Die stählernen Greifer gruben sich in den Kohlenberg, der sich im Keller *dieser Stelle* auftürmte, schöpften die schwarzen Eierbriketts und schütteten ihre Ladung in die Blechwannen, die auf das Förderband montiert waren und zügig, beinahe widerstandslos, über eine schiefe Rampe eine Etage höher fuhren. Ein raffinierter Mechanismus kippte die Wannen, die Kohle rutschte in ein Zubringerbecken, das durch rüttelnde Bewegungen die schwarze Ladung in eine Schütte kippte, von wo die Briketts in den großen Verbrennungsofen fielen.

Janke behielt das Förderband im Blick, beobachtete die Kontrolluhren, die das Gewicht der Füllung, die Temperatur im Ofen und die Heizleistung der durch Metallrohre in die oberen Stockwerke strömenden Heißluft anzeigten. Hin und wieder tarierte er die Luft- und Kohlezufuhr etwas nach, aber nur im minimalen Bereich, denn auch diese Einstellungen vollzog die Maschine automatisch. Freilich war die Heizungsanlage noch in der Probephase, erst vor wenigen Wochen nach Plänen Jankes – der sich in Berlin das Patent und alleinige Vertriebsrecht hatte sichern lassen – gebaut und im Keller des Auftraggebers, der Anstalt Hubertusburg, montiert. Aber – das zeigte sich bereits jetzt – sie funktionierte tadellos und zuverlässig, bedurfte nur hin und wieder noch der Feinjustierung seitens des Erfinders Karl Janke.

In spätestens ein, zwei Tagen könnte er zurückkehren an seinen Schreibtisch und sich wieder der Entwicklung neuartiger Apparate und Roboter zum Wohle der Menschheit und zur friedlichen Erforschung und Nutzung des Weltalls widmen. Der Fortschritt, das wusste Janke, lag nicht nur in bahnbrechenden Ideen und weltumspannenden Projekten, sondern auch darin, den Menschen den mühseligen Alltag zu erleichtern. Deswegen hatte er den drängenden Bitten der Anstaltsleitung nachgegeben – nicht, um der zu erwartenden Honorare willen (die freilich üppig waren – Janke hatte seine Forderungen in einem seinem Rang angemessenen Rahmen vorgebracht) – und diese Heizungsanlage den Bedürfnissen *dieser Stelle* und ihrer Bewohner entsprechend konstruiert. Denn er, Janke, war kein Unmensch und wusste aus eigener leidvoller Erfahrung, wie umständlich, schwer und schmutzig das Schippen der Kohle und das Befeuern der altmodischen Heizungsanlage war, und vor allem: wie schlecht die alten Öfen zogen, wie unzureichend warm sie wurden, wie wenig wohnlich es winters in den Schlafsälen und Aufenthaltsräumen im Schloss gewesen war. Nun breitete sich also wohlige Wärme in den alten Gemäuern aus, und er, Janke, sah mit einem Mal zufriedene und glückliche Gesichter, Bewohner, die ihn anlächelten und ihm freundlich einen guten Tag wünschten.

Janke zog seinen Ingenieursmantel aus und hängte ihn an einen Haken neben der Tür. Für heute war es genug. Die Anlage funktionierte reibungslos und zuverlässig. Morgen würde er vorsichtshalber nochmals alles kontrollieren, bevor er dem Direktor *dieser Stelle* das Abnahmeprotokoll zur Unterzeichnung vorlegte. Janke öffnete die Tür und stieg die Stufen hinauf. Am Treppenabsatz blickte er durch das staubige Souterrainfenster. Draußen dämmerte der frühe Abend. Es war ein schneereicher, kalter Winter.

Janke war froh, dass er nun wieder in sein warmes, hübsch eingerichtetes Büro gehen konnte. Herr Jonas, sein Assistent, würde schon auf ihn warten und ihm die Briefe an die Akademie und das Ministerium für Wirtschaft zur Unterzeichnung reichen, die er nach Jankes handschriftlichen Brouillons säuberlich getippt hatte. Janke würde Jonas einen schönen Abend wünschen und ihn nach Hause schicken, denn Jonas hatte sicherlich Familie, eine süße kleine Frau und ebenso süße Kinder. Und irgendwann würde Janke die Kinder auch in sein Laboratorium einladen und ihnen die Trajektmodelle zeigen, sie sogar ein wenig damit spielen lassen. Jonas würde sagen: »Besser nicht, Herr Janke, sonst brechen die Kinder am Ende etwas ab.« Und er, Janke, würde antworten: »Ich bitte Sie, wir waren doch auch mal Kinder. Und falls irgendetwas ein wenig lädiert wird: Wir kleben das wieder. Man kann den Forschertrieb der Kinder gar nicht früh genug wecken.«

Janke lächelte, als er sich das ausmalte. Noch immer blickte er versonnen durch das Souterrainfenster hinaus auf den Schnee, der im spärlichen Licht einer Außenlampe golden glitzerte. Es war wie der Ausschnitt einer Bühne, aus der Untersicht eines Souffleurkastens. Die Bühne war leer, aber Spuren im Schnee zeugten davon, dass vor Kurzem noch Akteure zugange waren.

Jetzt sah Janke zwei Lichtkegel von rechts näherkommen. Es war ein Auto. Wenige Meter vor dem Fenster hielt es an, ohne dass der Fahrer den Motor abstellte oder das Licht ausschaltete. Die Fahrertür ging auf, ein Mann stieg aus. Janke konnte in dem Bühnenausschnitt mit Untersicht nur die Beine sehen, nicht den Oberkörper und das Gesicht. Aber er sah, dass es ein sehr großer Mann sein musste, ein »Bohnenstengel«. Er trug eine Anzughose, ohne Mantel, an den

Füßen feine Budapester Schuhe, die für diese Wetterverhältnisse denkbar ungeeignet waren. Das schwarzlackierte Auto hatte elegante Chromverkleidungen, wohl ein schicker *Wolga*. Der Mann wandte sich um. Wenige Augenblicke später kamen von rechts zwei Frauenbeine angerannt. Die Beine des Mannes gingen ihr ein paar Schritte entgegen. Die Frau trug einen Rock, darüber einen zu kurzen Mantel, an den Beinen graue Strümpfe. Sie hatte keine Stiefel an, sondern Pantoffeln, was Janke verwunderte. Jetzt standen die Beine der Frau vor den langen Beinen des Mannes. Das Licht der Autoscheinwerfer fiel auf die Beine des Paares. Denn dass es ein Paar war, konnte Janke erschließen: Die Frau stellte sich auf die Zehenspitzen, die Beine des Mannes gingen ein wenig in die Knie. Offensichtlich küssten sie sich. Den Kuss selbst konnte Janke nicht sehen, aber die Beine sprachen eine deutliche Sprache. Janke erstarrte: Das Licht der Scheinwerfer war so grell, dass er die Farbe der Pantoffeln erkennen konnte: braun. Es waren die braunen Pantoffeln, die er Evelyn, seiner Evelyn, vor ein paar Wochen geschenkt hatte, damit es sie im Winter nicht fröre!

Janke wandte sich ab und stieg langsam die Treppe hinauf. Aus seiner Hosentasche nestelte er ein Taschentuch und wischte sich die Augen. Das Taschentuch war verrußt. Er wischte sich die rußigen Tränen vom rußigen Gesicht. Ruß vom stundenlangen Schippen der Kohle in dem modrigen Keller, in dem Schloss ohne funktionierende Heizungsanlage, mit seinen alten, schlecht ziehenden Öfen und seinen kalten, zugigen Fluren und Sälen ...

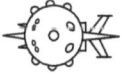

Es war eine Schnapsidee, schlecht wie der Schnaps vom Kiosk in Calbitz. Dennoch kehrte ich zur Pension zurück, um vor dem Aufbruch ins Blaue noch einmal auszuschlafen und ein paar Sachen zu packen. Die Pensionswirtin hatte einen Brief unter der Tür durchgeschoben, ich schaute auf den Absender: Er war von Jotpe. Ich warf ihn in den Papierkorb – was stünde schon darin: Vorwürfe, Vorhaltungen, Beschimpfungen. Ich war es leid. Ich war jetzt frei. Ich war drauf und dran, nach Afrika zu reisen, auch wenn das Blödsinn war. Egal. Ich raffte Jankes Papiere zusammen und legte sie in eine Mappe. Die würde ich mitnehmen. Ich würde sie Stavenhagen später zurückgeben.

Ich war todmüde und ging früh zu Bett, schlief wie ein Stein – bis ich von einem Höllenlärm emporgerissen wurde: Es war bereits Morgen. Die Handwerker übten sich wieder darin, das Haus zum Einsturz zu bringen. Ich sprang aus dem Bett, duschte, zog mich an. Bereits um zehn Uhr würden wir uns beim Collmberg treffen. So rasch wie möglich wollte ich diesen Tartarus verlassen. In einer kleinen Verschnaufpause der Malocher hörte ich an meiner Zimmertür heftiges Klopfen. Ich öffnete und sah die Pensionswirtin, die mir mit dem Gesichtsausdruck triumphierender Bosheit ein Blatt Papier unter die Nase hielt.

»Da!«, sagte sie barsch.

Ich trat einen Schritt zurück, um überhaupt etwas erkennen zu können. Aber die Wirtin nahm mir das Lesen ab: »Ein Fax von Ihrer Firma *Ulanitas*.« Sie sagte wirklich *Ulanitas*. »Das Zimmer ist bezahlt. Bis zum gestrigen Tag. Der Mietvertrag ist von der *Ulanitas* gekündigt. So wie Sie auch.«

»Sie kündigen mir?«

»Ich Ihnen? Ich werfe Sie raus! Die *Ulanitas* hat Sie gefeuert. Steht hier!« Sie wedelte mit dem Blatt Papier vor meinem Gesicht und blickte mich hämisch an. Ihr Grinsen erlosch augenblicklich, als sie sah, dass mich diese Nachricht kalt ließ. »Na, jedenfalls«, hob sie wieder an, »jedenfalls packen Sie all Ihren Krempel und verlassen das Haus.«

»Bin ich Ihnen für die letzte Nacht noch etwas schuldig?«

»Die eine Nacht schenke ich Ihnen. Mir ist es das größte Geschenk, dass ich Sie los bin.«

»Und ich meinerseits«, sagte ich. »Ich hoffe, dass es in Äthiopien, wohin ich jetzt nämlich fahre, um Urlaub zu machen und im Nil zu baden, keine solchen Megären gibt wie Sie! Und Sunny –«.

»Sunny?!«, schrie sie. »Seien Sie nur still. Ich habe genau beobachtet, wie Sie dem Jungen hinterhersteigen. Und neulich hatte ich Ihre Freundin, oder vielmehr Ihre Ex-Freundin am Apparat, als ich Ihr Zimmer putzte und das Telefon klingelte. Und da bin ich rangegangen ...«

»Sie spionieren mir nach? Sie gehen einfach an mein Telefon?«

»Das ist noch immer *mein* Telefon, junger Mann! Und da war Ihre Freundin dran und hat mir etwas vorgeheult. Das arme Ding. Dass Sie sie verlassen haben, mit einem Kind im Leib, und dass Sie wohl ein warmer Bruder sind. Und das sage ich Ihnen: Meinen Sunny, der ein ganz anständiger Junge ist, auch wenn er vielleicht nicht der Hellste im Kopf ist, meinen Sunny tatschen Sie nicht an, sonst leuchte ich Ihnen heim, Sie Windbeutel. Und jetzt packen Sie Ihren Krempel, in einer halben Stunde sind Sie draußen.«

Ich knallte ihr die Tür vor der Nase zu, raffte rasch alles zusammen, bestellte ein Taxi und verließ mit einem Koffer und einer Tasche das Zimmer. Die Wirtin war glücklicherweise nicht zu sehen. Den Schlüssel warf ich in den Briefkasten.

Aber was war mit Sunny? Auch er wollte seine Sachen packen. Ich zögerte – und schämte mich für meine Feigheit. Dann verließ ich das Haus. Ich konnte ihn über Sivi kontaktieren, in ein paar Tagen, wenn klar war, wie wir zum Nil reisen wollten. Mein Gefühl der Scham wuchs, dennoch ging ich zur Straße und wartete dort auf das Taxi. Eine Minute später kam ein Moped die Straße heruntergefahren. Ich traute meinen Augen kaum: Es war Sunny. Hinter ihm saß noch jemand, mit Helm und geschlossenem Visier.

»Hi, Tim!«, sagte Sunny.

»Wo kommst du denn her?«, fragte ich. Ängstlich wandte ich mich um. Eine hohe Thujahecke verhinderte, dass die Megäre uns vom Fenster aus sehen konnte.

»Ich war eben bei Sivi und habe ihr von unserem Abenteuer erzählt. Und von Pierre und von der lustigen Alten mit ihrem *Bundesdienst* und von Afrika.«

Der Sozius nahm jetzt den Helm ab. Es war Sivi! Sie lachte.

»Ich habe drei Wochen Urlaub. Und da dachte ich mir, ich begleite euch, nach Afrika.«

»Das ist aber weit.« Es war der dümmste Kommentar, der einem nur einfallen konnte.

»Umso besser. Nach Afrika wollte ich schon immer.«

»Und euer Gepäck?«, fragte ich. Sunny wies auf die Tasche hinten auf dem Träger: »Das Nötigste: ein bisschen Wäsche zum Wechseln, zwei Zahnbürsten. Und Sonnenschutzspray, weil die Sonne am Nil so brennt.«

Das Taxi kam um die Ecke gebogen. Ich winkte es heran.

»Wo soll's denn hingehen, Meister?«, fragte der Fahrer, ein älterer Herr im Jeanshemd.

»Zum Collmberg«, sagte ich.

»Was wollen Sie denn da? Es sind ja nur ein paar Kilometer. Und wieder zurück?«

»Nein, einfach.«

»Gehen Sie wandern?«

»Ja, sogar ziemlich weit.«

Sunny schob das Moped in den Hof, hinter den Kasten mit den Mülltonnen, immer noch in Sichtschutz vor seiner Mutter. Dann kam er zurück. »Ferien in Afrika«, jubelte er, »mit einem Spießer, einer hübschen Braut, einer verrückten Alten mit Klebezetteln und einem durchgeknallten Althippie. Voll der Grusel!«

»Und deine Frau Mama, Sunny?«, fragte ich vorsichtshalber.

»Der habe ich gestern schon verklickert, dass ich zu einem Kumpel ins Erzgebirge fahre, wandern und so. Ihr ist das eh egal.«

Wir stiegen ein. Der Fahrer, dem wir nicht ganz geheuer waren, musterte uns im Rückspiegel: »Aber Geld haben Sie, ja?«

»Was glauben denn Sie?«, sagte Sivi. »Wir sind Globetrotter. Und es geht sogar nach Äthiopien, zum Nil.«

»Aha«, brummte der Fahrer kopfschüttelnd und ließ den Motor an. »Na hoffen wir mal, dass Sie noch über die Elbe kommen. Jahrhunderthochwasser. Das dritte in zwölf Jahren. Dort reißt es nämlich seit heute die Brücken weg.«

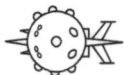

Und da aus vielen Raumelektronen der Strom in meinem Kraftwerk wird, kann man dieses mit gutem Recht als Atomkraftwerk bezeichnen: in der Gegenüberstellung zum Sowjetischen Atom – als »Deutsches Atom«! Man kann derartige Kraftanlagen auf allen Hausdächern montieren; d. h. die Akzeptoren dafür; die Kraftanlagen selbstverständlich unter dem Hausdach, in den oberen Bodenräumen! Mit Hilfe des daraus gewonnenen Stromes kann man sämtliche Licht- und Kraftstromverbrauchende Apparate, Aggregate oder Motoren betreiben! Das ist natürlich ein kolossaler Fortschritt, weil erstens sämtliche Fernleitungen fortfallen, ferner die Ausgaben für Gas, Öl und Antriebsstoffe, drittens die Sperrzeiten und viertens das Frieren im Winter!

Land-, Luft-, Wasser- und Raumfahrzeuge fahren und fliegen eines Tages mit diesem Atom! Selbst ein dem Moped ähnliches Atomrad fährt damit ununterbrochen 1 bis 1,5 Monate lang. Dann setzt man einige Teile neu ein! Derartige Kraftfahranlagen sind zu Anfang ihrer Einführung noch 30 bis 40 % teurer als die heute gebräuchlichen Antriebe; aber im Laufe der Zeit dürfte auch hier der Preis sinken! Schließlich muß man immer bedenken, daß unser Kraftwagen, von der alten Kutsche des Carl Benz bis zum heutigen Luxuswagen eine lange Zeit mühevoller Entwicklungsarbeit kostete; selbst das Fahrrad war seinerzeit nicht das, was es heute ist! Und so wird sich auch dieses Raumelektronen-Atom und Kraftwerk weiter entwickeln durch die Jahrtausende; aber jedenfalls wurde hier in Hubertusburg-Wermsdorf (Sachsen) erst einmal der heute schon brauchbare Anfang gemacht!

Es ist eine eigenartige, bedauerliche Tatsache, daß sich bisher in den 20 Jahren, wo ich hier in der Hubertusburg biwakiere, noch niemand vom Staate um mich bekümmert hat und auch meinen Sachen bisher keine Beachtung schenkte, obwohl ortsansässige und benachbarte Fachleute sich bereits sehr anerkennend aussprachen über meine Arbeit, die wohl eine der schwierigsten und kompliziertesten der Technik ist!   *Karl Hans Janke*

Pierre hatte eine Baskenmütze aufgesetzt und trug ein weißes Hemd mit Stehkragen, darüber eine abgewetzte Anzugweste mit Nadelstreifenmuster. Seine schäbige Eleganz sollte wohl die Wichtigkeit widerspiegeln, die er dem Unternehmen, diesem Himmelfahrtskommando zum Nil, beimaß. Er hatte uns auf dem Parkplatz am Fuße des Collmbergs erwartet, und wir waren gemeinsam den Hügel hinaufgestiegen, auf den Albertturm, um die Gegend zu überblicken. Oschatz, wo Evelyn wohnte und schon auf die freundlichen jungen Herren vom *Bundesdienst* wartete, lag nur wenige Kilometer entfernt, uns zu Füßen.

Ich blickte über das weite Land, sah Dörfer, Wälder, Felder, hin und wieder eine Baumlinie, die eine Chaussee oder einen Bachlauf säumte. Die Luft roch frisch und unverbraucht und ließ einen vergessen, dass in den letzten Tagen der Sommer über dem Land gebrütet hatte. Die Schwalben jagten durch die Luft, und oben am Himmel thronte eine einsame weiße Wolke, hoch und majestätisch. Man konnte nicht glauben, dass nicht weit von hier Elbe und Mulde gerade die Fluren überschwemmten und eine Brücke nach der anderen wegrissen.

»Wisst ihr eigentlich«, sagte Pierre, »dass in der Sahara jährlich mehr Menschen ertrinken als verdursten?« Er zog genüsslich an seinem Joint. Ein süßlicher Duft umwehte uns. »Das hat mir mal in Algier einer erzählt, in einer Opiumhöhle, noch vor dem Unabhängigkeitskrieg. Es war ja keine schlechte Zeit damals, zumindest für die Europäer. Alles billig, Koks und Haschisch konntest du für einen Appel und ein Ei bekommen. Und die schönsten Frauen, auch Knaben, je nach Geschmack. Also so ein junger Araber, den ich im Bazar kennengelernt und der mich in die Opiumhöhle geführt hatte, Mounhir hieß er, der erzählte mir von einer Schweizerin, Isabelle Eberhardt, eine Forschungsreisende. Sie beging den Fehler, in einem Wadi, das ist ein ausgetrocknetes Flussbett, zu campieren. Als es dann regnete, zum ersten Mal seit sechs Jahren, konnte das ausgedorrte Land die Wassermassen gar nicht aufnehmen. Innerhalb einer Viertelstunde schwoll ein reißender Fluss an und jagte das Wadi hinab und riss alles mit sich. Das war der nasse Tod von Demoiselle Eberhardt, mitten in der Wüste, nach sechs Jahren Dürre. Absurd. Oder großartig – je nachdem. Der Nemesis entgeht keiner. Die Parzen schneiden den Lebensfaden unnachsichtig ab.«

»Vielleicht sollten wir uns noch ein Schlauchboot kaufen, so eines zum Aufblasen«, meinte Sunny. Er hatte sich ebenfalls einen Joint gedreht, lehnte am Eisengeländer der Aussichtsplattform und war bereits grün im Gesicht. »Falls der Nil uns mitreißt?«

»Du brauchst eher eine Brechtüte«, meinte ich, und Sivi sagte: »Ein Schlauchboot wäre gar nicht dumm, schließlich müssen wir über die Elbe. Und die Brücke bei Torgau soll wohl bald gesperrt werden.«

»Wo wollt ihr Süßen denn nun eigentlich hin?«, fragte Pierre, der seinen Joint tief inhalierte. »Ich meine, Afrika ist ja nicht eben um die Ecke. Und vor allem liegt es südwärts. Ich kenne mich aus, war früher ja oft dort unten. Aber Torgau liegt im Norden. Wir könnten natürlich mit dem Bully nach Bayern fahren, so weit schafft es die alte Karre noch, vielleicht auch bis Österreich. Aber über die Alpen und den Balkan und über den Bosporus ...«, er wiegte bedenklich den Kopf, »nein, das bringt die Dschunke nicht mehr.«

»Na toll«, meinte ich. »Uns zunächst vollmundig ein Angebot unterbreiten, und jetzt kneifst du schon, bevor es überhaupt losgeht.«

»Moment mal«, sagte Pierre, ohne mich überhaupt anzusehen. »Es war eure Idee, mit Afrika, nicht meine. Und wenn ihr glaubt, ihr kommt mit dem Moped weiter – bitteschön.« Er paffte genüsslich und im Gefühl seines Triumphs den Joint.

Ich war sauer, auf Pierre, auf Sunny, der nun bereits über dem Geländer hing, wie über der Reling eines im Sturm krängenden

Schiffs, und kurz vor dem Reihern war, und auf Evelyn und auf mich und auf den ganzen Janke-Quatsch. Worauf hatte ich mich nur eingelassen!?

Sivi lenkte ein, wie nur Frauen es können: »Also, ich finde, es ist doch schon mal etwas, wenn wir nach Torgau fahren. Es soll ja eine schöne Stadt sein. Ich war seltsamerweise noch nie dort. Gerade das, was vor der Haustür liegt … Jedenfalls, wenn wir dort noch über die Elbe kommen, ist doch schon etwas gewonnen. Und dann schauen wir einfach, wohin uns unsere sommerliche Schnitzelfahrt noch so bringt.«

»Schnitzel?« Sunny hob abwehrend die Hand. Dann erbrach er sich konvulsivisch über das Geländer. Angewidert wandte ich mich ab. Ich hätte sie alle zum Mond schießen können, mit einem von Jankes imaginären Weltraumtrajekten.

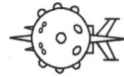

Meine liebe Evelyn!

Ich muß dich heute sehen / die ganze Woche hinter verschlossenen Fenstern u. Türen! Mein liebes Mädel, gestern habe ich mit dem Herrn Chefarzt über dich gesprochen. Es muß jetzt etwas unternommen werden, damit du frische Luft und ein wenig Sonne bekommst, Linchen! Auch mit Herrn Jonas habe ich gesprochen. Ich bin der Überzeugung, daß auch er einige gute Worte für dich eingelegt hat auf deiner Station, andernfalls wäre ich gezwungen, Anzeige zu erstatten. Ich lege darauf, daß du gesund erhalten bleibst, besonderen Wert, mein Mädchen. Dann wird eines Tages die Stunde kommen, wo wir beide hier zusammen rausgehen! Alles, was du zum Leben brauchst und vom Leben (draußen) wissen mußt, gebe und sage ich dir dann! Man kann dich dann also nicht mehr für »dumm« verkaufen (wie man so sagt) u. hier einsperren, dann bleiben wir Beide zusammen draußen!

*Es grüßt dich herzlichst dein Hänschen**

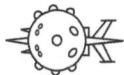

Auf den wenigen Kilometern bis Oschatz überlegte ich mir, wie ich Evelyn das Ganze ausreden könnte. Denn wie sollte ich sie zum Nil bringen? Andererseits: Ich hatte mich in Janke verbissen. Und Evelyn, dessen war ich mir sicher, war ein Schlüssel zu Jankes innersten Kammern. Zumindest hatte er ihr ja glühende Liebesbriefe geschrieben. Sie musste also mehr über ihn wissen, als die trockenen Krankenberichte und die phantasmagorischen Konstruktionspläne seiner Trajekte und Raketen über ihn verrieten. Aber wie mit Pierres altem VW-Bus nach Äthiopien gelangen, zum Nil? Besser wäre es wohl, wir würden einen Linienflug nehmen. Aber für fünf Personen? Ich hatte mit einem Mal ein ganzes Expeditionskorps am Hals – und war selbst arbeits- und obdachlos. Ein Flugzeug zu besteigen und zu fliehen, vor all den widrigen Umständen, hinaus in die Ferne, ins äthiopische Hochland, nach Lalibela, dort, wo mich niemand finden konnte, weder Cordula noch Jotpe, weder das Jobcenter noch das Finanzamt. Aber wenn ich an die wenigen Hundert Euro dachte, die noch auf meinem Girokonto waren, konnte ich solche Fluchtpläne gleich stornieren. *The flight to Addis Abeba is cancelled*, scholl es mir durch den Kopf. Aber was würde Evelyn dazu sagen, die sich so über das Tonhäuschen ihres lange verstorbenen Sohnes gefreut hatte?

»Wir müssen sehen, dass wir noch rechtzeitig über die Elbe kommen, bevor Sachsen absäuft.« Das war Pierres Stimme, die mich wieder in die Gegenwart zurückholte.

Ich konnte nicht zurück und wollte es auch nicht. Und mir half weder die Lufthansa noch ein Janke'sches Trajekt, um zum Nil zu gelangen. Ich musste selbst sehen, wie ich dem Schlamassel entkam. Mich wie Baron Münchhausen am eigenen Zopf aus dem Sumpf ziehen. Das Ortsschild von Oschatz tauchte auf. Ich nahm mir vor, den Weg als Ziel zu betrachten. Eine simple Weisheit – aber vielleicht half sie mir.

Es war Markttag. Auf dem Platz vor dem Rathaus wurden Obst und Gemüse verkauft. Pierre bog in die Straße an der Döllnitz ein. Sunny wies ihm den Weg, denn Pierre besaß natürlich kein Navi. Er kannte sich mit Joints und mit Rimbaud aus, und er wollte sich – so hatte er auf dem Collmberg noch behauptet – mithilfe der Verse des Franzosen sogar in Äthiopien zurechtfinden.

Schon als wir um die Ecke fuhren, sah ich Evelyn vor ihrem baufälligen Häuschen stehen. Sie hatte sich feingemacht, kaum erkannte ich sie wieder. Sie trug ein rosafarbenes Kostüm, passend dazu weiße Pumps, und trotz der Hitze seidig schimmernde Feinstrümpfe. Am Revers prangte eine Brosche aus Kunstperlen, große weiße Perlmutt-Clips klemmten an den Ohrläppchen. Das Bild der englischen Lady wurde gleichwohl konterkariert: Der Rocksaum hatte sich gelöst und hing hinten herunter. Und statt eines Ascot-Hutes trug Evelyn einen weißen Sonnenschild auf der Stirn, der durch ein breites weißes Gummiband gehalten wurde. Neben sich hatte sie eine cremefarbene Tasche aus Kunststoff stehen, ein billiges Imitat mit Gucci-Aufdruck. Evelyn hatte einen kleinen Rucksack geschultert. Oben lugte ein brauner Teddybär heraus, der kaum noch Pelz hatte, dafür aber ein handgestricktes rosafarbenes Westchen trug. Mit einem weißen, rüschengesäumten Sonnenschirm winkte Evelyn uns zu.

Ich kurbelte das Fenster herunter.

»Da sind Sie ja endlich«, sagte sie mit tadelndem Augenaufschlag. »Ich dachte schon, ich müsste doch den Linienbus nehmen. Ich habe nämlich einen aus dem Fahrplan herausgesucht.«

»Einen Linienbus? Nach Afrika?«, fragte ich belustigt.

Sie ging auf meinen Einwand nicht ein. »Und warum kommen Sie nicht mit dem Moped? Ich habe mich schon so darauf gefreut, vor allem wegen der Nachbarn.« Sie zeigte mit der Schirmspitze auf das Nachbarhaus. Dort bewegten sich die Gardinen.

Sivi war ausgestiegen und hievte Evelyns Taschen samt Teddybären ins Innere des VW-Busses.

»Aufpassen, bitte«, rief Evelyn. »Das ist der Franz. Dem wird leicht schlecht, wenn's kurvig ist. Und in Äthiopien – ich weiß nicht, wie da die Straßen sind.«

Pierre blickte ratlos unter seiner Baskenmütze hervor. »Die spinnt, die Alte«, murmelte er, so leise, dass nur ich es hören konnte.

»Stimmt«, flüsterte ich zurück.

»Was flüstern Sie beide denn?«, fragte Evelyn, als sie, von Sivi gestützt, hinten einstieg und Sunny mit ihrem Schirm recht unsanft beiseitedrängte. »Ah, der zweite Herr vom *Bundesdienst* ist auch da. Sie sind recht sommerlich angezogen, junger Mann. Na ja, in Äthiopien ist's ja heiß. Ich habe auch noch etwas anderes dabei: leichte kurzärmelige Blusen, Leinenhose und Wanderschuhe.«

»Wanderschuhe?«, fragte Sunny.

»In Äthiopien gibt's giftige Spinnen und Schlangen und so Zeug«, erklärte Evelyn. »Da muss man sich schützen, mit festen Schuhen. Oder wollen Sie etwa mit ihren Badelatschen durch den Urwald trampeln?«

»Ich will gar nicht nach Afrika, sondern einfach nur in der Umgebung ein bisschen herumfahren, meine Ferien genießen und abhängen, vielleicht nach Berlin rein.«

»Ferien?!« Evelyn blickte Sunny belustigt an. »Wir sind auf Expedition. Nach Lalibela und zum Nil. Das haben Sie beide mir gestern versprochen. Und dabei bleibt es, verstanden? Sonst schreibe ich einen Beschwerdebrief an den *Bundesdienst*. Janke hat das auch immer getan. Meine Güte, an wen der immer geschrieben hat: an die Akademie der Wissenschaften, ans Forschungsministerium, einmal sogar an *Interflug*, wegen seiner Weltraumsachen, Trajekte nannte er die. Aber wir haben ja heutzutage gute, bequeme Passagierflugzeuge. Und es ist ja nicht mehr wie zu Ost-Zeiten. Jedenfalls fahren wir jetzt direktemang über Torgau nach Berlin, nach Tegel. Dort starten die großen Vögel.« Sie klopfte Pierre ermutigend auf die Schulter. »Na, was ist, worauf warten Sie noch? Fahren Sie los. Nach Torgau! Ich kenne die Strecke, ich lotse Sie. Machen Sie sich mal keine Sorgen.«

Pierre startete den Motor. »Es gibt doch noch Abenteuer«, stellte er kopfschüttelnd fest. »*Une saison en enfer*. Rimbaud hatte ja keinen blassen Schimmer.«

Auf dem Musikschrank lagen nicht die Schlagerplatten, sondern eine Vinylscheibe mit dem *Festlichen Glockengeläut mitteldeutscher Dome*, und eine mit Weihnachtsliedern, gesungen vom Leipziger Thomanerchor. Die rothaarige Pflegerin hatte das als *reaktionär* und *klassenfeindlich* gebrandmarkt, aber die Betschwester, die mit Inbrunst Kirchenlieder sang, hatte sich nach vierstündigem Marathonsingen durchgesetzt, als man ihr versprach, die Weihnachtsplatten zu holen, wenn sie nur pausierte.

Janke war es eigentlich gleichgültig, ob nun deutsche Schlager oder *Vom Himmel hoch* und *O Heiland, reiß die Himmel auf* erklangen, aber er genoss es, wenn es adventlich nach Lebkuchen roch, nach Zimt und Bienenwachs, er liebte den Glanz der goldenen und silbernen Kugeln und des Lamettas am Weihnachtsbaum. Die Betschwester hatte sich von ihren Verwandten im Erzgebirge geschnitzte Figürchen schicken lassen, die sie auf der Kommode neben dem Musikschrank aufstellte und mit Tannenreis und Moos schmückte: Maria und Josef und das Jesuskind, Ochs und Esel, Hirten und die drei Weisen aus dem Morgenland, und über allem schwebte ein kleiner Engel (die Betschwester nannte ihn *Boten des Herrn*), der trug ein Schriftband in Händen, darauf stand *Gloria in excelsis Deo*. Janke hatte sie gefragt, was das bedeute, aber die Betschwester hatte es nicht gewusst und gemeint, das verstehe nur der Pastor, aber der sei mit einer anderen durchgebrannt, deshalb könne sie ihn nicht mehr fragen.

Janke sog den Duft des frischen Reisigs ein, er erfreute sich an dem Korb mit rotbackigen Äpfeln und gefurchten Walnüssen. Von der Decke des Aufenthaltsraums hing ein großer gold- und rotfarbener Herrnhuter Stern herab. Den mochte Janke besonders. Ein hochkomplexes Gebilde. Die Laien machten sich ja keine Vorstellung davon! Dieser Stern war nicht irgendwie gefaltet und geklebt. Dahinter steckte mathematische Prägnanz. Kaum einer wusste, dass erst zu Beginn des 19. Jahrhunderts das Problem des Herrnhuter Sterns rechnerisch gelöst worden war. Und der Original-Stern besaß hundertzehn Zacken, nicht die lumpigen fünfundzwanzig, die man in jüngerer Zeit in einem VEB produzierte. Immerhin, es blieb eine mathematische Herausforderung: Selbst der einfache Stern bestand ja aus einem Rhombenkuboktaeder mit sechsundzwanzig Flächen, siebzehn viereckigen und acht dreieckigen Zacken. Und er, Janke, hatte vor nicht allzu langer Zeit an den *VEB Oberlausitzer Stern- und Lampenschirmfabrik* in Herrnhut einen Brief gesandt und eine vereinfachte Fertigung dargelegt. Nicht auszudenken, welchen Aufschwung die volkseigene Produktion dank dieser Verbesserung nehmen könnte!

Janke sah den Herrnhuter Stern sacht hin und her pendeln. Auch dahinter verbarg sich ein physikalisch-mathematisches Phänomen, von dem weder die Betschwester mit ihren himmelaufreißenden Liedern noch die Rothaarige mit ihrer kleingeistigen Bosheit etwas ahnen konnte. Mit ein wenig Rührung blickte Janke zum Stern empor und murmelte: *Gloria in excelcis Deo.* Was immer das bedeuten mochte. Die fremden Laute schienen ihm der feierlichen Stimmung angemessen.

Die Nachmittagsdämmerung senkte sich herab. Die *blaue Stunde,* wie seine Mutter selig es immer genannt hatte, wenn sie an den frühen Winterabenden sich in der von einem bullernden Herd gut geheizten Wohnküche aufs Kanapee gesetzt hatte, vor sich das Körbchen mit dem Strick- und Häkelzeug, und die Finger – abgeschaffte Bäuerinnenhände – erstaunlich leicht und behände mit den Nadeln und den Wollfäden hantiert hatten. Auch bei ihnen zu Hause hatte ein Herrnhuter Stern gehangen, die Küchendecke war so niedrig gewesen, dass man stets um ihn herumgehen musste, aber das störte nicht. Der Stern gehörte dazu wie eine ältliche Verwandte, die seit je mit im Haushalt lebte und über deren Dasein man sich keinerlei Gedanken machte.

Die Weihnachtsfeier war für sechs Uhr abends angesagt. Statt des Abendessens im Speisesaal sollte es im dekorierten Gemeinschaftsraum Dresdner Christstollen, Lebkuchen, Plätzchen und Punsch geben. *Kinderpunsch*, wie die leitende Ärztin streng angeordnet hatte, *ohne Alkohol*. Nach und nach füllte sich der Raum mit Insassen der angrenzenden drei Stationen. Auch die Bewohnerinnen von Evelyns Station würden kommen. Auch Evelyn. Seit Tagen freute sich Janke darauf. Ob Evelyn wieder gesund war, von der Erkältung genesen? Er hatte sie ja vorgestern erspäht, vom Kellerfenster beim Heizungsraum aus – oder war das eine Fata Morgana gewesen? Aber er hatte doch ihre Pantoffeln wiedererkannt, die er ihr im *Konsum* gekauft hatte, Pantoffeln, mit denen sie im Schnee gestanden hatte, vor dem fremden Mann, der aus dem Auto gestiegen war ...

Ein Knall riss Janke aus seinen Gedanken. Die Betschwester war hereingekommen und hatte die Tür hinter sich zugeworfen. Schimpfworte schollen ihr entgegen. Janke war das gewohnt. Die Menschen hier waren grob und abgestumpft. Die meisten jedenfalls. Der freundliche Pfleger und der nette Herr Jonas, sein Assistent, waren Ausnahmen. Und Evelyn natürlich. Er sah sie vor sich: Ein blonder Engel, und zwischen ihren Händen hielt sie ein Schriftstück, darauf die Worte gemalt waren *Gloria, ich hab dich lieb*. Janke hätte gern gewusst, wie das auf Lateinisch lautete, aber er konnte ja niemanden fragen, auch den Pastor nicht, dem die Betschwester grollte. Aber es war egal. Evelyn würde ihn verstehen und sich über sein Geschenk freuen. Zum wiederholten Male tastete er danach. Es steckte in der Innentasche seines Festtagssakkos. Janke hatte sich feingemacht: Ein weißes Hemd, seine beste graue Hose, schwarze Schuhe (die hatte er bereits am Vortag geputzt und poliert). Außerdem war er erst vor drei Tagen beim Friseur gewesen. Die Haare trug er nach hinten gekämmt, hatte sie für den heutigen Festanlass pomadisiert und sich etwas Kölnischwasser auf die Wangen gespritzt. Das heißt, es war nicht aus Köln, sondern aus volkseigener Produktion, *Florena*. Aber wenn man nicht zu viel davon auftrug, roch es gar nicht so übel.

Eben wurden die Kerzen am Weihnachtsbaum angezündet. Janke setzte sich auf einen Stuhl, strich mit der Hand über die weiße Stofftischdecke. Heute, zum Weihnachtsabend, waren alle Tische im Gemeinschaftsraum festlich gedeckt. Auf jedem stand eine Kerze, neben den Tellern lagen rote Papierservietten, trotz des Defizits, das die volkseigene Papierindustrie seit Jahren plagte. Janke zupfte einen Fussel vom Hosenbein, dann fiel ihm ein, dass das lange Sitzen Ziehharmonikafalten in die Hose schlug. Er stand wieder auf, zog Hose und Sakko glatt. Evelyn sollte ihn adrett antreffen, aufrecht stehend, als ganzen Mann.

Erwartungsvoll blickte Janke zur Tür. Immer mehr Bewohner *dieser Stelle* kamen herein. Es begann zu dunkeln. Die Rothaarige entzündete die Kerzen auf den Tischen und knipste eine kleine Lampe auf dem Musikschrank an, sodass nun auch die Figuren zu Bethlehem angestrahlt wurden. Die Betschwester sang leise *Stille Nacht*. Keiner stimmte mit ein. Janke stand steif da und blickte zur Tür. Er wagte nicht einmal, sich Tee einzugießen, denn just in diesem Augenblick könnte sie, Evelyn, ja eintreten!

Wieder griff er in die Innentasche seines Sakkos. Das Geschenk. Eigentlich nur eine Zeichnung, aber eine selbst gefertigte. Die würde Evelyn sicherlich aufheitern. Sie war ihm in den letzten Wochen so traurig erschienen. Und so abweisend. Dabei war ihm ein heiteres, lachendes Evelynchen doch so lieb und teuer! Er zog nun doch das Blatt hervor, faltete es auseinander. Er musste sich selbst nochmals daran ergötzen, was er da gezeichnet und geschrieben hatte: Es war ein frierender Schneemann mit langer Karottennase und runden, lieben, kohlschwarzen Augen, der vor einem monströsen Kachelofen stand. In einer Schneehand trug er seinen Zylinder. Die Lebensgeister kehrten langsam in ihn zurück. Aber unter ihm floss schon das Wasser auf die Dielenbretter. Der Schneemann! Das war ja er selbst, Janke. Auch ihm war manchmal innerlich so kalt, in einer trostlosen Welt, kalt und einsam wie im grenzenlosen Weltenraum! Darüber hatte Janke geschrieben:

Der Schneemann ist auch ein Mann! Wenn der den ganzen Tag und die ganze Nacht draußen in der Kälte stehen soll, dann friert der! Da kommt er schnell rein und schmiegt sich an den Ofen! Ob er die Wärme verträgt?

Erneut wurde die Tür laut zugeschlagen. Janke hörte die Rothaarige tadelnd sagen: »Aber Frau Kubelka, geht das nicht leiser?«

Da war Evelyn, sein Evelynchen! Janke fühlte, wie eine fremde Macht seinen Körper, dessen Beine nicht mehr recht zu gehorchen schienen, zur Raummitte hin schob, an den Tisch, wo Evelyn gewöhnlich saß, an den samstäglichen Gemeinschaftsabenden. Er versuchte zu lächeln, so gut das mit einem von betäubender Freude gelähmten Gesicht eben ging.

Aber Evelyn trat nicht an »ihren« Tisch heran. Sie schlich wie eine Katze an der Wand entlang, lautlos, den Blick zu Boden gerichtet. Sie hatte die Pantoffeln an, die Janke vom Kellerfenster aus gesehen hatte, trug einen blauen Glockenrock und einen weißen Feinstrickpullover, um den Hals hatte sie eine Kette weißer Kunstperlen gelegt. An den Ohrläppchen schimmerten rote Clips. Wunderschön war sie. Sie schlich durch den Raum wie eine Nachtwandlerin, wie gelenkt, ohne jemanden wahrzunehmen, ohne einen Blick für die Kerzenlichter, den Herrnhuter Stern oder den Weihnachtsbaum übrig zu haben. Jetzt stand sie vor dem Musikschrank, vor den Krippenfiguren. Mit einer Hand wühlte sie ungeduldig in den ausgelegten Schallplatten, dem Geläut der Dome, den Gesängen der Thomaner. Unwirsch schüttelte sie den Kopf, Grollfalten auf der Stirn. Das *Festliche Glockengeläut mitteldeutscher Dome* stürzte in den Stall, der Engel tanzte wild, als würde ein Boogie-Woogie aufgelegt, das Jesuskind landete mitsamt der Krippe auf dem Boden. Evelyn schien es nicht zu bemerken, bückte sich nicht danach.

Janke, noch immer von der fremden Macht geschoben, stand nun hinter Evelyn. Sein Mund öffnete sich, eine ihm unbekannte Stimme, belegt und rau, krächzte: »Evelyn, frohe Weihnachten! Ich habe etwas für dich.«

Ruckartig wandte sie sich um, blickte durch ihn hindurch, ging achtlos an ihm vorüber, die Faust geballt. Er sah, dass der Esel im Stall fehlte. Noch immer hielt er seine Zeichnung in der Hand. Der Schneemann schwitzte und schwitzte und zerfloss zu einem Tränenbach.

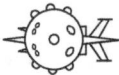

Die Fahrt ging über Landstraßen und Chausseen, die wie Dämme erschienen: Links und rechts hatte sich das Wasser zu weiten Seen ausgebreitet, reglose Flächen, in denen sich die Sonne, der blaue Himmel und hin und wieder eine erhabene weiße Wolke widerspiegelten. In einem Dorf führte die Straße über einen Bach, der zu einem reißenden Fluss angeschwollen war. Die Fluten hatten bereits die Oberkante des steinernen Brückenbogens erreicht und rannen als dünner Film über den Asphalt. Die Feuerwehr sicherte die Brücke und ließ die ankommenden Autos noch einzeln und im Schritttempo darüberfahren. Ein Feuerwehrmann gab uns ein Zeichen. Pierre kurbelte das Fenster herunter.

»Wie viele Personen?«, fragte der Feuerwehrmann.

»Fünf«, antwortete Pierre. »Und ein Teddybär.«

»Zu viele«, befand der Feuerwehrmann streng. »Alle Beifahrer aussteigen und zu Fuß hinüber. Und Sie fahren im Schritttempo. Hinter Ihnen machen wir die Brücke dicht. Ich kann das nicht mehr verantworten.«

Wir stiegen aus, schlurften einzeln über die Brücke. Sunny, in Flip-Flops, machte sich einen Spaß daraus und klatschte so fest auf, dass es nur so spritzte. Sivi behielt ihre Sandaletten an. Ich zog meine Dockers aus und ging barfuß, hinter mir Evelyn. Auch sie zog ihre Pumps aus, zudem ihre Feinstrümpfe. Mit unendlicher Grazie durchschritt sie das fließende Wasser – die Queen hätte das nicht würdiger hinbekommen.

Ich war noch nicht ganz am anderen Ende der Brücke angelangt, als ich hinter mir einen spitzen Schrei hörte. Ich wandte mich um: Evelyn stand da, die Hand vor dem offenen Mund, und blickte voller Entsetzen hinunter auf den reißenden Fluss. Ich begriff nicht, was los war, und ging zu ihr hin.

»Der Franz! Der Franz!«, stammelte sie. Schon schossen ihr die Tränen in die Augen.

Ich nahm ihre Hände. »Was ist mit dem Franz?«

»Ich ... ich ... habe mich ein wenig vorgebeugt, weil ich schauen wollte, wie schnell das Wasser fließt ... und ... da ist er ... der Rucksack war wohl nicht ganz zu ... der Reißverschluss ... der ist seit Längerem kaputt ... und ... der Franz ... da ist er rausgerutscht und ... da hinunter ... ich habe noch kurz seinen Kopf gesehen ... und dann war er schon weg!«

Ich wusste nicht, was ich sagen sollte. Sie weinte lautlos, die Tränen rannen ihr über die Wangen, und ich dachte nur: Das Wasser kommt heute aber auch von allen Seiten!

Der Feuerwehrmann pfiff. »Machen Sie schneller! Keine Stelldicheins, bitte!«

Ich zog die widerstrebende, in Leid aufgelöste Evelyn das letzte Stück über die Brücke. »Wir kaufen einen neuen Bären«, versuchte ich sie zu trösten, »in Torgau. Versprochen. Einen richtig schönen!«

»Aber das war doch der Franz!«, wimmerte Evelyn. »Den habe ich doch schon so lange. Der hat doch eine Seele und hat mit mir doch mein Leben geteilt.«

Ich seufzte. Im Grunde konnte ich sie verstehen. Aber Franz hatte nun eben einen Unfalltod erlitten, das war Schicksal, und dem entgeht man nicht. Er trieb nun flussabwärts, würde irgendwann in die Elbe gespült und schließlich in die Nordsee. Vielleicht würde er aber auch irgendwo angeschwemmt, und ein Kind würde sich seines zerfetzten Leichnams erbarmen und ihn anständig begraben.

Ich drückte Evelyns Hände, schwatzte irgendetwas von »Schicksal« und »Franz kommt in den Bärenhimmel« – da hielt auch schon Pierre neben uns, forderte uns zum Einsteigen auf, und ich bugsierte Evelyn auf ihren Sitz. Auch die anderen stiegen ein, und wir fuhren weiter.

Allmählich beruhigte sich Evelyn, nur hin und wieder hörte ich noch ein leises Schniefen. Franz war das erste Opfer auf unserer Afrika-Expedition. Es fing ja gut an!

»Magnifique«, kommentierte Pierre das Wetter, »wie in der Wüste, nach Starkregen. Jetzt brauche ich etwas zu rauchen.«

Süßlich waberten die Haschischwolken durchs Wageninnere. Evelyn hielt sich ein mit Kölnischwasser getränktes Spitzentüchlein vor die Nase.

Wir erreichten Torgau. Die Straßen der Vorstadt waren zugeparkt, aber kein Mensch war zu sehen. Pierre drückte den Rest seines Joints im überquellenden Aschenbecher aus und fuhr auf den großen Marktplatz. Die sanierten Bürgerhäuser und das mächtige Rathaus leuchteten in der Sonne. Eine Gaststätte hatte im Freien bestuhlt und goldgelbe Schirme aufgespannt, aber es waren in dieser mittäglichen Stunde keine Gäste zu sehen.

Pierre stellte den Bus ins Halteverbot. »Eh keiner da«, brummte er.

Wir waren noch nicht ausgestiegen, als bereits ein älterer Herr mit altmodischem Backenbart neben uns stand, der trotz der sommerlichen Hitze über seinem blau gestreiften Polohemd eine hellgraue Kunstlederjacke trug, in der Hand einen *Knirps*-Schirm.

»*Bien sûr*«, raunzte Pierre ihn an, »ich weiß, wir stehen hier falsch, und Sie rufen gleich *les flics*.«

Der Backenbärtige zog wie ein altenglischer Butler die weißen, buschigen Augenbrauen hoch: »Eine Stadtführung gefällig?«

»Stadtführung?« Pierre suchte in seiner Hosentasche nach Zigaretten und bot dem Fremden *Gauloises* an.

Der Mann nickte dankend und zog eine aus der Packung. »Die Führung ist gratis, versteht sich. Meine Frau ist tot, der Sohn Animateur in der Karibik, da wird einem manchmal schon langweilig.« Er deutete mit dem Schirm zu der Gaststätte. »Dort drüben isst man übrigens gut.«

Evelyn strahlte über das ganze Gesicht. »Schön! Ich habe einen Bärenhunger.«

Sivi nickte.

Sunny sagte: »Danke, Tim, für die Einladung.«

Missmutig schlug ich die Autotür zu. Evelyn sah mich fragend an. Ich musste sie bei Laune halten, denn ich wollte ja noch so manches über Janke und seine Welt erfahren.

»Na schön«, seufzte ich, »aber keinen Champagner.«

Wir waren die einzigen Gäste im *Goldenen Anker*, saßen draußen, mit dem Blick auf den Platz und das gegenüberliegende Rathaus, im goldenen Licht, das unter den gelben Schirmen flirrte. Der Backenbärtige hatte sich zu uns gesellt, als wäre er ein Patenonkel, der seine Anverwandten zwar seit geraumer Zeit nicht mehr gesehen hat, sich ihnen aber noch immer in unverbrüchlicher Gemeinschaft verbunden fühlt.

Sunny bestellte sich einen großen Eisbecher Tropicana. Der Schnorrer, der sich als Adalbert Sausewind vorstellte, war zumindest so bescheiden, nur einen Toast Hawaii zu ordern. Evelyn zeigte am meisten Appetit: Wiener Schnitzel mit Pommes, auf zwei Tellern serviert, da das Schnitzel bis über den Rand hing, dazu ein großer gemischter Salat und hinterher noch ein Stück Rhabarberkuchen. Sunny guckte neidisch auf das Schnitzel, bis ich ihm mitfühlend auch eines bestellte – als Nachspeise zu seinem Eis.

Sausewind vertilgte seinen Toast Hawaii, als handelte es sich um einen besonderen Gaumenschmaus der *Nouvelle Cuisine*. Betulich tupfte er sich die Lippen mit einer Papierserviette. Dann orderte er noch einen Kräuterlikör, *Zinnaer Klosterbruder*.

»Kloster Zinna bei Jüterbog«, erklärte er, »unweit liegt übrigens Schloss Wiepersdorf. Bettine und Achim von Arnim, Romantikerdomizil, heute Künstlerhaus. Sehenswert. Vielleicht schon davon vernommen?« Ich verneinte, und Sausewind setzte hinzu: »Da müssen Sie mal hinfahren. Wohin geht's denn eigentlich? Und was führt Sie ins bedrängte Torgau?«

»Wir sind Afrikareisende«, erklärte Sunny, der eben mit vollem Mund an seinem Schnitzel kaute, »und wollen zum Nil.«

»So, so«, sagte Sausewind voller Anerkennung, »da haben Sie

aber eine lange Reise vor sich. Wollen hoffen, dass es dort kein Hochwasser gibt.«

»Wir fliegen mit der Lufthansa«, schaltete Evelyn sich voller Stolz ein. »Ich habe nämlich einen Wunsch frei. Und die Herren vom *Bundesdienst* sind so freundlich.«

»Ah, *Bundesdienst*?«, sagte Sausewind beifällig. »Dann koordinieren Sie also auch die Hochwasserhilfe? Sandsäcke schleppen und so.«

»Nein, nein«, wehrte Pierre ab, der sich bislang aus einem Gefühl der Verachtung für den kleinen Mann nicht geäußert hatte, »nicht mit mir. Mein Kreuz ist kaputt.«

»Muss ja nicht sein. Alte Leute sind freigestellt. Aber alle Schulklassen ab der Achten sind heute verpflichtet worden, und die gesamte Stadtverwaltung. Viele Bürger machen auch mit, freiwillig. Den Scheitelpunkt des Hochwassers erwarten wir morgen.« Sausewind winkte die Bedienung herbei. »Der Herr möchte zahlen.« Er deutete auf mich. Dann sagte er in die Runde: »Kommen Sie, ich zeige Ihnen die Stadt. Wer weiß, was davon übrig bleiben wird.«

Adalbert Sausewind bot Evelyn wie ein Kavalier den Arm und schritt mit ihr über den sonnenheißen Platz, auf dem sich keine Menschenseele zeigte, was ihn umso größer erscheinen ließ. Er steuerte auf die schräg gegenüberliegende Ecke zu, wo sich ein Eiscafé befand.

»Gefrorenes gefällig?«, fragte er Evelyn.

Die betrat, ohne ihn einer Antwort zu würdigen, die Eisdiele, Sausewind folgte. Ich blieb draußen stehen, sah durch die offene Tür, wie sich Evelyn einen Pappbecher mit fünf Kugeln geben ließ, darunter auch ein schlumpfblaues Eis, das wie von BASF leuchtete und vermutlich nach Wandfarbe schmeckte. Strahlend kam sie heraus, die Lippen bereits blau, und beschied mir: »Sie müssen noch zahlen, Tim.« Leise fluchend kam ich der Aufforderung nach.

Sausewind führte uns in eine seitwärts führende, langsam abfallende Straße. Auf der linken Seite war ein Renaissance-Haus, weiß verputzt, die Fensterlaibungen und das Erdgeschoss aus ockerfarbenem Sandstein. Über der Eingangstür und dem großen Schaufenster wölbten sich Rundbögen. Ein schmiedeeiserner Ausleger mit einem Reiter im runden Medaillon ragte in die Straße. An der Fassade war in großen Lettern zu lesen: *Carl Loebner. Gegr. 1685.* Eine auf der Scheibe des Schaufensters angebrachte Schrift lieferte weitere Erklärungen: *Das älteste Spielwarengeschäft Deutschlands. Über 325 Jahre in Torgau, gegründet 1685 vom Drechslermeister Christoph Loebner, in 11. Generation geführt.*

Evelyn stand versonnen vor der Auslage. Blaue Soße rann ihr über Finger und Handrücken.

»Sie müssen am Rand lecken«, riet ich ihr. »Und schneller essen.«

»Schneller essen geht nicht«, sagte sie und betatschte mit verschmierten Fingern einen meterhohen hölzernen Pinocchio, der wie ein Banjosträfling an einen eisernen Fahrradständer angekettet stand und seine lange Nase in die mittägliche Gluthitze streckte. »Man muss genießen. Hat Janke auch immer gesagt. Genießen und gründlich kauen, sonst bekommt man Magenschmerzen. Die hatte ich oft genug, in Hubertusburg, vom Runterschlingen und von den Tabletten.«

»Vielleicht wünschen Sie sich etwas aus dem Geschäft?«, meldete sich Sausewind zu Wort. »Ich kenne Loebner persönlich und bekomme Prozente. Er hat besonders schönes Holzspielzeug, auch Eisenbahnen und nostalgische Stofftiere, hochwertige Qualität.«

»Ein neuer Teddy täte not«, sagte Evelyn. »Den alten hatte ich noch von Janke. Der lebt ja nicht mehr. Und der Franz auch nicht mehr, er ist ertrunken. Also ein neuer Teddy wäre gut, weil ich im Winter etwas Warmes brauche im Bett.«

Sunny gab mir einen Schubs, und Evelyn zog mich in Loebners Wunderkabinett. Als wir eine Viertelstunde später das Geschäft verließen, hielt sie einen beigen *Steiff*-Teddy im Arm, der eine Baskenmütze trug (fehlte nur noch der Joint, dann ähnelte er Pierre). Adalbert Sausewind war um zehn Prozent Provision reicher (die hatte Loebner ihm vertrauensvoll zugesteckt), und mein Sparkonto, das abschmolz wie Grönlands Gletscher, war erneut Opfer einer plötzlichen Hitzewelle geworden, wie sie auch über Sachsen brütete, während gleichzeitig eine Flutwelle durchs Land rollte.

»Und jetzt zum Schloss«, beschied uns Sausewind und schritt voran, wir hinterher wie eine Reisegruppe. Sunny maulte, seine Flip-Flops rieben zwischen den Zehen.

»Er fängt ja gut an, der Trip nach Afrika«, sagte Sivi, und Pierre meinte, ausgestorbener als Torgau könne es im äthiopischen Hochland auch nicht sein.

Die enge Straße mit Kopfsteinpflaster führte zur Elbe hinab. Schon aus einiger Entfernung sahen wir die zu Barrieren aufgeschichteten weißen Sandsäcke, die die steinernen Ufermauern verstärkten und erhöhten. Schulkinder und Erwachsene, Männer und Frauen, Einsatzkräfte des Technischen Hilfswerks und der Bundeswehr schleppten von Lastwagen immer neue Sandsäcke heran, um die Lücken zu schließen und die bestehenden Sperren zu verstärken. Ich kam mir blöd vor, wie ein Tourist durch die Straßen zu schlendern, während die Einwohner darum kämpften, dass ihre Stadt nicht von den Wasser- und Schlammfluten überschwemmt würde. Hinter den Barrieren blitzte in der Sonne eine weite Wasserfläche. Das war die Elbe. Kleine Inseln ragten aus der braunen Brühe, die zu brodeln schien und ganze Baumstämme mit sich führte. In einiger Entfernung sah man ein Gehöft, das mitten im Wasser stand. Die Scheunentore waren aufgebrochen, braunes Wasser schoss heraus wie aus einem großen Maul.

»Ich bin gespannt, wann mein Häuschen sich zu einem Ozeandampfer verwandelt«, sagte Sausewind. »Das Grundwasser drückt schon mächtig. Heute früh war ich im Keller und habe das Wichtigste ins Parterre hochgetragen. Der alte Kühlschrank ist sowieso Schrott. Na ja, heute Abend soll mein Sohn kommen, der ist eben auf Urlaub in der alten Heimat – wenn er denn noch durchkommt. Er will mir helfen, einige Möbel ins obere Stockwerk zu bringen, die schweren Sachen müssen bleiben. Und dann heißt es nur noch Hoffen und Bangen. Vielleicht auch Beten. Ich bin ja sonst nicht religiös, wurde ja atheistisch erzogen, in der DDR. Aber in solchen Situationen, da könnte man schon schwach werden und sich einem höchsten Wesen anvertrauen ... Verzeihung«, er wandte sich uns zu, als wäre er eben bei einer Untat ertappt worden, »das Geschwätz eines alten Mannes. Das müssen Sie nicht so ernst nehmen. – Gehen wir zum Schloss.«

Mächtig thronte das Renaissance-Schloss der sächsischen Kurfürsten mit seinen Türmen und Erkern auf einem Felsen über der Elbe. Der Bau würde so schnell nicht in den Fluten versinken, selbst wenn die Ufermauer bräche. Allenfalls als Insel würde das Schloss dann aus den Fluten ragen – so romantisch malte ich es mir jedenfalls aus, während fünfzig Meter entfernt die Menschen um ihre Stadt kämpften.

»Heute geschlossen«, sagte Sausewind, »alles im Einsatz, auch die Leute von der Schlossverwaltung. Aber in den Innenhof können wir hinein.« Er führte uns zu einer Brücke, die über den Schlossgraben führte. »Dort unten«, er wandte sich Evelyn zu, die traumverloren mit ihrem neuen Bären dahintrippelte, »sind ganz große Bären. Zum Kuscheln aber eher ungeeignet. Das wäre sicherlich ein *einmaliges* Vergnügen.« Wir blickten hinunter in den Graben, der kein Wasser führte und sich als Wiese mit Büschen zeigte. Im Schatten einer Mauer lagen tatsächlich zwei große Braunbären und dösten. Einer hatte es sich auf dem Rücken bequem gemacht, streckte alle viere von sich und blinzelte uns gelangweilt an.

Die Brücke über den Graben mündete in einen offenen Torbogen, der wiederum in den großen, umbauten Schlosshof führte. In der Mitte des Platzes plätscherte ein Brunnen. Auch hier war alles einsam und verlassen. An der rückwärtigen Fassade ragte ein imposanter offener Wendeltreppenturm empor.

»Ein besonderes Schmuckstück ist der Renaissance-Wendelstein«, Sausewind deutete mit der Hand darauf. »Und vor allem zu beachten: Rechts davon, an der Fassade, ein Bildnis von Claus Narr.«

Ich blickte empor, sah eine kleine Figur in Stein, im standardisierten Kostüm eines Hofnarren, zu seinen Füßen kauerte ein Hund.

»Der lebte hier, im Eckturm, im sogenannten ›Hausmannsturm‹. Den Turm kann man besteigen, von oben hat man einen großartigen Blick auf Schloss, Stadt und die Sintflut«, meinte Sausewind. »Claus Narr war natürlich nicht sein wirklicher Name. Überhaupt wurden ihm kaum individuelle Züge zugestanden. Narr war wie ein Gegenstand, den man vererben oder ausleihen konnte. Er diente zu Beginn des 16. Jahrhunderts – Lutherzeit, drüben in der Marienkirche liegt übrigens Luthers Ehegespons Katharina begraben – insgesamt vier Fürsten und einem Erzbischof als Narr. Später hat ein protestantischer Pfarrer in Eisleben ein Buch herausgebracht, worin er über sechshundert Anekdoten und Streiche Claus Narrs erzählt, lustige Begebenheiten, mehr oder weniger gewitzte Bemerkungen. Eher weniger, wenn ich ehrlich bin. Den damaligen Witz empfinden wir heute entweder als abgeschmackt und derb oder aber als an den Haaren herbeigezogen. Aber das ist ein anderes Terrain. Wir maßen uns heute an, frühere Generationen zu verstehen, und sehen sie nur durch unsere eigene Brille. Alles, was länger als vierzig Jahre zurückliegt, hat sich ja schon dem Verständnis verschlossen, auch wenn die Historiker und vor allem die Schriftsteller da anderer Meinung sind. Der Schlüssel liegt im Schlamm der Vergangenheit, unauffindbar, und wir sehen allenfalls die Schattenbilder einer fernen Zeit und ziehen aus den Schemen oft genug falsche Rückschlüsse. Sie verzeihen, mein alter Hang zur Philosophie, unakademisch, kommt bei älteren, alleinstehenden Herren hin und wieder vor …«

Evelyn grinste versonnen Claus Narrs Abbild an und kraulte dem Bären den Kopf.

»Wahrscheinlich«, fuhr Sausewind fort, »war dieser Claus Narr, diese elende Kreatur Gottes, geistig behindert und körper-

lich verwachsen. Da blieb entweder nur das Tollhaus oder die
›Karriere‹ als Hofnarr. Die meisten dieser Unglücklichen wurden
von den Anverwandten weggesperrt, als eine Schande der Familie,
in Verschlägen unter der Treppe oder im Stall beim Vieh. Ich kenne das noch aus den Erzählungen meines Vaters, der vom Dorf
stammte. Noch vor dem Krieg war das so üblich. Und durch die
Inzucht in den Bauerndörfern war geistige Zurückgebliebenheit
nicht eben selten. Die Behinderten wurden in keinster Weise
gefördert. Ausgeburten des Schreckens – dabei war die Gesellschaft selbst eine Missgeburt. Und was unseren Claus Narr anbelangt«, Sausewind zeigte wieder auf die Steinfigur an der Fassade,
»so war er wohl weitgehend geistig umnachtet. Heute ein Fall für
die Psychiatrie. Mit Medikamenten und Therapien unserer Zeit
hätte man seine Leiden zwar nicht heilen, aber zumindest lindern
können. Aber damals? Narrs Ängste wurden belacht, sein ungeho-
beltes Benehmen und sein Gebrabbel dienten zu Hohn und
Grusel, je nach Mentalität des Zuschauers. Der fürstliche Hof war
eine Menagerie. Nur dass die Gitterstäbe zwischen Gaffern und
Objekt unsichtbar waren – wenngleich unverrückbar. Aber wie
jeder angebliche Narr hatte auch unser Claus seine hellen Momente, vielleicht auch parapsychologische Fähigkeiten, Momente, die
wiederum in Bereiche jenseits des menschlichen Verstandes
reichen. So hat er zum Beispiel den Einsturz einer Elbbrücke in
Torgau vorhergesagt. So etwas könnten wir heute gut gebrauchen:
Die Flut steigt und steigt, und wir wissen nicht, ob und wann wir
die Brücke für den Verkehr sperren sollen, und ob sie vom Wasser
weggerissen werden wird oder nicht. Und ein andermal«, Adalbert Sausewind redete sich in Fahrt, »unterbrach Claus Narr in
heller Aufregung eine fürstliche Tischgesellschaft: Er wolle unbedingt Wasser sammeln, die Veste im fernen Coburg stehe in Flammen. Alles lachte, können Sie sich denken. Aber das Lachen
erstarrte den Herren einige Tage später, als sie über berittene
Boten erfuhren, dass zum selbigen Zeitpunkt die Veste Coburg
tatsächlich ein Raub der Flammen geworden war. Meine persön-

liche Meinung ist: Man hätte zu allen Zeiten weit mehr auf die vermeintlich Verrückten und Narren, auf die psychisch Kranken und Schizophrenen hören sollen. Sie wissen weit mehr, als wir ›Normalen‹ mit unserem begrenzten Verstand je erfassen können. Sie haben über dunkle Kanäle noch Verbindung in die Gegenwelt – wie übrigens auch Kleinkinder –, doch das ist nun wirklich ein zu weites Feld.«

Jetzt wies Sausewind mit der Hand erneut zu der Figur mit dem Hund. »Zum Schluss: Der Hund, den Sie dort oben sehen, ist keine freie Zutat des Bildhauers, sondern stellt Claus Narrs Hund Leppsch dar. An den knüpft sich eine Anekdote. Und an die Bären, die wir vorhin im Schlossgraben gesehen haben. Die sind nämlich nicht einfach eine Laune des Landratsamtes, sondern verweisen darauf, dass die Kurfürsten früher zu ihrer Lust und Laune Bären in einem Gehege hielten. Das, was einen im Wald schreckte – denn Bären gab es damals ja noch in unseren Breiten –, handsam und gefügig gemacht und damit des Schreckens beraubt. Also: Als der Kurfürst einmal nicht im Schloss weilte, löste Claus Narr den Bären von der Kette, der daraufhin das halbe Schloss verwüstete. Der Kurfürst kehrte zurück und war verständlicherweise aufgebracht und fragte nach dem Schuldigen, dem wolle er die Ohren abschneiden lassen. Da hielt sich Claus Narr die Ohren zu und sagte zu seinem Hund: *Leppsch, lass nicht schnappen.* Was so viel heißt wie: ›Lass dir nichts entfahren.‹ *Schweig und verrate mich nicht.* Das wurde später sprichwörtlich: *Leppsch, lass nicht schnappen.* Lustig finden wir das heute aber nicht mehr unbedingt. Offensichtlich haben sich Witz und Humor durch die Jahrhunderte doch verändert.«

Sausewind blickte sich um, erwartete wohl Zustimmung in unseren Gesichtern.

Sunny nölte: »Ich habe Durst.«

Sivi meinte: »Also, wenn ich da an unseren Herrn Janke in Hubertusburg denke, er war ja vielleicht auch ein Narr, aber einer mit Weitblick. Seine Weltraumraketen hätten wohl kaum funktioniert. Und doch hat er manches vorhergesehen. Wenn ich mir seine Zeichnungen angucke, kann ich da eigentlich keinen Unterschied feststellen zu den heutigen Raketen und Weltraumstationen und so fort. Irgendwie war Janke, glaube ich, einfach genial, und auch eine Art Claus Narr. Ich meine, er hat sicherlich etliches gewusst, aber noch mehr gespürt und vorhergesehen. Ja, ein Prophet, das muss Janke wohl gewesen sein.«

Ich beobachtete Evelyn. Sie blickte gedankenverloren über den Schlosshof.

»Na ja«, meldete sie sich unvermittelt zu Wort. »einen an der Waffel hatte Janke schon. Vor allem war er schreibselig. So nannten die Ärzte das, damals. Er hat mir wohl Hunderte von Briefen geschickt, über zwanzig Jahre lang. Die meisten habe ich ja nicht angenommen und zurückgehen lassen. Annahme verweigert. Aber etliche Zettel hat er mir auch übermitteln lassen, über die Schwestern, oder persönlich zugesteckt, damals an den Samstagen im Aufenthaltsraum. Und all seine Zeichnungen und Vorträge und die Korrespondenz mit Ministerien und Kombinaten und Akademien … Schreibselig war Janke, ja, er hat sich immer versichern müssen, vor allen Leuten, am meisten wohl vor sich selbst. Vielleicht wäre der Janke ein ganz guter Narr geworden. Er hat manche amüsiert. Aber mich«, sie fasste sich an die Schläfe, als habe sie Kopfweh, »hat er eher erschreckt und …. irgendwie müde gemacht. Er war zu nah, zu stark, zu sehr nur er selbst. – Übrigens habe ich schon wieder Hunger. Makkaroni wären nicht schlecht. Makkaroni mit Milch. Und den hier«, sie deutete auf ihren neuen Teddy, »nenne ich Leppsch.«

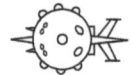

Meine liebe Evelyn!
Wie geht es dir, Evelynchen? Wenn du doch nur mal ein wenig Sonne bekommen möchtest, mein liebes, liebes Mädel! Ich bitte die Schwes-

tern immerzu, mal ein Fenster in deinem Zimmer zu öffnen! Menschen ohne Luft und Sonne verblühen! Du könntest mir doch auch einmal ein kleines Briefchen schreiben, Evelyn! Nimm dir doch mal ein Blatt Papier und einen Bleistift und versuche mal etwas zu zeichnen! Einen Baum, ein paar Blumen, oder Menschen, die du vor Euerm Fenster siehst etc. Es ist doch sonst für dich ein ganz trostloses Dasein! Evelyn, ich könnte weinen darüber, daß du armes kleines Mädel so zugrunde gehst! – Wenn es etwas zu essen gibt, iß alles auf, was dir schmeckt! Was dir nicht schmeckt, iß nicht, sonst bekommt dir das nicht! Gemüse, Fleisch, Wurstsachen, Reis, Grieß, grüne Bohnen, Obst, Käse, Quark mußt du essen, soviel du erhältst, Evelyn! Makkaroni kannst du dir geben lassen – ohne Soße, da gießt du dir Milch rüber, dann schmecken die auch! Die Soße ist für dich nicht gut! Nun bleibe mir recht schön gesund, liebes Mädel, und sei vielmals lieb und herzlich gegrüßt von deinem Hans.

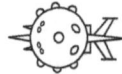

Mir wurde klar: Ich musste jeden Wunsch Evelyns erfüllen, jeglicher ihrer Launen nachgeben, damit ich sie bei guter Stimmung hielt, sie mir geneigt blieb und mir Einblick in Jankes Welt gewährte. Wenn sie denn unbedingt alle zwei Stunden etwas zu essen haben musste – nun gut. Das traute man der zierlichen alten Dame gar nicht zu, in ihrem rosa Kostüm, mit ihrer Schirmkappe und ihrem großen Teddybären Leppsch, aber offensichtlich besaß sie einen gesegneten Appetit. Nur beim Gedanken an mein dahinsiechendes Konto wurde mir übel, auch ohne Makkaroni mit Milch.

Adalbert Sausewind indes ließ uns noch nicht aus seinen Stadtführerfängen. Er wollte uns unbedingt die gotische Marienkirche zeigen. »Und danach gehen wir zur Gaststätte unterhalb des Schlosses, falls nicht schon die Elbe daran leckt«, versprach er Evelyn. Wir anderen wurden anscheinend gar nicht mehr gefragt.

Die Kirche erwies sich als ein dreischiffiger gotischer Hallenbau, frisch saniert, die Gewölberippen farblich vom weißen Verputz abgesetzt. Ein Altarblatt der Kreuzigung und eine Renaissance-Kanzel mit Uhr an der Brüstung (»damit die Herren Pastoren bei der Predigt nicht zu sehr ausuferten«) wurden von Sausewind besonders hervorgehoben. Dann dirigierte er uns ins linke Schiff, wo in die Wand eine Grabplatte eingelassen war.

»Das Epitaph von Martin Luthers Ehefrau Katharina, geborene Bora«, sagte Sausewind, mit einem Beben in der Stimme. »Beinahe ein Heiligtum in der protestantischen Welt, obwohl die Heiligenverehrung bekanntermaßen ablehnt. Aber Luthers Anvertraute, und noch dazu in solch lebensnaher Darstellung, das bedeutet schon etwas und lässt einen nachdenken über Tod und Vergänglichkeit und das Ende der Welt – gerade, wenn draußen die Sintflut anschwillt.«

Alles Religiöse war mir seit Jugendzeiten gleichgültig geworden, obwohl ich getauft und konfirmiert worden war. Aber der Gedanke, fest in einer Konfession verankert und darüber hinaus in einem Kirchenraum bestattet zu sein, faszinierte mich.

Die Grabplatte stellte lebensgroß die Person dar, wie sie im Diesseits aussah, mit wachen Augen, Knubbelnase, Doppelkinn, um Kopf und Hals ein großes Kopftuch gebunden, das sich rechts und links der verdeckten Ohren bauschte, in den feinen, aber zugleich kräftigen Händen ein Gebetbuch – während darunter das Fleisch verweste und die Knochen verblichen. Das hatte etwas Großes, Einzigartiges, auch Beruhigendes und Tröstliches. Man hatte irgendwann die Grabplatte aus dem Boden gelöst und sie aufrecht in die Seitenwand eingelassen. Da stand sie nun vor uns: Katharina Luther, entlaufene Nonne und Ehefrau des Reformators, die ihn vielleicht besser verstanden hatte als alle seine Kollegen, Mitstreiter und Widersacher. Vielleicht hatte sie, die tagtäglich für ihn gekocht und sich um sein leibliches Wohl gekümmert hatte, weit größeren Anteil an der Durchsetzung der neuen Konfession gehabt als all die gelehrten Theologen und Silbenfuchser, die Karriereknechte und Glaubenseiferer, die oft genug nur des eigenen Seelenheils, des irdischen Ruhmes oder der materiellen Bereicherung wegen zur Reformation übergetreten waren.

Ich blickte mich zu Evelyn um, sah sie etwas abseits in einer Kirchenbank knien, die Finger zum Gebet verschränkt. Ich erinnerte mich, was Frau Lehmann über Evelyns Familie erzählt hatte: konfessionell gebunden, in der Kirche engagiert, vielleicht sogar fromm. Leise ging ich zu ihr hin, setzte mich neben sie. Sie schien von mir keine Notiz zu nehmen, blickte vor zum Kruzifix auf dem Altar, ihre Lippen bewegten sich lautlos. Sie bekreuzigte sich, wandte mir das Gesicht zu, ohne überrascht zu sein, dass ich da saß und sie beobachtete.

»Ich hätte das nie fertiggebracht«, sagte Evelyn.

»Was?«, fragte ich.

»Wie Katharina, meine ich. Jahre- und jahrzehntelang immer nur für einen Mann da zu sein. Und für die Kinder.«

»Aber Sie waren doch selbst verheiratet und hatten drei Kinder?«

»Hat Ihnen das die Lehmann erzählt?«, fragte sie streng.

Ich nickte.

»Was weiß die schon! Hat ja keine Ahnung. Die Leute kennen nur das Äußere und meinen, sie könnten die Menschen verstehen und über sie urteilen.«

Evelyn schwieg eine Weile. Sausewind führte Sivi, Sunny und Pierre durch die Kirche. Ich hörte ihn murmeln und Sunnys Flip-Flops über die Steinfliesen schlappen.

»Wer in Hubertusburg war, kommt als ein anderer zurück«, sagte Evelyn mit einem Mal, ohne Schmerz oder Bedauern in der Stimme, ganz fest, als hätte sie eine belanglose Bemerkung über das Wetter gemacht. »So ging es mir. Man kehrt zurück und spricht eine andere Sprache. Und die Menschen wundern sich über einen und sagen: ›Die verstehen wir nicht mehr‹, und sie wenden sich von einem ab. Und du selbst stehst da und weißt nicht, was sie meinen und warum sie dich verstoßen haben, denn du glaubst, du bist noch dieselbe. Aber so ist es nicht. Und du gehst fort von den Menschen, innerlich und äußerlich, weil sie dich ja verstoßen haben. Erst dadurch wirst du wirklich erst zu einem anderen. Und dann stehst du da, selbst die eigene Familie, der Mann, die Kinder, haben sich von dir entfernt, weil du eine Aussätzige bist und ein Mal trägst, das man nicht sieht, das aber jeder spürt. Da bleibt dann nichts, lange Zeit bleibt nichts. Nur er.« Sie deutete auf das Kruzifix. »Das nehmen Sie mir jetzt nicht ab, Tim, nicht wahr? Oder Sie denken: Die Alte spinnt. Und Sie haben wohl recht. Die Alte mit ihrem Teddy und der komischen Art, sie spinnt wirklich. Aber sie ist doch auch nur ein Mensch und hat ein Herz und eine Seele und Wünsche und ihren Schmerz.«

Ich wollte Evelyn beschwichtigen, legte meine Hand auf ihren Arm.

Sie wehrte aber mit einem leisen Kopfschütteln ab und sagte: »Lassen Sie nur, es tut nicht weh, jedenfalls heute nicht mehr.«

»Darf ich Sie etwas Persönliches fragen, Evelyn?«

Sie blickte mich offen an, mit ihren noch immer schönen blauen Augen.

»Hätten Sie Janke lieben können, ich meine, so treu und hingebungsvoll, wie Katharina ihren Luther?«

Sie schmunzelte, dann senkte sie den Kopf, schien nachzudenken, blickte mich wieder an und sagte plötzlich mit todernster Stimme: »Nein. Für seine Liebe war ich zu klein, zu unbedeutend. Janke liebte zu sehr und zu groß. Da blieb ihm ja nur die Flucht ins Weltall. Alles Kleinere hätte ihn nicht ausgehalten.«

Sausewind unterbrach uns: »Ich glaube, Sie sollten jetzt doch besser weiterfahren, solange die Brücke noch offen ist. Makkaroni gibt's auch drüben, in Brandenburg. Aber probieren Sie dort lieber Fläminger Hühnerfrikassee.«

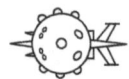

Im Speisesaal hockte der Geruch nach fader Nudelsuppe und verkochtem Hühnerfleisch. Die hohen Fenster blieben geschlossen. Sicherheitsmaßnahme. Einmal hatte einer der Insassen einen Flügel aufgerissen und sich aus dem zweiten Stock in den Tod gestürzt. Tage später hatte Janke auf seinem Freigang zum *Konsum* die Sägespäne auf dem Kopfsteinpflaster gesehen, die Herr Jonas gestreut hatte, um die Reste von Blut und Gehirnflüssigkeit abzudecken. Janke hatte sich gefragt, wie das wohl wäre: sekundenlang im freien Fall, und ob man den Aufprall auf dem Pflaster denn wirklich als Schmerz empfände oder nur als kurzen, heftigen Schlag, der einen augenblicklich in die Bewusstlosigkeit, ins nachtschwarze Nichts riss. Wie anders musste doch die Schwerelosigkeit im All sein, den irdischen Gravitationsgesetzen enthoben!

Janke erinnerte sich an eine Zeitungsmeldung vor sechs Jahren: Die sowjetische Raumsonde *Lunik 2* war auf dem Mond aufgeschlagen. Unbemannt. Aber wer weiß – die Wissenschaftler in Russland und Amerika experimentierten mit bemannten Raketen. Wernher von Braun war nach dem Krieg nach Amerika geholt worden, das hatte Janke gelesen. Nun forschte er in geheimen Labors der *NASA* und entwickelte das Raketenprogramm von Peenemünde weiter. Janke traute Braun das Äußerste zu: ein Mensch mit eisernem Willen und eiskaltem Kalkül, ein technologisches Genie. Aber kein Mensch, der von einer humanistischen Vision getragen war. Keiner, der um des Friedens und der Völkerverständigung willen forschte. Wenn Janke an Braun dachte, war ihm, als griffe ihm eine kalte Hand ins Herz. Braun hatte den Nazi nie abgelegt, hatte nie bluten müssen für seine Idee. Stets war er hofiert und umworben worden.

Janke zerkrümelte ein Stück Brot zwischen den Fingern. Geistesabwesend blickte er auf die hohen Fensterflügel. Herr Jonas, sein Assistent, hatte damals, nach dem tödlichen Sturz, die Griffe abgeschraubt. Die Fenster konnte man jetzt nur noch mit einem speziellen Vierkantschlüssel öffnen. Nur noch einmal die Woche wurde das getan, denn es war umständlich. Nun hing ein säuerlicher Wrasen aus Suppengeruch und menschlichem Schweiß in der Luft, obwohl der

Saal fünf Meter hoch war. An der Decke klebten Reste der alten Stuckaturen, von schwärzlichem Schimmel überzogen. Die Tapeten – geometrische Muster aus VEB-Produktion – schälten sich an manchen Stellen ab und gaben den Blick frei auf verblasste Ornamentmalereien, die noch aus der Zeit der sächsischen Kurfürsten stammen mochten.

Im Saal machte sich Unruhe breit. Die Insassen, ausschließlich aus dem Männertrakt, schabten mit ihren Löffeln auf den Sprelacarttischen, klapperten mit den Blechtellern und emaillierten Tassen. Bruchsicher. Ungefährlich für Suizidgefährdete, wusste Janke. Die große Flügeltür, die zur Küche führte, ging auf, herein kam ein bulliger Pfleger, hinter ihm schoben zwei Bewohner, die Dienst hatten, einen großen Servierwagen, auf dem mehrere eiserne Töpfe standen.

Janke starrte auf sein Gegenüber: Willi Frank. Er hatte noch nie ein Wort mit ihm gewechselt. Es war in der Anstalt nicht üblich, miteinander zu sprechen, geschweige denn, Freundschaften zu schließen. Frank war von faszinierender Hässlichkeit: ein großer, breitschultriger Mann mit einem Ansatz zum Buckel. Auf dem langen Hals saß ein mächtiger Schädel, slawischer Typus, mit hohen Wangenknochen und einer fleischigen, von einer Hautkrankheit zerfressenen Nase. *Gesichtszeckennase*, dachte Janke.

Willi Frank hatte kleine, listige grüne Augen. Seine Brauen waren nur angedeutet. Wie fast alle der männlichen Insassen trug er einen Bürstenhaarschnitt. Sein Haar war von undefinierbarem Braun, an den Schläfen grau durchzogen. Breite horizontale Falten zerfurchten Franks Stirn. Janke musste an den Scherenschleifer denken, damals im Dorf seiner Eltern in Pommern, der zweimal im Jahr von Haus zu Haus gegangen war und Messer, Scheren und Äxte geschärft hatte. Er hatte sich als Kind vor dem Mann gefürchtet, der diese gefährlichen Werkzeuge, mit denen man einem Menschen im Handumdrehen einen Finger oder gar den Kopf abschneiden konnte, an einem rotierenden Wetzstein schliff, dass die Funken in hohem Bogen sprühten.

Willi Frank hielt das Messer in seiner Pranke wie damals der Wanderschleifer: Das Heft von allen fünf Fingern fest umschlossen, die

Klinge seitwärts gerichtet, als wollte er jeden Augenblick ausholen und seinem Gegenüber den Hals aufschlitzen. Schon mehrmals hatte der Pfleger ihn, Frank, angebrüllt, er solle gefälligst das Messer auf den Tisch legen, solange das Essen noch nicht serviert sei. Aber Frank hatte den Pfleger nur abschätzig angeblickt und mit den Zähnen geknirscht. Irgendwann hatte der Pfleger aufgegeben. Frank war ein in sich gekehrter Mann, der nichts sprach, aber auch nie auffällig geworden war.

Der Servierwagen wurde durch den Mittelgang geschoben, die zwei Küchenhelfer teilten zügig, nach beiden Seiten hin, den Eintopf aus: Leipziger Allerlei mit Geselchtem, das trüb in der fetten Brühe schwamm. Sobald einer seinen vollen Teller vor sich hatte, stürzte er sich darauf, schöpfte mit dem Löffel die Brühe und bearbeitete mit dem Messer die zähen Fleischstreifen, die sich wie Gummi dem Zerteilen widersetzten.

Willi Frank bekam seinen Teller gefüllt. Gierig schlürfte er den Eintopf, mahlte das Gemüse zwischen den Backenzähnen, holte einen Fleischstreifen mit den Fingern aus der Brühe und ließ ihn seine Gurgel hinabgleiten. Angewidert wandte sich Janke ab. Im Teller dampfte der Eintopf. Aber er wartete, bis Frank zu Ende gefressen hatte, erst dann nahm er seinen Löffel und tauchte ihn vorsichtig in die Brühe, hob ihn langsam und nur halb voll zu den gespitzten Lippen, blies ein wenig und führte ihn anschließend in den Mund, um konzentriert und gründlich das Gemüse zu kauen. Die Fleischreste ließ er im Teller, es ekelte ihn davor. Willi Frank stierte ihn die ganze Zeit an. Janke kannte das. Er zwang sich, sein Gegenüber nicht anzuschauen, ihn nicht wahrzunehmen. Als er fertig war, schob er blick- und wortlos seinen Teller zu Frank hin, der ihn hastig und ohne ein Dankeswort ergriff und die Fleischreste mit den Fingern aufnahm und hinunterschlang.

Ein Gong ertönte, das Zeichen, aufzustehen und den Saal zu verlassen. Lautes Kreischen der Stuhlbeine auf dem alten Steinboden. Hier und dort fiel ein Löffel oder ein Teller scheppernd zu Boden. Die Insassen schlurften in ihren ausgetretenen Pantoffeln hinaus auf die Korridore, zurück zu den Werkstätten, in denen sie arbeiteten.

Janke blieb noch sitzen, starrte auf Willi Franks Platz. Frank hatte bereits den Saal verlassen. Aber dort, neben dessen Blechtasse, erblickte Janke etwas, das er kannte: Es war ein Ohrclip aus rotem Plaste, ein billiges Stück, wie man es neuerdings auf Jahrmärkten und in *Konsum*-Läden erstehen konnte. Modeschmuck für eine Saison, darauf berechnet, verloren zu gehen, ohne dass man sich deswegen grämen musste. Jankes Hand griff danach, umschloss die rote Kunststoffperle, führte sie zur Sakkotasche und ließ sie hineingleiten.

Die Stimme des bulligen Pflegers erreichte sein Ohr: »Herr Janke, Essenszeit ist vorüber, haben Sie heute nicht Dienst im Kohlenkeller?«

Etwas zog Janke wie an einer Schnur empor, etwas drehte ihn um neunzig Grad, etwas setzte seine Beine in Gang, schlenkernde Bewegungen, die ihn zur Tür und auf den langen Korridor führten. Dort wischten ein paar Insassen das Linoleum. Der Geruch von *Wofasept*. Janke behielt seine Hand in der Sakkotasche. Die rote Plasteperle brannte sich ihm tief ins Fleisch.

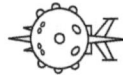

Sausewind hatte uns überzeugt: Wir wollten Claus Narr und die Lutherin mit der Knubbelnase hinter uns lassen und die Elbe so rasch wie möglich queren. Als wir zum Auto gingen, sahen wir, dass Torgau so menschenleer, wie es uns vor Stunden noch schien, nicht war: Eine Blechschlange wand sich vor der Elbbrücke.

»Gutes Durchkommen, und ahoi, wenn ich mal so sagen darf.« Adalbert Sausewind machte einen Diener. »Es war mir eine Ehre. Und nun muss ich nach Hause. Leben Sie wohl!«

Winkend verschwand er um eine Ecke des Schlosses. Evelyn streifte sich eben die Pumps von den Füßen und zog die Feinstrümpfe aus.

»Was machen Sie da?«, fragte ich, und sie antwortete: »Na ja, wenn das Wasser kommt – ist es doch praktischer so, oder? Und der junge Mann vom *Bundesdienst*«, sie deutete mit den

Pumps in der Hand auf Sunny in seinen Flip-Flops, »macht es ja genauso.«

Der Himmel hatte sich in der vergangenen halben Stunde schwarz bewölkt. Nun fing es zu regnen an, dicke, schwere Tropfen, die sich anhörten, als würden einzelne Glaskapseln auf dem Pflaster zerplatzen. Wir eilten zu Pierres VW-Bus und kletterten hinein. Pierre startete den Motor.

»Und was ist mit Makkaroni mit Milch?«, nölte Evelyn, die eben den Sicherheitsgurt um Leppsch band.

Keiner antwortete. Pierre lenkte den Bus auf die Straße, zwängte sich zwischen zwei SUVs. Der hintere, ein metallic-glänzender Mercedes, hupte wild. Evelyn wandte sich um und zeigte dem hupenden Mercedes-Choleriker die Zunge.

»Lassen Sie das!«, schnauzte ich sie an. »Sonst kriegen wir Schwierigkeiten.«

»Sie waren wohl nie jung?«, maulte Evelyn. »Immer schön angepasst gewesen, was?« Sie ließ die Schnalle des Sicherheitsgurtes einrasten. »Na, dann mal los. Das wäre mit dem Linienbus schneller gegangen.«

Wir schwiegen. Der Bus ruckelte in Richtung Elbbrücke. Polizisten in dunkelblauen Regencapes standen dort und versuchten, den Andrang zu regeln. Einer hatte ein Megafon in der Hand und sprach hinein. Pierre öffnete das Fenster, das klemmte, zwei Finger breit.

»Verstehst du etwas?«, fragte ihn Sunny, der sich auf dem Beifahrersitz fläzte und seine nackten Füße auf die Ablage gestemmt hatte.

»Irgendetwas von Sperrung der Brücke wegen Einsturzgefahr«, brummte Pierre. Er nestelte zwischen Sunnys Beinen hindurch im Handschuhfach. »Sorry, ich will dir nicht zu nahe treten, ich brauche etwas zum Runterkommen.« Er zog ein Päckchen mit selbstgedrehten Zigaretten heraus. Nach wenigen Sekunden erfüllte süßlicher Geruch das Wageninnere.

»Sag mal, spinnst du?«, herrschte ich Pierre an. »Wir sind dreißig Meter vor der Polizeikontrolle, und du paffst einen Joint?!«

»Kann ich auch eine haben?« Das war Evelyn.

Überrascht blickte ich sie an: »Seit wann rauchen Sie?«

»Was geht Sie das an?«, fragte sie schnippisch zurück.

Sivi prustete los.

»Seit Hubertusburg«, legte Evelyn nach, »und auch schon davor. Irgendetwas brauchte ich ja zur Ablenkung. Es war ja öde genug dort. Wenn es nach Janke gegangen wäre, hätte ich nur Schokolade essen sollen, wegen der Gesundheit. Aber«, sie formte mit den Händen eine Wölbung über ihrem Bauch, »da wäre ich ja aufgegangen wie eine Dampfnudel. Die Kost in der Anstalt war viel zu einseitig. Zu wenig Gemüse und Obst. Kohlenhydrate und Fett bis zum Abwinken. Und dann auch noch Janke mit seiner billigen Schokolade vom *Konsum*. Was man eben damals frei zu kaufen bekam. Also griff ich zu Zigaretten. Die gab es seltsamerweise immer, auch in den Jahren der Mangelwirtschaft. *Juwel* und *Kenton blau*. Das zügelte den Appetit, und es ließ mich gut aussehen.«

Ich blickte Evelyn groß an.

»Das dürfen Sie mir jetzt schon glauben, junger Mann«, meinte sie, und, etwas leiser und zu sich selbst: »Meine Güte, diese Bübchen vom *Bundesdienst*.«

Pierre griff nochmals zwischen Sunnys Beinen hindurch und öffnete das Handschuhfach, das mit Kleinkram, Papier und Abfall vollgestopft war. Irgendwie schaffte er es, eine Packung *Gauloises* herauszuziepen und reichte sie nach hinten. »Hier, das sind französische, besser als Ihr *Juwel*-Kraut. Und wenn wir erst einmal in Äthiopien sind, werden wir noch viel Kräftigeres kennenlernen!«

Evelyn nestelte eine Zigarette aus der Packung, Sunny gab ihr Feuer.

»Danke, junger Herr!« sagte sie, zog an der Zigarette, blies eine Wolke zum Plafond, nickte anerkennend und meinte, zu mir gewandt: »Wissen Sie, Tim, damals, in Wermsdorf – ich war die Schönste im ganzen Ort, nach mir drehten sich alle um, wenn ich Freigang hatte. Manche meinten, ich sähe aus wie die Garbo. Ist vielleicht übertrieben. Aber verstecken musste ich mich nicht. Und«, sie hielt die Zigarette wie eine englische Baroness auf der Tribüne von Ascot, »das hat den Männern den Kopf verdreht. Auch dem Janke. Eigentlich tat er mir etwas leid. Ich konnte schon auch gemein sein, ein richtiges kleines Biest, wenn Sie verstehen …«

Sie zog erneut an der Zigarette und blies kunstvoll einen Rauchkringel zur Decke. Als ich sie so ansah, konnte ich es ihr abnehmen – trotz der nackten Füße, die vom Gehen über den Asphalt grau waren.

Wir hatten uns bis auf zehn Meter der Auffahrt auf die Brücke genähert, als die Polizei eine rot-weiß-gestreifte Banderole von einem Brückenpfeiler zum anderen zog. Es folgte ein wütendes Hupkonzert, aber die Polizisten schüttelten den Kopf und machten ein finsteres Gesicht. Immerhin hatte der Platzregen aufgehört, und so nahmen die Hüter des Gesetzes ihre blauen Regencapes ab, was sie etwas souveräner aussehen ließ. Das Hupen nahm indes kein Ende. Vor uns scherten zwei Autos aus und versuchten, auf der Gegenspur bis zur Absperrung zu gelangen, was jedoch von zwei martialisch aussehenden Polizisten auf Motorrädern unterbunden wurde.

Pierre war es nach einigem Rütteln gelungen, die Fensterscheibe weiter nach unten zu kurbeln, und so konnten wir endlich Genaueres von dem verstehen, was den Wutbürgern durch das Megafon verkündet wurde: »Polizeiliche Anordnung! Die Brücke muss wegen der Wassermassen und Einsturzgefahr gesperrt werden. Bitte kehren Sie sofort um. Ob andere Brücken über die Elbe ebenfalls betroffen sind, können wir im Augenblick nicht sagen. Hören Sie die aktuellen Verkehrsmeldungen im Radio und informieren Sie sich über das Internet!«

»Wieso können die sich nicht selbst über das Internet informieren, statt uns so auf dem Trockenen zu lassen?«, maulte Sivi.

»Auf dem Trockenen?«, schaltete sich Evelyn ein. »Sie haben ja Humor! Hier säuft das Land ab, und Sie sitzen auf dem Trockenen?«

»Das war ja nur so dahingesagt.« Sivi war sauer. »Meinen Urlaub habe ich mir jedenfalls anders vorgestellt.«

»Und ich mir die Expedition nach Afrika auch«, konterte Evelyn.

Ich blickte sie an: Sie hatte Witz. Und Charme. Und ich hatte sie unterschätzt. Sie war nicht so verschroben und naiv, wie ich gedacht hatte. Ja, ich begann zu verstehen, weshalb Janke sich in Evelyn verguckt hatte. Noch immer, bis heute, war von ihrer einstigen Schönheit ein starker Reiz übriggeblieben.

Die Straße leerte sich: Die allradgetriebenen Wutbürger fügten sich in ihr Aqua-Alta-Schicksal und brausten in entgegengesetzter Richtung davon. Vielleicht hofften sie weiter flussabwärts, in Wittenberg, noch über den tosenden Strom zu gelangen. Nur Pierre, seinen Joint paffend, saß hinter dem Steuer und guckte verträumt und benebelt durch den Qualm auf die Absperrung, vor der ein Polizist mit einer roten Kelle fuchtelte.

»Ja, ja, habe es begriffen«, murmelte Pierre. »Ich befinde mich ja nicht auf dem *trunkenen Schiff*.«

Sunny blickte ihn fragend an.

»Rimbaud, mein Junge«, erklärte Pierre und klopfte Sunny auf den Schenkel. »Das ist vielleicht noch zu hoch für dich. Kann ich dir gern heute Abend am Lagerfeuer rezitieren. Wenn wir denn jemals über diese reißenden Fluten kommen. Ein Schiff wäre vielleicht wirklich das Beste.«

Sunny verdrehte die Augen. »Wie romantisch! Lagerfeuer! Warst du bei den Pfadfindern? Tolle Ferien! Na egal, besser als im verschlafenen Wermsdorf ist es auf jeden Fall.«

Ich war selbst so vom Haschischdunst beduselt, dass ich zunächst nicht recht bemerkte, dass Evelyn die Schiebetür zu ihrer Rechten öffnete. Erst der vom Platzregen kühle Lufthauch ließ mich aufblicken: Evelyn stand bereits draußen und wühlte in ihrer Handtasche.

»Was tun Sie?«, fragte Sivi.

»Lassen Sie mich nur machen«, antwortete Evelyn, lächelte

kokett und stapfte los, in der Hand ein eingeschweißtes Blatt Papier, während Leppsch, den sie unter dem anderen Arm trug, uns skeptisch nachblickte. Barfuß ging sie zu dem Polizisten mit der Kelle. Wir verstanden nur Wortfetzen, beobachteten die Szene aber genau: Der Polizist wollte Evelyn zunächst unwirsch abweisen, hielt ihr die Kelle mit dem roten Kreis direkt vor die Nase, als sei sie kurzsichtig und könne das nur aus zwanzig Zentimetern Entfernung erkennen. Evelyn wedelte hektisch mit dem in Folie eingeschweißten Blatt Papier, deutete auch auf Leppsch, der den Polizisten aus seinen schwarzen Glasaugen flehend anblickte, und redete auf den Beamten ein. Ich verstand Wörter wie »Betreuer«, »Meldepflicht«, »Insulin«, »Verantwortung« und schließlich ein im Befehlston ausgestoßenes »aber mal flott, sonst gibt's Schwierigkeiten«. Der Polizist wirkte verunsichert, schaute Evelyn groß an, winkte einen seiner Kollegen in Motorradkluft zu sich heran. Beide steckten die Köpfe über dem Blatt Papier zusammen, das Evelyn ihnen unter die Nase hielt. Leise besprachen sie sich. Schließlich ging der Motorradtyp zu einem Ende der Banderole, knüpfte sie los, ließ sie zu Boden fallen. Der andere drehte seine Kelle auf Grün und winkte uns heran.

Pierre war verunsichert: »*Merde*, meint der uns?« Rasch drückte er seinen Joint im Aschenbecher aus und befahl Sunny: »Kurbel die Scheibe runter, mach schnell auf Durchzug!«

Der Polizist winkte ungeduldig. Pierre startete den Motor und zuckelte im ersten Gang los, der Auspuff knatterte verdächtig. Ich krallte vor Aufregung die Fingernägel in die Handflächen. Sie würden uns filzen, das Auto auseinandernehmen, es beschlagnahmen und uns wegen Drogenbesitzes auf die Wache mitnehmen. Wir würden die Nacht in der Ausnüchterungszelle zubringen, zu fünft auf sieben Quadratmetern, oder so; und dann würde der Sandsackdamm brechen, die Elbe würde in die Torgauer Altstadt hineinströmen und alles unter einer Schlammschicht begraben – die Polizeiwache und ihre Insassen eingeschlossen.

Pierre hielt vor den Polizisten. Der Beamte mit der Kelle trat an Pierres Fenster, lächelte verlegen, führte kurz die Hand zum Gruß an die Mütze und sagte jovial: »Alles klar, Meister, dann lassen Sie mal die charmante Dame mit ihrem pelzigen Begleiter wieder einsteigen, und nichts wie rüber, solange die Brücke noch hält. Sonderfahrt. Der Kollege lotst sie voneweg, damit auch ja nichts passiert. Drüben am anderen Ufer ist alles auf trockenem Gelände und ausgeschildert. Und bis Berlin dürfte es keine Probleme geben, von wegen Hochwasser und so. Wünsche eine gute Fahrt.«

Pierre war wie versteinert, krächzte nur: »Danke, Herr Oberwachtmeister.« Er verging vor Unterwürfigkeit – das Abbild eines Alt-Achtundsechzigers, der einerseits dienerte und andererseits abends bei französischem Rotwein und einem Joint gern alte Geschichten von der linken Revolte zum Besten gab.

Würdevoll stieg Evelyn wieder ein. Der Polizist zwinkerte uns freundlich zu, sagte zu Pierre noch: »Ich glaube, der Auspuff hätte mal eine Erneuerung nötig«, und dann fuhr der andere Polizist auf seinem Motorrad mit Blaulicht voneweg und wies uns den Weg über die Brücke.

Schweigend knatterten wir mit dem Schrottbus hinterher. Als wir mitten auf der Brücke waren und nach rechts und links blickten, packte uns gelinde Panik: Auf beiden Seiten, so weit das Auge reichte, düstere, brodelnde, schlammige Wassermassen, in denen ganze Bäume und hin und wieder ein verendetes, aufgequollenes Rindvieh trieben.

»Wie beim Zug durchs Rote Meer«, meinte Evelyn. In ihrer Stimme klang mehr bewundernde Anerkennung denn Furcht.

»Welche Eisenbahn durchs Meer?«, fragte Sunny.

Evelyn antwortete unwirsch: »Nicht Eisenbahn! Zug! Der Zug der Israeliten durchs Rote Meer! Vorneweg Mose, hinter ihm das Volk, rechts und links die Wasserwände. Und hintennach der Pharao und sein Heer, die aber von den Fluten in den Tod gerissen werden. So war das damals!«

Sunny blickte sich unsicher nach dem Pharao und seinem Heer

um. Aber da lag nur das Torgauer Schloss, wie auf einer Insel gelegen, so jedenfalls sah es aus.

Glücklich erreichten wir das andere Ende der Brücke. Der Polizist sagte zum Abschied: »Na denn ... hier haben Sie wieder festen Boden unter den Rädern. Alles Gute« Er hob kurz die Hand an den Helm, dann brauste er zurück nach Torgau.

Pierre atmete tief durch: »Mir ist sogar die Lust auf einen Joint vergangen.« Er legte den Gang ein und fuhr weiter.

Ich blickte Evelyn an: »Wie haben Sie das nur angestellt?«

Sie hatte aus ihrer Handtasche eine kleine Holzfigur geangelt, die sie liebevoll streichelte.

»Was ist das?«, fragte ich.

»Oh, das«, sagte sie verschmitzt, »das ist ein Talisman. Ein Eselchen aus einer Krippe in Hubertusburg. Das habe ich stibitzt. Es ist aber keinem aufgefallen, außer dem Janke. Ich habe nämlich einen Eselstick. Ein Glücksbringer, wenn Sie so wollen. Und Glück brauchen wir auf dieser Fahrt ja wohl.«

»Und was war das vorhin mit Meldepflicht und Betreuer?«, hakte ich nach.

Evelyn sah mich dunkel an, legte den Zeigefinger verschwörerisch an die Lippen und flüsterte: »*Bundesdienst*-Geheimnis. Streng vertraulich! Erzähle ich Ihnen ein andermal, Tim.«

Sie schaute versonnen zum Fenster hinaus und legte nach: »Vielleicht.«

Ein ausgelaufener Eidotter schwamm am winterlichen Himmel. Janke war auf dem Weg vom *Konsum* zurück zum Schloss. Das Februarlicht gaukelte einen Frühling vor. Janke nahm die Mitte der Betonplattenstraße, dort, wo die Schlagschatten der Häuser und Stallgebäude nicht hinfielen. Er ging rasch, Vorfreude trieb ihn.

An einer Ecke musste er anhalten und verschnaufen. Der Dunst seines Atems stieg in die kalte Luft. Er knetete die Finger warm, blies in die hohle Muschel der Hände. Dann holte er aus einer seiner ausgebeulten Manteltaschen eine Papiertüte, nahm einen Boskopapfel heraus: Der war noch vom Vorjahr. Schrumpelig, ledrig. Janke biss hinein. Das Fruchtfleisch schmeckte süßlich und leicht vergoren. Falsch gelagert, vermutete er. Es fehlte an Kühlhäusern. Janke hatte im *Magazin* gelesen, wie in Amerika, beim Klassenfeind, das Obst von den Plantagen Floridas in die großen Städte geliefert wurde: aus riesigen Kühlhallen in ebenso klimatisierte Lastwagen umgepackt, die auf breiten Highways schnurstracks Tausende von Meilen nach Norden fuhren, zu den Großmärkten von Chicago, Boston und New York. Von dort wurden die Obstkisten an Restaurants und *Konsum*-Läden, die man in Amerika *Supermarkets* nannte, verkauft, und von dort wiederum gelangten die Früchte in die Einkaufsnetze amerikanischer Hausfrauen: frisch und unverdorben, als hätte man sie eben erst von den Bäumen Floridas gepflückt.

Janke nagte sich lustlos durch den Boskop. Hier aß man nicht aus Genuss, sondern weil man leben musste. Es hieß, Äpfel seien gesund. Und der Winter in Sachsen war lang. Also aß man, was es zu kaufen gab. Es war wichtig, Vitamine zu sich zu nehmen. Menschen, die zu wenig Vitamine bekamen, holten sich leicht die Grippe. Auch das hatte Janke im *Magazin* gelesen. Die Redaktion dort musste es ja wissen. Sie standen sicherlich mit Ernährungswissenschaftlern und Medizinern in Korrespondenz.

Einmal hatte auch Janke an die *werte Schriftleitung* des *Magazins* geschrieben. Er war auf der Rezeptseite auf einen *schmackhaften Birnenkuchen* gestoßen, und ihm war aufgefallen, dass der Teig mit einem Handmixer gerührt werden sollte. Das war eine Verschwendung von Kraft und Zeit, die die deutschen Hausfrauen anderweitig im kollektiven Produktionsablauf nützen könnten, schrieb Janke und pries sein elektrisches Handmixgerät an, *hundertprozentig ohne Atom-Strom*. Janke hatte Antwort erhalten, von einem Herrn Redakteur Storm, der ihn an den *VEB Elektrogerätewerk Suhl* verwies, er möge seinen wundersamen Apparat dort vorstellen. Allerdings seien die Genossen in Suhl Storms Wissen nach ohnehin auf eine atomfreie

Produktpalette konzentriert und hätten dies ja bereits mit den inzwischen landauf, landab bei Hausfrauen und Berufsköchen beliebten Mixern des Typs *RG3* hinreichend bewiesen, so Schriftleiter Storm in seinem Brief an den *werten Herrn Erfinder Karl Hans Janke, Anstalt Hubertusburg, Sachsen.*

Angewidert warf Janke den Apfelbutzen in den Rinnstein. Hinter einem Hoftor kläffte heiser ein Hund.

Woher nahm sich dieser Mensch in der Schriftleitung das Recht, ihn, Janke, als einen Kranken zu betrachten, der in einer *Anstalt* lebte? Er wohnte freilich mit Patienten zusammen in einem Schloss, aber schließlich war dies für Janke eine Art Stipendium, das es ihm ermöglichte, frei von ökonomischen Zwängen, im eigenen Büro und mit einem persönlichen Assistenten, seinen wissenschaftlichen Forschungen zum Wohle der sozialistischen Republik und der Menschheit weltweit nachzugehen! Janke hatte ebenfalls im *Magazin* von einer Einrichtung gelesen, die sich in der Nähe von Jüterbog, im Ländchen Bärwalde, befand: Schloss Wiepersdorf, einst die Wohnstätte feudaler Grundherren. Seit geraumer Zeit aber, dank der gesellschaftlichen Umbrüche, war jenes Schloss eine Wohn- und Arbeitsstätte für die Dichter dieses Landes. Hier konnten sie sorgenfrei leben und an ihren Romanen und Theaterstücken feilen, die den zivilisatorischen Fortschritt des modernen Menschen im Allgemeinen und die Wohltaten des sozialistischen Arbeiter- und Bauernstaates priesen.

Der Eidotter war nun hinter einer Wolke verschwunden. Augenblicklich wurde es empfindlich kühl. Mit ohrenbetäubendem Krachen durchschnitt ein Jagdflugzeug den Himmel. Die dünnen Fensterscheiben in den alten Siedlerhäuschen zitterten. Der Kläffer jaulte und verstummte. Janke schrak zusammen, schlug das Revers seines Mantels hoch und setzte strammen Schritts seinen Weg zum Schloss fort. Er nahm einen Pfad, der hinter den Wirtschaftsgebäuden zu den einstigen Kavaliershäusern führte. Hier gab es Ställe und Gehege, die von den Insassen *dieser Stelle* betrieben wurden: Schweine, ein paar Kühe, Hühner – alles zur Selbstversorgung, wie Herr Jonas, sein Assistent, ihm einmal erklärt hatte.

»Damit Sie auch wissen, Herr Janke, woher Ihr leckeres Frühstücksei kommt!«

Das war eine Übertreibung gewesen, aber Janke nahm seinem humorigen Assistenten so schnell nichts übel. Frühstücksei! Dass er nicht lachte! Hin und wieder, vor allem samstags, gab es zum Mittagessen Rührei mit altem Brot, manchmal etwas Schnittlauch über das Ei gestreut. Aber das allein konnte den Geschmack von Fischmehl, womit man die Hühner fütterte, nicht überdecken.

Vor dem Schweinestall lag ein Misthaufen. Der dampfte in die kalte Februarluft hinein. Janke hatte sich anfangs immer mit einem Taschentuch die Nase zugehalten: Er war schließlich Ingenieur und kein Schweinehirt. Seine Eltern in Pommern hatten auch Schweine gehalten, aber um die hatte sich der Knecht gekümmert, und der Misthaufen war am anderen Ende des Gartens gewesen. Inzwischen aber hatte sich Janke an den Gestank gewöhnt, ja er genoss ihn sogar in gewisser Weise, ließ er ihn doch den Anstaltsgeruch ein wenig vergessen.

An den Stallungen vorbei gelangte Janke zum Waschplatz: Hier liefen lange Leinen kreuzweise zwischen eisernen Stangen. Vom nahen Waschhaus schleppten Frauen, das Haar unter Kopftüchern, die im Nacken geknotet waren, verborgen, große geflochtene Körbe hierher. Sie trugen sie zu zweit, so schwer waren sie, bis oben vollbepackt mit nassen Laken und Tüchern. Janke blieb stehen. Eigentlich müsste er bereits zurück im Schloss sein, sein Ausgang war auf zwei Stunden pro Woche begrenzt. Aber zu sehr genoss er den Anblick der schwitzenden Frauen, die die Ärmel hochgekrempelt hatten und Volkslieder und Schlager sangen. Gesang war so selten. Auf den Männerstationen kam dies nie vor. Nur an den Gemeinschaftsabenden durfte er, Janke, den Plattenspieler betätigen: Da behauptete Christel Schulze *In Mexiko, da ist das so*, Ruth Brandin rätselte *Warum nennt man dich Sunny-Boy?*, und Hartwig Runge flehte *Versuch's nochmal mit mir*.

Janke summte diese Melodie, als er die weißen Bettlaken und Handtücher an den Wäscheleinen sah, wie sie sich im Luftzug leicht bauschten. Und obwohl Runges Lied eigentlich recht traurig war, versöhnten die Harmonien und der Anblick der Laken, die sich wie Segel blähten, sein Herz doch ein wenig.

Ein anderes Lied wehte Janke an: *Rote Lippen soll man küssen*. Günter Geißler sang das. Janke hatte im Gemeinschaftsraum die Vinyl-Single entdeckt und heimlich abgespielt. Der Pfleger, der den Kopf zur Tür hereingesteckt hatte, hatte den Zeigefinger scherzend erhoben und war weitergegangen.

Janke summte vor sich hin: *Rote Lippen soll man küssen, denn zum Küssen sind sie da. Rote Lippen sind dem siebten Himmel ja so nah. Ich habe dich gesehen und ich hab mir gedacht: So rote Lippen soll man küssen Tag und Nacht.*

Er griff in die Innentasche seines Mantels und holte einen Lippenstift hervor, den er im *Konsum* gekauft hatte. Teuer war der gewesen, Janke hatte das Taschengeld eines ganzen Monats dafür aufbringen müssen, aber ihm war für sein Linchen nichts zu teuer. Es war ein Markenprodukt, ein *Carmen*-Lippenstift. Janke hatte der Verkäuferin seit Wochen in den Ohren gelegen. Immer hatte sie behauptet, das sei Luxusware, so etwas bekäme sie gar nicht ins Sortiment. Heute aber hatte sie die Augen verdreht und gesagt: »Na, was soll's, warten Sie einen Augenblick«, war nach hinten gegangen und nach einer halben Minute wiedergekommen, in der Hand eine goldlackierte Hülse, deren Kappe man abziehen konnte, worunter verheißungsvoll die korallenrot glänzende Zunge zum Vorschein kam. Janke hatte die Münzen auf den Tresen gezählt und sich wortlos umgewandt. Hinter sich hatte er die Verkäuferin halblaut sagen gehört: »Wofür der Kerl einen Lippenstift braucht?«. Doch da hatte schon die Ladenglocke gebimmelt, und Janke war hinausgetreten in die Februarsonne.

Janke drehte die Koralle ein Stückchen heraus und betrachtete sie: *rote Lippen* ... Evelyn würde das gut stehen! Er würde ihr den Stift schenken, sie würde ihn dankbar anblicken, vielleicht ein wenig erröten, den Stift wortlos entgegennehmen ... sie würde sich beim nächsten Gemeinschaftsabend für ihn, Janke, schminken, mit roten Lippen in den Saal hereintreten, er würde die Single auflegen, und Günter Geißler würde nur für sie beide singen: *Rote Lippen soll man küssen* ...

Janke schlenderte an den an der Wäscheleine hängenden Laken vorbei. Eben wollte er den Weg zum Hauptgebäude einschlagen, da erkannte er in der Ecke hinter dem Kompost Evelyn. Janke wusste: Dort war der Treffpunkt der Raucher. Eigentlich war das Rauchen in der Anstalt und auf dem gesamten Gelände verboten. Aber die Leitung *dieser Stelle* drückte ein Auge zu, denn schon oft und vergebens hatte man das Verbot durchzusetzen versucht.

Evelyn sah Janke nicht. Sie stand mit dem Rücken zu ihm. Bei ihr war Willi Frank, die *Gesichtszeckennase*. Er reichte ihr ein blaues Päckchen. Zigaretten. Janke kannte die Aufmachung aus dem *Konsum*: *Kenton blau. Parfümiert*. Das rauchten die Damen gern. Die roten hingegen waren für die Herren, die grünen, Menthol, für die, die glaubten, es sei gesund. Evelyn zog einen weißen Stängel aus der Packung. Willi Frank holte eine Streichholzschachtel hervor und steckte ein Hölzchen an. Evelyn neigte sich, die Zigarette zwischen ihren ungeschminkten Lippen, ein wenig vor, und Frank, das brennende Streichholz geschützt in der Muschel seiner beiden Hände, gab ihr Feuer. Für einen Augenblick berührten sich ihre Finger. Evelyn zog genüsslich an der Zigarette. Frank löschte das brennende Hölzchen und warf es in den Kompost. Evelyn blies den Rauch in die kalte Februarluft. Dann schaute sie Frank an, lächelte spöttisch, wandte sich wortlos um und – erblickte ihn, Janke. Sie grüßte nicht, kein Zeichen des Erkennens oder des Erschreckens, sie schlug die Augen nieder, schlenderte langsam hinüber zum Hühnerstall und verschwand um die Ecke.

Janke hielt noch immer den *Carmen*-Lippenstift in der Hand, er spreizte die Finger, ließ ihn in den aufgeweichten Morast fallen, wandte sich ab und ging zum Schloss. Von der Uhr der Kapelle schlug es vier Mal, dann weitere fünf Mal. Er hatte seinen Ausgang um eine Stunde überzogen. Eben ging die Sonne hinter den Wirtschaftsgebäuden unter, aus den Bäumen stieg Nebel auf. Janke wusste, er würde sich vor der rothaarigen Schwester zu verantworten haben. Man würde ihm in der kommenden Woche den Ausgang streichen: Ungehorsam, mangelnde Einübung in die gemeinschaftlichen Regeln. Noch immer sang in seinem Kopf, bis zum Zerplatzen, Günter Geißler: *Ich*

sah ein schönes Fräulein im letzten Autobus. Sie hat mir so gefallen,
drum gab ich ihr nen Kuss. Doch es blieb nicht bei dem einen, das fiel mir
gar nicht ein, und hinterher hab ich gesagt, sie soll nicht böse sein.

Der Eidotter der Sonne floss gerade über das Satteldach des Schweinestalls und ergoss sich in den dampfenden Misthaufen.

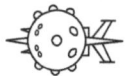

Wir kamen nach Herzberg. Die Schwarze Elster war zu einer dicken Seekuh angeschwollen, aber die Feuerwehrleute, die an der Brücke postiert waren, winkten uns noch durch, ohne dass Evelyn wieder ihren Notfallsketch spielen musste. Ich nahm mir vor, sie am Abend, unter vier Augen, zur Rede zu stellen: Was das solle, von wegen Insulin und Betreuer und diese Märchen, die sie dem Polizisten aufgetischt hatte.

Oder waren das keine Märchen? Und welches Gesicht trug Evelyn eigentlich? Sie spielte ein Spiel. Mit uns, mit der Welt. Und sie hatte wohl immer ein Spiel mit Janke gespielt, dem einseitig Liebenden, der für seine Liebe sich verzehrt und immer draufgezahlt hatte. Und war nicht auch die gläubige Evelyn, wie ich sie in der Kirche in Torgau gesehen hatte, nur eine Vorspiegelung, eine Maskerade? Die alte Dame aus Oschatz in ihrem rosa Kostüm erschien mir rätselhafter als Katharina Luther, obgleich sie von Letzterer fast fünfhundert Jahre trennten.

Die Fahrt durch das dünn besiedelte, flache Land machte uns müde. Evelyn kraulte Leppsch und blickte hinaus, Sunny und Sivi dösten. Auch ich nickte immer wieder ein.

Pierre riss mich in die Realität zurück: »Es ist nicht mehr weit bis Wiepersdorf. Das hat doch dieser Sauseschritt so hervorgehoben …«

»Sausewind«, verbesserte ich ihn.

»*Tant pis.* Jedenfalls meine ich, wir könnten dorthin fahren. Dichterheime finde ich spannend. Bettine und Achim von Arnim.

Nicht schlecht, Herr Specht. Reichen zwar nicht an Rimbaud heran, aber für den Anfang unserer Expedition wäre es doch mal etwas Passables, etwas mit kulturellem Anspruch sozusagen, nicht immer nur Spielzeugläden und Makkaroni mit Milch.«

»Und Überschwemmungen und der Zug durchs Rote Meer«, ergänzte ich. »Einverstanden.«

Ein Ortsschild tauchte auf: Wiepersdorf. Wir suchten das ganze Dorf ab, aber nirgends war ein Schloss. Und kein Mensch auf der Straße. Nur ein Esel, der auf einer kleinen, durchwühlten Koppel stand und traurig die Ohren hängen ließ.

»Anhalten«, befahl Evelyn, und Pierre stoppte augenblicklich, als wäre er ein Taxifahrer und Evelyn die zahlende Kundin. »Ich muss da einmal nach dem Rechten sehen«, sagte sie und war bereits draußen.

Wir anderen stiegen auch aus, nicht wegen des Esels, sondern um uns die Beine zu vertreten. Nur Pierre blieb sitzen und zündete sich eine seiner *Gauloises* an. Frischluft schien sein persönlicher Feind zu sein.

Evelyn war an das Holzgatter herangetreten. Es war an einigen Stellen angeknabbert, eine Latte war vom Esel mit viel Zähigkeit sogar durchgebissen worden. Zutraulich trottete er zu der fremden Frau im rosa Kostüm. Sie kramte in ihrer Handtasche und holte zwei Stück Zucker und eine Haarbürste hervor. Was Frauen in ihren ausgebeulten Beuteln so Tag für Tag mit sich herumschleppten! Evelyn streckte dem Esel auf offener Hand den Zucker entgegen. Der blähte freudig die Nüstern, schnupperte kurz und nahm vorsichtig mit den Lippen die süßen Stücke auf. Er wieherte und schüttelte den großen Kopf, ein Zeichen, dass er nach mehr verlangte.

»Tut mir leid, mein Kleiner, das war alles«, sagte Evelyn. »aber schau mal, was ich hier noch für dich habe.«

Mit der Haarbürste näherte sie sich seinem Hals. Der Esel stutzte, ließ sie aber gewähren. Vorsichtig strich sie ihm über das Fell. Der Esel schien zu begreifen und stellte sich seitlich an den

Lattenzaun. Nun konnte Evelyn seine gesamte Flanke striegeln. Der Esel stellte die Ohren auf – wohlige Schauer schienen ihn zu durchwallen. Seine Nüstern zitterten. Evelyn sprach, während sie ihn langsam und geduldig strählte, leise auf ihn ein. Ich hörte zwar ein paar Silben, verstand aber deren Sinn nicht.

»Was reden Sie da mit ihm, Evelyn?«, fragte ich aus dem Hintergrund.

Sie sagte, ohne sich umzuwenden: »Eselssprache. Geht keinen etwas an. Nur den Ottokar und mich.«

»Ottokar?«

»Jawohl, Ottokar. Ist doch klar wie Hühnerbrühe. Er heißt eben so. Sie sehen ja, dass er darauf anspricht. Und dass Esel gestriegelt werden wollen, weiß jedes Kind.«

Sivi und ich blickten uns ratlos an. Sivi tippte sich mit dem Zeigefinger an die Stirn. Evelyn indessen bürstete mit Engelsgeduld den Esel, der grunzende Laute von sich gab.

Sunny hatte sich etwas seitwärts begeben und pinkelte durch die Gitter eines verrosteten Maschendrahtzauns.

»Junger Mann, Se hamse wohl nich alle?« Das war der Gartenbesitzer, ein buckliges altes Männlein in blauer Arbeitsschürze und mit grüner Gießkanne, der eben hinter einer Thujahecke hervorbrach.

Ich glaubte, vor Fremdscham in Ohnmacht fallen zu müssen.

»Entschuldigung.« Sunny knöpfte in aller Seelenruhe seine Hose zu. »Ich hatte da mal eben so ein Bedürfnis.«

»Wat heißt hier Bedürfnis?«, zeterte das Männlein. »Ick lass ja ooch nich die Hosen runter und wälz mir im Stroh!«

»Wieso nicht, wenn's Ihnen guttut?«, sagte Sunny unverfroren, und bevor das Männlein darauf antworten konnte: »Sagen Sie mal, wo ist denn hier das Schloss?«

»Wat für'n Schloss? Hier gibt's keen Schloss nich. Aber ick weeß schon, wat Se meenen. Dit is n paar Kilometer weiter, da jibt's noch n Wiepersdorf, da is n Schloss und n Haufen Bekloppter, Künstler und so … Hier umkehren, ausm Dorf raus, in Wald rinn, nach zwee Kilometern wieder links, is dann ausjeschrieben. Is im Ländchen.«

Ich war hinzugetreten. »Das Ländchen?«

»Na ja, so sagen wir hier: Das Ländchen. Das Ländchen Bärwalde. Sind sieben Dörfer. War mal die Herrschaft der Arnims. Is aber lange her. Und im andern Wiepersdorf, da haben Se jewohnt und sind Se ooch begraben. Aber is heute nich mehr. Is n Künstlerhaus. Früher, zu DDR-Zeiten, sind da ooch de Großkopfeten zusammenjekommen, die Seghers und die Wolf. Und heute? Weeß nich, komm nich mehr rüber, kann ja nich mehr mit meem kaputten Kreuz. Aber sinn wohl immer noch da, die Literaten unn die Künstler. Aber die Namen kenn ick alle nich mehr. Ick les ja nich mehr. Früher, den Kant, ick, meen, den Hermann, ja, und den Strittmatter und seene Frau. Aber heute? Hab ick gar keene Muße mehr. Mir reicht die *Superillu* und abends *RTL*.«

So viel Gesprächsbereitschaft hatte ich dem Männlein gar nicht zugetraut. Zumindest hatte er über seinem Wortschwall die geschändete Thujahecke vergessen.

Ich gab Sunny mit den Augen ein Zeichen, schleunigst in den Bus einzusteigen, dann sagte ich noch: »Na denn, vielen Dank, und noch einen schönen Fernsehabend!«, worauf das Männlein mir hinterherrief: »Na klar, heute Abend die große Schlagerparade mit Helene Fischer, *Atemlos durch die Nacht*, und denn n Freiberger Pils dazu, wat will man mehr?!«

»Alle einsteigen«, rief ich, und »alle«, das war nur noch Evelyn, denn Sivi und Sunny saßen bereits im Bus. Evelyn aber striegelte und striegelte, und der Esel verdrehte wohlig die Augen.

»Lassen Se mal noch n Stückchen von der Haut dran, junge Frau«, rief das Männlein von der anderen Straßenseite, »der wird ja ganz rammlig!«

Ich packte Evelyn etwas unsanft am Arm, zerrte die Protestierende vom Gatter weg, bugsierte sie in den Bus, kletterte hinterher und zog die Tür hinter mir zu.

»Kann losgehen«, sagte ich zu Pierre. Der startete den Motor, wendete und folgte meinen Wegweisungen, während das Männlein, noch immer am Zaun stehend, mit der Gießkanne bekräftigend in die Richtung winkte, wo sich das Ländchen Bärwalde befinden sollte. Ottokar blickte uns traurig nach, schrie ein letztes Mal und ließ die Ohren hängen.

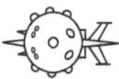

Meine liebe Evelyn!
Ich bin recht traurig über dich, denn du hast Geheimnisse vor mir. Jetzt kannst du vielleicht lachen über deinen dummen Karl, aber ich meine es ernst, Evelyn! Du darfst nicht so mit mir umgehen und glauben, ich merke nichts, oder es würde mir nicht weh tun. *Ich möchte nicht, dass du, liebes Mädel, von einem kranken Menschen etwas annimmst oder ihm etwas schenkst! Der Willi Frank hat eine Gesichtszeckenkrankheit gehabt; beachte die rote, zerfressene Nase! An sich ist Willi Frank nicht schlecht, aber es ist nicht gut für dich, wenn du Esswaren aus seiner Hand nimmst, Evelyn. Ich weiß, dass du gern Süßes isst, und du hast von Willi Frank wohl Schokolade oder Kuchen angenommen und ihm dann eine von deinen roten Ohrperlen geschenkt! Ich habe die gesehen, auf dem Tisch neben seinem Teller. Wenn du etwas Besonderes haben müsstest, sage es mir oder der Schwester, dann besorge ich dir das sofort! Meine liebe Evelyn, ich will dein Bestes im Leben, glaube mir das! Mit solchem billigen Kram von dem Willi Frank verdirbst du dir auch den Magen, hast nachher keinen Appetit und dergleichen. Was ich dir kaufe, ist alles wohlüberlegt ausgesucht und gute Ware!
Ich will nur ein paar freundliche Blicke, Evelyn! Aber diese freundlichen Blicke gibst du nur dem Anstaltskranken Willi Frank!* Keinen Esel behandelt man so, keinen Hund! *Das macht mich sehr traurig, wo ich immer für dich gesorgt habe. Denke darüber mal ein bisschen nach! Willi Frank kann nicht für dich sorgen oder dich heiraten. Also, Linchen, wir bleiben zusammen, aber lass dir nichts von Kranken zu essen holen oder geben!
Es grüßt dich lieb und herzlich dein Karl.*

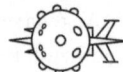

Wir schlugen den Weg ein, den uns das Gießkannenmännchen gewiesen hatte. Wiesen und Wälder mit alten Eichbäumen. Eben kamen wir von Kossin mit seiner Fachwerkkirche und dem frei stehenden hölzernen Glockenturm – da öffnete sich das Gelände und gab den Blick frei auf einen baumbestandenen Park, rechts eine Kirche, im Hintergrund ein zweistöckiges barockes Schloss mit mächtigem Walmdach und rechts und links anstoßenden niedrigen Seitenflügeln.

»Das muss es sein«, sagte Pierre. »Schloss Wiepersdorf, Sitz derer von Arnim.«

Das Parktor stand offen, Pierre fuhr hindurch und stellte den Bus an der Seite ab. Wind war aufgekommen, die mächtigen Bäume rauschten.

»*Als raunten sie uns zu: Hier ruh auch du, hier ruh auch du*«, rezitierte Pierre.

Der poetische Anflug fand ein jähes Ende: Wenige Schritte vom Parkplatz entfernt kamen wir an einem kleinen Friedhof mit gut einem Dutzend Steinplatten vorbei – die Erbgräber der Arnims.

An einer Ecke des umzäunten Gevierts stand ein großer Baum. Eben als wir daran vorbeigingen, sprang hinter dem Stamm ein katzenähnliches Wesen hervor: Katzenohren und Katzenschwanz, in einen marineblauen Neopren-Anzug gepresst.

Der Felide, etwa so groß wie Sivi, beachtete uns nicht. Er kauerte im Gras, die hinteren Läufe in blaue Gummistiefel gepackt, die Vorderpfoten in blauen Gummihandschuhen umfassten eine Videokamera, die das Gesicht zur Hälfte verdeckte. Wir standen wie angewurzelt und gafften blöde. Evelyn kramte in ihrer Handtasche. Das katzenähnliche Wesen kümmerte sich keinen Deut um uns, starrte vielmehr durch das Auge der Kamera auf den Friedhofsbaum, in dessen mächtiger Krone etwas raschelte. Mit einem Mal stürzte, nein, sprang das Etwas aus der Laubkrone herab, wurde von einem Gummiband aufgefangen, knapp bevor es auf den Arnim'schen Erbbegräbnissen aufknallte: Kopfüber hing es da, das blaue Etwas, ein ebenso großer Felide im Neoprenanzug, wedelte mit den Armen, als wollte er fliegen lernen, und schrie: »Ich bin das Blau von deinem Zungenschlag, oh, deines rosaroten Schamhaars leiseste Begierde!«

Erschrocken flogen ein paar Spatzen aus dem Baum auf und schwirrten davon. Das am Boden kauernde katzenähnliche Wesen mit der Videokamera war keineswegs verwundert über die laienhaften Flugversuche seines »Artgenossen« und dessen schmerzhaft raunzendes Paarungsgeschrei, sondern vielmehr darauf konzentriert, die Darbietung in Bild und Ton für die Nachwelt festzuhalten.

Evelyn hatte Tabletten aus ihrer Handtasche genestelt und hielt sie dem kopfüber vom Baum hängenden Wesen hin. »Möchten Sie?«, fragte sie mitfühlend. »Sind starke. Gegen Kopfweh. Ich kenne das: Ich war ja auch mal jung. Die Wechseljahre. Da muss jede Frau durch.«

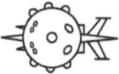

Der Vollmond schien durch die hohen Fenster und färbte das tags graue Linoleum weiß wie Elfenbein. Weiß wie Evelyns Hals, ihre Ohrläppchen. Janke starrte seit Stunden zur Decke hinauf: Risse zogen sich über den Plafond, bildeten Netze und Figuren, vergleichbar den Sternbildern, die Janke früher, in Peenemünde, bisweilen studiert hatte; in den Nächten, wenn er – schlaflos vor Aufregung über die Fortschritte in den geheimen Laboratorien – sich vor das Wohnheim geschlichen hatte und zum nahen Strand geschlendert war: das Baltische Meer!

Dort, am Fuß einer Düne, von Strandhafer spärlich bewachsen, war er gesessen, das Rauschen und Glucksen im Ohr und im Herzen, und hatte hinaufgestarrt zu den fernen Galaxien, den Sternen, die ihr flackerndes Licht zu ihm herab ergossen, ein Licht, das Tausende, wenn nicht gar Millionen Jahre durch die Schwärze und Kälte des Universums unterwegs gewesen war, um schließlich hier, an Peenemündes Strand, auf ihn, Janke, den Raketenforscher, zu treffen; Bilder, die vielleicht schon längst verglüht waren, ein Funkeln, das zwar nicht wärmte, aber den Geist erleuchtete und in Jankes Innerem eine kleine Flamme entfachte, die weniger ins Herz als in den Verstand hinein leuchtete.

Janke war oft stundenlang dagesessen, hatte hinauf in das Flimmern und Funkeln gestarrt, bis ihm der Nacken steif geworden war. Er hatte sich reich gefühlt, erfüllt bis in die letzten Fasern seines Leibs, und er war hintenüber in den Sand gesunken, hatte die ermüdeten Augen geschlossen, während er das Sternenlicht auf seiner Haut zu spüren vermeinte, und hatte noch immer auf die Baltische See gelauscht, die ihm zugeflüstert hatte: *Die Segelboote fliegen aus. Von Mitternacht, von Norden her, kommt eine Woge hoch und kraus: Geliebtes Meer! Geliebtes Meer!*[2]

Das war von einer pommerschen Dichterin, einer Landsmännin, Hedwig Lachmann. Janke hatte das vor Jahren gelesen, das war noch, bevor die neue Bewegung an die Macht kam. Später durften ja jüdische Autoren nicht mehr publiziert werden, auch nicht als Pommern im Pommerschen Heimatkalender, den sein Vater abonniert hatte und Jahr für Jahr zwölf Monate lang zerlas, bis die Klebebindung aufbrach und die Blätter flügge wurden, flügge wie das Jahr, das fortzog und einem neuen, jungen Platz machte.

Janke öffnete wieder die Augen: Das feine Netz der Risse am Plafond war noch da, und sein Zimmergenosse schnarchte wie jede Nacht. Janke verachtete ihn. Ein Berliner, grobschlächtig, schnodderig, dumm, laut. Der war ihm von *dieser Stelle* hereingesetzt worden. *Order des Direktors*, wie ihm die rothaarige Schwester beschieden hatte. Janke hatte sich per Brief beim Direktor beschwert: *Es ist für einen selbständig tätigen, geistig arbeitenden Menschen, der seine Forschungen in den Dienst des Volkskörpers stellt, schlicht unerträglich, dass er mit Subjekten dieser Art ohne alle menschenwürdige Distanz konfrontiert wird.*

Aber der *Leiter dieser Stelle* hatte ihn nur wissen lassen, er, Janke, brauche sich nicht einzubilden, dass er als langjähriger Insasse irgendwelche Privilegien genösse. Schließlich seien in einer sozialistischen Gesellschaft alle gleich, und er, der Direktor, zeige bereits genug Langmut, indem er Janke bei seinen »Gedankenexperimenten« – dieses Wort war in Anführungszeichen gesetzt – weitgehend »walten« lasse, ohne ihn umfangreicher in die notwendigen Gemeinschaftsarbeiten einzubinden. Zudem gebe es im Schloss auch Drei- und Vierbettzimmer. Dies, so der Direktor, zum Thema Privilegien, Janke möge sich das vor Augen halten!

Der Mond war bereits ein Stück weitergewandert. Der Berliner hatte sich im Schlaf auf die andere Seite gewälzt, sein Schnarchen war in ein atemringendes Röcheln übergegangen, das Janke insgeheim auf einen baldigen Herztod hoffen ließ. Immerhin, er wusste, dass der Berliner wie ein Stein schlief und nicht einmal bei einem Gewitter vom Donnern, Blitzen und knallenden Zerreißen der Atmosphäre wach wurde.

Janke setzte sich auf. Das Mondlicht schien jetzt genau auf sein Nachtschränkchen und ließ den Messingknopf der Schublade golden aufschimmern. Janke zog die Schnur mit dem Schlüssel vom Hals, schloss auf und öffnete leise die Lade. Darin seine intimsten Habseligkeiten: Fotografien seiner Eltern, des Hauses in Pommern; eine Aufnahme aus der Normandie, die ihn, Janke, als Wehrmachtssoldat zeigte; die Sterbeurkunden von Vater und Mutter; sein Taschengeld; ein Zeitungsausschnitt über die einstigen Raketenproduktionsanlagen in Peenemünde; eine Ausgabe des Magazins *ADOLAR*; ein Brief von der Akademie der Wissenschaften zu Berlin *an Herrn Ingenieur Karl Hans Janke zu Schloss Hubertusburg, Sachsen*. Dann noch der alte Schlüssel zu seinem Elternhaus – das war in Pommern, und *Pommerland ist abgebrannt*, aber man konnte ja nie wissen … Und schließlich, ganz hinten, eine *Florena*-Seifenschachtel, eine aufwendige Geschenkpackung zu Weihnachten, mit aufgemalten Glocken und Engeln. Seife war keine mehr drin.

Janke nutzte die Schachtel als Schatulle für Evelyns Sachen, oder das, was ihr zustand, was er ihr nach und nach *verehren* wollte: der *Carmen*-Lippenstift (den hatte Janke neulich, zwei Tage, nachdem er ihn hatte in den Morast fallen lassen, doch wieder aus dem Dreck herausgeklaubt); ein paar Karamellbonbons *Werthers Echte*, die waren aus dem Westen, Janke hatte sie von Herrn Jonas, der Verwandte in Hessen hatte, zugesteckt bekommen, weil er, Jonas, Karamell nicht mochte, aber Evelyn dafür umso mehr; ein paar Briefmarken, die hatte ebenfalls Herr Jonas ihm geschenkt (alle aus dem kapitalistischen Ausland, aus Frankreich, der BRD, aus Italien, eine sogar aus Großbritannien mit einer hübschen, jungen Königin, Elizabeth hieß sie, so wie die heilige Gräfin, die einst auf der Wartburg gelebt hatte). Janke wusste das aus einem alten Pommerschen Heimatkalender − aber das interessierte heute niemanden mehr. Und dann war da noch, in ein Stück Seidenpapier eingewickelt, der kleine Clip mit der roten Plasteperle, den Janke neulich im Speisesaal eingesteckt hatte, der neben Willi Franks Becher gelegen war. Frank, dieser Unhold mit der *Gesichtszeckenkrankheit*, der Evelyn mit diesen gesundheitsraubenden Zigaretten versorgte. Wie war Willi Frank, dieser Widerling, nur zu der roten Perle gekommen? Hatte Evelyn sie verloren? Oder hatte er die Perle gestohlen? Oder hatte Evelyn ihm sie gar gegeben? Als Geschenk? Als Bezahlung für einen Gefallen? Und wenn ja, wofür?

Janke hielt die rote Perle zwischen Daumen und Zeigefinger, sie schien von Feuer zu sein, das sich ihm durch die ganze Hand und den Arm bis hinein ins Herz fraß. Er hätte sie am liebsten fallen lassen, wie ein Streichholz, das abbrannte und den Fingern zu nahe kam. Aber die Finger lösten sich nicht, sie waren mit der Perle wie verschmolzen. Janke hätte aufschreien mögen, aber ein goldener Faden, von Mondlicht gesponnen und unzerreißbar wie die Schnüre der Herbstdrachen, hatte ihm die Lippen zugenäht. So konnte er nur leise vor sich hin wimmern.

Er stützte sich auf den Nachtschrank, atmete ein paar Mal tief durch, die Verkrampfung löste sich. Nochmals griff er in die Schachtel und holte einen messingfarbenen Schlüssel hervor. Auf einem Stuhl neben dem Bett lagen seine Kleider. Leise zog er sich an, band sich die

Straßenschuhe, schlich zur Tür. Der Berliner murmelte etwas, erschrocken hielt Janke inne. Doch sein Zimmergenosse wälzte sich nur herum und schnarchte weiter. Janke drückte vorsichtig die Türklinke, schlüpfte hinaus auf den Flur. Der war spärlich beleuchtet, eine einzelne Glühbirne, das Nachtlicht, wies ihm den Weg.

Der Weg: Das war hinüber zum Frauentrakt. Die verbotene Welt. Janke wusste, dass die Verbindungstür zum anderen Schlossflügel stets zugesperrt war. Die Leitung *dieser Stelle* wollte einen *dem Sozialismus unangemessenen unmoralischen Austausch von Patienten beiderlei Geschlechts vermeiden, der den sozialen Frieden in der Klinik gefährden könnte* – das hatte Janke in der Hausordnung gelesen, die am Schwarzen Brett vor dem Speisesaal aushing.

Das Hauptportal war geschlossen, aber er kannte seinen Weg: die Treppe hinab in den Keller, wo sich die Werkstatt und das Lager seines Assistenten Jonas befanden. Janke hatte sich von Jonas einen Schlüssel erbeten. Jonas hatte sich zunächst gesträubt, aber als Janke ihn immer und immer wieder fragte, wie er, Jonas, sich das denn vorstelle, er, Janke, könne ihn doch nicht wegen eines jeden Schraubenziehers, wegen eines jeden Stücks Schleifpapier, das er zum Bau seiner Trajekt-Modelle benötigte, angehen, hatte Jonas schließlich nachgegeben, ihm einen Schlüssel – aber nur den zur Werkstatt, nicht zum Materiallager – ausgehändigt, ihn mit streng hochgezogenen Brauen angeblickt und gesagt: »Aber das bleibt unter uns, Herr Janke! Kein Wort davon nach außen! Und nur Kleinigkeiten ausleihen, ansonsten mich vorher fragen! Ich vertraue Ihnen, schließlich sind wir ein Kollektiv.«

Janke griff nach dem Schlüssel in seiner Hosentasche. Daneben die Perle aus rotem Plaste. Janke hatte einmal, als er in die Werkstatt gegangen war, um einen Stichel zu holen, die Eingebung gehabt, den Schlüssel in das Schloss der Außentür zu stecken, die zu einer Kellertreppe ging, die wiederum hinaus ins Freie führte. Und zu seinem Erstaunen hatte er festgestellt, dass der Schlüssel auch zu dieser Tür passte. Seither war dieser Schlüssel für ihn das Sesam-öffne-dich zur Außenwelt, zumindest als Möglichkeit, denn bislang hatte er davon noch nie Gebrauch gemacht.

Janke hatte das Erdgeschoss erreicht. Dort vorne war das Hauptportal, daneben das Kabuff des Nachtpförtners Speitler. Der war ein Cerberus, passte höllisch auf, dass keiner nachts umherschlich, kam dann gleich aus seiner Höhle hervorgeschossen und brüllte los, was das denn für eine *Sauerei* sie, er werde das dem Direktor melden, und dann sei *die Kacke am Dampfen*. Janke verachtete den Pförtner mehr, als dass er ihn fürchtete. Ein grober Klotz, der zu seiner, Jankes, Welt keinen Zugang hatte und auch keinen haben sollte. Einmal hatte der Cerberus dem frisch verleimten Modell eines Trajekts, das Janke aus der Werkstatt geholt hatte, um es vor dem Portal in der Sonne zu trocknen, einen Tritt mit dem Stiefel verpasst und geschrien: »Die Fluchtwege müssen frei bleiben. Jeglicher Sperrmüll ist vor Türen und auf den Fluren strengstens verboten!« Dann hatte er ausgespuckt, dem Trajekt hinterher. Janke ekelte es vor dem Auswurf dieses Grobians, denn man munkelte, der Pförtner sei vor Jahren schwindsüchtig und zur Behandlung im Erzgebirge gewesen – und wer wusste denn schon, wie es mit den eingeschlossenen Tuberkeln dieses windigen Wüterichs wirklich stand?

Janke lauschte angestrengt hinter der Ecke des Flurs: Aus dem Kabuff drangen Geräusche eines Fernsehers. Der Cerberus schaute, es war Samstagabend, die Spätausgabe der Sendung *Sport aktuell*, mit Herbert Küttner. Ein Fußballspiel. Man hörte Pfiffe, Johlen und die heiseren Kommentare des Sportreporters.

Janke schlich zum Treppenabgang, schon war er außer Sichtweite des Pförtner-Gucklochs, als ihm der Schlüssel zur Werkstatt aus den klammen Fingern glitt und klirrend auf den Steinboden fiel. Rasch bückte er sich, hob den Schlüssel auf, hielt inne und lauschte auf die eifernde Stimme des Reporters. Vom Cerberus war nichts zu hören. Oder pirschte er sich lautlos heran? Janke hielt den Atem an und blieb so reglos, dass er einen Krampf im rechten Bein bekam. Er biss die Zähne zusammen, verlagerte das Körpergewicht auf dieses Bein, bis der Krampf nachließ. Jetzt hörte er den Pförtner niesen. Dann ein Räuspern und Ausspucken. Grölen und der Schrei »Toooor!« aus dem Fernsehapparat.

Janke griff nach dem Geländer und stieg leise die Stufen zum Keller hinunter. Hier war es finster. Er wagte nicht, das Licht anzumachen, aber er kannte die Flure gut genug. Vorsichtig tastete er sich an Wänden, Türen und Schränken entlang. Hier bog der Gang nach rechts ab, hier stand ein Schrank, dahinter eine Tür, eine zweite, eine dritte. Die vierte war die Tür zur Werkstatt. Janke suchte mit den Fingerspitzen nach dem Schlüsselloch, steckte den Schlüssel hinein, drehte ihn, die Tür sprang mit leisem Knarren auf, zu leise, als dass der Cerberus das hören konnte. Janke ging hinein, schloss die Tür, erst jetzt betätigte er den Lichtschalter. Zwei starke Glühbirnen flammten auf, erhellten einen mittelgroßen Raum mit Werkbank, Kreissäge, Werkzeugschränken, Schreinerböcken, einer Kiste mit Hobel- und Sägespänen.

Janke sog genüsslich den Geruch von Holz und Leim ein. An einer Wand, auf einem Tisch, stand Jankes ganzer Stolz: ein Modell seines jüngsten Weltraumschiffs *Sonnenland*, zwei Meter lang, ganz aus Holzspanten, Sperrholz, Pappmaché und Segelleinen gefertigt, mit silberner Farbe bemalt, die Herr Jonas für ihn organisiert hatte. Janke wollte das Trajekt im kommenden Sommer in einer kleinen Ausstellung im Festsaal des Schlosses zeigen, zusammen mit anderen, kleineren Objekten und allerlei Konstruktionsplänen – freilich nur solchen, die nicht zu viel von seiner Arbeit verrieten, denn er wollte verhindern, dass der imperialistische Feind, der überall seine Agenten hatte, Werkstattspionage betreiben und technologische Erkenntnisse stehlen konnte.

Janke betrachtete stolz das *Sonnenland* Trajekt von allen Seiten. Es war ihm gelungen, auch in ästhetischer Hinsicht. Braun hatte ihm und den anderen Mitarbeitern stets eingeschärft, dass technischer Sachverstand allein nicht genüge. Alle bedeutenden Erfinder der Menschheitsgeschichte seien immer auch Künstler gewesen, Ästheten, die das Wahre und Gute, das wissenschaftlich Gute, stets mit dem Schönen verbunden hätten, ja, in der gelungenen Form offenbare sich stets auch die Klarheit und Wahrhaftigkeit des Forschergeistes.

Jankes Blick fiel auf ein Regal, darin Herr Jonas Farbdosen und Pinsel aufbewahrte. Er griff nach einer Dose mit rotem Lack, hebelte sie mit einem Schraubenzieher auf, tunkte einen Borstenpinsel ein und malte, in Großbuchstaben und mit Serifen, sorgfältig ein Wort auf die silberne Flanke des Trajekts.

Dann schloss er die Dose wieder, wusch den Pinsel aus – *Ordnung muss sein!* – und steckte ihn zurück in das große Glas, zu den anderen. Janke ging zur hinteren Tür, die hinaus ins Freie führte, schloss auf, öffnete sie sperrangelweit, schob einen Holzkeil unter, damit sie nicht zufallen konnte. Dann stemmte er das Trajekt hoch und trug es, die Cockpitspitze voran, hinaus. Stufe um Stufe erklomm er die Außentreppe.

Der Mond hatte sich hinter einer großen Wolke verzogen, und Janke musste, um nicht zu straucheln, seine Schritte vorsichtig setzen. Der Pflasterweg führte am Schloss entlang. Wie ein Einbrecher schlich Janke durch die Nacht. Es war ihm ganz recht, dass sich der Mond, der große Verräter, die *Schweinesonne*, wie die Waidleute ihn nannten, sich verborgen hatte. Er gelangte zum Frauentrakt. Janke kannte Evelyns Fenster – er wusste das nicht von ihr, sondern von der Betschwester. Die hatte er einmal gefragt, und für eine Tafel Schokolade hätte die Frömmlerin ihm wahrscheinlich noch weit mehr eingefädelt, wenn sie denn gekonnt hätte. Das dritte Fenster von links, zweiter Stock. Wenn Evelyn in der Früh aufwachte und hinaus in den Tag schaute, würde sie das Trajekt, *ihr* Trajekt sehen und sich darüber freuen!

Janke durfte das Modell nicht zu hart an der Schlossmauer abstellen. Schließlich entschied er sich für eine Position, eine Startposition, von hier konnte die *Sonnenland* gut abheben, wenn sie die Rückstoßraketen zündete – ganz *ohne Atom-Strom*, versteht sich. *Nur zur friedlichen Nutzung!* Jetzt schob sich der Mond hinter den Wolken hervor und tauchte alles in sein unwirkliches Licht: Silbern strahlte das Trajekt auf, bereit, Janke und Evelyn an Bord zu nehmen und in die Freiheit zu tragen. Rot flammte Evelyns Name an der Flanke des Raumschiffs, das zu atmen schien wie ein großer Raubvogel. Janke blickte voller Stolz darauf, dann hob er das Gesicht, sah hinauf zu Evelyns Fenster, das im Dunkeln lag. Die rote Plasteperle kullerte zu Boden. Er bückte sich nicht danach, er sah Sterne vor den Augen, fühlte ein Würgen im Hals, an dem er zu ersticken drohte. Seine Hände griffen nach dem Hemdkragen, zerrten daran, rissen das Hemd entzwei, die Knöpfe sprangen ab, schwitzend zeigte er seine nackte Brust dem Mond und den Sternen, der glücklichen Welt der *Sonnenland*-Kinder, in die er bald einginge. Dann sank er ins taufeuchte, kühle Gras. Das spürte er aber schon nicht mehr, hörte nicht das Raunzen der Katzen in der Nacht.

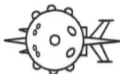

Die Katzenwesen in ihren Neoprenanzügen zeigten sich zutraulich. Freilich herrschte der kopfüber hängende Felide Sunny an, er solle nicht so dumm herumstehen und mal eben anpacken, bevor er den Karabiner am Gummiband öffnete und sicher in Sunnys starke Jungmännerarme plumpste.

»Alles im Kasten, irre Nummer, vor allem das Ende: der starke Held, Superman in Flip-Flops – darauf wäre ich selbst nie gekommen!«, jubelte die »Katze« mit der Videokamera.

Dann blickten uns beide an und lächelten – von Raunzen war keine Rede mehr –, vielmehr schnurrten sie und fingen an, uns zu umschmeicheln. Nun sah man auch ihre Gesichter: Evelyn hatte intuitiv recht gehabt, sie als verkleidete Frauen zu identifizieren, noch keine dreißig Jahre jung.

»Ihr seid also die Neuen«, stellte die Katze mit der Videokamera fest. »Super, dass ihr uns gleich aus dem Stegreif assistiert habt. Die Nummer mit dem schmucken Kerl in Flip-Flops wird der Höhepunkt in unserem Happening.«

»Und du bist sicher ein Dichter«, sagte die andere Katze zu Pierre. »Du siehst total existenzialistisch aus.«

Pierre nickte: »Klar erkannt. Und ich trinke Absinth und kiffe. Außerdem schreibe ich im Rausch meine wüsten Gedichte.«

»Wie cool ist das denn!«, würdigte Katze Nummer eins. »Übrigens: Ich bin mit bürgerlichem Namen Marlene. Und das«, sie deutete auf ihre Kollegin, »ist Annemirl aus Niederbayern, kurz Mirl genannt. Unbürgerlich nennen wir uns das Duo M&M.«

»Wie die Zuckerdrops«, warf Evelyn ein. »Gibt's bei *Rewe*, die große Packung für 3,50.«

»Genau wie die«, bestätigte Marlene. »Na denn, kommt mal rein in unser bescheidenes Heim.«

Wir folgten den jungen Frauen zum Schloss, und ich überlegte mir, als was ich mich ausgeben sollte: als Maler? Oder Romanautor? Und Evelyn: als mein Modell? Oder meine Muse? Sie war noch immer barfuß, und das passte ja irgendwie zu dem Klischee, dass sie eben erst dem gemeinsamen Lager mit ihrem Maler-Porträtisten entstiegen sein könnte – wenn man den großen Rest mal außer Acht ließ.

Durch eine Seitentür betraten wir den Küchenflügel, dann ging es in eine Diele, wo ein kleines Buffet angerichtet war. Im Esszimmer nebenan saßen um einen Tisch etwa acht Personen, Männer und Frauen, unterschiedlichen Alters, die schweigend ihr frühes Abendessen – es war gerade einmal halb sechs – vertilgten und uns keines Blickes würdigten, selbst als Marlene zu ihnen sagte: »Das sind die Neuen!«

Ich wollte eben widersprechen und den Irrtum aufklären, als eine Dame in den Fünfzigern auf uns zukam, uns freundlich die Hand gab und sagte: »Guten Tag, Buxbach mein Name. Sie sind also die Neuen? Dann kommen Sie mal mit in mein Büro.«

Widerspruchslos folgten wir ihr durch einen dunklen Gang, der um zwei Ecken führte und in ein helles Büro mündete, mit hohen Fenstern hinaus zum Park mit der Kirche und dem kleinen Friedhof.

»Ich habe Sie schon vom Fenster aus gesehen«, erklärte Frau Buxbach. »Tolle Nummer, was unsere Damen M&M da geliefert haben, finden Sie nicht auch?«

Stumm standen wir da. Ich versuchte zu nicken.

»Also«, Frau Buxbach starrte auf den Bildschirm, »ich finde hier einen Schriftsteller aus Wien angekündigt, zwei Malerinnen aus Berlin und Halle und einen Komponisten aus Greifswald. Ist doch richtig?« Sie blickte auf, musterte uns und meinte: »Jetzt ist aber ein Herr überzählig.«

»Ich bin nicht überzählig, ich bin Rimbaud«, meinte Pierre trocken.

Frau Buxbach lachte und drohte ihm scherzhaft mit dem Finger. »Na ja, dann legen Sie mal los und tragen Sie sich mit ihren Personalien hier ein.« Sie schob uns vier Anmeldebögen über die Theke. »Und der dritte Herr ist zu Besuch?«

»Nein, Entschuldigung«, brachte ich hervor, während Evelyn sich schon eines der Blätter geangelt hatte und mit einer Kinderschrift ihre Daten darauf malte. »Das alles ist ein Irrtum, Frau Buxbach. Wir sind nicht ›die Neuen‹. Wir sind keine Künstler und keine Dichter ...«

»Ich bin Rimbaud«, beharrte Pierre.

»Wir sind«, ich sandte ihm einen strafenden Blick zu, »nur Durchreisende, Touristen, wenn Sie so wollen.«

»Genau«, Evelyn hielt mit ihrer Namensmalerei inne, »auf dem Weg nach Afrika, zum Nil.«

Wieder schaltete sich Pierre ein: »*Patience avec science, le supplice est sûr.*«

Und wieder lachte Frau Buxbach schallend. »Ja, ja, das kenne ich bereits. Also, Sie glauben gar nicht, was ich hier schon alles erlebt habe: Diese M&M's zum Beispiel, die beiden kamen hier am ersten Tag in mein Büro, maskiert als Aliens, aber in rosa Schlauchkostümen. Und dann war hier mal einer aus München, sprach breitestes Bayerisch und glaubte allen Ernstes, er sei die Reinkarnation von Annette Kolb. Nur«, sie senkte vertraulich die Stimme, als wären wir nicht allein im Büro, »bei dem war auch sonst etwas nicht richtig hier oben«, sie machte mit der Hand eine kreisende Bewegung vor der Schläfe, »der hatte sogar seinen Teddybären dabei, namens Seppl ...«

»Meiner heißt Leppsch«, sagte Evelyn ganz ernst. »So, ich bin fertig.« Sie schob den ausgefüllten Meldeschein Frau Buxbach zu. »Wo ist der Zimmerschlüssel? Und wann gibt es Frühstück?«

»Immer langsam«, sagte Frau Buxbach. »Das Abendessen steht angerichtet, wenn Sie sich beeilen, können Sie daran noch teilnehmen. Es ist ein Buffet. Sie haben das ja beim Hereinkommen schon gesehen. Sie können in den drei vorderen Räumen frei Platz nehmen. Der Raum zur Straßenseite ist übrigens Achim von Arnims Sterbezimmer – aber das soll Ihren Appetit nicht verderben.«

Evelyn wandte sich zum Gehen. »Gut, dann mal los. Ich habe einen Bärenhunger.«

»Moment!«, rief ich jetzt so laut, dass sogar Frau Buxbach in ihrer geschäftigen Routine unterbrochen wurde. »Das ist alles wirklich ein Irrtum. Ein Irrtum!«, wiederholte ich, wobei ich mit den Anmeldeformularen wedelte.

»Ach, ich bitte Sie, der überzählige Herr, den kriegen wir schon unter«, meinte Frau Buxbach unverdrossen, »ein Zustellbett ist kein Problem.«

»Nein!«, schrie ich verzweifelt. »Kein Zustellbett! Ich will allein schlafen! Keinen Sunny in meinem Zimmer!«

Alle blickten mich ratlos an. »Du kannst doch jetzt nicht einfach alles kaputt machen, Tim«, zischte Pierre.

Frau Buxbach focht das nicht an: »Also, der Herr damals, mit dem Annette-Kolb-Komplex, der war auch eigen. Wir finden für fast alles eine Lösung.«

»Hören Sie«, ich klammerte mich mit beiden Händen an den Tresen, »wir sind keine Künstler. Auch dieser Pseudo-Rimbaud nicht. Wir sind einfach nur Touris, die zufällig hier vorbeikamen. Wir sind der Sintflut in Sachsen eben noch entkommen und suchen nur ein Lager für eine Nacht, bevor es morgen nach Berlin weitergeht.«

»Und von dort mit dem Flieger nach Afrika«, erläuterte Evelyn noch einmal.

»Na, ich bitte Sie, das ist doch alles kein Problem«, sagte Frau

Buxbach gelassen. »Dann bekommen Sie es sogar noch besser: Nicht die Räume im Stipendiatentrakt, sondern die Gästezimmer hier im Schloss. Sie haben Glück. Es sind vier frei: drei Einzelzimmer und ein Doppelzimmer. Halbpension. Sie müssen sich nur einigen, wer mit wem das Doppelzimmer teilt. Für eine Nacht, das geht. Am Wochenende hätte es anders ausgesehen, da ist das ganze Haus ausgebucht – Tagung der Brentano-Gesellschaft.«

Wieder schob sie uns Anmeldebögen zu, diesmal die für zahlende Gäste. Mir war klar, dass einmal mehr alles auf meine Rechnung ging. Und mir war auch klar, dass Sunny in meinem Zimmer schlief. Ich hatte auf diesem Pseudo-Afrika-Trip nicht nur die Spendierhosen an, sondern einfach die schlechteren Karten gezogen. Aber es war eh schon alles egal: Hinter mir waren alle Brücken abgebrochen, wortwörtlich und im übertragenen Sinn. Ich konnte mich nun nur noch der Nemesis überlassen. Und die schien es darauf angelegt zu haben, mich bei jeder erdenklichen Gelegenheit zu demütigen und mein Girokonto zu plündern.

Wir gingen zum Abendessen, in das Sterbezimmer des einstigen Schlossherrn. Es schmeckte dennoch fabelhaft. Evelyn zeigte den Appetit eines Waldarbeiters. Die Stipendiaten, die uns, als wir das Schloss betreten hatten, ignoriert hatten, waren bereits wieder in ihren Zimmern verschwunden. Ich vermutete, sie tüftelten beinahe pausenlos an ihren epochemachenden Romanen, Gemälden und Symphonien.

Eine junge Frau, die mir irgendwie bekannt vorkam, betrat das von Arnim'sche Sterbezimmer und sagte recht vertraulich zu uns: »Da seid ihr ja, ich dachte schon, ihr wäret vielleicht wieder abgereist.«

Sunny erkannte sie als Erster: Es war Annemirl, oder Mirl, wie sie uns draußen, als sie kopfüber vom Friedhofsbaum baumelte, von ihrer Happening-Kollegin vorgestellt worden war.

Mirl beugte sich über den Tisch, als könnten wir sie sonst nicht verstehen, und flüsterte: »Wenn ihr Lust habt: Heute ist Vollmond. Nach Einbruch der Dunkelheit, so gegen elf, treffen wir uns hinten am Waldrand, beim Ateliergebäude, zum Lagerfeuer.«

Sunny starrte auf Mirls Oberweite, die unter dem Spaghetti-Top und in dieser vorgebeugten Körperhaltung extraordinäre Ausmaße zeigte. Vielleicht, dachte ich, war ja auch das Part einer Videoinstallation, aber ich konnte an den Zimmerwänden keine Kamera entdecken.

»Einverstanden«, Sunny lächelte, und Pierre nickte befriedigt und sagte: »Ich steuere zwei Flaschen Bordeaux bei. Und vielleicht können wir sogar Sternschnuppen beobachten.«

»Und uns etwas dabei wünschen«, Sivis Augen strahlten.

»Gibt's da auch was zu knabbern?«, fragte Evelyn.

»Klar, Chips zum Beispiel.« Mirl lächelte sie an, und Evelyn strahlte wie ein Lampion bei Nacht.

Somit war alles geregelt: Ich war überstimmt, der Abend verplant und die Nacht kurz. Vielleicht würde Sunny mich diesmal in Frieden lassen. Ansonsten würde ich lieber in Achims Sterbezimmer mein Lager aufschlagen.

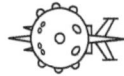

Ein grelles Lichtgeviert fiel ihm zwischen die blinzelnden Lider: Ausblick in eine Welt hinter der Welt. Das Licht schmerzte, und instinktiv schloss er die Augen. Er spürte eine Bettdecke schwer auf sich, glaubte darunter zu ersticken. Er drohte auf einer Welle hinab in einen Orkus, einen Mahlstrom gespült zu werden. Er versteifte sich, spürte mit einem Mal das Blut durch sein Herz rauschen. Die Woge riss ihn nicht mit sich fort, er widerstand den Lockungen des Strudels. Ein Schleier der Erinnerung fiel vor sein inneres Auge: die Mondnacht, sein Gang hinters Schloss, das Trajekt *Sonnenland* in den Händen ... Aber dann war da ein Sturz, der nicht weh tat, jedoch alles in Finsternis riss ...

Janke bemühte sich, die Augen zu öffnen. Es gelang ihm nicht, nur das rechte Lid löste sich einen Spalt breit – wieder fiel das Lichtgeviert in seine Pupille. Es blendete, das Lid schloss sich erneut. Jetzt merkte er, wie er unter der Decke schwitzte. Er wollte sie mit den Beinen fortstoßen, aber sie gehorchten ihm nicht. Er versuchte, die Hände zu bewegen: Langsam, ganz langsam, zitternd tastete sich seine rechte Hand zur Brust, zum Herzen. Nun spürte er dessen Pochen: schwach, beinahe zögerlich, aber es pochte, sein armes, altes, treues Herz ...

»Herr Janke? Sind Sie wach?«

Wer sprach? Janke wollte antworten, aber die Lippen waren wie zugenäht, die Zunge klebte vertrocknet am Gaumen.

Die Stimme eines Mannes, näher an seinem Ohr: »Herr Janke? Können Sie mich verstehen?«

Jemand berührte seine Schulter, sanft, strich darüber. Wieder versuchte Janke zu sprechen – die Zunge versagte ihm. Der Mahlstrom zog ihn hinab ...

Er sah das Lichtgeviert vor sich, das Oberlicht des Kohlenkellers im Elternhaus in Pommern. Er saß auf einem umgestürzten Blecheimer, Tränen rannen über die Wangen bis in die Mundwinkel. Der Kohlestaub schmeckte bitter und süß zugleich. Er hatte an der Tür gerüttelt, geklopft, hatte trotzig geschrien und gebettelt – vergebens. Die Tür mit dem Oberlicht war von außen verriegelt. Die Mutter hatte ihn eingesperrt, weil er *unartig* gewesen war. Er wusste nicht mehr, was er getan hatte, ein Streich vielleicht, vielleicht ein falsches Wort, eine kleine Unehrlichkeit, eine Kinderlüge ... Er wusste den Anlass nicht mehr, hatte das Schlüsselwort vergessen. Aber das Wort *unartig* strafte ihn wie einen Verbrecher, schlug ihm wie ein Peitschenhieb ein Mal auf die Stirn, das ihn vor sich und anderen darstellte, zur Schau stellte, bloßstellte. Er hatte versucht, über das Kellerfenster zu entkommen, war die Halde hinaufgeklettert, in kurzen Hosen, auf nackten Knien, aber immer wieder abgerutscht, die Eierbriketts waren unablässig hinabgekollert. Er konnte das Kellerfenster nicht erreichen, es war zu hoch in die schimmelfeuchten Mauern eingelassen, und er hatte sich die Knie und Schienbeine an den scharfkantigen Kohlen wundgeschürft. Nun saß er da, auf dem Eimer, heulte, schmeckte den bittersüßen Kohlestaub, blickte hinauf auf das tränenverschwommene Bild des Lichtgevierts und hatte den Grund seiner *Unartigkeit* vergessen. Und was er auch schrie und winselte und flehentlich erbat – ihm wurde keine Vergebung zuteil, kein Verzeihen geschenkt.

Endlich schwemmte ihn die Woge wieder nach oben. Wie lange war er in der Unterwelt gewesen? Mit einem Mal spürte er, dass das Leben in seinen Körper zurückglitt, kräftig, selbstbewusst, mit Trotz.

Janke riss die Augen auf – sein Körper gehorchte wieder. Das Lichtgeviert strömte in seine Pupillen, in sein Gehirn, schmerzte nicht, verfestigte sich zu einem Bild, einem von außen beleuchteten Oberlicht, zog andere Bilder von Gegenständen nach sich: eine Art Servierwagen mit medizinischen Instrumenten, eine Fotografie an der Wand von einem Sonnenaufgang am Meer, ein schmaler Schrank, ein Stuhl ...

Wo war er? Eine Ahnung dämmerte in ihm: im *Sterbezimmer*! Es musste das Sterbezimmer der Anstalt sein, ein Raum, über den viel gemunkelt wurde, den aber keiner der Insassen je gesehen hatte.

»Herr Janke?«

Wieder die sanfte Stimme. Die Stimme eines Mannes. Wieder die Hand auf seiner, Jankes, Schulter. Janke wandte den Blick von den Dingen ihm gegenüber ab, auch von dem Lichtgeviert, der einzigen Beleuchtung in dem fensterlosen Raum. Sein Kopf gehorchte ihm: Langsam drehte er sich zur Linken, woher die sanfte, vertraute Stimme kam.

Zuerst sah er nur einen Schemen im Dämmer. Dann trugen ihm die Pupillen nach und nach Konturen ins Sichtbild, die Punkte, Grautöne und Schraffuren ergaben nach und nach Sinn: Es war Jonas, der getreue Jonas, sein Assistent, sein Freund! Er saß auf einem Stuhl neben Jankes Bett. Janke versuchte, etwas zu sagen, es gelang ihm nicht. Aber er sah Jonas dankbar an, und er bemühte sich, seine Lippen zu einem Lächeln zu bewegen.

»Herr Janke, bleiben Sie ganz ruhig! Sie sind wieder bei Bewusstsein, das ist gut. Alles andere wird wieder. Auch das mit dem Sprechen. Jetzt nur nicht überanstrengen. Ganz ruhig. Sie sind gut versorgt. Sie liegen auf der Krankenstation in Schloss Hubertusburg. Dr. Rasmussen hat sich um Sie gekümmert, er wird nachher nochmals vorbeischauen. Sie hatten Glück: Eine Herzschwäche, aber kein Infarkt, nichts wirklich Bedrohliches. Rasmussen hat sogar darauf verzichtet, Sie ins Krankenhaus zu schaffen. Ruhe ist jetzt wichtig, damit Sie sich erholen und bald wieder auf die Beine kommen.«

Janke versuchte zu nicken. Jonas sah ihn an und nickte ebenfalls.

»Ich habe verstanden, Herr Janke. Und ich verspreche Ihnen, dass es besser werden wird, mit Ihrer Unterkunft und mit den Umständen hier. Ich habe mit Rasmussen gesprochen, und die Ärzte ebenfalls. Die stehen eigentlich alle auf Ihrer Seite, haben den alten Haudegen überzeugt. Sie müssen in Zukunft nicht mehr an den Gemeinschaftsdiensten teilnehmen. Kein Kohleschippen, kein Putzdienst. Und Sie können sich ganz ihren Erfindungen widmen – ist ja schließlich zum Wohle der Menschheit. Und damit Sie Ihre Ruhe haben, bekommen Sie sogar eine eigene Werkstatt. Ich habe das mit Rasmussen abgesprochen. Hinten, bei den ehemaligen Pferdeställen: Da ist ein Raum frei, den richte ich Ihnen ein, mit ein paar Tischen und Stühlen, Werkzeug, Papier, Konstruktionsutensilien, was Sie eben so brauchen ... Da können Sie dann in aller Ruhe arbeiten. Und natürlich dürfen Sie auch weiterhin bei mir was ausleihen, versprochen! Aber jetzt werden Sie erst mal wieder gesund.«

Janke spürte erneut Jonas' Hand auf der Schulter. Er versuchte einmal mehr, die Lippen zu bewegen, das Wort *danke* zu formen.

Jonas schien ihn zu verstehen, er nickte. Er langte in seine Hosentasche und zog eine Streichholzschachtel hervor, öffnete sie, nahm etwas heraus, hielt es ihm, Janke, vors Gesicht.

»Das haben Sie bei Ihrem nächtlichen Spaziergang verloren«, sagte Jonas.

Janke brauchte einige Sekunden, bis er im Dämmer die rote Plasteperle, Evelyns Ohrschmuck, erkannte. Das Herz wurde ihm vor Freude heiß.

»Die lag im Gras, habe ich anderntags gefunden, als ich Ihr Trajekt holte. Es ist sicher verwahrt in meiner Werkstatt, völlig unbeschädigt. Und nach wie vor flugtauglich. Und diese Perle hier, na ja, ich dachte, die muss wohl auch Ihnen gehören?«

»Dan ... ke«, flüsterte Janke.

Das Wort kam ihm über die Lippen, gehaucht nur, aber verständlich, denn Jonas nickte und sagte: »Kein Problem. Gern geschehen. Wir halten zusammen, Sie und ich, versprochen. Aber in Zukunft bitte keine so extravaganten nächtlichen Abenteuer mehr, ja?« Jonas drohte scherzhaft mit dem Finger. »Mit Verlaub, Herr Janke, Sie sind ein Schwerenöter, ein liebestoller Kater. Bleibt aber unter uns. Kosmonauten-Ehrenwort.«

Über eine enge Holztreppe ging es hinauf in einen Seitenflügel des Schlosses. Während es im Hauptgebäude bescheidenen Stuck und möblierte Andeutungen einstiger feudaler Herrlichkeit gab, zeigte sich hier, im Gästetrakt, alles pragmatisch-praktisch. Die Zimmer waren klein, die Möblierung und die Badezimmer aus den Neunzigern, als in den Aufbau Ost reichlich Gelder geflossen waren, die man schnell und ohne allzu große Feinfühligkeit in die historische Substanz hatte hineinbuttern müssen.

Ich brachte Evelyn zu ihrem Zimmer. Sie zwinkerte mir zu und meinte, sie habe damals in Hubertusburg ja auch in einem Schloss gewohnt. Aber hier gefalle es ihr doch besser, und sie habe einen sehr schönen Tag mit uns verbracht, den sie so schnell nicht vergessen werde, und sie sei schon gespannt auf das, was sie noch erwarte, bis sie am Nil stehe.

Ich atmete tief ein, um ihr klar und deutlich zu sagen, dass sie sich das alles aus dem Kopf schlagen könne – und ließ es dann doch bleiben, als ich sie so sitzen sah: eine alte, etwas tüttelige, leicht verwirrte Dame im rosa Kostüm, die Füße noch immer nackt und schwarz vom Barfußgehen. Sie saß in einem blauen Plüschsessel, der zwischen Bett und Gaubenfenster hineingepfercht war, und blickte sehnsüchtig hinaus auf den im Abenddämmer liegenden Park auf der Rückseite des Schlosses. Dort erstreckte sich in einem großen Oval ein neobarocker Garten mit

Blumenrabatten und Götterstatuen. Links lag eine Orangerie, im Hintergrund war der Garten von mächtigen Bäumen begrenzt, die vielleicht ebenfalls Achim von Arnim selig gesetzt hatte. Ganz hinten, wo der Abendhimmel in das Rot der untergehenden Sonne getaucht war, dehnten sich Korn- und Maisfelder. Ein Sportflieger drehte seine akrobatischen Pirouetten und imitierte das Geräusch einer wütend gewordenen Hornisse. Auf der Terrasse, die man vom großen Salon des Schlosses aus erreichte, saß einsam ein vollbärtiger Stipendiat mittleren Alters und spielte auf seinem Smartphone, vor sich eine Flasche Bionade.

Ich nahm nun doch einen Anlauf, Evelyn vorsichtig auf die Absurdität des ganzen Unternehmens hinzuweisen. Das Gesicht von ihr abgewandt, sagte ich: »Äthiopien muss wirklich ein schönes Land sein, voller Geheimnisse, mit einer alten Kultur, wilden Gebirgsregionen, durch die sich der Nil schlängelt ... Ich meine, wer wollte da nicht gern hin, aber vielleicht ist es im Leben bisweilen besser, wenn nicht jeder Wunsch erfüllt wird und manches ein Traum bleibt ... Außerdem ist so eine Reise anstrengend und teuer ...«

Ich blickte noch immer in den abendlichen Park hinaus, als ich hinter mir ein Wimmern hörte. Ich wandte mich um: Evelyn wischte sich mit einem Taschentuch Tränen aus den Augen. Ich wusste nicht, wie ich mich verhalten sollte, zögerte, zu ihr hinzutreten und sie in den Arm zu nehmen. Wollte sie mich erpressen? Waren die Tränen echt oder nur weibliche Waffe? Ich kannte solch falsche Anwandlungen von Cordula, die auf Kommando Tränen aus sich herauspressen konnte, wenn einer ihrer Wutanfälle nicht den gewünschten Erfolg gezeitigt hatte.

»Vielleicht sollten Sie sich mal die Füße waschen, Evelyn«, sagte ich, unnötig streng. »Und ich hole Sie um zehn Uhr ab, zur Party am Lagerfeuer – wir gehen doch hin?«

Evelyn hatte sich wieder gefasst. Sie erhob sich, warf das zerknüllte Taschentuch zu Boden, nahm die Ohrclips ab und ließ sie aufs Bett fallen, zog den Blazer ihres Kostüms aus und legte ihn über die Sessellehne. Sie tat dies völlig abgewandt und in Zeitlupentempo, ohne mich anzublicken.

»Ich gehe jetzt ins Bad«, sagte sie, wie zu sich selbst, »und mache mich frisch. Und dann ziehe ich mich um, lagerfeuertauglich. Und danach gehen wir dorthin. Und Sie dürfen gern weiterhin denken, dass ich nicht alle Tassen im Schrank habe. Das dachten die in Hubertusburg ja auch, drei Jahre lang. Und Edmund dachte das auch, und –« Sie zuckte plötzlich zusammen und presste ihre Hand gegen den Bauch.

»Was ist?«, fragte ich erschrocken. »Tut Ihnen etwas weh?«

Evelyn schüttelte den Kopf. »Nein, nein«, sagte sie unwirsch, »ist schon gut. Ich habe wohl zu viel gegessen. Das ist auch noch von damals übriggeblieben. In Hubertusburg, in der Anstalt, ich meine, das war ein ziemlicher Fraß, konnte kein anständiger Mensch richtig essen. Und da habe ich oft lieber gehungert und gegen den Hunger angeraucht. Seither habe ich ein Magenleiden – das kommt und geht. Aber jetzt gehe ich endlich ins Badezimmer, und Sie holen mich später ab, ja?«

Ich nickte, ging zur Tür, wandte mich nochmals um und sagte unvermittelt: »Evelyn, war Janke eigentlich ein Spinner?«

»Natürlich war er das, wie wir alle Spinner sind. Nicht weniger und auch nicht mehr.«

»Nein, ich meine, hat er denn jemals etwas Brauchbares erfunden, etwas, das wirklich funktionierte?«

Sie sah mir fest in die Augen: »Ich zeige Ihnen in den nächsten Tagen etwas, Tim ... das habe ich all die Jahre aufbewahrt ... wenn wir zum Flughafen kommen und dann mit der Maschine des *Bundesdienstes* nach Afrika fliegen ...«

Ich hatte nicht den Mut, ihr zu widersprechen: Afrika und der Nil, das schienen Fixpunkte in ihrem Denken. Und sie hatte noch etwas in petto, ich hatte das die ganze Zeit über geahnt. Sie war vielleicht tüttelig, vielleicht auch etwas verschoben im Kopf. Aber sie war schlau. Und ich ahnte, dass Evelyn ein Spiel mit mir trieb. Ich hatte mitzuspielen. Vielleicht erfuhr ich dann mehr über sie und über Janke und seine Erfindungen. Was hatte ich schon zu verlieren? Ich hatte alles vermasselt, beruflich und privat, und solange ich noch Geld auf meinem Girokonto hatte, konnte ich so tun, als wäre ich Expeditionsleiter eines Teams, das nach Äthiopien wollte und hierfür – das war ja so naheliegend – durch die brandenburgische Ödnis vagabundierte. Und egal, wohin mich dieses Abenteuer führte: Alles war besser, als in meinem alten, verkorksten Leben zu verharren.

»Alles klar?«, fragte Evelyn, mühsam lächelnd.

»Alles klar«, antwortete ich mit einem tiefen Seufzer.

»Wird schon wieder, Tim«, meinte sie. Ich wusste, sie hatte mich mehr durchschaut als ich sie. »Und nun machen Sie sich auch ein bisschen hübsch! Sie sind schließlich heute Abend mein Kavalier. Janke hat sich auch immer fein gemacht, eigens für mich.«

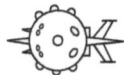

Im Ehrenhof von Schloss Hubertusburg waren Tische und Bänke aufgestellt. Die Bewohner hatten die Tische mit karierten Wachstüchern und Frühlingsblumen aus dem Anstaltsgarten geschmückt. Über dem Hauptportal des Schlosses wehte eine Flagge in den Nationalfarben Schwarz-Rot-Gold, in der Mitte das Staatswappen der DDR mit Hammer, Zirkel und Ährenkranz. In denselben Farben prangten Dutzende kleiner Wimpel, die man in Holzständern auf den Tischen arrangiert hatte.

Alle waren in Festtagsstimmung. Schon morgens hatten die Pfleger und Schwestern die besten Kleidungsstücke aus den Spinden hervorgeholt und die Insassen ermahnt, sich gründlich zu waschen und sorgfältig zu rasieren. Schließlich zeige der Kalender den 1. Mai, den Beginn des *Wonnemondes* (so hatte die rothaarige Schwester sich ausgedrückt), und man begehe im *Arbeiter- und Bauernstaat* wie auch in den *sozialistischen Bruderländern* den *Internationalen Kampf- und*

Feiertag der Werktätigen für Frieden und Sozialismus. Die Schwester hatte sich eigens zu diesem Tag das Haar frisch gefärbt, das ihr Gesicht wie ein lodernder Flammenkranz umgab, und sich das Parteiabzeichen an den weißen Kittel geheftet.

Hoher Besuch hatte sich angesagt: Der Bezirkssekretär der SED wollte am Nachmittag eine Rede halten. Schon eine ganze Woche lang hatten die Arbeitskommandos der Anstalt das Schloss und das Außengelände geputzt und aufgeräumt, defekte Stellen mit Gips und Mörtel ausgebessert, Sträucher und Hecken geschnitten, altes Laub vom Vorjahr weggekehrt, Gerümpel vor den Kavaliershäusern entfernt, ja sogar den Misthaufen bei den Ställen mit einer Holzwand umgeben, um den werktätigen Feiertag weder optisch noch olfaktorisch zu verunglimpfen.

Zu Mittag hatte es nur angebrannte Kartoffelsuppe gegeben, dazu Graubrot. Die Köche, so hieß es, hätten so viel anderes um die Ohren und müssten für den Nachmittag, wenn die Bezirksdelegation der Partei erschiene, noch einiges vorbereiten. An anderen Tagen hätte der Fraß für lautstarken Protest unter den Insassen gesorgt, doch heute waren alle in fiebriger, freudiger Erregung: Keiner maulte, keiner verzog die Miene zu einer Grimasse des Ekels oder Grolls. Alle waren, nachdem sie den Teller rasch ausgelöffelt hatten, unaufgefordert aufgesprungen, hatten Geschirr und Besteck in die dafür vorgesehenen Wannen gelegt und eilends den Speisesaal verlassen.

Janke hatte sich dem Anlass gemäß bestens vorbereitet: Er trug sein feiertägliches braun-grünes Tweed-Sakko, darunter ein senfgelbes Hemd und eine dunkelblaue Stoffhose, die freilich im Schritt fadenscheinige Stellen aufwies. Das ärgerte ihn ein wenig, denn er zog diese Hose nur zu besonderen Anlässen an, aber der Stoff war offensichtlich wenig belastbar. Zudem schwitzte Janke darin leicht. Neuartige synthetische Fasern, vermutete er. Wie sollte die werktätige Bevölkerung sich darin wohlfühlen? Vielleicht steckte dahinter ja auch ein Komplott der Amerikaner. Er hatte neulich im *Magazin* einen Artikel über Werkspionage und industrielle Intrigen gelesen – den imperialistischen Mächten war etliches zuzutrauen. Freilich würde der westliche Klassenfeind sich noch umsehen, wenn auf dem Gebiet der Antriebstechnik und der Weltraumtechnologie erst einmal seine, Jankes, Errungenschaften in großem Umfange zum Einsatz kämen ... Aber – psst! – Janke führte vor sich selbst den Zeigefinger verschwörerisch zum Munde –, das unterlag einem strengen Betriebsgeheimnis und war von nationaler Wichtigkeit. Dagegen waren Wernher von Brauns Forschungen damals in Peenemünde geradezu spielerischer Kinderkram gewesen.

Janke führte jetzt Zeigefinger und Daumen prüfend zur preußischblauen Fliege, die er aus Anlass des heutigen Tages eigens umgebunden hatte. Er hatte sie auf der Flucht aus Pommern mitgenommen, als Andenken an den Vater. Der nämlich hatte die Fliege sonntags stets getragen. So hatte er dann immer in seinem Sessel am Stubenfenster gesessen und, eine Tasse Kaffee oder manchmal ein Glas Portwein auf dem Sims, in seinem geliebten Heimatkalender gelesen. Ohne die Fliege aber wäre die sonntägliche Behaglichkeit nur halb so rund gewesen. Und deshalb, als Andenken an den Vater und an die verlorengegangene Heimeligkeit im Elternhaus, hatte Janke im Frühjahr '45 sie eingepackt – während seine Mutter Hedwig sich um Federbetten, Wollsachen und Kochtöpfe gekümmert hatte, die sie eilends auf dem Pferdekarren festgezurrt hatte.

Jankes Finger befühlten die Fliege: Sie saß exakt. Der Stoff war an einer Ecke schon etwas brüchig, aber wenn man nicht genau hinsah ... Jedenfalls besaß keiner *in dieser Stelle* solch ein edles Accessoire, und Janke fand, er habe einen Anspruch darauf, sich auch äußerlich von den anderen Insassen abzuheben. Schließlich waren die krank und mitunter nicht richtig im Kopf – während man ihn, Janke, zu Unrecht hier festhielt. Immerhin hatte die Leitung inzwischen ein gewisses Einsehen, auch dank seines Assistenten Jonas, und hatte ihm gewisse Forschungserleichterungen gewährt. Er, Janke, war keineswegs nachtragend und wollte gerne das Spiel weiter mitspielen, wenn man ihn nur in Ruhe arbeiten ließ. Er würde sich einer gewissen Freundlichkeit und Zuvorkommenheit gegenüber sogar erkenntlich zeigen und nicht Maß für Maß erwidern, sondern seinem Land und der sozialistischen Idee grundlegende technische Errungenschaften *schenken*, die nicht nur zum Nutzen des eigenen Volkes, sondern der gesamten Menschheit wären. Aber *nur für friedliche Zwecke*! Und dafür erschien ihm der heutige *Kampf- und Feiertag der Werktätigen* wie geschaffen!

Janke hatte in der Schublade seines Nachttisches die Mappe mit den geheimsten Unterlagen durchsucht. Jedes einzelne Blatt war Millionen wert und von solch eminenter volkswirtschaftlicher Bedeutung, dass ein Verschluss in einem Tresor irgendwo tief in einem Schacht des Erzgebirges angemessener gewesen wäre als hier in einer Nachttischschublade. Janke musste grinsen. Die Einfältigen! Dabei war gerade dieser Aufbewahrungsort wegweisender Forschungsergebnisse vielleicht sogar sicherer als jeder Stahlschrank! Denn wer draußen in der Welt ahnte schon von diesem Schatz, ausgerechnet hier, in Schloss Hubertusburg, in der sächsischen Provinz? Kein Agent, kein Wissenschaftler des imperialistischen Westens käme je darauf! Hier, in einem ehemaligen feudalen Domizil, unter geistig Beschränkten, hatte er, Janke, seine Arbeitsstätte eingerichtet, um in Ruhe, fern der Ablenkung, und vor allem: sicher vor Nachstellung und Spionage, seinen menschheitsdienlichen Träumen und technologischen Wunderwerken nachgehen zu können! Camouflage, Mimikry. Die Tarnung war perfekt. Sie alle würden sich noch wundern ...

Janke steckte das Blatt Papier in ein vorbereitetes Kuvert, verschloss es, schob es in die Innentasche seines Sakkos. Von drunten, aus dem Ehrenhof, war Musik der Wermsdorfer Blaskapelle zu hören, schmissige Märsche und sozialistisches Liedgut. Die Feier hatte also bereits begonnen. Janke schmunzelte, prüfte nochmals den Sitz der Fliege, wandte sich um und schritt den Gang hinunter zum Treppenhaus.

Dort kam ihm der nette Pfleger entgegen. »Herr Janke, meine Güte, wo stecken Sie denn? Unten sind schon alle versammelt, jeden Augenblick können der Bezirkssekretär und die anderen Parteifunktionäre eintreffen ...«

»Es wird wohl nicht ohne mich abgehen«, sagte Janke gefasst.

Der Pfleger lächelte. »So, meinen Sie? Na, dann wird's wohl so sein. Aber nun kommen Sie. Es gibt Kaffee und Kuchen und Musik. Die anderen Bewohner sitzen schon alle und feiern den schönen Tag.«

Wortlos ging Janke weiter, der Pfleger neben ihm her. Am Absatz hielt Janke inne, blickte nach oben in das gewaltige Treppenhaus, zeigte mit dem Finger in die Höhe und sagte: »Haben Sie sich eigentlich schon mal Gedanken gemacht über dieses Schloss hier? Ich meine, was das schon alles erlebt hat …«

»O ja, das hatten wir sogar in der Schule. Der Hubertusburger Friede wurde hier geschlossen, 1763, das Ende des Siebenjährigen Krieges, der eigentlich ein erster Weltkrieg war. Jedenfalls ein typischer Krieg feudaler Stände auf dem Rücken der Interessen der arbeitenden Schichten. Glücklicherweise sind diese Zeiten vorbei, und das Schloss ist einem gesellschaftlichen Zweck zum Wohle kranker Menschen zugeführt worden.«

Janke blickte den Pfleger an. Ein Lächeln umspielte dessen Lippen. Ob der Pfleger das, was er da so abschnurrte, wirklich glaubte?

Der Pfleger fasste ihn, Janke, am Oberarm und zog ihn weiter. »Kommen Sie, Herr Janke, ohne Sie ist die ganze Feier nichts wert. Sie mögen doch Kuchen? Und übrigens: Das Fräulein Evelyn ist auch da.«

Evelyn! Sie war also auch auf dem Fest!

Janke wand sich aus dem sanften Griff des Pflegers, blieb nochmals stehen und fragte: »Wie sieht sie denn heute aus?«

Der Pfleger grinste bübisch. »Wunderbar, Herr Janke. Verzeihen Sie, wenn ich das so salopp sage: Aber sie ist eine richtig scharfe Braut.«

Janke drohte dem Pfleger scherzend mit dem Finger: »So dürfen Sie nicht von ihr sprechen. Aber naja, Sie sind noch jung. Müssen sich erst noch die Hörner abstoßen. Wissen Sie, in meinem Alter, da sieht man die Schönheit der Frauen anders: geistiger, tiefer, wenn Sie wissen, was ich meine?«

»Nö«, sagte der Pfleger verschmitzt, nahm Janke wieder am Arm und führte ihn weiter die Stufen hinab. Janke seufzte und beließ es dabei.

Der Ehrenhof lag prächtig im Sonnenlicht. Hin und wieder zogen bauchige Haufenwolken über den Himmel und spendeten für ein paar Minuten Schatten. An einer Seite, zu den Kavaliershäusern hin, waren ein Bratwurststand, ein Getränkeausschank und ein Tisch mit Krimskrams aufgestellt, auf dessen Vorderseite ein selbstgemaltes Pappschild mit der Aufschrift *Tombola* hing. Die Bewohner *dieser Stelle* saßen an den geschmückten Tischen und widmeten sich voller selbstvergessener Hingabe dem Verzehr von Kaffee, Kuchen und Waldmeisterbrause. Die örtliche Blaskapelle hatte eben zu spielen aufgehört, ein Tubaspieler wischte sich mit einem großen karierten Sacktuch das schweißnasse Gesicht, seine Kollegen ließen sich bereits an einem für sie reservierten Tisch nieder. Gerade nahm auf einem niedrigen Podest, das mit Blumengebinden, einem Rednerpult und dem DDR-Staatswappen versehen war, der Jugendchor der Pioniere aus Oschatz Aufstellung. In ihren marineblauen Hemden sahen sie adrett aus, fand Janke. Die Jungs mit Seitenscheiteln, die Mädels mit Zöpfen. Eigentlich, dachte er, war der Unterschied zu damals, vor dem Krieg, nicht allzu groß, nur die Farbe der Hemden hatte gewechselt, aber das, so wusste er, durfte man nicht laut äußern.

Ein deutlich älterer Pionier mit dem Ansatz einer Tonsurglatze hatte sich inzwischen vor den jungen Leuten aufgestellt. Janke stach sich mit einer Kuchengabel große Stücke von einer Sahnetorte ab und stürzte eine Tasse Kaffee hinunter. Er war im Rückstand und wollte noch aufholen. Der Tonsur-Pionier nahm von einer Stimmgabel den Ton ab, summte an, dann öffneten sich auf das Kommando seiner Hände hin die rund zwanzig Choristenmünder zu einem heimatlichen Pionierlied:

»Pioniere, voran, lasst uns vorwärts gehen! Pioniere, stimmt an, lasst die Fahnen wehn! Unsre Straße, sie führt in das Morgenlicht hinein; wir sind stolz, Pioniere zu sein! Siehst du die Lerche dort unterm Himmelszelt? Fliege mit ihr in die Fernen; fliege mit ihr über Berg und Tal und Feld, hoch zu dem Mond und den Sternen.«[3]

In diesem Augenblick kam eine schwarze *Wolga*-Limousine die Auffahrtsstraße zwischen den Kavaliershäusern entlanggefahren. Wie einst die kurfürstliche Staatskarosse rollte das Automobil auf den Ehrenhof. Hin und wieder schüttelte es den *Wolga* kräftig durch, wenn eines der Räder in ein neuzeitliches Schlagloch sackte, das der Zahn der Zeit und das Defizit an Pflastersteinen gegraben hatten.

Der Chor der Pioniere hatte eben ein zweites Lied angestimmt: *»Unsre Heimat, das sind nicht nur die Städte und Dörfer, unsre Heimat sind auch all die Bäume im Wald. Unsre Heimat ist das Gras auf der Wiese, das Korn auf dem Feld und die Vögel in der Luft und die Tiere der Erde und die Fische im Fluß sind die Heimat. Und wir lieben die Heimat, die schöne, und wir schützen sie, weil sie dem Volke gehört, weil sie unserem Volke gehört.«*[4]

Der *Wolga* hielt vor dem Hauptportal. Der Tonsur-Chorleiter ließ die Hände sinken, die Stimmen der Jungpioniere verstummten in einem kläglichen, schiefen Akkord. Die Hälse der Sänger, des Chorleiters, der Schwestern, Pfleger und Ärzte drehten sich nach den Herren, die der Limousine nun entstiegen. Das Klappern der Teller und Tassen und das geduldige Kauen, Schmatzen und Schlürfen der Bewohner der Anstalt hielt indes unvermindert an, ja steigerte sich sogar: Kaum einer der Insassen verschwendete über den Rand seiner Tasse hinweg einen Blick auf die Prominenz. Zur *Feier des Kampftages der Werktätigen* war echter Bohnenkaffee ausgegeben worden, Kuchen und Torten waren mit purer Butter und fetter Sahne gebacken. Auch Janke griff beherzt zu und gönnte sich, begleitet von drei Tassen Kaffee, gleichzeitig ein Stück Spreewälder Kirschtorte (die war nach westlichem Urbild, aber sozialistisch umbenannt), LPG-Kuchen (mit Pflanzenfett und Vanilleersatz) und Frankfurter Kranz (es war sicherlich Frankfurt an der Oder gemeint). Die Bezeichnungen hatte ihm sein Nachbar verraten, ein pensionierter Oberstudienrat aus ebenjener Stadt, der erst vor Kurzem nach Hubertusburg gekommen war, weil er, wie Janke erfahren hatte, in einem Flugblatt, das er auf dem Hof seiner ehemaligen Erweiterten Oberschule unter Schülern verteilt hatte, die leibliche Aufnahme Jossif Stalins in den Himmel als unanfechtbare Lehrmeinung der allein seligmachenden katholischen Kirche dargestellt hatte. Armes wirres Paukerhirn, hatte Janke bei sich gedacht, aber nichts laut geäußert. Man wusste bei den politisch unsicheren Gestalten *dieser Stelle* ja nie, in welche Kanäle ein freies Wort geriet, und Janke wollte seine technischen Forschungen zum Trajekt und zum *Deutschen Atom* nicht leichtfertig aufs Spiel setzen.

Der Direktor schüttelte dem mit Parteiabzeichen und Revolutionsorden behängten Bezirkssekretär und seinen Begleitern – allesamt ältliche, hagere Erscheinungen mit hängenden Mundwinkeln, die farblosen Augen hinter Hornbrillen zu Glupschern vergrößert – dienstfertig die Hände und begleitete sie zu ihren mit *Winkelementen* verzierten Ehrenplätzen, direkt vor der hoch aufragenden Prachtfassade des Schlosses. Die Bewohner bedienten sich weiter reichlich von den aufgeschnittenen Torten. Das Küchenpersonal ging umher und goss freigiebig Kaffee nach. Es war ein Bild des Überflusses und gesellschaftlichen Friedens. Der Direktor persönlich hatte dies angeordnet. Zudem, so hatte der nette Pfleger ihm, Janke, gesteckt, sei die *Wegbelobigung* des Direktors wohl nur eine Frage der Zeit, denn er strebe eine leitende Funktion im Gesundheitsministerium in Berlin an und sei daher auf einen reibungsfreien Ablauf und einen günstigen Eindruck vor der Parteidelegation sehr *erpicht*. Janke nahm das eher gleichgültig zur Kenntnis. Wenn man ihn nur in Ruhe ließ. Eben schaufelte er sich ein großes Stück Karamell-Sahne-Rolle auf den Teller. Er hatte den pensionierten Oberstudienrat aus Frankfurt genau im Blick: Der hatte auch schon sein viertes Stück intus und sollte – noch dazu als Neuankömmling – nicht den Sieg davontragen!

Ein ungeduldiges Klingeln unterbrach das gleichmäßige Geräusch schmatzender und schlürfender Lippen: Der Direktor *dieser Stelle* und Aspirant in spe des Gesundheitsministeriums läutete ein Messingglöckchen, um sich Aufmerksamkeit und Gehör zu erzwingen. Das Geklapper ließ etwas nach, und der Direktor nutzte dieses akustische Intervall, um seine auswendig gelernten Begrüßungsworte abzuspulen:

»Genossinnen und Genossen, werte Kolleginnen und Kollegen, liebe Patienten! Es ist mir eine außerordentliche Ehre, am heutigen Kampf- und Feiertag der Werktätigen unseren verehrten Genossen

Bezirkssekretär Erich Patzke begrüßen zu dürfen, ebenso seine werten Begleiter und Parteigenossen aus dem Bezirksbüro Leipzig. Genosse Patzke will sich ein Bild von unserer fortschrittlichen Einrichtung machen, in der Kranke nicht nur medizinisch nach modernsten Erkenntnissen versorgt werden, sondern in der sie auch werktätig zum Wohle der sozialistischen Gemeinschaft und zum Aufbau des Arbeiter- und Bauernstaates auf ihre Weise beitragen. Ich will nicht mehr Worte machen, denn ich weiß, dass dieser sonnige Maitag ja auch dem Feiern und dem Vergnügen dienlich sein soll. Nur so viel vorweg: Die Anstaltsleitung hat nicht nur ein üppiges Kuchenbuffet spendiert, an dem Sie sich, liebe Patienten, ja schon alle gütlich tun, wie ich zu meiner Freude feststelle, sondern für den späteren Nachmittag werden die Wermsdorfer Blaskapelle und der Pionierchor aus Oschatz auch musikalisch weiter zur Ergötzung beitragen. Zudem wird es später dort hinten einen Stand mit Original Thüringer Rostbratwürsten geben, und die Handelskette der *HO* hat zu diesem Festtag sogar einige schöne und nützliche Dinge aus ihrem reichhaltigen Sortiment spendiert, die wir, die Anstaltsleitung, in einer Tombola verlosen wollen, wozu ich allen viel Glück wünsche! Doch übergebe ich nun das Wort an unseren geschätzten Genossen Bezirkssekretär Patzke!«

Die Mitarbeiter der Anstalt und die Politbegleiter des Bezirkssekretärs applaudierten emsig und überlaut. Aus den Reihen der Bewohner hörte man nur umso hektischeres Klappern und Schmatzen, ärgerliches Murmeln und Schubsen um die langsam zur Neige gehenden Tortenbestände. Janke ergatterte ein fünftes Stück und stach damit den Frankfurter Himmelfahrtstheoretiker klar aus dem Felde.

Erich Patzke bestieg das provisorisch gezimmerte Podium und stellte sich hinter das Rednerpult mit dem Staatswappen. Er war klein und reichte mit dem Kinn knapp über die Kante der Stele. Ein Mikrofon stand nicht zur Verfügung. Janke war, als er vor Kurzem Herrn Jonas in der Werkstatt aufsuchte, weil er sich Schraubenzieher und einen Schreinerwinkel ausleihen wollte, unfreiwillig Zeuge eines Streitgespräches zwischen dem Direktor und Jonas gewesen, der dem Leiter

dieser Stelle versichert hatte, es sei im Schloss keine technische Ausstattung zur Verstärkung der erwarteten 1.-Mai-Rede vorhanden, woraufhin der Direktor ihn angeschrien hatte, dann müsse er eine solche
eben beschaffen, und Herr Jonas hatte zurückgemault, er, der Direktor, könne ja gern im *VEB Funkwerk Kölleda* oder wo immer anrufen
und sagen, dass es eine Weisung gebe, das Defizit an funktechnischen
Geräten sofort aufzuheben, das Produktionssoll sehe es so vor! Der
Direktor hatte daraufhin, die Tür zuknallend, die Werkstatt verlassen,
und Janke hatte, wie um ihn zu adeln, seinem Assistenten auf die
Schulter geklopft und gesagt: »Mein Lob, nur jeder Anbiederung von
vornherein entgegentreten! Hinter dem freundlichen Gesicht eines
anderen verbergen sich oft genug nur Tücke und versuchte Werkspionage. Ich weiß das von Peenemünde her. Wernher von Braun war
ähnlich vorsichtig.«

Janke wurde aus seinen Gedankenketten gerissen, als er Patzkes
dünne Fistelstimme vernahm, die der Bezirkssekretär mangels eines
Mikrofons fortissimo presste, wie ein Kessel mit kochendem Wasser,
dessen Ventil schrill pfeift und kurz davor ist, in die Luft zu gehen:
»*Werte Genossinnen und Genossen! Liebe Patienten!*
Die Stärke der sozialistischen Staatengemeinschaft, ihre Einheit und
Geschlossenheit, ihr abgestimmtes Handeln in der Weltarena sind
das Unterpfand dafür, eine dauerhafte Friedenssicherung zu errei-
chen. Zur Lösung dieser Lebensfrage der Menschheit gehen wir mit
allen zusammen, die aufrichtig daran interessiert sind, den Völkern
die Schrecken neuer Kriege zu ersparen. Dabei spielt keine Rolle, wel-
che Unterschiede nach sozialer Stellung, politischer Ansicht, weltan-
schaulicher Überzeugung oder konfessionellem Bekenntnis es jeweils
geben mag. Das übergeordnete Interesse der Völker und jedes ver-
nünftigen, realistisch denkenden Politikers und Staatsmannes ist und
kann nur sein, dass der Frieden, das höchste Gut der Menschheit,
bewahrt wird. Der Kampf um den Frieden ist bekanntlich in eine
Phase schärferer Auseinandersetzungen getreten ...«[5]

Das Kuchen- und Tortenbuffet, das Unterpfand der Friedenssicherung, ging bedenklich zur Neige. An dieser gefühlten Notsitua-

tion änderte auch der Umstand nichts, dass das Küchenpersonal noch immer mit Thermoskannen herumging und ohne Unterschied der sozialen, weltanschaulichen oder konfessionellen Stellung eifrig Kaffee nachschenkte. Hier und da erhob sich ein Murren und Grummeln, als Vorbote schärferer Auseinandersetzungen.

»... Die Ursachen für die Verschlechterung der Weltsituation sind eindeutig. Bestimmte imperialistische Kreise, insbesondere der USA, haben dem Kurs der Konfrontation den Vorzug vor dem Kurs der Entspannung gegeben und setzen alle Mittel ein, um ihre NATO-Verbündeten in seinen Sog zu ziehen. Sie beschleunigen unentwegt das Wettrüsten und versuchen, sich ein militärisches Übergewicht über die sozialistische Gemeinschaft zu verschaffen. Hand in Hand damit geht ihre ständige Einmischung in die inneren Angelegenheiten anderer Länder, ob im Mittleren und Nahen Osten oder auch in Europa. Dabei ist die imperialistische BRD an vorderer Stelle mit von der Partie. Als engster Verbündeter der USA, ihrer aggressivsten Kreise, übernimmt sie immer neue Aufgaben, damit die USA auch anderswo in der Welt ihre Droh- und Boykottpolitik gegen die Völker fortsetzen können ...«

Einige der Bewohner von Schloss Hubertusburg, das immerhin als Ort eines historischen Friedenschlusses in die Geschichtsbücher eingegangen ist, erhoben sich unwillig und unwirsch. *Boykott* und *Verschlechterung*, so die Gedanken, die man in ihren verdüsterten Gesichtern lesen konnte. Hatte dieses Fest nicht friedlich begonnen, heiter und unbeschwert? Nun aber bestimmten Konfrontation und imperialistische Gier das Geschehen an der Kaffeetafel! Die Situation eskalierte, als der Betschwester, die eben in die Rede des SED-Bezirkssekretärs hinein einen frommen Choral zu singen begonnen hatte, der eigentümlich auf die Friedensbotschaft des Parteifunktionärs Replik nahm: *O Ewigkeit, du Donnerwort, o Schwert, das durch die Seele bohrt,* als eben dieser verdienten, wenngleich konfessionell nicht ganz auf Linie stehenden Genossin von dem pensionierten Oberstudienrat, der wahrscheinlich vom imperialistischen Westen (vielleicht doch aus Frankfurt am Main?) nach

Hubertusburg eingeschleust worden war, das letzte Stück des LPG-Kuchens vor der Nase weggeschnappt wurde – zweifelsohne ein Akt der Einmischung in innere Angelegenheiten.

»… Es bestätigt sich also, dass der Imperialismus sein aggressives Wesen niemals abgelegt hat. Von der Entspannung, deren Zustandekommen sie seinerzeit trotz heftigster Gegenwehr hinnehmen mussten, haben sich mächtige Kreise des Monopolkapitals im Sinne ihrer antisozialistischen, gegen die Interessen der Völker gerichteten Absichten etwas anderes versprochen, als tatsächlich herausgekommen ist. Ihnen passt die ganze Richtung der friedlichen Koexistenz von Staaten unterschiedlicher Gesellschaftsordnung nicht, weil sie ihrer Profitsucht, ihrem Gewaltstreben, ihrem Ausdehnungsdrang direkt zuwiderläuft. Auf abenteuerlichste Weise gefährden sie mit ihrem Konfrontationskurs letztlich alles, was den Völkern auf dem Wege der Entspannung bisher so viel Nutzen gebracht und die Perspektiven des Friedens verbessert hat …«

Die sozialistisch geschulte Geschädigte indes zeigte sich trotz ihres grundsätzlichen Willens zu Entspannung und friedlicher Koexistenz nicht wehrlos: Solch einem profitsüchtigen Ausdehnungsdrang des Monopolkapitals musste Einhalt geboten werden. Mit den nunmehr geschrienen und nicht gesungenen Choralversen *Mein ganz erschrocknes Herz erbebt, dass mir die Zung' am Gaumen klebt* verpasste sie dem Aggressor eine schallende Ohrfeige.

»… Eine Sprengladung nach der anderen hat der Imperialismus in jüngerer Vergangenheit an die mühevoll erreichten Ergebnisse der Entspannung gelegt. Ihm sitzt die Krise seines Systems im Nacken. Er kann nicht verkraften, dass der Sozialismus erstarkt und sein internationaler Einfluss wächst. Zudem macht ihm der Aufbruch der Völker zur nationalen und sozialen Befreiung zu schaffen. Die ›Kanonenbootpolitik‹ aus fernen Tagen findet heute ihre Wiederbelebung bei der imperialistischen Jagd nach Herrschaftsgebieten und Rohstoffquellen. Der Imperialismus versucht, die Völker durch Boykott, Gewaltandrohung und Erpressung unter Druck zu setzen. Er tritt ihre Souveränität, Unabhängigkeit und Selbstbestimmung mit Füßen, pfeift auf ihre Rechte …«

Die Sprengladung der Ohrfeige hatte eine Kettenreaktion zur Folge: Der Oberstudienrat hieb der Betschwester, der trotz des reichlich genossenen Kaffees *die Zung' am Gaumen klebte*, den Teller mit dem Rest der Spreewälder Kirschtorte auf den Kopf. Die Betschwester kippte hintenüber und fiel ins Gras, gab jedoch laut jammernd kund, dass sie noch am Leben war und noch nicht der *Ewigkeit Donnerwort* die Rede überlassen musste. Dem Oberstudienrat schräg gegenüber saß Willi Frank, dessen Metzgergesicht mit der *Gesichtszeckennase* vor Grimm und Abergrimm pulsierte, als er aufsprang, weit ausholte und mit ganzer Wucht dem imperialistischen Aggressor wie mit Hammer und Sichel die Pranke ins Gesicht hieb, woraufhin jener ohne jegliche Gegenwehr unter den Tisch sackte und dort liegen blieb.

Die Pfleger und Ärzte, die ihrem Stand entsprechend an einem eigenen Tisch gesessen hatten, sprangen auf und mischten sich unter das Proletariat, um den entfesselten Volkszorn zu dämpfen. *»... Auf der Tagesordnung der Weltpolitik steht heute als wichtigster Punkt, im Interesse der Friedenssicherung vor allem dem Wettrüsten ein Ende zu bereiten und die politische Entspannung durch die Abrüstung zu ergänzen. Das ist aktueller denn je. Hier Zeit zu verlieren, kann nur denjenigen willkommen sein, die mit ihrer imperialistischen Konfrontationspolitik darauf aus sind, die Spannungen zu erhalten, aufzuladen und das Risiko einzugehen, dass die Menschheit in ein atomares Inferno gestürzt wird. Die DDR wird nicht nachlassen, ihren aktiven und konstruktiven Beitrag zu Frieden und Sicherheit in Europa zu leisten.«*

Ein LPG-Kuchen traf Patzke auf seiner ordensgeschmückten Funktionärsbrust. Augenblicklich verstummte er, von der Vehemenz der Spannungen und des Wettrüstens überwältigt. Willi Frank hieb wie ein Berserker um sich; andere Bewohner versuchten, es ihm gleichzutun, wenngleich deren Schlagkraft nicht dieselbe verheerende Wirkung zeigte. Zwei Pfleger gingen zu Boden, Chefarzt Dr. Rasmussen hielt sich mit einem Taschentuch die Nase, sein linkes Auge war blutunterlaufen, und blutig färbte sich auch das Linnen, das er sich auf die zorngeschwellten Nüstern presste. Auch vom Frauentisch (Wieso eigentlich hatte die Betschwester am Männertisch gesessen?, fragte sich Janke) kamen nun Unmutsäußerungen, wüste Widerworte, Tortenstücke wurden in Richtung des Ärztetisches geworfen, Teller flogen als fliegende Raumobjekte durch die Luft und zerschellten an der Schlossfassade oder auf dem Pflaster.

Es war nicht zu leugnen: Die ehrlichen Bemühungen der Partei, einen aktiven und konstruktiven Beitrag zu Frieden und Sicherheit in Hubertusburg zu leisten, waren gescheitert, der Name des Ortes, der über Jahrhunderte international so einen guten Ruf genossen hatte, war beschmutzt wie das Sacktuch des Chefarztes und das Sakko des Bezirkssekretärs. Der *Friedenstag der Werktätigen* hatte sich allzu einseitig als *Kampftag* erwiesen.

Erich Patzke, noch immer wie gelähmt und eines Widerwortes unfähig, wurde von seinen Begleitern zum *Wolga* geführt. Dort stand Janke und versperrte ihm die Wagentür. Er hatte sich während der Auseinandersetzungen fortgestohlen. Rohe Gewalt widerstand seinem feingeistigen Wesen. Janke griff in seine Sakkoinnentasche. Patzke, als blickte er im nächsten Augenblick in den Lauf eines gezückten Revolvers, hob beide Hände abwehrend vors Gesicht. Seine Begleiter warfen sich Janke in den ausgestreckten Arm. Doch Jankes Hand hielt lediglich: ein Kuvert.

»Darf ich Ihnen, Herr Bezirkssekretär, dieses Schreiben an den Genossen Walter Ulbricht mitgeben? Es ist von staatstragender Bedeutung. Janke, Karl Hans Janke mein Name, Erfinder und Konstrukteur.«

Patzke blickte Janke verwundert ins Gesicht. Ein offenes, sympathisches Gesicht, fand er. Keineswegs das Gesicht eines Kranken. Er nahm das Kuvert entgegen, nickte, fistelte: »Selbstverständlich, Genosse Erfinder. Nächste Woche komme ich nach Berlin, werde wohl mit dem Genossen Ulbricht auch eine Unterredung führen.«

Dann packten ihn seine Begleiter sanft, aber bestimmt an den Schultern und bugsierten Patzke in den *Wolga*. Die Parteifunktionäre sprangen hinterher, schlugen die Türen hinter sich zu, starteten den Motor und rumpelten an Janke vorbei und die schlaglochübersäte Auffahrtsstraße hinab.

Eine allgemeine Erschöpfung folgte der aggressiven Erregung auf dem Fuß: Kaum hatten sich die blauen Abgaswölkchen der Limousine verflüchtigt, hielten die feierwütigen Werktätigen in ihrem Tun inne. Nur das dünne Stimmlein der Betschwester, die sich berappelt hatte, klang wie ein klammer Kontrapunkt zum wiedergewonnen Hubertusburger Frieden: *Der Fürst dieser Welt, wie sauer er sich stellt, tut er uns doch nicht, das macht, er ist gericht, ein Wörtlein kann ihn fällen.*

Janke schlenderte unbemerkt zum herrenlosen Tisch mit der Tombola: Er sah allerlei Krimskrams, Haushaltsartikel, Plastekrempel, Kleinutensilien, deren Sinn und Zweck auf den ersten Blick oftmals nicht zu entschlüsseln waren. Ihm stach ein brauner Stoffbär ins Auge. Der lächelte und blickte ihn, Janke, treu an. Um den Hals trug er ein rotes Filzherz mit der Aufschrift *Franz*. Der wollte zu ihm, Janke. Oder vielmehr: zu Evelyn, seinem Evelynchen. Janke holte sein Portemonnaie aus der Hosentasche, angelte ein Fünfmarkstück hervor. Dem puren Spielerglück und Zufall wollte er sein Schicksal nicht überlassen. Sein Schicksal: Das war Evelyn. Und das von Franz sollte es auch werden! Janke steckte die fünf Mark in eine Büchse, in der die Lose lagen. Dann griff er nach dem Bären und ließ ihn unter dem Sakko, nahe dem Herzen, verschwinden. Keiner hatte etwas bemerkt. Zu sehr waren alle noch in den Nachwehen der Hubertusburger Tortenschlacht befangen.

Janke blickte hinüber zum Frauentisch: Der war verwaist, bis auf einen einzigen Platz: Dort saß Evelyn, als hätte es nie Zwist und Streit gegeben, aß ein Stück Fläminger Klemmkuchen und rauchte, als wäre es auf dem Anstaltsgelände nicht strikt verboten, mit unglaublicher Anmut eine Zigarette. Sie hatte zur Feier des Tages ein elfenbeinfarbenes Kostüm angezogen und einen breitkrempigen Hut aufgesetzt, was sie eigentlich recht *bourgeois* aussehen ließ, fand Janke, ihr aber hervorragend stand. Janke ging, nein: Es bewegte ihn hin zu Evelyns Tisch. Er wusste nicht, wie er es sagen sollte. Aber Franz sollte ein Geschenk für Evelyn sein. Und er, Janke, würde nachts schlaflos daliegen, an den weiß gekalkten Zimmerplafond mit dem großen grauen Wasserfleck starren und sich vorstellen, wie Evelyn Franz in ihrem Bett liegen hatte, ihn in den Arm nahm und zärtlich küsste ...

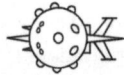

Ich ging in mein Zimmer. Aus der Dusche hörte ich es plätschern: Sunny. Ich schaltete den kleinen Fernseher ein, ein altes Modell mit Röhrenbildschirm. Die *Tagesschau* lief: Ebola im Kongo, Bombenattentat in Bethlehem, Hurrikan über der Karibik, Dürrekatastrophe in Äthiopien. Das Übliche. Mich dauerten diese Menschen, aber ich fühlte mich unfähig zum Mitleiden. Hatte ich mit meinem eigenen kleinen Dasein nicht schon genug am Hals? Instinktiv fasste ich mir an die Stelle, wo der Strick eingeschnitten hatte: gut abgeheilt, es würde eine Narbe bleiben. Aber wie sah es mit den Narben in meiner Seele aus? Und hatte ich überhaupt eine?

Ich dachte an Evelyn, ihr Gebet in der Kirche in Torgau, ihre Kindlichkeit, ihre Naivität, die Gnade ihres Alters, in dem sie sich niemandem gegenüber mehr beweisen musste. Fast beneidete ich sie. Aber auch nur fast. Ich wusste ja einiges über die Wechselfälle ihres langen Lebens: die Krankheit, die sie nach Hubertusburg brachte, die wohl eher unglückliche Ehe mit dem schönen Edmund, der Verlust der Kinder, Renés Tod in Indonesien. Und nun: dieses seltsame Päckchen vom verlorenen Sohn, das mir durch einen Zufall in die Hände gespielt worden war, und die Briefe und Aufzeichnungen Karl Jankes, des verkannten Genies oder einfach nur armen schizophrenen Tropfs – und über allem: Evelyns Wunsch, den fernen Nil zu sehen und dort etwas zu finden, das ihr Dasein zu einem sinnvollen Kreis schlösse.

In mir stieg Groll empor: War ich denn ihr Therapeut? Oder der barmherzige Samariter? Ich, der ich schon tief genug im

Schlamassel steckte? Und nun diese seltsame Entourage von Leuten, die ich kaum kannte, die eigentlich nur Schnorrer waren und sich ein paar Tage improvisierte Sommerferien gönnten, eine Fahrt ins Blaue, ein Abenteuer in der Westentasche – und diese Westentasche war die meinige und hatte ein Loch, woraus das Geld unaufhörlich rieselte.

Mein Blick fand zurück zum Bildschirm: der Wetterbericht. Sonnige Aussichten für Brandenburg, während es im Erzgebirge und im böhmischen Kessel unaufhörlich regnete und von dort die Fluten sich nordwärts wälzten und Sachsen und Anhalt in ein Wattenmeer verwandelten. Und in Äthiopien verendeten wegen der Dürre Rinder und Ziegen, hungerten die Leute und trockneten einige Nebenläufe des Nils aus, schlammige Altwasser, um die sich Mensch und Tier balgten.

Nebenan im Bad hörte ich den Fön heulen. Sunny machte sich hübsch. Für wen nur? Für die Künstler, die nachher, Bierflasche in der einen Hand, Joint in der anderen, um ein Lagerfeuer hockten und den aufstiebenden Funken nachträumten, die sich in der schwarzen Nacht verloren?

Ich wartete. Im Fernsehen lief *Tatort*, eine Wiederholung aus den Neunzigern, die Geschichte um unaufgeklärte Morde an Frauen mittleren Alters, die alle mit der Schnur eines Rosenkranzes erdrosselt worden waren. Die Spur führte in eine psychiatrische Anstalt. Ein netter älterer Herr im Jackett, der keiner Fliege etwas zuleide tun konnte und seine Tage damit verbrachte, Vögel, Blumen und Heilige zu zeichnen und kleine kalligrafische Gedichte zu Papier zu bringen, die Gottes Wunder in der Schöpfung priesen, geriet in den Fokus der Ermittlungen. War er der schreckliche Rosenkranzwürger? Es interessierte mich nicht.

Nebenan im Bad undefinierbare Geräusche. Sunny. Keine Ahnung, was er so lange dort trieb. Ich stand auf, ging zur Tür, klopfte.

»Wie lange brauchst du denn noch?«

»Komm rein.«

Sunny stand vor dem Spiegel, nur mit einem Slip bekleidet, und rasierte sich. Was der sich überhaupt zu rasieren hatte? Ich musste mir eingestehen, dass er gut aussah und der Anblick mich nicht gleichgültig ließ. Ich erinnerte mich des seltsamen Erlebnisses vor ein paar Tagen, der Nacht in Frau Lehmanns Gasthaus in Schöna. Ich weiß nicht, warum es mich so glücklich gemacht hatte, an Sunnys Seite zu schlafen. Ich hatte nie etwas mit Männern gehabt, und ich wollte es auch nicht. Aber irgendwie war ja seit einigen Tagen alles in meinem Leben auf den Kopf gestellt, und vielleicht war es diese Andeutung von Freiheit und Unwägbarkeit, die mich so reizte und mehr erregte denn einschüchterte.

»Was guckst du?« Sunny wusste genau, welchen Eindruck sein jugendlicher Leib machte.

»Für wen machst du dich eigentlich so hübsch?«

»Na, für Mirl natürlich. Sie ist doch eine scharfe Braut, oder? Zwar ein wenig meschugge, aber nicht von schlechtem Holz.«

»Ich will mich auch noch duschen«, sagte ich.

»Dann mach«, sagte Sunny. »Oder genierst du dich vor mir?«

»Es gibt Verrichtungen, die tue ich lieber allein«, erwiderte ich.

»In Schöna hatte ich aber einen anderen Eindruck.« Sunny grinste. Er wusch sich die Reste des Rasierschaums aus dem Gesicht, trocknete sich ab, schob sich an mir vorbei und gab mir einen Klaps auf den Hintern. »Bis später, Sportsfreund, am Lagerfeuer.«

Ich duschte und zog mich an. Ich kannte solche Lagerfeuerromantik aus meiner Jugend, Ferienwochen im Schullandheim: Abendelang um den qualmenden Scheiterhaufen, feuchtes Holz, beizender Rauch, anderntags Gestank in den Kleidern, ein Flimmern im Blick und gerötete, entzündete Lider – einmal musste ich deswegen sogar zum Arzt. Also: die ältesten Klamotten, und immer schön am Rand des Geschehens bleiben, möglichst weit von den Flammen weg. Und überhaupt: Vorsicht mit dem Alkohol! Der floss bei solchen Zusammenkünften recht ungehemmt, und ich hatte keine Lust auf Bewusstseinseinbrüche und anderntags das heulende Elend.

Ich schaltete nochmals den Fernseher an und legte mich aufs Bett. Irgendwann wurde ich von einem Pochen an der Tür geweckt. Schlaftrunken schrak ich hoch, taumelte zur Tür. Es war Evelyn. Sie war leger gekleidet: Sneakers, Trainingshose, darüber eine sportliche Jacke, auf dem Kopf eine Schildmütze, die sie kokett in die Stirn gezogen hatte.

»Was ist los, Tim? Ich dachte, Sie holen mich ab!«

»Verpennt«, murmelte ich.

»Meine Güte, Sie sind vielleicht so ein Kavalier. Also, der Janke, der war anders: Er hat mir schon Wochen vor einer Veranstaltung Billets geschrieben, mit selbst verfassten Reimen und eigenen Zeichnungen ... Aber nun mal los. Vielleicht wird ja heute Abend noch getanzt?«

Tanzen? Das hätte gerade noch gefehlt. Ich hasste dieses Herumhopsen zu schlechter Musik und empfand es als peinlich, dass erwachsene Menschen mit den Gliedern schlenkerten, nur um auf sich aufmerksam zu machen.

Ich schluckte meinen Missmut hinunter, griff meine Jacke – es würde nachts kühl werden – und verließ mit Evelyn das Schloss. Mirl, die kopfüber hängende Neopren-Katze, hatte uns beim Abendessen den Weg erklärt: Hinter dem Schloss führte ein Pfad durch Wiesen, vorbei an einer Eselskoppel und einem Obstgarten. Der bewölkte Himmel riss auf und gab den Mond und eine Unmenge glitzernder Sterne frei. Ganz am Ende des Geländes lag ein weißes, kastenförmiges Gebäude, das Künstleratelier, und dahinter erkannte man bereits das Züngeln eines Lagerfeuers.

»Schauen Sie nur«, rief Evelyn begeistert, »die vielen, vielen Sterne! Und da: Selbst die Milchstraße kann man sehen! Vielleicht regnet es sogar Sternschnuppen heute Nacht, dann darf man sich etwas wünschen!«

Ich guckte mir schier die Augen aus dem Kopf und erkannte endlich einen weißlichen Schleier. Die Milchstraße also. Mir war, als wehte die Kälte des Weltalls bereits jetzt auf uns hernieder, und instinktiv zog ich den Reißverschluss meiner Jacke zu. Ich hatte nur *einen* Wunsch, und den konnte mir keine Sternschnuppe erfüllen: diesen Abend in Würde zu überstehen und die Nil-Expedition, nachdem wir es gerade noch einmal über die Elbe geschafft hatten und jetzt im gottverlassenen Ländchen Bärwalde festsaßen, irgendwie noch abblasen zu können.

»In Afrika soll es einen noch viel prächtigeren Sternenhimmel geben«, schwärmte Evelyn, »Tausende und Abertausende Sterne! Dorthin will ich!«

Eine Sternschnuppe durchschnitt das Firmament und ging hinter dem schwarzen Wald, aus dem unheimliches Heulen hallte, nieder.

»Die Hunde heulen!«, konstatierte Evelyn. »Kluge Tiere! Sie sehen auch die Schnuppen. Und ich habe mir eben etwas gewünscht.«

»Ach, was denn?«, fragte ich missmutig.

»Das bleibt *mein* Geheimnis! Sonst geht es ja nicht in Erfüllung.« Evelyn strahlte über das ganze Gesicht, und den Rest konnte ich mir denken.

Beim Näherkommen schälte sich aus der Finsternis die Lagerfeuerrunde. Das brennende Holz knisterte. Drum herum hockten auf Baumstämmen rund zwanzig Männer und Frauen unterschiedlichen Alters, Stipendiaten des Künstlerhauses. Ein junger Mann mit halblangem Haar und Dreitagebart schlug auf einer Gitarre Akkorde, sang dazu Laute und Silben, klopfte bisweilen mit den Knöcheln auf die Zarge. Ich konnte weder eine Melodie noch einen Text ausmachen und interpretierte es als eine Uraufführung zeitgenössischer Musik. Den Holzstämmen entlang standen etliche Bier- und Weinflaschen, leer oder angebrochen. Zwei Pärchen – eine ältere Frau und ein junger Mann und zwei Kerle in meinem Alter – knutschten miteinander. Die anderen unterhielten sich halblaut oder stierten glasigen Blicks in die Flammen.

»Da seid ihr ja endlich! Setzt euch her!« Das war Pierre. Er hockte neben dem Gitarrenspieler und war in eine Haschischwolke gehüllt, die dicker war als der Weihrauch in einer katholischen Kirche an Weihnachten.

Evelyn und ich setzten uns auf einen Baumstamm, eine Frau rückte höflich etwas beiseite. Erst beim zweiten Hinsehen erkannte ich Marlene, das filmende Katzenwesen von heute Nachmittag. »Na, ihr beiden Hübschen? Wein?« Sie drückte Evelyn und mir Pappbecher in die Hand und goss aus einer Rioja-Bouteille ein.

»Nur ein wenig«, zierte sich Evelyn.

»Ach, komm, Süße. Das tötet alle Keime und vertreibt den Kummer.«

Ich versuchte zu lächeln und befleißigte mich, mit den Schultern im Takt zu den rhythmischen Knöcheleinsätzen des Typen mit der Gitarre zu zucken. Alle starrten wie gebannt in die Flammen. Hin und wieder stand einer auf, verschwand im Dunkel der Nacht und kehrte nach ein paar Minuten zurück, mit einem Ast oder ein paar Holzscheiten, die hier irgendwo gelagert sein mussten. Sie wurden unter großer Anteilnahme und Freudenschreien in die Flammen geworfen. Dann sank die Stimmung wieder zusammen, wie auch der Scheiterhaufen, bis wieder einer aufstand, um in der Finsternis den ominösen Holzvorrat zu plündern.

Die Gespräche verstummten immer mehr, die Flaschen leerten sich. Nur der Gitarrenspieler zupfte unverdrossen und mit der Hartnäckigkeit eines Musikautomaten. Pierre versuchte zu den fremdartigen Rhythmen und Tonfetzen Rimbaud-Gedichte zu rezitieren, aber er hatte schon deutlich einen in der Krone und brachte die Wörter und Gedichtzeilen durcheinander, was ihm aber weniger aufzufallen schien als selbst mir. Durch die Flammen hindurch sah ich auf der anderen Seite der Runde Sunny und Mirl, beide steckten die Köpfe zusammen und kicherten in einem fort, wobei sie aus ein und derselben Schnapsflasche tranken. Ein Stück hinter ihnen, im Halbdunkel, entdeckte ich Sivi, eingemummelt in eine Wolldecke. Sie blinzelte, und ich wusste nicht, ob sie schlief oder einfach nur betrunken war.

Mirl setzte die Schnapsflasche ab, erhob sich und wankte zu mir heran. Zunächst dachte ich, sie wolle sich mit mir unterhalten, aber sie suchte, geblendet von den Flammen, nur nach einer Flasche Rotwein, die sie hier irgendwo im Gras hatte liegen lassen. Dennoch glaubte ich mich verpflichtet, ihr ein Kompliment zu der nachmittäglichen Perfomance machen zu müssen: »Echt spannend, hochinteressant. Und irgendwie auch eine akrobatische Leistung.«

Sie taxierte mich scharf, selbst in dem flackernden Licht konnte ich erkennen, dass ihre Pupillen sich vor Groll weiteten: »Was heißt hier *akrobatische Leistung*?! Und *spannend* ist das sowieso nicht. Das sind ja Ansichten wie aus dem Verhaltensfaden des deutschen Spießers!«

Ich wollte eine Entschuldigung stammeln, kam aber nicht zu Wort, denn Mirl hatte die Rotweinflasche gefunden, öffnete sie, nahm gierig einen großen Schluck, hielt mir die Flasche entgegen, aber nicht als Angebot, sondern als Schlagwaffe, und ratterte mit scharfer Stimme herunter: »Es geht hier um die drei C's: *Creative Collaboration Culture*. Wenn du weißt, was ich meine. Ich bin Kreativschaffende, im Sinne des Erfindens, des Erschaffens. Ich komme aus der Domäne der Kultur, meine Kunst entsteht im Austausch als Aushandlungsprozess mit den Beteiligten. Von daher geht es mir auch um Fragen der Kommunikation, der Zusammenarbeit, aber auch der Ergebnissicherung, Konfliktlösung. Und ich glaube, so weit ist ja die Kreativbranche von der New-Work-Szene gar nicht entfernt, da gibt es viele Schnittmengen.«

»Ja, sicher«, pflichtete ich eilfertig bei und hoffte, eine weitere Philippika damit abbiegen zu können.

Aber Mirl ließ sich nicht stoppen: »Ich glaube im Übrigen, dass man gewisse Rahmenbedingungen definieren kann. Es braucht gewisse räumliche Setzungen: Wie muss der Raum beschaffen, wie muss ich selbst beschaffen sein? Stichpunkt: Output-Orientierung. Es gibt verschiedene Rahmenbedingungen, die wir verhandeln müssen, inwiefern die aus meinem Kulturblick übertragbar sind auf die New-Work-Szene.«

»Genauso sehe ich es auch«, meinte ich kleinlaut und erschüttert und stierte verlegen in meinen leeren Plastikbecher. Mirl erbarmte sich meiner nicht und schenkte nicht ein, sondern stapfte mit der Weinflasche zurück zu Sunny, der sie zu sich unter die Wolldecke nahm. Ich beneidete sie ein wenig, um den Wein, um die Wärme, um ihr Selbstbewusstsein.

Trotz der Hitze der Flammen, die einem die Beine zu verschmoren drohten, wurde es nach und nach kalt. Die Umsitzenden hatten sich Pullis und Jacken übergezogen. Sunny und Mirl schmiegten sich unter ihrer Wolldecke eng aneinander, nur die Köpfe und eine Hand von Sunny, die die Schnapsflasche hielt, ragten heraus. Müde und angetrunken stierte ich zum Sternenhimmel empor, und wieder sah ich eine Sternschnuppe über das Firmament sausen und hinter dem Wald untergehen. Aus der Finsternis hörte man bisweilen seltsame Geräusche, ein Knacken und Trippeln. Wildschweine vielleicht. Auch ein röhrender Hirsch war auszumachen, ein langgezogener, brünftiger Schrei, der unheimlich über das nächtliche Land scholl und einen das Fürchten lehren konnte.

Eigentlich musste ich pinkeln, aber ich wagte es nicht, das schützende Feuer zu verlassen und mich in die Büsche zu schlagen. Wieder eine Sternschnuppe, sie zog sogar einen Schweif hinter sich her. Vielleicht war das aber auch der Alkoholpegel, der mir Dinge und Geräusche vorspiegelte, die so gar nicht existierten. Ich kniff die Beine zusammen, wusste aber, dass ich in der nächsten halben Stunde eine Entscheidung treffen musste. Als eine weitere Schnuppe den Himmel durchschnitt, beschloss ich doch, mir etwas zu wünschen – schaden konnte es nicht: Dass das ganze Nil-Abenteuer ins Wasser fiele, meinetwegen infolge einer Jahrhundertflut oder eines gewaltigen Monsunregens über Brandenburg. Aber ich wusste, dass das Ländchen Bärwalde und der Fläming durch eine glückliche topografische Lage vor Hochwasser gefeit waren. Und ich wusste, dass das Volumen meiner Blase auch unter diesem unendlichen Sternenhimmel endlich war. Also nahm ich all meine restliche Kraft zusammen, stand mühsam auf – die Kälte im Rücken hatte meine Wirbel zu Eisbatzen erstarren lassen – und sagte zu Evelyn: »Ich bin so hundemüde. Ich gehe zu Bett.«

Die anderen in der Runde beachteten mich nicht, alle stierten liebesselig oder bekifft oder betrunken vor sich hin.

Evelyn blickte zu mir empor und sagte: »Ich würde gern mitkommen, Tim, aber ich kann nicht aufstehen.«

»Wieso das? Zu müde? Dann muss ich Sie wohl wie eine Prinzessin zum Schloss *tragen*.«

Ich hatte es spaßig gemeint, aber Evelyn nickte dankbar und flüsterte: »Das wäre sehr freundlich von Ihnen.«

Ich nahm das noch immer als Marotte einer versponnenen Sternschnuppen-Prinzessin. Also nahm ich sie wie ein Kind auf meine Arme – sie war leichter, als ich dachte, aber ich musste wegen meiner vollen Blase achtgeben, dass kein Malheur passierte – und wankte mit ihr durch die Nacht zurück zum Schloss. Mehrmals verlor ich den Weg und geriet ins hohe, taunasse Gras. Schließlich entdeckte ich eine einsame Außenlaterne an der Schlosswand, die ihr trübes Licht warf. Ich öffnete die Tür, trug Evelyn die Holzstiege hinauf und zu ihrem Zimmer.

»Würden Sie mich auch zu Bett bringen?«, fragte sie.

Ich seufzte. Diese romantischen Schwächeinszenierungen der Frauen waren mir zuwider. Aber ich erinnerte mich an meinen Vorsatz, immer lieb und nett zu Evelyn zu sein und ihr das eine oder andere über diesen Janke zu entlocken. Also trug ich sie in ihr Zimmer und legte sie im Mondschein vorsichtig aufs Bett. Ich knipste das Nachttischlämpchen an und sah, dass ihr Gesicht schmerzverzerrt war. Sie drückte mit beiden Händen auf den Unterleib.

»Was ist, Evelyn?«, fragte ich erschrocken. »Haben Sie Schmerzen? Soll ich den Arzt rufen?«

Sie schüttelte den Kopf. »Nein, ist schon gut. Das habe ich des Öfteren. Kommt und geht. War wohl der Alkohol, den vertrage ich nicht, ich weiß es und bin dann doch so dumm. Gehen Sie nur zu Bett.«

»Kann ich Sie wirklich allein lassen?« Ich war ratlos.

Sie nickte. »Ja. Gute Nacht, Tim. Und ... danke nochmals für den bezaubernden Tag. Ich habe mir so etwas schon immer gewünscht.«

Ich stand noch neben ihrem Bett, mit einem Mal ergriff sie meine Hand, streichelte sie kurz, ließ sie dann los und sagte: »Entschuldigung. Aber Sie könnten ja mein Sohn sein. René wäre wohl etwas älter als Sie, aber in der Wesensart gleichen Sie ihm.«

Ich nickte verlegen. »Gute Nacht, Evelyn. Wenn Sie etwas brauchen, oder wenn es schlimmer wird: Ich bin im Zimmer nebenan, dann klopfen Sie mich einfach raus, okay?«

Unwillig schüttelte sie den Kopf und machte mit der Hand ein Zeichen, ich möge gehen. Ich verließ das Zimmer und zog die Tür hinter mir zu.

Als ich im Bett lag, dachte ich über den langen, erlebnisreichen Tag nach: eigentlich gar nicht so schlecht. Verrückt zwar, aber eigentlich gar nicht schlecht. Ein Abenteuer mit offenem Ausgang. Warum auch nicht? Bislang war mein Leben abgesteckt genug verlaufen. Warum also nicht ein paar Tage lang ins Offene hinein leben, ohne Plan, ohne Ziel, ohne Erfolgsdruck und ohne Angst vor dem Scheitern?

Ich knipste das Licht aus und war wenige Augenblicke später eingeschlafen. Irgendwann kam ich nochmals kurz zu mir. Ich glaubte etwas gehört zu haben, horchte in die Dunkelheit hinein. War das Evelyn, nebenan? Ich lauschte angestrengt, doch ich hatte mich wohl getäuscht. Meine Hand tastete zur Matratze neben mir und griff ins Leere: Sunny saß also noch immer am Lagerfeuer oder verbrachte die Nacht mit dieser Mirl. Aus dem nahen Wald hörte man Heulen und den Brunftschrei eines Hirschs. Dann sank ich auch schon wieder in tiefen Schlaf.

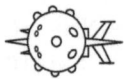

Aus Karl Jankes Krankenakte:

*2.9.68   [Janke] war heute wieder sehr aufdringlich mit seinen Erfin-
dungen, die er dauernd im Dienstzimmer vorlegen will.
Wenn ihm erklärt wird, daß da jetzt keine Zeit dazu sei, wird
er laut und beschimpft auch das Personal, weil es ihn nicht
in seinen großartigen Plänen unterstütze. Enttäuscht zeigte
er sich auch, weil er heute nicht den Herrn Chefarzt sprechen
konnte. Er behauptete heute wörtlich: »Mit 20 Jahren war
ich schon Diplom-Physiker!«

23.9.68   [Janke] erhielt eine Absage von der Redaktion des »Sport-
Echo«, an die er wegen seiner Erfindungen geschrieben hatte. Da ihm die Redaktion mitteilte, daß sie sich mit dem Sport
auf der Erde und nicht im Weltall befasse, behauptete er, alle
dort seien irgendwelche eingewanderten Elemente, die
unser Volk vernichten wollten.

24.10.68 [Janke] hat an den ehemaligen Redaktionsleiter der Zeit-
schrift »Forschung und Fortschritt« ein Schreiben gerichtet,
daß er eine neue Zeitung herausbringen möchte. Sie soll
»Weltall-Echo« heißen, und Janke rechnet mit einer Auflage
von 10.000 Stück und wöchentlich mit etwa 3.000 Zuschrif-
ten von interessierten Lesern.

28.12.68 [Janke] kann sich über den Raumflug der Amerikaner nicht
beruhigen und hält alles für Schwindel. Nach seinen Berechnungen ist der Flug zum Mond und die Rückkehr nicht möglich, dies hat er schon vor 30 Jahren festgestellt, als Zeugen
dafür ruft er den Herrn Chefarzt an.

2.2.69   Als Patient heute vom Freigang zurückkam, erklärte er voller
Freude: »Eben bin ich auf eine neue Erfindung gestoßen. Sie
besteht darin, daß man sich im Weltraum ohne Gas und feste brennbare Stoffe bewegen kann.« Demnächst will er dies
dem Personal vorlegen.

23.5.69 *Sehr aufgebracht darüber, daß vom soz[ialistischen]. Lager nichts unternommen wird, um zu verhindern, daß die »Amis« als erste auf dem Mond landen. Wenn dies geschehen würde, wäre Herr Janke der erste, der Antrag stellen würde bei der Staatsanwaltschaft der UNO, daß alle Schuldigen hier auf dem Schloß vor seinen Augen gehängt werden.*

27.6.69 *[Janke] erhielt heute Post von der »Tribüne« mit einem absagenden Bescheid, daß sie als Publikationsorgan des FDGB ein solches Phantasieprodukt wie das Urlaubsschiff Trajekt »Hiddensee« nicht veröffentlichen können. Pat[ient]. war darüber sehr ungehalten und schimpfte auf die Leitung dieser Zeitung, welche sofort erschossen werden müsse, da sie keine Deutschen seien und sich nur in die Regierung der DDR eingeschlichen haben [...]*

14.7.69 *[Janke] war heute recht erregt, weil die Amerikaner auf dem Mond landen wollen. Er beschuldigte vom Stationspfleger aufwärts alle als Saboteure, da bei genügender Unterstützung »er und seine Mannschaft schon vor 10 Jahren dort sein konnten«! Einwände läßt er dann nicht gelten.*

21.7.69 *[Janke] zeigt sich von der amerikanischen Mondlandung stark beeindruckt. Er zeigt Bilder in den Zeitungen und erklärt alles als Reklame und die Fernsehaufzeichnungen als Trickaufnahmen. Mit seinen Modellen wäre eine Landung durchzuführen, niemals aber mit solchen »komischen Dingern«, die da gezeigt werden.**

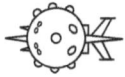

Ich erwachte, von einem Heulen geweckt: Wölfe!

Erst nach ein paar Sekunden wusste ich, wo ich mich befand. Ich blickte hinaus: alte Parkbäume, seitlich der lange, niedere Stipendiatentrakt, früher wohl mal das Stallgebäude des Arnim'schen Gutshauses.

Wieder das Heulen. Es kam von unten, aus der Küche. Ein Rührgerät.

Wieso hatte sich Janke eigentlich immer an himmelstürmenden Ideen abgearbeitet, Raketen und Trajekten und wie immer die Dinger heißen mochten? Warum hatte er sich das Leben so schwer machen müssen? Hätte er stattdessen nicht etwas Einfacheres, Praktikableres konstruieren können? Etwas, das ihm vielleicht sogar Anerkennung verschafft hätte, das er an die Industrie hätte verkaufen können, an so einen *VEB Fortschritt*? Das hätte ihm ebenso Ehre eingebracht, und einen Batzen Geld dazu, und vielleicht hätten sie ihn dann als Pionier des sozialistischen Aufbaus sogar aus der Anstalt entlassen? Hätte Janke nicht Rührgeräte entwickeln können oder meinetwegen elektrische Eierkocher?

Nochmals das Heulen von unten, aus der Küche. Wahrscheinlich wurde dort das Frühstück vorbereitet.

Ich verspürte Hunger. Immer wenn ich zu viel Alkohol getrunken hatte, verspürte ich anderntags einen Kohldampf wie ein Wolf in den märkischen Wäldern. Mein Blick fiel aufs Bett: Der Platz neben mir war unberührt. Sunny hatte also die Nacht anderswo verbracht.

Rasch duschte ich, zog mich an, verließ das Zimmer, stieg die knarzende Holztreppe hinunter. Aus der Küche drangen Geräusche einer Küchenmaschine und das Klappern von Tiegeln. Ich ging am Speiseraum vorbei, in dem gestern die Stipendiaten gesessen und geschwiegen hatten: gähnende Leere. Ich blickte auf die Uhr: Es war neun. Langschläfer, diese Künstler! Oder hatten sie gar schon gefrühstückt und brüteten bereits wieder über ihren Trilogien, Symphonien und Drehbüchern für abendfüllende Filme? Das Buffet war ziemlich geplündert. Waren die Künstler also schon hier gewesen? Oder hatten sie sich nur rasch etwas Essbares geholt und waren dann zurückgewankt zum Lagerfeuerplatz, saßen nun vor den letzten Glutresten, bekifft, besoffen, von der Liebe beseligt? Meine Neugier hielt sich in Grenzen, Kaffeedurst und Brötchenhunger waren größer.

Ich hörte Stimmen, lugte rechts um die Ecke in Achim von Arnims Sterbezimmer: Auch heute kein Trauerflor – stattdessen: Pierre, Evelyn und Sivi, traut vereint, schwatzend. Dampfender Kaffee, Brötchen mit Käse und Wurst, gekochte Eier, Lachs, Obstsalat und die hiesige Provinzzeitung. Das war ein Service! Wie im Hotel! Und wenngleich ich hier in Wiepersdorf nicht tot über dem Zaun hängen wollte – frühstücken ließ es sich im Sterbezimmer aufs Beste!

Pierre machte eine einladende Armbewegung, als wäre er der Freiherr persönlich: »Da ist ja unser Langschläfer! Setz dich her, Tim, zum *petit déjeuner*. Lass dir die *amuse-gueules* munden, die Zungenschmeichler, die Gaumentretzer …« Er führte die Fingerspitzen zum Mund und küsste sie genießerisch.

Sivi goss mir eine Tasse Kaffee ein. Evelyn blickte nicht auf. Sie war damit beschäftigt, ein Brötchen fingerdick mit Nutella zu bestreichen, und bekrönte es mit einer Gurkenscheibe. Ich setzte mich und kippte den Kaffee hinunter. Er war lauwarm, aber das Koffein wirkte auch so. Sivi goss mir erneut ein. Ich langte nach einem gekochten Ei, köpfte es und begann es auszulöffeln.

»Das würde ich nicht tun«, meinte Pierre, der dicke Stücke Camembert verschlang und ein Glas Sekt vor sich stehen hatte, mit Blick auf mich. »Die Eier sind aus Holland. Bestimmt aus Legebatterien, da klebt Blut dran, sinnbildlich gesehen. Und innen löffelweise Fipronil oder wie das Zeug heißt.« Er griff zur Sektflasche, goss mir ein Wasserglas voll und schob es mir hin: »Du musst das Fipronil gleich abtöten, Tim. Hiermit. Das ist *Rotkäppchen*, zum Abtöten geeignet.«

Weiß der Himmel, woher er den Sekt hatte. Vielleicht ein Rest vom gestrigen Abend? Trotzig griff ich nach einem zweiten Ei und aß es möglichst geräuschvoll, um Rimbauds Oberlehrer zu ärgern. »Wo ist Sunny?«, fragte ich und trank den Sekt, der abgestanden war und nicht mehr die Spur von Kohlensäure aufwies.

»Wahrscheinlich von den Wölfen gefressen«, sagte Pierre und tippte mit seinem Messer auf die Titelseite der *Märkischen Allge-*

meinen. »Hier: *Wolfsattacken in Brandenburg. Schafe und Kälber gerissen. Wanderin angefallen und verletzt.* Ich habe Sunny gestern Nacht das letzte Mal gesehen, als er hinter das Ateliergebäude pinkeln ging. Danach nicht mehr. Und diese Murl oder Burl, das Katzenwesen eben, auch nicht mehr. Keine Ahnung, wo die herumhängt. Vielleicht wieder am Lindenbaum, bei Arnims Grab … *Am Brunnen vor dem Tore, da steht ein Lindenbaum: Ich träumt' in seinem Schatten so manchen süßen Traum.* Kennt man ja. Endet meist tödlich.« Pierre wandte sich wieder seinem Frühstück zu und nahm nun ebenfalls ein gekochtes Ei. »Ich habe mich getäuscht«, murmelte er kleinlaut, »die Eier sind aus dem Dorf hier, das hat mir Frau Buxbach verraten. Vom Bauern Zaneffke. Absolut bio. Freigehege, nur vom Hofhund in Schach gehalten, und abends rin in de jute Stube. Die Hühner schlafen in einem Verschlag neben dem Fernseher. Sind wohl ganz gescheite Tiere.«

Draußen drehte ein Sportflieger direkt über dem Schlosspark seine Runden. Ein Fensterflügel stand offen, und man hörte das Flugzeug wie eine Hornisse wütend brummen, wobei das Geräusch manchmal für einen Herzschlag aussetzte, bevor es sich vom mezzoforte zu einem ohrenbetäubenden fortissimo steigerte, immer näher kam, wie ein Kamikaze im Sturzflug, und irgendwo dicht über den Parkbäumen, kurz vor dem zerschmetternden Aufprall, sich kreischend fing und wieder in die Höhe zog.

Mir war der Appetit inzwischen vergangen: Intellektuelle Hühner im Wohnzimmer und Kampfflieger über einem Romantiker-Schloss. Zudem ein irgendwo im Wald liegender, zerfleischter Torso von Sunny, dem Arme und Beine fehlten, während die Ameisen ihm aus den leeren Augenhöhlen herauskrabbelten!

Ich wurde durch einen ohrenbetäubenden blechernen Knall aus meinen schwarzgalligen Betrachtungen gerissen. Sivi war mit einem Sprung am Sterbezimmerfenster, riss den zweiten Flügel auf und lugte hinaus. Pierre, vom lauwarmen Sekt etwas schwerfällig geworden, erhob sich deutlich langsamer, griff nach der *Rotkäppchen*-Flasche und begab sich damit ebenfalls zum Fenster, wo er, als müsste er sich stärken, bevor er die Katastrophe, den im Park abgestürzten, zertrümmerten und in lohen Flammen stehenden Sportflieger, betrachtete, die Bouteille zum Mund führte und den Rest der abgestandenen Wohlstandsbrause ex trank. Dann beugte er sich, über Sivis Kopf hinweg, hinaus und murmelte: »*Was soll uns das, mein Herz, die Lachen Blut, das Wutgeschrei, die tausend Morde, Wimmern* ...«[6]

Weiter gelangte der Rimbaud-Jünger nicht, denn schon im nächsten Augenblick geschah das Entsetzliche. Eine heisere, sich überschlagende Megärenstimme schrie: »Sag ma, ick gloob, du hast se nich mehr alle?! Schon ma wat von Ausweichen und Bremsen jehört, du blasierte Schießbudenfijur!?«

Ich war an das andere Fenster herangetreten und starrte hinaus: Vor dem Schlossportal stand eine petrolblaue *Adler*-Limousine, eine *Standard 6* aus den späten Zwanzigerjahren! Ich kannte den Wagentyp genau, mein Großvater hatte ihn als Landarzt im Lippischen gefahren – mein Vater hatte mir als Kind Schwarzweißfotos davon gezeigt –, bevor er ihn Mitte der Dreißiger an einer Alleeeiche zuschanden gefahren hatte und sein landärztliches Leben gleich mit dazu.

Die Motorhaube der *Adler* vor dem Fenster war absurd nach oben gebogen, als hätte eine Riesenfaust sie unwirsch zu öffnen versucht. Aus dem Motorraum rauchte es. Die Windschutzscheibe war gesprungen, sie war zudem so mit Staub und Schlamm bespritzt, dass ich nicht ausmachen konnte, wer am Steuer saß. Das rechte Vorderrad stand quer, zu einer Acht verdreht. Aber noch skurriler war eine Schubkarre, die sich wie ein Panther in die Motorhaube der *Adler* verbissen hatte: Aufrecht stand sie, die Griffe nach oben, das einzelne Rad tief in das rauchende Innere des Wagens gebohrt. Auf der aufgerissenen Motorhaube lag ein Sack, den ich nicht identifizieren konnte. Erst jetzt bemerkte ich wenige Meter entfernt, halb hinter einem Baumstamm verborgen, eine Gestalt, die sich aufrappelte und hinkend, mit zerrissener Hose und Schrammen an Armen und Stirn, zu der rauchenden *Adler*-

Limousine wankte: Es war Sunny, reichlich blessiert, aber noch im Besitz aller Glieder, der nun vor dem Wrack stand und heftig an der Schubkarre zerrte, die sich jedoch im Autoblech verhakt hatte. In diesem Augenblick bewegte sich auch das Bündel auf der Motorhaube: Langsam rutschte es auf den Kotflügel herab, stieg auf das seitlich herausgedrehte Rad und sprang von dort herab. Es war ein Engel, mit kleinen weißen gefiederten Flügeln am Rücken, in einer einst weißen, nun angegrauten Tunika, mit goldenen Sandalen an den etwas zu kräftig geratenen Füßen. Und dann lagen sich der irdische Sunny und das himmlische, nun angeknackste Wesen, das die diesseitigen Gesichtszüge Mirls trug, in den Armen.

Aus dem Innern des Wagens hörte man nun wieder die Megärenstimme: »Jute Jüte! Nee, also, der Blechschaden, dit wär' ja nich dit Schlimmste. Aber dass ick so'n abjehalfterten Klabautermann mit an Bord hab, der nich weeß, welchen seiner hübschen Beene er uffs Bremspedal stellen soll, dit schlägt dem Benzinkanista wirklich den Boden raus!«

Man hörte aus dem Fond undeutliche, beinahe weinerliche Laute – eine Männerstimme –, ich konnte »dumm gelaufen«, »Versicherung« und »Künstlerpech« vernehmen. Und wieder die Stimme der Megäre: »Ick gloob, dich hat deene Mutter anstelle von die Nachjeburt uffjezogen! Künstlerpech?! Da kuck dir mal dit Künstlerpech an: die Motorhaube im Eimer, die Achse verschoben, die Windschutzscheibe kannste als Nudelsieb verwenden, und hier vorne, die Kühlerfijur, oder ham wa die schon um de Ecke jebracht, dass die schon wie n Engel rumhopst, knutscht mit nem Penner in kurzen Hosen rum!«

Die Fahrertür der *Adler* ging auf, und heraus kletterte der Unglückschauffeur: ein blutjunger Mann, gekleidet in kariertem Tweed-Sakko, weißem Hemd mit Stehkragen und beigefarbener Seidenweste, Knickerbockers mit karierten Wollstrümpfen, an den Füßen wildlederne Haferlschuhe. Auf dem Kopf des Chauffeurs saß kokett eine Schildmütze aus Tweed. Sein Gesicht war schmal und bartlos. Der junge Mann ging zu der aufgebockten

Schubkarre, ohne die Unfallopfer auch nur eines Blickes zu würdigen, zog und rüttelte daran, bis sie sich aus der aufgebogenen Motorhaube löste und scheppernd zu Boden ging, Sunny direkt auf die Füße.

»Sag mal, spinnst du, du Schnösel?«, brüllte der den Tweedträger an. »Zuerst uns ums Haar ins Jenseits befördern und dann mir die Karre voll aufs Fußgelenk schmeißen?!«

Sunny holte mit der geballten Linken aus – ich hatte gar nicht gewusst, dass er Linkshänder war – und versetzte dem Klabautermann eine Gerade, wie man sie nur aus B-Western kannte. Aber wir waren hier ja im wilden Osten, und vielleicht gehörte dieser klare Umgang zum Alltag. Der Tweed-Chauffeur taumelte und ging wortlos nieder, direkt neben der offenen Motorhaube, aus der es noch immer mächtig rauchte.

Nun öffnete sich die Beifahrertür, und heraus sprang ein leichtfüßiges, schmales Wesen, behände wie ein Reh, drahtig, in eng anliegenden Bluejeans, weißer Bluse und lindgrünem Spencer, an den Füßen Cowboystiefel. Das Reh trug eine lederne braune Automobilistenkappe mit Ohrenklappen. Es nahm die Kappe ab – und ich blickte in ein von Alters- und Raucherfalten gezeichnetes Gesicht. Grüne Augen blitzten neugierig und schauten eher verwundert als entsetzt auf die Verwüstung, die sich darbot.

»Ich fasse es nicht«, jauchzte Sivi am Fenster nebenan. »Das ist ja Ria Renner! Leibhaftig!«

»Wer ist Ria Renner?«, fragte Pierre. »Die sieht eher aus wie eine weibliche Ausgabe von Rimbaud, tief in der afrikanischen Savanne.«

»Ria Renner«, hörte ich nun auch Evelyn von hinten im dozierenden Ton.

Ich wandte mich nach ihr um, und da saß sie, noch immer am Frühstückstisch, ohne auf das Geschehen auch nur einen Blick zu werfen. Vor sich hatte sie vier geköpfte Eier und machte sich eben daran, sie mit Honig zu beträufeln.

»Ria Renner kennt doch jeder«, sagte Evelyn, streute Pfeffer auf das Honigei und begann, es auszulöffeln, »sie hat 1976 als erste Frau allein im *Adler-Standard* die Sahara durchquert, ist 1986 auf der Transamericana von Alaska bis Feuerland gefahren, 1988 durch die Sowjetunion von Kaliningrad bis Wladiwostok, und vor drei Tagen ist sie in Berlin-Wedding gestartet, zuerst eine Tour durch Brandenburg, von dort geht's auf Weltumrundung. Sie will in einem Jahr wieder zurück sein und dann durch den Tiergarten und das Brandenburger Tor bis vors Rote Rathaus paradieren.« Evelyn blickte nicht auf, schluckte ein Ei nach dem anderen, griff nach einer zweiten *Rotkäppchen*-Flasche und goss sich wie selbstverständlich ihre leere Kaffeetasse voll.

Ich war fassungslos, und fassungslos schaute ich wieder nach draußen, fassungslos starrte ich auf die Globetrotterin, besagte Ria Renner, die eben Sunny über den niedergegangenen Tweed-Boy hinweg kräftig die Hand schüttelte und mit rauchiger Stimme zu ihm sagte: »Junge, du bist meene Krajenweite. Magste mitkommen uff Tournee rund um die Welt? Kost und Logis gratis, Hauptsache, du kannst chauffieren, nen Motor reparieren und klappst nich bei jeder Kleenigkeit in Ohnmacht. Überleg's dir, aba nich zu lang. Ick geb die Karre hier nach Jüterbog inne Werkstatt, und übermorgen, denk ick ma, jeht's weiter uff große Fahrt. Nächste Station: Afrika!«

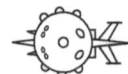

Lüge! Es war ja alles Lüge!

Janke nahm den schweren Schreinerwinkel, in den eine Metallschiene eingelassen war, und wog ihn in der Hand. Ein Beil wäre besser gewesen. Aber das rückte Herr Jonas nicht heraus. Letztlich war auch der einer, dem man nicht vollständig trauen konnte. Überall herrschten Missgunst und Neid, Kabale und Intrige. Selbst hier, *in dieser Stelle*. Hatte er, Janke, sich die nicht bewusst ausgesucht, fern der akademischen Institute und der industriellen Laboratorien, um in Frieden, ungestört, fern des Dünkels und der Werkspionage zu arbeiten und zu forschen?! Zum Heil der Welt. Um mit einem vermeintlich kleinen Schritt einen großen Fortschritt für die Menschheit zu erreichen. Und nun: Manipulation und Lüge!

Janke spürte, wie ihm vor blinder Wut über diese Fälscher in den Medien und in den Machtzentren der Imperialisten der Schweiß aus allen Poren brach. Er glaubte ersticken zu müssen, warf den weißen Ingenieurskittel über einen Bock und riss sich das Hemd bis zum Bauch auf, dass die Knöpfe über den Betonboden sprangen. Dann griff er wieder nach dem metallverstärkten Winkel, wog ihn erneut in Händen, holte aus, zielte mit zugekniffenem Auge – und schlug zu, hieb auf das Modell ein, so fest er nur konnte, hieb mit Berserkerkraft und heiligem Zorn, schlug und schlug wieder und wieder und abermals und immer so fort ...

Das Cockpit sprang zuerst ab. Dann die Seitenflügel, das hintere Ruder. Das Fahrgestänge knickte ein, erwies sich aber als erstaunlich fest, da es im Innern mit Draht verstärkt war. Janke musste eine Säge zur Hand nehmen, bis es endlich am Boden lag. Der Rumpf war ein verdammt robustes Teil. Janke stach mit einem Schraubenzieher in die Außenhaut, drückte ihn wie einen Degen in den Leib des gegnerischen Duellanten, zog ihn wieder heraus: ein rundes, schönes Loch. Aber der Leib blutete nicht. Janke stach erneut zu, tief, und noch einmal! Stach immer wieder zu, als gälte es, einen wilden Eber abzuschlachten, einen Todfeind zu massakrieren – bis die Haut des schönen Leibs in Fetzen vor ihm lag, verdorben, aufgerissen, geschändet, zerstückt.

Janke ließ Winkel und Schraubenzieher fallen und straffte den Rücken. Eine Last war von ihm genommen. Er hörte die Wirbel seines Rückgrats leise knacken, als müssten sie sich, lange Zeit zusammengepresst und gestaucht, auseinanderziehen, sich dehnen, Luft einlassen. Er war wie Atlas, der die Weltkugel von sich geworfen hatte und sich nun zu seiner vollen Größe aufrichtete. Wie ein grausamer Feldherr betrachtete er seinen Sieg. Wie ein Triumphator kostete er das Gemetzel aus, das sich vor seinen kalten Augen erstreckte: Draht, Pappmaché, Sperrholz, Papier, Farbabsplitterungen, Lackplatzer ...

Alle Materie war zu ihrem Urzustand zurückgekehrt. Zweckfrei, gestaltlos. Die Dinge, die der menschliche Schöpfergeist zusammengezwungen hatte, waren aus ihrer künstlichen Bindung gelöst und lagen nun getrennt da.

Ich gebe dir, sprach der Geist, der stets verneint, *den Schlüssel zur Welt: Sieh, von nun an soll verdammt sein, was du berührst, und verdammt soll sein, der die Früchte deiner Schöpferkraft erntet. Denn was sich nicht binden will, soll gelöst sein! Und was nicht zum Segen gerät, soll verworfen sein! Die Pforten der Unterwelt, sie stehen dir offen, was sie verschlingen, soll verschlungen bleiben, und was du benannt hast, soll in die Gefilde des Vergessens gerissen werden. Alles menschliche Tun ist eitel und vergebens, und du selbst wirst am Ende deiner Tage verdammt sein und dein Werk soll zerfallen wie morsches Holz, und deine Ideen sollen zu Staub werden und Staub bleiben, von dem alles kommt und zu dem alles wird, im ganzen Weltenraum, den zu erobern du trachtetest. Denn dein Trachten ist dünnstes Gespinst: zerrissen und von den Winden zerstreut. Dies aber erlege ich dir als letzte Demütigung auf, und als Beweis, dass du mich liebst gegen alle Vernunft und gegen das Gebot deines lumpigen Herzens: Vernichte den Namen des Menschen, den du am meisten liebst, denn Name ist Schall und Rauch, wenn er vergessen ist, ist auch das Menschenkind, das ihn einst trug, vergessen, vergessen, vergessen!*

Janke nahm ein Stemmeisen, setzte an, schlug mit der flachen Hand auf den Kopf des Griffes. Ein Mal, zwei Mal, drei Mal schrammte das messerscharfe Eisen über die durchlöcherte Außenhaut – dann war der Name, der schöne Name, der mit roter Farbe – Herzblut – eingelassen war, getilgt, vergessen, die *Damnatio memoriae* vollbracht.

Sein Zerstörungswerk war vollendet. Janke atmete schwer, als hätte er den Felsen des Sisyphos auf den Gipfel gerollt. Nun war der Felsbrocken auf der anderen Seite des Berges die Flanke hinabgestürzt. Es hieß nun wieder von vorne beginnen, die Mühsal der Ebene überwinden, die endlosen Wüsten des Daseins ...

Sein Blick fiel auf die Werkbank. Dort lag ein Bericht aus dem

Neuen Deutschland: Die angebliche Landung der Amerikaner auf dem Mond. Zwei *Astronauten,* wie man die Raumfahrer im Westen nannte, Armstrong und Aldrin, seien am 20. Juli 1969 mit einer Landefähre auf dem Mond aufgesetzt und hätten einen Spaziergang auf dem fernen Erdtrabanten unternommen. Armstrong habe beim ersten Tritt in die laufende Kamera gesagt: *Das ist ein kleiner Schritt für einen Menschen, aber ein großer Sprung für die Menschheit.*

Es war ja alles Lüge! Technisch absolut unmöglich!

Sechshundert Millionen Menschen auf dem gesamten Globus, so schrieb das Blatt, hätten das Ereignis vor den Fernsehapparaten fiebernd mitverfolgt. Sechshundert Millionen! Sechshundert Millionen wurden getäuscht, betrogen, zum Narren gehalten! Er, Janke, wusste es ja besser! Die sogenannten *Raketen, Raumfähren* und *Landemodule* der Amerikaner waren nichts als billige Attrappen, in den geheimen Zentren der *NASA* von böswilligen, neidzerfressenen Wichten ersonnen und in Hollywoods Filmstudios vor bühnenbildnerischen Kulissen von minderbegabten Statisten gespielt, der staunenden Weltöffentlichkeit zum Fraße vorgeworfen. *Die Welt will betrogen sein!* Aber ihn, Janke, den größten Erfinder dieses Jahrhunderts, den begnadeten Assistenten unter Wernher von Braun, den in absoluter Geheimhaltung und unter höchsten Sicherheitsvorkehrungen arbeitenden Forscher von Schloss Hubertusburg, würden diese billigen Schmierenschauspieler nicht hereinlegen können! Ihn nicht! Denn nicht *Apollo 11* und *Columbia* hießen die Raumfähren der Zukunft, sondern *Trajekte.* Er hatte ja das Problem des Antriebs mithilfe des *Deutschen Atoms* gelöst. Bereits in wenigen Jahren würde er damit zu den fernen *Sonnenländern* aufbrechen, um neue Regionen für die Menschheit zu erobern. Friedlich! Die Imperialisten sollten am Boden bleiben, hier auf dieser zerrissenen, geschändeten Erde; aber die sozialistischen Brudervölker würden sich ihr fernes Utopia erschaffen, das gleichwohl kein Sternendunst bliebe, sondern Wirklichkeit würde, allen friedliebenden Menschen zum Wohle und zum Heil!

Janke betrachtete sein Werk der Verwüstung, weniger mit Genugtuung als mit tiefer Müdigkeit und Erschöpfung. Er hatte ihr alles zu

Füßen gelegt, damals, in jener einzigartigen Nacht, als er sein Trajekt-modell nach ihr benannt und es ihr im silbernen Licht des Mondes auf der Wiese vor dem Schloss präsentiert hatte. Es hätte ein Denkmal sein sollen für sie beide, Karl Hans Janke und Evelyn. Es hatte ihren Namen getragen ... und nun lag es da, zu seinen Füßen, zerstückt, zerscherbt. Alles Menschenwerk war eitel. *Von Staub bist du, und Ster-nenstaub sollst du werden!*

Er würde ein neues Trajekt bauen. Ein größeres, schnelleres, schö-neres. Es würde die *Apollo*-Raketen der Amerikaner als billige Bühnen-kulissen entlarven. Er, Janke, würde der Menschheit die Augen öffnen. Und er würde sie eines Tages zu den fernen Galaxien führen, sie zu *Sternenkindern* machen, aber nur die, die guten Willens wären, nur die ...

Er hatte ein Opfer gebracht, sein *Evelyn-Trajekt*. Es war ein Opfer für den Schöpfergeist, der ihm Einflüsterungen unterbreitete: *Nur zu, Janke, du bist doch nicht groß genug. Und deine Liebe noch nicht rein genug! Noch bist du ihrer nicht würdig. Deine Erfindungen sind Stück-werk. Sie müssen zehn – ach was! – hundertmal besser, großartiger, schöner werden! Erst dann verdienst du ihre Liebe! Erst dann bist du wirklich ein großer Erfinder und nicht der kleine Verrückte von Schloss Hubertusburg. Komm: Lache! Wüte! Zerre an deinen Fesseln! Rüttle an deinen Gittern! Aber noch rüttelst du vergebens. Erst musst du wirklich groß und genial werden! Und erst dann darfst du ihren Namen auf dein Stückwerk setzen!*

Janke hangelte sich an der Werkbank entlang. Wie ein geprügelter Hund schlich er zum Ausgang, drückte die Klinke, öffnete die Tür – als sein Blick auf den braunen Plüschbären fiel, der – das Namensherz *Franz* auf der Brust – auf einem Regalbrettchen saß und ihn angrins-te. Lachte er ihn aus, weil Janke sich auf dem Maifest nicht getraut hatte, an Evelyns Tisch heranzutreten und stattdessen wieder umge-kehrt war? Verhöhnte er ihn etwa? Oder wartete er einfach nur, um von ihr, Evelyn, in den Arm genommen und liebkost zu werden?

Janke nahm den Bären in beide Hände, schmiegte ihn an sich, atmete den Geruch von Filz und Kunstpelz ... Dann endlich löste sich der Krampf in seinem Innern, und er konnte weinen. Der *Ungeist*, der ihn geknechtet hatte, schwand.

Evelyn! In seinem Herzen brannte es mit einem Male so heiß, dass ihm schwindlig wurde vor weher Wonne und verhaltenem Glück.

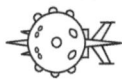

Nächste Station: Afrika! Ria Renners Worte brannten wie heiße Nadeln. Ich wollte weg aus dieser Künstlerverwahranstalt, diesem permanenten Performance-Zirkus, wo sich die Grenzen zwischen Wirklichkeit und Illusion zu verwischen schienen. Sunny, der angehende Weltenbummler und sein niederbayerisches Engelchen. Der abgestürzte Tweed-Boy, dem nun die Globetrotterin höchstpersönlich auf die jungen Beine verhalf, ihm den Staub von den englischen Klamotten klopfte, die Mütze wieder aufsetzte und ihn mit einem mütterlichen Klaps auf den Hinterkopf wieder zu Bewusstsein brachte. Ich wandte mich ab, hatte genug von diesem neuerlichen Happening gesehen, das von den M&M's als Frühstücksprogramm ersonnen worden war.

Ich wollte von hier weg – aber wohin? Mit einem Häuflein Verrückter nach Afrika? Wieso nicht gleich zu Ria Renner in den Fond einsteigen und mit ihr über die märkischen Sandpisten nach Süden tuckern? Irgendwann musste der Schwarze Kontinent ja auftauchen, und unterwegs konnte man noch immer entscheiden, ob man nicht schon im Erzgebirge die *Adler*-Limousine verließe und sich in einer Baude vor der Welt verbarg, wo einen die Verrückten nicht so schnell fanden und man auch vor sämtlichen *Sonnenland*-Projekten und -Trajekten in Sicherheit war.

Draußen allgemeines Sich-Umarmen, Versöhnungsrituale: Sunny entschuldigte sich mit Handschlag bei seinem Opfer, Ria Renner schmiss mit Schwung die zerbeulte Motorhaube zu und sagte emphatisch: »Alles halb so wild, kriegen wir wieder flott. In ein paar Tagen geht's weiter, das Abenteuer wartet!«

Dann war ja alles wieder in Ordnung, dachte ich. Zumindest für die anderen. Die Rechnung hatte ich zu begleichen. Ich nestelte aus der Gesäßtasche mein Portemonnaie, schließlich hatte ich für meine Schutzbefohlenen diesen Abenteueraufenthalt zu bezahlen. Und dabei wusste ich selbst schon nicht mehr so recht, was mich mit den Afrika-Expeditionisten eigentlich verband. Hatte ich Wesentliches über Janke erfahren? Ich hatte seine Brieffreundin ausfindig gemacht – ich sah zu Evelyn hin, die aufmerksam die Werbeanzeigen von *Aldi* und *Netto* in der hiesigen Provinzzeitung las –, aber irgendwie wurde ich aus ihr nicht so recht schlau, sie hielt irgendetwas zurück.

Ich beschloss, dem Ganzen ein Ende zu bereiten. Lieber jetzt die Notbremse ziehen, als hinterher zerbeult sein wie Ria Renners *Adler*-Limousine, die draußen vor dem Schloss stand und vor sich hin rauchte.

Eben wollte ich das Sterbezimmer verlassen, als Evelyn unvermittelt von ihrer Discounter-Lektüre aufblickte und sagte: »Kann ich mal eben Ihr *Bundesdienst*-Mobilfon benutzen, Tim?«

Ich weiß nicht, worüber ich mich mehr wunderte: über ihren unvermindert anhaltenden Wahn, wir seien von einem ominösen *Bundesdienst* (eine Lügengeschichte, die Sunny, der Unglücksrabe, uns eingebrockt hatte), oder über die technokratische Benennung eines Handys.

»Wozu das denn?«, fragte ich erstaunt.

»Ich muss ein wichtiges Ferngespräch tätigen, mit meiner Heimatstadt. Es handelt sich um eine amtliche Angelegenheit.«

Ich seufzte, mir war jetzt nicht nach einer Diskussion über Ferngespräche mit Ämtern, und zog aus der Hosentasche mein privates Telefon – das Diensthandy hatte ich ja in Wermsdorf in der Blumenvase versenkt. »Aber bitte kurzfassen.«

»*Fasse dich kurz*«, zitierte Evelyn recht oberlehrerhaft einen Spruch, der früher an allen Telefonzellen klebte, »*der Nächste wird es dir danken.*«

Ich seufzte nochmals und verließ das Sterbezimmer, bevor ich mit Messern um mich würfe. Auf dem Gang sah ich die unermüdliche Frau Buxbach um die Ecke huschen. Ich folgte ihr ins Büro. Sie strahlte mich an, als wäre dies der schönste Tag seit je.

»Guten Morgen«, flötete sie. »Gut geschlafen, die Herrschaften?«

Sprach sie lediglich zu mir, oder meinte sie das gesamte Afrika-Team? Statt zu antworten, sagte ich nur: »Die Rechnung bitte.«

»Geht zusammen?«, fragte sie unerschütterlich heiter und freundlich und drückte auf ihrer Tastatur bereits die notwendigen Befehle.

Ich murmelte ein »muss wohl«, was sie zu überhören schien. Stattdessen blickte sie kurz zum Fenster hinaus, auf die *Adler*-Limousine. Die Akteure hatten sich inzwischen verzogen. Vielleicht waren sie ja, nachdem sie sich versöhnt hatten, einträchtig in den großen Frühstücksraum gegangen und aßen und tranken nun in frischer Freundschaft auf das Gelingen der automobilen Weltumrundung.

»Hoher Besuch heute«, sagte Frau Buxbach mit hörbarer Freude in der Stimme. »Kleines Malheur, aber solche Vorkommnisse sind wir hier gewohnt.« Sie kicherte. »Ria Renner hier zu haben, ist eine große Ehre. Heute Nachmittag ist übrigens das Fotoshooting. Die Lokalpresse kommt, auch der RBB, es soll wohl bereits heute Abend in den Nachrichten darüber berichtet werden. Viertel vor acht. Müssen sie sich ansehen, Herr Feldtmann.«

Sie gab einen Befehl an den Drucker, der spuckte ein Blatt aus, das sie mir auf den Tresen legte. Es war mehr, als ich erwartet hatte. Ich unterdrückte einen Fluch und zückte meine EC-Karte.

»Es ist noch genug auf dem Konto«, murmelte ich mehr zu mir als zu Frau Buxbach.

»Das habe ich auch nicht anders erwartet«, gab sie zur Antwort, »Sie sind ja kein Künstler.«

Ich wusste nicht, ob ich das als Kompliment oder als herablassende Äußerung aufnehmen sollte, und entschied, das Denken für den Rest des Tages besser zu unterlassen. Ich war mit Verrückten

unterwegs, war in einer Verwahranstalt für Sonderlinge unterge-
kommen und überdies auf dem Weg nach Afrika, um dem Wahn
einer alten Dame zu willfahren. Kurz: Schlimmer ging's nimmer.
Mein Konto schien noch ausreichend gedeckt zu sein. Ich hatte
sowieso verspielt und fasste mir unwillkürlich an den Hals, wo ich
die Narbe meines peinlichen Suizidversuchs ertastete. »Etwas
Besseres als den Tod finden wir überall«, sagte ich, während ich
die Karte in den Schlitz des Zahlapparats steckte und meine PIN-
Nummer eingab.

Nun hob Frau Buxbach doch etwas erstaunt die Brauen und
meinte lakonisch: »Aber, aber, nehmen Sie sich doch ein Beispiel
an Ria Renner: schon achtundsiebzig und noch diese Lebensfreu-
de, diese Energie, diese Welt-Neugier!«

In diesem Augenblick kam Pierre hereingestürmt: »Da bist du
ja, Tim! Es gibt tolle Neuigkeiten! Mirl, du weißt schon, dieses
Katzenmensch ...«

»Der Unfallengel«, korrigierte ich.

»Genau die! Also: Sie kennt hier im Wald einen gruseligen Ort,
einen alten Bunker oder so etwas. Dort soll früher eine Atomrake-
tenanlage der Sowjets gewesen sein. Streng geheim und streng
bewacht ...«

Erst jetzt nahm er Frau Buxbach wahr, die Pierre verschwörerisch anlächelte und den Zeigefinger an die Lippen führte. »Ganz
so geheim auch wieder nicht«, sagte sie, »aber lassen Sie sich nicht
erwischen. Das ist offiziell Bundeswehrgelände. Es wird von einem
privaten Wachschutz kontrolliert, ist aber meist nur *ein* Wachmann,
und der oft alkoholisiert. Doch Vorsicht ist geboten. Und bitte nicht
in irgendwelche Kellerlöcher stürzen. Das ist leider auch schon passiert. Da kommt keiner mehr raus, und irgendwann bleibt nur ein
Skelett übrig. Ein Stipendiat aus Österreich ist vor zwei Jahren einmal spurlos verschwunden. Schöner Mist. Wochenlang hat ihn die
Polizei mit Spürhunden gesucht, im Wald, im Dorf, in allen Stallungen. Sogar den Badetümpel hinter dem Park haben sie ausgepumpt.
Alles vergebens. Ich habe da so meine eigene These ...«

Pierre und ich blickten uns ungläubig an. Frau Buxbach war eine coole Person, mindestens so abgebrüht wie Miss Marple, dachte ich.

Mit elegantem Schwung warf sie mir die Quittung auf die Theke und sagte, als hätte es nie ein Atombunkergespräch gegeben: »Ich hoffe, meine Herren, es hat Ihnen in unserem Romantiker-Schloss gefallen. Beehren Sie uns doch mal wieder. Sie können sich«, das sagte sie mit einem Blick auf Pierre, »ja als Stipendiat bewerben. Sparte Lyrik und Übersetzung. Die Chancen stehen gar nicht so schlecht.« Dann wandte sie sich wieder ihrem PC zu, als gäbe es uns nicht. Wir waren entlassen.

Draußen auf der Terrasse, mit einem grandiosen Blick auf den Barockgarten mit seinen Rabatten und Steinskulpturen und der Orangerie, zündete sich Pierre eine Hanf-Zigarette an. Sogleich erfüllte widerlich süßlicher Geruch die Luft. Unten spazierte ein älteres Ehepaar vorbei, er in beiger, ärmelloser Synthetik-Weste, sie in einem lila Jogginganzug, der ihre aus der Fassung geratenen Proportionen stark betonte. An der Leine hinter sich her zerrte sie einen Pinscher, der sich, als er eines großen roten Katers ansichtig wurde, der sich pittoresk auf einer barocken Steinbalustrade sonnte, schier selbst strangulierte. Den Kater focht das nicht an, er hob nur einmal kurz das linke Augenlid, betrachtete beinahe mitleidig das hechelnde und japsende Ding zu seinen Füßen und döste weiter. »Komm, Napoleon, komm bei die Mutti!«, herrschte die lila Frau den Pinscher an. Napoleon gehorchte nicht, er wollte sich partout in die Schlacht stürzen, erlebte jedoch sein Waterloo: Die lila Frau zerrte ihn achtlos fort und schleifte ihn über den frisch geharkten Sandweg, eine dunkle Bremsspur hinter sich herziehend.

»Musst du in aller Öffentlichkeit kiffen?«, fragte ich Pierre. Ich war ungehalten, die ganze Sache mit dem Atomraketenbunker schien mir ein Schwachsinn zu sein, ein gefährlicher noch dazu.

»Ist doch keiner da«, nuschelte Pierre, »außer den Tierbändigern dort drüben. Aber die können Gras nicht von Petersilie unterscheiden.«

Ich musste ihm recht geben. Doch auf einen Ausflug zum Bunker hatte ich keine Lust: »Und was, wenn der Wachdienst uns erwischt?«

»Beim Kiffen?«, fragte Pierre scheinheilig.

»Nein, beim unerlaubten Betreten der militärischen Sicherheitszone, oder wie sich das nennt.«

»Es ist doch eh nichts mehr drin. Oder glaubst du, die Russen haben beim Abzug ein paar SS20 vergessen?«

Sivi erschien auf der Terrasse, ihre Reisetasche in der Hand. »Ihr müsst packen und das Zimmer räumen! Und dann fahrt ihr doch mit zum Bunker? Die anderen kommen auch mit. Mirl kennt den Weg. Bitte!« Sie machte einen kindlichen Schmollmund.

Ich blickte sie groß an: Sie trug dunkelblaue Shorts und ein rot-weiß geringeltes Shirt, ihr Busen zeichnete sich darunter ab. Sie hatte keinen BH an, das sah man. Das Haar trug sie heute offen, was sie weiblicher machte. Ihr Gesicht zeigte eine gesunde Bräune. Sie hatte etwas Lippenstift aufgelegt, kaum sichtbar, aber doch ihren Mund vorteilhaft betonend. Mir wurde bewusst, dass ich sie in den letzten beiden Tagen kaum beachtet hatte, zu sehr war ich von den Ereignissen überrumpelt gewesen. Sivi gefiel mir. Zu Beginn unserer Bekanntschaft war sie oft spitz gegen mich gewesen. Jetzt, auf diesem Höllentrip nach Afrika, blühte sie sichtlich auf. Sie war plötzlich Frau und nicht mehr nur eine etwas überforderte, scharfzüngige Krankenschwester der Klinik Hubertusburg. Ich musste an Dr. Stavenhagen denken: Ob ihm bewusst war, was für ein Juwel er mit Sivi um sich hatte, oder sah er vor lauter Krankenakten aus gefällten und gehäckselten Bäumen die Schönheit des Waldes nicht mehr? Ich musste über diese schiefe Metapher schmunzeln: Nein, zum Dichter taugte ich nicht. Als Stipendiat brauchte ich mich in Schloss Wiepersdorf nicht zu bewerben.

Sivi sah mein Lächeln und sagte: »Also klar?! Wir fahren in den Wald zu den Bunkern. Dann geht mal rasch eure Sachen packen. Pierre, gib mir bitte den Autoschlüssel. Ich warte vorne am Parkplatz. Beeilt euch, Mirl und Sunny sind auch schon bereit. Sunny musste ja nicht viel packen, er hatte ja gestern Abend auch nicht ausgepackt.« Sie grinste vieldeutig.

Pierre reichte Sivi den Schlüssel. »Na denn, ich rauche noch zu Ende, im Gedenken an den dichtenden Freiherrn, und dann kommen wir nach.«

Eine Viertelstunde später saßen wir in Pierres Kleinbus, auf dem Weg zu den Schrecken des Kalten Kriegs. Pierre hatte in seinen Rekorder – er besaß noch einen Rekorder! – eine Kassette mit Chansons von Edith Piaf eingelegt, die eierte und rauschte. Evelyn grinste über das ganze Gesicht. Sie hatte wieder ihre unsägliche Schildkappe auf, außerdem eine Sonnenbrille (ein Modell aus den Sechzigern), und sah aus wie eine partout vergnügungsgewillte amerikanische Pensionärin in einem Golfresort in Florida. Ich saß neben Sivi – und atmete ein leichtes Erdbeeraroma. War das ihr Parfüm? Oder ihr Duschgel? Ich wäre gern mit Nase und Lippen über ihren Nacken gewandert, und nur die Gegenwart der anderen hielt mich davon ab. Sunny und Mirl saßen händchenhaltend auf der hintersten Bank, immerhin hatte die niederbayerische Aktionskünstlerin ihre engelsgleiche Berufsbekleidung abgelegt und gegen Shorts, die gerade mal bis zum Zwickel reichten, und ein Prince-T-Shirt getauscht. Ich wusste gar nicht, dass der heute noch bekannt war, aber vielleicht war ja die Nachricht von seinem Ableben noch nicht bis in die Passauer Provinz vorgedrungen.

Mirl wusste den Weg, und trotz Sunnys Handgreiflichkeiten war sie noch imstande, Pierre zu lotsen. Es ging auf einem asphaltierten Weg Richtung Flugplatz Reinsdorf. Über uns summten wütend die Sportflieger, und ich fürchtete insgeheim, unter ihnen könnten sich Kamikaze-Attentäter verbergen, so halsbrecherisch stürzten sie sich aus der Höhe hinab, um nur knapp vor dem Boden das Ruder hochzureißen und sich wieder hinauf in die Lüfte zu schrauben. Kurz vor dem Flugplatz bogen wir nach links ab und tauchten ein in den Dämmer des Waldes: uralte Eichen und Buchen.

»Ein richtiger Märchenwald«, meinte Pierre anerkennend.

»Die Bäume hat noch Achim von Arnim gepflanzt«, wusste Mirl.

»Pflanzen lassen«, korrigierte Pierre.

»Nein, selbst gesetzt«, beharrte Mirl. »Er stand hier selbst in Arbeitsstiefeln auf seinen Besitzungen und rodete, ackerte, säte und pflanzte. Er hat sich um seine Schweine gekümmert und auch die Kühe selbst gemolken, wenn die Mägde und Knechte es nicht schafften. Er hat sogar Aufsätze über eine verbesserte Landwirtschaft geschrieben.«

Ich wunderte mich über die mit niederbayerischen Rundlauten vorgetragenen Erläuterungen zu Arnims bäuerlichen Leidenschaften. Aber dann fiel mir auf, welch kräftige, gedrungene Gestalt Mirl hatte, und besah mir ihre festen Schenkel und starken Oberarme. Wer weiß, vielleicht bewirtschafteten die Eltern einen Bauernhof, und sie hatte früher selbst beim Heumachen, Melken der Kühe und Ausmisten des Stalls mitgeholfen? Das waren natürlich recht romantische Vorstellungen von der Arbeit auf dem Lande, aber für unwahrscheinlich hielt ich es nicht. Weshalb aber Mirl unter die Performance-Künstler gegangen war und, sich von Stipendium zu Stipendium hangelnd, sich in Maskeraden von Bäumen herabstürzte oder sich aus Schubkarren auf altertümliche Motorhauben katapultieren ließ, blieb mir rätselhaft. Aber wer weiß, vielleicht gab sie ja eines Tages ihr unstetes Wanderleben auf und kehrte zurück auf die Scholle der Eltern, um einen geerdeten Burschen aus dem Nachbardorf zu heiraten und zwei Kindern das Leben zu schenken?

Sivi stieß mich mit dem Ellbogen an: »Träumst du, Tim? Oder weshalb grinst du so bescheuert? Wir sind da!«

Pierre hielt mitten im Wald vor einem Eisentor. Rechts und links zog sich ein hoher, oben mit Stacheldraht bewehrter Zaun weit in den Wald hinein. Auf dem Tor prangte ein gelbes Warnschild: *Achtung! Militärisches Sperrgebiet. Betreten strengstens verboten.*

»Na klasse«, grummelte Pierre, »Und ich stehe hier quasi auf dem Präsentierteller. Überhaupt nicht auffällig, wenn der Wachdienst kommt.«

»Es ist nur ein einziger Wachmann«, meinte Mirl flapsig. »Und der ist meist besoffen. Wir Stipendiaten waren hier schon zwei Mal. Ich kenne mich aus. Du kannst hier seitwärts hineinfahren, Pierre, dort hinter den Hollerbüschen.« Sie sagte tatsächlich *Hollerbüsche*, mit bayerischem Anklang, und mir wurde ganz warm ums Herz. »Dort kannst du dich hinstellen.«

Pierre ließ uns aussteigen, dann parkte er seinen olivfarbenen Bus in dem grünen Gestrüpp – es war die perfekte Tarnung.

»Und jetzt? Geübt über den Stacheldraht klettern?«, fragte ich mürrisch.

Mirl beachtete mich nicht. Wortlos lief sie voran, hinein in den Wald, an dem unüberwindlichen Zaun entlang. Es ging durch hohes Seegras, an alten, pilzüberwucherten Baumstöcken vorbei, zwischen Brombeergestrüpp hindurch.

»Autsch, jetzt habe ich mich gerissen«, schimpfte Sivi. An ihren nackten Oberschenkeln zeigten sich rote Striemen.

»Du musst die Ranken mit den Händen vorsichtig auseinanderbiegen«, belehrte Mirl sie.

Sivi rollte mit den Augen und äffte mit ihren schönen Lippen Mirls Weisheiten tonlos nach. Ich nahm ihre Hand und zog sie hinter mir her. Nach mehreren Hundert Metern endlich kamen wir an eine Stelle, an der sich das wuchernde Gestrüpp bis an den Zaun drängte. Mirl kroch behände hinein und rief: »Kommt doch!«. Leise fluchend taten wir es ihr nach. Nur Evelyn schien begeistert. Ihre Augen leuchteten, als sie sich durch das Strauchwerk schlängelte. »Endlich Abenteuer!«, meinte sie anerkennend. »Fast so gut wie Afrika!«

Diese Äußerung brachte mir meine verzweifelte Lage ins Gedächtnis zurück und versetzte mir geradezu einen Schlag in die Magengrube. Aber ich hatte keine Gelegenheit, meinen Befindlichkeiten nachzugeben, denn Sunny schubste mich und kniff mich in den Hintern.

Mirl war schon innerhalb des Geländes, Pierre auch. Im Zaun klaffte ein Loch, groß genug, um sich hindurchzwängen zu können. Eben krabbelte Evelyn hindurch – ich staunte über ihre Gelenkigkeit, trotz ihres Alters. Es gab Augenblicke, da verstand ich Janke, und dass er sie bewundert und geliebt hatte. Schließlich standen wir alle innerhalb des Terrains, und Mirl deckte das Loch sorgfältig mit ein paar Tannenzweigen zu.

»Und ab jetzt seid ihr mucksmäuschenstill«, flüsterte sie. »Der Mann von der Security kann überall sein. Und ihr geht nur gebückt – und achtet auf Äste und anderes, was beim Drauftreten knacksen könnte.« Sie legte überflüssigerweise den Zeigefinger an die Lippen, dann schlich sie los, wir im Entenmarsch hinterher.

Ich kam mir blöd vor, wie bei mir verhassten Indianerspielen in der Kindheit, zu denen ich gezwungen worden war. Meistens hatte ich am Marterpfahl geendet, während die anderen lustig ihren Sieg über den weißen Mann feierten, bei einer Friedenspfeife (alias geklauten Zigaretten, *Stuyvesant* oder *Ernte 23*), bis ihnen schlecht wurde, sie sich ins Gras erbrachen oder jammernd nach Hause zogen – und mich loszubinden vergaßen. Mehr als einmal hatte meine Mutter mich nach Einbruch der Dunkelheit gefunden und mir erst mal ein paar Ohrfeigen verpasst, bevor sie das Opfer der Rothäute vom Marterpfahl losband. Ich war ein Opfer und blieb eines, und ein paar Tage später spielten wir wieder Sioux und bleicher Mann, und die Rollenverteilung war schon von vornherein klar.

Irgendwo in der Nähe war plötzlich ein lautes Knacken zu hören. Mirl warf sich reflexartig auf den Boden, Sunny und Sivi taten es ihr nach. »Runter!« zischte sie. Unwillig kauerte ich mich nieder. Nur Pierre, außer Atem gekommen, lehnte sich japsend an einen Fichtenstamm und fingerte in seiner Hemdtasche nach Zigaretten. Evelyn hatte sich in der Hocke kleingemacht. Sie grinste über das ganze Gesicht und fasste das Getue als das auf, was es ja auch war: einen Erwachsenenzirkus.

»Nicht rauchen! Spinnst du?!«, fauchte Mirl Pierre an.

Der ließ erschrocken die Finger von der Zigarettenpackung und stöhnte: »Ich kann nicht robben. Ich krieg' keine Luft mehr …«

»Wenn ich so viel rauchen würde wie du, bekäme ich auch keine Luft«, flüsterte Mirl finster. Angestrengt lauschte sie: kein weiteres verdächtiges Geräusch. »Es war wohl nur ein herabfallender Ast«, sagte sie leise. Dann gab sie wie in einem Indianerfilm mit einer ausholenden Armbewegung den Befehl zum Weiterschleichen. Der Häuptling robbte voran, wir, etwas weniger robbend, folgten ihr.

So bewegten wir uns voran, langsam, umständlich und mehr laut als leise, denn das trockene Laub unter uns raschelte, hin und wieder knackte ein alter Ast, und Pierre röchelte immer vernehmlicher. Ich wusste nicht, wie weit noch wir so pirschen sollten: bis Jüterbog in Sicht kam? Dieser Wald war so gewöhnlich wie jeder andere auch: Wo zum Teufel sollten hier Bunker für Atomraketen sein?

Plötzlich war ganz in der Nähe – und das war nun keine Einbildung – ein Mofa zu hören. Wieder warfen wir uns auf die Erde, selbst Pierre, der aber wohl eher aus Erschöpfung zusammenbrach. Das Knattern des Motors war noch eine Weile zu hören, dann verlor es sich. »Das war der Wachmann«, sagte Mirl in normaler Lautstärke, »ein gutes Zeichen, er ist weggefahren, wohl zur Mittagspause. Und er ist immer allein, das weiß ich. Also ist die Luft jetzt rein. Und der Eingang ist gleich dort drüben.« Sie deutete mit dem Finger auf ein Dickicht aus Stechpalmen und Knöterich, und ich fragte mich, ob sie uns an der Nase herumführte: Dort lag allenfalls der Eingang zu einem Fuchsbau, aber den hatten sicherlich nicht die Sowjets gegraben.

Mirl führte uns um das Gestrüpp herum – ich war eben damit beschäftigt, mir Tannennadeln von der Kleidung zu zupfen und meine nackten Arme penibel nach Zecken abzusuchen – und sagte: »*Voilà!*«

Ich blickte auf: Aus einem überwucherten Erdhügel schälte sich ein Betonrahmen, in schwarzen und gelben Streifen gestrichen, darin war eine schwere stählerne Panzertür eingelassen. Auf der Tür prangte ein halbverrostetes Emailschild *Eingang*, darunter ein schwarzgelbes Warnzeichen: *radioaktiv*.

Mirl zog mit beiden Händen am Griff. Ich musste lachen: Wollte sie allen Ernstes die Panzertür herausbrechen? Doch zu meinem Erstaunen bewegte sich der Koloss langsam und in den armdicken Angeln quietschend. Mirl holte aus ihrem Rucksack zwei Taschenlampen, eine behielt sie selbst, die andere drückte sie Sunny in die Hand, dann schlüpfte sie wortlos durch den Spalt ins Innere. Zögerlich folgten wir ihr.

Wir kamen in eine mittelgroße Halle, spärliches Tageslicht drang durch den Türspalt herein. Die Halle war vollkommen leer. Wände, Decke und Boden aus Beton, der einst blassgrün gestrichen war. Vereinzelte Wasserpfützen. Die Deckenfarbe hing in Tausenden kleinen Fitzelchen herab, sodass es aussah, als bildeten sich Kalkstalaktiten oder als hingen kleine Fledermäuse kopfüber herab. Es war kalt und feucht. Am hinteren Ende der Halle öffnete sich ein rechteckiges Tor, das in eine zweite, fast im Dunkeln liegende Halle führte, dahinter, gerade noch zu erahnen, eine dritte. Mirl ging schweigend voran, den spärlichen Lichtkegel der Taschenlampe zu Boden gerichtet.

»Donnerwetter!«, sagte Evelyn unvermittelt. Ihr Gesicht leuchtete, was selbst hier, im Halbdunkel, zu sehen war. »Wenn das der Janke gesehen hätte: Das wäre eine Werkstatt gewesen für seine Trajekte! Etwas anderes als der alte Hühnerstall hinten im Hof!«

Ich verstand nur die Hälfte. Welcher Stall? Und hatte Evelyn mir tags zuvor nicht versprochen, mir etwas Wichtiges auszuhändigen? Anstatt dem Wermsdorfer Erfinder auf die Spur zu kommen, trieben wir uns in der märkischen Taiga herum und erkundeten nun verbotenerweise sowjetische Katakomben.

»Warte, Mirl!«, rief ich unserer Unterwelt-Fährfrau ängstlich hinterher, deren Lichtkegel bereits in der zweiten Halle umhergeisterte. »Kann denn die Panzertür nicht zufallen? Wir wären lebendig begraben!«

Aus der zweiten Halle hörte ich eine Stimme, die durch die Akustik der nackten Betonwände unheimlich verzerrt klang: »Das kann schon sein, es wäre nicht das erste Mal. Es sind schon einige hier verschüttgegangen und nie mehr aufgetaucht.« So sprach Charon und ging weiter hinein, setzte über den Styx und war verschwunden: Plötzlich war das Licht nicht mehr sichtbar – und wir: allein, um Sunnys Taschenlampe geschart, die bedrohlich flackerte.

»Wackelkontakt«, meinte Sunny trocken.

Und Pierre: »Ist Mirl jetzt in einen Schacht gefallen, oder ist das wieder Teil einer Performance?« Er zündete sich eine Zigarette an und murmelte griesgrämig: »Das wird ja wohl erlaubt sein, hier drinnen. Ist ja keine Bahnhofshalle.« Gierig zog er an dem Stängel. Ich sah seine Finger zittern.

Plötzlich hörten wir wie aus einer Höhle eine gespenstergleiche Stimme hallen: »Kommt doch! Ihr müsst schon kommen! Der reinste Grusel!«

Vorsichtig betraten wir – Sunny mit dem flackernden Licht vorneweg – die zweite Halle. Sivi schrie plötzlich auf: Vor ihr klaffte ein tiefes Loch. Eine Eisenleiter führte hinab, das untere Ende war im Licht der Funzel nicht auszumachen. Wieder kam Charons Stimme von unten: »Kommt schon, das hier ist besser als *Herr der Ringe*.«

Vorsichtig stiegen wir hinab. Ich hatte Evelyn, die über mir stand, im Blick, aber sie war fidel und zeigte Trittsicherheit. Unten angekommen, stand Mirl plötzlich neben uns. Verzückt lächelte sie. Dann schweifte sie mit dem Lampenlicht über Decke und Wände: Hier hingen Fledermäuse, die Köpfe unter ihren Flügeln versteckt. Beim Anprall des Lichtkegels hoben ein paar die Köpfe und rissen die Mäuler auf: Fratzen mit kleinen scharfen Zähnen. Es roch modrig und nach Fäkalien. Ich nestelte mein Taschentuch aus dem Hosensack und hielt es mir vor die Nase.

»Ist das nicht großartig?«, rief Mirl. Ihre Stimme hatte einen schaurigen Nachhall. »Und das Beste folgt noch, weiter hinten. Kommt!«

Ohne unsere Reaktion abzuwarten, ging sie voran. Sie bewegte sich sicher. Es war klar: Sie war schon einige Male hier gewesen. Wir stolperten hinterdrein.

»Halt doch das Licht mehr zu Boden«, herrschte Pierre Sunny an. »Man sieht ja nicht, wohin man tritt.«

Ich hakte Sivi unter, sie ließ es dankbar geschehen. Ich verfluchte dieses feuchtnasse Bunkerabenteuer und gleichzeitig genoss ich es, Sivi unerwartet so nahe sein zu dürfen.

»Stehenbleiben!« Das war Mirls Befehl. »Hier geht es noch eine Etage tiefer.» »Gut festhalten. Kann glitschig sein. Und es stinkt. Ist aber nicht von den Fledermäusen, sondern von dem alten Klo, das dort unten vor sich hin gammelt.«

Wieder tat sich vor unseren Augen ein Schacht auf, wieder führte eine Eisenleiter hinab. Mich schauderte vor diesem Orkus. Aber wir stiegen, einer nach dem anderen, hinab, und wieder suchte Mirls Lichtkegel die Wände ab: Hier drängelten sich noch mehr Fledermäuse, es roch nach Schimmel, Fäkalien und sich zersetzender chemischer Farbe. An den Wänden hingen verrostete Sicherungskästen, Kabel quollen heraus. In einer Ecke der Halle stand ein Stromgenerator, Kammern und Gänge führten seitwärts ab, in einem dieser Verschläge stand eine Kloschüssel, braun verkrustet, der Spülkasten darüber war halb aus der Wand gerissen. Unsäglicher Gestank waberte durch die dumpfe Kellerluft.

»Ist das eklig!« Sivi hielt sich mit dem Ärmel ihres Sweatshirts die Nase zu.

Pierre fluchte: »Verdammt! *Merde!* ! *Une saison en enfer!* Die Vorhölle! Der Limbus!«

»Und was soll nun dieser ganze Grusel-Ausflug?!«, fragte ich ungehalten. Ich war es leid. Ich wollte fort von hier, aus diesem Bunker-Labyrinth, fort von Wiepersdorf und seinen durchgeknallten Stipendiaten. Ich wollte raus, an die frische Luft, in die Freiheit. Und ich wollte endlich weg von dieser verrückten Truppe, die sich auf meine Kosten einen schönen Survival-Trip gönnte und mich bei jeder Gelegenheit die Geldkarte zücken hieß.

346

»Hier!« Mirls Lampe leuchtete wie im Triumph auf eine weitere Panzertür, die mit einem stählernen Drehmechanismus versehen war. Darüber stand in kyrillischen Lettern: *okryt* und *zakryt*.

»Öffnen und schließen«, übersetzte Sivi.

Mirl drehte an dem Rad in Richtung *okryt*, dann hängte sie sich mit ihrem ganzen Körpergewicht daran und zog die Panzertür langsam auf: Das Ungetüm war etwa vierzig Zentimeter dick.

»Und jetzt«, sagte Mirl, »kommen wir zum Schatz der Nibelungen.«

»*Merde*, verdammter Mist ist das«, jammerte Pierre wieder. Von seiner sonstigen Kiffer-Ruhe war nichts geblieben. Seine Hände zitterten, als er sich über die schwitzende Stirn wischte. »Bestimmt ist hier alles radioaktiv verseucht! Wir werden verstrahlt werden und jämmerlich eingehen: Ausschläge, Krebs, das Hirn wird sich zu Pudding zersetzen!«

»Quatsch«, wies Mirl ihn zurecht: »Den Fledermäusen hier geht's ja auch prächtig. Wenn hier etwas wäre, würden die Tiere hier nicht schlafen.«

»Stimmt!«, schaltete sich Evelyn altklug ein. »Ich weiß das von den Sendungen im Fernsehen: Tiere sind nämlich schlau und haben den sechsten Sinn! Die spüren, was kein Mensch erahnen kann: Erdbeben, einen Tsunami, Vulkanausbrüche.«

Mirl leuchtete die Wände ringsum ab: Hier waren riesige Schaltkästen angebracht, mit Hebeln, erloschenen Kontrollleuchten, Schaltern, Anzeigen, Bildschirmen, vorsintflutlichen Rechenanlagen. »Das hier war die Zentrale«, erklärte sie stolz, »von hier aus hätte man die SS20 gen Westen abschießen können.« Sie sagte tatsächlich *gen Westen*. »Atom-Raketen, von Deutschen auf Deutsche abgefeuert, original aus Wiepersdorf. Der deutsche Idealismus unter radioaktiven Wolken zu Staub zerbröselt.«

Ihr Pathos wurde mir unangenehm. Das hatte nichts mehr mit der Felidenfrau zu tun, die gestern noch kopfüber von der Friedhofslinde herabbaumelte.

»Und dahinter«, Mirl zeigte mit dem Stolz einer Freifrau, die auserwählte VIP-Besucher durch ihre angestammte Residenz führt, auf eine weitere Panzertür, »befanden sich die Raketen. Die konnten hydraulisch hochgefahren werden, zu den Abschussrampen. Die sind aber teils gesprengt, teils mit Schutt aufgefüllt, das hatte die Rote Armee noch veranlasst, bevor sie den Standort aufgab. Es sollte nicht bekannt werden, dass hier Atomraketen stationiert waren. Die DDR war ja atomwaffenfrei, nach der offiziellen Doktrin, im Gegensatz zum bösen kapitalistischen Westen. Aber hier, unter der Arnim'schen Domäne, war alles startklar für den Dritten Weltkrieg, und der hätte Deutschland innerhalb von zwanzig Minuten flächendeckend ausradiert.«

»Schwerter zu Pflugscharen, Atomraketen zu Eierkochern«, lästerte Pierre. Keiner nahm Notiz von ihm.

Sunny näherte sich der Panzertür, dem Tor zum atomaren Grauen, ich folgte ihm. Der Schein seiner Taschenlampe fiel auf einen kleinen Aufkleber, den irgendwer, sicherlich nicht die Russen, sondern wohl die skurrilen Atom-Touristen, hingepappt hatte: *Ab ins Heim.*

Hinter mir hörte ich Evelyn, die mir gefolgt war, leise sagen: »Das haben sie zu Janke auch immer gesagt. Es hat ja keiner auf ihn hören wollen, er wurde genau deswegen weggesperrt, weil er Pazifist war. Und dann die Sache mit Ulbricht.«

Ich wandte mich zu ihr um. Das schien außer mir keiner gehört zu haben, denn keiner merkte auf. »Mit Walter Ulbricht?«, flüsterte ich ungläubig.

Sie hielt den Finger vor den Mund: »Staatsgeheimnis. Mindestens so geheim wie die Bunker hier.«

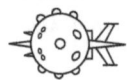

Aus Karl Jankes Krankenakte:

*21.8.69 *[Janke] ist zur Zeit wieder sehr beschäftigt und bastelt an einem »Urlauber-Trajekt Ostseestrand«, welches er nächstes Jahr schon einsetzen will.*

30.11.69 *[Janke] war sehr aufgeregt darüber, daß in einer Bilderzeichnung ein neues Gerät abgebildet war und für den Fernsehapparat geschaffen wurde. Pat[ient]. sagte: »Ich verklage diejenigen, ich habe dieses Gerät schon vor 15 Jahren erfunden, es ist mein Patent und habe es zur Prüfung fortgeschickt.« Pat[ient]. ließ sich nicht beruhigen.*

15.1.70 *[Janke] hielt in den letzten Tagen oft Kollegen an und zeigte ihnen seine neueste Erfindung, ein von ihm schon 1945 elektrisch beheizter Kachelofen würde eine enorme industrielle Aufwärtsentwicklung bei der Produktion in Wermsdorf entwickeln. Pat[ient]. äußerte, daß er schon einige Gebäude in Wermsdorf begutachtet hätte, in denen die Produktion seines Ofens ohne große bauliche Veränderungen vorgenommen werden könnte.*

13.5.70 *[Janke] war heute mittag stark erregt. Pat[ient]. kam dazu, als der ehemalige Friseur Grüneberger dem Pat[ienten]. Kasch die Haare schnitt. Er wollte sofort auch die Haare geschnitten haben, und als ihm gesagt wurde, daß er da 10 Min[uten]. warten müsse, meinte er, keine Zeit zu haben, da er einkaufen müsse. Im Tagesraum beschimpfte er dann den Koll[e]g[en]. Grüneberger und das Personal der Station, sie wären alle Ausländer, genau wie Ulbricht und seine Minister. Die Haare bekämen ja nur Junge Leute geschnitten. Pat[ient]. ließ sich dann nicht mehr zum Haareschneiden sehen.*

11.6.70 *[Janke] ist zur Zeit außerordentlich aktiv und arbeitet immer an seinem Aufnahmegerät. Heute berichtete er, daß er nun fertig sei mit der Entwicklung seines automatischen Rotfilter-Schaltanlagegerätes. Hört man seiner Rede zu, gibt er sich zufrieden, kommt aber dann immer mit etwas Neuem,*

<table>
<tbody>
<tr><td></td><td>sobald es aber eine Zwischenfrage oder einen Zweifel gibt, ist er schnell beleidigt u. tut seinen Gesprächspartner als Hugenotten oder Zigeuner ab.</td></tr>
<tr><td>25.6.70</td><td>[Janke], welcher sich einen Bildwerfer selbst gebaut hat, geht mit diesem hausieren. Heute war er in der Konsum-Verkaufsstelle und führte ihn dort vor. Jedem Pat[ienten]. oder Kollegen, den er für würdig hält, zeigt er seine neueste Erfindung.</td></tr>
<tr><td>25.7.70</td><td>[Janke] glaubt, er sei der beste Erfinder der Welt, alles Neue, was herauskommt, hat er schon gehabt. Wenn der Herr Chefarzt zur Visite kommt, paßt er auf, um ihm irgendetwas zu zeigen. Pat[ient]. ist schnell erregt und möchte immer das beste Essen haben.</td></tr>
<tr><td>30.9.70</td><td>[Janke] ist wieder von seinen Ideen beeinflußt, beschuldigt das Personal, daß sie alle seine Erfindungen an die Russen verraten hätten und müßten alle eingesperrt werden.*</td></tr>
</tbody>
</table>

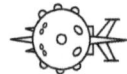

Wir fuhren zum Schloss Wiepersdorf zurück. Sunny und Mirl schienen unzertrennlich – aber einen vor Liebesweh jaulenden Kater konnten wir bei unserer afrikanischen Expedition keinesfalls an Bord dulden, darüber herrschte stillschweigendes Einvernehmen. Ria Renner sah das anders: Sie hielt auf der Terrasse des Schlosses gerade Hof, bei Sekt und Schnittchen, von Journalisten und zwei Pressefotografen umringt, und gab freigiebig Interviews zu ihrer bevorstehenden Welttournee. Von ihrem Tweed-Bürschchen war nichts zu sehen. (Vermutlich war er bereits nach Berlin zurückgereist und chillte dort in einer Strandbar bei Veneziano und mit kichernden Girlies, die ihm seine Globetrotter-Abenteuer von seinen Jünglingslippen ablasen.)

Als Ria Sunny erblickte, winkte sie ihn heran und sagte zu den Presseleuten: »Darf ich vorstellen: Mein neuer Co-Pilot!«

Sofort wandten sich die Fotografen von ihr ab und Sunny zu und lichteten ihn aus allen Blickwinkeln ab: statt eines Dandys nun ein Flip-Flop-Bursche – auch nicht schlecht. Man billigte Ria Renner trotz oder wegen ihrer fortgeschrittenen Jahre Geschmack zu.

Als die Presseleute von Sunny abließen, nahm ich ihn beiseite: »Habe ich das richtig auf dem Schirm, dass du uns verlässt und dich einer anderen Expedition anschließt?«

Sunny nickte verlegen. »Zumindest will ich noch ein, zwei Tage hierbleiben, bis Mirl und ich uns klar sind, wie es weitergehen soll.«

Ich zog skeptisch die Augenbrauen hoch: Aus eigener Erfahrung wusste ich, dass es Fragen gab, auf die man nie eine Antwort fand. Aber darauf musste Sunny schon selbst kommen. »Und die rasende Ria?«, fragte ich.

Sunny zuckte mit den Schultern. »Vielleicht komme ich nur für die ersten Etappen mit. Ich kann ja nicht einfach nach Übersee, habe gar nicht so lange Ferien. Das war ja eigentlich von vornherein klar. Und meine Mutter halte ich seit gestern sowieso hin: Ich habe sie angerufen, dass ich bei einem Kumpel im Erzgebirge bin und dort einige Tage zubringe. Wenn sie das mit Ria Renner herauskriegt, wird sie mir die Polizei auf den Hals hetzen.«

»Sie wird es sehr bald herauskriegen«, prophezeite ich. »Wenn sie abends RBB guckt oder morgens die Zeitung aufschlägt, wird sie dich grinsend neben Ria Renner sehen, als neuen Co-Piloten für die Welttournee in der *Adler*.«

»Dann ist die Kacke am Dampfen«, meinte Sunny kleinlaut.

»Das kann man so sagen«, nickte ich, »da musst du durch, Sunny.« Mir war diese altkluge Redewendung peinlich. Aber mir fiel nichts Passendes ein.

Ich wusste, unser Abenteuer löste sich bereits jetzt auf, von den Rändern her, langsam, aber sicher, nachdem es eben erst begonnen hatte. Vielleicht war es auch gut so. Es war ohnehin ein Himmelfahrtsunternehmen. Andererseits hatte die Vorstellung, ein paar Tage Freiheit und Ungebundenheit zu genießen, eine Fahrt ins Blaue hinein zu machen, ihren Reiz. Aber vielleicht war die ganze Janke-Geschichte für mich nur Kompensation für meine gescheiterte Existenz, Sublimierung des insgeheimen Eingeständnisses, versagt zu haben und in einer Lebenskrise zu stecken. Ich ahnte: Nicht Sunny war das unreife Bürschchen, das nicht wusste, wohin es wollte, sondern ich selbst.

Sunny und ich gingen zum Parkplatz, vorbei an den Arnim'-schen Gräbern. Wir schwiegen. Jedes Wort war überflüssig und unpassend. Eigentlich hatte ich den Jungen gern, obwohl er mich wegen seiner hormongesteuerten Großmäuligkeit und seiner schier grenzenlosen Naivität nervte. Eben waren wir unter der großen Linde, von der gestern Feliden-Mirl herabgebaumelt war, als Sunny mich am Arm packte. Dann fiel er mir um den Hals. Er war fast einen Kopf größer als ich. Ich spürte sein unrasiertes Kinn an meiner Schläfe und seine starken Hände auf meinen Schulterblättern. Tränen traten mir in die Augen. Ich wusste nicht, was ich sagen sollte, schlang nur in Erwiderung meine Arme um seine Hüften – als ich seine Lippen an meinem Ohr spürte und die fast zärtlich geflüsterten Worte vernahm: »Danke! Es waren tolle Tage mit euch – und das mit der Nacht in der Dorfgaststätte …«

»Bleibt unter uns«, flüsterte ich.

»… das war schön«, sagte er. »Danke für die Wärme.«

Ich ließ ihn los, ohne ihn weiter anzublicken.

Vom Parkplatz her hörte ich Sivis Stimme: »Da seid ihr ja! Ihr könnt ja gar nicht voneinander lassen! Tim, vielleicht solltest du auch bei der Renner anheuern?!«

Schweigend gingen wir das letzte Stück zum Parkplatz. Dort stand die verbeulte *Adler*-Limousine und wartete auf den Abschleppdienst aus Jüterbog. Eben holte Pierre Sunnys Tasche aus dem Kofferraum seines VW-Busses, klopfte ihm väterlich auf die Schulter und sagte: »Ich habe dir noch etwas reingesteckt. Kleiner Proviant, für unterwegs. Aber lass dich nicht erwischen. *Au revoir*, Sunny – und vielleicht sehen wir uns ja in Äthiopien. Das wird ein

Hallo geben. Ich werde eine Flasche Champagner mitnehmen, und die trinken wir dann leer, gemeinsam mit Ria Renner, und egal, ob der Schampus kühl ist oder nicht: Der afrikanische Sternenhimmel wird das wettmachen!«

Danach ging alles schnell. Pierre, Sivi, Evelyn und ich stiegen in den alten Bus ein, schlugen die Türen zu, kurbelten die Fenster herunter. Pierre ließ den Motor an – das vertraute Knattern eines alten VWs – und setzte vorsichtig zurück. Ein Abschleppwagen peilte eben durch das Tor und bog in den Parkplatz ein: Ria Renners Automobil wurde also zur Werkstatt gebracht und war sicherlich in den nächsten zwei bis drei Tagen wieder einsatzbereit für die große Tour um den Globus. Pierre wendete, zirkelte zentimetergenau an dem Abschleppwagen vorbei, dessen bulliger Fahrer in blauer Latzhose an den Ketten hantierte, als Evelyn, die hinten saß, zum offenen Fenster hinausrief: »He, du Pappnase, kannst du mit deiner Schrottkarre nicht ein Stück weiter vor fahren? Oder bist du mit Lotte Ulbricht verbandelt und hast ein Anrecht auf drei Stellplätze?«

Der bullige Fahrer war so verdattert, dass er nichts erwidern konnte. Vor Scham versank ich schier unter dem Armaturenbrett, und Pierre gab Gas und rumpelte über das Kopfsteinpflaster hinaus auf die Straße. Kurz sah ich noch Sunny, Mirl im Arm, uns nachwinken – da schob sich die Parkmauer ins Blickfeld, und schon waren Sunny, Mirl, Ria Renners zerdepperte *Adler* und Schloss Wiepersdorf verschwunden.

»So sagten wir früher«, erklärte Evelyn.

Keiner antwortete.

»Wohin fahren wir?«, fragte Evelyn recht unschuldig.

Keiner antwortete.

»Ist's noch weit?«, hakte sie unbeirrt nach.

»Nein«, knurrte Pierre. »Erst einmal nach Berlin. Und von dort ist's nur noch ein Katzensprung bis Äthiopien, zum Nil.«

»Na also«, sagte Evelyn, übers ganze Gesicht strahlend. Sie zog eine Lakritz-Schnecke aus ihrer Handtasche und begann, sie aufzurollen und stückchenweise in den Mund zu schieben. »Ich wusste ja, dass alles klappt … mag jemand?« Sie schob ihre Hand über meine Schulter, im Augenwinkel sah ich, direkt neben meiner Backe, ein Stück Lakritze.

»Danke, mir ist schon schlecht«, antwortete ich.

Pierre deutete auf das Handschuhfach und sagte zu mir: »Mach' mal auf, Tim, da drin liegt ein Joint. Den habe ich jetzt bitter nötig.«

Janke kurbelte das Fenster des *Trabant* herunter und sog die satte, milde Septemberluft ein. Altweibersommer. Zeit der Ernte, des Sammelns, der Erfüllung. Die Weizenfelder waren bereits abgeerntet, auch die Kartoffeln. Nur die Zwetschgen und Äpfel hingen noch an den Bäumen und warteten darauf, dass die Sonne in sie die letzte Süße jagte. Zu Hause in Pommern waren um diese Zeit die polnischen Saisonarbeiter immer in ihre Heimat zurückgekehrt. Auch Agnieszka. Wie lange war das her! Janke spürte, wie sich ihm das Herz vor Wonne zusammenzog. Wegen Agnieszka. Auch wegen der verlorenen und nie wiedererlangten Heimat. Und wegen Evelyn, die er so liebhatte, dass er, wenn er einen Baum oder eine Blume oder die weißen Wolken am Himmel anblickte, ihren Namen hörte, wie von Engeln gesungen: *Evelyn – Evelyn – Evelyn!*

Janke nestelte aus seiner Sakkotasche eine Papiertüte mit Lakritze. Die mochte er nicht so gern. Nicht so gern wie Schokolade. Schokolade war ja auch gesünder. Die schenkte er immer seiner Evelyn, damit sie stark blieb. Aber sein Assistent Jonas, das wusste Janke, liebte Lakritze sehr. Also hatte er welche gekauft, letzte Woche im *Konsum*, auf dem Freigang.

Schon seit Wochen freute sich Janke auf diese Spazierfahrt. Eigentlich durften Bewohner *dieser Stelle* keine Ausflüge machen, es sei denn, Verwandte kamen. Aber auch dann nur in Ausnahmefällen. Das jedenfalls hatte Jonas ihm gesagt. Vor etwa vier Wochen hatte sein

Assistent ihn in der neuen Werkstatt besucht und gefragt: »Herr Janke, möchten Sie mit mir zum Collmberg fahren? Ganz in der Nähe. Eigentlich ist es ja nur ein Hügel, etwas über dreihundert Meter hoch, aber eben das Höchste, was wir hier zu bieten haben. Und oben ist ein Aussichtsturm, der Albertturm. Von dort kann man weit ins Land schauen.« Janke hatte erstaunt aufgeblickt, und Jonas hatte gesagt: »Ein Geburtstagsgeschenk für Sie, sozusagen. Den haben Sie ja demnächst, am 21. August. Aber ich kann erst Anfang September, das gilt doch auch noch, oder? Ich habe Dr. Rasmussen gar nicht groß überzeugen müssen, er war mir noch etwas schuldig, weil ich bei ihm zu Hause die Heizung repariert habe. Eine Hand wäscht die andere. Also, abgemacht?« Jonas hatte ihm die Hand gereicht, und Janke hatte freudig eingeschlagen.

Janke wickelte eine Lakritzstange aus der Tüte und hielt sie Jonas vor die Nase: »Mögen Sie?«

Jonas lachte, nahm sie an, sagte: »Danke, Herr Janke, sehr aufmerksam«, und schob sie sich in den Mund.

»Habe die Ehre«, sagte Janke. Gern hätte er seinen Hut gelüpft, aber den hatte er in der Aufregung in seinem Spind vergessen. Doch er hatte sich Mühe gegeben, an diesem Tag, *seinem* Festtag, ordentlich zu erscheinen: Er hatte sein bestes Sakko angezogen, die gute Hose mit Bügelfalte, dazu seine braunen Budapester Schuhe, die er am Vorabend geputzt und poliert hatte, dass sie glänzten; und eine goldene Sonnenhut-Blüte hatte er sich ins Reversloch gesteckt.

»Gehen Sie auf eine Hochzeit?«, hatte Jonas lachend gefragt und ihm freundlich zugezwinkert, als er ihm die Tür des *Trabant* geöffnet hatte.

Janke wusste, dass Jonas das nicht frech oder anzüglich meinte, und er hatte ebenfalls gelacht und gesagt: »Wer weiß, Herr Jonas, wer weiß. Was nicht ist, kann noch werden. Noch fühle ich mich im besten Mannesalter, müssen Sie wissen.«

Die Fahrt ging über holprige, gepflasterte Alleen. Die Linden bildeten ein Ehrenspalier, fand Janke. Die Schwalben sammelten sich bereits für den weiten Weg nach Afrika und saßen auf Stromleitungen und Firsten. Alles war wie herausgeputzt, als wüsste die Schöpfung, dass er, Karl Hans Janke, geboren zu Kolberg am 21. August des Jahres 1909, heute seinen Festtag gebührend nachholte.

Jonas musste bremsen: Ein paar Kühe von einem nahen Gehöft standen auf der Straße. Sie waren durch einen kaputten Weidezaun ausgebüxt. Stattliches Braunvieh, die Hörner nicht abgesägt. Eine Kuh kam neugierig heran und glotzte mit ihren großen, braunen Augen durch die Windschutzscheibe.

»Wenn die mir den Lack mit ihren Hörnern zerkratzt, mache ich aus dem Bauern Frikassee«, raunte Jonas.

Janke sagte nichts, griff in die Tüte und bot, durchs offene Fenster langend, der Kuh zwei Lakritzstangen an.

»Die beißt Ihnen noch einen Finger ab«, warnte Jonas, und Janke sagte: »Iwo, das sind ganz geduldige, zutrauliche Tiere. Man muss ihnen nur die flache Hand darbieten, dann passiert nichts.«

»Ist ihnen Lakritze nicht zu scharf?«, fragte Jonas zurück.

»Die Kühe mögen das. Wiesenkräuter sind auch scharf. Und wenn die Milch ein wenig nach Lakritze schmeckt, gibt's der Kaffeeplörre, die wir in Hubertusburg bekommen, eine interessante Note.«

Jonas prustete vor Lachen los, als die Kuh ihren Riesenschädel neugierig über Jankes ausgestreckte Hand beugte und mit ihrer großen, rauen Zunge die Lakritzstangen aufnahm und schmatzend hinunterschluckte.

»So, jetzt ist's aber gut«, sagte Janke und tätschelte der Kuh die Nüstern. Er kurbelte das Fenster wieder hoch, die Kuh trottete zufrieden davon, die anderen ihr hinterher.

Janke wischte sich die Hand mit dem Taschentuch ab, blickte auf den noch immer grinsenden Jonas und meinte: »Es ist frei, Herr Jonas. Sie können fahren. Wollen Sie noch eine Lakritzstange?«

Jonas schüttelte den Kopf, grinste, legte den Gang ein und fuhr los. Der *Trabant* hoppelte zuverlässig über die löchrige Chaussee.

Sie erreichten den Fuß des Collmbergs, parkten am Straßenrand und machten sich an den Aufstieg. Jonas vorneweg, Janke ein paar Meter hinterher. Es strengte ihn an, mehr als erwartet. Die kurzen Freigänge, nur hinüber ins Dorf und zum *Konsum,* und das viele Sitzen in seiner Erfinderwerkstatt hatten ihn kurzatmig werden lassen.

Jonas wandte sich um: »Gehe ich zu schnell, Herr Janke? Wie ist das nun mit dem *besten Mannesalter*?«

Janke blieb stehen, winkte ab und keuchte: »Alles gut, Herr Jonas, alles gut. Es ist nicht die Lunge, ich rauche ja nicht. Eher das Herz, es ist halt nicht mehr das jüngste, mein Erfinderherz. Und einen künstlichen Motor dafür müsste ich erst noch konstruieren.«

Sie verschnauften etwas, dann spazierten sie langsam weiter, Jonas nun hinter Janke. Nach zehn Minuten erreichten die sie Kuppe des Collmbergs. Dort stand der Albertturm. Sie stiegen die Außentreppe hinauf, die sich um den Mauerzylinder wand. Im obersten Stockwerk führten die Stufen ins Innere und durch eine Öffnung auf die Aussichtsplattform.

Janke war wieder außer Atem. »Was will man machen«, lächelte er Jonas vertraulich an, »es hat halt seine Wunden und Narben, mein Herz.«

Jonas erwiderte nichts, nickte nur und blickte auf die weite Landschaft hinaus, die sich vor ihnen wie in einem Panorama ausbreitete. »Die Sicht ist heute klar«, sagte er fachmännisch. »Schauen Sie nur, Herr Janke: Da drüben liegt Oschatz. Und dort, Richtung Süden, liegt Schloss Hubertusburg. Sehen Sie das Geviert und den Dachreiter? Und dort, ganz weit hinten, kann man Grimma an der Mulde erahnen.«

Janke sagte nichts, folgte nur mit Blicken Jonas' ausgestreckter Hand und tauchte ein in die weite, friedliche Landschaft. Darüber wölbte sich ein Himmel, der umso unendlicher wirkte, als weiße Haufenwolken, die wie mächtige Seekühe darüber hin zogen, ihm Tiefe verliehen.

Mit einem Mal erzitterte die Luft, kaum wahrnehmbar zunächst, aber rasch zu einem schrillen Pfeifen anschwellend: Von Leipzig her näherte sich pfeilschnell ein dunkler Punkt, wurde größer, das Pfeifen verwandelte sich in einen ohrenbetäubenden Knall. Ein Kampfflugzeug schoss heran, zerschnitt den Himmel, raste auf den Collmberg zu und jagte, so schien es ihnen, nur knapp über den Albertturm hinweg.

Janke war instinktiv in die Knie gegangen und hatte den Kopf schützend unter Händen und Armen eingezogen. Er schrie. Er glaubte, sein Herz setze aus. Die Ohren schmerzten von dem wütenden Kreischen des Kampfjets. Erst als der Flieger wieder ein gutes Stück weg war und das Dröhnen nachließ, spürte Janke, wie Jonas ihn hochzog und in die Arme nahm.

»Ist gut, Herr Janke, ist alles gut«, hörte er dessen Stimme am Ohr.

Janke spürte den warmen, nassen Fleck zwischen den Beinen. »Ich ... ich will das ... nicht«, stammelte er. »Alle Menschen sollen in Ruhe leben. *Nur für friedliche Zwecke!*«

»Ist gut, ist alles gut«, wiederholte Jonas.

Janke fühlte, wie Jonas' warme Hand seinen Kopf streichelte. Dann nahm Jonas ihn am Arm und führte Janke behutsam die Treppe hinab.

Als sie unten waren, atmete Janke erleichtert den Duft der Tannen und hörte das Singen einer Amsel. Er schämte sich, aber er ließ sich von Jonas führen wie ein Kind. Er wusste, dass er bei ihm aufgehoben war.

Wir ließen Jüterbog links liegen. Es herrschte großes Schweigen. Ich blickte auf die vorüberziehende Landschaft: abgeblühte Rapsfelder, dazwischen kleine, verlassen wirkende Dörfer und in Grüppchen stehende Windräder, deren Rotoren sich an diesem heißen Sommertag nur träge durch die flirrende Luft bewegten. Pierre sog an seinem Joint, dessen penetrant süßer Geruch das Wageninnere verpestete. Evelyn wollte das Fenster herunterkurbeln, aber Pierre herrschte sie an, sie solle es sofort wieder schließen, hier gebe es massenweise Schweinemasten, der Güllegestank bringe ihn zu Tode.

Von Westen zogen schwarze Gewitterwolken auf, türmten sich über dem flachen Land – und genauso schwarz war unsere Stimmung, die sich selbst dann nicht aufhellte, als Sivi aus Pierres verstaubtem Kassetten-Bestand eine auswählte und in den musealen

Rekorder schob: Hildegard Knef sang mit rauchiger Stimme *Ich brauch' Tapetenwechsel, sprach die Birke, und macht' sich in der Dämmerung auf den Weg. Ich brauche frischen Wind um meine Krone …* Sie hatte ja so recht.

Zu beiden Seiten der Bundesstraße, auf der wir Richtung Berlin fuhren, standen reihenweise kleine, sieche Birken, neuzeitliche Alleebäume, die so gezüchtet waren, dass sie nicht höher als vier Meter wurden, keinen Schatten spendeten und im Herbst kaum lebensbedrohliches Laub auf die Straße warfen. Keine dieser Krüppelbirken hätte sich solch ein trauriges Schicksal als brandenburgischer Alleebaum selbst ausgesucht: nie das Meer oder die Alpen sehen zu können und stattdessen Tag für Tag und sommers wie winters von den Abgasen Hunderttausender von Autos und Lastern verpestet zu werden.

Das Schweigen legte sich so betäubend auf uns wie Pierres Haschischwolken. Sivi döste. Evelyn hatte ihren Bären Leppsch mithilfe des Sicherheitsgurts an die Scheibe geklemmt, damit auch er die agrarischen Monokulturen bestaunen konnte. Ich stierte vor mich hin, in einem angenehmen Dusel, in dem die Hirnareale sich aufzulösen schienen. Die Gewitterwolken hatten inzwischen den ganzen Himmel verdunkelt und hingen schwer über der Ebene. Der Verkehr nahm zu, wir hatten Luckenwalde hinter uns gelassen und näherten uns Berlin, dem großen schwarzen Loch in der Mitte der Mark, wohin alle strömten, ohne zu wissen, weshalb. Hildegard Knef sang wie um ihr Leben: *Für mich soll's rote Rosen regnen.* Sie schleifte die Spitzentöne, lag generell einen Viertelton neben der Klavierbegleitung und rannte dem Pianisten ständig davon – aber das war Teil ihres Nimbus und erhöhte ihren Beliebtheitsgrad.

Plötzlich prasselten Kieselsteine auf die Windschutzscheibe. Erst nach mehreren Sekunden begriff ich, dass es große, schwere Regentropfen waren, die laut zerplatzten. Im nächsten Augenblick rauschten wir in eine Wasserwand: Die Gewitterwolken hatten ihre Schleusen geöffnet, ein gezackter Blitz fuhr kaum hundert

Meter von uns in ein Wäldchen, unmittelbar darauf gab es einen explosionsartigen Knall. Die Dämmerung wurde von einem blauen Licht zerfetzt. Knapp vor uns flammten die roten Rücklichter eines großen Transporters auf. Erschrocken trat Pierre auf die Bremse. Die Reifen glitten wie über Eis, der Bus drehte sich zur Seite, schlitterte auf die Leitplanke zu, krachte mit der hinteren Flanke darauf, rutschte weiter. Pierre riss das Steuer herum, die Karosserie bäumte sich seitlich auf, setzte wieder auf, der Bus, durch die Bremsung stark verlangsamt, fuhr auf dem Seitenstreifen geradeaus, während ein hupender Truck links vorbeischmetterte.

Panisch hatte ich mich mit beiden Händen in das Sitzpolster gekrallt. Sivi war aufgewacht und schrie, als wir bereits auf dem Seitenstreifen ausrollten. Ich löste die verkrampften Hände und atmete kräftig durch. Dann blickte ich mich um: Evelyn saß da und hielt den Bären fest an sich gepresst. Sivis Stimme kippte vom Schreien ins Weinen. Hinten rechts war die Seitenwand eingedrückt, die Karosserie senkte sich nach unten, durch die Heckscheibe zogen sich Sprünge wie ein Spinnennetz.

Wir standen. Um uns herum ein prasselnder Regenvorhang. Links rauschten Autos an uns vorbei, rechts war schwach die Leitplanke zu erkennen, dahinter nur ein trübes, dunkelgrünes Etwas, die märkische Einöde.

»Grundgütiger!«, rief Pierre.

»Das ging noch mal glimpflich ab«, meinte ich kleinlaut.

Pierre wandte sich mir zu, mit Verachtung im Blick, die ich so an ihm bislang nicht kannte. Seine Pupillen waren geweitet – das Haschisch –, als er sagte: »Verdammt, die Karre ist hinüber, und du faselst was von *glimpflich*.«

»Schaffen wir es jetzt nicht mehr nach Afrika?«, fragte Evelyn.

Pierre schlug die Stirn aufs Lenkrad: »Zum Teufel, mit welchen Hornochsen bin ich unterwegs?! Da wäre ich mit Ria Renner weitergekommen! Ich steige jetzt aus! Ich steige aus!«

»Dann steig doch aus!«, herrschte Sivi ihn an. »Du musst dir nicht den Schädel einschlagen, nur weil du einen Platten und eine

Delle hast. Sei froh, dass wir ohne Schramme davongekommen sind.«

»Ihr steigt jetzt aus! Alle!«, änderte Pierre seine Entscheidung.

»Aber es regnet«, meinte Evelyn. »Und der Leppsch mag nicht nass werden.«

Eben als Pierre begann, mit den Fäusten auf das Lenkrad einzuprügeln, hielt hinter uns ein Auto. Ich sah im Seitenspiegel die Scheinwerfer, dann erkannte ich die dunkelblaue Motorhaube mit der Aufschrift *Polizei*.

»Au Backe«, sagte ich nur.

Pierres Kopf fiel auf das Lenkrad, er wimmerte: »Mir ist schlecht.«

Ein Polizist riss die Fahrertür auf: »Alles in Ordnung? Ist jemand verletzt?« Haschisch-Dunst schlug ihm entgegen. Pierres Schädel löste sich vom Lenkrad, langsam wandte er sein verwüstetes Gesicht dem Polizisten zu, der – das zeigten sein Blick und seine geweiteten Nasenflügel – bereits Witterung aufgenommen hatte.

»Alles in Ordnung«, sagte Pierre zögerlich, »es war nur ein kleiner Schwächeanfall. Aber nichts passiert. Kann ich jetzt weiterfahren, Herr Oberinspektor?«

»Sie steigen bitte aus«, sagte der solchermaßen Beförderte. Neben ihm zeigte sich nun ein Kollege. Der Regen hatte nachgelassen, die Gewitterwand war vorüber, etwa fünfzig Meter vor uns zeigte sich das Ortsschild von Ludwigsfelde.

»Aussteigen!«, wiederholte der Oberinspektor.

Evelyn hatte die hintere Tür bereits aufgeschoben und war hinausgesprungen. Sie hangelte ihren Rucksack aus dem eingedrückten Fond, schnallte ihn sich um und zog – den Bären Leppsch unter dem Arm, er schien spöttisch zu lächeln – vor unser aller Blicke an uns vorüber, hart an der Leitplanke entlang Richtung Ludwigsfelde, als sei sie auf Schulwandertag. Die Polizisten schauten ihr ratlos hinterher – da kippte Pierre durch die offene Fahrertür auf den Asphalt, den Beamten vor die Füße.

Ich sprang aus dem Bus und rannte zur Fahrerseite. Sivi kniete bereits neben Pierre, hielt seinen Kopf und tätschelte ihm die Wangen. Pierre verdrehte die Augen und röchelte. Die Polizisten standen stocksteif daneben und sagten kein Wort. Das Geschehen war ihnen sichtlich peinlich, sie glaubten wohl, einen Betriebsausflug von Verrückten aufgestört zu haben – und in gewisser Weise war dem ja auch so.

»Ein epileptischer Anfall«, diagnostizierte die Krankenschwester Sivi, »wahrscheinlich eine allergische Reaktion.«

»Auf Haschisch?«, meinte einer der Polizisten. Die Gras-Wolke strömte penetrant aus dem offenen Wagen und hielt sich sogar in der regengeschwängerten Frischluft.

Ich griff zum Handy, um den Notarzt zu rufen, als Pierres Lähmung nachließ: Sein Blick kehrte zurück, er gähnte herzerfrischend, schaute sich erstaunt um und sagte klar und deutlich: »Im Schoß einer schönen jungen Frau: So möchte ich einst in die ewigen Jagdgründe eingehen!« Dann erkannte er die Uniformierten und meinte nur: »*Merde*! Und der ganze Stoff hinten drin!«

Diese Selbstbezichtigung wäre nicht nötig gewesen, denn der Gestank von Pierres Haschisch vergiftete die halbe Bundesstraße. Und ob in Pierres Joint noch etwas anderes, Härteres war, das ihn übermannt hatte, oder ob es der Anblick der Gesetzeshüter war, blieb ein Geheimnis. Jedenfalls war die olfaktorische Fährte nicht zu leugnen, und die Beamten agierten nun nach dem Handbuch der Polizeiakademie: Alle mit dem Gesicht zum Bus gewandt, Arme und Beine gespreizt, Abtasten nach Waffen und sonstigen verdächtigen Gegenständen, Kontrolle der Ausweise und des Führerscheins von Pierre, Alkoholkontrolle bei Pierre, Begutachtung des Unfallschadens (hintere Flanke komplett eingedrückt, rechter Hinterreifen zerfetzt, Totalschaden der hinteren Achse, Heckscheibe kaputt, Weiterfahrt also nicht möglich), Aufforderung zum Öffnen der Heckklappe (ging nicht, da durch den Aufprall verzogen), also Herausangeln der Gepäckstücke über die

Rückbank ... Ich war so verdattert und aufgeregt, dass mir Evelyn erst wieder einfiel, als ich ihre Tasche in der Hand hielt.

»Herr Wachtmeister«, sagte ich zu dem Älteren der beiden Polizisten, »wir müssen uns sofort um die alte Dame kümmern, die vorhin ausgestiegen ist, sie ist etwas verhaltensauffällig, wenn nicht gar orientierungslos, wir sind für sie verantwortlich.«

Wir blickten dorthin, wo das Ortsschild von Ludwigsfelde gelb leuchtete. Der Regen hatte aufgehört, die Sonne brach durch die Wolkendecke und beschien die dampfende Bundesstraße, auf der sich die Autos im nachmittäglichen Berufsverkehr Richtung Berlin schoben. Mit zusammengekniffenen Lidern suchte ich den gleißenden Asphalthorizont ab, sah ein Stück hinter dem Ortsschild eine Bushaltestelle und glaubte, Evelyn in ihrem rosa Kostüm dort sitzen zu sehen. Immerhin, sie war nicht verschüttgegangen, und ich hoffte, dass nicht ausgerechnet jetzt ein Überlandbus kam und sie aufgabelte.

Der Polizist winkte ungeduldig ab: »Die Dame kriegen wir schon, wir fahren gleich los.« Er befahl Pierre, den Bus abzuschließen, dann mussten wir in den Polizeitransporter einsteigen.

»Und mein Bus?«, wagte Pierre zu fragen.

»Ein Abschleppdienst ist bereits bestellt. Das wird nicht billig«, beschied der Jüngere der Polizisten.

Pierre sank immer mehr in sich zusammen und sagte kein Wort mehr. Er war aschfahl im Gesicht – ob durch den überstarken Joint oder den Schock, war nicht zu sagen.

Wir fuhren los. Nach wenigen Hundert Metern hielten die Polizisten an der Bushaltestelle an. Der Beifahrer kurbelte die Scheibe herunter: »Na, Gnädigste, es kommt wohl kein Bus heute? Wo soll's denn hingehen?«

»Nach Afrika«, sagte Evelyn unerschütterlich, »zum Nil.« Trotzig starrte sie zur Seite.

»Na, kommen Sie, steigen Sie ein«, meinte der Polizist. »Wir fahren jetzt erst einmal zum Revier.« Er öffnete die hintere Tür, und Evelyn stieg zögerlich ein.

Dann ging es los, nach Ludwigsfelde hinein, durch ein paar Seitenstraßen mit modernisierten Plattenbauten. Vor solch einem Gebäude hielten wir auch, und nichts außer einem kleinen Emailleschild mit der Aufschrift *Polizei* deutete darauf hin, dass hier das Revier war.

Im langen, fensterlosen, von Neonröhren erhellten Flur mussten wir auf Plastikstühlen Platz nehmen. Süßlich-verrotteter Geruch stieg von einem orangefarbenen Linoleumboden auf. »*Wofasept*«, meinte Evelyn kennerisch und zog aus ihrem Rucksack ein Fläschchen Kölnischwasser hervor, das sie sich unter die Nase hielt. »Dieses Putzmittel hatten wir in der DDR. Es erinnert mich an Hubertusburg. Samstagnachmittag immer die Putzkolonne der Insassen. Ich habe da auch mitmachen müssen.« Sie schraubte den Flakon wieder zu und deutete damit auf den Boden: »Die haben das wohl nach der Wende gebunkert und müssen es nun erst aufbrauchen.«

Pierre wurde zur Blutabnahme gebeten. Zehn Minuten später saßen wir alle im Büro eines kleinen, feisten Polizeibeamten, der trotz der Sommerschwüle ein langärmeliges gelbes Hemd und einen sumpfgrünen, ärmellosen Pullunder trug. Unter den Achseln sah man große Schweißflecken. Der Beamte nahm unsere Personalien auf und tippte etwas in seinen Computer. Mit Pierre war er bald fertig. »Entzug des Führerscheins, Beschlagnahme des Fahrzeugs, können Sie später auslösen, Rechnung des Abschleppdienstes folgt. Anzeige wegen groben Verstoßes gegen das Betäubungsmittelgesetz«, sagte er in korrektem Beamtendeutsch.

»Was heißt hier *grober Verstoß*? Und von wegen *Betäubungsmittel*?«, wandte Pierre empört ein. »Das ist doch nur Gras. Und nur zum Eigengebrauch.«

Der Beamte blickte nicht vom Bildschirm auf, als er sagte: »Guter Mann, an Ihrer Stelle wäre ich mal hübsch still. Eigengebrauch? Dass ich nicht lache. Damit könnten Sie eine ganze Kompanie ins Delirium schicken.«

»Das hatte ich nie und nimmer vor«, meinte Pierre, etwas

kleinlauter. »Aber überlegen Sie mal, wenn man auf lange Fahrt geht, und man weiß nicht, woher man unterwegs das Zeug beziehen soll, da braucht man doch einen gewissen Proviant, oder? Ich meine, Sie reisen ja auch nicht zum Camping, ohne sich Tütensuppen und Fleischkonserven einzupacken.«

»Ich fahre nicht zum Camping«, stellte der Beamte fest, voller Verachtung in der Stimme, »nur Fünf-Sterne-Hotels. In der DDR hatte ich genug Zeltlager im Harz und im Erzgebirge. Und Tütensuppen sind eklig, genauso eklig wie Fleisch. Ich lebe seit vielen Jahren vegan.«

Ich fragte mich, ob das der Grund war, weshalb er so schwitzte, oder ob Deoroller irgendwie nicht-vegan und deshalb verabscheuungswürdig waren – aber Pierre setzte bereits nach. Vielleicht hatte dieser plötzliche Ausbruch des Beamten ins Private ihn ermutigt, im verschweißten Uniformhemd den *Menschen* zu sehen: »Pardon, aber ich muss mein großes Vorbild Rimbaud zitieren: *Ich musste reisen, die in meinem Gehirn angesammelten Reize zerstreuen. … Ich ward verdammt vom Regenbogen.*«[7]

»Was Sie nicht sagen«, raunzte der Beamte, noch immer den Blick ostentativ auf den Bildschirm geheftet. »Sie brauchen sich jedoch um den fluchenden Regenbogen keine Sorgen mehr zu machen. Den sehen Sie, wenn Sie Pech haben, in nächster Zeit nur durch schwedische Gardinen. Und was Ihre Hirnreize anbelangt, da müssen Sie sich bald auch zurücknehmen. Aber vielleicht kommen Sie ja mit Tütensuppen darüber hinweg.«

Pierre sackte auf seinem Plastikstuhl zusammen. Mir war das alles peinlich, ich musste zur anderen Zimmerwand starren, wo ein großformatiger Foto-Kalender mit Impressionen aus Bali hing.

»Wo sollte Ihre Regenbogen-Reise eigentlich hingehen?«, fragte der Beamte unvermittelt.

Sein plötzlich erwachtes Interesse machte mich stutzig, aber Evelyn antwortete bereits: »Nach Afrika. Zum Nil. Wir haben da etwas Wichtiges zu erledigen.«

Der Beamte schaute sie nun über die Ränder seiner Lesebrille hinweg an und meinte: »So, so, etwas Wichtiges zu erledigen. Ich glaube, Frau Kubelka, erst einmal haben Sie etwas anderes zu erledigen. Nämlich, wie Sie Ihrem Betreuer in Oschatz Ihr Ausbüxen erklären wollen.«

Mit einem Mal herrschte Stille im Raum, die man förmlich greifen konnte. Betreuer? Siedend heiß fielen mir die Wortfetzen ein, die ich aufgeschnappt hatte, als Evelyn an der Torgauer Elbbrücke die Polizisten gefügig geschwatzt hatte. Und ihr ominöser Anruf, den sie in Wiepersdorf unbedingt von meinem Handy aus tätigen musste?

Der Beamte riss mich aus meinen Gedanken: »Sie sind nämlich seit heute Morgen als vermisst gemeldet. Da haben Sie Ihren Betreuer, Herrn Dr. Bartuschek in Oschatz, angerufen und gesagt, Sie seien irgendwo in Brandenburg, den Ort wüssten Sie nicht, in einem Bus mit mehreren Leuten vom *Bundesdienst*, wie Sie sich ausdrückten. *Bundesdienst* – dass ich nicht lache! So etwas gibt es gar nicht. Na ja, Lügen haben kurze Beine, nicht wahr?« Er schaute triumphierend in die Runde und setzte mit einem maliziösen Lächeln nach: »Und nun erklären mir die Herrschaften bitte einmal, was diese Fahrt ins Blaue eigentlich soll, und ob es sich hier vielleicht gar um eine Form der Entführung einer amtlich betreuten Person handelt? Sie können sich natürlich gern einen Anwalt nehmen. Jedenfalls ist das hier keine Kleinigkeit!«

Wir schwiegen betreten. Ich schielte zu Evelyn hinüber. Sie wagte nicht, mich anzublicken. Ich stak bis zum Kinn in der Gülle, und wenn ich den Mund öffnete, um mich zu verteidigen, würde ich auf eklige Weise ersaufen.

Seelenruhig, sofern er denn eine solche besaß, tippte der Veganer-Polizist auf seiner Tastatur. Vielleicht bewegte er sich im Intranet und legte von uns vieren ein Profil in einer Kriminaldatei an – wer wusste es schon. Wir saßen da und schwiegen, nur hin und wieder hüstelte Pierre verlegen, ein Zeichen, dass er bereits auf Entzug war und eigentlich dringend einen Joint benötigte.

Endlich blickte der Veganer vom Bildschirm auf und sagte mit dem Blick eines Fleischfressers zu Pierre: »Also, Sie müssen über Nacht und morgen hierbleiben, in einer Zelle. Schließlich sind Sie der Halter des Unfallautos und offensichtlich der Besitzer einer größeren Menge Drogen. Ihre Unterlagen gehen an einen Untersuchungsrichter, gleich morgen früh, heute erreichen wir niemanden mehr. Der wird dann entscheiden, ob Fluchtgefahr besteht –«

»Fluchtgefahr?« Pierre lachte verzweifelt. »Wohin soll ich denn fliehen, mit kaputten Lungen und mitten in der Pampa?«

»… und was die anderen drei Herrschaften anbelangt«, der Veganer dachte nun wohl eher an Tofu, weil sich sein Blick etwas abmilderte, »so muss ich Sie ebenfalls in Gewahrsam nehmen. Allerdings nicht hier auf der Wache, hier ist nicht genügend Platz, sondern gegenüber, in der Pension *Mitte der Welt*. Einfach, aber sauber, Zimmer mit Dusche und WC, Frühstücksbuffet inklusive …«

Ich fragte mich, ob die *Mitte der Welt* vielleicht seinem Bruder oder Cousin gehörte und ob er alle Bürger, die einen Verkehrsunfall hatten, dort zwangseinquartierte. Das Geschäftsmodell schien vielversprechend zu sein.

»… jedenfalls unterschreiben Sie drei hier, dass Sie sich verpflichten, meinen Anordnungen Folge zu leisten. Auch über Sie«, er blickte Sivi und mich an, »wird ein Untersuchungsrichter morgen eine Entscheidung treffen, ob ein Verfahren wegen Entführung eingeleitet wird. Das wird sich auch daran messen, wie Frau Kubelka sich zu den Vorfällen äußern wird …«

»Sie haben mich ja noch gar nicht gefragt«, schaltete sich nun Evelyn mit erstaunlicher Folgerichtigkeit ein.

»Auch das vertagen wir auf morgen«, der Veganer-Polizist schaute zum balinesischen Wandkalender hinüber, und mein Blick folgte dem seinigen, als könnte der Ausgang unserer Angelegenheit dort, unter Palmen am türkisblauen Meer, vorgezeichnet sein, »bis Ihr Betreuer, Herr Dr. Bartuschek, hier eingetroffen ist. Ich mag so ein Gespräch nicht ohne die zuständige Amtsperson führen.« Er klopfte mit dem Etui seiner Lesebrille auf den

Tisch, wie ein Richter, der eine Verhandlung schloss. »Mein Kollege wird Sie hinüber in die Pension begleiten«, sagte er noch und zeigte auf einen blutjungen blonden Beamten, der zur Tür hereingekommen war. »Und Sie«, wieder sprach er zu Pierre, »kommen bitte mit, Ihr Nachtlager befindet sich hier im Hause, Frühstück inbegriffen, aber nicht so üppig wie in der *Mitte der Welt*.«

»Kann ich denn eine rauchen?«, fragte Pierre verzweifelt, erhielt aber keine Antwort. Ehe ich mich's versah, war der Veganer-Polizist mit Pierre schon durch eine rückwärtige Tür hinaus. Es ging so schnell, dass wir uns in der Aufregung gar nicht verabschieden konnten.

Der junge, bartlose Beamte deutete auf unsere Taschen und machte uns ein Zeichen, ihm zu folgen. Schwerbepackt gingen wir auf den Flur, wo uns der *Wofasept*-Geruch wieder in die Nase stach, und hinaus ins Freie. Der Himmel hatte sich aufgeklart, die Sonne stand bereits recht tief und warf einen goldenen Schimmer auf die tristen Plattenbauten. Im Entenmarsch ging es hinüber, ein *Trabant* mit Rasenmähermotor röhrte an uns vorbei, viel zu schnell für diese abgelegene Wohnstraße, was den blonden Polizisten aber nicht zu stören schien.

Wir standen vor der *Mitte der Welt*: Die hatte eine Waschbetonfassade, aschgrau, war einstöckig, mit Fenstern, deren Rahmen seltsamerweise knallrot gestrichen waren. *Mitte der Welt* stand auch auf einem großen weißen Schild über dem Eingang. Das war hilfreich, denn wie sonst sollte man diesen Nabel des Universums auch ausmachen.

Der junge Polizist hielt uns gentlemanlike die Tür auf. Wir traten ein. Hinter uns schlug die Tür zu. Die *Mitte der Welt* hatte ihre Trabanten eingefangen.

Janke ging, eine Dokumentenrolle in Händen, durch den Flur zum Gemeinschaftsraum. Er trug über dem karierten Hemd den frisch gewaschenen weißen Ingenieurskittel. Den zog er nur zu besonderen Anlässen an. Wenn er in seiner Erfinderwerkstatt sägte, hobelte und leimte, hatte er eine blaue Tischlerschürze an. Aber heute war Janke offiziell unterwegs, denn er wollte an der Tür zum Gemeinschaftsraum ein Plakat aufhängen. Das hatte er selbst entworfen. Es sollte die Öffentlichkeit auf seine neueste Erfindung hinweisen: ein Strahltriebwerk, ein Nachfolgemodell des Triebwerks *Pirna 014*, welches vor einigen Jahren bei dem spektakulären Schauflug des Passagierjets *152* bei Leipzig zum Einsatz gekommen war. Der Flug endete damals in einer Katastrophe, einem Absturz mit vier Todesopfern, und alles gleichsam unter den Augen von Walter Ulbricht und Nikita Chruschtschow. Aber das neue Strahltriebwerk (Janke wusste nur noch keinen Namen dafür) würde diese Scharte in der Geschichte des Flugzeugbaus der DDR auswetzen! Er wollte zuerst die Reaktionen der Bewohner *dieser Stelle* testen, vor allem der Ärzteschaft und der Pfleger, und ihnen am kommenden Sonntag, zur besten Kaffeezeit, in seiner Erfinderwerkstatt ein Modell des neuen Triebwerks vorstellen! *Nur zu friedlichen Zwecken!*

Janke stand vor der Tür des Gemeinschaftsraums, zog eine Schachtel mit Reißzwecken aus der Kitteltasche, befestigte das Plakat mit der Ankündigung der *Exposition* seiner bahnbrechenden Erfindung – da hörte er von drinnen Schlagermusik. Die kam von der Schallplatte. Eine heitere Männerstimme sang: *Die Stewardess im blauen Dress, die schaut ein jeder Mann sich gerne zweimal an. Die Stewardess sagt »ja« und »yes«, und mancher Passagier fliegt wegen ihr.*

Neugierig geworden, drückte er leise die Klinke und öffnete die Tür: Im fahlen Licht – es dämmerte bereits – sah er Evelyn, sein Linchen! Sie trug ein kobaltblaues Kleid, das nicht ganz bis zu den Knien reichte, dazu cremefarbene Pumps. Sie stand mit dem Rücken zu ihm, dem Plattenspieler zugewandt, summte das Lied mit und wiegte sich rhythmisch in den Hüften. Sie drehte sich nicht, auch ihre Beine und Füße sprangen nicht, nur dieses aus dem Innersten kommende Wiegen und Beben, das aus ihrem Bauch zu steigen schien und sich wellenartig über Hüften und Gesäß, die Ober- und Unterschenkel hinab bis in die Füße fortpflanzte. Janke hielt noch immer die Klinke in der Hand. Gebannt blickte er auf das sich ihm darbietende Bild. Der Sänger trällerte frohgemut weiter: *Sie hat für jeden Gast bei sich an Bord ein nettes Wort. Die Stewardess im blauen Dress träumt nur vom Wiedersehn mit einem jungen Kapitän.*

Das Lied war zu Ende, der Plattenarm lief knisternd aus, hob sich, kehrte zum Ausgangspunkt zurück und senkte sich automatisch ab. Aus dem Lautsprecher drang ein letztes kurzes Brummen – dann war Stille. Vollkommene Stille. Evelyn verharrte, die Arme vor der Brust gekreuzt – Janke sah das, weil ihre beiden Hände über die Schultern griffen, die rechte Hand auf der linken Schulter, die linke auf der rechten. Evelyn schien ihn noch immer nicht bemerkt zu haben.

Eben riss die Wolkendecke auf, und ein letzter Strahl der untergehenden Sonne drang durch ein Fenster herein, lief über den Linoleumboden und sprang Evelyn an: ihr kobaltblaues Kleid, ihre weißen Händchen, ihr schulterlanges blondes Haar ... Sie tauchte in das goldene Abendlicht ein, flammte auf, schien vom Feuer der untergehenden Sonne geradezu entzündet zu werden.

»Evelyn«, hörte Janke sich leise sagen.

Erschrocken wandte sie sich um, sah ihn beinahe verstört an, als habe er sie bei etwas Ungehörigem ertappt.

»Was ist?«, fragte sie mit ihrer rauen Raucherstimme. »Wieso spionieren Sie mir nach?«

Janke schüttelte den Kopf. »Ich ... ich spioniere nicht.«

»Ich möchte alleine sein«, sagte Evelyn. Der Satz war knapp. Aber ihre Stimme klang nun weniger harsch denn müde. Sie schlug die Augen nieder. Noch immer hatte sie die Arme vor der Brust über Kreuz gelegt. Erst jetzt sah Janke, dass sie über dem kobaltblauen Kleid eine rote Korallenkette trug. Auch die loderte im Sonnenlicht.

Mühsam tat er ein paar Schritte in den Raum hinein, blieb aber, wie vor einem Idol im Tempel, in gemessenem Abstand vor ihr stehen. Er holte aus der Hosentasche eine Streichholzschachtel. Jonas hatte sie ihm vor einiger Zeit gegeben, als er, Janke, auf der Krankenstation gelegen hatte. Mit zitternden Fingern schob Janke die Schachtel auf und entnahm ihr die rote Plastikperle. Zwischen Daumen und Zeigefinger hielt er sie in die Höhe. Der Sonnenstrahl wanderte und entflammte auch sie.

»Die gehört dir, Evelyn«, sagte er leise. »Ich habe sie im Speisesaal gefunden. Du musst sie tragen. Das steht dir so gut. Ich will dir auch nicht erzählen, wie es sich mit der Perle verhielt. Ich will nur, dass du glücklich bist und keine Dummheiten machst. Und dass du ein wenig freundlich zu mir bist. Ich will doch nur das Beste für dich ... weil ... weil du so schön bist!«

Janke konnte nicht weitersprechen. Er konnte seitenlange Briefe schreiben und Vorträge verfassen, aber einer Frau, *dieser* Frau sein Herz zu offenbaren, das drohte ihn innerlich zu verbrennen, wie eben in diesem Augenblick auch die rote Perle in seiner Hand zu verglühen schien.

Evelyn starrte Janke ungläubig an. Endlich verzog sich ihr Gesicht zu einem angedeuteten, mühevollen Lächeln, sie streckte die rechte Hand aus und kam ihm bis auf Armeslänge entgegen. Wortlos legte er die Perle in ihren Handteller. Er hätte diese Hand gern gestreichelt, geküsst, aber seine Finger zuckten sofort ängstlich zurück. Evelyns Faust schloss sich um die Perle.

»Danke«, sagte sie mit ihrer rauen Stimme. Knapp, ohne Wärme.

Die Abendsonne draußen wurde von einer Wolke erstickt, im Nu erlosch das Feuer. Der Lichtzauber, der eben noch Evelyn wie ein Nimbus umflossen hatte, verflüchtigte sich.

»Sie erwarten wohl einen Finderlohn?«, fragte sie. Ihre Stimme klang wie Eis.

Janke schüttelte den Kopf. »Ich möchte dir nur Gutes tun, Evelyn. Mehr nicht.«

»Haben Sie Zigaretten? Können Sie mir welche besorgen?«

Janke sagte: »Das ist nicht gesund.«

»Papperlapapp«, sagte Evelyn barsch.

»Natürlich kann ich welche besorgen«, sagte er hastig, wie um zu verhindern, dass eine Erscheinung sich in nichts auflöste. »Morgen habe ich Freigang, da gehe ich zum *Konsum*. Aber ... nur unter einer Bedingung ...«

Sie sah ihn empört an, als hätte er etwas Unanständiges gesagt.

»Komm doch bitte Sonntagnachmittag zu mir in meine Werkstatt. Ich bitte dich recht schön. Ich möchte dir etwas zeigen, das wird dir bestimmt gefallen ...«

»Und die Zigaretten?«

Janke nickte. »Ich würde mich sehr freuen.«

Wie zur Versicherung seiner Worte legte er die rechte Hand aufs Herz, eine lächerlich altmodische Geste, wie er selbst in diesem Augenblick befand. Aber vor seinem Idol durfte man auch lächerlich sein.

Evelyn nickte knapp und ging wortlos an ihm vorbei und zur Tür hinaus. Janke stand noch lange da und starrte in den leeren Raum, der in seiner Schäbigkeit trostlos wirkte. Der Plattenspieler, die Tische und Stühle verloren langsam ihre Farben und Konturen, erloschen in der hereinbrechenden Dämmerung.

Als er den Raum verließ, riss er das Plakat mit der Ankündigung herunter. Der Sonntagnachmittag sollte nur ihnen beiden gehören!

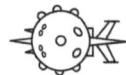

Der junge blonde Polizist, der lediglich Sivi Beachtung schenkte, schärfte uns ein, wir dürften die Pension nicht verlassen und würden morgen Vormittag, nach dem Frühstück, von ihm wieder abgeholt und zum Revier gebracht werden. Sivi himmelte ihn an, was er mit einem Macholächeln quittierte. Als ich mich zu Wort meldete, ich hätte gern meinen Anwalt gesprochen, deutete er aufs Telefon an der Rezeption und sagte nur: »Bitte.«

Die Formalitäten waren rasch erledigt. Ich durfte für alle im Voraus bezahlen. Der Wirt war ein schmächtiger, aufgebrezelter Typ, Vokuhila-Frisur, grau, mit Resten von blond. Er bewegte sich recht feminin, mit eingeübtem Hüftschwung, trug ein kunterbuntes Hawaiihemd, Goldkettchen am Handgelenk und strassbesetzte Brosche am Kragen, aus dem silbriges Brusthaar hervorquoll. Er steckte in auberginefarbenen Jeans in Karottenform, an den Füßen trug er weiße Mokassins.

Ich musste mich abwenden, um nicht laut zu lachen, da erblickte ich an der Wand mehrere silberne und goldene Schallplatten, zudem jede Menge älterer, rotstichig gewordener Farbfotografien, auf denen ein blonder Kerl mit etwas Hüftgold und im Hawaiihemd von vornehmlich älteren Damen mit verklärtem Lächeln umringt wurde und eifrig Autogramme verteilte. Auch eine Plattenhülle war auf die Raufasertapete gepinnt. Darauf war der noch deutlich blondere und schlankere Pensionswirt zu erkennen, und darüber, in poppigen Farben und einer molluskenartigen, bauchigen Schrift, der Name: *Fred Jacaranda*. Mir ging ein Licht auf …

Ich wurde aus meinen bösen Ahnungen gerissen und doch auch in ihnen bestätigt, als ich hinter mir die Tenorstimme Fred Jacarandas zwitschern hörte: »Schätzchen, du ahnst richtig: Das bin ich, in meiner großen Zeit. Über achthunderttausend Singles habe ich bei der *AMIGA* verkauft, und von den LPs auch nochmal zweihunderttausend – trotz der Plan- und Mangelwirtschaft. Die Fans lagen mir zu Füßen. Ich hätte Frauen haben können, wagenweise. Aber ist ja nicht mein Fall, bin ja von der anderen Fraktion, wenn du weißt, was ich meine.«

Er zwinkerte mir zu, holte aus einem Kühlschrank unter der Theke eine Flasche *Rotkäppchen*-Sekt, stellte vier Gläser auf die Resopal-Theke, warf eines zu Boden und meinte mit etwas glasigen Augen: »Aber dass wir so jung hier zusammenkommen, in der *Mitte der Welt*, wer hätte das gedacht, darauf müssen wir doch ein Stößchen machen.«

Wieder zwinkerte er mir zu, und ich vermisste in diesem Augenblick Sunny, der zwar auch anlehnungsbedürftig war, aber eher wie ein junger Hund. Und überdies sang er nicht. Das war das Stichwort – vielleicht konnte Fred auch Gedanken lesen –, denn während er mit der Linken ein weiteres Glas hervorholte und mit der Rechten den Sekt einschenkte, begann er zu trällern:

»*Siehst du den Stern am Himmel von Rügen? Du schaust mich an mit Sternenblicken, das lässt mich entzücken! Ein Bett dort im Sand, wo wir uns nachts lieben. Es leuchtet der goldene Strand von Rügen.*«

Ich war erschüttert. Nie hätte ich gedacht, dass auf Erden solch eine Musik möglich ist. Ich ergriff ein Glas und wollte den Sekt hinunterkippen, aber Evelyn, die neben mir stand, Fred Jacaranda glückselig angaffte, sich im Takt wiegte und die Hände zusammenschlug, rief: »Schön! Ich habe zu Hause auch zwei Platten von Ihnen und habe sie viel gehört. Aber dass ich Ihnen nun begegnen darf, das ist kein Zufall, das ist Fügung!« Sie nahm ein Sektglas, erhob es und sagte feierlich: »Also dann: Auf die Kunst! Und das Leben!«

»Und auf Afrika«, meinte Sivi lapidar. Ihre Mundwinkel hingen nach unten, der Schweiß stand ihr auf der Stirn, und das passte auch zu dem schalen Gesöff, das Fred Jacaranda uns eingeschenkt hatte, denn entweder war sein Kühlschrank kaputt, oder die Zimmertemperatur in der Abseite, die sich Rezeption nannte, war durch Freds Gesang so in die Höhe geklettert.

Sein Gesicht leuchtete: »Gnädige Frau, Sie sind ein Engel! Wahre Kunst wird nur von wenigen Auserwählten erkannt, und leider leben wir in einer schnöden Zeit, die nichts mehr von schönen Melodien und herzergreifenden Texten hält. Gottchen, wenn ich mir im Radio dieses entmenschte Technostampfen anhöre oder diese amerikanischen Pseudo-Stars – die können doch alle nicht singen! Ich selbst habe noch ein Gesangsstudium an der Hochschule abgeschlossen, bevor ich ins Schlagergenre wechselte! Drei Jahre lang tingelte ich durch die thüringischen Bezirkstheater: Weimar, Gotha, Rudolstadt, Altenburg ... All die guten, kleinen Ensembles, die es damals zu DDR-Zeiten gab – die meisten sind ja heute abgewickelt oder fusioniert, schrecklich, all das! Aber damals: Ich sang Operetten rauf und runter: *Frau Luna* von Paul Lincke, *Schlösser, die im Monde liegen*, *Das ist die Berliner Luft, Luft, Luft*, und so weiter. Natürlich auch das Wiener Genre: Lehár, naja, der war eigentlich ein wenig anrüchig, wegen seiner Nazi-Vergangenheit, aber man hat ihn trotzdem gespielt, er hat ja Schönes geschrieben, *Die Lustige Witwe*, und so ... Und dann der unvergleichliche, unerreichte Johann Strauß«, er küsste seine Fingerspitzen zum Zeichen seines erlesenen Geschmacks. »*Die Fledermaus*, etwas Besseres gibt es gar nicht ...«

Fred Jacaranda schenkte sich erneut ein und kippte das warme Gesöff hinunter. »Aber eines Tages gab es Probleme, also mit der Stasi, ich hätte mich über den Intendanten und dessen Verbindungen zum Zentralbüro leichtfertig geäußert. Ich habe natürlich alles bestritten, und eigentlich konnte man mir auch nichts nachweisen, aber von einem Tag auf den anderen bekam ich keine Engagements mehr, und so stand ich auf der Straße. Junge, Junge, eine schwere Zeit, das wünsche ich keinem.«

Er blickte mich versonnen an und sagte: »Schätzchen, magst du noch von der Wohlstandsplörre?« Ohne auf mein Kopfschütteln und meine abwehrende Geste zu achten, schenkte er uns allen nochmals ein. »Stößchen, lasst es euch schmecken, na ja, und später sang ich Schlager, zunächst auf Betriebsfesten und bei Gartenbauvereinen. Irgendwann hatte ich das Glück, dass bei einem Kegelverein einer von der *AMIGA* da war, und er erkannte gleich mein Potenzial und sagte: ›Junge, in dir steckt ein Star!‹ Und was sage ich? Vier Wochen später stand ich unter Vertrag, und von da an ging's bergauf, aber wie!« Er trank in einem Zug sein Glas leer und schenkte sich erneut ein, sein Blick wurde plötzlich dunkel. »Dann kam die Wende, die Mauer fiel, alle haben sie ›rübergemacht‹, wie man so schön sagt; und die, die blieben, interessierten sich plötzlich nicht mehr für *AMIGA*-Stars wie mich, sondern für Michael Jackson und Roland Kaiser und wie sie alle hießen. Na ja, die *AMIGA* wurde abgewickelt, und ich stand wieder da ... zehrte zunächst vom Ersparten, aber wusste, dass ich künstlerisch erledigt war. Und weil ich immer gern mit Menschen zu tun hatte, habe ich irgendwann das Etablissement hier von der Treuhand erworben, für ein paar Tausend Mark. Das war ursprünglich ein Wochenendheim der SED, mit Gaststätte und allem. Ich habe es etwas aufgehübscht, dachte, so etwas muss in Ludwigsfelde doch laufen, es gab ja sonst nicht allzu viel. Und für Familienfeiern und Vereinsfeste, dachte ich, wäre das doch ideal, müsste eine Goldgrube sein. Es lief die ersten Jahre auch nicht schlecht. Aber dann kam immer mehr Geld ins Land, Inverstoren aus dem Westen und so. Immer mehr Leute gingen nach Berlin, weg aus der Provinz. Das Spaßbad hier in Ludwigsfelde wurde gebaut, auch ein paar Schickimicki-Restaurants, Wellness-Oasen und Erlebnishotellerie und wie das alles heißt ... Kurz: Wenn ich nicht den Kumpel von gegenüber hätte«, er machte eine Kopfbewegung Richtung Polizeirevier, »dann wäre ich schon längst abgesoffen, symbolisch meine ich das, ich selbst kann ja gar nicht schwimmen, es fehlte zu DDR-Zeiten bei uns im Ort eine Schwimmhalle. Und jetzt beherberge ich also hauptsächlich minderschwere Jungs oder kleine Unfallflüchtige, Leute, die ohne Führerschein unterwegs waren, oder Alkis, die aufgegriffen wurden und erst mal ihren Rausch ausschlafen müssen ... Ja, so ist das, so und nicht anders.«

Er suchte nun Sivis Blick, die belustigt auf die silbernen und goldenen LPs an der Wand starrte, und sagte: »Aber, dass ich auch so reizenden Damenbesuch habe, das ist schon außergewöhnlich! Schön, dass der Kontakt zur Jugend nicht ganz abreißt und dass die sich auch noch für die DDR-Gesangskultur interessieren, obwohl sie ja bereits Nach-Wende-Kinder sind. Kennen Sie das?« Ohne eine Antwort Sivis abzuwarten, legte er los – inzwischen war er schon recht gelockert und hatte zwei Knöpfe an seinem Hawaiihemd geöffnet, sodass das silbrige Brusthaar noch üppiger hervorquoll. »*Ich hab dich im Konsum gesehn, dein Blick wich dem meinigen aus. Ich konnte das gar nicht verstehn und folgte dir heimlich nach Haus. Der Mond stand am Himmel so helle, der Nachtwind war böig und kühl, die Hunde mit ihrem Gebelle, doch wärmte mich mein Gefühl. O Peggy, Peggy, du bist die Rose von Bitterfeld! O Peggy, Peggy ...*«

Ein Knall: Sivi hatte mit der flachen Hand auf die Resopalplatte geschlagen, ein paar Kugelschreiber und Ansichtskarten von Ludwigsfelde flogen zu Boden. »Mann, halt endlich die Klappe!«, giftete sie Fred Jacaranda an.

Ich blickte peinlich berührt den Kugelschreibern hinterher, die unter einen safrangelben Klubsessel kullerten. Fred war augenblicklich verstummt und schaute fassungslos die Repräsentantin der nachgeborenen Jugend an.

»Wir sind nicht hergekommen, um dein Gejaule anzuhören!« Sivi war außer Rand und Band.

Ich versuchte, eine sinnlose Entschuldigung zu stammeln, kam aber über ein Krächzen nicht hinaus. Zudem unterbrach Sivi meine zaghaften Sprechversuche: »Völlig plemplem: *Rose von Bitterfeld*! Dass ich nicht lache! Eher *Neurose von Bitterfeld*! Mensch, wo lebst du eigentlich? Wohl nie kapiert, dass du in eine neue Zeit hineinkatapultiert worden bist?!«

Fred Jacaranda widersprach nicht. Mit versteinerter Miene nahm er die Schlüssel vom Brett und händigte sie uns mit einer Kopfbewegung den Gang hinunter aus. Sivi ging erhobenen Hauptes vorneweg, ich packte Evelyns Tasche und meine eigene und folgte ihr, benommen vor Scham. Fred verschwand in seinem Büro, oder was immer sich hinter einem kunterbunten Plastikkordelvorhang verbarg. Als Evelyn mir nicht folgte, wandte ich mich um: Sie stand noch immer an der Rezeption und nestelte an ihrem Rucksack herum, aus dem Leppsch herausschaute. Hinter mir knallte eine Tür ins Schloss: Sivi.

»Evelyn, nun kommen Sie doch endlich!«, mahnte ich genervt. »Was machen Sie denn da?«

Sie trippelte den Gang entlang. »Ich musste nur den Leppsch anders verstauen. Der wollte doch auch die Schallplattenwand bestaunen. Er ist nämlich wie ich ein Fan von Fred Jacaranda.«

»Aha«, seufzte ich, schaute auf die hölzernen Schlüsselanhänger in meiner Hand und suchte im Dämmerlicht des Gangs nach den Türnummern. Ich öffnete Evelyns Tür, aus dem Zimmer schlug mir entsetzlicher Mief entgegen, und sagte, ohne Evelyn anzublicken: »Na denn, gute Nacht. Bis morgen beim Frühstück!«

Worauf sie indigniert antwortete: »Sie sind ja ein Spaßvogel, Tim! Es ist ja noch hell draußen. Ich gehe nachher zu Fred und höre mit ihm seine Platten an!«

»Viel Spaß«, sagte ich und schloss meine Zimmertür auf. »Aber singen Sie bitte nicht so laut. Nach zehn Uhr ist allgemeine Nachtruhe.«

»Verbiesterter West-Spießer«, hörte ich sie maulen.

Ich erwiderte nichts. Irgendwie hatte sie ja recht.

Ich betrat mein Zimmer: moosgrüner Teppichboden, an den Rändern aufgeworfen, wohl noch aus der Vorwendezeit. Das Bett war von *IKEA*, wackelige Kiefernbretter, aber immerhin nicht *VEB Lotte Ulbricht* oder so. In einer Ecke stand ein weißer, zweiflügeliger Kleiderschrank, Spanplatte mit Plastikfurnier. Er war abgeschlossen, ein Schlüssel steckte nicht, aber es war auch egal. Eine schmale Tür führte in ein winziges Badezimmer: moosgrünes Klo, moosgrüne Dusche, moosgrünes Waschbecken. Das Farbkonzept war konsequent durchgehalten. Das kannte ich noch aus meiner Kindheit: Urlaub mit den Eltern im Bayerischen Wald. Augenblicklich stellten sich Bilder und Gerüche ein: der Duft nach Tannenwald, nach einem Misthaufen vor den Fenstern der Familienpension, das Gekläff eines Hofhunds an der Kette, die Wiesen und Getreidefelder, aus denen, wenn der Bauer mit dem Traktor vorbeiratterte, die Fasanen panisch emporflatterten.

Ich fühlte mich mit einem Mal alt und schwach, musste mich auf die Toilette setzen und stützte mich mit den Unterarmen auf das knapp davor installierte Wachbecken. Etwas in mir würgte sich nach oben. Und dann musste ich weinen, die Tränen liefen mir die Wangen herab. Ich öffnete den Wasserhahn. Kalt spritzte es heraus, über meine Hände, die Arme – als ich plötzlich Sivis Stimme hinter mir hörte: »Schöner Schlamassel, das Ganze.«

Wortlos nickte ich, ließ das Wasser über meine Handgelenke laufen. Es kühlte und tat wohl. Auch die Tränen taten wohl. Sivi drehte den Wasserhahn zu und tupfte mir mit einem Handtuch die Tränen vom Gesicht. Sie tat das behutsam, zärtlich. Ich ließ es geschehen und schämte mich nicht, obwohl ich wahrscheinlich eine lächerliche Figur machte, auf einem Klo sitzend, über ein Waschbecken gebeugt, in einem abgewohnten Plattenbau, der vorgab, die *Mitte der Welt* zu sein.

Sivis Hände waren weich, ich sog den Geruch ihrer Haut ein: Erdbeere und eben auch ein wenig Sivi. Die Tränen wollten nicht versiegen, sie brannten, und Sivis Hände tupften mit dem feuchten, kühlen Tuch und streichelten meinen Nacken, und ich war mit einem Mal glücklich, hier zu sein: mit Fred Jacaranda und seinen Schlagerlügen, die vielleicht gar keine Lügen waren, sondern wahrhaftiger als meine zusammengeklaute Welt; und mit Evelyn, Jankes großer Liebe, die so einfältig tat und vielleicht gar nicht dumm war, sondern in ihrer Beschränktheit klüger als wir alle … Und vor allem: glücklicher als die ganze »normale« Welt, die nur irgendwelchen Phantomen nachjagte, leeren Versprechen und lächerlichen Karrierezwängen.

»Wird schon wieder«, sagte Sivi nahe an meinem Ohr. »Du hast sie wohl mehr geliebt, als du es dir zugestanden hast?«

Es schüttelte mich wieder, und sie nahm mich in ihre Arme, und ich wusste, dass die Herzkammer, in der Cordula einmal, vor langer Zeit gewohnt hatte, und mit ihr das Kind, das vielleicht von Kevin Lauridsen war, vielleicht aber auch von mir, leer bliebe, da half keine Lüge und keine Flucht und schon gar nicht irgendeine Reise nach Afrika oder gar im Trajekt zum Sonnenland. Ich spürte auch, dass mein Herz noch pochte, auch wenn es weh tat; aber es pochte, zuverlässig, und vielleicht würde eines Tages wieder etwas darin wohnen und es ausfüllen und wärmen. Es war ja noch alles da und durfte noch leben und wieder wachsen und sich ausbreiten über Menschen und Dinge.

Sivi packte mich mit geübtem Krankenschwestergriff unter den Achseln und zog mich hoch. Natürlich zog sie mich nicht richtig hoch, ich war ja nicht bettlägerig, und ich folgte gern ihrem festen

Griff, der mir eine Gänsehaut über den Rücken jagte. Sie sagte nichts, und ich auch nicht, und dennoch war alles klar: Wir würden diese Nacht nicht alleine zubringen.

Wir taumelten zum Bett, fielen darauf nieder. Ich hatte Sivi schon das T-Shirt über den Kopf gezogen, sie nestelte an meinem Gürtel, löste ihn, riss mir die Hose herunter. Es ging alles sehr rasch, wie selbstverständlich, wir beide wollten es. Draußen dämmerte es, ein schwüler Sommerabend in einer Plattensiedlung in Ludwigsfelde, von dem ich bislang nur in der Zeitung gelesen hatte, dass der frühere Bürgermeister seine Frau samt deren Hund erschlagen und im Wald verscharrt hatte. Ausgerechnet hier lag ich nun mit Sivi in einem knarrenden, wackligen *IKEA*-Bett, von der Auslegeware stieg ein Geruch nach Bitterfeld auf, und wir liebten uns, und von draußen hörte man Fred Jacaranda mit seinem schmierigen Tenor die *Rose von Bitterfeld* singen (sang er live, oder hatte er eine seiner alten *AMIGA*-Platten aufgelegt?). Es war schön mit Sivi, ihre Haut zu spüren, ihren Atem. Mit einem Mal kam mir Fred mit seinen Schnulzen gar nicht mehr so verlogen vor: Wer hätte denn urteilen wollen über zwei Menschen in Bitterfeld, die sich nach einander sehnten – während draußen ein Auto vorbeifuhr, dessen Scheinwerferlicht für eine Sekunde ins Zimmer fiel und suchend über die Wände glitt, uns aber nicht fand, denn wir lagen in unserer Kuhle, verborgen vor der Welt, in deren Mitte, und doch an deren Rand, wo uns keiner vermutete.

Irgendwann schlief Sivi in meinen Armen, ich sah sie voller Freude an: ihre kleinen, festen Brüste, ihren leicht gewölbten Bauch, darin ein kleines Diamantenpiercing schimmerte, ihre zart beflaumten Schenkel, ihre zierlichen Füße. Ich strich mit der Hand sanft über ihren Bauch, und sie gurrte ein wenig im Schlaf, aber wachte nicht auf.

Vorne, in Freds Räumlichkeiten, dudelte noch immer Musik, irgendetwas von der *Liebe auf Hiddensee, rein wie Schnee, rein wie Schnee*, und ich nahm es Fred tatsächlich ab: Er sang mit Schmalz, aber auch mit dem Herzen, und vielleicht hatte er ja recht, und alles war viel einfacher und einfach gestrickt; und nicht so intellektuell gebrochen und ironisch selbstgefällig, wie wir es uns heute vorzumachen beliebten. Es folgte Applaus, und ich wunderte mich noch ein wenig, wieso Fred Jacaranda sich selbst applaudierte, aber dann hörte ich ein hohes Juchzen, und Evelyn kam mir noch in den Sinn und ob ... Das Denken entglitt mir, und ich schlief ein, schlief fest und erschöpft, nackt, Bauch an Rücken mit Sivi ...

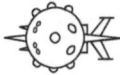

Aus Karl Jankes Krankenakte:
*27.2.69 *Nach einem telefonischen Anruf von Frl. Dr. Dinkel wurde diese von der Schiffswerft Magdeburg angerufen und um Auskunft gebeten, ob ein Gespräch mit einem Herrn Janke möglich sei, der dort eine Erfindung angeboten habe. Frl. Dr. Dinkel machte die Werft aufmerksam, daß es sich um einen Pat[ienten]. handelt.*

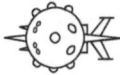

Ein Klirren, gefolgt von einem unbändigen wiehernden Gelächter.

Ich schrak hoch. Ein Sonnenstrahl zerschnitt das zerwühlte Bettzeug und ließ das Zimmer aufflammen. Mein Blick fiel auf die leere Kuhle neben mir. Sivi! Wo war sie? Die Schemen der vergangenen Nacht tanzten vor meinem inneren Auge.

Von draußen wieder Gläserklirren und irres Lachen.

Ich sprang aus dem Bett, blieb mit einem Fuß im zerwühlten Laken hängen, strauchelte, konnte mich mit der Hand eben noch am Heizkörper festklammern. Ein Stich in den Lendenwirbeln. Vor Schmerz fiel ich auf die Knie und verharrte so: Nackt, auf dem sonderlich riechenden Teppichboden, spürte ich den Sonnenstrahl im Nacken, während der Schmerz mich peitschte. Jetzt war deutlich Fred Jacarandas Eunuchenstimme auszumachen: *Komm, wir gehen baden am Müggelsee, nackt sonnen wir uns am Strand der Spree* ... wieder unterbrochen von einem geradezu hysterischen weiblichen Gelächter.

Ich stützte mich am Fensterbrett ab und hangelte mich hoch. Immerhin, jetzt stand ich, wenngleich etwas krumm, denn der Schmerz im Kreuz hielt unvermindert an. Ich blickte hinaus und sah auf eine alte Frau, die eben mit ihrem Einkaufstrolley vorbeiwackelte und mich anstarrte wie ein Mondkalb. Erst jetzt fiel mir ein, dass ich splitternackt war. Rasch hangelte ich nach der Bettdecke und band sie mir um. Dann zeigte ich der frühen Shopperin meine Zunge und humpelte zum Bad. Gebeugt kletterte ich in die Wanne und duschte so heiß, wie ich es ertragen konnte. Der Schmerz ließ etwas nach, und ich war sogar in der Lage, mich anzuziehen. Wieder blickte ich zum zerwühlten Bett hin, sah Sivis Kuhle. Wo war sie? In ihrem Zimmer? Und weshalb hatte sie sich fortgeschlichen?

Ich verspürte Hunger. Ob es schon Frühstück gab? Und warum musste Fred bereits in aller Herrgottsfrüh so jämmerlich jaulen? Die Alte draußen auf dem Gehweg fiel mir ein: Offensichtlich war Ludwigsfelde ein Ort der Frühaufsteher. Ich öffnete die Tür, von draußen scholl Fred Jacarandas Falsett herein, das irgendetwas von *Ich will dir treu-heu-heu sein, und alles wird neu-heu-heu sein* versprach, und all dies *unter Usedoms Sonne*, die ganz erstaunlicherweise *auf nackter Haut eine Wonne* sei – da sah ich zu meinen Füßen einen braunen Umschlag liegen. Jemand musste ihn durch den Türspalt geschoben haben. Ich riss das Kuvert auf. Ein paar Fotokopien und ein kleinkariertes, aus einem Block gerissenes Blatt Papier kamen zum Vorschein. Ich starrte auf eine kleine, runde, etwas nach links kippende Frauenhandschrift:

»Lieber Tim, danke für diese Nacht. Es hat sehr gutgetan. Ich muss dich aber verlassen, bevor du zu viel erwartest und es hinterher mehr wehtut, als es wohl jetzt der Fall ist. Ihr müsst allein nach Afrika fahren, zum Nil, Evelyn und du. Mein Herz ist anderswo. Gib auf dich acht und auch auf Evelyn und Leppsch. Und auf Pierre.

Ich hoffe, sie lassen ihn bald laufen. Ich gehe zurück nach Wermsdorf. Schloss Hubertusburg wird ja wohl nicht so schnell umgebaut. Mal sehen, wie es dort in der Klinik weiterläuft. Meine Eltern brauchen mich. Ach ja: In dem Kuvert ist noch etwas für dich. Das hat Stavenhagen nicht herausgerückt, der alte Fuchs. Aber ich habe es auf seinem Schreibtisch liegen sehen. Ich habe es fotokopiert. Es geht um Janke. Der war übrigens nicht verrückt. Wenn du es liest, wirst du begreifen, warum. Kann sein, dass Stavenhagen dir das absichtlich vorenthalten wollte. Ich muss Schluss machen. Ich fahre mit dem ersten Zug nach Leipzig und dann weiter nach W. Danke für die letzten Tage, halt die Ohren steif, Sivi.«

Mir war, als hätte mir jemand mit dem Hammer auf die Schläfe gehauen. Sivi! Abgereist, ausgestiegen, das untergehende Schiff verlassen! In mir wühlten der Schmerz des Verlassenen und die Wut des Betrogenen. Tränen stiegen mir in die Augen, die ich fortwischte. Nein, ich wollte jetzt nicht weinen. Scham und Wut wogen schwerer als der Schmerz über Sivis Fortgang. Und dass mir eine Hexe in den Rücken geschossen hatte, erleichterte es, den anderen Schmerz zumindest etwas wegzudrücken.

Ich sah mir die beigelegten Fotokopien an: ein paar Konstruktionszeichnungen von Janke, ich kannte ja seinen Federstrich und die sorgsam, kalligrafisch beschrifteten Randglossen. Ein Flugzeug, so viel war gleich zu erkennen – das Übliche eben. Wohl wieder irgend so ein Trajekt. Ich wollte den ganzen Kram eben zurück in den Umschlag stopfen, als ich zwischen Jankes Plänen einen Zeitungsartikel entdeckte. Ein Hinweis auf den Erscheinungsort fehlte. Aber jemand hatte in altertümlicher Kurrentschrift ein Datum neben die Schlagzeile geschrieben: *5. März 1959.* Die Überschrift lautete: *Tragischer Unfall beim Leipziger Messegelände.* Und darunter, etwas kleiner: *Absturz des Passagierstrahlflugzeugs 152 vor hohen Gästen aus der UdSSR – Rückschlag für die Flugfahrtforschung der DDR.* Darunter ein dreispaltiger Artikel.

Sivi war mit einem Mal vergessen – oder zumindest verdrängt. Auch die Schmerzen an der Schläfe und im Rücken ließen eigentümlicherweise nach. Ich hatte eben zu lesen begonnen, als in der offenen Tür Evelyns Gesicht erschien: hochrot, mit verquollenen, aber glücklich leuchtenden Augen, schweißverklebten Haaren und knallrotem Lippenstift, der an den Rändern verlief.

»Wo bleiben Sie denn, Tim?«, fragte sie. »Wir warten die ganze Zeit. Sivi hat sich leider verabschiedet, schon morgens um vier. Dringende Geschäfte. Was die jungen Leute sich nur immer so wichtig nehmen: immer in Eile, nie nehmen sie sich Zeit zum Feiern und Genießen.«

Ich steckte Sivis Brief und den braunen Umschlag in meine Tasche und folgte Evelyn, die sich, obgleich sichtlich angeschickert (oder vielleicht gerade deshalb), generös wie eine Gastgeberin gerierte und mich, drei Schritte vor mir her scharwenzelnd, in einen Raum neben Freds Büro geleitete.

»Woola«, sagte sie.

Der Raum war mittelgroß. Vier Tischchen, mit honigfarbenem Damast gedeckt. Ein großes Fenster eröffnete die wenig erhebende Aussicht auf die Straße und den gegenüberliegenden Plattenbau der Polizei. An der rechten Wand stand ein altes Klavier aus Nussholz, darüber hingen weitere Ehren-LPs und Fotos von Fred Jacaranda, auf einem Sideboard eine kleine Stereoanlage, aus der – es war nicht zu verdrängen – Freds Hits aus zwanzig Jahren Bühnenkarriere rieselten. Mein Blick folgte Evelyns ausladender Geste: auf ein üppiges Frühstücksbuffet an der linken Wand. Das war wirklich nicht von schlechten Wirtsleuten!

Evelyn meinte nonchalant: »Das haben Fredie und ich heute in aller Früh zusammen hergezaubert, nach unserer Party.«

»Party?«

»Na klar, wenn ich schon mal meinem Star begegne, muss man das doch feiern! Was hatten wir aber auch Spaß, die ganze Nacht hindurch, mit Sekt, aber richtigem, aus Frankreich, und feinen Häppchen von *Bofrost*. Das hatte Fredie alles in der Kühlkammer. So was gibt's hier nämlich, ist ja schließlich das erste Haus am Platz, wie Fredie mir gesagt hat!«

»Aha«, sagte ich fassungslos, »*Fredie.*«

»Jawohl, Mausi«, flötete es hinter mir. Ich wandte mich um: Fred Jacaranda sah genauso mitgenommen aus wie Evelyn, er hatte tiefe Augenringe und war ziemlich betütert, aber aufgekratzt. Er trug einen Morgenmantel aus Seide, mit großen gelben und roten Tulpen gemustert, der Ausschnitt ließ den Blick frei auf sein silbriges Brusthaar (auf das er wohl stolz war) und auf eine schwere goldene Kette mit einem Halbmond-Anhänger.

Ich musste wohl zu sehr darauf gestarrt haben, denn Fred nahm das gleich zum Anlass, mich auf die Symbole seiner Männlichkeit hinzuweisen: »Schätzchen, wenn wir uns besser kennen würden, dürftest du in meinem Brusthaar wühlen, aber das wäre mir nun doch etwas zu vorschnell.« Ich glotzte dämlich und wusste nichts zu entgegnen, aber Fred fuhr bereits fort: »Freilich, dem Ali, dem scharfen Schnittchen, von dem ich übrigens die Kette und den Anhänger habe – beides hat er übrigens auf dem Basar in Istanbul für mich gekauft, als wir dort Urlaub machten –, also dem Ali hat das immer gefallen, mich hier zu kraulen«, er wies mit beiden goldberingten Händen auf sein Dekolleté, »und weiter unten auch noch – aber das geht dich nun wirklich nichts an, Darling. Gott, was soll ich sagen: orientalisches Feuer – lodert rasch auf, brennt ebenso rasch nieder und verglimmt meist recht ärmlich. Ali hat später geheiratet. Und hat jetzt wohl schon einen Finsterlingsrauschebart und ein halbes Dutzend Kinder am Hemdzipfel hängen – aber schön war's halt doch mit ihm ... Bitte Platz zu nehmen.« Das war ultimativ, und Fred erwartete wohl keine weiteren Komplimente oder entzückte Ausrufe über seine schönen Stunden im Serail des potenten Ali, sondern zog sich in sein Büro zurück.

Evelyn und ich saßen da und aßen von blauem Zwiebelmustergeschirr. Es schmeckte vorzüglich. Ich vergaß Sivi für eine Viertelstunde. Und auch Pierre, der drüben, im Revier auf der anderen Straßenseite, sein karges Arrest-Frühstück kaute, war zwar im Hinterkopf präsent, aber der Katzenjammer kroch nicht bis in den

Magen – und überhaupt: Was sollte schon geschehen? Pierre würde nachher entlassen werden, mit einer Geldstrafe belegt, und dann würde man weitersehen … Zumindest lebten wir und waren weder in der afrikanischen Pampa noch in der Ludwigsfelder Prosektur, aufgebahrt als Verkehrstote, dort, wo einst auch die Gattin des Bürgermeisters und ihr Hund zur gerichtsmedizinischen Untersuchung gelegen hatten.

Evelyns Summen und leises Singen rissen mich aus meinen Gedankenketten: Sie zwitscherte wie ein Schulchormädchen zu Freds größten Erfolgen aus drei Jahrzehnten: Soeben pries er die Schönheit von volkseigenen Flugbegleiterinnen, und Evelyn, die den Text wohl von früher auswendig kannte, sang mit: »*Die Stewardess im blauen Dress, die schaut ein jeder Mann sich gerne zweimal an. Die Stewardess sagt »ja« und »yes«, und mancher Passagier fliegt wegen ihr …*«

Die Melodie – das musste ich zugeben – war von einem gewissen zwingenden Swing (»Zwing-Swing«, reimte ich unwillkürlich), und auch der Frauenchor, der nun alternierend zu Fred eine Terz höher einsetzte, verfehlte nicht eine gewisse verblödende Wirkung. *Die Stewardess im blauen Dress*, begann Evelyn schon wieder, und ich musste ihr das Sängerwort schlichtweg abschneiden, indem ich sie über das Harzer Käse-Brot hinweg scharf ansah und mit vollem Mund nuschelte: »Evelyn, darf ich Sie mal etwas fragen: Wollten Sie eigentlich nie raus aus der DDR, ich meine, früher. Hatten Sie nie die Sehnsucht, mal an Bord eines Fliegers alles hinter sich zu lassen?« Es war eine dumme Frage, wie hätte eine DDR-Bürgerin einfach »alles hinter sich lassen« sollen, einschließlich Mauer und Stacheldrahtzaun mit Selbstschussanlagen und Hundelaufgraben? Nur ein Wessi-Bürgersöhnchen konnte so fragen. Aber irgendwie musste ich ja das Gespräch in Gang bringen, bevor sie mir zum Frühstück die ganze Schlagerparade rauf und runter jubelte.

Evelyn hörte augenblicklich zu singen auf (während Fred Jacaranda auf der Platte munter weiter jaulte), schaute mich mit einem Mal ernst und mit dunklem Blick an und meinte ganz trocken: »Na klar, daran hat Janke ja auch gearbeitet, habe ich Ihnen das nicht erzählt?«

Ich war überrascht. »Nein, woran hat er gearbeitet?«

»Na, an einer Fliegerturbine, oder wie man das Ding nennt. Die alte, diese *Pirna 014*, war ja Murks. Deswegen kam es doch damals bei Leipzig zu dem furchtbaren Flugzeugabsturz. Ich war selbst vor Ort, 1959, auf der Messe. Hoher Besuch aus Moskau war da: Chruschtschow, und aus Berlin war Walter Ulbricht angereist. Die Unseren wollten doch das Düsenflugzeug 152 präsentieren. Zuvor lief alles einwandfrei. Und dann an diesem Märztag, ich weiß es noch wie heute: der fürchterliche Knall hinter dem Wald; man konnte es ja nicht direkt sehen, aber den Feuerball von der Explosion. Wenig später hörte man die Sirenen und das Martinshorn. Erst am Tag darauf erfuhr man, was passiert war: Der Flieger abgestürzt, alle tot. Und die Blamage: Chruschtschow machte seine üblen Witze, Ulbricht und die ganze Staatsführung waren nackig. Und das war dann auch schon das Ende von den Fliegern.«

»Und Janke?«, fragte ich.

»Na, Janke forschte noch jahrelang an einer verbesserten Maschine, stand deswegen sogar mit dem Flugzeugwerk in Dresden in Kontakt, und Ulbricht schrieb ihm zwei Mal …«

Mir blieb der Harzer Käse im Hals stecken. »Ulbricht?!«, brachte ich hustend hervor.

»Trinken Sie mal einen Schluck Sekt, Tim, das löst … Klar, Ulbricht. Was gucken Sie denn so belämmert? Janke war schließlich nicht irgendwer. Und diese Turbine, oder wie man das Ding nennt, sollte auch schon einen Namen haben. *Pirna 014* hatte ja versagt. Und *Pirna 015*, das ging nicht, weil sie ja nicht in Pirna konstruiert worden ist. Also nannte er sie *Evelyn*, genauer *Evelyn 2310*.«

»2310?«

»Mein Geburtsdatum: 23. Oktober. Das war eine kleine Anspielung, die nur er und ich verstanden.«

»Nochmals«, hakte ich ungläubig nach, »Janke hat also tatsächlich an einer Strahlturbine für den Luftverkehr gebaut? Und mit Walter Ulbricht korrespondiert?«

»Klar«, sagte Evelyn emotionslos. »Ich glaube, das Ding steht heute im Technikmuseum in Berlin.«

Auf der CD sang Fred eben *Die Stewardess sagt »ja«* und *»yes«*, und in diesem Augenblick stürzte er höchstselbst herein und zischte: »Macht schnell, da draußen ist die Polizei, aber nicht die Jungs von gegenüber, sondern Bundespolizei, und so ein Schnösel in Zivil ist auch dabei, der ist mit einem großen schwarzen Audi vorgefahren, so eine Zwei-Meter-Bohnenstange, mit rotem Toupet und einer Hakennase ...«

»Dr. Bartuschek«, sagte Evelyn. Sie war plötzlich aschfahl.

»Das hat nichts Gutes zu bedeuten«, warf Fred ein. »Also die Jungs von gegenüber, die sind okay, aber Bundespolizei und Typen im schwarzen Audi ... Ihr beiden Hübschen, ihr schaut, dass ihr sofort von hier verschwindet, aber augenblicklich! Ich habe nichts gesehen, war im Büro, weiß von nichts! Kapiert? Sofort, sage ich! Ihr seid einfach verschwunden. Den Flur hinter, dort ist der Notausgang. Dann hinten über den Hof, die Straße links runter, es sind nur dreihundert Meter zum Bahnhof. Schaut, dass ihr den Zug nach Berlin bekommt. Der müsste in zehn Minuten gehen. Die drei sind eben rein ins Polizeirevier, können aber jeden Augenblick wieder rauskommen, und ich mag euch zu sehr, als dass ich euch im Knast sitzen sehen will!«

Ich schaute hinaus: Drüben öffnete sich die Tür der Wache, und heraus traten zwei kräftige Kerle der Bundespolizei, dann der smarte Typ von gestern Abend und die etwas verknittert schauende, absolut humorfreie Erscheinung des Dr. Bartuschek. Instinktiv duckte ich mich, kroch auf allen vieren zu Evelyn, zog sie vom Stuhl: »Runter, Evelyn, damit sie uns nicht sehen!«

Dann ging alles sehr schnell, und ohne, dass ich nachdachte oder abwägte, was ich tat, eilte ich auf den Flur und zog Evelyn hinter mir her.

»Wo sind Ihre Sachen?«, fragte ich sie.

»Im Zimmer. Was …«

»Gepackt?«

»Ich habe gestern gar nicht ausgepackt, habe ja mit Fredie die ganze Nacht …«

Ich stürzte in mein Zimmer und griff meine Tasche, dann in Evelyns Zimmer, warf ihr den kleinen Rucksack über die Schultern, nahm ihre Tasche in die andere Hand.

»Rasch, hinten raus, alles Gute, ihr Täubchen«, flüsterte Fred.

Da klingelte es auch schon forsch an der Eingangstür, und während Fred nach vorne ging, um zu öffnen, waren wir bereits am hinteren Ausgang und zur Tür hinaus, zwischen ein paar Mülltonnen und Gehölz hindurch und auf der hinteren Parallelstraße.

»Können Sie kräftig ausschreiten?«, fragte ich. Evelyn strahlte und nickte und meinte nur: »Klar! Endlich Abenteuer. Wie im *Tatort!*«

Wir eilten die Straße entlang, an deren Ende ich bereits den Bahnhof von Ludwigsfelde sah. In zehn Minuten ging ein Zug, hatte Fred Jacaranda gemeint. Den mussten wir erreichen!

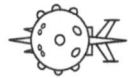

Die Nägel flogen in hohem Bogen über den Pförtnertisch und spritzten an die Scheibe des Kabuffs. Einzelne blieben auf dem schwarzen Telefon liegen und rutschten in die Löcher der Wählscheibe. Andere landeten auf dem Stapel mit der heutigen Post und auf dem angebissenen Schinkenbrot, das er von zu Hause mitgebracht hatte.

Speitler legte die Nagelzange beiseite, nahm den Fuß ächzend von der Sitzfläche seines Stuhls und richtete sich auf. Sein massiger Körper füllte beinahe ganz den kleinen Raum zwischen Tisch, Pförtnerscheibe, Spind und Eingangstür aus. Barfuß stand er da, die Kälte des blanken Estrichs tat dem unter Bluthochdruck Leidenden gut. Er ließ sich auf den Stuhl fallen, der unter ihm knarzte und in den Verleimungen ein wenig nachgab.

Speitler griff zum Wurstbrot und biss herzhaft hinein. Ein Zehennagel knirschte zwischen den malmenden Backenzähnen. Speitler schluckte ihn mitsamt dem Gewölle aus Brotteig und Schinken hinunter. *Es wird schon den richtigen Ausgang finden*, wie seine Trude immer sagte. Sie war bisweilen etwas derb, fand er, hatte aber das Herz auf dem rechten Fleck. Und sie konnte kochen und backen, richtig fett. Schweinebraten mit Soße und Klößen und sonntags Schwarzwälder Kirschtorte, mit viel Schnaps drin. Seine Trude ließ sich nicht lumpen. War noch nicht angesteckt von diesem Geschrei nach *gesunder, fettarmer, ausgewogener Ernährung*. Das waren Luxusprobleme, fand Speitler. Damit traktierte man allenfalls verweichlichte Städter oder Alte und Kranke.

Die Leute hier im Schloss wurden seit knapp einem Jahr auch anders bekocht. Dieses Fräulein Dr. Dinkel hatte das eingeführt. Sie hatte sogar den alten Dr. Rasmussen bequatscht, bis der nachgab. Jedenfalls war das ein Fraß für Kranke, fand Speitler, und insofern für die Bekloppten hier im Schloss gerade gut genug. Denen ging es sowieso *zu* gut, wie er persönlich fand. Hingen hier herum, arbeiteten ein wenig in der Wäscherei oder im Kohlenbunker und bekamen dafür freie Kost und Logis. Und abends konnten sie sich im Gemeinschaftsraum verlustieren. Fernsehen, Plattenspieler, zu Weihnachten und am 1. Mai sogar Tanz und Trallala. Seine Trude meinte, früher hätte man auch nicht so viel mit den Patienten hier herumgetan, aber das durfte man natürlich nicht laut sagen – schließlich lebten sie im sozialistischen Arbeiter- und Bauernstaat und hatten mit der Vergangenheit nichts mehr am Hut, im Gegensatz zu den Imperialisten im Westen. Punktum. Aber denken konnte man sich schon seinen Teil, fand Speitler.

Er blies einen Zehennagel aus der Wählscheibe des Bakelit-Telefons. Alte deutsche Qualitätsarbeit. Noch aus Adolfs Zeiten. Funktionierte einwandfrei. Nicht so wie das ramschige Zeug aus den VEBs, das oft schon vom Anschauen auseinanderbrach. Das war aber seine ganz persönliche Meinung. Eigentlich konnte man sich ohnehin nicht aussuchen, was man bekam, in den HOs war es ja oft genug wie leergefegt, und an die Bückware kam man nur mit Vitamin B.

Speitler griff nach der alten, zerbeulten Thermoskanne und nahm einen großen Schluck: Tee mit Rum. Eigentlich eher Rum mit Tee. Den gab ihm seine Trude immer mit. *Von irgendwas muss ein großer, starker Mann wie du ja leben,* sagte sie anerkennend und klopfte ihm liebevoll auf den mächtigen Bauch. *Ohne Bauch ist ein Mann nur ein Krüppel,* pflegte er, Speitler, dann immer zu sagen, nahm die Thermoskanne, packte sie in die alte Ledertasche zu den in Pergamentpapier eingeschlagenen Wurstbroten, gab seiner Trude einen dicken Schmatz auf den Mund und verließ die Betriebswohnung, in einem der ehemaligen Kavaliershäuser, am Rand des Hubertusburger Klinikgeländes gelegen. Der Weg zur Arbeit war kurz. Das war ein großer Vorteil. Speitler hatte einen Vetter in Ostberlin, der wohnte in Prenzlauer Berg in einem alten Haus aus der Kaiserzeit, Hinterhof, Erdgeschoss, Klo auf der halben Treppe, der einzige Wasserhahn auch. Eine Absteige, fand Speitler, und eigentlich für den Arbeiterstaat eine Schande, aber auch darüber musste man schweigen. Da war ihm Wermsdorf doch lieber. Hübsche, helle Betriebswohnung mit eigenem Bad, ein Schrebergarten ganz in der Nähe, der kurze Weg zur Arbeit, und, ja, die Arbeit in der Pförtnerloge war passabel.

Also, ein Bein riss er, Speitler, sich nicht aus. Die Bekloppten hatten eigentlich alle Angst vor ihm, weil er sie ihre Inferiorität und seine Verachtung spüren ließ. Das machte sie scheu und ließ sie sich sputen. Meistens jedenfalls. Der alte Rasmussen spielte zwar den Chef, aber eigentlich war der auch froh, wenn er mit ihm, dem bulligen Mann an der Pforte, nichts weiter zu tun bekam. Und die Pfleger und Schwestern: meist überfordert, sie ließen Speitler in Ruhe, schon weil sie ohnehin zu viel um die Ohren hatten. Lediglich dieser sogenannte Erfinder, dieser Janke, war ein widerspenstiger Kerl. Einmal hatte der vor der Pförtnerloge sein Raumschiffmodell abstellen müssen, direkt vor den Haupteingang des Schlosses, zum Trocknen. Ihn, Speitler, hatte so die Wut gepackt, dass er hinausgerannt war und dem Pappmaché-Krempel einen derben Tritt verpasst hatte. Die Aufregung hinterher war groß gewesen: ein vor Wut zitternder und stammelnder Janke, und dann dieser technische Leiter, oder wie er sich nannte, dieser angezählte Hausmeister Jonas, der irgendwie an dem Erfinder einen Narren gefressen hatte. Die beiden hielten zusammen wie Pech und Schwefel. *Zu* sehr, wie Speitler meinte. Auch seine Trude gab ihm hierin recht: *Man sollte die Kirche im Dorf lassen*, wie sie immer so treffend sagte. Seine Trude! Etwas grob, aber das Herz auf dem rechten Fleck ...

Jedenfalls musste man den Janke kurzhalten, fand Speitler. Der würde sonst frech und aufmüpfig. War ohnehin eingebildet und glaubte, er sei Besseres. Faselte manchmal davon, dass er bei den Nazis an der *Wunderwaffe* mitgebaut habe, unter diesem Wernher von Braun. Den hatten später die Amis gekauft, er verdiente nun in Amerika hübsch Geld und leitete das Raketenprogramm der Imperialisten. Das hatte Speitler im *Neuen Deutschland* gelesen. Ein Volksverräter, dieser von Braun, fand Speitler. Und dieser Janke glaubte, in von Brauns Fußstapfen zu stehen und mit irgendwelchen Pappmodellen zum Mond oder zum Mars fliegen zu können. Dabei wurde er von Jonas unterstützt, konnte sich an dessen Werkzeug bedienen und hatte vor einiger Zeit sogar eine eigene Werkstatt eingerichtet bekommen, hinten, bei den ehemaligen Pferdeställen. Aberwitzig.

Speitler nahm erneut einen kräftigen Schluck vom Tee mit Rum und knallte wütend die Thermoskanne auf den Tisch. Ein paar Spritzer landeten auf dem Poststapel. Das war auch so eine Neuerung: Rasmussen hatte die Weisung gegeben; vielleicht hatte die Dinkel ihm diesen Floh ins Ohr gesetzt. *Funktionale Erweiterung des Aufgabenbereichs*, so hatte sie in einer Betriebsversammlung geschwafelt. Was für ein Gewäsch! Konnte die Frau nicht klar und deutlich reden?! Das kam alles nur von den Universitäten, wo man heutzutage den jungen Leuten den Kopf mit Mist zustopfte und sie zu sehr verwöhnte und verzärtelte, fand Speitler. Und wenig später also die Weisung von Rasmussen. Dessen Weste war ja nicht ganz sauber, munkelte man. Irgendetwas mit Brandenburg-Görden, in der Nazizeit.

Die Weisung: In Zukunft die Post direkt vom Briefträger annehmen und vorsortieren. Früher landete das immer auf dem Schreibtisch von Rasmussens Sekretärin. Aber die klagte in letzter Zeit über Überlastung. Vielleicht die Wechseljahre, vermutete Speitler. Nun musste er, Speitler, die Briefe vorsortieren: an Rasmussen, an die Ärzte, an die Patienten. Viel Post bekamen die Patienten ja nicht. Deren Angehörige schrieben allenfalls zu Weihnachten oder zum Geburtstag. Sie waren im Regelfall ja froh, sich nicht wirklich kümmern zu müssen.

Aber dieser Erfinder, dieser Janke! Der hielt den ganzen Hubertusburger Betrieb in stetem Wirbel. Was da nicht alles hereingeflattert kam: Briefe von *Interflug*, von irgendwelchen VEBs aus Dresden und Berlin, von Akademien und Ämtern, neulich sogar von einem Ministerium in Ostberlin. Und dann dieser Brief vom *VEB Schiffswerft Edgar André* in Magdeburg. Die verkauften Schiffe bis in die Sowjetunion! Ausgerechnet diese Werft hatte für Janke, der nicht alle Latten im Zaun hatte, Interesse gezeigt! Er, Speitler, hatte den Brief geöffnet, dazu hatte er von Rasmussen Weisung, und das Schreiben überflogen. Meistens winkten die Firmen und Institute, die Janke anschrieb, ja ab, höfliche Floskeln wie *bitte sehen Sie von weiteren Zusendungen dieser Art ab*. Aber die Schiffswerft aus Magdeburg schien wirklich Interesse an irgendeiner Maschine zu haben, die Janke angeblich entwickelt hatte. Nun ja, er, Speitler, glaubte nicht, dass dieser durchgeknallte Janke auch nur bis zehn zählen konnte. Andererseits: Was sollte er sich darum kümmern, sein Leben damit belasten? Sollten die Leute in der oberen Etage sich damit herumschlagen, sie wurden schließlich auch besser bezahlt und waren stolz darauf, im Arbeiter- und Bauernstaat so etwas wie eine höhere Kaste zu sein, Akademiker und Bürgersöhne. Also hatte er, Speitler, den Brief nicht in den Papierkorb geworfen, worin er schon so manches Schreiben an Janke entsorgt hatte, sondern in die Ablage getan, die einmal am Tag von Rasmussens Sekretärin geleert wurde.

Was dann geschehen war, machte Speitler heute noch staunen. Viel Aufregung im Haus, Gerüchte, die zu Geschichten ausgesponnen wurden: Janke würde bald zum technischen Betriebsleiter des *VEB*

Schiffswerft Edgar André berufen werden; er würde demnächst aus Hubertusburg entlassen und nach Magdeburg gehen, in einen bürgerlichen Vorstadtbungalow einziehen, mit eigenem *Wolga* und Chauffeur und Köchin und Gärtner.

Janke selbst bekam aber von all den Gerüchten, die wohl von den Schwestern gestreut wurden, nichts mit. Er war ja tagein, tagaus in seiner Werkstatt, hinten bei den ehemaligen Ställen, und klebte und schraubte an seinen Pappmaché-Modellen. Bis dann dieses Fräulein Dr. Dinkel einschritt und Rasmussen bequatschte: Dass der Unsinn ein Ende haben müsse, und in Zukunft sei eine *Postsperre* zu errichten, um nicht nur Jankes Briefpartner, sondern auch ihn, den *Patienten* Janke, zu schützen – im Sinne einer erfolgreichen Therapie, die zwar Beschäftigung und Ausübung von Hobbys vorsehe, aber eben jegliche Aufregung und jeglichen unterfütterten Realitätsverlust zu vermeiden habe. So schwülstig hatte sie sich geäußert. Speitler hatte das zufällig mitbekommen, als er einmal die Post ins Vorzimmer des leitenden Arztes gebracht hatte (die Sekretärin war wieder einmal unpässlich gewesen) und die beiden, die Dinkel und den alten Rasmussen, durch die nur angelehnte Tür zum Chefzimmer hatte sprechen hören.

Aber es gab eine Lücke in dieser *Postsperre*, von der die Dinkel getönt hatte. Und Speitler wusste auch, wer dafür verantwortlich war. Aber er konnte es nicht beweisen, und außerdem wollte er keine Scherereien, also hielt er lieber den Mund. Jonas war es, dieser bessere Hausmeister, der sich mit Janke irgendwie verkumpelt hatte. Er unterlief die *Postsperre* immer wieder, irgendwie. Vielleicht passte er manchmal den Briefträger schon auf dem Hof ab? Er, Speitler, hielt alles für denkbar. Einmal war er kurz aufs Klo gegangen, und als er zurückkam in sein Kabuff, war ihm so, als läge der Poststapel etwas anders also vorher – aber beschwören mochte er es nicht. Also sagte er nichts.

Jonas jedenfalls musste es sein, der Janke immer wieder Briefe von draußen hinterbrachte, Nachrichten, Informationen. Ein Komplott vielleicht, ein Angriff auf den Betriebsfrieden, auf die Hausordnung. Aber als er, Speitler, einmal diesem Fräulein Dr. Dinkel gegenüber eine vorsichtige Andeutung gemacht hatte, hatte sie ihn durch ihre Brillengläser scharf angeblickt und spitz bemerkt, er, Speitler, solle sich um seinen eignen Kram kümmern und nicht in die Arbeit der *Leitung* hineinpfuschen.

Also hatte er, Speitler, wieder den Mund gehalten. Aber eines Tages würde er es ihnen noch zeigen! Es gab da so Mittel und Wege ... Auch die Stasi in Berlin dürfte sich durchaus für die konterrevolutionären Ansichten und die eine oder andere Vergangenheit der hier Tätigen interessieren. Speitlers Vetter in Ostberlin hatte schon mal etwas angedeutet, von wegen Kontakte zu Verbindungsoffizieren und so ... Jedenfalls, bis es so weit war, würde er, Speitler, Augen und Ohren offenhalten. Man wusste nie, wofür.

Er warf die Post in die Ablage. Heute hatte er nur einen einzigen Brief an Janke aussortiert, wieder von der *Interflug*. Was die nur immer wollten? Speitler hatte sich gar nicht mehr die Mühe gemacht, die Post zu öffnen. Weg damit. Der Papierkorb war in diesem Fall die dankbarste Ablage. Speitler wickelte eine weitere Stulle aus dem Pergamentpapier und schaute hinein: hart gekochte Eier mit Schnittlauch. Seine gute Trude! *Eier erhalten die Manneskraft*, sagte sie immer ganz ungeniert. Ja, in diesem Punkt konnte er, Speitler, von Glück reden: Im Bett, da war bei ihnen beiden, selbst nach zwanzig Ehejahren, noch alles in Ordnung. Und überhaupt: die kleinen Freuden des Alltags, nicht zu verachten.

Speitler biss sich durch die Stulle, die Eierbrösel fielen ihm von den Lippen. Geräuschvoll kaute er, spülte mit Tee und Rum nach. Eben ging die Tür des Haupteingangs auf. Rasch packte er den Rest der Stulle weg und wischte sich mit dem Handrücken die Brösel von Lippen und Kinn. Es brauchte ja keiner zu sehen, dass er im Dienst aß, er hatte deswegen von Rasmussen schon mal einen Verweis erhalten. Das mit den Nägeln war ja auch so speziell – aber zu Hause wollte er das Zeug seiner Trude nicht auf den Teppich spritzen.

Speitler sah durch die Scheibe seines Kabuffs in die Eingangshalle: Dieser Erfinder, Janke, kam gerade die drei Stufen vom Portal herauf. Eigentlich war es den Insassen der Anstalt verboten, den Haupteingang zu benutzen. Es gab mehrere Seitentüren, und man wollte etwaigen Besuchern, Funktionären und Ärzten, den trostlosen Anblick der Patienten ersparen. Aber für dieses Möchtegern-Genie schien es wohl keine Regeln zu geben. Er musste auch keine Anstaltskleidung tragen, seit Rasmussen vor ein paar Jahren die Zügel gelockert hatte. *Zeitgerechte Krankenpädagogik* hieß das im Medizinerdeutsch, hatte Speitler aufgeschnappt. Na egal. Aber es war schon aufreizend, wie dieser Janke mit seinen Pappmaché-Raketen sich zierte: Sakko und Hemd, Stoffhose mit Bügelfalte, braune Budapester Schuhe. Woher er die wohl hatte? Schien irgendwie Geld da zu sein. Gönner? Oder Verwandte? Vielleicht auch ein Erbe, das er nach und nach verzehren durfte, selbst hinter Anstaltsmauern? Und eine Margerite im Knopfloch des Revers, wie ein junger Geck auf Brautschau. Man munkelte ja, dass Janke verliebt sei …

Speitler schob die kleine Scheibe des Sprechlochs beiseite und brüllte hinaus: »Na, Janke, heute ganz fein gemacht? Ein richtiger Strahlemann! Auf dem Weg zu einem Vortrag oder was? Haben die Russen deine Raketenpläne gekauft?«

Speitler grinste und wollte eben das Sprechloch wieder schließen, als Janke eine kaum angedeutete Verbeugung gegen ihn machte, ihn wie ein Graf allergnädigst anlächelte und in gepflegtestem Hochdeutsch sagte: »Mit Verlaub, nein, aber ich stehe in ernsthaften Verhandlungen mit der *Interflug*. Ich hege die begründete Hoffnung auf einen Kontrakt über mein neues Strahltriebwerk.« Dann wandte Janke sich um und schritt seelenruhig das große Treppenhaus hinauf.

Speitlers Wut über die in seinen Augen freche Antwort verrauchte rasch. Er blickte in den Papierkorb zu seinen Füßen: Dort lag er, der Brief der *Interflug* an »Herrn Karl Hans Janke, Abteilung Technologie. Schloss Hubertusburg«. Speitler gab dem Papierkorb einen Tritt, der daraufhin in die Ecke zwischen Spind und Tisch kullerte. Dann wandte er sich mit Wonne wieder seiner Eierstulle zu.

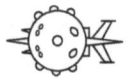

Evelyn hatte mich auf die Idee gebracht: Ich wollte ins Berliner Technikmuseum, um dieses legendäre Triebwerk anzusehen.

Am Südkreuz verließen wir den Regionalzug und wechselten in den Nahverkehr. An der Station Gleisdreieck stiegen wir aus der U-Bahn. Auf der Straße staute sich der Verkehr. Missmutige Autofahrer stierten durch getönte Windschutzscheiben ins Leere. Einer hupte, drei oder vier andere stimmten ein. An eine Hauswand hatte jemand mit roter Farbe die Botschaft gesprüht: *Das Universum liebt dich und beschützt dich!* Das Hupkonzert schwoll immer mehr an, und es erinnerte mich an eine Leichenprozession, in die ich als junger Rucksackurlauber auf Kreta geraten war: Das ganze Dorf war auf den Beinen, der Sarg stand auf einem offenen Karren, der von zwei alten Mähren gezogen wurde; dahinter, unter einem von vier Männern getragenen Baldachin, der Pope; ihm folgten die Anverwandten und die Honoratioren des Ortes und eine Schlange staubverkrusteter, überfüllter Autos, die ununterbrochen hupten, sei es, weil es ihnen nicht schnell genug ging, oder weil die Fahrer auf diese Weise ihre Anteilnahme lautstark äußerten.

Das Hupkonzert verebbte, und dumpfe Berliner Gleichgültigkeit dem Unabänderlichen gegenüber machte sich wieder breit. Es war schwül, der Regen vom Vortag hatte eine feuchte, dampfende Schicht über alles gelegt. Im Stau stand auch ein orangeroter Lkw mit der Aufschrift »Unterhaltungswagen der BVG«. Wen wollten die wohl unterhalten? Waren sie ausgesandt worden, um die verzweifelten Autofahrer mit Zirkusnummern ein wenig aufzuheitern?

Ich schwitzte. Zwischen den Abgaswolken trottete ich ergeben dahin, als mit einem Mal ein Fuchs aus einem Gebüsch hervorbrach, mit gestreckter Lunte zwischen den wartenden Autos hindurchschnürte und ebenso schnell, wie er gekommen war, auf der anderen Straßenseite im Gehölz einer kleinen Grünanlage verschwand. Ich wandte mich zu Evelyn um: »Haben Sie das gesehen?«

Sie stand zehn Schritte hinter mir und hielt sich den Bauch. Ihr Gesicht war verschattet.

»Was ist, Evelyn? Gehe ich zu schnell?«

Unwirsch schüttelte sie den Kopf, murmelte etwas, das ich nicht verstehen konnte, weil ein Audi-Fahrer eben seine höllische Hupe tröten ließ. Offensichtlich hatte er nicht begriffen, dass das Universum ihn liebte und beschützte.

Ich ging zu Evelyn. Leppsch schaute ihr über die Schulter, auch er sah abgekämpft aus. Sie nahm die Hand von ihrem Bauch und sagte: »Geht schon wieder, Tim. Machen Sie sich keine Gedanken! Janke war auch immer so überfürsorglich. Ich mag das gar nicht.«

Schon marschierte sie weiter, und ich nun zwei Schritte hinter ihr, stramm an den Schlange stehenden Autos vorbei. Als wir an dem Gehölz vorüberkamen, versuchte ich, etwas von dem roten Fuchs zu erhaschen, aber er hatte sich wohl schon in seinem Bau verkrochen.

»Das bedeutet Glück«, sagte Evelyn trocken, ohne mich anzublicken, und ich wusste nicht, was sie meinte: den Fuchs? Dass wir so flott vorankamen? Oder dass das Universum uns liebte? Ich musste wieder daran denken, wie sie in Torgau in der Kirche gebetet hatte, und beneidete sie um ihr naives Vertrauen.

Und dann standen wir vor dem Technikmuseum: Hoch über uns, oberhalb der Glas-Stahl-Konstruktion eines Neubaus, hing ein »Rosinenbomber«, als höbe er gerade ab. Evelyn stand mit offenem Mund da und starrte hinauf. »Fliegt der nach Afrika?«, fragte sie, eher zu sich selbst als zu mir.

»Nein, Evelyn, dieser Bomber fliegt schon lange nicht mehr. Er hat mal Mehl- und Kartoffelsäcke nach Westberlin gebracht, während der Blockade.«

»Daran kann ich mich erinnern«, sagte Evelyn, »da war ich noch ein Kind, zwölf oder so. Die Flugzeuge sah man bei gutem Wetter über Leipzig fliegen. Aber reden durfte man darüber besser nicht, wegen der Sowjets. Das war ja noch vor der Gründung der Republik. Einmal ist ein Mann in Schöna sogar abgeholt worden, er hatte irgendetwas über die Amerikaner gesagt, und dass die sowieso größere Flugzeuge haben und viel besser ausgestattet sind. Der Mann kam wohl nach Sibirien. Von ihm hat man nie wieder etwas gehört.«

Wieder musste ich über Evelyn staunen. Während ich, behütet in einem westdeutschen Haushalt, von Konsum zugeschüttet, recht gedankenlos aufgewachsen war und das meiste unhinterfragt und wie selbstverständlich hingenommen hatte, besaß Evelyn ihre eigene Geschichte, die sie sich durch die Gefährdungen der Zeitläufte erst einmal hatte erobern und verteidigen müssen. Eine Geschichte, die vielleicht schief war, auch etwas skurril, aber immerhin ihre ganz eigene, unverwechselbare; eine Geschichte, die authentisch war, vielleicht vom Schicksal etwas unwirsch und unvollkommen erzählt, mit Höhen und Tiefen, größeren und kleineren Katastrophen, unerwarteten Wendungen, mit einem offenen Ende (das war Afrika, und ich war Teil dieser Geschichte) – vor allem eine Geschichte mit einer »unerhörten Begebenheit« (so viel wusste ich noch vom Deutschunterricht: Novellentheorie, *Schimmelreiter* und so). Und das war Jankes übergroße, bittersüße Liebe. Während ich, der »Grövaz«, der größte Versager aller Zeiten, von meiner Freundin vor die Tür gesetzt worden war, die ein Kind erwartete, das vielleicht von mir stammte (vielleicht auch nicht), und mit einer einzigen Liebesnacht mit einer tollen Frau in der *Mitte der Welt* bedacht worden war, einer einzigen Nacht nur, bevor sie mich klammheimlich verlassen hatte, während ich Dussel schlief wie ein Stein und schon wieder einsam durch den Orbit raste, fern der Mitte der Welt, wie in einem Trajekt von Karl Janke, der wie ein Puppenspieler die Fäden zog, und wir waren seine Marionetten – na ja, streng genommen wohl nur ich, so jedenfalls fühlte ich mich.

Evelyn holte mich aus meinen melancholischen Gedankenketten zurück: »Was ist, Tim? Wollen wir nicht hineingehen?«

Wir betraten das Foyer des Technikmuseums, gingen zum Ticketschalter.

»Einmal normal, einmal ermäßigt, Rentnerin«, sagte ich zu dem jungen Mann mit Dreadlocks.

»Mit Behindertenausweis, also doppelt ermäßigt«, ergänzte Evelyn und zeigte ihm ein grünes Kärtchen.

»Es gibt nur eine einfache Ermäßigung«, sagte der junge Mann trocken, ohne überhaupt aufzublicken.

Ich nahm mir vor, beim nächsten Mal meine Treuepunktekarte vom Jeans-Store vorzuzeigen.

Wir verstauten unser Gepäck und Leppsch in Schließfächern und betraten die Ausstellung. Ich dirigierte Evelyn gleich zur Sammlung von Flugapparaten aller Art: In einer riesigen Halle standen und hingen Doppeldecker, Eindecker, Ballons, Luftschiffe, Propellerflugzeuge, Maschinen mit Düsentriebwerken. Ich las fremdartige Namen wie *Bücker Bü 131* »*Jungmann*«, *Jeannin Stahltaube* oder *Raab-Katzenstein RK 9*.

»Wie weit die wohl fliegen können?«, fragte Evelyn, die beseligt um diese Wunderwerke der Technik herumschlich und einer alten Junkers, einer *JU 52 Hans Kirschstein*, sogar über den metallenen Bauch strich, als sei es ein Pferd, das man liebkost.

»Nicht berühren«, ermahnte ich sie und schielte zu einem der Wärter hin, der das aber nicht gesehen hatte.

Halblaut, stockend las sie den Erläuterungstext: »Das zentrale Ausstellungsobjekt innerhalb der Luft- und Raumfahrtausstellung des Deutschen Technikmuseums Berlin trägt den Namen des Flugzeugpioniers Hans Kirschstein. Hierbei handelt es sich um das Verkehrsflugzeug Junkers Ju 52, besser bekannt als *Tante Ju*. Die Deutsche Lufthansa stellte sie 1941 als D-AZAW ›Hans Kirschstein‹ in Dienst. Bereits nach einer Woche ging sie an die spanische Fluggesellschaft *Iberia*. 1942 wechselte sie zur spanischen Luftwaffe. Eine Zeit lang führte sie Verbindungsflüge zwischen Berlin und den Standorten der spanischen Freiwilligengruppe Blaue Division durch, die auf deutscher Seite an der Ostfront kämpfte.«

Evelyn sah mich an. Ich wusste nicht, wie viel von dem Gelese-

400

nen sie verstand. Überhaupt: Wie war das mit ihrer »Behinderung«? Behindert in welcher Hinsicht? Und weshalb hatte sie diesen seltsamen Dr. Bartuschek aus Oschatz zum Betreuer? Welches Gericht, welche Klinik hatte ihr den zugewiesen? Ging das noch zurück auf die Zeit in Hubertusburg?

»Kriegskram«, sagte Evelyn, voller Verachtung in der Stimme. Dann fuhr sie zu lesen fort: »An der 1934 gegründeten Südafrikanischen Luftfahrtgesellschaft SAA besaß die Firma Junkers eine Mehrheitsbeteiligung. Da es dem Deutschen Reich chronisch an Devisen mangelte, beteiligte sich Junkers an der Gesellschaft durch Einbringen von Material. Die SAA übernahm daher ab dem 1. November 1934 ihre ersten dreimotorigen Ju 52. Sie übernahmen die wichtige Strecke von Kapstadt nach Johannesburg. 1940 wurden zehn Ju 52 von der Südafrikanischen Luftwaffe SAAF übernommen und als Transporter oder – in Nordafrika – auch als Behelfsbomber gegen deutsche Truppen verwendet.«

Evelyn blickte auf und strahlte mich an: »Na also! Hier steht's ja: Die Maschine fliegt sogar bis Afrika! Kein Problem! Nur Sie, Tim, tun so, als wäre das etwas ganz Unmögliches und als hätte ich nicht mehr alle Latten im Zaun.«

Ich musste schmunzeln: Diesen saloppen Ausdruck kannte ich nicht. War das der Jugendjargon der frühen Fünfzigerjahre, oder hatte sie den auf dem Marktplatz von Oschatz aufgegabelt, bei den Jungs, die wir vor ein paar Tagen dort hatten herumlümmeln sehen?

Ich hakte Evelyn unter und zog die Widerstrebende weiter, zum nächsten Saal, wo Motoren und Triebwerke aufgebockt waren und man in einem nachempfundenen Cockpit mit Flugsimulator selbst in die Luft gehen konnte.

Und dann standen wir davor, oder vielmehr darunter: Auf einem massiven Stahlträger aufmontiert, die Düse leicht nach oben ragend, als würde der dazugehörige Jet eben durchstarten, prangte das zylinderförmige, etwa vier Meter lange Strahltriebwerk *Evelyn 2310*!

»Das ist es!«, rief Evelyn stolz. »Mein Name! Und mein Geburtstag! Ich kann mich noch gut erinnern, wie Janke das in seiner neuen Werkstatt, hinten bei den ehemaligen Stallungen, konstruiert hat. Der Hausmeister – Jonas hieß er, glaube ich – hatte Janke da einen Raum eingerichtet, nach langem Bitten und Betteln hatte die Klinikleitung das zugelassen. Und da hat Janke gesägt und gehämmert und gefeilt. Und dann, an einem Nachmittag, es war ein stürmischer Spätherbsttag, da hat er mich in seine Werkstatt eingeladen, in sein *Laboratorium*, wie er das immer genannt hat. Komisches Wort. Habe ich damals zum ersten Mal gehört. Das ist lateinisch, hat Janke gesagt, und alle großen Erfinder hätten ein *Laboratorium* gehabt. Deswegen wären sie ja auch Erfinder, und keine bloßen Schreiner oder Tüftler. Also, er hat mich eingeladen, zu Kaffee und Frankfurter Kranz. Eigentlich durften wir das gar nicht, wegen der strikten Trennung von Männlein und Weiblein, aber damals waren die Pfleger und Schwestern mal nicht so, etwas kulanter, haben über manches hinweggesehen. Und da hat Janke mich dann hineingeführt, in sein *Laboratorium*. Drinnen war's schon dämmerig, er zündete zwei Kerzen an. Und da war dann unter einem alten Leintuch etwas verborgen, das sich bauschte. Janke schaute mich herausfordernd an, mit leuchtendem Blick, dann zog er an einem Zipfel des Tuchs, es fiel herunter und gab das Modell frei. Also, es war nicht so groß wie dieses Teil da.«

Evelyn zeigte auf das Triebwerk vor uns, bevor sie weitersprach: »Es war eben nur ein Modell, aber auch nicht klein. Aus Sperrholz und Pappmaché und was Janke eben so an Material auftreiben konnte. Die Firma baute das ja erst später nach dem Modell nach. Janke hat mir Briefe gezeigt vom *VEB Flugzeugwerke* und dann eben auch dieses Schreiben von Walter Ulbricht – diesen Brief hütete Janke wie einen Meisterbrief, wie eine Auszeichnung. Und damals, an jenem Nachmittag in seinem *Laboratorium*, da deutete er auch auf große Blätter an den Wänden, die waren über und über mit Zeichnungen bedeckt und rundherum, in seiner kleinen, peniblen Schrift, mit Erläuterungen versehen. Und da hat er feierlich geraunt: ›Das, liebes Evelynchen‹, ja so hat er mich immer genannt, ›das sind die Pläne zu meinem neuen Triebwerk. Ganz ohne Atom! Und das ist weit besser als die *Pirna 014*‹. Das weiß ich noch, das war ein so seltsamer Name, dass ich ihn mir merken musste. Und Janke sagte weiter: Und damit wird der Passagierjet *152* sicher abheben und schneller fliegen. Und es wird zu keiner Katastrophe kommen! Das wird der internationale Durchbruch werden für den Flugzeugbau unserer Deutschen Demokratischen Republik!‹ – Ja, ungefähr so hat er gesagt, der Janke, und ist mit der Hand liebevoll über die Pappmaché-Haut des Trajekts gefahren. ›Unser sozialistisches Brudervolk, die Russen‹, hat er geprahlt, ›haben so etwas Ausgefeiltes nicht. Und die Amerikaner sowieso nicht. Das, Evelynchen, wird den Himmel erobern! Und es wird die Menschen dieser Welt zueinander bringen, schnell und sicher. Es wird der Beginn einer neuen Ära sein, und die Menschen werden sich unkompliziert besuchen können und einander austauschen und kennenlernen und merken, dass sie alle zu einer einzigen Familie gehören. Und dass sie sich nicht fremd sind und man ihnen durch die Jahrtausende hindurch nur Lügen und Humbug aufgetischt hat, von wegen Erzfeindschaft und Völkerhass und so weiter. Es wird ein neues Zeitalter des Friedens anbrechen, ein Zeitalter der Sonnenkinder‹. So hat er sich ausgedrückt. ›Und dann, Evelynchen, werden auch wir zueinanderkommen und diese Anstalt verlassen dürfen. Und irgendwo, vielleicht an der Ostsee oder im Erzgebirge, wenn dir die Berge lieber sind, werden wir ein Häuschen haben, und ich im Garten mein eigenes Laboratorium, und du wirst unsere Kinder aufziehen und mir leckere Sachen zum Essen kochen. Und schau‹, und dann nahm er mich am Arm – mir war das ja alles unheimlich, ich meine, ich war doch verheiratet, und er hat immer geglaubt, ich würde ihn mal zum Mann nehmen, er hat das einfach nicht wahrhaben wollen –, dann nahm er mich also am Arm und führte mich um das Modell herum. Auf der anderen Seite, da hat er mit roter Lackfarbe den Namen draufgepinselt, ganz akkurat, versteht sich: *Evelyn 2310* stand da! Mein Name! Und mein Geburtsdatum, der 23. Oktober. Verrückt, nicht?«

Evelyn hatte das alles wie zu sich selbst gesagt und starrte unverwandt das Triebwerk an.

Ich stand da und wusste nicht, was ich sagen sollte. Jankes Idee war kein Fake, keine Täuschung, keine Ausgeburt eines kranken Geistes, eines weggesperrten Schizophrenen, sondern Wirklichkeit, technisch und ökonomisch ausgefeilt und sinnvoll. Seine Idee war Realität geworden, und umgekehrt der reale Gegenstand eine Idee: die Idee der Liebe zur Menschheit im Allgemeinen und zu Evelyn im Besonderen. Eine Evelyn, die einstmals jung, schön und begehrenswert gewesen war. Und ich stand da, beinahe fünfzig Jahre später, mit ebendieser von Janke angebeteten Frau, die ein faltiges Gesicht hatte, die etwas schrullig, kauzig, leicht behindert und ein wenig berechnend war (und das wohl schon zu Jankes Lebzeiten), ich stand da vor Jankes Liebesbeweis, bestaunte die Größe seiner Gefühle und den Scharfsinn seiner visionären Erfindergabe, ein technisches Wunderwerk zu erschaffen, das seit Jahrzehnten von den Besuchern dieses Museum bestaunt wurde – während er, Janke, seit rund einem Vierteljahrhundert unter der Erde lag, Asche zu Asche, Staub zu Staub.

Evelyn war ganz in alten Erinnerungen versunken. Ich sah in ihren Augen einen feuchten Schimmer. War sie Janke dankbar? War sie überwältigt? Oder nahm sie es ihm noch immer ein wenig übel, dass er so über sie verfügt hatte? Und hatte sich alles exakt so zugetragen, wie sie es erzählt hatte? Wie leicht trog doch die Erinnerung über die Jahrzehnte hinweg und verklärte die Vergangenheit!

Ich wandte mich der Tafel zu, die das technische Meisterwerk dem Laienverstand nahezubringen versuchte: »Strahlturbine *Evelyn 2310*. Dieses Strahltriebwerk, gefertigt um 1965 von dem in Wermsdorf tätigen Erfinder Karl Hans Janke, stellt eine technisch interessante Weiterentwicklung des Vorgänger-Triebwerks *Pirna 014* dar, kam jedoch im Flugzeugbau der DDR nicht mehr zur Verwendung, nachdem am 4. März 1959 der in der DDR entwickelte und gebaute Passagierjet 152 bei einem spektakulären Schauflug vor Politgrößen der DDR und der befreundeten Sowjetunion – darunter Walter Ulbricht und Nikita Chruschtschow – unweit des Flughafens Leipzig tragisch abgestürzt war, wobei vier Menschen zu Tode kamen. Nach dieser Flugkatastrophe entschied sich die DDR-Führung, die Entwicklung eines eigenen Passagierjets, der international konkurrenzfähig sein sollte, nicht weiterzuverfolgen. Gleichwohl gab es vereinzelt Tüftler, darunter Karl Hans Janke, die diese Vision nicht aus den Augen verloren und eigene Strahlturbinen entwickelten. Janke, in einer psychiatrischen Klinik langjähriger Patient mit technischem Sachverstand, trat um 1965 in brieflichen Kontakt zum Staatsratsvorsitzenden Walter Ulbricht, der ihn an den *VEB Flugzeugwerke Dresden* verwies. Janke sandte dem Dresdner Flugzeugwerk eigene Pläne für ein verbessertes Strahltriebwerk, das jedoch nie in Produktion ging. Janke starb 1988. Nach dem Ende der DDR fanden Technikhistoriker im Archiv des einstigen *VEB Flugzeugwerke Dresden* Jankes Konstruktionspläne, die in den Besitz des *Deutschen Technikmuseums* gelangten. Die Museumsleitung entschied sich nach Auswertung der Pläne und in Absprache mit Technikhistorikern, einen Prototyp dieser interessanten technischen Fortentwicklung zu bauen, um ihn der Öffentlichkeit vorzustellen. Allgemein ist sich die Fachwelt heute darüber einig, dass dem DDR-Düsenflugzeugbau damit ein entscheidender Sprung nach vorne gelungen wäre, ja, dass man unter Umständen sogar den Anschluss an die damaligen technischen Bestleistungen in der Sowjetunion und den USA vollzogen hätte. So bleibt im Nachhinein bedauerlich, dass Jankes Konstruktionspläne unbesehen ins Archiv wanderten und der zwar psychisch kranke, gleichwohl geniale Erfinder bei Politik und Wirtschaft nicht den nötigen Rückhalt fand. Ob seine Unterbringung in eine psychiatrische Anstalt dem Vorschub leistete, kann nur vermutet werden. Rätselhaft bleibt zudem die von Janke selbst gefundene Bezeichnung der Strahlturbine *Evelyn 2310*. Bei dem für das Museum erstellten Nachbau entschied man sich gleichwohl – auch aus Reverenz vor dem technischen Entwickler – für eine Beibehaltung dieser enigmatischen Benennung.«

Dann folgten noch ein paar technische Daten, die ich jedoch nicht verstand: Ich las etwas von zwölfstufigem Axialverdichter, von einer Brennkammer mit zwölf Einspritzdüsen, von einer zweistufigen Axialturbine mit klarer Schubdüse, von Schubkraft, Verdichtungsverhältnis und Massenluftdurchsatz …

Mir schwirrte der Kopf. Nicht wegen dieser Termini, sondern weil mir mit einem Mal bewusst wurde, dass ich Janke die ganze Zeit unterschätzt hatte. Dass ich ihn, wie seine Zeitgenossen in Wermsdorf, lediglich als zwar sympathischen, allenfalls verträumten Kauz gesehen hatte, nicht aber als genialen Erfinder, dessen Visionen in greifbarer Nähe zur technischen Umsetzung gestanden hatten. Sein Pech war gewesen, geistig krank zu sein. Aber trotz seiner Krankheit war er seiner Zeit voraus. Und nur weil er ihr voraus war, so glaubte ich nun, hielt man ihn für geistig krank. Janke war außerordentlich, trotz seiner Schizophrenie, und diese Außerordentlichkeit beleidigte die Mittelmäßigkeit, die Piefigkeit und Fantasielosigkeit seiner Zeit, seiner Umgebung, der hartherzigen Anstaltsleitung, der miesepetrigen, grauen DDR. Ich sah Evelyn an, die alt und faltig geworden war, und wusste: Die Liebe zu dieser Frau hat Janke angespornt, seine Liebe hat ihn vorangetrieben und ihn über sich selbst erhoben, und diese Liebe, die Evelyn aber nicht erwidern konnte oder wollte, hätte ihn erlöst. Hätte.

»Ich habe jetzt eigentlich alles gesehen«, riss Evelyn mich aus meinen philosophischen Abirrungen. Ihre gute Laune war mit einem Mal verflogen, sie wirkte wie verwandelt.

Ich blickte sie groß an: »Ist das alles, was Ihnen zu Ihrem Strahltriebwerk einfällt?«

»Na, ich habe doch schon gesagt, dass es mich freut. Es ist ja auch wirklich nicht schlecht geraten. Aber so ganz verstehe ich's nicht. Also, ich sage mal so: ein Toaster oder eine *Flotte Lotte* beeindrucken mich mehr und sind im Alltag viel praktischer.«

Dem war kaum etwas entgegenzusetzen. Ich wagte dennoch einen Einspruch: »Aber dieses Teil da«, ich zeigte auf *Evelyn 2310*, »hätte große Passagierflugzeuge angetrieben, in den Himmel gehoben. Stellen Sie sich das mal vor, Evelyn: Sie wären 1965 von Wermsdorf nach Leipzig gefahren, hätten so einen Düsenflieger bestiegen und wären damit mir nichts dir nichts nach Afrika geflogen!«

»Alles Soße«, erwiderte Evelyn trocken. »1965 war ich in der psychiatrischen Anstalt, hinter Gittern, sozusagen. Wäre ich da ausgebüxt, hätte die Vopo mich spätestens in Wurzen eingefangen und wieder zurückgebracht. Und selbst wenn ich zum Flughafen gekommen wäre: Es war ja die Zeit nach dem Mauerbau, Sie, Grünschnabel. Wohin hätte denn das Düsending fliegen sollen? Allenfalls bis Suhl, falls die Hinterwäldler dort überhaupt einen Flughafen haben; oder meinetwegen auch nach Greifswald, weiter nicht. Da will ich aber gar nicht hin. Ich glaube, der *Bundesdienst* ist schlecht informiert. Wir in der DDR hatten es nicht so fein: mal eben nach Malle oder nach Rimini zum Sonnenbaden. Ich lebte in Wermsdorf, und da schien auch die Sonne, kam aber nicht immer so gut durch, wegen des ganzen Braunkohledrecks in der Luft. Aber das hat den Janke ja eh nicht interessiert: Er wollte nicht nach Suhl und auch nicht nach Rimini, er wollte in den Weltraum, zum Mond und noch weiter. Mit seinen Trajekten. Und Sie erzählen mir was von Düsenflugzeugen. Dass ich nicht lache. Und überhaupt: Wie wollen Sie schon begreifen, wie das war: einen Verehrer an der Backe zu haben, den man gar nicht liebte, und der immer hinter einem her war, mit seinen Pralinen und Schokolade und Briefen und was weiß ich. Freilich, aufmerksam war er schon, der Janke. Aber davon allein kriegen Sie als Frau auch keine Gänsehaut. Ich meine: Ich war ja auch mal jung, und die Ehe mit Edmund nach ein paar Jahren in der Tonne. Ich wäre schon gern ein wenig lustig gewesen, mit einem feschen Kerl von der Kirmes oder von der Freiwilligen Feuerwehr, aber doch nicht mit einem Planetenheini, der einem immer die Sterne vom Himmel holen wollte!« Evelyn drehte demonstrativ den Zeigefinger an der Schläfe. »Nee, was glauben Sie eigentlich, ich bin doch nicht bekloppt. Alles Soße.«

Ich schwieg beklommen.

Sie aber hatte sich in Rage geredet: »Und von wegen Soße: Ich habe Hunger, einen Bärenhunger, und der Leppsch sicherlich auch!«

Ich musste zugeben: Sie hatte in gewisser Weise ja recht, sowohl, was den »Planetenheini« anbelangte, als auch was die rein körperlichen Bedürfnisse jedweder Art anging. Für entgangene erotische Freuden konnte ich nun freilich nichts. Aber die kulinarischen waren auch nicht zu verachten, und mein Magen knurrte ebenfalls nach so viel musealer Präsentation technischer Wunderwerke.

»Wie dringend ist es denn?«, fragte ich.

»Hochrot!«, antwortete Evelyn.

»Also Museumscafé«, beschied ich.

»Aber der Leppsch muss mit«, nickte sie.

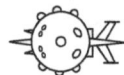

Franz blickte erwartungsvoll drein. Er hatte allen Anlass dazu: Janke hatte ihm eine blaue Schleife umgebunden, nicht so kobaltblau wie Evelyns neues Kleid, eher blass. Aber sie stand ihm gut zum braunen Fell, fand Franz. Janke auch. Er selbst, Janke, trug sein bestes Sakko, darunter ein weißes Hemd mit grünem Schlips. *Grün wie die Hoffnung*, wie man so sagte. Am Revers steckte eine lila Herbstaster. Es war Sonntag, und es war zwei Tage nach Evelyns Geburtstag.

Aus der Küche hatte Janke eine Thermoskanne mit Kaffee geschnorrt, etwas Zucker und Milch und zwei Gedecke. Die junge Küchenhilfe, eine dicke Schwarzhaarige mit lustigen roten Bäckchen, mochte ihn. Er hatte für sie einmal einen kaputten Haartrockner, den sie von zu Hause mitgebracht hatte, repariert. Eigentlich eine Kleinigkeit, rasch aufgeschraubt, einen durchgeschmorten Kontakt überbrückt, und schon lief das Ding wieder. Seither genoss Janke bei der Küchenmamsell hohes Ansehen. Sie hatte begriffen, dass er etwas von Technik verstand, auch wenn es sich bei einem Haartrockner um ein recht simples Gerät handelte, nicht zu vergleichen mit seinem neuen Trajekt mit Strahltriebwerk.

Das stand an diesem Festtag – denn das war es für ihn – etwas erhöht, auf einer Kiste. Darüber hatte er wie bei einer Denkmalenthüllung ein weißes Leintuch gebreitet. Davor die Kaffeetafel: gedeckt mit dem, was ihm die pausbäckige Küchenhilfe gespendet hatte. Kuchen hatte Janke einen Tag zuvor in der Dorfbäckerei gekauft: Frankfurter Kranz. »Der hält sich prima«, hatte die Bäckersfrau betont und ihm sogar zugezwinkert. Sollte sich sein, Jankes, Ruf herumgesprochen haben? Die Menschen, hatte er den Eindruck, waren in letzter Zeit so freundlich zu ihm, lächelten zuvorkommend und gaben ihm auch schon mal von der *Bückware*. Er hatte im *Konsum* sogar *Kenton blau*-Zigaretten bekommen, die Evelyn mochte – obgleich das Rauchen seiner innersten Überzeugung zuwiderlief. Deswegen hatte er auch noch eine Tafel Schokolade erworben. Die wollte er Evelyn dazulegen, als Ausgleich sozusagen, denn Schokolade war gesund.

Janke richtete mit dem Zollstock Tassen, Teller und Löffel aus, ebenso das Kännchen mit Milch und die Zuckerdose. Alles hatte exakt in Linie zu stehen, das machte Eindruck. Er hatte das einmal gelesen, vor Jahren, im *Magazin*. Ein ehemaliger Butler der Königin von England hatte über die Gepflogenheiten in Schloss Windsor geplaudert. Und dass sie dort auch einen Zollstock zu Hilfe nehmen, um das Service exakt gleich, parallel und symmetrisch auf der Festtafel zu arrangieren, vor allem wenn hoher Staatsbesuch kam und man schon mal für mehrere Hundert Gäste zu decken hatte.

Janke stellte zwei Kerzenständer aus Weißblech auf den Tisch und maß auch deren Abstand zum Übrigen genau aus. Zum Schluss zündete er die Kerzen an und betrachtete die Tafel: Alles war ordentlich, exakt, festlich. Auch Franz blickte wohlgefällig vom Regal herab. Die Königin konnte kommen!

Janke sah auf die Uhr: bereits kurz nach drei. Beste Kaffeezeit. Unruhig ging er in seiner Erfinderwerkstatt auf und ab, blickte immer wieder durch die kleinen, verschmutzten Scheiben des ehemaligen Stalls hinaus auf den Hof: Von dort musste Evelyn kommen, über den Ehrenhof, an den Kavaliershäusern vorbei, über den Waschplatz hierher. Sie kannte doch den Weg, hatte ihn doch bereits hier gesehen, als er aus der Tür herausgetreten und sie, die rauchend hinter den Mülltonnen stand, freundlich gegrüßt hatte ...

Er blieb vor Franz stehen, nahm ihn vom Bord, zupfte die blaue Schleife zurecht, strich ihm zärtlich über den Pelz, setzte ihn wieder hin. »Bekommst nun ein Frauchen«, sagte er zu dem Bären, dessen Glasaugen aufzuleuchten schienen.

Wieder ging Janke auf und ab, rückte noch ein wenig an Tellern und Tassen, schraubte die Kanne auf und kontrollierte, ob der Kaffee noch heiß war. Ein paar Mal war ihm so, als hörte er draußen Schritte: Dann riss er freudig erregt die Tür auf und trat hinaus, stand aber alleine auf dem Vorplatz mit den Mülltonnen, aus denen es vergoren roch, während das sonnige Spätherbstwetter nun dunklen Wolken und einem böigen, kalten Wind gewichen war, der die letzten Blätter von den Bäumen riss.

Irgendwann setzte sich Janke an den Tisch und goss sich von dem guten Kaffee ein, dem ihm die schwarzhaarige Küchenhilfe gebraut hatte. Weil sie ihm noch dankbar war wegen der Reparatur des Haartrockners; oder einfach, weil sie ihn mochte. Und weil sie, so stellte sich Janke das zumindest vor, selbst verliebt war und daher mitempfinden konnte. Jedenfalls musste eine so hübsche, propere junge Person mit so frischen roten Bäckchen doch verliebt sein, oder? Für wen sonst machte sie sich hübsch und ondulierte sich jeden Morgen mithilfe des reparierten Haartrockners die Frisur?

Janke probierte von dem Kaffee: Schön stark war er. Nicht wie die gestreckte Plörre, die sie sonst bekamen. Der würde Evelyn, seinem Evelynchen, gehörig munden!

Janke schnitt den Frankfurter Kranz an, legte sich ein kleines Stück auf den Teller, zögerte, stach dann aber doch mit der Kuchengabel einen Bissen ab und kostete: Die Bäckersfrau hatte nicht zu viel versprochen. Schön locker war er, schmeckte fein nach Krokant ... Janke kaute gemächlich und schob den süßen Brei genüsslich von einer Backe in die andere.

Evelyn würde Augen machen! *Liebe geht durch den Magen*, hieß es. Sie würde, war sich Janke sicher, endlich ihre Vorbehalte aufgeben. Hatte er, ganz feiner Kavalier, sich ihr in den letzten Jahren nicht immer zuvorkommend gezeigt, ihr Schokolade geschenkt und Pantoffeln, damit sie keine kalten Füße auf den zugigen Fluren des Schlosses bekam?! Und nun also auch noch *Kenton*-Zigaretten ... Eigentlich wollte Janke das Rauchen ja nicht unterstützen, es war ungesund, aber sollte man seiner Angebeteten nicht die eine oder andere Unart nachsehen? Und besser, sie erhielt hin und wieder von ihm, Janke, ein paar Glimmstängel, als von diesem Willi Frank mit seinen unsauberen Fingernägeln und seiner *Gesichtszecken*-Krankheit! Die Schokolade, gute *Rotstern* aus Saalfeld, würde das ja wieder wettmachen. Und in Zukunft, wenn sie beide, Janke und Evelyn, verheiratet sein würden und irgendwo auf dem Land, vielleicht hinter dem Collmberg oder im schönen grünen Saaletal, ein Häuschen hätten mit Garten, dann würde er, Janke, schon dafür sorgen, dass immer frisches Obst und Gemüse aus eigenem Anbau auf den Tisch käme. Und Evelyn würde daraus die besten Suppen und Aufläufe und leckersten Kuchen und Nachspeisen zaubern. Das wäre dann alles ganz gesund, und sie beide würden neunzig oder hundert Jahre alt werden und glücklich miteinander sein und abends in einer Rosen- und Geißblatt-Laube, die Janke selbst zimmern würde, sitzen und den Mond und die Sterne betrachten. Janke würde seinem Evelynchen dann die Sternbilder und die Planeten erklären, und bis wohin seine Trajekte mit dem neuen Strahltriebwerk bereits flögen, um für die Menschheit neue Lebensräume zu erkunden, *nur für friedliche Zwecke*!

Janke schrak hoch: Ein zaghaftes Klopfen! Er sprang auf, eilte zur Tür, riss sie auf: Evelyn! Sie hatte einen eleganten cremefarbenen Wollmantel an und einen blauen Schal umgebunden.

»Bitte, Evelyn, komm herein in meine Erfinderwerkstatt.«

Wortlos trat sie ein. Er schloss die Tür.

»Möchtest du ablegen?« Er hatte das so in einem alten Kinofilm gesehen, vor dem Krieg, mit Marika Rökk und Johannes Heesters, und er kam sich ganz weltläufig vor, als er ihr den Mantel und den Schal abnahm und beides sorgsam über eine Stuhllehne legte.

Stumm stand Evelyn da, sah sich neugierig um. Imponierten ihr die Modelle und Pläne an den Wänden und auf den Tischen? Janke schöpfte Mut. Er spürte, wie sich sein Herz, das vor wenigen Minuten noch verkrampft war, entspannte.

»Bevor ich dir eine kleine Führung durch mein Laboratorium gebe: Hättest du Lust auf eine Tasse Kaffee mit Frankfurter Kranz? Ganz frisch. Und *echter* Bohnenkaffee!«

Evelyn blickte noch immer auf die Konstruktionspläne an den Wänden, als nähme sie keine Notiz von Janke. Dann sagte sie, schleppend und wie abwesend: »Nein, danke ... Ich hatte schon Kaffee. Und von zu viel Süßem bekommt man Akne.«

Janke zwang sich, seine Enttäuschung zu verbergen. »Aber vielleicht nur eine halbe Tasse? Er ist wirklich frisch und wird dir munden.«

Evelyn schüttelte wortlos den Kopf, sie hatte die roten Plastikperlen an den Ohren, die im Glanz der beiden Kerzen nun aufflammten, *wie Rubine*, dachte Janke, *falsche Rubine.*

»Haben Sie die Zigaretten besorgt?«, fragte sie.

Janke schnaubte hörbar durch die Nase. »Aber Evelyn! Sei doch ein wenig freundlich zu mir! War ich in den letzten Jahren nicht immer gut zu dir? Und bitte, duze mich doch endlich. Ich bin der Karl!«

Endlich blickte sie ihn an, ein Lächeln umspielte ihre Lippen, ein wenig spöttisch, so war ihm.

»Na gut«, sagte sie, und das Lächeln in ihrem Gesicht blieb stehen, als sei es eingefroren. »Wie du meinst – Karl. Komischer Name. Wer heißt denn heute noch so? Und die Zigaretten?«

»Aber ja, die *Kenton blau*. Die magst du doch. Aber zuvor wenigstens eine halbe Tasse Kaffee? Und ein wenig Frankfurter Kranz, den habe ich eigens im Dorf besorgt.«

Ohne zu antworten, ließ Evelyn sich auf einen Stuhl nieder. Janke beeilte sich, sie zu bedienen. Stumm saßen sie da. Janke bemühte sich, seine Tasse zum Mund zu führen, ohne etwas zu verschütten, so sehr zitterte er. Alles wäre ihm in diesen schier endlosen Minuten lieber gewesen, als so zu sitzen und sich anzuschweigen!

Endlich fiel ihm wieder ein, weshalb er sie überhaupt hergebeten hatte. Mühsam stand er auf, bewegte sich steif zur Stirnseite des Raums, wo unter dem weißen Leintuch das Geheimnis wartete. Als er davor stand, fasste er sich wieder. Entschlossen packte er mit beiden Händen die Aufschläge seines Sakkos, wandte sich auf den Absätzen um, blickte Evelyn, die sich aus einem Necessaire einen roten Stift gezogen hatte, womit sie sich die Lippen nachzog, forsch an und sagte mit fester Stimme: »Evelyn, weshalb ich dich hergebeten habe, an diesem Festtag ... jawohl, Festtag! Denn du hattest ja diese Woche Geburtstag, und ich habe das nicht vergessen. Ich habe eine Überraschung für dich, ein Geschenk, und ich hoffe, das heißt, ich bin sicher, dass du es zu würdigen weißt. Bevor ich es feierlich enthülle, will ich dich nochmals meiner ... meiner ... Anhänglichkeit versichern; und dass du doch dein Herz öffnen mögest, mir, einem vielleicht einfachen Mann, aber einem genialen Erfinder ... und ... dass, also dass ich doch hoffe, dass eine gemeinsame Zukunft ...«

Die Sprache versagte ihm. So schwierig hatte er es sich nicht vorgestellt. Schon seit Wochen hatte er in Gedanken die Worte gewälzt und gedrechselt, die er ihr sagen wollte, und nun zerfiel ihm die wohldurchdachte Rede auf der Zunge.

Seelenruhig zog sich Evelyn noch immer die Lippen mit dem roten Stift nach.

»Evelyn, hier«, hörte sich Janke heiser sagen. Er wandte sich wieder um, zu dem Gebilde unter dem Leintuch, und zog an einem Zipfel: Das Tuch fiel zu Boden. Janke blickte voller Bewunderung auf das Modell, *sein* Modell. »Das, Evelyn«, erklärte er – die Worte gehorchten ihm wieder, die Begeisterung trug ihn fort –, »ist kein Flugzeug, wie du vielleicht glauben magst. Nein, es ist ein *Trajekt*, ein Raumgleiter, mit dem man zu den fernsten Planeten und Sternen des Universums aufbrechen kann. Garantiert *ohne Atom*! Und *nur zu friedlichen*

Zwecken! Es ist das Trajekt *Sonnenland*, und es ist dem neuen Menschen gewidmet, der damit neue Räume entdecken und besiedeln wird! Räume, in denen der neue Mensch frei und glücklich sein wird, nicht mehr eingesperrt und geknechtet! Das Bedeutende daran ist: das neue Strahltriebwerk. Eine Verbesserung des *Pirna 014*, das ja vor einigen Jahren bei einer Flugvorführung bei Leipzig Ursache eines fürchterlichen Unfalls gewesen ist, vor den Augen Walter Ulbrichts und Nikita Chruschtschows ... Du hast vielleicht davon in der Zeitung gelesen?«

Er blickte sich nicht nach Evelyn um, sah nicht ihre Reaktion. Sein Blick war wie angeheftet an sein Modell, sein Trajekt, seine Erfindung.

»Dieses Strahltriebwerk hingegen arbeitet absolut fehlerfrei, es wird den Flugzeugbau der DDR revolutionieren und auch der Raumfahrt neue Räume erschließen! Noch ist es nur ein Modell, Evelyn, aber hier an den Wänden«, Janke zeigte auf die großen Papierbögen, die dort mit Stecknadeln befestigt waren und auf denen sich Schaltpläne und Berechnungen in seiner, Jankes, gestochener Schrift befanden, »hier hängen die Konstruktionspläne! Es ist alles fertig, muss nur noch von einer Behörde genehmigt und von den Kollegen des *VEB Flugzeugwerke* in Dresden gebaut werden – ein Kinderspiel, wenn man so will. Denn die eigentliche Arbeit, die Idee, kam aus meinem Kopf, ganz und allein aus meinem Kopf!«

Er tippte sich wie zur Bekräftigung an die Stirn – dann wandte er sich um: Evelyn saß da, die Beine übereinandergeschlagen. Die Plaste-Rubine funkelten im Kerzenlicht, die frisch nachgezogenen Lippen waren wie eine Wunde in ihrem bleichen Gesicht. Sie sah ihn nicht an, sie blickte auch nicht auf das Modell oder auf die Konstruktionspläne, sondern begutachtete gelangweilt ihre Fingernägel.

Janke packte die Verzweiflung: »Und weißt du was, Evelyn?!« Jetzt schrie er, denn eine Faust drohte ihm die Kehle zuzudrücken, und nur indem er schrie, so glaubte er, konnte er sich noch Luft verschaffen. »Hier!« Er klopfte mit den Knöcheln der rechten Hand auf das Heck des Trajekts. »Hier! Der Name: *Evelyn 2310*! Das Triebwerk ist nach dir benannt, Evelyn! Und es trägt dein Geburtsdatum, den 23. Oktober!

Der war diese Woche, und ich schenke dir dieses Trajekt mit dem neuartigen Strahltriebwerk! Es wird das Universum erobern, Evelyn! Für die Menschheit, *für friedliche Zwecke*! Aber wir beide, du und ich, wir werden ein Häuschen mit Garten haben, irgendwo hinter dem Collmberg. Da war ich neulich mit Herrn Jonas, dort ist es schön, und das Land liegt vor uns, man sieht weit, sieht die Wolken über den Himmel ziehen. Wir werden frei sein, frei und glücklich, und keiner wird uns mehr einsperren und uns sagen, was wir dürfen und was nicht, und dass wir angeblich krank sind und man uns sinnlos mit Tabletten krank macht, nein, Evelyn, das dürfen die dann nicht mehr, das dürfen die nicht!«

Er hatte sich in Rage geredet, zitterte am ganzen Körper, vor Aufregung und Wut, Speichel troff ihm aus dem Mund ... Ihm war schwindlig, er musste sich an der Tischkante festhalten, atmete mühselig. Die Faust hatte ihm die Kehle zugedrückt. Er fiel auf die Knie...

Endlich, endlich, nach ein paar Minuten, hatte er sich halbwegs beruhigt. Mühsam zog er sich am Tisch hoch, ließ sich auf einen Hocker fallen, sah auf, blickte zur Festtafel: Evelyns Platz war leer. Die Tür stand offen. Von draußen blies der böige Wind ein paar gelbe und rote Blätter herein. Im Luftzug blakten die Kerzen. Die *Kenton*-Packung lag nicht mehr da. In Evelyns Tasse stand noch der Kaffee, kalt. Unterhalb des Tassenrands klebte etwas Lippenstift, *Carmen*, rot wie Blut.

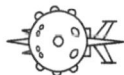

Wir befreiten Leppsch aus dem Schließfach. Dann betraten wir das an das Museumsfoyer angrenzende *Café Anhalt*, das sich als gemütliche Berliner Kneipe mit holzgetäfelten Wänden entpuppte. Ich bestellte Schnitzel mit Pommes, Evelyn Buletten mit Püree, für Leppsch eine Frikadelle extra.

»Bären sind Fleischfresser«, erklärte sie dem jungen, schwarzgelockten Mann hinter der Theke, der mich fortwährend anlächelte und zu mir statt zu Evelyn sagte: »Weiß ich – ich habe ja zu Hause selbst einen.«

Wir fanden einen freien Tisch am Fenster, mit Blick auf den kleinen Schankgarten. Schweigend aßen wir. Schnitzel und Pommes mundeten. Strahltriebwerke und Flugmotoren machten Appetit.

»Schmeckt's Ihnen, Evelyn?«, fragte ich, erhielt aber keine Antwort.

Evelyn zerdrückte die Buletten mit der Gabel, vermischte das so rückgewonnene Hackfleisch mit dem Püree und schaufelte sich den Brei in den Mund. Kauend starrte sie vor sich hin, tief in Gedanken. Leppsch, der neben ihr saß, glotzte mit seinen Glasaugen auf den Teller. Die Extrabulette wanderte ebenfalls in den Magen der Bärenmutter. Dann spülte Evelyn mit Cola nach (»Unsere *Vita Cola* war aber besser!«), griff zur Speisekarte – ich fürchtete, sie würde nach einem weiteren Gang verlangen – und las von der ersten bis zur letzten Zeile alles halblaut vor.

Das Essen hatte mich müde gemacht, Evelyns betonungsloses Gemurmel schläferte mich ein, und so lehnte ich mich nach hinten, schloss die Augen und verfiel in einen Dämmerzustand, der wohl nicht länger als ein oder zwei Minuten dauerte, mir aber wie eine halbe Ewigkeit vorkam. Erst eine kryptische Bemerkung Evelyns riss mich aus der schnitzelseligen Trance: »Wenn Sie Ihre Familientragödie ausrichten wollen, sprechen Sie uns vertrauensvoll an. Wir haben darin eine langjährige Erfahrung.«

»Was?« Ich griff nach der Speisekarte. »Wo steht das?«

»Da unten«, Evelyn zeigte mit ihren dicken Fingern auf die Stelle.

»Da steht ›Familienfeier‹, nicht ›Familientragödie‹«, korrigierte ich.

»Sie Oberlehrer!«, sagte sie verächtlich. »Das weiß ich doch selbst. Aber ›Tragödie‹ passt doch besser, oder nicht?«

Ihrer Logik war nichts entgegenzusetzen, zumal just in diesem Augenblick – ich traute meinen Augen nicht – Kevin Lauridsen, pomadisiert, mit Seitenscheitel, die Designersonnenbrille sportlich auf die Frisur geschoben, quer durch das Lokal schritt und sich – er hatte mich nicht bemerkt – zwei Tische weiter mit dem Rücken zu uns setzte.

»Mist«, raunte ich mir selbst zu.

Evelyn hatte es gehört: »Sagt man nicht.«

»Dort drüben sitzt jemand, dem ich nicht begegnen will«, zog ich sie flüsternd ins Vertrauen.

»Der Schnösel dort, mit der gegelten Schleimerlocke?«, fragte Evelyn. Ich nickte.

Was dann geschah, war entweder Evelyns Schusseligkeit oder weiblicher Berechnung zuzuschreiben.

»Ich bestelle mir noch was«, beschied sie, »in der Cola schwimmt eine Mücke«. Sie nahm das noch halbvolle Glas, stand auf und ging in Richtung Theke. Eben als sie an Kevin Lauridsen vorbeikam, stieß sie an das Tischbein, stolperte und kippte die braune Plörre »Babyface« Lauridsen recht zielgenau ins Genick und über sein schickes weißes Designer-Hemd. Der sprang wie von der Tarantel gestochen auf, fluchte und starrte entgeistert auf Evelyn. Dann wischte er sich mit der Papierserviette das klebrige Genick und suchte, den Hals verdrehend, einen Blick auf seinen Rücken zu erhaschen, wo sich ein brauner Fleck auf dem blütenweißen Stoff ausdehnte. Als er so den Kopf verrenkte, traf sein Blick den meinen.

»Na so etwas«, rief er hämisch. »Tim Feldtmann, der ›Grövaz‹, der größte Versager aller Zeiten, ist auch hier. Ich dachte, du hättest dich in Sachsen aufgeknüpft, an einem Stromkabel oder so.«

Verdammt! Was wusste der von meinem halbherzigen Suizidversuch? Aber eigentlich konnte er davon nichts wissen! Keiner wusste davon. »Wieso aufgeknüpft?«, fragte ich daher wenig schlagfertig zurück.

»Na ja, du hast dort doch alles versenkt: Die Vorverträge mit der Klinik sind aufgelöst, das Schloss wurde neu ausgeschrieben. Kurz und gut: Der *Urbanitas* ist ein großer Fisch entglitten. Und wer ist schuld? Du, du allein. An deiner Stelle hätte ich mich aufgehängt.«

»Hören Sie mal, junger Mann!« Evelyn schaltete sich jetzt ein, noch bevor ich eine halbwegs originelle Replik anbringen konnte. »Das Maulwerk reicht Ihnen ja bis zu den Ohren! Sie quatschen hier groß herum und finden es wohl in Ordnung, dass Sie mich angerempelt haben.«

Erstaunt wandte sich Kevin ihr zu, als hätte eben eine Küchenmaschine zu ihm gesprochen. »Nee, was ist das denn?«, er blickte über Evelyns Kopf hinweg auf mich. »Ein Pflegeheimausflug, oder was? Und der Teddybär darf auch mit ins Museum?«

Mit einem Mal fing Evelyn zu schreien an, so laut und schrill, dass ich glaubte, die Gläser auf den Tischen klirren zu hören.

»Ist ja gut, ist ja gut, Evelyn!« Ich sprang rasch hinzu, packte sie am Arm, wollte sie fortziehen, aber sie schüttelte mich ab und schrie weiter wie am Spieß.

Ein paar Gäste waren inzwischen aufgestanden und starrten uns neugierig-lauernd an.

»Evelyn, beruhigen Sie sich doch!«, sprach ich begütigend auf sie ein. Aber sie schrie weiter, und Kevin angelte eben nach seiner Jacke, um den für ihn peinlichen Schauplatz zu verlassen, als Evelyn ihm mit voller Wucht gegen das Schienbein trat. Kevin sackte ein und verschwand beinahe ganz unter dem Tisch – ich sah nur noch seinen pomadisierten Haarschopf und die vor Schmerz in Falten gelegte Stirn.

Ein grau melierter Herr im blauen Anzug, der wohl ein Museumsmanager war, kam aus dem benachbarten Foyer herbeigerannt. »Was ist hier los?«, fragte er mit autoritärer Stimme.

»Der Blödmann hat mir an den Hintern gegrapscht. Und da habe ich zurückgetreten«, sagte Evelyn, wie aus der Pistole geschossen, dabei auf Lauridsen deutend. Ich blickte Evelyn entsetzt an.

»Ach?« Der Manager winkte einen Mann von der Security, der am Eingang herumlungerte, heran. An Kevin gewandt sagte er: »Ich muss Sie bitten, die Restauration und das Museum zu verlassen, und erteile Ihnen hiermit Hausverbot. Ich rate Ihnen, keine Schwierigkeiten zu machen.« Er deutete mit dem Kinn auf seinen Untergebenen, der – wenngleich schmerbäuchig – recht forsch dreinblickte.

Kevin erhob sich, malmte zornig mit den Zähnen und warf mir einen hasserfüllten Blick zu. »Wir sehen uns noch«, stieß er leise hervor, dann verließ er das Café.

Die anderen Gäste setzten sich nach und nach wieder, murmelnd und kopfschüttelnd. Der Manager wandte sich uns zu und sagte in gedämpftem Ton: »Gut, dass Sie sich gewehrt haben, gnädige Frau. Solchen Objekten muss man gleich eine Grenze setzen. Darf ich Sie zu einem Glas Sekt einladen? Zur Beruhigung.«

Er ging zur Theke und orderte. Der Schwarzgelockte brachte die Bestellung und zwinkerte mir zu. »Alle Achtung«, sagte er zu Evelyn, »mit Ihnen ist ja nicht gut Kirschen essen.«

»Aber Kuchen schon«, lachte Evelyn. Wieder einmal wusste ich nicht, ob sie begriffsstutzig war oder uns alle nur auf den Arm nahm.

»Sekt und Kuchen?«, fragte der Schwarzgelockte zurück und lächelte mich fortwährend an. »Na, wie Sie wünschen. Wir haben Apfel, Schwarzwälder Kirsch und Zupfkuchen.«

»Schwarzwälder Kirsch«, sagte Evelyn bestimmt. »Passt hervorragend zu der Wohlstandsbrause.«

Der Kellner ging und kam mit zwei Stück Torte zurück.

»Ich hatte eigentlich nichts bestellt«, sagte ich, noch recht verstört von dem eben Erlebten.

»Ich weiß«, lächelte er mich an, »aber auf den Schrecken ... So wie Sie aussehen, mögen Sie doch bestimmt Süßes.«

»Ich möchte bezahlen«, entgegnete ich mürrisch.

»Schon?«, fragte der Schwarzgelockte und kassierte.

Ich wandte den Blick von ihm ab und starrte verkrampft auf das Stück Kirschtorte vor mir. Erst als er gegangen war, entdeckte ich unter der Deko-Serviette einen kleinen Zettel. Evelyn mampfte bereits ihre Schwarzwälder Kirsch und trank den Sekt in großen

Schlucken. Sie schien mich nicht zu beachten. Ich zog das Zettelchen unter der Serviette hervor. Darauf standen eine Mobilnummer und die Worte »*Forse*? Raffaele«. Ich faltete den Zettel und steckte ihn in die Hosentasche.

»Ich möchte gehen«, sagte ich zu Evelyn, »sofort.«

»Sie haben ja Ihre Torte noch gar nicht gegessen, Tim. Und den Perlwein ...«

»Das ist Sekt, und den trinkt man nicht wie Brause. Und ich möchte *jetzt* gehen!«, zischte ich.

»Ist ja gut, aber es wäre doch eine Sünde, das alles verkommen zu lassen. Wenn die Leute hier schon so nett sind. Also, wenn Sie es nicht wollen, dann esse ich es eben.« Evelyn zog meinen Teller und mein Glas zu sich heran und machte sich, ohne meine Antwort abzuwarten, darüber her.

Es wurden peinvolle Minuten. Ich spürte, wie sich unter meinen Achseln Schweißflecke bildeten. Endlich war sie fertig und wischte sich mit der Serviette den Mund.

»Was hat der Kellner eigentlich auf den Zettel geschrieben?«, fragte sie ungeniert.

»Nichts«, sagte ich unwillig.

»Wieso haben Sie den Zettel dann eingesteckt?«

Wütend erhob ich mich und zog Evelyn mit hoch. »Wir gehen *jetzt*!«, raunte ich ihr zu.

»Wohin denn? Nach Aaafrikaa?«

»Klar wie Brühe«, äffte ich sie nach, »nach Aaafrikaa!«

Ich zog sie hinter mir her zum Ausgang, stolperte verlegen an der Theke vorbei, hörte noch Raffaeles geflöteten Gruß »*Ciao, Bello!*«, dann endlich waren wir im Foyer.

»Was Sie nur haben«, meckerte Evelyn, »der junge Mann war doch wirklich nett. Ich glaube, er wollte etwas von Ihnen.«

»Was Sie nicht sagen«, raunzte ich zurück.

Zwei Minuten später standen wir auf der Straße. Es war schwül geworden, die Sommersonne stand schwammig hinter einer milchigen Dunsthaube.

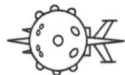

*Interflug. Gesellschaft des internationalen Flugvereins MIR. Büro für Neuerer.

10.11.1965

Werter Herr Janke!

Wir bestätigen hiermit den Eingang Ihres Schreibens vom 28.10.1965. Ihre Darlegungen erscheinen uns als interessant, und Ihr Wunsch, für Ihre Erfindung Schutzrechte zu erwerben, für durchaus verständlich.

In jedem Falle der Einreichung Ihrer Unterlagen bei uns muß die schriftliche Form gewählt werden, um Möglichkeiten der Prüfung Ihrer Erfindungen zu haben. Aus der schriftlichen Darlegung muß eindeutig Ihre Idee und die technische Realisierung erkennbar und beurteilbar sein.

Legen Sie uns bitte Ihre Gedanken und Ideen über Ihre Erfindungen ausführlich dar, wenn möglich mit entsprechenden Funktions- oder Prinzipskizzen versehen. Ihre schriftliche Einreichung bei uns ist formlos nach Ihrem Ermessen vorzunehmen.

Wie aus Ihrem Schreiben zu entnehmen ist, sollten auch Konstruktionsunterlagen vorhanden sein, die wir natürlich einsehen müßten.

Wir verweisen außerdem auf die gesetzliche Festlegung, daß wir verpflichtet sind, über uns bekannt gewordene Offenbarungen die Geheimhaltung zu garantieren.

*Wir erwarten Ihre entsprechende Nachricht.**

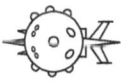

»Ich brauche einen Schirm!«, sagte Evelyn im Befehlston. »Sofort! Meinen habe ich in Pierres Bus liegen lassen.«

»Es regnet doch gar nicht«, meinte ich verdrossen.

»Ist ja auch wegen der Sonne, klar?« Sie tippte mit dem Zeigefinger an die Stirn. »Und was glauben Sie, wie heiß es erst in Äthiopien sein wird, wo wir doch jetzt auf Expedition gehen.«

»Wir gehen aber nicht auf Expedition!«, schrie ich sie an.

All mein Frust der letzten Tage und Wochen, die Verzweiflung über meine persönliche Lage und über das Himmelfahrtskommando, in das ich aus Dummheit und Feigheit hineingeschlittert war, brach aus mir heraus. Mir traten Tränen in die Augen, Tränen der Wut über mich selbst, über meine Blödheit und über dieses leicht schwachsinnige und zugleich so verschlagene weibliche Wesen, das da vor mir stand, mit der lächerlichen Schirmmütze auf dem Kopf, dem rosaroten Kostüm, dem Rucksack, woraus ein debiler Teddybär mich anglotzte. Ich war alles leid. Was hatte ich nur verbrochen, dass ich mit dieser durch und durch egozentrischen Person durch die Lande tingeln musste und den Hirsch abgab, ihrem imaginären Wunschschlitten vorgespannt, der sie in die Traumländer ihrer Fantasie bringen sollte?! Alles nur, weil ich über diesen Janke mehr erfahren wollte, diesen verkannten Weltraumpionier, der gar nicht so verrückt gewesen war, wie alle Welt glaubte, und dessen Strahltriebwerk wir erst vor einer Stunde im Museum bestaunt hatten.

Ich biss die Zähne zusammen und versuchte, ruhig zu atmen, wischte mir über die Augen – und sah, dass Evelyn nun weinte. Es war nicht dieses laute, nach Aufmerksamkeit heischende Schluchzen, als vielmehr ein inwendiges Zucken. Passanten gafften uns neugierig an, schauten aber, als sie meinen Gegenblick verspürten, sogleich betreten zur Seite. Ich empfand in diesem Augenblick eine Mischung aus Mitleid und Zorn. Eher widerwillig ging ich einen Schritt auf Evelyn zu und nahm sie in den Arm. Ich fühlte mich dabei nicht gut. Mein Arm lag wie ein mir fremder Gegenstand auf ihrer weichen Schulter. Ich hoffte inständig, dass sie sich bald beruhigen und mir keine weitere Szene bereiten würde.

Natürlich kam wieder einmal alles noch schlimmer: Plötzlich hatte ich ihr Gesicht an meiner Brust und spürte an meinen Hüften ihre Hände, die sich krampfhaft in den Stoff meines Hemdes krallten. Eine pummelige ältere Frau sah uns schmunzelnd an, und ich blickte verlegen in die Luft. Wir mussten ein höchst skurriles Paar abgeben, wie aus einer faden Slapstickkomödie der Nachkriegszeit.

Ich löste meinen Arm von Evelyns Nacken und schob sie sanft, aber bestimmt ein Stück von mir fort. All das war mir peinlich. Immerhin fiel mir ein, ihr mein Taschentuch zu reichen.

»Sollen wir etwas trinken gehen?«, fragte ich.

Statt zu antworten, zeigte sie auf einen Drogeriemarkt auf der anderen Straßenseite. »Ich muss mal dorthin«, sagte sie mit völlig gleichgültiger Stimme, als hätte sie nicht eben Tränen vergossen. »Dort gibt es Schirme. Und Creme. Gegen die Sonne in Afrika.«

Ich rollte mit den Augen.

»Sie brauchen nicht so eine Grimasse zu schneiden, Tim«, wies sie mich zurecht. »*Florena ... und Sie fühlen sich wohl in Ihrer Haut.* Sie werden schon noch sehen, wie das am Nil ist: ohne Schutz, und dann einen Sonnenbrand bekommen, dass Sie ganz schwarz davon werden!«

»Genau«, bot ich Paroli, »und die Nilkrokodile werden mich verschmähen, denn wer isst schon gern verkokelte Buletten? Aber bei Ihnen werden die Krokodile denken: *O lecker, zartestes weißes Soja!*«

»Ich heiße nicht Soja. Und jetzt gehe ich da rüber. Sie können hier warten«, sie deutete auf die Bank an einer Bushaltestelle. »Bin gleich wieder zurück.«

Ich nickte missmutig und rief ihr noch nach: »Und schön bei Grün über die Ampel gehen.«

»Ich bin ja keine Idiotin, nur weil es in Oschatz keine Ampeln gibt«, grummelte sie und querte die Straße. Ich sah sie im Drogeriemarkt verschwinden.

Ich war erschöpft und setzte mich auf die Bank. Die Eingangstür zum Drogeriemarkt behielt ich im Auge. Ein Bus hielt, der Fahrer öffnete die Tür und sah mich auffordernd an. Ich schüttelte den Kopf. »Sitzt de für schön Wetter da, oder wat?«, raunzte er mich an, schloss die Tür und fuhr an. Der Bus blies mir eine heiße Abgaswolke ins Gesicht.

Etwa zehn Minuten waren vergangen. Noch immer war Evelyn nicht zu erblicken. Ich beschloss hinüberzugehen. Vielleicht war sie ja in der Parfümabteilung hängen geblieben oder beim Accessoire-Nippes. Ich betrat den Drogeriemarkt, durchkämmte die Gänge: keine Spur von ihr! Sie war verschwunden, einfach verschwunden, irrte nun wahrscheinlich hilflos in der Stadt umher! Mir wurde schummrig, und ich musste mich an einem der Regale festhalten.

»Schlimm«, sagte eine ältere Dame mit bläulich getönter Dauerwelle, »am helllichten Tag schon so sternhagelvoll.«

Ich riss mich vom Regal los – es war ausgerechnet das Weinsortiment – und eilte hinaus.

Eine böse Ahnung beschlich mich: Evelyn hatte sich wohl auf eigene Faust nach Tegel aufgemacht. Aber wie würde sie dorthin gelangen, ohne Stadtplan, ohne Ortskenntnis? Klar, mit dem Taxi! Hatte sie genug Geld dabei? Wieso eigentlich nicht? Wer weiß, ob sie, wie viele Rentner dieses Landes, nicht ein dickes Sparkonto ihr Eigen nannte und nun, mit der Geldkarte der Sparkasse im Rucksack, recht bequem im Taxi nach Tegel fuhr. Es nützte nichts, ich musste Evelyn hinterher. Vielleicht war sie schon am Flughafen, vielleicht kaufte sie eben das Ticket nach Addis Abeba, vielleicht stand sie bereits vor dem Gate, und der Flug würde in kaum einer halben Stunde aufgerufen, und sie würde in der Warteschlange stehen. Im Geiste sah ich es vor mir: Die junge, schokobraune Stewardess im marineblauen Kostüm, mit keck schief sitzendem Schiffchen auf dem edel geformten Kopf, lächelte jeden Fluggast an, zog die Tickets über den Scanner, warf einen Blick auf die willig dargebotenen Pässe. Und schon stiegen die Passagiere in den bereitstehenden Bus, der die wenigen Hundert Meter zum Flugzeug zockelte. Die Türen gingen auf, die Passagiere erklommen die Gangway zum schicken Düsenstrahlwerk-Flugzeug, der fesche Steward, ein ein Meter neunzig großer Äthiopier, begrüßte Evelyn überschwänglich…

Ein Taxi bog um die Ecke. Ich hob die Hand. Das Taxi hielt. Ich stieg hinten ein. »Nach Tegel, zum Flughafen«, befahl ich. »Und schnell, ich muss noch den Flieger nach Äthiopien kriegen.«

»Ja, ja, schnell. Schnell soll's immer jehn. Wissen Se eigentlich, mein Herr, dass wir mitten im Berufsverkehr sin? Dit heeßt, unner ner Stunde jeht eh nüscht. *Stop and go.*«

Ich sah in den Rückspiegel, blickte in das freundliche Gesicht eines älteren Afrikaners mit grau meliertem, lockigem Haar.

»Sind Sie aus Afrika?«, fragte ich dämlich.

»Nee«, sagte er, »bin nur als Kind ins Nutellafass jefallen. Aber, wenn Se mir schon frajen: Meene Eltern sin aus Äthiopien inne DDR jeholt worden, als Gastarbeeter. Ick bin denn im Paradies der Arbeeter unn Bauern uffjewachsen, deswejen red ick ooch, wie mir de Schnauze jewachsen is. Unn nach Äthiopien wollen Se? Naja, wenn Se meenen. Soll ja janz nett sein, dort unten. Ick war ja noch nie dort. Wat soll ick denn da? Ick sag immer zu meener Gabi, wat aus Eisenhüttenstadt is: Nee, Gabi, dorthin muss ick nich. Nur Malaria unn Krokodile unn Schlangen unn so'n Zeug. Und dann dit janze Elend. Reicht mir schon dit Elend hier uffn Straßen. Hab noch n paar Jahre zur Rente, denn ziehen wir raus aus Berlin und rinn ins Jrüne. Ham n kleenes Ferienhaus an der Müritz, selbst ausjebaut unn nach und nach saniert. Da will ick meen Lebensabend vabringen: Wasser, Himmel, Wald. Unn abends meen Sternburger Bier. Wat will der Mensch mehr?«

Ich antwortete nicht. Er hatte wohl recht. Taxifahrer hatten immer recht, auf der Straße und im Wageninneren. Ich brummte nur zustimmend, lehnte mich zurück, drückte mich in die Ecke und schloss die Augen – tat zumindest so, denn unter den Augenlidern beobachtete ich den Verkehr, der immer stärker wurde: Alle Welt schien nach Tegel zu wollen, die Ausfallstraßen waren brechend voll, und bald ging es nur noch im ersten Gang voran.

Der Taxifahrer hatte wirklich recht: sich einfach zurückziehen, in ein kleines, selbstgeschaffenes Reich, abends ein Bierchen und es einfach gut sein lassen. An der Müritz war ich nie gewesen, hatte viel von diesem Segler- und Badeparadies in Mecklenburg gehört. Stattdessen hatte ich die letzten Jahre am Göhrener Ei unter sozial auffälligen Start-up-Psychos verplempert und mich in Wermsdorf an den Widrigkeiten einer Klinikleitung und der Boshaftigkeit einer Zimmerwirtin abgearbeitet. Und nun reiste ich mit Tempo zwanzig einer bekloppten Rentnerin hinterher, die partout nach Äthiopien wollte, obwohl sie in ihrer sächsischen Kleinstadt gerade einmal bis zum *Edeka* und zurück fand. Ich hatte ausbrechen wollen, mit einer lustigen Truppe: einer megascharfen Krankenschwester, einem notgeilen Jüngelchen und einem etwas angekifften Rimbaud-Veteranen – und nun: war ich allein, von der Polizei gesucht, von einem schwulen italienischen Kellner begehrt und von einer leicht debilen, schnorrenden Sächsin um den Finger gewickelt und ausgenommen.

Könnte ich nicht einfach wieder aussteigen – wortwörtlich? Einfach zum Chauffeur sagen: »Bitte anhalten.« Bezahlen, aussteigen, mit den Öffentlichen nach Weißensee hinausfahren, bei meinem Kumpel Frank in der Parkstraße klingeln (der müsste um diese Uhrzeit aus der Arbeit kommen) und mit ihm abends in seine Stammkneipe, die *Schwarze Katz*, gehen? Der Wirt dort kochte gut, Hausmannskost, Schweinebraten mit Klößen und Rotkraut, manchmal auch deftige Gans. Dazu ein kühles Bier. Und Franks Kumpels würden hinzustoßen: Jaromir, der Freiherr aus Kaschubien, der jetzt in einer sozialen Einrichtung Dienst schob und der gütigste und vornehmste Mensch der Welt war, und BVG-Paul, der in seiner Freizeit als Messdiener in der Kapelle des St.-Joseph-Krankenhauses das Weihrauchfass schwenkte und den Herrgott genauso liebte wie deftiges Essen. Und abends dann, wenn die Sterne am Himmel standen, zum Nacktbaden an den Weißen See, das war zwar nicht die Müritz, aber besser, als im Stau zum Flughafen Tegel zu zockeln, allemal …

»Wat wollen Se eijentlich in Äthiopien?« Der Taxichauffeur riss mich aus meinen kleinen Fluchtfantasien. »Jeschäftlich unnerwegs?«

Unwillig schüttelte ich den Kopf und nuschelte dann doch eine Antwort: »Nee, Touri. Lalibela und Nil.«

»Aha, die Felsenkirchen«, sagte der Fahrer. »Ja, sollen recht imposant sein. Aber unser Berliner Dom is ja ooch nich von schlechten Eltern. Und der Nil: Ick sa ma: die Spree is mir lieber. Keene jefährlichen Mikroben unn son jiftijes Viechzeug drinne, unn ne Bootstour zum Müggelsee hoch und noch weiter, nach Beeskow oder in Spreewald: Ham Se mehr von unn is nich so exorbitant teuer.«

Ich schwieg und schloss wieder die Augen. Er hatte ja so recht, der gute Mann ...

Endlich, nach gefühlt einer Stunde, langten wir vor dem sechseckigen Terminal A des Tegeler Flughafens an. Ich zahlte, verabschiedete mich flüchtig und stieg aus. Der Fahrer rief mir noch ein »Grüßen Se ma die unbekannte Heimat« hinterher.

Ich betrat die Halle und drängelte mich durch die Massen. Halb Berlin schien sich auf den Weg in die große weite Welt zu machen: Geschäftsleute in Anzug und Krawatte, Ferienurlauber in Bermuda-Shorts, mit Flip-Flops an den breitgetretenen Füßen, dazwischen Leute vom Servicepersonal, die saubermachten, von desorientierten Reisenden umlagert wurden oder wild gestikulierend in Handys schrien. Auf einem großen Bildschirm flimmerten die Zielhäfen und Abflugzeiten der nächsten Maschinen.

Ich fand einen Flug der *Ethiopian Airlines* nach Addis Abeba, mit Zwischenlandung in Frankfurt am Main. Die Maschine sollte um siebzehn Uhr fünfundvierzig starten und am anderen Morgen um halb acht in der äthiopischen Hauptstadt landen. Ich blickte auf die Uhr: Wenn Evelyn tatsächlich so gerissen gewesen war, sich ein Ticket nach Addis Abeba zu kaufen und bereits durch die Zollkontrolle durch war, hatte ich verloren. Dann konnte ich ihr nur hinterherstürzen, mit einem Flugticket in der Hand, hinein ins Verderben, hinauf in die Lüfte und hinab in die malariaverseuchte Wildnis des äthiopischen Hochlands!

Ich lief die Kanten des architektonischen Sechsecks entlang, auf der Suche nach *Ethiopian Airlines*.

Endlich, ganz am Ende des Trampel-Highways, sah ich das Schild der äthiopischen Airline, mit dem Signet eines stilisierten Flügels in den Nationalfarben grün, gelb und rot. Ein dunkelhäutiger junger Mann stand hinter dem Tresen und wischte gelangweilt auf seinem Smartphone herum. Die Flüge nach Addis Abeba schienen nicht sehr gefragt zu sein. Oder waren etwa schon alle eingecheckt, war das Gate geschlossen – und ich zu spät? Eben fasste ich mir ein Herz, wollte an den Tresen herantreten und den jungen Mann nach *passenger Mrs. Kubelka* fragen, als ich seitlich, halb hinter einem verstaubten Ficus, eine Metallbank ausmachte und darauf – Evelyn!

Sie sah verheult aus. Ich setzte mich neben sie und – ich konnte nicht anders, eine Welle von Erleichterung und Glück überfiel mich – nahm sie in die Arme.

»Evelyn, gut, dass ich Sie gefunden habe! Ich habe mir ja solche Sorgen gemacht. Ist alles okay?«

Sie schniefte, rang nach Luft. Schließlich brachte sie hervor: »Nein. Nichts ist in Ordnung. Es hat zunächst alles so gut geklappt. Mit dem Taxi hierher, und hier habe ich mich dann durchgefragt. Ich wollte ein Ticket kaufen. Das ist aber teuer, hat der junge Mann gesagt. Zweitausendsechshundert Euro, nur der Hinflug. Aber ich habe ja noch mein Sparkonto. Und die Geldkarte von der Sparkasse Oschatz. Also, ich habe das Geld schon … aber dann …«

Ich blickte sie an. Erneut verzog es ihr Gesicht zu einer schmerzdurchtränkten Grimasse.

»Ist gut, es ist alles gut, Evelyn.« Ich streichelte ihr übers Haar. Wer hätte noch vor einer Stunde gedacht, dass ich das fertigbrächte? Jetzt erschien es mir als das Selbstverständlichste von der Welt. »Was war dann?«, fragte ich vorsichtig nach.

»Das Tonhäuschen. Aus Lalibela … Von meinem Sohn … Es ist weg.«

»Weg?« Ich blickte neben die Bank: Dort standen Evelyns Rucksack und die kleine Reisetasche. »Ihr Gepäck ist doch hier.«

»Ja, schon. Aber das Tonhäuschen nicht. Ich hab's in eine Nylontasche getan, gestern schon, bei Fredie Jacaranda. Und ich hab's im Zug ganz sicher noch gehabt. Und im Café auch, in dem Flugzeugmuseum … Aber dort habe ich's wohl liegen lassen …«

Ich reichte ihr mein Taschentuch, sie schnäuzte sich.

»Und jetzt ist das Tonhäuschen weg, und bestimmt hat es einer mitgenommen. Es war doch so schön! Und von meinem Sohn … Und ohne das Wunschhäuschen brauche ich doch nicht nach Afrika, und nicht zum Nil, um mir etwas zu wünschen.«

Ein Stein fiel mir vom Herzen, aber ich versuchte, traurig und betrübt dreinzusehen, um mich vor Evelyn nicht zu verraten.

Das blöde Ding, dieses lächerliche Nippes-Häuschen, war also weg, im *Café Anhalt* liegen gelassen. Und ohne das Häuschen gab es keinen Anlass, nach Äthiopien zu fliegen, für fünftausend Mäuse hin und zurück, nur um einer fixen Idee gerecht zu werden und den Krokodilen, die gelangweilt auf den Sandbänken im Nil lagen, ins aufgerissene Maul zu schauen. Dem Himmel war Dank! Ich war errettet! Erlöst!

»Tim?«

»Hm?«

»Sie stehen doch auf meiner Seite, oder?«

»Na klar, Evelyn. Globetrotter-Ehrenwort.«

»Sie haben doch die Nummer von dem feschen Kellner aus dem Café, die hat er Ihnen doch gegeben. Ich meine, Sie könnten den jungen Mann doch anrufen, er hat Ihnen doch schöne Augen gemacht und wäre bestimmt nicht abgeneigt, dass er einmal nach dem Nylonbeutel sucht … Vielleicht ist er ja noch da, der Beutel, und das Tonhäuschen aus Lalibela auch … Das machen Sie doch für mich, nicht wahr?«

Vor Schreck blieb mir die Luft weg.

»Das machen Sie doch für mich? Versprochen?«

Ich konnte nicht antworten, beugte mich nach vorn, ließ meinen Kopf zwischen meinen Schenkeln baumeln. Es war zu viel. Sie brachte mich um, diese Rentnerin aus Oschatz mit ihrer Äthiopien-Obsession. In mein verzweifeltes Schweigen hinein platzte direkt über uns aus einem Lautsprecher die Durchsage: »Die Passagiere des Flugs um siebzehn Uhr fünfundvierzig mit *Ethiopian Airlines* nach Addis Abeba werden gebeten, sich umgehend zu Gate zwölf zu begeben.«

Die Maschine flog ohne uns. Immerhin. Und ich saß da, mit einer mich quälenden Alten am Bein. Ums Haar beneidete ich die Passagiere, die nach Addis Abeba flogen und sich in die Wildnis aufmachten. Die Krokodile und Schlangen dort konnten nicht so penetrant sein wie das sich unschuldig gerierende Wesen aus Oschatz, Jankes Evelynchen.

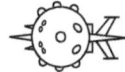

Heute Abend hatte die Rote Dienst. Da hieß es aufpassen. Sich fügsam stellen, nicht aufmucken. Am besten gar nicht erst mit ihr sprechen. Man durfte sich mit ihr nicht gemein machen. Inferiore Figuren ohne technischen Sachverstand, ohne Idee vom Aufbau einer neuen Gesellschaft, in der alle Menschen frei und glücklich würden. Nur auf den eigenen Vorteil aus. Gestalten, die nur die Befriedigung ihrer primären Bedürfnisse kannten, und darüber hinaus Gehorsam und Drill. Kein eigenes Denken, keine Ahnung von dem, was Menschsein bedeutete. Also am besten den Mund halten!

Janke schloss die Tür des Aborts hinter sich, ging zum Becken, wusch sich mit Seife gründlich die Hände. Hygiene war ein Zeichen von Selbstachtung.

Janke hatte am Tag zuvor seine gute Hose in die Wäscherei gegeben. Die brauchte er nächsten Sonntag, wenn er im Gemeinschaftsraum seinen Vortrag hielt, über neue Entwicklungen im russischen Raumfahrtprogramm und seine, Jankes, eigenen Vorstellungen von der Eroberung des Universums – *nur zu friedlichen Zwecken!* – mithilfe seiner Trajekte und des neuen Strahltriebwerksystems. Jonas, sein Assistent, hatte das bei Dr. Rasmussen erwirkt und dabei sogar die Neue, dieses Fräulein Dr. Dinkel, ausgestochen. Die hatte nämlich Urlaub und konnte daher nicht opponieren. Rasmussen war seit geraumer Zeit recht gutwillig. Man munkelte im Speisesaal so manches über seine Vergangenheit unter den Nazis. Brandenburg-Görden, hatte Jonas einmal dunkel angedeutet. Janke wusste nicht, was er damit meinte, aber er konnte sich schon vorstellen, dass Rasmussen im Krieg Dreck am Stecken gehabt hatte.

Janke trocknete sich gründlich die Hände ab. Sauberkeit und Hygiene. Äußerlich und innerlich. *Ein gutes Gewissen ist ein schönes Ruhekissen,* hatte seine Mutter selig immer gesagt.

Die Hose würde er morgen aus der Wäscherei bekommen. Die feinen Budapester Schuhe standen geputzt und poliert im Schrank. Das weiße Hemd war noch passabel. Das hatte er lediglich an jenem Nachmittag getragen, als sein Evelynchen bei ihm im Laboratorium gewesen war. Weshalb nur war sie plötzlich aufgesprungen und zur Tür hinaus? Er hatte ihr doch nur eine Freude bereiten wollen, bei Kaffee und Kuchen, hatte ihr sogar *Kenton*-Zigaretten besorgt, die mochte sie doch. Und er hatte doch alles so festlich gestaltet, sogar Kerzen angezündet.

Und dann sein *Sonnenland*-Trajekt, mit dem neuen Strahltriebwerk *Evelyn 2310*, das den Flugzeugbau in der DDR revolutionieren und dem sozialistischen Raumfahrtprogramm entscheidende Impulse geben würde. Peenemünde! Wernher von Braun, Jankes einstiger Chef: ein Vaterlandsverräter, er hatte den Amerikanern sein Wissen angebiedert und seine Kenntnisse verraten. Angeblich hatten die Amerikaner schon die ersten Menschen zum Mond geschickt. Wenn es denn stimmte! Wahrscheinlich alles nur in einem Filmstudio in Hollywood nachgestellt und gedreht, mit gedungenen Schauspielern, die selbst ihre Seele bereitwillig für ein paar Dollars verkaufen würden! Die Sowjets waren ja in der Weltraumforschung schon weit gediehen, was man so hörte. Mit ihren *Sputnik*-Sonden und *Sojus*-Raketen. Aber eben für militärische Zwecke. Doch er, Janke, hatte andere Ziele: Die

Menschheit sollte friedlich das Universum erkunden und besiedeln. Und mit dem neuen Strahltriebwerk und dem *Sonnenland*-Trajekt würde dies jederzeit möglich sein! In Peenemünde müssten die Gebäude ja noch stehen, die Abschussrampen und die ganze Infrastruktur. Ulbricht müsste doch ein Einsehen haben, wenn er erst auf ihn, Janke, und auf das neue Strahltriebwerk aufmerksam würde! Jedenfalls würde er mit dem Vortrag kommenden Sonntag wieder eine Barriere niederreißen. Vielleicht könnte man die *Leipziger Volkszeitung* informieren? Er würde das gleich morgen mit Jonas besprechen …

Janke schlurfte den Flur von den Waschräumen zurück zu seinem Zimmer. Die Knie taten ihm in letzter Zeit weh. *Alterserscheinungen*, hatte Jonas gemeint und gelacht. Und Janke hatte sich an die Stirn getippt und gesagt: *Aber hier oben läuft's noch ganz gut*. Dem Jonas konnte man nichts übel nehmen. Er war ja auch sein Assistent. Und sein Freund. Auch die dicke Schwarzhaarige aus der Küche, die ihm Kaffee gemacht und Geschirr geborgt hatte, war in Ordnung. Sie hatte begriffen, dass er, Janke, kein Idiot war, sondern ein echter Erfinder. Ein Erfinder für die Menschheit. Die Schwarzhaarige war ebenfalls verliebt, hatte sie ihm gestanden. *Wie Sie auch, Herr Janke*, hatte sie gesagt und gelächelt und ihm freundlich die Hand gedrückt. Als er ihr das Geschirr und die Thermoskanne zurückgebracht hatte, fehlte eine Tasse. *Die ist mir leider runtergefallen*, hatte er gelogen, und sie hatte ihn nicht getadelt, sondern nur gelacht und gesagt: *Was glauben Sie, was ich schon alles zerschmissen habe, in der Spülküche. Damit könnten Sie eine ganze Hochzeitsfeier ausstaffieren!*

Janke drückte die Türklinke zu seinem Zimmer. Sein Zimmergenosse schnarchte schon. Ein übler, grober Mensch. Es war eine Schande, ihn, den wichtigsten Erfinder der sozialistischen Gesellschaft, den Wegbereiter der Raumfahrt in der DDR, mit solch einem Klotz zusammenzulegen! Janke hatte sich mehrfach beschwert, war aber bei Pflegern und Ärzten nur auf taube Ohren gestoßen. *Belegungsvorgaben*, hieß es immer, und: *Wir können bei Ihnen keine Ausnahme machen, Herr Janke. Wo kämen wir denn da hin?*

Er setzte sich auf den Bettrand, streifte die Pantoffeln von den

Füßen und schob sie fein säuberlich unters Bett, genau nebeneinander. Ordnung muss sein. Dann hievte er seine Beine ins Bett und deckte sich zu. Das kleine Licht auf dem Nachttisch ließ er noch an. Er musste ja warten, bis die Rothaarige kam. Der Drache. Sie verabreichte ihm wieder die scheußlichen Tabletten. Dagegen hatte er schon oft protestiert. Wie sollte ein gesunder Mensch das aushalten und nicht krank darüber werden?! Eine Zeit lang hatte sein Trick funktioniert, so zu tun, als schluckte er die Pillen. Dabei hatte er sie nur in die Backentasche geklemmt. Aber irgendwann war die Rote dahintergekommen und hatte ihn angeschrien, ihn einen *Betrüger* und *Nichtsnutz* genannt; und dass sie, die Rote, auch nur ihre Arbeit tue und keine Zeit für solche *Sperenzchen* habe, und wo man denn da hinkäme, immer eine *Extrawurst* mit ihm, dem *noblen Herrn Erfinder*?! Seither schaute die Rote, die Hexe, das Luder, immer in seinen Mund. Den musste er zum Beweis, dass er wirklich alles geschluckt hatte, weit aufsperren.

»Guten Abend!«

Da war sie. Trampelte herein, ohne anzuklopfen. Immer dieses *Hoppla, jetzt komm ich!* Abstoßend.

»So, Herr Janke, dann nehmen wir mal wieder unsere Tabletten.«

Unsere Tabletten! Hatte dieses Weib keinen Verstand? Warum konnte sie sich nicht einer exakteren Sprache bedienen?! Einmal hatte er den Witz besessen, ihr zu sagen: *Fein, dass Sie die mit mir teilen wollen. Welche mögen Sie denn? Die roten oder die blauen?* Aber sie hatte nur säuerlich gelächelt, ihre Brille zurechtgerückt und schnippisch geantwortet: *Ich bin ja nicht krank, sondern Sie!*

»Wo haben Sie denn das Glas hingestellt? Sie könnten mir etwas Arbeit abnehmen. Wenn ich bei jedem Patienten erst das Wasserglas suchen müsste ...«

»Verzeihung, es war mir entfallen. Ich hatte heute im Laboratorium Wichtigeres zu tun.«

»Aha, Spielzeugmodelle bauen und so? Na ja, des Menschen Wille ist sein Himmelreich.«

Er könnte ihr eine runterhauen. Aber er tat es nicht. Er hatte von

Insassen *dieser Stelle* erfahren, die gegen Pfleger und Schwestern rabiat wurden und hinterher *zur Behandlung* ans Bett fixiert wurden, mit breiten Gurten, wie Kriminelle.

»Das Glas, ist das in Ihrem Nachttisch? Nein? Ah, eine Tasse, die geht auch ... Was ist denn das? Roter Lippenstift am Tassenrand?«

»Lassen Sie das! Sie sollen das lassen! Das geht Sie gar nichts an. Das ist *meine* Tasse!«

»Ist ja gut, ist ja gut, Herr Janke. Sie brauchen nicht gleich vom Bett aufzuspringen. Nun legen Sie sich doch wieder hin. Hier die Tabletten. Brav einnehmen ... Ah, da ist ja das Glas. Schön schlucken. Und wenn Sie geschluckt haben, machen Sie mal Ihren Mund auf, damit ich kontrollieren kann.«

Janke schluckte. Jeden Abend schluckte er die gesammelte Bitternis seines ganzen Lebens. Er wusste nicht, wie viel er noch schlucken sollte, schlucken konnte.

Er streckte der Roten die Zunge heraus. Weit. Jeden Abend freute sie sich darüber, jedenfalls zeigte sie ein zufriedenes Gesicht, hinter ihrer dämlichen dicken Brille, die ihre Augen groß machte wie Dotter von Spiegeleiern.

»So, nun legen Sie sich hin.« Sie warf ihm die Decke über den Leib. »Und jetzt schlafen wir mal schön.« Sie löschte das Lämpchen auf seinem Nachttisch. Nur durch die offene Tür drang noch ein schräges Lichtviereck herein und kroch über den Linoleumboden.

»Dann behalten Sie die Tasse mit dem Lippenstift eben, als Andenken. Das ist ja nun auch vorbei. Es brechen andere Zeiten an. Es wird nicht gern gesehen, so ein Techtelmechtel zwischen Patienten. Aber das hat sich nun. Die Evelyn Kubelka ist ja gestern entlassen worden, nach Hause. *Geheilt*, heißt es, pfff«, die Rote machte mit der Hand eine wegwerfende Geste. »Als ob die geheilt wäre! Da lachen ja die Hühner. Sie ist bekloppter als die meisten hier. Sie hat nur immer den Ärzten schöne Augen gemacht. Vitamin B eben. Hätte *ich* hier das Sagen, wäre diese Evelyn nicht entlassen worden.«

Den letzten Satz hatte sie im Hinausgehen hinter sich geworfen. Die Tür fiel zu und verschluckte das Licht. Der Zimmernachbar schnarchte, merkte nicht, wie Janke von einem Mahlstrom in die Tiefe gerissen und zermalmt wurde. Dessen Tosen verschlang alles, selbst den einen geliebten Namen: *Evelyn!*

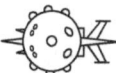

Mit der S-Bahn fuhren wir zurück nach Berlin-Mitte. Am Bahnhof Friedrichstraße stiegen wir aus. Evelyn deutete auf eine Halle mit Pultdach: »Das ist der Tränenpalast. Er war zu DDR-Zeiten die Abfertigungshalle für Ein- und Ausreise.«

»Waren Sie mal im Westen?«, fragte ich.

»Nein, nur der schöne Edmund, also mein Mann. Der muss ja wohl hier rüber sein, als er sich in den Westen abgesetzt hat. Ich habe dann nie mehr von ihm gehört.«

Ich verschwieg, was ich von Frau Lehmann über Edmund und dessen Geschichte erfahren hatte. Ich wollte nicht an alte Wunden rühren. So fragte ich: »Möchten Sie da rein? Das ist jetzt eine Ausstellungshalle über die Grenzabfertigung in der DDR.«

Evelyn schüttelte den Kopf. »Nein, diesen alten Schmock ertrage ich nicht. Und eines dürfen Sie mir glauben, Tim: Ich hatte meinen eigenen Tränenpalast, und der hieß Schloss Hubertusburg.«

Ich war peinlich berührt. Wie hatte ich auch so dämlich fragen können.

Wortlos trotteten wir nebeneinander her, entlang der S-Bahn-Bögen. Wir überquerten den Kupfergraben an der Spitze der Museumsinsel und erreichten das jenseitige Ufer der Spree. Der Himmel hatte sich aufgeklart. Es war ein lauer, wolkenloser Abend, die Sonne goss ihre letzten wärmenden Strahlen auf die Sandsteinfassade des Museums und über die Grünflächen des Monbijouparks. Die Strandbar am Spreeufer war gut besucht: Junge, schöne Menschen in sommerlichen Hipster-Klamotten, mit schicken Sonnenbrillen auf der Nase und entspanntem, etwas gelangweiltem Gesichtsausdruck saßen und lagen auf den Kaimauern und in den Liegestühlen des hier künstlich aufgeschütteten Strandes – weißer Sand aus Travemünde, wie ich mal in der Zeitung gelesen hatte –, nippten lässig an Bierflaschen und wechselten beiläufig ein paar Worte miteinander, bevor sie sich wieder wischend ihren Smartphones zuwandten, um auch global ihre Zehntausend Freunde an jenem heiteren, golddurchfluteten Sommerabend teilhaben zu lassen.

»Ich möchte eine Berliner Weiße, Himbeergeschmack«, sagte Evelyn.

Sie hatte sich bereits in einen Liegestuhl plumpsen lassen und blickte hinüber zur Spitze des Bode-Museums, das wie eine kaiserliche Paradejacht in der Spree lag. Ich ergab mich ihrem Wunsch, kaufte an der Bar ein Bier und eine Bionade mit Cranberry-Geschmack (»Berliner Weiße? Auf welchem Stern lebst de denn, Junge?«) und schlurfte damit zu Evelyn.

»Alkohol müssen Sie sich dazudenken«, meinte ich, drückte ihr die Bionade in die Hand und ließ mich ächzend in den benachbarten Liegestuhl sinken.

Evelyn trank ihre Bionade widerspruchslos. Es schien also alles gut zu sein. Äthiopien war hoffentlich vergessen, und das Leben konnte wieder weitergehen. Wir schwiegen. Ich genoss mein Bier, zog die Schuhe aus, vergrub die müden Füße im sonnenwarmen Sand und schloss die Augen.

Eben ging die Sonne hinter dem Bode-Museum unter, als Evelyn unvermittelt jubelte: »Da will ich mitfliegen!«

Entsetzt riss ich die Augen auf und starrte sie an: Ekstatisch reckte sie die Hand mit der Bionade-Flasche in den Abendhimmel. Ich folgte der Richtung ihres Zeigefingers und entdeckte in einiger Entfernung einen blauen Fesselballon, um dessen Bauch auf einer weißen Banderole der Name der Tageszeitung DIE WELT prangte.

»Kann man damit bis Afrika fliegen?«, fragte Evelyn aufgeregt.

Ich nahm einen kräftigenden Schluck aus der Bierflasche und sagte möglichst gleichgültig: »Kann man nicht. Der Ballon hängt an einem Stahlseil, steigt nur ein Stück hoch und wird dann wieder eingeholt. Im Übrigen: Man *fliegt* nicht in einem Ballon, man *fährt*.«

»Ach so.« Die Enttäuschung war ihr anzuhören. »Und ich dachte, wir fliegen damit an den Nil ...«

»Und sitzen dort am Strand, in Liegestühlen, und trinken Bionade. Klaro.«

»Klaro«, stimmte sie mir zu. »Genau so habe ich mir das gedacht.«

»Und ich denke, Evelyn, wir lassen jetzt mal den ganzen Blödsinn sein, Sie und ich, mit Afrika und Nil, klaro? Ein für alle Mal. Das war ja bislang ein ganz netter sommerlicher Ausflug. Wir haben Schönes gesehen und auch ein paar lustige Sachen erlebt, aber alles muss mal ein Ende haben, auch eine Expedition des *Bundesdienstes* –«

»Apropos *Bundesdienst*«, unterbrach sie mich ungerührt, als hätte ich nicht eben Klartext gesprochen, »wo steckt wohl Ihr junger Kollege? Der würde jetzt gut hierher passen, ich meine, mit seinen Flip-Flops im Sand, und die hübschen kurzen Hosen, die er anhatte, hier unter all den anderen jungen Leuten ...« Evelyn blickte anerkennend in die Runde, zu den gelackten Kreativen, die mit ihrer Facebook-Wischerei die Oberfläche ihrer Smartphones durchscheuerten. »Ich find's hier jedenfalls nett, Tim, aber ich kriege langsam mächtig Hunger, und ich finde, bevor wir fragen, wie das nun ist mit diesem Ballon, und ob der auch nach Afrika fliegt, sollten wir uns noch stärken. Ich habe wirklich einen Bärenhunger, und Leppsch sicherlich auch.«

Ich presste die Lippen zusammen und schwor mir insgeheim, noch heute, an diesem Abend, eine Entscheidung herbeizuzwingen. Dieser Albtraum musste ein Ende haben. Vielleicht sollte ich Evelyn zu einer Polizeiwache bringen. Oder ich rief von einer Telefonzelle, damit die Polizei nicht meine Koordinaten herausfand, ihren Betreuer, diesen Dr. Bartuschek, an und lieferte ihm sein Mündel irgendwo ab – geheime Übergabe auf der Glienicker

Brücke oder so, wie im Kalten Krieg. Egal was. Es musste eine Entscheidung gefällt werden. Ich würde diesem Janke also nie näher auf die Spur kommen. Aber vielleicht gab es ja auch gar nichts Genaueres, was Evelyn über den Erfinder wusste. So wie sie Janke jahrelang an der Nase herumgeführt hatte, so foppte sie nun auch mich ...

»Gut«, sagte ich schließlich, »ich kenne hier in der Nähe eine nette Alt-Berliner Restauration. Dahin spazieren wir beide jetzt, essen etwas, und morgen geht's zurück.«

»Ich gehe nicht zurück. Ich will erst an den Nil. Den Nil sehen und sterben. Heißt's nicht so?«

»Na ja, nicht ganz. Ich glaube, man sagt so von Neapel.«

»Da war ich auch noch nie. Da könnten wir doch mit dem Ballon zwischenlanden?«

»Jetzt aber los, Evelyn«, schnitt ich ihr das Wort ab, wuchtete mich hoch und stapfte barfüßig durch den Sand Richtung Ausgang, sie hinterher.

Auf dem asphaltierten Gehweg zog ich mir die Schuhe an. Dann liefen wir am Park vorbei, wo sich das *Monbijou-Theater*, eine beliebte sommerliche Spielstätte, befand, und über die Oranienburger Straße hinüber in die Krausnickstraße. Dort, auf der rechten Seite, wusste ich die Kneipe *Anna Koschke*.

»Wer ist Anna Koschke?«, fragte Evelyn, die kurzatmig hinter mir her trippelte.

»Eine Pommerin, die vor gut hundert Jahren mit ihren Schwestern nach Berlin kam. Die Kneipe wird von ihrer Enkelin betrieben.«

»Ob die auch so gute Hefenudeln backt wie ich?«

»Das weiß ich nicht«, brummte ich. »Wohl kaum. Auf der Speisekarte gibt es eher Deftiges. Königsberger Klopse, Soljanka, Bulette mit Kartoffelsalat und so.«

Ich öffnete die Tür und stieg ins Souterrain hinab. Der Raum war in schummriges Licht getaucht. Samtbezogene Sofas aus der Kaiserzeit, Holztische und ein paar Gründerzeitvertikos gaben der

Kneipe den Anschein eines Alt-Berliner Wohnzimmers. Und jeden Augenblick, so dachte man, träten Anna und ihre Schwestern Emma und Emilie (ich kannte ihre Namen von den gerahmten und beschrifteten Schwarzweiß-Fotografien, die an den Wänden hingen) aus der Küche in den Gastraum und fragten uns nach unserem Begehr.

Wir bestellten Buletten mit Kartoffelsalat und Evelyn als zweiten Gang Jägerschnitzel Berliner Art mit Nudeln und Tomatensoße. Als vor ihr eine panierte Jagdwurst lag und kein Kalbsschnitzel, zog sie ein Gesicht.

»Das ist wohl ein Scherz?«, maulte sie.

»Nein, Berliner Arme-Leute-Essen. Gilt hier als Spezialität. Im Übrigen können Sie froh sein, Evelyn, dass nicht *Berliner Schnitzel* auf der Speisekarte stand.«

»Wieso?«, fragte sie mit vollem Mund. Es schien ihr doch zu schmecken.

»Weil es sich hierbei um Kuheuter handelt, stundenlang gewässert, dann stundenlang in Brühe weichgekocht, gehäutet, paniert und gebraten.« Ich hoffte, sie zu schockieren.

»Ach so«, ihre feuchte Aussprache benetzte die Tischplatte. »Das kenne ich aus meiner Kindheit. Nachkriegsessen. Muss man nur gut würzen, dann ist's eine Delikatesse. Das Gericht hieß bei uns in Sachsen aber anders. Den Namen habe ich vergessen … und dazu Speckbohnen und Bratkartoffeln. Echt lecker!«

Ihr war mit nichts beizukommen. Mit allen Wassern gewaschen und stundenlang abgebrüht, wie das legendäre *Berliner Schnitzel*, so war diese Evelyn Kubelka. Ich bestellte zur Verdauung dieser Erkenntnis einen Kümmelschnaps. Dann zahlte ich, und wir brachen auf.

Die letzte Dämmerung hing über den Dächern. Wir hatten noch nicht einmal eine Bleibe, und ich war innerlich so müde, vielleicht auch schicksalsergeben, dass ich diese Frage vor mir herschob. Irgendwo würde sich schon eine Pension finden. Notfalls könnte ich noch in Weißensee bei meinem Kumpel Frank anrufen und ihm ein Obdach abschwatzen, und auch für Evelyn würden wir noch eine Matratze in der Wohnküche arrangieren ...

Wir flanierten durch die Straßen und Gassen des Kiezes um die Große Hamburger Straße. Früher, vor dem Krieg, war hier das Scheunenviertel gewesen, das Ghetto der Ostjuden. In der Kleinen Rosenthaler Straße öffnete sich in einer Mauer eine Pforte mit Rundbogen. Ein Friedhofstor, wie ich erst beim zweiten Hinsehen erkannte. Über dem Bogen stand zu lesen *Friedhof der Garnisonkirche 1722*. Ich liebte Friedhöfe seit meiner Jugend, ihre zutrauliche Stille, die dem, der nicht zu hören verlernt hatte, viel zu erzählen verstand. Ich ging hinein. Evelyn, die nun endlich satt und zufrieden schien, trottete hinterher.

Die Anlage war alt, klein und hatte nur noch wenige Grabmäler aufzuweisen. Linden, die jetzt in der Abendluft einen süßen, betörenden Duft verströmten, beschatteten das Areal und schirmten es gegen die Geräusche der Stadt ab. Zur Rechten des Eingangs lag das ehemalige Friedhofswärterhaus, ein einstöckiges, gut proportioniertes Gebäude noch aus der Zeit um 1800. Im hinteren Teil des Geländes, bei ein paar alten Grabsteinen, stand eine Bank. Auf die steuerte ich zu. Wenige Meter davor befand sich ein mit einem gusseisernen Kreuz bekrönter, pfeilerförmiger Grabstein, auf dem zu lesen stand: *Friedrich Baron de la Motte Fouqué, geboren 12. Februar 1777, gestorben 23. Januar 1843*.

Erinnerungen an meine Schulzeit stiegen bruchstückhaft in mir auf: Zwölfte Klasse, Grundkurs Deutsch, Halbjahreslehrplan Romantik, bei Lehrer Schirner, einem jungen, blonden Studienrat, vielleicht Mitte dreißig (uns Halbwüchsigen erschien er, obwohl wir ihn mochten, als ein Mann aus einer anderen Zeit), der stets in modischen *Benetton*-Klamotten gekleidet war und der seinen Deutschunterricht, aber auch die von ihm als Wahlfach angebotene Theatergruppe mit großem Einsatz und viel Verve leitete. Damals lasen wir neben Gedichten von Brentano und Eichendorff auch Fouqués Erzählung *Undine*, und obwohl mir die Sprache etwas gespreizt und umständlich vorkam, zog sie mich in den

Bann – wie auch Undine selbst, dieses unheimliche Wasserwesen ohne Seele, aber mit einem verwundeten Herzen, den Ritter Huldbrand in ihren Bann geschlagen hatte.

Mir wurde plötzlich seltsam weich ums Herz. Ich schaute mich nach ein paar Wiesenblumen um, entdeckte aber keine und las einen Kieselstein vom Boden auf, den ich auf das mit Arabesken verzierte Gesims des Grabsteins legte.

»Was machen Sie da?«, wollte Evelyn wissen.

»Eine Ehrung für die Toten. Das machen eigentlich nur die Juden so. Klar, in einem Land wie Palästina, wo es früher kaum Blumen gab, nahm man Steine. Das muss hier, in der märkischen Sandbüchse, nun auch gehen.«

Evelyn las ebenfalls einen Kiesel auf und legte ihn auf den Grabstein. »Und wer liegt da? Ihr Urgroßvater?«

Ich musste lächeln und schüttelte den Kopf. »Nein, ein deutscher Dichter. Das alles ist lange her. Zweihundert Jahre. Diese Zeit damals nannte man Romantik. Fouqué hat Romane und Gedichte geschrieben, vieles ist vergessen. Aber es gibt von ihm eine Geschichte, die liest man noch immer, weil sie sehr anrührend ist. Eine Liebesgeschichte. Und sie endet im Unglück.«

»Oh«, sagte Evelyn nachdenklich. Dann setzte sie nach: »Das haben wohl alle großen Liebesgeschichten so an sich.«

Wir setzten uns auf die Bank. Zögerlich fiel die Nacht in die lange Berliner Dämmerung herein, am Firmament waren erste Sterne zu sehen. Eine Nachtigall fing zu flöten an. Es war beinahe kitschig, aber ich lehnte mich müde und ermattet zurück, sog die honigsüße, vom Sommertag noch warme Luft ein und genoss es. Minuten verstrichen.

Evelyn saß etwas verkrampft auf der Bankkante. Sie hatte immerhin ihr Sonnenkäppi abgesetzt und den Bären Leppsch aus dem Rucksack geholt, der nun zwischen uns hockte und mit seinen schönen schwarzen Knopfaugen verwundert auf die Friedhofsszenerie glotzte.

»Dem scheint es hier zu gefallen, dem Leppsch«, sagte ich.

»Lenken Sie nicht ab, Tim«, erwiderte sie. »Wir sprachen von großen Liebesgeschichten. Wie war denn das nun mit diesem Dichter?« Sie deutete auf Fouqués Grabstätte.

Ich hatte gar nicht die Zeit, mich über Evelyns literarischen Eifer zu wundern. Denn schon schnurrten Lehrer Schirners Ausführungen, die ich glaubte vergessen zu haben, wie ein Hamsterrad dahin: »Fouqué stammte aus alter preußischer Offiziersfamilie, eigentlich war er ein Hugenotte ...«

»Hugenotte? Über das Thema habe ich mal einen Film gesehen. Das sind doch diese Eingeborenen in Afrika. Na, die lerne ich ja noch kennen. Und wie kam dieser Fouqué aus Afrika nach Berlin? Mit dem Schiff oder dem Flugzeug?«

»Nein, nein«, seufzte ich, »Sie meinen die Hottentotten. Und die sind in Namibia, aber nicht am Nil ... Also, dieser Herr hier, Friedrich de la Motte Fouqué, war ein Hugenotte, ein Evangelischer aus Frankreich. Die Hugenotten sind vor langer, langer Zeit nach Berlin gekommen, weil sie in Frankreich verfolgt wurden. Sie erlernten hier die deutsche Sprache und wurden brave preußische Bürger, königstreu und so fort. Naja, und wie es eben damals so war, alte adlige Familie, da schickte man die Söhne zum Militär. Offizierslaufbahn.«

»Ein Mist ist das«, warf Evelyn ein. »Wenn mein René im Krieg gefallen wäre, Ost gegen West, das hätte mir das Herz gebrochen. Dafür bringt man weiß Gott kein Kind zur Welt.«

»Nun, unseren Fouqué hielt es auch nicht lang bei den Soldaten. Er quittierte bald den Dienst und zog sich zurück auf sein Schloss Nennhausen im Havelland. Dort schrieb er seine romantischen Gedichte und Romane, tauchte in seinen Texten in eine ferne, mittelalterliche Welt ein, mit tapferen Rittern und schönen Damen, die es zu erretten galt. Oder wie man sich das Mittelalter eben so vorstellte.«

Evelyn seufzte. »Schön. Ich mag so romantische Sachen. Schaue ich im Fernsehen auch gern an. *Bergdoktor,* zum Beispiel, oder *Rosamunde Pilcher*. Die mag ich besonders.«

Ich musste mir das Lachen verkneifen. »Ja, so ähnlich war das mit unserem Fouqué wohl auch. Nur dass er eher für ein kleineres Publikum schrieb. Fernsehen gab es damals ja noch nicht. Und lesen konnten bei Weitem nicht alle. Aber die, die lesen konnten, waren von Fouqués Geschichten sehr angerührt, vor allem von der Undine.«

»Undine«, Evelyn sprach das Wort flüsternd und langsam, wie eine Beschwörung, als lauschte sie dem Klang der Silben nach.

Wir schwiegen.

Plötzlich fragte sie: »Das geht doch wohl gut aus?«

»Die Geschichte von Undine?«

»Nein – ich meine: mit uns. Dieses ganze Unternehmen. Der Nil. Unsere Expedition ...«

Ich antwortete nicht. Es war mir peinlich. Und ich wusste ja selbst nicht, wie es ausgehen würde, mit uns, mit mir, mit all den vagen Hoffnungen und illusorischen Wünschen.

Ich versuchte, die Situation zu retten: »Überlegen Sie mal, Evelyn: Da sind schon einhundertsiebzig Jahre seit dem Tod Fouqués vergangen, und wir beide sitzen hier, beim Einbruch der Nacht, einer romantischen Nacht unter dem Sternenhimmel Berlins, hier an seinem Grab, und denken an ihn ...«

»Traurig«, resümierte sie, »und irgendwie auch schön.«

»Tröstlich, würde ich sagen. Und schön auf jeden Fall. – Aber zurück zu Undine: Sie ist eine Nixe ...«

»Eine was?«

»Eine Frau mit Fischschwanz, die im Wasser lebt.«

»So ein Unsinn. Das gibt es doch nicht.«

»In der Romantik schon. Also: eine Fischfrau, unglaublich schön. Aber sie hat einen Fehler: Sie besitzt keine Seele. Und eine Seele wünscht Undine sich so sehr. Es gibt nur eine Möglichkeit, eine Seele zu erhalten: Wenn sie die Liebe eines Menschen findet und ihn heiratet. Und da taucht nun Ritter Huldbrand auf, der in die Quelle blickt, worin Undine wohnt, und sich unsterblich, so glaubt er, in sie verliebt.«

»Schön«, seufzte Evelyn und kraulte Leppsch.

»Ja, alles könnte schön sein, wenn es sich bei Huldbrand nicht um einen Menschen handelte. Und Menschen sind bekanntlich wankelmütig. Also, Huldbrand heiratet, wie er es vorgehabt hat, die Menschenfrau Bertalda, wegen des Geldes und des Ansehens, und lässt Undine allein und unglücklich und unerlöst zurück.«

»So sind sie, die Männer.« Evelyn nickte grimmig.

»Aber die Frauen sind auch nicht von geringerer Raffinesse. Undine nämlich kommt drei Tage nach der Hochzeit zu ihrem Geliebten und gibt ihm einen Kuss, an dem er stirbt. Damit ist sie gerächt und das Gesetz der Nixen erfüllt. Als aber wenig später der Leichnam des Ritters begraben wird, geht im Trauerzug unter all den schwarzgewandeten Gästen eine weiße Frau, unter Schleiern verborgen, mit. Niemand weiß, wer sie ist, und als Bertalda ihr befiehlt, sie solle verschwinden, schüttelt die weiße Frau nur verneinend den Kopf und schweigt. Später, als der Sarg schon im Grab ist und die Erde darüber gehäuft und die Trauergäste sich umwenden, da ist die geheimnisvolle weiße Frau verschwunden. Aber dort, wo sie stand, entspringt eine Quelle, deren Wasser zu Huldbrands Grab rinnt und es wie in einer letzten zärtlichen Umarmung umschlingt.«

Wieder schlug die Nachtigall, und ich verwünschte sie, weil es mir vorkam wie ein Sahnehäubchen auf einem völlig überzuckerten Donut.

»Das ist schön«, sagte Evelyn leise in den Gesang der Nachtigall hinein. »Das hat sich dieser Dichter fein ausgedacht.«

Ich erwiderte nichts. Was sollte man hierzu auch anmerken?

Ich dachte an Cordula, aber nur ganz kurz, dann verscheuchte ich diesen Gedanken wie eine lästige Fliege und konzentrierte mich auf Sivi, ihre Augen, ihre Stimme, den Duft ihrer Haut … Ob das Schöne immer todbringend war? Aber war Undine wirklich eine Unglücksbotin? Oder war nicht sie das Opfer, das nur ein wenig Herzenswärme gewollt, sich eine Seele gewünscht und stattdessen nur Kälte und Lieblosigkeit empfangen hatte?

Wünschte ich mir das nicht selbst: erlöst zu werden, um meiner selbst willen geliebt zu werden, ohne Ansehen meines Erfolgs, meiner Karriere, in einer Gesellschaft, in der das größte Schimpfwort das eines *Losers* war? Und lebte ich nicht auf der Flucht, so wie Undine sich immer wieder in ihr Wasserreich zurückziehen musste, von den Menschen verkannt und missachtet?

»Ich will Ihnen mal etwas verraten, Tim.« Evelyn riss mich aus meinen Gedanken. Ich blickte sie überrascht an. Ihr Gesicht, das jetzt im Mondlicht wie hinter einem feinen Schleier leuchtete, erschien mir plötzlich schön. Alt und faltig, aber eigenartig verklärt.

Sie zog aus ihrer Tasche ein knitteriges Kuvert hervor. »Hier, das ist für Sie. Lesen Sie. Das interessiert Sie vielleicht. Ich wollte es Ihnen eigentlich schon in diesem komischen Schloss geben ...«

»Wiepersdorf«, ergänzte ich nickend.

»Genau. Wo diese seltsamen Leute waren, die sich kopfüber von Bäumen abseilten, und diese Ria mit ihrem alten Auto, und all diese Verrückten, die so tun, als würden sie nicht zu dieser Welt gehören ... Na, jedenfalls waren Sie ja die ganze Zeit so überbeschäftigt, wie auf der Flucht. Und so einer arbeitet beim *Bundesdienst*. Scheint ja in Ihrem Leben typisch zu sein, irgendwie Berufskrankheit: keine Zeit für nichts; nicht für die Frau, die Freundin, das Schöne, Freunde, das Leben. Seltsam, diese jungen Leute. Ich glaube, Sie sind auch so ein Ritter Edelbrand ...«

»Huldbrand«, verbesserte ich.

»Ja, genau, der. Also dieser Ritter, der vor seinem Glück davonrennt, weil er zu dumm und zu feige ist, zu seiner Undine zu stehen. Der da«, sie deutete auf Fouqués Grab, »hat schon gewusst, was er schreibt. – So, und nun lesen Sie das mal.«

Ratlos nahm ich das Kuvert entgegen. Die Adresse auf dem Umschlag war mit Füller geschrieben, königsblaue Tinte, in rundlicher Frauenhandschrift. Gerichtet an *Karl Hans Janke, Insasse in der Anstalt Hubertusburg, Wermsdorf, Sachsen*. Eine DDR-Briefmarke klebte darauf, an einer Ecke hatte sie sich abgelöst und war umgeknickt. Ein Poststempel, verwischt. Schräg über der von Hand geschriebenen Adresse prangte ein großer Stempelaufdruck: *Retour an Absender.* Darunter ein handschriftlicher Vermerk, mit schwarzem Kugelschreiber: *Adressat verstorben.* Ich wandte das Kuvert um: Auf der Rückseite stand als Absender Evelyns Oschatzer Adresse. An der Oberkante war der Umschlag mit einem Messer sauber aufgeschnitten. Ich griff hinein und zog drei Blatt Papier heraus, DIN A4, kariert, wie aus einem Schulheft gerissen. Es war ein Brief, datiert vom Dezember 1989, mit Füller geschrieben, ebenfalls in königsblauer Tinte.

»Den Brief habe ich dem Janke geschrieben, leider zu spät. So ist's manchmal im Leben«, sagte Evelyn in die Stille hinein.

Selbst die Nachtigall hatte zu schlagen aufgehört. Ich drehte das Papier so, dass das Mondlicht darauf fiel.

»Können Sie's erkennen?«, fragte Evelyn. »Dann lesen Sie mal vor. Aber langsam. Und so, dass auch ich es verstehen kann.«

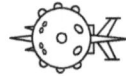

Oschatz/Sachsen, 20. Dezember 1989

Lieber Karl Hans,

Du wirst dich wundern, nach so vielen Jahren einen Brief von mir zu bekommen. Ich kann eigentlich nicht erwarten, dass du ihn liest, habe ja in all den Jahren nach meiner Entlassung aus Hubertusburg deine Briefe retour gehen lassen, Annahme verweigert. Vielleicht wirst du es nun mit diesem Brief genauso machen, ich kann es dir nicht verdenken. So ist es im Leben: Die Menschen tun einander weh, und oft wissen sie gar nicht, warum.

Karl, ich war damals in Hubertusburg nicht ich selbst. Wie auch? Ich war ja nicht zum Spaß dort, sondern weil ich krank war. Zumindest glaubte der Edmund das, mein damaliger Mann. Der mich, das ist mir erst viel später klar geworden, ganz gern in die Anstalt abgeschoben hat. Weil er nämlich etwas mit einer anderen hatte. Und der Edmund ist ja dann

446

ein paar Jahre später auch in den Westen abgehauen, mit unseren Kindern. Er hat mir alles genommen, was ich hatte, was ich bin. Und trotzdem muss ich zufrieden sein, wie man so schön sagt. Ich lebe seit ein paar Jahren in Oschatz, gar nicht weit von Hubertusburg. Mit dem Auto zwanzig Minuten. Ein Katzensprung, wie man so sagt. Und doch eine Welt dazwischen. Ich putze in einem Krankenhaus und helfe dort auch in der Küche. Da verdiene ich nicht sehr viel, bekomme aber auch noch Aufstockung vom Amt, wegen meiner leichten Behinderung, die der Amtsarzt bei mir festgestellt hat. Und das reicht für das Leben, wohne sogar in einem winzigen Haus hier in Oschatz, vom Gewerkschaftsbund. Ist alt und einfach, immerhin haben wir jetzt fließend Wasser und Gasheizung (früher das Wasser von der Pumpe im Hof, und mit Holz und Kohle geheizt). Ich sage wir, weil bis vor einem Jahr hat hier eine alte Frau mit drin gewohnt, und die Küche unten mussten wir uns teilen. Ist aber nicht so schlimm gewesen. War eine umgängliche Frau, etwas geizig, aber nicht schlecht. Hab sie nur zum Schluss mit pflegen müssen, weil die Kinder nur drei oder vier Mal im Jahr kamen, bei Muttern vorbeischauen, von der Rente schnorren und dann wieder heidewitzka ab nach Berlin und Karl-Marx-Stadt. Na, jedenfalls war die letzte Zeit mit der Oma, so hab' ich sie genannt, doch recht schwierig, weil sie hat immer ins Bett gemacht, und ich musste sie windeln. Hab' nicht mal was dafür gekriegt. Aber als sie dann vor einem Jahr gestorben ist, da sollte dann noch jemand Neues hier ins Häuschen rein, und die sind aber rückwärts wieder raus, weil sie nicht die Küchenmitbenutzung wollten. Und inzwischen haben wir ja die Wende, und die Mauer offen und alles geht drunter und drüber, und kein Mensch weiß, wie das wirklich weitergeht mit der DDR, und ob der Westen nicht rüberkommt und unsere Ost-Mark kaputt macht, und die VEBs noch weiterarbeiten können. Hab' ja auch noch neun Jahre bis zur Rente, wenn sie da dran nicht auch noch mauscheln. Also jedenfalls hab' ich nun nichts mehr vom Gewerkschaftsbund gehört, die haben jetzt andere Probleme, und so wohne ich allein in dem kleinen Haus, was mein Schatzkästchen ist, du solltest es mal sehen, und ich hab' es mir auf eigene Kosten etwas nett hergerichtet, in der Küche sogar malern lassen von einem Bekannten, der Rentner ist und das schwarz macht. Und vor dem Haus hab' ich hohe Malven und Rosen gesetzt, schon vor Jahren, die blühen jedes Jahr schön und lassen das wie ein kleines Dornröschenschloss aussehen. Ich habe auch Fernsehen und kann sogar Westprogramm gucken, und da sehe ich, wie es drüben aussieht, ist auch nicht alles Gold, was glänzt. Da will ich doch hoffen, dass unsere DDR bleibt, aber was wollen wir einfachen Leute machen, es kommt, wie es kommt, und man muss sich wegducken, haben wir ja nach dem Krieg auch machen müssen.

So, Karl, jetzt habe ich mich verplaudert, aber ich wollte doch wissen, wie es dir geht. Du lebst ja sicherlich noch immer in Hubertusburg. Deine Briefe waren von dort adressiert, in all den Jahren. Ist ja nun schon über zwanzig Jahre her. Mein Gott, wie die Zeit verrinnt, und aus Kindern werden Leute, und aus Leuten Alte. Du müsstest ja jetzt auch schon um die achtzig sein. Ein alter Knabe. Hoffe für dich, dass du rüstig bist und gesund, denn die beste Krankheit taugt nichts, wie mein Vater selig immer sagte. Und machst du auch noch deine Erfindungen? Mondraketen und so weiter? Die Amerikaner haben ja jetzt so ein Raumschiff entwickelt, damit wollen sie wohl bis zum Mars, glaube aber nicht, dass sie den Russen, was ja unser Brudervolk ist, da was vormachen können. Die haben sicherlich noch manches in petto, in ihren geheimen Anlagen hinterm Ural oder wo.

Also, jedenfalls, jetzt habe ich mich tüchtig verplaudert, aber ich wollte dir nur schreiben, wie es mir geht und dass es so lala geht, ich aber zufrieden bin. Und du sollst nicht schlecht von mir denken, Karl, weil ich dich damals in Hubertusburg nicht erhört habe. Ich war schließlich vergeben und hatte Mann und drei kleine Kinder. Ich hab' dir das damals nicht gesagt, weil ich hatte Angst vor dir. Jawohl, dass du es nur weißt. Du hast mir Angst gemacht mit deiner übergroßen Liebe, und Evelynchen hier und Evelynchen dort, alle Naslang war etwas und Schokolade und Pantoffeln und Mandarinen zu Weihnachten, und immer deine großen Erfindungen, alle immer für mich ausgedacht, so hast du gesagt. Und dass du mich wie ein Ritter aus Schloss Hubertusburg befreien willst, und dann heiraten wir und leben in einem Häuschen im Grünen und haben Kinder. Und wie du mit den Augen dann gestiert hast, dass ich dachte, du spießt mich damit auf, und mit den Zähnen so komisch geknirscht, da war mir schon ganz mulmig und hab' wohl aus Angst oder Feigheit nichts gesagt von Edmund, meinem Mann. Hast mich ja einmal mit ihm gesehen, aber das nicht richtig begriffen, als der Edmund mich besuchen kam, vor dem Schloss mit dem Auto, es war Winter und kalt, und du hast wohl aus dem Kohlenkeller durchs Fensterloch geschaut und unsere Beine gesehen. Das war schon gruselig, weil du immer auf Schritt und Tritt so hinter mir her warst. Was hätte ich denn machen sollen in meiner damaligen Lage? Und später hast du dann ja mal einen Brief vom Amt bekommen, dass ich nicht Fräulein Kubelka bin, sondern Frau Kubelka, und da war es dann ja aus, hab' ich zunächst gedacht, und aufgeatmet, weil ich damals ja deine Briefe aus der Anstalt noch bekommen und gelesen habe (hab' nur nie darauf geantwortet), und ich mir gedacht habe, jetzt ist ja wohl der Groschen bei ihm gefallen. Aber nein, ist er nicht. Du bist schon ein Dickschädel, das darf ich dir nach so vielen Jahren sagen. Und ich hab' dir eben aus Angst nie geschrieben und deine Briefe von da an retour schicken lassen.

Aber lassen wir das. Ich hoffe, du bist wohlauf und hast mit deinen Erfindungen weiterhin viel Freude und Anklang. Aber was der Grund für mein umständliches Geschreibe ist: Dass ich erst viel später begriffen habe, dass es wohl gar nicht so wichtig ist, was man ist und hat, und ob einer was darstellt und beliebt ist. Sondern dass er lieben kann. Und auch nicht, dass er geliebt wird. Ich weiß das ja, dass ich von dir geliebt wurde. Und hab' dich nicht gegengeliebt. Weil ich halt jung und unreif war. Und dann die Krankheit und meine Ehe mit Edmund. Und ich würde das heute wohl nicht anders machen als damals. Aber so viel weiß ich heute doch: Dass auf dir ein Segen lag und ein Glanz, weil du geliebt hast. Mich und deine ganzen tollen Erfindungen, die ich nur nie verstanden habe. Und das hat man auf deiner Stirn und in deinen Augen gesehen, dass da ein besonderer Glanz war und wie viel Liebe. Und das hat dich ausgezeichnet vor allen. Es war wie ein Orden, aber den hast du nicht von der Partei bekommen, sondern der war dir geschenkt. Die Liebe hat dich geschmückt. Du bist in ihr nie müde geworden, und alles, was du sagtest und tatest, ist golden und wertvoll geworden. Und die Liebe hat dich, *das weiß ich heute, auch tief gedemütigt und erniedrigt. Aber sie hat dich eben auch erhöht. Und da spielt es gar keine Rolle mehr, ob du Gegenliebe gefunden hast. Es war dir so bestimmt. Und die Liebe, die du hattest, hat dich besonders gemacht und wertvoll. Nicht in dieser Welt, nicht vor der Menschheit, wie sie halt nun mal ist. Sondern das ist höher, und kann man schlecht in Worte fassen, ich jedenfalls nicht.*

So, Karl, und nun wünsche ich dir ein gesegnetes und hoffentlich frohes Weihnachten 1989. Sei mir nicht böse, das erbitte ich von dir. Und weißt du noch, wie wir damals im Aufenthaltsraum zur Musik vom Plattenschrank getanzt haben? War doch auch schön, und möchte ich nicht missen. Und wie ich eine Figur aus der Krippe gestohlen habe? Ich denke heute über vieles anders als damals. Da war ich ein junges, dummes Huhn.

Ich muss schließen, damit der Brief noch zur Post geht. Habe wohl noch nie so lang geschrieben, seit drei Abenden schon (kam im Fernsehen, auch West, sowieso nichts Gescheites). So behalt mich in guter Erinnerung, lieber Karl, heute kann ich das so schreiben.

Dein Evelynchen (immer noch auf dieser Erde, und nicht schon im Weltraum)

Ich hatte zu Ende gelesen. Nun schwieg ich. Evelyns Brief an Janke rührte mich. Auch sie sagte kein Wort. Das Mondlicht, das durch die Äste der hohen Linden fiel, streute bizarre Schemen auf die Friedhofswiese und die Grabsteine. Die Nähe der Toten machte mir keine Angst, im Gegenteil. Ich fühlte mich so ruhig und aufgehoben wie seit Langem nicht. Die Luft in dieser Sommernacht war noch immer lau, und so saßen wir da, Evelyn und ich, im Einvernehmen, wie mir schien, über uns und die Welt. Ich empfand plötzlich keinen Groll mehr ihr gegenüber, keinen Zorn über ihre bisweilen vorlaute und auch nervige Art, einen an der Nase herumzuführen oder die Schutzbedürftige zu spielen.

Evelyns Brief war fast ein Vierteljahrhundert alt. So lange hatte sie ihn verwahrt, und nun hatte ich ihn lesen dürfen. Ein großer Vertrauensbeweis. Vielleicht auch eine Art Zuneigung. Und: Ihr Brief, ihr später Versuch, etwas gutzumachen und Janke um Verzeihung zu bitten, hatte ihn nicht mehr erreicht. Bereits am 15. Februar 1988 war er gestorben, mit achtundsiebzig Jahren, also fast zwei Jahre, bevor Evelyn ihm diesen Brief schrieb. Sie war zu spät dran gewesen, mit ihrem Brief, ihrer Einsicht, ihrer Bitte, ihrem Geständnis. Zu spät. Wie so vieles im Leben.

Dort drüben, nur wenige Schritte entfernt, war Fouqués Grab, dessen *Undine* ich vor langer Zeit im Deutschunterricht bei Lehrer Schirner gelesen hatte. Pflichtlektüre. Aber ich hatte es gern gelesen. Und nun saß ich da, in einer lauen Sommernacht, an seinem Grab, abgehalftert, ausgebootet, flüchtig mit einer offensichtlich etwas verrückten alten Dame, auf der Suche nach den geistigen Hinterlassenschaften eines kranken und verkannten Genies. Einer, der den Staatsratsvorsitzenden Walter Ulbricht und diverse Institutionen der DDR an der Nase herumgeführt hatte. Hier saß ich und war plötzlich seltsam eins mit mir und der Welt. In Ruhe gelassen, in der wohltuenden Stille eines Friedhofs, in der harmonischen Nähe Fouqués und all der anderen Toten, die ihr Leben gehabt und gekämpft hatten, mit Höhen und Tiefen, und oft genug auch gescheitert waren. Und meine eigenen Bemühungen und Ängste waren mit einem Mal nicht mehr von Belang. Ich sog die laue, vom süßen Lindenduft gesättigte Luft ein und spürte, wie sie meine Lungen mit Leben erfüllte – und es war gut.

»Ich muss mal austreten«, sagte ich zu Evelyn.

»Aber doch nicht wild ins Gebüsch auf einem Friedhof, Tim!«, empörte sie sich.

»Wo sonst? Dort drüben hinter den Bäumen. Ich kann ja nicht in die Hose machen. Und dann gehen wir. Ich rufe meinen Kumpel Frank in Weißensee an, bestimmt können wir bei ihm übernachten.«

Ich stand auf und ging Richtung Ausgang, wo dichtes Gebüsch

war. Als ich das Wasser abgeschlagen hatte, fiel mein Blick auf das Friedhofstor: zugeschlossen!

Ich hastete zu Evelyn zurück. »Verflixt! Das Tor ist abgeschlossen. Wie kommen wir jetzt hier raus?«

»Übers Handy die Polizei anrufen«, meinte sie pragmatisch.

»Klasse Idee, Evelyn. Die Flüchtigen rufen die Verfolger.«

Der Zauber der nächtlichen Stunde, den ich bis vor wenigen Minuten noch so tief empfunden hatte, war mit einem Mal verflogen. Leise fluchte ich vor mich hin.

»Das bringt uns nun auch nicht weiter«, tadelte mich Evelyn. »Sie sind doch jung und gelenkig, Tim. Sie könnten ja versuchen, über die Mauer zu klettern und Hilfe zu holen. Bei *Rosamunde Pilcher* ist das auch so.«

»Über die Mauer klettern? Ich?!« Ich war wütend. »Ich bin kein Held aus Ihren ZDF-Schmonzetten!«

»Ja, das merke ich.«

Sie brachte mich zum Kochen, diese Alte. Wutentbrannt stapfte ich los, die Hände zu Fäusten geballt, die Fingernägel in die Handinnenflächen gegraben, dass es schmerzte.

Da war die verdammte Mauer. Sie war verputzt, aber an einigen Stellen fehlten größere Putzflächen. Ein alter, nun toter Efeustock hatte sich in die Fugen und Risse gekrallt. Ich setzte den rechten Fuß in Hüfthohe auf einen Efeuast, mit einer Hand umgriff ich den Stock und stieß mich mit Schwung vom Boden ab. Es gelang. Ich suchte mit der anderen Hand an einem etwas vorstehenden Backstein Halt, zog den linken Fuß nach und stemmte ihn gegen die Mauer, die Schuhspitze auf der vorspringenden Ecke eines Steins. Eben wollte ich den rechten Fuß weiter nach oben ziehen, als der morsche Efeuast, den ich umklammert hielt, brach. Ich stürzte hintenüber, knallte mit Hinterkopf und Rücken auf die Erde – mir blieb die Luft weg – – –

Ich musste ohnmächtig gewesen sein, denn als ich wieder zu mir kam, lag mein Kopf in Evelyns Schoß. Ich spürte, wie ihre dicken, warmen Finger mir zärtlich über die Stirn strichen.

»Leben Sie noch?«, fragte sie.

»Ich glaube schon«, röchelte ich.

Vorsichtig bewegte ich Kopf, Rücken, Hände und Füße. Alles war noch dran, alle Körperteile gehorchten meinem Willen. Also kein Lebensabend als Querschnittsgelähmter im Rollstuhl. Das Sprechen ging auch noch. Ich sah in Evelyns Gesicht und hörte einen leisen Singsang aus ihrem Mund, ein Lied, mit dem sie mich wohl beruhigen wollte.

»Hören Sie bloß mit diesem Gesumme auf«, herrschte ich sie an. Frauen hatten immer so eine Neigung, dumm zu summen. Augenblicklich verstummte sie.

Wütend, aber auch erleichtert, wollte ich mich hochrappeln, als ein stechender Schmerz im linken Fußgelenk mich wieder zu Boden und in Evelyns Schoß riss. Ich stöhnte. »Ich glaube, ich habe mir etwas gebrochen«, stieß ich zwischen den Zähnen hervor.

Evelyn schwieg eingeschüchtert. Schließlich gelang es mir mit ihrer Hilfe, aufzustehen und – auf sie gestützt – auf einem Bein zur Bank zu hüpfen, wo ich mich erschöpft niederließ. Der Fuß pochte. Ich zog Schuh und Socken aus, angelte aus meinem Rucksack eine Wasserflasche und ein T-Shirt, tränkte es und umwickelte damit das Gelenk. Das kühlte und tat wohl.

»Und was machen wir jetzt?«, fragte Evelyn kleinlaut.

Ich zuckte mit den Schultern. »Wir warten bis zum Morgengrauen, bis der Wärter das Tor wieder aufschließt. Dann schleichen wir uns hinaus. Draußen rufe ich ein Taxi, das mich ins Krankenhaus bringt. Die Charité ist nicht weit.«

Das Gelenk schwoll an. Aber der Schmerz war erträglich, sofern ich mich nur ruhig hielt. Evelyn und ich wickelten uns in unsere wärmsten Sachen ein, denn die Luft kühlte stark ab, und starrten in die vom Mondschein verzauberte kleine Welt des Friedhofs.

Lange schwiegen wir, bis Evelyn plötzlich in die Stille hinein flüsterte: »Was Sie mir vorhin erzählt haben, von dieser Undine, die der Dichter da vor uns geschrieben hat, ist sehr traurig. Ich meine, irgendwie ist das doch wie bei uns beiden ...«

»Wie meinen Sie das?« Unwillkürlich hatte auch ich, wie in einer Kirche, die Stimme gesenkt.

»Na ja«, flüsterte sie, »dieser Ritter hat doch nicht zu ihr gehalten, sondern eine andere geheiratet. Und dass er dann den Todeskuss von Undine erhielt, war doch nur zu gerecht. Andererseits: Es hatte ja dann keiner etwas davon. Nur Tod und Unglück, auf allen Seiten. Ganz anders als bei *Rosamunde Pilcher*. Und: Ich habe Ihnen ja meinen Brief an Janke zum Lesen gegeben. Das hätte ich sonst bei keinem getan. Ich will damit sagen, dass … dass … also, Sie sind mir schon irgendwie sympathisch, Tim. Obwohl ich weiß, dass das mit diesem *Bundesdienst* erlogen und erstunken war … Ich bin ja schließlich nicht blöd, nur weil ich angeblich ein wenig behindert bin. Aber ich habe ja doch einen Kopf, und da drin«, sie deutete mit dem Zeigefinger auf ihre Stirn, »geht vielleicht manchmal etwas verloren oder auch drunter und drüber, wie wenn man in der Küche die Salatschleuder zu schnell dreht und alles durcheinanderwirbelt. Doch meistens halte ich da schon Ordnung, ich habe ja schon allerhand im Leben gesehen und beobachtet … Da macht man sich schon so seine eigenen Gedanken.«

Evelyn schwieg. Ich war betroffen und wusste nicht, was sie mir damit sagen wollte, also schwieg auch ich. Nach einer Weile setzte sie wieder an: »Ich meine, mit Janke und mir war es ein wenig wie mit dem Ritter und Undine. Aber auch wieder nicht. Also, umgekehrt eben, wenn Sie wissen, was ich meine.«

Ich schüttelte den Kopf.

Sie erklärte: »Der Ritter hielt ja nicht zu ihr. Und hat sie irgendwie auch belogen. Und so habe ich nicht zu Janke gehalten, obwohl er sich so nach mir verzehrt hat. Klar, ich konnte damals nicht anders. Aber vielleicht hatte ich nur nicht den Mut, und ich hätte vielleicht anders gekonnt. Weiß man's? Vielleicht hätte ich es gelernt, ihn zu lieben. Ist auch egal. Kam eben anders. Alles zu lange her. Und der arme Janke lebt schon lange nicht mehr … Aber was Sie anbelangt, Tim«, sie strich mir sanft mit den Fingern über die Schläfe, und ich ließ sie gewähren, »ich meine das jetzt

ganz mütterlich, ich könnte ja vom Alter her Ihre Mutter sein ...
also, nehmen Sie es mir nicht übel. Aber nach allem, was ich beobachtet habe, und das habe ich eben ein wenig im Gespür, das
dürfen Sie jetzt einer alten Frau wie mir schon glauben ... also,
ich glaube, Sie wehren sich gegen die Liebe. Da ist diese Sivi, die
ist doch ein adrettes Mädchen. Vielleicht sollten Sie sie nicht einfach so aufgeben und ziehen lassen? Wieso reisen Sie ihr nicht
hinterher und sagen ihr einfach, dass Sie sie schön und nett finden. Oder der Kellner aus dem Museumscafé ...«

»Ich bin, verdammt noch mal, nicht schwul, Evelyn!«, raunzte
ich sie an.

»Schsch«, machte sie begütigend, »das mag ja sein. Aber es ist
im Grunde doch egal. Ich meine: Sie lernen jemanden kennen,
der macht Ihnen schöne Augen, gibt Ihnen seine Nummer; und
Sie, Sie tun so, als hätte der andere etwas verbrochen, anstatt dass
Sie einfach nur nett zurücklächeln und sagen: *Ja klar, auf einen
Kaffee können wir uns gern treffen.* – Stattdessen: Leichenbitter-
miene und schlechte Laune. Und wären Sie nicht vorhin in so
schlechter Laune die Mauer hoch, wäre es vielleicht besser gelungen und Ihr Fuß noch ganz. Sie ziehen ja, wenn ich das einmal so
sagen darf, das Unglück geradezu an, wie ein Magnet rostige
Nägel. Und deshalb rate ich Ihnen: Lassen Sie mal etwas locker,
und kämpfen Sie, Tim, wie Janke auch gekämpft hat. Im Gegensatz zu Janke haben Sie nämlich viel bessere Karten, Sie sitzen
schließlich nicht hinter Gittern in der Anstalt, sondern sind in
Freiheit, können tun, was Sie wollen, und gehen, wohin Sie wollen
...«

»Mit *dem* Fuß?« Ich hielt ihr demonstrativ den umwickelten
Fuß entgegen.

»Schsch«, machte sie erneut, »das wird schon wieder, das ist
kein Beinbruch.«

»Na, vielleicht doch?«

»Und wenn? Das wird dann auch wieder. Aber entscheiden Sie
sich endlich! In Ihrem Alter, da hat der gute Janke Trajekte ent-

wickelt. Und es war ja nicht alles Humbug und Fantasie. Das haben wir ja erst heute Vormittag im Museum gesehen, dieses Dingsda ...«

»Düsenstrahltriebwerk.«

»Ja, stimmt. Es trägt ja auch meinen Namen und mein Geburtsdatum.« Evelyn lächelte versonnen. Dann sagte sie: »Also, der Janke in Ihrem Alter, der hatte mehr Mumm und Zug. Schneiden Sie sich von ihm mal eine Scheibe ab und jammern Sie sich nicht ständig so durchs Dasein. Anderen Leuten geht's auch nicht immer prächtig. Und überhaupt: Kämpfen Sie endlich einmal, ob für eine Frau oder einen Kerl, ist doch egal. Aber kämpfen Sie, Tim, und entscheiden Sie sich! Hätte ich das damals getan, wer weiß, vielleicht hätte das mit Janke auch anders geendet. Ich meine, letztlich ist er doch nicht wegen seines leichten Verrücktseins in der Anstalt zugrunde gegangen, sondern weil ihn keiner geliebt hat. Und das ist die Schuld, die ich nicht losbekomme. Und die werde ich mit ins Grab nehmen müssen. Aber Sie – bei Ihnen ist noch alles offen und nichts verloren.«

Evelyn war zu Ende. Wir schwiegen beide.

Ich wusste nicht, was ich auf diese mütterliche Philippika hätte entgegnen sollen. Zuerst war ich über ihre Redegewandtheit verblüfft. Dann über ihre Moral ein wenig verärgert. Aber je mehr die Nacht voranschritt, und je länger ich auf Fouqués Grab starrte und auf das tanzende Mondlicht und die hohen, leise wispernden Lindenbäume, desto stiller und demütiger wurde ich im Innern, und – ja: auch glücklicher. Und vielleicht, vielleicht hatte Evelyn mit ihrer Beobachtung recht, ein klein wenig zumindest. Ich beschloss, darüber nachzudenken, wenn ich mal allein war, und als ich dies beschlossen hatte, dämmerte ich auch schon weg. Nur Undine, die aus einer nahen Quelle, die dort bei Fouqués Grab entsprang, hervorlugte, schüttelte noch betrübt den Kopf über mich, bevor sie den Finger zu den Lippen hob, als wollte sie mir gebieten, besser nichts zu sagen, und wieder im silbernen Gemurmel der Quelle entschwand. Mit einem Mal saß da der dichtende

Offizier Fouqué mit überkreuzten Beinen, in preußischer Uniform, oben auf seinem Grabstein, blickte auf mich herab, lächelte mir zu – es war ein nachsichtiges, verständnisvolles Lächeln –, sagte einen Satz zu mir, ich sah, wie seine Lippen sich bewegten, aber ich verstand kein Wort. Und er lächelte und lächelte – und da wusste ich: Es war noch nichts verloren, das Ende noch offen, und ich hatte zwar ein paar Dummheiten begangen, aber noch war der Faden nicht gerissen, der Faden des Lebens. Noch durfte ich auf Gnade hoffen, sonst hätten mich die Gegenweltigen ja nicht so unverhohlen angeblickt ...

Als ich erwachte, war der Tag schon heraufgezogen. In den Bäumen zwitscherten die Vögel. Ich blickte auf die Uhr: Es war bereits sieben. Evelyn lag neben mir, zusammengerollt auf der Bank. Sie schlummerte noch, hatte beide Hände unter den Kopf gebettet. Ich ließ sie schlafen.

Irgendwann, nach etwa einer halben Stunde, hörte ich den Schlüssel des Wärters im Schloss der Eingangspforte quietschen. Das Tor war also offen. Auf Fouqués Grab lag bereits die Morgensonne. Der Spuk der Nacht war verschwunden. Hatte ich das geträumt? Ich war mir nicht sicher.

Neben mir räkelte sich Evelyn. »Wie spät ist es?«, fragte sie schlaftrunken.

»Noch nicht zu spät«, sage ich leise. »Kommen Sie, Evelyn, wir müssen aufstehen. Das Tor ist offen. Ein neuer Tag. Ich muss ins Krankenhaus, meinen Fuß untersuchen lassen. Und wenn man dort fragt, wie das passiert ist, halten Sie bitte den Mund.«

»Ehrenwort«, antwortete sie. »Es ist eh alles zu verworren und zu komisch. Das würde uns keiner glauben.«

Für einen Wimpernschlag sah ich wieder Fouqué oben auf seinem Stein sitzen: gekräuseltes Haar mit Geheimratsecken, wacher, etwas ironischer Blick, ein skeptisches Lächeln um die Lippen, darüber ein schütteres Bärtchen, ein Auge leicht nach außen schielend ... Aber vielleicht war es auch nur die Sonne, die mir eben in die Augen stach.

*Frau Evelyn Kubelka, geb. Weiß
Fachkrankenhaus für Psychiatrie
– Station 38 –
8701 Großschweidnitz über Löbau/Sachsen

Meine liebe Frau Kubelka!
Ich erhielt von einer Polizeistelle die nachstehende Aufklärung:
»Das Fräulein Kubelka, nach der Sie suchen, ist nicht Fräulein K., sondern Frau Kubelka, und Mutter von 3 Kindern im Alter von 11–16 Jahren. Sie ist zur Zeit nicht mehr in der Gemeinde Schöna, sondern getrennt von ihren Kindern u. ihrem Mann. Sie hält sich im Kreis Löbau auf. Sie lebt z. Zt. in Scheidung mit ihrem Mann.«
Diese Nachricht war für mich <u>entsetzlich</u>, weil ich das nicht wußte! Als ich dich, liebe Evelyn, zum ersten Male sah, machtest du auf mich den guten Eindruck eines <u>unverheirateten jungen Mädels</u>, die gern einen Freund haben möchte! Die Schwester der Station 13, die ich fragte, wer das Fräulein da auf dem Hofe sei, sagte eidesstattlich zu mir: »Das ist <u>Fräulein</u> Kubelka, Evelyn, die ist bei mir auf der 13.«
Du tatest mir außerordentlich leid, denn ich merkte, daß du normal handeltest, obwohl du in der Anstalt gehalten wurdest. So sagte mir auch niemand, daß ich das zu unterlassen hätte, oder – daß du eine verheiratete Frau seist – oder gar – daß du Kinder hättest! So aber sah ich es als meine Pflicht an, dir zu helfen, dich zu unterstützen! Und ich gewann dich lieb und <u>trug mich mit der Absicht, dich zu heiraten!</u>
Als du nun fortgebracht wurdest nach Großschweidnitz, sagte eine Schwester, als ich mich darüber beschwerte, daß ich dich verlieren könnte …: »… die können Sie ja doch nicht heiraten, die ist verheiratet, hat einen Mann und 3 Kinder.«
Was soll ich nun glauben, Evelyn?! Ich möchte dich sehr gerne haben, weil ich all das sehe, aber wenn du in Schöna einen <u>Mann hast und zwei oder sogar drei Kinder, die deine eigenen sind</u>, dann wird das mit unse-

rer Liebe auch wohl zu Ende sein, Evelyn! Es ist furchtbar für mich, weil ich dich geliebt habe, davon zu wissen! Ich will dem Herrn Kubelka in Schöna nicht seine Frau und Mutter seiner 3 Kinder nehmen.
Dann bitte ich dich sehr, sehr herzlich, wieder gut zu sein zu deinem lieben Mann und zu deinen lieben Kindern, die sich sehr bang verzehren nach dir, Evelyn! Glaube mir, was ich sage! Du wirst mit einem anderen Manne nie mehr glücklich!

Dein Karl Hans Janke*

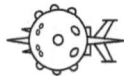

Der übernächtigte Pfleger in der Notaufnahme der Charité schüttelte ungläubig den Kopf: »Mit was die Leute heutzutage zu uns kommen und hier alles verstopfen. Früher hätte man sich einen Quarkumschlag gemacht, und alles wäre wieder gut gewesen.«

Ich stellte mich taub und humpelte zum Trotz noch etwas mehr. Wir mussten im Erdgeschoß eines Seitengebäudes des riesigen Bettenhochhauses warten. Immerhin schien die Polizei bis hierher noch nicht ihre Fangarme nach mir auszustrecken, denn bei der Aufnahme der Personalien und dem Scannen meiner Versichertenkarte im Lesegerät war alles gutgegangen. Hin und wieder kam der mit violetten Augenringen umflorte Typ vorbei, ein Klemmbrett unter dem Arm, und nannte einen Namen. Die Aufgerufenen verschwanden hinter einer Automatiktür.

Evelyn und ich warteten bereits seit einer Stunde. Ich überlegte, ob man jemanden, der mit seinem Arm in eine Stanzmaschine geraten oder dem ein Bein von einer Tram abgetrennt worden war, auch so lange sitzen ließ – als der Typ mit den Augenringen meinen Namen rief. Ich erhob mich und humpelte zur Automatiktür, Evelyn mir hinterher.

»Sie bleiben hier«, sagte der Augenberingte zu ihr. »Das ist ja schließlich keine Familienkaffeetafel.«

Ich nickte Evelyn begütigend zu. Ohne zu murren, setzte sie sich wieder hin. Dann öffnete sich die Tür ...

Der Arzt, ein kleiner, smarter Franzose, sah mich kurz an und sagte unverblümt: »Mein Err, isch denke, man müsste einrenken Ihre ypochondrische Irn, das ist die eigentlische Probläm.« Dann gab er einer Schwester, die früher wohl Ringerin gewesen sein musste, ein Zeichen. Sie stürzte sich auf mein Bein, schnitt mit einem Skalpell meinen Schuh auf, umwickelte meinen Fuß mit einem Stützverband, zwängte den Fuß in den ramponierten Schuh und beschied mir: »Sie können gehen. So wie Sie noch drauf sind, können Sie leicht den Berliner Halbmarathon mitlaufen.«

Als ich ins Freie kam, wandte ich mein Gesicht dankbar zur Sonne, die über allen Geschöpfen, glücklichen wie unglücklichen, gesunden wie kranken, gleichermaßen ihre Wärme ausgoss. Erst jetzt wurde mir klar, dass ich versehentlich einen falschen Ausgang genommen hatte und auf der anderen Gebäudeseite stand. Meinen Impuls, einfach zur nächsten Straßenbahn zu humpeln und ins Blaue hinein zu fahren, irgendwohin, wo mich keiner kannte, scheuchte ich in die Schreckenskammer meines Herzens zurück. Ich fingerte nach einem Taschentuch und zog stattdessen einen Zettel aus dem Hosensack: Raffaeles Nummer. Auf der anderen Straßenseite befand sich eine Stele mit öffentlichem Telefon. So etwas gab es also noch. Ich wartete einen Krankenwagen mit Blaulicht ab, dann humpelte ich hinüber ...

Keine fünf Minuten später betrat ich wieder den Wartebereich der Notaufnahme. Evelyn sah mich nicht gleich, sie starrte treu wie ein Hündchen auf die Tür, hinter der ich verschwunden war. Ich stupste sie von hinten an und sagte trocken: »Wir können weiter.« Dann griff ich nach meiner Tasche und der von Evelyn und humpelte zur Tür. Evelyn trottete hinterher.

»Und was machen wir jetzt?«, fragte sie unschuldig.

»Das, was Sie sich gestern gewünscht haben«, antwortete ich kryptisch.

»Schnitzel essen gehen?«

»Ja, vielleicht später. Aber erst … ach, lassen Sie sich überraschen.«

Ein Geldautomat an der Ecke spie zu meinem Erstaunen noch ein paar Scheine aus. Ich rief ein Taxi. Nach einer Viertelstunde hielten wir in der Zimmerstraße beim früheren Checkpoint Charlie. Das Gelände war mit hohem Maschendrahtzaun umgeben. *Air Service Berlin* stand am Eingangstor. Es war ein schöner, strahlend blauer Tag, ideal zum Aufsteigen. Bereits jetzt wartete eine Gruppe von Chinesen brav in Zweierreihe vor dem Kassenhäuschen. Auf dem Gelände stand riesenhaft der blaue Fesselballon, mit Stahlseilen festgezurrt. Auf der weißen Banderole, die um den Ballonbauch lief, war in großen Lettern *DIE WELT* zu lesen.

Evelyn klatschte begeistert in die Hände und klammerte sich anhänglich an meinen Arm.

»Au«, sagte ich zum Scherz, »Sie reißen mir ja den Arm aus.«

»Ist's möglich? Ist' möglich?«, rief sie. »Das haben Sie aber fein erraten.«

»Es war ja nicht so schwer. Ich dachte mir: Wenn schon die *Ethiopian Airlines* sich zu fein sind, uns zu vernünftigem Preis mitzunehmen, dann darf es eine Nummer kleiner sein.«

»Prächtig«, rief Evelyn aus. »Glauben Sie, dass man von dort oben bis Afrika sehen kann?«

»Wohl eher nicht«, sagte ich trocken, »wegen der Erdkrümmung und so. Aber wer weiß? Wir werden sehen …«

Unruhig blickte ich die Straße entlang. Hatte er sich verspätet?

Evelyn war in die Lektüre eines Informationsschildes vertieft und las mir wie eine ABC-Schützin laut vor: »Welt-Ballon. Ein Gemeinschaftsprojekt von A-ir Ser-vize Berlin und der Zeitung *DIE WELT*. Dieser Fesselballon, gefüllt mit fünftausendsiebenhundert Kubikmeter Helium, ist einer der größten Hi-Flü-er …«

»High-Flyer«, verbesserte ich.

»Steht aber nicht da. Hier steht Hi-Flü-er. Also: Er steigt bis in eine Höhe von hundertfünfzig Metern. Die Dauer der Fahrt beträgt circa fünfzehn Minuten ...«

»Für eine laxe Viertelstunde teuer genug«, grantelte ich. – Er musste doch endlich um die Ecke biegen!

»Genießen Sie die unvergleichliche Fahrt über Berlins Dächern mit einem atemberaubenden Ausblick auf die pulsierende Groß-stadt und sogar auf die friedvolle Stille der märkischen Landschaft. Zudem können Sie in unserer Bar erfrischende Getränke und Snacks degoustieren. Ein Fotograf fertigt zu kleinem Aufpreis eine bleibende Erinnerung vor der Kulisse des Ballons, von Ihnen als wagemutigen Aeronauten ...«

Ein Piepston in meiner Hosentasche. Ich hatte Raffaele vorhin meine Nummer durchgegeben. Ich blickte auf das Display: *Etwas dazwischengekommen. Melde mich nach dem Dienst. Ciao, Raffaele.*

»Was ist ein Aeronaut?«, fragte Evelyn.

»Mist«, murmelte ich und steckte das Handy weg.

»Steht aber nicht da. Das hat etwas mit dem Fliegen zu tun.«

»Ein Ballon *fährt*«, sagte ich. »Das habe ich Ihnen gestern schon erklärt, Evelyn. Und die Leute, die darin stehen, sind Ballonfahrer.«

»Wieso steht dann hier nicht Ballonfahrer?«

»Weil die keine Ahnung haben.«

Das Tor wurde geöffnet, und die Chinesen drängelten schnat-ternd wie die Enten aufs Gelände. Wir wurden von nachfolgenden Touristen, stämmigen, ergrauten Niederbayern in sich erstaunlich dehnenden Radrenntrikots, nach vorne geschubst. Ich fragte mich, woher all die Pensionäre nur ihre Energie bezogen und weshalb sie im Radler-Trikot in einen Ballon stiegen und gen Himmel fuhren. Die Chinesen vor uns waren erstaunlich schnell abgefer-tigt. Klar. Gruppenticket, im Internet gebucht. Ich gelangte zum Kassenhäuschen. Hinter der Scheibe saß eine adrette Brünette (das reimte sich sogar). Ich konnte mir einen Kalauer nicht ver-kneifen: »Zwei Personen. Ein Mal behindert. Nein, zwei Mal be-hindert.« Dabei zeigte ich auf meinen eingebundenen Fuß. »Einfache Fahrt.«

Die adrette Brünette glotzte mich humorlos an und bewegte gelangweilt ihren Kaugummi von einer Backe in die andere. »Spaßvogel«, nuschelte sie, ohne mich anzublicken, und schob mir die Tickets herüber. »Bislang ist noch jeder wieder runtergekommen. Und nur *ein* Mal behindert. Ermäßigung gibt es nämlich nur gegen Vorlage eines amtlichen Behindertenausweises.«

So amtlich beschieden, gingen wir weiter und stellten uns vor ein Drehkreuz. Die Chinesen hatten die Ballongondel bereits bestiegen und fuhren eben kreischend gen Himmel. Wir mussten bis zur nächsten Fahrt warten – immerhin bereits in einer Viertelstunde. Unterdessen malte ich mir genüsslich einen Anschlag aus, bei dem die Verankerung des Stahlseils, an dem die Gondel hing, riss, wodurch der *WELT*-Ballon hinauf in die Atmosphäre schoss, seinem Namen alle Ehre machend, *one world, one people*, und den Chinesen endlich wirklichen Anlass zum Kreischen gab.

Evelyn stieß mir den Ellbogen in die Seite und riss mich aus meinen anarchistischen Träumen: »Gucken Sie mal, Tim, der Mann da sieht aus wie der vom *Traumschiff*, der Siegfried Rauch. Nur etwas verwitterter.«

Ich kannte die Serie noch aus meiner Jugend. Tatsächlich: Der alte Kapitän des *ZDF-Traumschiffs* stand vor uns! Vielleicht hatte er hier ja einen attraktiven Nebenjob? Oder war er ein Doppelgänger?

Altväterlich sagte der Kapitän: »Ich darf Sie herzlich begrüßen.« Er legte ein makelloses drittes Gebiss frei. »Wir starten mit der *Air Service Berlin* in wenigen Minuten zu unserer Fahrt über die Hauptstadt, bis in einhundertfünfzig Meter Höhe …«

»Dieser Fesselballon, gefüllt mit fünftausendsiebenhundert Kubikmetern Helium, ist einer der größten Hi-Flü-er«, spulte Evelyn ab.

Der Kapitän grinste: »Genau, gnädige Frau. Ich sehe schon, wir haben hier Vielfahrer unter uns. *Miles & More* gibt es bei uns aber nicht. Noch nicht. Und Erfrischungen an Bord haben wir leider auch nicht. Aber dafür das da«, er hielt ein paar Kaugummis hoch, »gegen Übelkeit, falls jemand anfällig ist. Kommt aber selten vor.«

Die Gondel landete. Die Chinesen strömten lachend und quasselnd heraus. Sicherlich hatten sie heute noch ein anstrengendes Programm vor sich, mutmaßte ich: das Gruselkabinett von *Berlin Dungeon*, ein Mittagessen in der hiesigen Dependance des *Hofbräuhauses*, nachmittags eine Fahrt auf der Spree durchs Regierungsviertel, abends eine Show im *Tipi-Zelt am Kanzleramt*. Jedenfalls keine romantische Mondnacht auf dem Alten Garnisonsfriedhof, mit einem gütig nickenden Fouqué, der auf seinem eigenen Grabstein hockte ...

Siegfried Rauch deutete eine galante Verbeugung an und machte eine einladende Geste. Die trikotbeleibten Niederbayern schubsten uns hinein.

Die Gondel erwies sich als ein begehbarer Kranz aus Stahl und Draht. Durch die Mittelöffnung führte das Stahlseil, mit dem der Ballon am Boden verankert war und es auch während seiner Höhenfahrt blieb. Siegfried Rauch verriegelte die Tür. Dann öffnete er eine Art Sicherungskasten und drückte einen Knopf. Sofort spulte sich das Drahtseil fast geräuschlos ab. Der gewaltige, mit Helium gefüllte Ballon über uns hob sich senkrecht in die Höhe und zog die mit Menschen gefüllte Gondel scheinbar mühelos nach oben. Ich spürte ein leises Zittern in den Knien und ein mulmiges Gefühl im Magen – und ahnte bereits Schlimmes. Evelyn stand mit dem Gesicht nach außen und schaute begeistert auf die Silhouette der riesigen Stadt. Ich zwang mich, nicht nach unten auf den rasch sich entfernenden Startplatz zu blicken, sondern krallte mich am Maschendrahtzaun fest und versuchte, in die Ferne zu schauen, wie ich es ja auch von Türmen oder Aussichtscafés her kannte. Ein paar Minuten lang ging es gut. Ich sah den Potsdamer Platz mit dem an Stahlseilen aufgehängten riesigen Zeltdach des *Sony*-Centers, dahinter den Tiergarten und die Siegessäule, noch weiter hinten, im Dunst des Sommertags, den Teufelsberg mit der Radarstation und den Funkturm. Vorsichtig tastete ich mich im Uhrzeigersinn am Gitter entlang: Dort drüben lag die zu kurz geratene Halle des Hauptbahnhofs und das Bettenhochhaus der Charité, rechts davon die eloxierte Fassade des Handelszentrums, der Fernsehturm – deutlich sah man im Sonnenschein das goldene Kreuz auf der verspiegelten Außenhaut der Restaurant-Kugel, diese Rache optischer Gesetze (oder Gottes?) am atheistischen Regime der DDR; etwas weiter vorne das Rote Rathaus mit dem an eine Pagode erinnernden Turm. Ich wankte ein paar Schritte weiter. Dort stand Evelyn, hielt mit einer Hand ihr Käppi gegen den aufkommenden Wind fest, mit der anderen krallte sie sich in das Drahtgeflecht und schaute gebannt in die Ferne – während der Ballon noch weiter in die Höhe stieg. Ein Ruck – dann stand er still in der Luft, und ich konnte etwas aufatmen. Begierig sog ich die Luft ein, die hier oben frisch und unverbraucht wirkte, ohne den staubigen Dunst und Gestank, die um diese Zeit in den verstopften Straßen bereits waberten.

Evelyn strahlte über das ganze Gesicht. »Das ist grandios, Tim!«, rief sie und klatschte vor Freude in ihre alten, faltigen Hände.

Ich weiß nicht, wie es kam, ich hatte mich ja mehr als genug über sie, ihre Tapsigkeit und ihre oft engstirnige Verbohrtheit geärgert. Aber plötzlich lag mein Arm um ihre Schulter, ich zog sie ein wenig an mich heran und sagte: »Mir gefällt's auch, Evelyn. Und wissen Sie, was? Ich glaube, ich bin sogar ein klein wenig glücklich, so hoch oben über der Erde, losgelöst ...«

Sie wandte den Kopf und blickte mich spöttisch an. »*Ein klein wenig glücklich*«, äffte sie mich nach. »Sie haben sie wohl nicht mehr alle. Das hier oben ist megabombastisch! Dagegen ist *Rosamunde Pilcher* ganz miese, trübe Novembernebelbrühe!«

Ich antwortete nichts. Ich war wirklich *zu* glücklich. Und ein wenig schämte ich mich für meinen Kleinmut und meine Verzagtheit, die mich oft genug überfielen. Ich sandte sogar ein klitzekleines, lautloses Dankeschön gen Himmel. Ja, wohin auch sonst? Wenn es Gott gab, dann musste er schon irgendwo dort droben sitzen, und nicht im stinkenden und lärmenden Dauerstau von Berlin.

»Was ist das dort hinten?«, fragte Evelyn unvermittelt. Sie deutete in die Ferne. Ich folgte der Richtung ihres Fingers und kniff die Augen zusammen.

»Das ist die Halle von *Tropical Islands*«, antwortete ich. »Ein Spaßbad mit Palmen und Strand und allem Schnickschnack.«

»Ist das weit weg?«

»So siebzig Kilometer, schätze ich.«

»Da möchte ich hin«, sagte sie.

Ich seufzte, entzog ihr meinen Arm und meinte mit ironischem Unterton: »Na klar, da fahren wir hin. Kein Problem. Und gleich dahinter, das kann man jetzt aber nur erahnen, sind auch schon Afrika und der Nil.«

»Na, umso besser.« Evelyn strahlte unverwandt und blickte hinaus, auf Afrika, das in Brandenburg lag, und die Spree, die dort hinten irgendwo mäanderte.

Urplötzlich riss eine Böe mich aus diesen Gedanken: Sie zerrte am Ballon, zog an der Takelage und den Verstrebungen. Das Stahlseil, das uns mit der Erde verband, schwankte heftig hin und her. Ich hielt mich instinktiv mit beiden Händen an der Brüstung fest. Ein paar Frauen aus der Gruppe der Trikot-Niederbayern lachten und kreischten freudig. »Ja, sog amol«, rief eine, »host so wos scho gsäng? Dös iis jo wia in dr Schiffsschaukl aufm Oktobrföst!«

Eine zweite Böe raste in den Ballon, der jetzt heftig zu ächzen begann. Die Gondel zitterte und legte sich plötzlich stark beiseite. Die Fahrgäste kreischten und schrien. Ich hielt mich krampfhaft am Drahtgitter fest. Evelyn lachte – als Einzige – und blickte voller Erregung nach oben, wo die große Kugel wie ein Luftballon, den man zwischen den Händen knetete und rieb, laut zu quietschen begann.

»Heilige Jungfrau!«, hörte ich eine der Niederbayerinnen rufen, »Ös wärt doch koa Uunglück gschää? Awi!«, bellte sie den Kapitän an. »Awi! Bevoars krocht!«

Siegfried Rauch rief in die Runde: »Bitte Ruhe bewahren, meine Herrschaften! Ruhe! Alle auf den Boden legen!« Verzweifelt drückte er die Knöpfe des Sicherungskastens. Eine weitere Böe verbiss sich wütend im Ballon, die Gondel kippte noch weiter zur Seite.

»Awi!«, schrie die Niederbayerin wieder, nun mit dem wütenden Organ eines brünftigen Hirschs. »Jessasmariaondjosef! Awi!«

Evelyn lachte und juchzte in den Wind hinein: »Was hat die denn immer mit ihrem Affen? Das sind doch ganz normale Turbulenzen. Als Aeronaut muss man das aushalten können!«

Ich sagte nichts, krallte mich in den Maschendrahtzaun, mein Magen rebellierte und stülpte sich konvulsivisch nach oben. Ich biss die Zähne zusammen und schluckte, was nach oben wollte, eisern wieder hinunter.

»Sackerment! Jötzt fohr holt awi, host ned gheert? Herrschoftzeitn! Ools foolsch zommaboot!«, schrie die Niederbayerin.

Endlich gelang es Siegfried Rauch, den Mechanismus, der sich wegen der Böen offensichtlich verkeilt hatte, in Gang zu setzen. Langsam treidelte das dicke Stahlseil den Ballon nach unten. Das Traumaschiff gelangte aus der Sphäre der steifen Brise in die Lee und lag endlich wieder ruhig vor Anker. Die Ausgangspforte öffnete sich. Die Niederbayern waren als Erste draußen. »Sog, Seppi«, rief einer gutgelaunt, »wos sogst jetzt dozua? I glaab allawei, mir hom ons a Moss Bier verdient, ha?«

Evelyn führte mich behutsam hinaus. Mutter Erde hatte mich wieder.

»Wollen Sie etwas trinken, Tim?«, fragte sie fürsorglich.

Ich nickte und ließ mich ächzend auf eine der Bänke des WELT-Ballon-Imbisses nieder.

»Eine Cola?«, fragte Evelyn.

Ich nickte erneut.

Nach einer Minute kam sie wieder und stellte mir einen Pappbecher vor die Nase. »Die hatten sogar Vita Cola!«, rief sie triumphierend. »Die schmeckt besser als das klebrige West-Gesöff. Müssen Sie unbedingt probieren.«

Gierig nahm ich ein paar Schlucke.

»Und?«

Ich nickte zustimmend.

»Die aus dem Westen haben das ja nur abgekupfert«, erklärte sie mir. »Das war wie mit diesem Flugzeug, das dann bei Leipzig abgestürzt ist. Und wie mit Jankes Stahltriebwerk.«

»Strahltriebwerk«, verbesserte ich mühsam.

»Na, egal«, fuhr Evelyn ungerührt fort, »dieses Ding eben, das meinen Namen trägt und jetzt im Museum steht. Jedenfalls haben wir es erfunden, und die Wessis haben es abgekupfert.«

Dem war nichts hinzuzufügen.

Allmählich hörte die Erde unter mir zu kreisen auf. Mein Magen fand wieder zurück in seine angestammte Lage. Die Cola wirkte.

Mein Handy klingelte. Ich fingerte es aus meinem Rucksack. Eine mir unbekannte Nummer. Ich meldete mich. Eine dunkle, irgendwie aufgekratzte Stimme: »Mensch Tim, altes Haus! Gut, dass du rangehst. Du wirst dich vielleicht wundern, wie ich an deine Nummer komme? Ist eine irre Geschichte ...«

»Pierre?«, fragte ich.

Ein Wortschwall ergoss sich über mich: »... also, die haben mich freigelassen, auf Kaution. Woher ich die habe? Ich hatte noch eine eiserne Reserve, unter dem Fahrersitz. Weil, die hatten doch meinen VW-Bus abgeschleppt. Unsere Sachen sind sicher verstaut, bei Fred Jacaranda. Schräge Type, wirklich. Ich dachte immer, ich selbst bin krass, aber dieser Schlager-Fuzzi: völlig durchgeknallt ... Also jedenfalls, der Schlagerkönig hat unsere Sachen verstaut, mein Bus steht bei der *Mitte der Welt*. Und Fred hat mir deine Handy-Nummer gegeben. Die hatte er sich nämlich beim Einchecken notiert. Also, ich meine, so tuntig er auch ist, er ist ein dufter Kumpel, er hält zu den Schwachen. Proletarier aller Länder, vereinigt euch, und so. Apropos vereinigen: Was hältst du davon, wenn wir uns auch vereinigen? Ist das alte Mädchen auch bei dir? Und wo bist du eigentlich? In Berlin? Hoffentlich wohlauf und nicht zugekifft? Na ja, also meinerseits, da kann ich nicht die

Hand ins Feuer legen, habe etwas intus ... oder auch ein bisschen mehr. Weil, ich musste doch wieder blutdruckmäßig runterkommen, nach all der Aufregung. Also: Feiern wir doch Vereinigung, heute Abend, ja? Befehl des Kapitäns.«

»Siegfried Rauch?«, fragte ich benommen ins Handy hinein.

»Hä?«, fragte Pierres Stimme. »Was für ein Rauch? Hier ist blauer Himmel, gute Sicht, ideal, um in See zu stechen. Ich habe uns nämlich eine Schaluppe gemietet. Na ja, eher eine alte, ausrangierte Fähre. Aber der Dieselmotor tut's noch, und ich denke, wir könnten damit ein Stück weit spreeaufwärts kommen. Also, Tim, du Pappnase, nun gib dir mal selbst einen Tritt und hake deine Maid unter, und dann kommt ihr heute Abend vorbei, auf ein Weinchen und ein Vesperbrot. Und morgen lichten wir Anker!«

»Wo bist du, Pierre?«, fragte ich entgeistert.

»Ach so, klar«, er kicherte bekifft. »Hier auf der Halbinsel Stralau, beim Ostkreuz. Ihr geht einfach am Ufer der Rummelsburger Bucht entlang, an diesen neumodischen Townhäusern vorbei, und dann ist da so ein alter Backsteinspeicher aus der Kaiserzeit. Kurz dahinter liege ich, das heißt, nicht ich, sondern die Schaluppe, also die Fähre *Mühlberg*. Steht groß drauf. Ist nicht zu verfehlen. Und mich werdet ihr beiden Hübschen wohl auch noch erkennen, und wenn nicht mich, dann wenigstens die Weinflaschen, die hier schon übers Deck kollern. Ciao, Schiff ahoi, Hals- und Beinbruch – und bis heute Abend.«

Ein Klicken. Er hatte einfach aufgelegt.

Evelyn sah mich gespannt an: »Was ist, Tim? Alles in Ordnung? Sie gucken ja so entgeistert.«

Ich schwieg eine Zeit lang. Dann fragte ich zurück: »Hätten Sie Lust auf ein weiteres Abenteuer?«

»Au ja!«, Evelyn patschte in die Hände. »Jetzt mal richtig fliegen?«

»Nein, eher mit dem Schiff«, antwortete ich zögerlich.

Ihre Augen leuchteten. »Noch besser! Das ist ja wie beim *Traumschiff*!«

Siegfried Rauch schlenderte eben an uns vorbei. »Alles klar?«, fragte er jovial. »Ihr seid mir ja schöne Landratten! Mal eben eine leichte Brise, und schon seid ihr grün um die Nase. Luftschiff oder Seeschiff: Da darf man nicht so zimperlich sein.«

Väterlich klopfte er mir auf die Schulter.

»Kommt man eigentlich mit dem Schiff bis nach Afrika und zum Nil?«, fragte Evelyn.

Siegfried Rauch schob die Kapitänsmütze nach hinten und kratzte sich hinter dem Ohr. Eigentlich war ich mir nicht mehr sicher, ob er nur ein Double war oder nicht doch das Original.

»Na klar«, lachte er verschmitzt. »Mit dem richtigen Kapitän schon. Dorthin würde ich gern auch mal wollen. Ich habe aber leider keine Zeit, Gnädigste. Habe ja hier angeheuert, um meine Rente aufzubessern. Beim Film früher, das war ja nichts Rechtes. Und wie das Geld reinkam, flog's auch schon wieder raus. Na denn, schönen Tag noch und Schiff ahoi!«

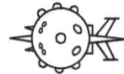

Chefarzt Dr. Rasmussen nahm die Hornbrille ab und rieb sich mit Daumen und Zeigefinger die schmerzende Nasenwurzel. Die Brille drückte. Über Nacht war das Wetter umgeschlagen: ein warmer Wind aus Süden, der ihm Kopfweh bereitete. Kopfweh bereitete ihm aber auch *unser Erfinder*, wie Patient Janke von der Belegschaft genannt wurde. Rasmussen vermochte nicht zu sagen, ob darin Spott oder verhaltene Achtung überwog. Er war es leid. Er war müde und ausgelaugt. Seit über zehn Jahren leitete er, Medizinalrat Roderich Rasmussen, die psychiatrische Landesanstalt Schloss Hubertusburg. Er war ein Mann aus einer vergangenen, längst abgetanen Zeit, und er wusste das.

Sein Lebensweg war nicht geradlinig gewesen. 1942, mitten im Krieg, unter erschwerten Bedingungen, hatte er in der Landesanstalt Brandenburg-Görden geforscht. *Lebensunwerte Existenzen*, so war das Schlagwort damals gewesen. Klar, Rasmussen wusste, dass diese

Einstellung übertrieben und einseitig war. Ideologisch belastet, wie man heute sagte. Sprache war ja dehnbar und konnte Schwarz zu Weiß machen. Aber andererseits: Was wussten die Jüngeren schon über diese ferne, schwere Zeit? Nachgeborene! Selbstgerechte Bürgersöhnchen! *Wer im Glashaus sitzt ... Keiner werfe den ersten Stein ... Ein jeder kehre vor seiner eigenen Tür ...* Zudem: Er, Rasmussen, hatte ja nie aktiv an den damaligen Euthanasieprogrammen teilgenommen. Und seine medizinische Dissertation *Ein charakterologischer Beitrag zum Adoptionsproblem*, die er noch 1943 an der Universität Kiel eingereicht hatte, war schließlich nie, auch später nicht, in irgendeiner Weise angefochten worden. Freilich, über die Ansichten zu *unwertem Leben*, vor allem auch, was Schwerstbehinderte anbelangte, konnte man bis heute diverser Meinung sein, fand Rasmussen. Aber jede Lehrmeinung – und er wollte dies nur unter dem Blickwinkel des Mediziners betrachten – war ja auch beeinflusst durch die gesellschaftlichen Umstände, unter denen sie vertreten und verfochten wurde. Immerhin hatte man ihn, Rasmussen, nach dem Krieg, dem er selbst gerade noch so entgangen war, ohne selbst Schaden an Leib und Geist zu nehmen, sofort und ohne Schwierigkeiten *entnazifiziert* (was für ein selbstentlarvendes Wort!). Und war nicht auch das Weltbild des kapitalistischen Westens, allen voran der Amerikaner, ideologisch geprägt? Er, Rasmussen, hatte das nach dem Krieg bald durchschaut und war in den Osten gegangen, hatte sich der *Sozialistischen Einheitspartei Deutschlands* angeschlossen, hatte Karriere gemacht, bis hoch zum Medizinalrat, hatte schließlich aufgrund seines wissenschaftlichen Rufes und seiner persönlichen und politischen Integrität die Leitung der Landesanstalt hier in Schloss Hubertusburg übertragen bekommen und führte seither die Anstalt korrekt und genau, mit steigendem Ansehen in der psychiatrischen Fachwelt. Hubertusburg galt heute als eine fortschrittliche Institution zum Wohle der Patienten. Was für ein Unterschied zu damals, in Brandenburg-Görden!

Rasmussen setzte die Hornbrille wieder auf, stand auf und ging zum Fenster. Unten im Ehrenhof, der vom Schloss und den gegenüber-

liegenden Kavaliershäusern begrenzt wurde, kehrten ein paar Patienten das Pflaster, weiter hinten, beim Waschplatz, hängten andere
Bettlaken an die Leinen.

Er, Rasmussen, war immer für innovative Heilmethoden gewesen,
auch der modernen *Arbeitstherapie* hatte er sich nie widersetzt, im
Gegenteil: Er hatte sie gefördert. Und: Keiner sollte mit wirklich stumpf-
sinnigen Tätigkeiten unterfordert werden. Freilich, die meisten der
hier lebenden Patienten waren ja geistig wirklich weit zurück, auf dem
Intelligenzstand von Kindern stehen geblieben. Aber es gab eben auch
ein paar, die in Teilbereichen ihrer zerebralen Leistung erstaunlich entwickelt waren. Die vielleicht einfach nur durch einen Schicksalsschlag
oder einen schizophrenen Schub aus der Bahn geworfen worden
waren, sodass sie sich nicht mehr vollständig in das Arbeitsleben und
die gesellschaftliche Funktion eingliedern konnten.

So einer war auch *unser Erfinder*, dieser Karl Hans Janke. Eigentlich
eine tragische Gestalt. Hochintelligent, in gewissen Bereichen. Rasmussen hatte sich schon ein paar Mal mit Jonas, der Jankes Vertrauen
besaß, darüber unterhalten. Janke konnte wunderbar zeichnen, besaß
eine gestochene Schrift, ein erstaunlich geschliffenes sprachliches
Ausdrucksvermögen. Auch konnte er wie ein *Weltmeister*, so Jonas'
Worte, im Kopf mathematische Aufgaben lösen, selbst höhere algeb-
raische Rechnungen. Es ging das Gerücht um, Janke sei im Zweiten
Weltkrieg Assistent bei Wernher von Braun gewesen, in der geheimen
Heeresversuchsanstalt in Peenemünde, wo sie an der Wunderwaffe
V2 gearbeitet hatten. Beweise dafür gab es nicht. Rasmussen selbst
hatte einmal deswegen an die *Akademie der Wissenschaften* und an
das *Verteidigungsministerium* geschrieben, aber zur Antwort erhalten,
dass Unterlagen hierüber in den Archiven der DDR fehlten – vielleicht
gäbe es im kapitalistischen Westen etwas, in der BRD oder bei der
NASA in Amerika. Aber falls ja, so seien diese Dokumente natürlich
unter Verschluss, militärisches Geheimnis; der imperialistische Klassenfeind würde sich nie und nimmer in solch sensibler Angelegenheit
in die Karten schauen lassen, zumal von Braun nach dem Krieg bei den
Amerikanern eine erstaunliche Karriere hingelegt hatte – bis heute.

Immerhin war von Braun auch an der Entwicklung des *Apollo*-Programms maßgeblich beteiligt gewesen, womit den Amerikanern im Juli 1969 die erste bemannte Mondlandung gelang. Hört, hört! Werner von Braun, der einstige Vorzeige-Nazi, Opportunist des Hitler-Regimes, und heute einer der wichtigsten Männer im amerikanischen Raketenprogramm! Deutsches Wissen und deutsche Wendigkeit! Und sollte er, Rasmussen, sich seiner klitzekleinen Vergangenheit in Brandenburg-Görden schämen, sich dafür rechtfertigen? So weit käme es noch!

Rasmussen schüttelte den Kopf, wandte sich vom Fenster ab und ging zum Schreibtisch zurück.

Aber nun dieser Brief des Staatsratsvorsitzenden Walter Ulbricht persönlich!

Rasmussen war immer ein Befürworter zeitgemäßer Beschäftigungstherapien gewesen. Dazu gehörte auch ein gewisser Freiraum für die Patienten, die möglichst eigenen Hobbys und Interessen nachgehen sollten. Man hatte Janke seit jeher die Möglichkeit eröffnet, sich zumindest für einige Stunden in der Woche seinen »Forschungen« zu widmen. Janke hatte von Jonas Material erhalten, ja man hatte ihm vor einiger Zeit sogar ermöglicht, eine eigene kleine Werkstatt, draußen in den ehemaligen Ställen, zu beziehen. Und einmal hatte Janke über sein »Raketenprogramm« vor Mitpatienten einen Lichtbildervortrag halten dürfen, Jonas hatte ihm bei der Erstellung der Diapositive geholfen. Der Abend hatte zwar in einem Tumult geendet, als Janke nach seinen eigentlichen Ausführungen über *Trajekte*, *Venussa*-Raumsonden und das *Deutsche Atom*, die freilich wirres Zeug waren, zu behaupten begann, die Habsburger unterwanderten die Deutsche Demokratische Republik, und mit ihnen die Juden und Freimaurer, und das alles wäre ein abgekartetes Spiel der Imperialisten und Aristokraten, um den Arbeiter- und Bauernstaat zu schwächen. Egal, jedenfalls hatte man den Krakeeler von zwei Pflegern abführen und ihm auf seinem Zimmer eine Beruhigungsspritze verabreichen müssen – der Anstaltsfrieden war an jenem unseligen Abend schlicht auf dem Spiel gestanden. Seither durfte Janke sich nicht mehr »öffentlich« äußern, aber immerhin: Man ließ ihn weiterhin in seiner Werkstatt an seinen Modellen basteln und an seinen Konstruktionsplänen zeichnen. Immerhin! Und er, Rasmussen, hatte diese Freiräume stets befürwortet und vor konservativen Kräften in der Psychiatrie sogar verteidigt!

Man konnte freilich beim besten Willen nicht immer unterbinden, dass Briefe Jankes nach draußen gelangten. Er verschaffte sich immer wieder Kuverts und Marken und warf die Briefe auf seinen Freigängen, ohne dass man das kontrollieren konnte, in den Postkasten im Dorf ein. Meist kamen diese Briefe ja zurück, mit dem Vermerk *Annahme verweigert* (übrigens auch Jankes Liebesbriefe an diese ehemalige Patientin, diese Evelyn Kubelka). Aber manchmal rutschte doch einer durch, gelangte an höhere Stellen, zu irgendwelchen Leuten, die augenscheinlich etwas naiv und unbeschlagen waren, und die glaubten, das geistige Sammelsurium Karl Jankes berge einen tieferen wissenschaftlichen Sinn. Erst neulich war eine Anfrage der *Interflug* eingetroffen. Janke war damit im Schloss geradezu hausieren gegangen und hatte jedem Patienten, jedem Pfleger und jedem Arzt das Schreiben unter die Nase gehalten. Er, Rasmussen, hatte den Brief schließlich konfisziert, unter lautem Protest Jankes, und an die *Interflug* geschrieben und ihnen den wahren Sachverhalt erklärt.

Aber nun also das hochoffizielle Schreiben des Herrn Staatsratsvorsitzenden! Dabei hatte doch das *Zentrale Amt für Forschung und Technik* schon einmal beschieden, man möge sie mit den fantastischen Ergüssen des Patienten Janke nicht mehr belangen!

Rasmussen setzte sich und atmete tief durch.

Es blieb keine andere Möglichkeit, als dem Genossen Ulbricht die Sachlage klipp und klar darzulegen. Aber welches Licht würde das auf ihn, Rasmussen, den ärztlichen Direktor der Landesanstalt Hubertusburg, werfen? Überall gab es Neider und Intriganten. Auch im unmittelbaren Umfeld des ZK und des Staatsrates. Würden diese Leute dem Genossen Ulbricht nicht einflüstern, Medizinalrat Roderich Rasmussen habe das Heft nicht fest in der Hand? Und würde man vielleicht nicht doch die alte Dissertation aus dem Magazin der Staatsbibliothek hervorholen und seinen, Rasmussens, fachlichen Ruf anzweifeln, ja sogar seine staatsbürgerliche Loyalität in Abrede stellen? Dem musste Einhalt geboten werden! Es durfte nicht zu einem Flächenbrand kommen! Der Schaden musste begrenzt, das flammende Zünglein sofort ausgetreten werden!

Rasmussen spannte einen Briefbogen der Anstalt in die Schreibmaschine und tippte mühselig mit zwei Fingern:

Sehr geehrter Herr Staatsratsvorsitzender!

Der vorliegende Brief stammt von einem Geisteskranken, der an einer paranoiden Schizophrenie leidet. Der Patient glaubt, zahlreiche Erfindungen gemacht zu haben. Sein Denken kreist um kosmische Probleme und um Probleme der Raumfahrt. Seine »Erfindungen« sind meines Erachtens indiskutabel und entbehren aller realen Grundlagen. Ich habe dem Patienten, um ihm nicht unrecht zu tun, mehrfach Gelegenheit gegeben, sich an sachverständige Stellen zu wenden. Die Regierung / zentrales Amt für Forschung und Technik beim Forschungsrat der DDR – bat uns schließlich, die Absendung von Schreiben des Herrn Janke in Zukunft zu verhindern. Der Patient ist in dieser Hinsicht leider völlig uneinsichtig.

Mit sozialistischem Gruß,

Medizinalrat Roderich Rasmussen, Ärztlicher Direktor*

Rasmussen spannte das Blatt aus, las den Brief noch einmal, unterzeichnete schwungvoll und fühlte sich etwas erleichtert.

Der Staatsratsvorsitzende würde die Sache sicherlich mit Humor auffassen, ihn, Rasmussen, gegen mögliche Kritiker in Schutz nehmen und nicht weiter auf einer wissenschaftlichen Darlegung von Jankes »Erfindungen« beharren. Er war eben einem schizophrenen Narren auf den Leim gegangen. Und über Narren durfte man auch lachen. Und ein wenig über sich selbst. So viel Witz traute Rasmussen dem Genossen Ulbricht zu. Hatten nicht auch die Potentaten früherer Zeiten ihre Hofnarren gehalten? Glücklicherweise waren diese feudalen Zwangszeiten vorüber. Aber immerhin: Die Mächtigen schienen in abgelebten Epochen eine recht unverkrampfte Einstellung zum Lachen gehabt zu haben, wenngleich, er, Rasmussen, als Mediziner die Hofhaltung von geistig und körperlich zurückgebliebenen Kranken als *Zwerge* und *Narren* selbstredend verurteilte. Aber es waren eben andere Zeiten gewesen. *O tempora, o mores!* Rasmussen erinnerte sich, vor Jahren einmal eine Führung durch das Torgauer Schloss mitgemacht zu haben, auf einem Betriebsausflug der Landesanstalt. Der junge Führer, ein Herr mit dem seltsamen Namen *Laufwind* oder *Sausebö* oder so ähnlich, hatte ihnen die Geschichte des Hofnarren Claus Narr und dessen Hund Leppsch erzählt und auf zwei Figuren an der Fassade des Schlosses gezeigt. Seltsam, so vieles vergaß man, aber solch bildhafte Einzelheiten blieben dann doch im Gedächtnis, eben weil sie bildhaft waren, mutmaßte Rasmussen.

Er faltete das Blatt Papier, steckte es in ein Kuvert, adressierte es an den Staatsratsvorsitzenden Walter Ulbricht, Berlin, und klebte eine Briefmarke mit dem Konterfei des verstorbenen DDR-Ministerpräsidenten Otto Grotewohl auf. Die Gummierung der Briefmarke schmeckte irgendwie nach Rattengift, fand Rasmussen. Obwohl er ja nie Rattengift probiert hatte. Aber so jedenfalls imaginierte er sich Rattengift. Na, egal. Er zündete sich eine Zigarette an, *Juwel*, und inhalierte tief. Die Sache würde sich klären und sich in allgefälliges Nichts auflösen. Jetzt war ihm wohler.

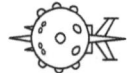

Wir hingen den Tag über herum, kauften in der *Mall of Berlin* ein paar Klamotten: seetaugliche rote Shorts und ein blau-weiß-gestreiftes Friesenhemd für mich, außerdem einen Panamahut (»Wurde aber auch Zeit, Sie sahen ja aus wie Ihr eigener Großvater«, meinte Evelyn); und für die Afrikatrotterin in einem Outdoor-Shop in Kreuzberg sandfarbene Safarihosen, dazu passend eine Allzweck-Weste ohne Ärmel und einen Schlapphut mit integriertem, herunterrollbarem Moskito-Schleier. »Wie Katherine Hepburn in *African Queen*«, bemerkte Evelyn voller Stolz, »den Film habe ich mal im Westfernsehen geguckt.«

Vom vielen Umherlaufen löste sich mein Stützverband am Fuß. Unwirsch riss ich ihn herunter und entsorgte ihn im nächsten Abfalleimer mit dem masochistischen Aufdruck *Gib's mir!*

»Und ich dachte schon, Sie müssten beim *Bundesdienst* einen Antrag auf Invalidenrente einreichen«, war Evelyns spöttischer Kommentar.

»Es humpelt sich schon wieder ganz gut«, bemerkte ich kleinlaut und versuchte, etwas zu hinken.

In einem libanesischen Restaurant am Landwehrkanal aßen wir im Freien, unter großen Lindenbäumen, und blickten, vom summenden Nachmittag müde, hinaus auf das Wasser. Hin und wieder dümpelte ein Ausflugsschiff vorüber, besetzt mit fotografierenden und winkenden Touristen. Anfangs winkten wir noch zurück. Aber irgendwann ließen wir es sein, stierten wie die anderen Gäste etwas benommen vor uns hin, tranken Berliner Weiße mit Waldmeistersirup und aßen Schawarma mit Hummus und Mutabbal.

»Ich muss üben für Afrika«, kommentierte Evelyn, und ich verzichtete darauf, ihr die Geografie des Libanon auseinanderzusetzen. Zum Nachtisch gab es dann pappsüßes Rosenwasser-Baklava. »Passt gut zum Waldmeister«, schwärmte Evelyn.

Die Stunden dehnten sich. Ich wollte nicht vor dem Abend bei Pierre auf Stralau aufkreuzen. Das Warten genoss ich schmerzlichsüß, wie ich es zuletzt als Kind genossen hatte, in den langen Stunden vor dem Heiligen Abend, als ich von den Eltern ins Bett geschickt worden war, damit ich mit meiner Zappelei nicht das Erscheinen des Christkindes verhinderte.

Eine Fahrradklingel schreckte mich hoch. Ich musste eingenickt sein. Benommen blinzelte ich in die schon tief stehende Sonne, deren Licht durch das flaschengrüne Laub hindurchbrach und in Flocken auf dem schrundigen Holztisch tanzte. Im Abendlicht funkelten die beiden Gläser mit dem rot-weiß gestreiften Strohhalm und dem letzten Rest waldmeistergrünen Sirups. – Aber, wo war Evelyn? Panisch blickte ich mich um: keine Spur von ihr!

Eine arabische Familie kam an meinen Tisch. »Dürfen wir?«, fragte der Mann, während die Kinder – ein kleiner dicker Prinz im gepolsterten Superman-Anzüglein mit Goldgamaschen an Armen und Beinen und zwei aufgeschossene hagere Mädchen, das eine mit Kopftuch, das andere noch unverhüllt – es sich bereits auf den leeren Stühlen bequem gemacht hatten. Ich nickte zerstreut, winkte dem Kellner, zahlte eilig und stand auf, während Superman sich über das Geschirr hermachte und die Bierreste über den Tisch goss, woraufhin die Mutter in Hijab und Kefije zu zetern begann. Ich nahm meinen Rucksack und lief zum Kanal. Auf dem Grünstreifen entlang des Ufers saßen allerlei Leute im Gras, allein und in Grüppchen, picknickten, schwatzten oder dösten, die Augen hinter schicken Sonnenbrillen verborgen. Forschend ließ ich den Blick schweifen: Evelyn war nicht zu entdecken. Mir wurde vor Angst heiß: War ihr etwas zugestoßen?

Mein Handy piepste. Eine Nachricht von Raffaele: *Wo bist du? Habe Feierabend. Möchte dich treffen.* Also doch. Der Kurierdienst. Der Typ ging ja straff ran. Na ja, ich gefiel ihm eben. Was hatte Evelyn in der Nacht auf dem Friedhof gesagt? Ich könne gehen, wohin ich wolle, auch mit verstauchtem Fuß, ich säße schließlich nicht wie Janke in der Anstalt. Und ich solle mich nicht so anstellen und auf die Frage, ob man sich treffen könne, einfach mit einem Lächeln antworten und sagen: *Ja, auf einen Kaffee, gerne.*

Ich hatte die fünf Wörter automatisch eingetippt, ohne recht zu wissen, was ich tat. Wenige Sekunden später die Antwort: *Klasse, wo?* Die Hitzewallung, die ich eben wegen Evelyns Verschwinden empfunden hatte, wich mit einem Mal einem wohligkühlen Schauer. Ich blickte mich um: sah am anderen Ufer des Landwehrkanals ein Bistro, davor kleine Tische, junge Leute. Die roten Markisen über der Terrasse waren heruntergekurbelt und ließen die Gesichter der Gäste im Abendlicht aufleuchten. Auf dem Stoff war zu lesen: *As time goes by.* Das war dieser irrsinnig traurige Song aus dem Film *Casablanca*, ich hatte ihn sofort im Ohr, auch die Bitte Ingrid Bergmans an den schwarzen Pianisten:

»Spiel's noch einmal, Sam.«

Ich schrieb: *Jetzt gleich, im As time goes by, am Landwehrkanal.*
Raffaele antwortete umgehend: *Bin in zehn Minuten da.* Ich musste schmunzeln.

Und Evelyn? Ich ging zurück zu dem libanesischen Restaurant, sah mich um, fragte den Kellner. Er blickte mich groß an und schien nicht zu begreifen, was ich wollte. Ich ging sogar zu den Damen-Toiletten. Die Araberin von vorhin stand vor dem Spiegel und zog sich die Augenbrauen nach. Unwirsch fauchte sie etwas. Ich ignorierte sie, rief Evelyns Namen – keine Antwort. Ich warf die Tür zu und stapfte wütend hinaus. Dann eben nicht! Evelyn würde schon wieder auftauchen – und wenn nicht: Dann war ich sie los! Ein für alle Mal! Basta!

Die Kraft der Sonne hatte nachgelassen, eine sanfte Brise zog über den Kanal. Ich spazierte über eine Brücke hinüber ans andere Ufer, blieb dort ein paar Minuten stehen, blinzelte ins Licht, setzte meinen neuen Panamahut auf, spürte wohlig, wie die Sonnenstrahlen meinen Hals küssten. Dann wandte ich mich um und schlenderte auf das Bistro zu. Ich fand einen freien Tisch, setzte mich, griff nach der Getränkekarte, schaute hinein – als sich ein Schatten über das Druckbild schob. Ich blickte auf: Raffaele, mit seinem schwarzen, lockigen Haar. Er stand im Gegenlicht. Seine Figur hob sich als dunkle Silhouette vor der Abendsonne ab. In einem Ohrläppchen blitzte ein kleiner goldener Ring. Unter den Arm hatte er einen Fahrradhelm geklemmt. Wie vom Blitz getroffen sprang ich auf.

»Nicht so überhöflich«, rief er, griff nach der Krempe meines Panamahuts und setzte ihn ab. »Damit ich deine schönen Augen sehen kann«, sagte er leise, und ich spürte, wie ich rot anlief, wie ein dreizehnjähriges Mädchen beim ersten Rendezvous. Er drückte mich wieder auf meinen Sitz, packte dann den Holzstuhl, der dem meinen gegenüberstand, und schob ihn neben mich. »Ich will noch etwas die Sonne genießen«, erklärte er. Es war die denkbar schlechteste Lüge, und ich genoss es.

Die Kellnerin, eine Volltätowierte, kam, und Raffaele bestellte, ohne mich zu fragen, zwei Veneziano. Dann schwiegen wir und blickten beide etwas verlegen auf die Passanten, die wohlgelaunt vorüberschlenderten, während die Sonne uns mild anstrahlte und aus einer Wohnung oberhalb des Bistros Saxofonklänge drangen. *Un gelato al limon.* Paolo Conte. Es konnte nicht kitschiger sein. Und doch saß ich da und hörte lächelnd und zufrieden zu. Obwohl ich nicht wusste, was das überhaupt sollte, dieses Date mit Raffaele, gefiel es mir und ließ mein Herz aufblühen, dass ich beinahe zu spüren glaubte, wie zwei dicke Nussschalenhälften davon abfielen.

»Fast wie zu Hause«, sagte Raffaele, als der Veneziano gebracht wurde.

Wir stießen an, der Veneziano war kühl und süß und bitter zugleich, und ich wusste nicht, wann ich zum letzten Mal einen getrunken hatte.

»Wo ist dein Zuhause?«, fragte ich.

»In Bozen«, antwortete er. »Ist nicht Tirol und nicht Italien. Irgendwas dazwischen. Wie auch meine Familie. Deswegen bin ich auch zweisprachig aufgewachsen.«

»Und weshalb bist du nach Berlin gegangen?«

»Weil ich mich verliebt hatte. Aber wie das Leben so spielt: Die Liebe verging, verblühte, wie die Linden hier über uns, aber den Duft trägt man noch lange in der Nase. Deshalb bleibt man und richtet sich ein in dieser Stadt, die hässlich und schön zugleich ist.«

»Und du bist zufrieden mit deinem Job im Museumscafé?«, fragte ich, nur um irgendetwas zu sagen. Ich spürte die Nähe seines nackten Arms auf der Stuhllehne neben der meinigen, obwohl er mich nicht berührte.

Raffaele zuckte mit den Schultern. »Ist nicht schlecht. Aber nur ein Job. Ich studiere Tourismusmanagement. Meine Eltern führen ein Hotel, in Oberbozen, auf dem Ritten. Irgendwann gehe ich wieder zurück und übernehme den Betrieb. Aber erst will ich noch etwas von der Welt sehen. Ich würde auch gerne ein paar Jahre ins Ausland gehen, also, ich meine, richtig ins Ausland, USA, Australien, Südafrika, mal sehen, und dort im Hotelgewerbe arbeiten, mich umtun, Erfahrungen sammeln, den Horizont weiten. Na ja, und vielleicht stolpere ich auch noch mal über die große Liebe, wie man so schön sagt ...«

Scheu blickte ich zur Seite. Raffaele hielt eben das Glas an die Lippen, ohne zu trinken, und blickte versonnen ins Nirgendwo. Plötzlich wandte er sich mir zu und strich mit den Fingerkuppen sanft über meinen Arm. Ein sanfter Schauer überlief mich. Ich ergriff seine Hand und sagte: »Nicht!«

»Gestern«, sagte er und lächelte mich ungeniert an, »im Café, als du mit dieser tütteligen alten Frau hereinkamst, bist du mir gleich aufgefallen. Ich meine, du bist ein Hübscher ... Vielleicht weißt du das gar nicht ... Entschuldige«, er zog seine Hand zurück, und ich hätte schreien mögen: *Lass!* – Und er sagte: »Du gehörst zu denen, die man erst noch wachküssen muss.«

Und dann – ich weiß nicht, was mich überfiel – hielt ich plötzlich sein Gesicht zwischen meinen Händen. Ich spürte seine stoppelige und zugleich weiche Haut unter meinen Fingern, als ich ihn auf den Mund küsste.

Nach ein paar Augenblicken und einer halben Ewigkeit ließ ich wieder los, ergriff verwirrt mein Glas und nahm einen kräftigen Schluck. Raffaele lachte.

Ich blickte ihn verunsichert an: »Wieso lachst du?«

»Na, hör mal«, er sah mich verschmitzt an, seine Augen leuchteten voller Wärme, »warum soll ich da nicht lachen? Wir sitzen hier, unterhalten uns nett, trinken Veneziano, die Sonne scheint warm, und du küsst mich. Ist doch alles okay, oder nicht?«

»Nein, ist es nicht«, sagte ich trotzig. Im selben Augenblick schämte ich mich für diese Worte, denn ich hatte ihn gern geküsst. »Ist es nicht«, wiederholte ich und blickte ostentativ von ihm weg. Ich wollte nicht seine schönen Augen sehen. Es tat mir wohlig weh.

Raffaele schwieg. Ich hörte es rascheln. Als ich wieder zu ihm hinblickte, hielt er ein rechteckiges Päckchen in Händen, das in Snoopy-Papier eingeschlagen war.

»Das habt ihr gestern liegen lassen, du und die alte Dame. Ich habe die Plastiktüte beim Abräumen entdeckt. Eigentlich müsste ich so etwas an der Museumsinformation abgeben, aber du hast mich so nett angeblickt – und da wusste ich, dass du dich wieder melden wirst.«

»Ich habe nicht *nett* geblickt«, widersprach ich.

»Doch, hast du. Du merkst so etwas nur nicht. Schade eigentlich.«

»Und was soll das mit dem Kinderpapier?«

»Für einen Kindskopf gerade recht«, sagte er, stand auf, langte in die Hosentasche, zog ein paar Münzen heraus, legte sie auf den Tisch. »Du bist eingeladen«, meinte er, lächelte nochmals, dass es mir einen Stich gab, wuschelte mir burschikos durchs Haar und sagte: »*Ciao, Bello.* Kannst dich ja mal wieder melden.«

Dann war er bereits auf der Straße, ich sah ihn noch sein Fahrrad aufsperren, sah, wie er den Helm aufsetzte, und im nächsten Augenblick war er bereits hinter parkenden Autos verschwunden. Die Tränen schossen mir in die Augen. Ich legte das Snoopy-Päckchen auf den Tisch, fummelte ein Taschentuch heraus und wischte mir damit verstohlen über die Lider.

»Zahlen?«, fragte die volltätowierte Bedienung, und statt einer Antwort schob ich ihr wortlos die Münzen hin. Dann stand ich auf, setzte den Panamahut auf, nahm den Rucksack und das Päckchen und verließ die Terrasse.

Evelyn kam mir wieder in den Sinn. Ich hätte schreien mögen vor Unglück und Verzweiflung. Ich ging ein paar Schritte am Kanal entlang, blieb stehen, riss das Snoopy-Papier von dem Päckchen, öffnete einen Pappkarton und blickte hinein: das Tonhäuschen aus Lalibela. Dieser vermaledeite Wahn, der mich in all diesen Mist hineingeritten hatte! Im ersten Impuls wollte ich das Ding ins Wasser werfen. Aber dann dachte ich an Evelyn, und dass ihr hoffentlich nichts passiert war, und an ihre Tränen, wenn sie erführe, dass dieses Geschenk ihres verstorbenen Sohnes verloren wäre. Ich ließ das Snoopy-Papier fallen. Eine verkabelte Joggerin fuhr mich an: »Kannst du das gefälligst aufheben?!« Und so hob ich es wieder auf, faltete es zusammen und schob es mit dem Tonhäuschen in meinen Rucksack.

Dann trottete ich zur Brücke und wieder hinüber in Richtung des libanesischen Restaurants. Die arabische Familie war verschwunden, der Tisch war frei, und einen Augenblick lang überlegte ich, ob ich mich wieder setzen sollte, um auf Evelyn zu warten, als wäre nichts geschehen, als wäre ich nur kurz in eine Zeitschleife geraten und könnte nun mein Leben unverändert weiterführen, wie Bill Murray in *Und täglich grüßt das Murmeltier*. Aber ich wusste, dass das eine Lüge war.

Jemand stupfte mich von hinten an, ich fuhr herum und starrte in ein Gesicht. Oder zumindest in das, was von einem Gesicht überhaupt zu erahnen war: Eine Dame blickte mich an. Sie trug einen cremefarbenen Sonnenhut, verziert mit einem breiten seidenen Blümchenband in Rosa und Veilchenblau, über die vordere Krempe fiel kokett ein grob durchbrochenes Netz.

»Was gucken Sie denn so entgeistert, Tim?«, fragte Evelyn amüsiert. »Gefalle ich Ihnen nicht?«

»Doch ... doch«, stammelte ich.

»Ich dachte mir, dieser Schlapphut im Saharalook, den wir vorhin gekauft haben, passt doch nur für Afrika. Aber noch sind wir ja nicht dort. Und wer weiß ...«, sie legte den Kopf etwas schief und sah mich skeptisch an, »na, jedenfalls sah ich, bevor wir essen gingen, dort vorne diese schicke Hutboutique, die habe ich mir gemerkt. Und das ging mir gar nicht mehr aus dem Kopf. Ja, und nun hab ich's eben *auf* dem Kopf.«

Sie führte beide Hände an die Krempe und zog den Hut etwas nach hinten. Jetzt konnte ich in ihre Augen sehen, die vor Freude strahlten. Evelyn kam mir in diesem Moment um zwanzig Jahre jünger vor, eine Frau, die wusste, wie man sich kleidete, was ihr stand, und die einmal jung gewesen war, jung und kokett und verführerisch. Ich konnte Janke verstehen, der ihr einst, vor langer Zeit, so rückhaltlos verfallen war.

Evelyn nestelte in ihrer Handtasche, zog ein Kärtchen heraus und reichte es mir augenzwinkernd: »Danke, und danke an den *Bundesdienst* für die Einladung.«

Ich starrte auf meine Girokarte. »Wie sind Sie denn zu meiner Karte gekommen?«, raunzte ich sie an.

»Ach, Gott, Sie schliefen ja so fest, den Kopf neben dem Bierglas auf der Tischplatte, und da dachte ich mir … also, ich meine …« Sie wand sich, lächelte mich schelmisch an – wie sie wohl einst auch Janke angelächelt hatte – und sagte mit unheimlichem Schmelz in der Stimme: »Nicht böse sein, Tim, eine Dame hat eben so ihre Schwächen. Es kommt bestimmt nicht wieder vor. Die Nummer habe ich mir gemerkt, als ich am Geldautomaten neben Ihnen gestanden bin und gelinst habe.«

Mit einem Mal wich meine Empörung einem Gefühl für die ganze absurde Situation. Ich wusste, wenn Evelyn fünfzig Jahre jünger wäre – mein Gott, ein halbes Jahrhundert nur! Was wog das schon in der Erdgeschichte! –, dann hätte sie mir wohl vollends den Kopf verdreht. So aber stand ich da, gelackmeiert, ich war der Idiot von Berlin und freute mich auch noch darüber, als ich plötzlich wieder Raffaeles Augen vor mir hatte. Und diese Augen sah ich jetzt, als ich in Evelyns Gesicht blickte und dort dieselbe Jugendlichkeit und Freude und Burschikosität ausmachte wie vorhin bei dem jungen Bozener im *As time goes by*.

»So«, sagte Evelyn mit fester Stimme. »Und nun möchte ich ein Eis. Dort hinten«, sie zeigte die Straße entlang, »ist eine Eisdiele.«

»*Un gelato al limon?*«, fragte ich und lächelte versöhnlich.

»Hä?«

»Zitroneneis?«

»Nein, das ist nur etwas für fade Italiener. Ich hätte gern Karamell, Schoko und Walnuss. Hoffentlich ist das auch so gut wie vor ein paar Tagen in Torgau.«

Torgau! Erst vor wenigen Tagen war das gewesen! Und doch: Wie lange her!

»Gut«, meinte ich, »also volle Dröhnung Karamell und Schoko. Und dann fahren wir mit der Bahn raus nach Stralau. Pierre wartet dort auf uns, er hat sicherlich etwas zum Abendessen bereitet.«

»Au ja«, sagte Evelyn. »Ich habe mächtig Hunger.«

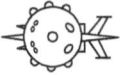

Ich kann mich noch gut an die Zeit in Schloss Hubertusburg erinnern. Das heißt, ein Schloss, also eines mit Fürsten und Hofstaat, ist es ja schon lange nicht mehr. Vielmehr Psychiatrische Landesanstalt. Ein riesiger Komplex, über das eigentliche Schloss und die früheren Kavaliershäuser und ein paar Plattengebäude aus DDR-Zeiten verteilt. Über neunhundert Patienten hatten wir. Ich sage *wir*, denn ich war dort fast dreißig Jahre lang tätig, und ich war im Großen und Ganzen gerne dort, so viele Jahre, wenngleich natürlich mit wechselnder Belegschaft und auch wechselndem Patientenkreis. Aber eben doch dreißig Jahre Hubertusburg. Und da entsteht dann schon ein Wir-Gefühl, das schweißt zusammen. Irgendwie fühlte ich mich auch mit dem Schloss verbunden. Vielleicht gibt es doch einen *Genius Loci*, so einen Hausgeist, der da weht, noch von alten Zeiten her. Also, ich meine jetzt nicht ein Gespenst (obwohl es das dort auch geben soll, ein freundliches Gespenst, Janke hatte mir davon mehrmals erzählt), sondern ich meine das im übertragenen Sinn, den *Spiritus*, die Atmosphäre. Ich hatte in der Oberschule vier Jahre lang Latein, und seither kenne ich noch so ein paar Vokabeln und Termini; vor allem ist mir aufgegangen, dass das Lateinische eine unglaublich exakte Sprache ist. Nicht von ungefähr war sie über viele Jahrhunderte hinweg die Sprache der Gelehrten, vor allem der Juristen, weil man im Lateinischen Sachverhalte ganz präzise und unumwunden ausdrücken kann. Und diese Sprache schärft auch das Denken. Wie Mathematik.

Und wenn ich schon von Mathematik rede: Also, der Janke, der war zwar verrückt, oder schizophren, um genau zu sein, aber eben irgendwie auch genial. Er hatte etwas im Kopf, aber ein paar Leitungen waren eben falsch angeschlossen, wie in einem elektrotechnischen Gerät, das nicht funktioniert, nur weil bei der Montage sich ein kleiner Fehler eingeschlichen hat, obwohl die Einzelteile eigentlich alle funktionstüchtig sind. Das sind dann diese sprichwörtlichen *Montagsgeräte*, weil da die Fließbandarbeiter nach einem durchzechten Wochenende angeblich nicht ganz bei der Sache sind. Janke war in gewisser Weise auch ein *Montagsmensch*. Dennoch hatte er ein schier unglaubliches sprachliches Ausdrucksvermögen. Und was die Mathematik anbelangt, also in Arithmetik, da war er richtig gut. Ich hatte das in der Oberschule und später im Ingenieursstudium auch alles, aber etliches dann wieder vergessen, weil man es im Alltag nicht immer braucht. Aber der Janke! Der konnte nicht nur fix Kopfrechnen, und zwar richtig schwere Sachen, Brüche, Wurzelziehen und so fort, sondern er konnte auch Parabeln und Graphen berechnen, Sinus und Cosinus und all diese Sachen, Gleichungssysteme mit mehreren Unbekannten. Das hat er dann natürlich nicht im Kopf getan, sondern auf dem Papier, aber fix! Und das hat er auch tagtäglich gebraucht für seine Berechnungen von irgendwelchen ballistischen Problemen, Umlaufbahnen, Flugverhalten von Raketen und Weltraumsonden. Alles das, woran er eben jahrzehntelang feilte und konstruierte. Das waren ja nicht nur schöne, exakte Zeichnungen in Bleistift und Tusche, sondern dahinter stand wirklich höhere Mathematik! Das war ästhetisch schön *und* richtig durchdacht.

Manchmal hat Janke von seiner Zeit in Peenemünde und von Wernher von Braun erzählt. Die Kollegen glaubten ihm ja nicht. Vor allem Dr. Rasmussen, der Direktor in den Sechzigerjahren, hielt Janke für total durchgeknallt und für einen Hochstapler. Aber ich bin mir nicht sicher. Klar war er schizophren, aber was sagt das schon? Die Krankheit brach meines Wissens erst nach dem Krieg aus, vielleicht mit verursacht durch die traumatische Flucht aus Pommern nach Sachsen und all das. Vater und Mutter früh verloren, die notbehafteten Lebensumstände, die unsichere Existenz ... Das kann in einem Menschenhirn schon eine Leitung durchbrennen lassen, wie bei einem Fernseher, und schon gibt es auf der Mattscheibe keine Bilder mehr, sondern nur noch Schneerieseln oder eben verzerrte Bilder. So war es bei Janke auch: verzerrte Bilder. Aber keiner fand die Stelle, wo die Leitung durchgeschmort war. Die Psychiatrie ist eben als Wissenschaft noch ziemlich in den Anfängen. Beruhigungsmittel, Beschäftigungstherapie, im schlimmsten Fall Fixieren ans Bett – so war das damals noch. Kein Wunder, dass da etliche erst richtig verrückt wurden.

Also, ich kam schon in den späten Fünfzigerjahren nach Hubertusburg, als leitender Ingenieur. Wie gesagt, das war ein riesiger Betrieb, nicht nur wegen der Unterbringung und pflegerischen wie ärztlichen Versorgung der über neunhundert Patienten, sondern auch durch all die angeschlossenen Betriebe und Werkstätten, wo die Patienten, sofern sie konnten, arbeiteten. Organisation und Verwaltung dieser zur Landesanstalt gehörenden Werkstätten und Betriebe lag damals in meiner Hand. Doch genau in diesem Punkt sperrte sich Jankes Hirn, so gewieft er sonst auch war. Von Anfang an betrachtete er mich nämlich nur als Hausmeister, jedenfalls als jemand Subordinierten. Nach kurzer Zeit war ich in seiner verrätselten, verschlossenen Welt, in der er der geniale Erfinder und Konstrukteur war, eben nur noch sein *Assistent* Jonas. So hat er mich auch betitelt, aber durchaus freundlich, und ich ließ es mir gefallen. Denn ich fand das irgendwie komisch und schrullig. Und vor allem: Ich hatte Janke trotz seiner schwierigen Seiten ins Herz geschlossen, und ich merkte: Wenn man sein Spiel ein wenig mitspielt, fährt man am besten mit ihm.

Also: Ich war Jankes Assistent, Hubertusburg verwandelte sich in ein zweites Peenemünde, wo an Raumschiffen, Flugzeugen und umweltfreundlichen Energieformen geforscht wurde, und ich musste Janke – oft an der defizitären Zuteilung und an den leitenden Ärzten vorbei – Material beschaffen. Aber so schlimm war das nicht. Eigentlich war Janke mit wenig zufrieden: Papier, Kartons, Stifte, Tinte, Klebstoff ... Hin und wieder lieh er sich bei mir Werkzeuge aus, um an seinen Modellen basteln zu können. In den ersten Jahren hatte er für seine Aktivitäten nur einen Tisch auf dem Flur seiner Station zur Verfügung – ärztliche Anweisung. Da tat Janke mir schon leid. Zu jener Zeit musste er auch noch Kohle schippen für die altertümliche Heizungsanlage und im Winter Schnee schaufeln. Das empfand er natürlich für weit unter seiner Würde.

Irgendwann hatte er einen sehr schlimmen Anfall – das war, als er dieser Frau Kubelka, in die er schwer verliebt war, nächtens sein Trajekt vors Fenster gestellt hatte (als eine Art technisches Ständchen) und sie ihn aber weiter ignorierte. Da bekam er also eine Art epileptischen Anfall und einen schweren schizophrenen Schub, lag wochenlang krank, und wir wussten nicht, ob er überhaupt durchkommt ... Jedenfalls, nach dieser Beinahe-Katastrophe änderte sich Rasmussens Einstellung Janke gegenüber ein wenig – das war ja nicht immer leicht mit dem alten Rasmussen. Er hatte ja in der NS-Zeit eine nicht ganz saubere Weste, alle wussten es, aber man durfte nicht darüber sprechen, weil er in der SED war und gute Kontakte nach oben hatte, das sprichwörtliche Fähnlein im Wind eben. Also: Rasmussen hatte dann doch ein Einsehen und erlaubte mir, dass ich dem Janke einen leer stehenden Raum hinten, bei den ehemaligen Ställen, überlasse, wo er sich eine Werkstatt einrichten konnte, ein Laboratorium, wie er es nannte, mit zwei Tischen, einer uralten Werkbank, ein paar ausrangierten Werkzeugen und so.

Na, und das plätscherte ein paar Jahre so vor sich hin. Dann verließ Frau Kubelka Hubertusburg, quasi über Nacht. Zuerst kam sie noch in eine andere Klinik, nach Großschweidnitz im Kreis Löbau, später ist sie entlassen worden. Sie kehrte zurück zu ihrer Familie, lebte bald aber in Scheidung – ich habe das nur munkeln hören, mehr weiß ich darüber nicht. Nur, dass Janke ihr bis kurz vor seinem Tod weiter Briefe schickte, Evelyn Kubelka war eben seine große Liebe. Aber die meisten Briefe kamen zurück mit dem Vermerk *Annahme verweigert* oder *Adressat unbekannt*, was Janke aber nicht davon abhielt, ihr weiter zu schreiben und seine Liebe zu beteuern. Ich glaube, das hat ihn sogar am Leben gehalten, nicht die Liebe, aber die Sehnsucht nach der Liebe.

So hätte es auch weitergehen können, wäre da nicht eines Tages ein Brief von Walter Ulbricht persönlich in Hubertusburg eingetroffen, an Karl Janke. Zuvor war ja schon einmal ein Brief der *Interflug* angekommen, auch dort interessierte man sich für Jankes Erfindungen. Das konnte der Rasmussen im Namen seines »Schutzbefohlenen« aber noch umbiegen. Doch nun eben Ulbricht höchstpersönlich, der »Genosse Staatsratsvorsitzende«! Der saubere Herr Medizinalrat Rasmussen öffnete den Brief (das Briefgeheimnis wurde damals keineswegs gewahrt, aber das war ja im real existierenden Sozialismus ohnehin nicht üblich) und schrieb seinerseits an Ulbricht einen Brief und informierte ihn darüber, dass besagter Erfinder Janke schizophren und Patient in der Landesanstalt sei. Damit, glaubte Rasmussen, sei die Sache abgehakt. Aber weit gefehlt! Wenig später traf nochmals ein Brief von Ulbricht ein, nun keineswegs mehr höflich, sondern dringlich und im Weisungston. In diesem Schreiben wurde Rasmussen durch die Blume gedroht, er solle schleunigst dafür sorgen, dass Janke nach Berlin komme, ins *Ministerium für Wissenschaft und Technik*. In dieser Sache sei keine Zeit zu verlieren, es handle sich um eine Angelegenheit von staatstragendem Interesse und um die technologische Überlegenheit der sozialistischen Brudervölker gegenüber dem imperialistischen Westen et cetera pepe, mit sozialistischem Gruß und so fort ... Na, und da sackte dem Rasmussen das Herz in die Hose. Er bekam mächtig Angst (ich weiß das von seiner Sekretärin, mit der ich gut befreundet war), dass die Genossen in Berlin nun in seiner NS-Vergangenheit schürfen würden. So setzte er alles daran, Janke so rasch wie möglich nach Ostberlin ins *MWT*, das *Ministerium für Wissenschaft und Technik*, zu expedieren.

Bei der Frage, wer Janke begleiten sollte – denn man konnte ihn ja nicht allein in den Zug setzen –, kam man sofort auf mich, Malte Jonas, weil ich so einen guten Draht zu Janke hatte und er in meinem Beisein stets fügsam und ruhig war, während er im Umgang mit anderen rabiat und ausfällig werden konnte. Rasmussen griff also kurzerhand zum Telefonhörer und rief im *MWT* in Berlin an, das lag damals in der Wuhlheide, in der Köpenicker Allee, und kündigte Jankes Kommen an. Er staunte nicht schlecht, denn im Ministerium wusste man sofort Bescheid, Ulbricht hatte schon Weisung gegeben. Es hieß, dass der Minister, Günter Prey war das damals, verhindert sei, aber sein Staatssekretär Erich Patzke damit betraut werde.

Dieser Patzke, das war so ein graues dürres Männlein, der ein paar Jahre zuvor zum *Kampf- und Friedenstag der Werktätigen* am 1. Mai in Hubertusburg eine Rede gehalten hatte, bei der die Situation, na ja, ich sage mal, aus dem Ruder gelaufen war: Es gab eine richtige Prügelei unter den Patienten, mit Tortenschlacht und allem. Auch Patzke hatte damals etwas abbekommen und war erbost im schicken *Wolga* wieder davongebraust, mitsamt seinen Stasi-Begleitern. Es wurde eigentlich nie klar, wie Janke es geschafft hatte, bis zu Ulbricht vorzudringen. Ich glaube, dass Patzke, der Karriere machte und von Leipzig ins *MWT* nach Berlin wechselte, zu Ulbricht vordrang und die aktive Rolle spielte. Und dass es Janke irgendwie gelungen war, dem Patzke damals, am 1. Mai, etwas zuzustecken, einen Brief oder eine Konstruktionszeichnung. Das muss im allgemeinen Tumult untergegangen sein.

Also, so war das, und an einem schönen Sommertag im August 1970 saßen dann Janke und ich im Zug nach Berlin, nachdem uns Rasmussen persönlich in seinem nigelnagelneuen *Wartburg* zum Bahnhof in Leipzig gebracht hatte. Unterwegs war Janke ganz aufgeräumt, schaute immerzu aus dem Fenster, auf die Felder und Wälder, überall waren die Mähdrescher und Traktoren der *LPG*s im Einsatz und brachten die Getreideernte ein. Ein Bild der Tätigkeit und der Zufriedenheit, und das sowie die Aussicht auf die Anhörung im *MWT* legten sich ganz positiv auf Jankes Stimmung. So ausgeglichen und glücklich und zufrieden hatte ich ihn eigentlich nie zuvor gesehen. Wen wundert's, immerhin war Janke seit rund zwanzig Jahren weggesperrt und aus Wermsdorf nicht mehr herausgekommen – und nun plötzlich diese Fahrt in die »weite Welt« und die Aussicht auf Erfolg und Ruhm und auf Freiheit!

Er tat mir ja leid, weil ich ahnte, wie alles kommen würde. Gleichzeitig freute ich mich mit ihm. Und ganz im Innersten, da glomm doch das Fünkchen Hoffnung: Vielleicht, ja, vielleicht ist Janke doch kein Spinner. Vielleicht ist trotz seiner Krankheit etwas dran an seinen Erfindungen, und er hat etwas Bahnbrechendes für die Luftfahrttechnik oder die Energiewirtschaft entwickelt. Das brächte ihm endlich Anerkennung und ein Dasein in Würde und Glück, jenseits der Anstaltsmauern. Ich wünschte es ihm, und ich hoffte und bangte mit ihm.

Wir kamen in Berlin an und fuhren mit der S-Bahn nach Wuhlheide. Von dort war es noch ein Spaziergang zum *MWT*. Das Ministerium war auf einem großen Areal in diversen Plattenbauten untergebracht. Uns war telefonisch die Nummer des Gebäudes mitgeteilt worden, und dorthin gingen wir, mussten natürlich erst durch eine Pforte. Dort prüfte man die Ausweise und ließ sich telefonisch unser Erscheinen bestätigen. Dann kam eine Frau in dunkelblauem Kostüm, Mittelscheitel, die Haare nach hinten gebunden, mit hängenden Mundwinkeln – sie sah aus wie die Leiterin einer Anstalt für schwer erziehbare Mädchen, also wie eine, die zum Lachen in den Keller geht. Sie führte uns zu einem der Plattenbauten, einem Fünfgeschosser, rot verkleidet. Dort war abermals eine Pforte, und abermals wurden wir kontrolliert, anschließend von der Frau im blauen Kostüm in den ersten Stock gebracht. Da war's mit einem Mal recht nobel: bordeauxrote Auslegeware, Ölgemälde an den Wänden und so. Sie führte uns in ein Besprechungszimmer. Dort stand ein großer Schreibtisch, an dem aber sichtlich noch nie gearbeitet worden war, weil er, von einem Telefon mal abgesehen, vollkommen leer war. An den Wänden hingen gerahmte Fotografien von Grotewohl, Pieck und Ulbricht. Und dem Schreibtisch gegenüber befand sich eine ockerbraune Polstersitzgruppe um einen niedrigen Holztisch herum. Die Frau im blauen Kostüm und mit den hängenden Mundwinkeln hieß uns Platz nehmen und verschwand. Nach ein paar Minuten ging die Tür auf und herein kam – Erich Patzke! In seiner Begleitung noch zwei andere Herren, aber nicht dieselben wie vom *Kampf- und Friedenstag der Werktätigen*, sondern welche, die etwas gewichtiger aussahen.

Patzke stellte sich selbst als *Staatssekretär Patzke* vor, seine Begleiter als Herren von der *Akademie der Wissenschaften* – die Namen habe ich vergessen. Sie gaben uns auch freundlich die Hand, und Janke, der wie bei der Wehrmacht aufsprang und die Hacken zusammenschlug, war sichtlich aufgeregt und fing schon jetzt an zu schwitzen.

Ich sagte: »Ruhig Blut, Herr Janke! Die Herren sind Leute vom Fach und verstehen Sie!«

Das hat ihm auch ein wenig geholfen, denn er nahm wieder Platz und versuchte, seine Aufregung zu verbergen. Aber ich sah, wie er mit den Handinnenflächen fortwährend über seine Hose strich und sich seine Bäcklein vor Nervosität röteten.

Die Herren kamen dann ohne Umschweife auf Jankes Brief zu sprechen. Patzke entschuldigte sich, dass eine Reaktion so lange habe auf sich warten lassen, aber der Genosse Staatsratsvorsitzende sei nun wirklich sehr beschäftigt. Da bleibe das eine oder andere schon mal liegen, was aber nicht bedeute, dass man die Bedeutung von Jankes Arbeit für den sozialistischen Aufbau nicht zu würdigen wisse, und so weiter.

Patzke, der sich dann im allgemeinen Politjargon zu verlieren drohte – wir kannten das ja alle von seiner Rede am 1. Mai –, wurde irgendwann von den Herren von der Akademie unterbrochen, die Janke herausfordernd anblickten und ihn freundlich, aber entschieden baten, er möge ihnen doch seine Ansichten zu seinem Raumfahrzeug-Trajekt *Sonnenland* verdeutlichen, insbesondere, was die Flugfähigkeit, die ballistischen Möglichkeiten und den Rückstoßantrieb betreffe. Vor allem seien sie sich nicht sicher, was es mit dem neuartigen Strahltriebwerk auf sich habe, von dem er in seinen Ausführungen andeutungsweise geschrieben habe. Immerhin habe man vor etlichen Jahren im *VEB Flugzeugwerke Dresden* ja schon ein Triebwerk konstruiert und erprobt, das *Pirna-014*-Modell, das dann bei der Vorführung vor Chruschtschow, Ulbricht und anderen hohen Funktionären zu jenem unseligen Flugzeugunglück geführt habe.

Janke stand wieder auf, als wäre er in der Schule und müsste vor dem Lehrer ein Referat halten, und fing zu sprechen an. In diesem Augenblick bereits wurde mir siedend heiß, denn ich kannte diesen leicht irren Blick Jankes und diese überschießende, manische Agilität. Ich hatte das einmal bei einem Lichtbildervortrag erlebt, den er in Hubertusburg gehalten hatte, im Rahmen seiner Beschäftigungstherapie, ein Abend, der leider in die Hose gegangen war. Und jetzt, vor Patzke und den beiden Herren von der Akademie, war es dasselbe: Ja, er, Janke, wisse von dem *Pirna-014*-Modell, habe im Übrigen auch schon an den *VEB Flugzeugwerke Dresden* geschrieben und Konstruktionspläne dorthin geschickt, aber leider nie Antwort erhalten. Und dann kam es wie aus der Pistole geschossen, wie damals bei dem Diavortrag: Ich kann das im Einzelnen gar nicht wiedergeben, es waren mir zu viele Fremdwörter und Fachbegriffe, vermeintliche Fachbegriffe, die wohl nur teilweise einen Sinn ergaben – falls überhaupt. Ich verstand etwas von *zwölfstufigem Axialverdichter*, von *Einspritzdüsen*, *Schubdüse* und *Schubkraft*, von *Verdichtungsverhältnis* und *Massenluftdurchsatz*. Und so weiter und so fort ... Und es wurde noch schlimmer: Das ganze Janke'sche Vokabular wurde abgewickelt, wie eine Schnur, wenn der Drachen vom Wind ergriffen wird und mit unbändiger Gewalt in die Höhe zieht: *Deutsches Atom, Röhrenkolben, Sensibilisatoren, Akzeptoren, Kapazitäten, Neutral- und Ladestrecken, Abstrahl-Antennen-Aggregate, Raum-Inselwolken* und was weiß ich nicht alles. Das Ganze gipfelte seitens Jankes im Vorwurf, man habe bei dem kürzlich erbauten und eingeweihten Fernsehturm auf dem Alexanderplatz nur seine eigene Idee gestohlen, nämlich das Prinzip einer *Kugelkuppel, abgeplankt mit einer gepressten Wabenschalfläche*, eine Idee, die er, Janke, bereits in einem Deutschen Reichspatent von 1937 angemeldet habe.

Patzke versuchte, ihn zu unterbrechen. Die Falten auf seiner Stirn wurden immer tiefer. Aber Janke ließ sich nicht einschüchtern und schwadronierte weiter, irgendetwas von Bäumen und Schwalben, von Tieren und Menschen, Wolken, Steinen, Atomsystemen und dergleichen. Und dass selbst Erscheinungsformen wie Krieg und Frieden nach einer einzigen Form zu bemessen seien, nämlich der *Lebensfigur*. Er habe in der *Lebensfigur* Zusammenhänge zwischen Dingen und Erscheinungsformen, zwischen menschlichen, tierischen und pflanzlichen Wesen entdeckt. Daraus eröffne sich eine ganz neue Wissenschaft, deren höchste Entfaltung in neuen Atomkraftwerken und in Raumfahrzeugen gipfle und in *eine neue radioatomelektrische Zukunft* führe!

Die beiden Herren von der Akademie waren erbost aufgesprungen, während Patzke, die Fäuste in die gepolsterten Armlehnen gepresst, kopfschüttelnd zur Decke starrte.

»Genug!«, rief einer der Herren von der Akademie. »Hanebüchener Irrsinn! Verschonen Sie uns mit Ihren Ausführungen, Herr Janke!« Und zu mir gewandt sagte er: »Fahren Sie schleunigst zurück in Ihre sächsische Provinz. Dieser Mann ist krank und gehört hinter Anstaltsmauern! Und achten Sie darauf, dass er fürderhin«, er sagte tatsächlich *fürderhin*, »die staatlichen und akademischen Stellen nicht mehr mit solch einem Wirrwarr überzieht und behindert!«

Grußlos stürmten die beiden Herren von der Akademie hinaus. Nur Patzke war sitzen geblieben. Janke stand da wie versteinert. Und ich sah völlig belämmert drein, denn auch in mir war das Fünkchen Hoffnung gnadenlos zertreten worden. Patzke erhob sich mühsam aus dem tiefen Sessel, legte Janke kurz und nachsichtig die Hand auf die Schulter, sagte, was ich von diesem dürren Parteifunktionär gar nie erwartet hätte, mit Mitleid in der Stimme: »Kopf hoch, Herr Janke. Wir sind alle nur Menschen«, nickte mir kurz zu, sagte: »Lassen Sie sich von der Assistentin, die Sie hereingeführt hat, die Reisekosten ersetzen«, und verließ ebenfalls den Raum.

Die Frau im blauen Kostüm kam sofort herein (hatte sie an der Tür gelauscht?), sie schien unterrichtet, jedenfalls hingen ihre Mundwinkel nicht mehr nach unten, sondern zeigten ein süffisantes, fast hämisches Lächeln. Dann ging alles ganz schnell. Sie führte uns hinaus und hinunter zur Pforte, ließ mich ein Papier unterschreiben, zahlte mir das Geld für die Zugfahrkarten aus und brachte uns hinaus vor die Schranke, wo sie uns ohne ein Wort der Verabschiedung einfach stehen ließ.

So war das mit Jankes Darlegungen vor dem *MWT*. Er weinte nicht einmal. Sah mich aber auch nicht an. Er war wie ein Stein, leblos, erstarrt. Ich musste ihn an der Hand nehmen und führte ihn wie ein Kind die Straße entlang, zum S-Bahnhof. Weil bis zur Abfahrt unseres Zuges nach Leipzig noch Zeit war, entschied ich mich, zum Alexanderplatz zu fahren und dort den erst kürzlich eröffneten Fernsehturm, den ich bislang nur aus dem Fernsehen kannte, anzusehen. Immerhin hatte Janke selbst davon gesprochen. Ob ihm das in der Situation guttäte oder nicht, darauf kam ich gar nicht. Ich dachte, es wäre etwas Ablenkung für den armen Kerl. Und das war es dann ja auch. Aber in ganz anderer Hinsicht ...

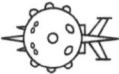

Mit der U1 gelangten wir zur Endstation Warschauer Straße. Dort stiegen wir aus und gingen durch einen provisorischen Wellblechtunnel, in dem schwarzafrikanische Dealer Spalier standen, zur S-Bahn. Zwischen all den Kapuzenshirts, Camouflage-Klamotten und verwaschenen Schirmkäppis erregte Evelyn mit ihrem schicken Damenhut großes Aufsehen.

Am Ostkreuz angekommen, ließen wir so rasch wie möglich das quirlige Rush-Hour-Gerenne des Bahnhofs hinter uns und machten uns zu Fuß auf nach Stralau. An einem aufgelassenen Sportplatz vorbei, auf dem die Brennnesseln und Goldruten hüfthoch standen und Leute in Army-Klamotten ihre Hunde miteinander raufen ließen, gelangten wir auf die Halbinsel. Ein vergammeltes Backsteingebäude, in dessen aufgerissenen Leib ein totes Güterbahngleis hineinführte, stand zwischen Holunderbüschen. Dann wurde es schick: Hohe Townhäuser, weiß und schwarz verputzt, mit großen Atelierfenstern, ragten in mehreren Reihen empor. Aus handtuchschmalen Gärten hörte man Kindergeschrei und sah Rauchschwaden von Grillfeuern. Ich musste an das *Sonnenland*-Projekt in Prenzlauer Berg denken und an die Akquise-Party am Göhrener Ei. Monate schien das her zu sein, und doch waren noch keine zwei Wochen seither vergangen.

Wir schlenderten am Ufer des Rummelsburger Sees entlang, einer großen Bucht der Spree. Ein alter Schifferkahn mit pechschwarzen Flanken trug den eigentümlichen Namen *Heimat*. Er mochte schon seit Jahrzehnten hier vor Anker liegen und war wahrscheinlich bis zur Kiellinie längst mit Wasser vollgelaufen. Drumherum dümpelten Flöße und Boote, aus Obstkisten, Restholz und Wellblech abenteuerlich zusammengezimmert. Bärtige Mittdreißiger und Frauen im bauchfreien Top befanden sich an Deck der tollkühnen schwimmenden Kisten, tranken aus Bierflaschen und bewegten sich rhythmisch zu Hip-Hop aus dem I-Phone.

Wir kamen an einem hohen, direkt am Seeufer aufragenden alten Speichergebäude vorbei. Dahinter wurde die Halbinsel schmäler. Kleingärten breiteten sich aus, in denen es üppig grünte und blühte.

Und dann lag sie vor uns: die Fähre *Mühlberg*. Ein Stahl- und Eisenbottich, mit Klappen vorn und hinten, um Autos und Passagiere aufzunehmen, und mit einem Kapitänshäuschen oben drauf. Der Name des Gefährts, das da im dreckigen Wasser krängte, war vor nicht allzu langer Zeit frisch auf ein Schild gepinselt worden, das auf dem Dach des Kabäuschens angebracht war. Ansonsten aber fiel die Farbe in großen Blattern ab. Darunter zeigte sich ein Ausschlag von Rost und Salpeter, und ich vermutete, dass es dieses aussätzige Geflecht war, das den Pott überhaupt noch zusammenhielt.

An Deck war niemand zu sehen. Ich rief Pierres Namen. Anstelle einer Antwort machte mir eine vorüberfliegende Möwe auf die Schulter. Ich fluchte, und Evelyn nestelte sogleich ein Papiertaschentuch aus ihrem Rucksack, um mir den Dreck vom Hemd zu wischen. Dabei bekam Leppsch Übergewicht und purzelte über die Kaimauer hinunter an Deck. Es blieb uns nichts anderes übrig, als ihm hinterherzusteigen.

Auf dem Kahn sah es schlimm aus: leere Obstkisten, eine auseinandergeschraubte Bettenlade, verrottete Gartenstühle mit zerrissenem Plastik-Sitzgeflecht, rostige, kegelförmige Bojen, die weiß Gott welche Funktion hatten. Leppsch fand gleich auf einem der kaputten Stühle seinen Platz, und er schien darüber gar nicht unglücklich. Abermals rief ich Pierres Namen. Eben, als ich die schmale Tür, die in die Kabine führte, öffnen wollte, hörte ich seitlich etwas rumpeln, quietschen und husten: Ein metallener Deckel am Boden des Schiffsbauchs öffnete sich, und heraus kletterte, eine nagelneue Kapitänsmütze auf dem Kopf: Pierre! Vor Schreck fiel Leppsch von seinem Stuhl, und Evelyn, noch immer ihren schicken Lady-Di-Hut auf dem Kopf, schlug das Netz zurück und lachte laut los: »Wie eine Schießbudenfigur auf dem Oschatzer Jahrmarkt!«

Pierre zwängte seinen Leib durch die Öffnung, hangelte sich schnaubend heraus und kam schließlich auf seinen Beinen, die in viel zu kurze blaue Röhrenhosen gezwängt waren, darunter sich rot-weiße Ringelsocken zeigten, zu stehen. Darüber trug er einen dunkelblauen, löchrigen Strickpullover, der weder zu seiner schnieken Kapitänsmütze noch zu den sommerlichen Temperaturen passte. Offensichtlich stellte er selbst sich einen erfahrenen Seebären so vor. Dabei hätte er in jeder Slapstick-Komödie Lacher geerntet.

Pierre grinste über das ganze Gesicht und klopfte sich den Staub von Schultern und Ärmeln. Erst dann öffnete er väterlich die Arme und rief: »*Bon soir, mes enfants!* Willkommen an Bord! Schön, dass ihr da seid! Dann machen wir mal die Leinen los und lichten den Anker! Afrika wartet!«

»Gibt's hier eine Küche?«, fragte Evelyn. »Ich habe nämlich Hunger. Und Leppsch auch.«

»Und wo schlafen wir?«, fragte ich. »Doch wohl nicht hier an Deck zwischen den Bojen? Der Kahn ist ja nicht eben die *Aida*!«

»Ah, ba!«, protestierte Pierre angewidert, »*Aida*! Dass ich nicht lache! Diese Käfighaltung auf hoher See! Das hier, mein Junge«, er machte eine stolze Besitzergeste, »ist zwar kein Luxusliner, aber dafür authentisch! Und die gute, alte *Mühlberg* fährt und fährt, schon seit mehr als neunzig Jahren.«

»So sieht sie auch aus«, murmelte ich.

Mit Anker lichten war es dann aber nichts, denn der Motor sprang nicht an. Das gab Pierre kleinlaut zu, und die Luke, aus der er vorhin gekrochen war, war nichts anderes als der Zugang zum »Maschinenraum«, wie er ihn vollmundig nannte. Der Motor, an dem wohl schon Rudolf Diesel selig höchst persönlich herumgeschraubt hatte, gab jedenfalls keinen Mucks von sich. Also verschoben wir die Abfahrt nach Afrika.

Aus dem Krempel, der an Deck aufgeschichtet war, kramte Pierre einen dreibeinigen Grill hervor, dessen eines Bein verkürzt war, weshalb auch der Gitterrost nach einer Seite hing und die Makrelen, die er bei *Lidl* besorgt hatte, immer wieder auf Deck fielen, als wären sie noch lebendig und widersetzten sich dem Verzehr. Endlich, es wurde bereits dunkel, waren die Fische doch durch – auf einer Seite mehr als auf der anderen –, und wir kratzten mit Plastikmessern und -gabeln an dem Kohleflöz herum, um an das darunter liegende Fleisch zu gelangen. Dazu gab es Pitabrot vom Griechen, Gurkensalat mit Tsatsiki.

»Selbstgemacht«, meinte Pierre, »na ja, jedenfalls beinahe.« Dazu einen samtigen Bordeaux.

Als wir gegessen hatten und angeschickert in den fahlen sommerlichen Sternenhimmel hinaufblickten, meinte Evelyn: »Schade, dass Janke das nicht mehr miterleben kann. Ich meine, dorthin hat er doch immer gewollt, mit seinen Trajekten. Eigentlich hätte ich es ihm gegönnt.«

Ich dachte an die *Sonnenland*-Kinder, und dass wir selbst welche waren, kurz davor, in unbekannte Weiten vorzustoßen. Und wenn schon nicht in die Milchstraße hinein, so doch spreeaufwärts, in den wilden Osten Brandenburgs – was irgendwie auf das Gleiche hinauslief. Wir hatten uns um die noch glimmende Glut des Kohlebeckens gelagert und schwiegen. Pierre rauchte irgendein Kraut, das verdächtig nach Verbotenem stank.

Irgendwann hörte ich neben mir ein Schnarchen: Evelyn. Ihr neuer Hut und ihr Rucksack lagen neben ihr, im Arm hielt sie

Leppsch, der ebenfalls zu grunzen schien. Stumm deutete ich auf sie und machte zu Pierre mit den Händen eine Geste des Sich-Bettens. Der beschied in normaler Lautstärke: »Schlafen könnt ihr unten. Ich zeig's euch.«

Ächzend erhob er sich, schwankte zu der schmalen Tür des Führerhäuschens und öffnete sie. Ich weckte Evelyn, zog die vom Schlaf Benommene hoch und folgte Pierre. In dem Häuschen war das, was ich erwartet hatte: ein Steuerrad und ein paar mir unbekannte nautische Instrumente, um den Eisenpott zu bewegen und durch die Gewässer zu manövrieren. Dann erst erkannte ich im Dämmer die enge Wendeltreppe, die Pierre eben hinabstieg. Ich zog die noch immer schlaftrunkene Evelyn, die Leppsch im Arm hielt, hinter mir her. Unten öffneten sich drei schmale Kojen mit frisch bezogenen Pritschen (»Wie für uns gemacht«, sagte Pierre) und ein Klo mit Waschbecken, winzig, aber immerhin mussten wir nicht den Eimer benutzen.

»Und da rede mir noch einer von der *Aida*«, brummte Pierre. »So beschaulich wie hier bekommt ihr es nirgends. Bullaugen gibt's zwar keine, aber zum Schauen ist ja das Oberdeck da. Es gibt auch keine Unterscheidung zwischen Erster und Zweiter Klasse und den ganzen Quark. So, und nun grunzt mal schön. Ich gehe noch eine inhalieren. Und morgen nach dem Frühstück – *all inclusive*, versteht sich – stechen wir endlich in den Rummelsburger See – sofern die verdammte Maschine will.«

Ich bugsierte Evelyn in ihre Koje und deckte sie zu. Dann taumelte ich, von diesem schier endlosen Tag und der vorhergehenden Friedhofsnacht zermürbt, zu meiner eigenen Pritsche und schaffte es gerade noch, die Schuhe auszuziehen, bevor ich in einen bleiernen Schlaf fiel.

Erst gegen Morgen kam ein Traum über mich: Raffaele flog mit einem Düsenflugzeug 152 mit Janke'schen Strahltriebwerken eigens aus Bozen nach Berlin ein, der Jet landete auf Kufen im Rummelsburger See. Raffaele stieg aus, hatte einen blau-weißen Stewarddress an, schritt die Gangway herunter an Deck der Fähre

Mühlberg, einen Karton mit Coffee-to-go-Bechern balancierend. Leppsch versuchte zähnefletschend, ihn am Betreten des Schiffes zu hindern, aber Raffaele stellte ihn mit einer Großpackung Gummibärchen ruhig. Er stieg hinunter in meine Koje, setzte sich auf den Bettrand und strich mir zärtlich über die schweißnasse Stirn, was ich zunächst zu verhindern suchte; aber dann ergriff ich seine Hand und ließ sie nicht mehr los, bis er scherzend sagte: »Du brichst mir ja die Finger. Trink doch endlich deinen *Sonnenland*-Kaffee!«

»Kaffee ist fertig«, hörte ich eine tiefe Stimme raunzen.

Es dauerte einige Augenblicke, bis ich begriff, dass das nicht Raffaeles Stimme war, die mich rief, sondern Pierre, der oben an der Wendeltreppe stand, eine Blechkanne in der Hand, aus der es betörend duftete. Ich fuhr hoch, haute mir den Kopf an der niedrigen Kojendecke an, stolperte die Stufen nach oben und befand mich an Deck. Zu meinem Erstaunen saß Evelyn bereits da, auf einem der kaputten Stühle mit Plastik-Geflecht, vollständig angezogen und frisiert. Leppsch saß neben ihr und hatte ein Geschirrtuch um den Hals gebunden.

»Morgenstund' hat Gold im Mund«, dozierte Evelyn altklug.

Griesgrämig erwiderte ich: »Morgenstund' hat Mundgeruch« und ließ mich auf zwei aufeinander gestapelten Obstkisten nieder.

Der Morgen war noch frisch, beinahe kühl. Am Stralauer Ufer liefen hin und wieder Jogger vorbei, die sich bereits vor ihrem Vierzehn-Stunden-Bürotag auspowern wollten. Mein Adrenalin-Kick hieß Koffein, und ich stürzte drei Tassen von dem schwarzen Gesöff hinunter, das Pierre erfreulich stark gebraut hatte, als wollte er seine Gäste partout in den Herzstillstand treiben.

»Gute Nachricht«, sagte Pierre, »die Maschine läuft. Ich habe den Fehler gefunden. Es war kein Diesel mehr drin, habe aber mehrere Kanister voll entdeckt. So stand das ja auch im Mietvertrag mit den Kumpels vom *Autonomen Kombinat Friedrichshain*.«

»Autonomes was?«, fragte ich, im Mund ein halbes Brötchen mit Nutella.

»Die Jungs von der wilden Wagenburg dort hinten«, Pierre zeigte Richtung S-Bahn. »Die vermieten den schicken Clipper ... na ja, ob er ihnen wirklich gehört, ist eine andere Frage, aber das braucht uns nicht zu interessieren.«

»Aha«, sagte ich und kippte einen weiteren Becher von dem luziferischen Getränk hinunter. »Und wohin soll uns die autonome Kreuzfahrt nun führen?«

»Spreeabwärts geht nicht. Da kommt der Mühlendamm mit der Schleuse. Da kommt nicht jeder durch, weil dahinter die Museumsinsel und das Regierungsviertel liegen. Aber spreeaufwärts, das müsste laufen, zumindest solange die gute alte Tante hier«, er klopfte mit den Fingerknöcheln beschwörend auf die Eisenreling, »uns nicht im Stich lässt. Aber wenn schon – das Ufer ist ja nie weit.«

»Und Afrika?«, fragte Evelyn naseweis. »Ist das etwa nicht weit?«

Ich blickte Pierre flehentlich an. Vergebens.

»Doch freilich ist das weit«, antwortete er, »aber nicht so weit, als dass unsere gute Fähre *Mühlberg* das nicht auch noch schaffen würde.«

Evelyn schaute Pierre nachdenklich an, dann nickte sie und sagte: »Na, dann machen wir mal hinne. Ich finde, wir gurken schon viel zu lange ziellos herum. Ich will schließlich endlich zum Nil und das Tonhäuschen dorthin bringen. – Wo ist das eigentlich?«

»Es ist gut verstaut«, meinte ich fatalistisch. »Keine Sorge. Wir schaffen das.«

»Leinen los und Anker lichten!«, kommandierte Pierre.

Und dann ging es los: Pierre verschwand im Maschinenraum, wenige Augenblicke später fing der Eisenpott zu vibrieren an, und ich wusste: Der Dieselmotor läuft. Pierre schob sich wieder durch das Maschinistenloch und begab sich ins Steuerhaus. Ich band die Leine an der Kaimauer los. Einen Anker suchte ich vergeblich, bis ich begriff, dass Pierre das nur so dahingesagt hatte, weil es sich cool anhörte. Mit einem Mal bewegte sich der schwere Rostpott, ganz langsam, aber wie von einer riesigen Faust gepackt, und schob sich vom Uferkai weg.

Pierre rief durch die offenstehende Tür: »Na, wie fühlt sich das an? Ich will es euch sagen, Freunde: wie die pure Freiheit! *La liberté toujours!*«

Anfangs hatte der Motor geruckelt, aber allmählich beruhigte er sich, und das heftige Vibrieren der Fähre ließ nach. Wir waren jetzt mitten auf dem Rummelsburger See und fuhren langsam, aber stetig Richtung Spree. Stralau glitt an uns vorüber: hohe Bäume und der schiefe Turm der Dorfkirche. Ich stand neben Evelyn vorne am Bug der Fähre – Pierre hatte schon am Vorabend die Klappen nach oben gekurbelt – und blickte geradeaus, in die Sonne hinein, die im Osten am Himmel stand und uns den Weg zu weisen schien. Es war wie eine Verheißung.

Wir fuhren an der Liebesinsel vorbei, wo Paul und Paula sich in den Armen gelegen waren, erreichten den Kratzbruch, auf dem Dutzende von Kormoranen wie Leichenwächter unheimlich starr in den abgestorbenen Bäumen hockten. Dann glitt die Spitze der Stralauer Halbinsel an uns vorbei, und wir befanden uns auf der Spree, die einen eleganten Bogen beschrieb, dem die Fähre folgte. Schon war hinter uns die Skyline von Berlin mit dem Fernsehturm und dem *Allianz*-Hochhaus verschwunden. Backbord war das Heizkraftwerk Klingenberg und das ehemalige DDR-Funkhaus Nalepastraße, steuerbord der Plänterwald mit der Ruine der Ausflugsgaststätte *Eierhäuschen*, wo – ich wusste das aus meiner Schulzeit bei Lehrer Schirner – ein Kapitel von Fontanes Altersroman *Der Stechlin* spielte. Wir glitten an Oberschöneweide vorbei – »Oberschweineöde«, wie der Berliner Volksmund kalauerte – und gelangten nach Köpenick.

Hier wollte Pierre nach links einbiegen, in die Müggelspree, aber Evelyn wies ihn zurecht: »Wo wollen Sie denn hin? Steuerbord! Richtung Schmöckwitz. Himmel! Ist das denn die Möglichkeit! Will nach Afrika und kennt sich in der eigenen Heimat nicht aus!«

Pierre schaute betreten drein, murmelte etwas und steuerte wirklich nach rechts. Ich verstand nur Bahnhof. Erst später entdeckte ich im Steuerhaus eine abgegriffene Flusskarte, von der die Mäuse einiges weggefressen hatten, und konnte doch so viel erkennen, dass Evelyn recht hatte und man über die Müggelspree zwar noch bis Woltersdorf und zur dortigen Schleuse gekommen wäre, aber nicht nach Süden, zum Oberlauf der Spree, sprich: Richtung Afrika. Und dorthin wollten wir ja schließlich!

So ging es also an Köpenick und der Köpenicker Schlossinsel vorbei, die Spree aufwärts, die hier seltsamerweise Dahme hieß. Vor Schmöckwitz, das Evelyn von irgendwoher kennen musste, bogen wir links in den Seddinsee ein und erreichten die Mündung des Oder-Spree-Kanals, die Wasserstraße für die Schiffe Richtung Niederlausitz und Polen. Sommerliche Wiesen, bereits abgeerntete Weizenfelder und märkische Kiefernforste nahmen uns auf, und manchmal war mir, als tuckerten wir gar nicht auf einer Wasserstraße dahin, sondern als schwebten wir mitten durch den Wald. Nur hin und wieder kamen uns kleine Motorjachten oder auch mal ein polnischer Lastkahn entgegen, dann musste Pierre hart steuerbord lenken und sich an den Rand drücken. Danach ging es wieder bequem weiter, mitten auf dem Kanal, eine Spazierfahrt durch eine unspektakuläre, aber friedliche Landschaft voller stiller Reize. Ich spürte, wie ich mit jedem Kilometer, den die gute alte Tante dahintuckerte, ruhiger wurde und das Wasser der Spree allen Zivilisationsmüll fortspülte.

Abends erreichten wir Fürstenwalde. Wir bogen vom Kanal wieder in das Flussbett der Spree ein, und Pierre ankerte etwas oberhalb der Stadt, um hier die Nacht zu verbringen. Wir hatten mächtig Kohldampf, aber die Geschäfte in Fürstenwalde hatten bereits geschlossen, und so mussten wir auf Pierres »Vorräte«, wie er sie vollmundig nannte, zurückgreifen: Ravioli und Cevapcici. Pierre warf einen Camping-Gaskocher an, und bereits eine Viertelstunde später saßen wir wie die Indianer auf Decken um unser Mahl, aßen die Tomaten-Pasta-Fleischklops-Pampe von Plastiktellern und tranken einen kräftigen Bordeaux. Es schmeckte vorzüglich.

Mit Einbruch der Nacht gingen wieder die Sterne am Himmel wie kleine LED-Lämpchen an – aber viel mehr als in Berlin. Als es endlich ganz finster wurde, und Pierre, »nur um euch vor Moskitos zu schützen«, wie ein kaputter Ofen rauchte (natürlich sein süßliches Rimbaud-Zeug), wies er bekifft und betrunken zum Firmament und lallte: »Die Milchstraße, Kinder.« Und tatsächlich: Man musste nur lange genug hinsehen und die Augen etwas zusammenkneifen, und schon zog sich ein breites Band zwischen den hell flackernden Sternen durch das Universum.

»Wunderschön«, flüsterte Evelyn, und ich glaubte, eine Träne in ihrem Augenwinkel zu sehen.

Mir wurde das etwas zu »ramontisch«, und deswegen warf ich ein, das erinnere mich eher an meinen ersten Schultag, als ich nach der Unterrichtseinführung an der Hand meiner Mutter nach Hause ging und der alte Burger, einer unserer Nachbarn, ein Mann aus dem Banat, auf seinem klapprigen schwarzen Fahrrad an uns vorüberwackelte, hinten im Körbchen eine blecherne Milchkanne (der holte damals die Milch noch von einem der letzten Bauern im Ort). »Und aus der schräg stehenden Kanne, die nicht richtig verschlossen war, rann es langsam heraus, ohne dass der Alte etwas bemerkte«, erzählte ich, »und Mutter und ich lachten uns schier scheckig, während der Banater Schwabe das auf sich bezog und vor sich hin maulte: ›Oi, wos gibt's denn do zo loche? Wos sein denn des fier Leit? Is des so sährr vergnieglich, an olde Mo aaszeloche?‹ Missmutig radelte er weiter, ohne die weiße Spur bemerkt zu haben, und so langsam, dass er Kurven beschrieb, um nicht umzufallen, während die Milchstraße, die er hinter sich herzog, sich ebenfalls in Serpentinen über den Asphalt wand.«

»Aha«, meinte Pierre trocken, und blies mir eine Wolke ins Gesicht, »sährr vergnieglich, diese Story … Also mich erinnert die Milchstraße dort oben eher an Sperma im Badewasser, das zieht auch so seltsame Schlieren.«

Evelyn stand unvermittelt auf und ging wortlos hinunter in ihre Koje.

»Klasse«, rügte ich Pierre, »Volltreffer. Das war ja wohl nicht eben gentlemanlike. Sährr vergnieglich!«

Wir saßen noch ein paar Minuten da und starrten vor uns hin. Der Zauber der Sternennacht war mit einem Mal zu einem Seim geronnen, der bitter auf der Zunge schmeckte. Mein Blick fiel auf die Decksplanken: Da lag Leppsch. Warum hatte Evelyn ihn vergessen? Ich erhob mich, packte den Bären und nickte Pierre zu, was ein minimaler Gute-Nacht-Gruß sein sollte.

Ich stieg die Wendeltreppe hinab und sah die schmale Tür zu Evelyns Koje einen Spalt breit offen. Evelyn lag auf der Pritsche. Sie hatte sich nicht für die Nacht umgezogen, trug sogar noch ihre Schuhe. Zuerst dachte ich, sie liege wach und stiere gedankenverloren vor sich hin. Ich klopfte, um sie nicht zu erschrecken, erhielt aber keine Antwort. Leise ging ich hinein und beugte mich über sie: Sie schnarchte leise. Ich legte ihr Leppsch in den linken Arm, der schlaff zur Seite hing, nahm eine Wolldecke und breitete sie über sie. Evelyn erschien mir klein, zusammengehutzelt. Bislang hatte ich sie immer als eine verschrobene Dame gesehen, mit einer eigenen Geschichte, alt, aber eben doch eine Dame. Nun lag sie vor mir, ein Bündel unter einer Wolldecke und von dieser kaum zu unterscheiden. Ihr Gesicht kam mir schlaff und abgezehrt vor, und der offene Mund wie die Höhlung eines Totenschädels, dem sich brodelnde Geräusche entrangen. Jankes Angebetete: ein Wesen, vom Verfall gezeichnet. Die Philosophen, die behaupteten, das Alter sei mit Würde und Weisheit verbunden, logen. Das Alter war eine einzige große Entstellung und eine gnadenlose Demütigung.

Ich wandte mich ab, schloss leise die Tür und ging hinüber in meine Koje. Die Luft war dumpf und roch nach Diesel. Ich war nicht betrunken genug, um unter diesen Umständen schlafen zu können, packte Kissen und zwei Decken und stieg wieder hinauf. Pierre saß noch da und qualmte sein Zeug. Er musste davon innerlich mumifiziert sein, dachte ich. Ich schlich an ihm vorüber, zum hinteren Teil des Decks, und Pierre tat so, als bemerkte er mich nicht. Direkt vor der großen Klappe, die man herunterkurbeln konnte, um Passagiere an Bord zu nehmen, bereitete ich mein Lager und streckte mich aus. Es war hart, aber immerhin bekam ich hier genügend Luft. Ich blickte in den Sternenhimmel und zur Milchstraße hinauf und war mit dem Abend wieder einigermaßen versöhnt. Ein paar Stechmücken umsurrten mich. Ich schlug nach ihnen, ein sinnloses Unterfangen.

Pierre hatte mein Fuchteln bemerkt. »Soll ich mich noch ein wenig zu dir setzen und dich zuqualmen? Das überlebt kein Moskito, die hiesigen nicht, und nicht die im äthiopischen Hochland.«

Ohne auf sein Angebot einzugehen, fragte ich zurück: »Wie lange, glaubst du, werden wir diese Odyssee noch weiterführen?«

Er paffte hörbar in die Finsternis hinein, dann sagte er: »Keine Ahnung. Ist auch egal. Nein, nicht egal, aber nicht von Bedeutung. Ich war, bevor ich euch traf, jahrelang mit meinem ollen VW-Bus unterwegs, kreuz und quer durch Europa, von der portugiesischen Algarve bis rauf nach Lappland. Da gibt's übrigens weit mehr und viel fiesere Stechmücken als hier; die habe ich auch zu Tode geraucht, aber das ist ein anderes Thema ... Also, ich meine, der Weg ist das Ziel, ein abgegriffener Spruch, ich weiß. Aber doch wahr. Ich weiß auch, dass die Spree nicht nach Afrika führt, obgleich das hier ringsum mindestens genauso abenteuerlich ist wie die Savanne. Und so schrägen Vögeln wie euch bin ich nicht mal in den Tangobars in Helsinki begegnet, und das mag etwas heißen.«

»Danke für das Kompliment«, sagte ich und verpasste mir selbst eine Ohrfeige: Die Stechmücke flog unbeschadet weg. »Und du willst also damit sagen, dass wir einfach weiterschippern sollen, bis uns der Diesel ausgeht oder die Spree zu flach wird?«

»Oder uns die Polizei erwischt.«

»Ich habe nichts mehr zu verlieren.«

»Wie das?«

»Freundin weg. Job weg. Projekt im Eimer. Ein Kind im Kommen, von dem ich nicht weiß, ob es von mir ist. Und dann noch Bauchkribbeln wegen einer jungen Krankenschwester, die mich gleich wieder hat sitzen lassen, und eines schwulen Südtirolers, der mir schöne Augen macht, und von dem ich sogar träume, ob ich will oder nicht.« Der billige Fusel hatte mir die Zunge gelöst.

Pierre paffte vor sich hin, blickte hinauf zur Milchstraße und sagte schließlich zögerlich: »Also, alles in allem: Es sieht doch nicht ganz schlecht aus in deinem Leben.«

»Hä?« Ich hatte diesen Ausruf der Entrüstung von Evelyn übernommen. »*Nicht ganz schlecht?*«

»Klar: Du bist den blöden Job los, hast dich verliebt, bekommst Avancen, von wem auch immer, ist doch egal. Er wird schon nicht ganz schiech sein, dein Südtiroler. Und ob das Kind nun von dir ist oder nicht, ist letztlich doch auch egal: Jedenfalls ist ein Kind im Anmarsch auf diesen verdammt schönen Planeten, der mit irrsinniger Geschwindigkeit durchs All rauscht und sich dreht und gebärdet, als wäre er angeschickert. Und wir sitzen hier, starren hinauf in das Wunder des Firmaments – und es *ist* ein Wunder, lass dir das gesagt sein! –, trinken Bordeaux, paffen wie die Blöden – also ich jedenfalls – und freuen uns des Lebens. Und da sind die Amerikaner und Russen so versessen drauf, ihre Raketen und Sonden ins Universum zu schießen, als hätten wir hier auf Erden nicht genug an Staunenswertem und als könnten wir nicht ohnehin schon teilhaben am Wunder des endlosen Alls. Wir brauchen doch nur hier zu liegen, mitten in der brandenburgischen Pampa, und nach oben blicken. Weißt du eigentlich, wie wenige Leute das machen? Die meisten sitzen abends vor ihrer Glotze und ziehen sich sinnlose Talkshows und endlose Krankenhaus-Serien rein, verblöden dabei und wissen gar nicht, dass draußen, vor ihren heruntergelassenen Rollläden, sich das permanente Wunder zeigt. Und deswegen – ich sag es dir nochmals, Tim, und dann ist aber auch Schluss mit meinem Sermon – fühl dich glücklich, hier sein zu dürfen, zu atmen, zu trinken, zu kiffen, zu lieben und geliebt zu werden, umherzuirren, egal wohin diese lustige Reise geht, und einfach nur zu staunen: *Ja, höchstes Wesen, ob du Gott heißt oder nicht: Hier bin ich, ich bin da, und ich lebe, und dafür danke ich dir, mit allem, was mir widerfährt, und für alles, was da kommen mag!*«

»Amen«, sagte ich genervt.

Pierre antwortete nicht, brummelte nur ärgerlich, und im selben Augenblick tat mir meine schnoddrige Antwort leid, und ich schob hinterher: »Vielleicht hast du recht. Vielleicht. Das mit dem Südtiroler bleibt aber unter uns, versprochen?«

»Großes Kiffer-Ehrenwort«, sagte Pierre. »Ganz im Vertrauen: Ich hatte mal etwas mit einem Polizisten, vor langer Zeit. Ich meine: mit einem *Polizisten*! Kannst du dir das vorstellen?«

»Besser nicht«, sagte ich, schon etwas schlaftrunken.

»Ich, der APO-Revoluzzer, der Alt-Achtundsechziger! Na ja, ich war jung. Und er war nett, obwohl er natürlich streng genommen ein Diener des mir damals verhassten Staates war. Und irgendwie war's von meiner Seite ja auch die Rache am Establishment.«

Ich wollte noch etwas sagen, aber mir fiel nichts ein, und im selben Augenblick schwamm ich schon auf dem von Sternen beleuchteten, funkelnden Spiegel der nächtlichen Spree hinüber, wo mich keiner mehr einholen konnte, nicht einmal das wütende Sirren der Moskitos. Und alles, alles war gut …

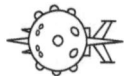

Wir verließen den Bahnhof Alexanderplatz und standen vor dem Fernsehturm. Eine lange Warteschlange ringelte sich über den Vorplatz. In der DDR waren wir das Warten ja gewohnt. Wir warteten in der Kaufhalle, wenn es Tomaten aus Ungarn oder Gurken aus Polen gab, und auf dem Amt, weil man wieder irgendeinen Bezugsschein benötigte. Wir warteten jahrelang auf einen Trabi und jahrzehntelang auf einen Telefonanschluss. Wir warteten auf die Erfüllung der Fünfjahrespläne und auf das Erreichen besserer Lebensbedingungen. Nur der Mauerfall, auf den wir nun gar nicht gewartet hatten, weil wir ihn nie erwartet hatten, der wurde uns durch das Versehen eines dusseligen Politbüromenschen geschenkt. Aber das Beste im Leben kriegt man wohl immer geschenkt, hat mal irgendein Philosoph gesagt; sinngemäß jedenfalls.

Der Fernsehturm war wenige Monate nach seiner Fertigstellung *die* Sehenswürdigkeit in der DDR. Damals, zum zwanzigjährigen Bestehen der Republik, war noch viel von Aufbruchsstimmung die Rede, das öffentliche Leben war noch nicht so unter Mehltau erstickt wie später, in den Achtzigern. Und der Fernsehturm hatte für uns Menschen in der DDR auch ganz praktische Konsequenzen: Nun konnten wir fünf UKW-Radiosender empfangen und hatten sogar ein zweites Farbfernsehprogramm. Der Turm war in einer Rekordbauzeit von vier Jahren errichtet worden, an manchen Tagen konnte man ihn richtig wachsen sehen, hatte mir eine Cousine in Berlin verraten. Und nach dem *Ostankino*-Fernsehturm unseres großen Bruders in Moskau und dem *Empire State Building* in New York war unser Fernsehturm damals das dritthöchste Bauwerk der Welt! Er misst bis zur Antennenspitze 368 Meter, und die Aussichtsplattform liegt immerhin auf etwas über zweihundert Metern Höhe. Es war ein Renommierprojekt Walter Ulbrichts, für das er Hermann Henselmann, den Stararchitekten der DDR, gewonnen oder verpflichtet hatte. Im Gegensatz zu anderen Fernsehtürmen der Welt, auch neueren, vor allem solchen in Asien, ist unser Turm wirklich ein Meilenstein, eine Ikone, auch ästhetisch: elegant und gut proportioniert. Finde ich jedenfalls. Nur das mit dem Lichtkreuz auf der Kugel-Außenhaut, das haben sie nie wegbekommen, obwohl alles versucht wurde, durch eine Änderung des Feinschliffs, diese Lichtbrechung in Form eines Kreuzes unmöglich zu machen – vergebens. Und das fuchste den Ulbricht und den Honecker ungemein. Und die Protestanten von der Marienkirche, gleich zu Füßen des Fernsehturms, und in der nahen Hedwigskathedrale die Katholiken, alle haben sie hinter vorgehaltener Hand gefeixt. Sehr bald hatte der Fernsehturm seinen Spitznahmen weg: *Sankt Ulbricht*.

Also, in den ersten Jahren nach der Fertigstellung des Fernsehturms kamen rund vier Millionen Besucher, habe ich mal gelesen. Und das gab im Eingangspavillon und hinaus auf den Vorplatz lange Warteschlangen. Ich hatte es mir aber in den Kopf gesetzt, da hochzufahren, wenn ich schon einmal für ein paar Stunden in Berlin war. Und so stellten wir, Janke und ich, uns eben an. Janke tat mir nach dem total verpatzten Gesprächstermin im *MWT* richtig leid. Andererseits war ich auch erleichtert. Die Sache war nun von höchster Stelle ganz autoritär beschieden worden, punktum. Und so war es eben, und er, Janke, musste sich fügen. Aber das sagt sich als Außenstehender so leicht. Ich ahnte ja, dass in seinem Inneren etwas zerbrochen war. Doch ich dachte eben: Vielleicht tut ihm etwas Ablenkung gut, wenn wir da hochfahren auf den Turm und dann hinab auf die Hauptstadt der DDR blicken können.

Es ging dann in der Schlange doch rasch voran. Eine Art Hostess, wie bei der *Interflug*, regelte den Zustrom an einem Drehkreuz. Sie hatte ein Käppi auf, so ein »Schiffchen«, und farblich passend dazu, ich glaube, es war blau, eine adrette Weste. Die Hostess war jung und plinkerte mir immer zu, denn ich war damals ja auch noch ein junger Mann und sah nicht schlecht aus. Und ich plinkerte also zurück, und insgeheim hoffte ich schon, sie würde fragen, ob wir uns abends treffen könnten. Aber: Was hätte ich dann mit Janke gemacht? Ich konnte ihn ja nicht irgendwo wie einen Hund anbinden. Außerdem hatte ich für den Nachmittag schon Rückfahrkarten in der Tasche, und Rasmussen erwartete uns in Leipzig am Bahnhof, um uns zurück nach Wermsdorf zu bringen. Schließlich stellte sich das Plinkern der Hostess als nervöses Augenleiden heraus, und damit hatte sich die Sache von selbst erledigt.

Aus einer Lautsprecherbox plärrten Pionierlieder, wohl um die Wartenden munter zu halten. Ich hörte so sinntriefende Strophen wie: *Der Fernsehturm ist groß und schlank und hat ein Bäuchlein blitzeblank. Da ist kein Magen drin, nee, nee, sondern ein Fernsehturmcafé.*[8]

Wir lösten Eintrittskarten und konnten endlich in einen der beiden Geschwindigkeitsaufzüge einsteigen, der von einer anderen, recht beleibten Hostess bedient wurde. Die plinkerte nicht mit den Augen, sondern gab nur Befehle von sich, und das im derbsten sächsischen Dialekt – es war zum Fürchten. Sie erklärte den Leuten auch, dass der Aufzug sage und schreibe sechs Meter pro Sekunde hochjagt und in achtunddreißig Sekunden an der Aussichtsplattform ist. So war es auch, und ehe man es sich versah, war man schon oben. Wir stiegen aus und konnten rundum auf die Stadt unter uns blicken, die wie Liliput aussah: Spielzeug für Riesen. Ich war fasziniert, aber lange konnte ich nicht an den bodentiefen Fenstern stehen, weil mir mulmig wurde, nicht schwindelig, sondern mulmig, und ich zwei Schritte zurücktreten musste. Bis heute vertrage ich das Fliegen nicht, obwohl ich es mir durchaus leisten könnte, mal nach Malle oder auf die Kanaren, aber die Vorstellung, dort oben im Äther zu sein und hinabblicken zu müssen auf die Erde mit den klitzekleinen Städten und Bergen und Flüssen – allein bei dem Gedanken bekomme ich ein komisches Gefühl im Magen.

Und eben war ich also zwei Schritte zurückgetreten, da fing Janke, der bislang völlig still und brav gewesen war, zu zetern an. Mir waren diese Ausraster aus Hubertusburg vertraut, aber dort kannten ihn ja alle, anders hier, in der Berliner Öffentlichkeit. Janke schrie und schimpfte: Der Fernsehturm sei in Wahrheit seine Erfindung, und man habe ihm die geklaut. Schon in den Fünfzigerjahren habe er die Konstruktionspläne gezeichnet. Zuerst schauten die Leute pikiert und auch verärgert. Aber als Janke noch von den Habsburgern anfing (die hatte er, warum auch immer, besonders auf dem Kieker, obwohl die in unseren ostdeutschen Gefilden ja nun wirklich nie eine Rolle gespielt hatten), und von Otto, dem Sohn des letzten österreichischen Kaisers, und dass der mit dem Politbüro des *ZK* unter einer Decke stecke und die imperialistische Weltrevolution plane, und dass man vom Fernsehturm aus, oben aus dem Senderkorb, durch geheime Luken mit Atom-Haubitzen auf die Stadt schießen könne, und das müsse doch publik gemacht werden, weil ja keiner ahne, in welcher Gefahr sich die sozialistische Republik befinde – da wurde ich panisch und packte Janke am Arm und versuchte, ihn fortzuzerren. Aber das machte ihn nur wütender, und er schrie immer mehr. Als die Leute nach der ersten Schockstarre zu lachen begannen, fiel mir trotz all der Scham, die ich empfand, ein Stein vom Herzen. Denn da war mir klar, dass sie begriffen hatten, dass Janke geistig krank und das alles ein Anfall war. Nicht weiter schlimm, solange er nicht tätlich wurde und mit Sachen um sich warf. Und dass sie nicht die Vopo rufen mussten. Also versuchte ich zu grinsen, was mir natürlich nur recht gequält gelang, und redete begütigend auf Janke ein und versprach ihm ein Schnitzel und ein Bier, sobald wir wieder unten wären. Da hat er sich dann doch beruhigt und schwer geatmet, als hätte er gerade mächtig Arbeit geleistet. Jedenfalls war er wieder still und wischte sich den Schweiß, der ihm übers Gesicht lief, mit einem Taschentuch fort und ließ sich ganz artig von mir in den bereitstehenden Aufzug bugsieren.

Die sächsische Marschallin, die den Aufzug lenkte, hatte den Anfall mitbekommen und schien nun eingeschüchtert, denn sie sagte während der achtunddreißig Sekunden, die der Aufzug auch nach unten brauchte, kein Sterbenswort. Erst als wir schon draußen waren aus dem Lift, maulte sie noch ein »So eine Schande!« hinterher, nur halblaut, aber laut genug, dass ich es verstand. Und da packte mich gerechter Zorn, weil ich Janke nicht nur als Schützling betrachtete, sondern auch ein wenig wie einen älteren Bruder oder einen Freund, jawohl, als Freund, der nun mal nichts dafür konnte, dass in seinem genialen Gehirn irgendeine von Tausenden Stellschrauben vom Schöpfer falsch justiert war und nur deswegen die ganze Malaise zustande kam. Ich drehte mich auf den Absätzen um, peilte auf sie zu, blickte ihr voller Verachtung in ihre Visage und sagte: »Die Schande sind Sie!« Und da zuckte sie zusammen und schlug die Augen nieder, und ich verließ den Ort, so rasch ich konnte, und zog den jetzt wieder ganz gefügigen Janke wie ein Kind hinter mir her.

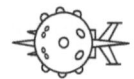

Ich schlief tief und traumlos, in einem dunklen, aber heimeligen Orkus gefangen. Irgendwann erwachte ich vom Zittern der Planken unter mir und vom Wummern der Maschine. Es war bereits taghell. Ich stand auf und schlurfte zum Führerhaus. Pierre stand am Steuer, mit Ringen unter den Augen, einen Glimmstängel zwischen den Lippen, neben sich eine Weinflasche. Er sah so aus, als habe er die ganze Nacht dort ausgeharrt. Mit zusammengekniffenen Augen blinzelte er in das milchige Licht des Vormittags. Der Fluss wand sich vor unseren Augen in langen Schleifen, Wald und Buschwerk reichten bis ans Ufer. Reiher standen einbeinig am Flusssaum und glotzten uns an. Im dichten Laub sang und krächzte es ununterbrochen, und einmal schossen sogar zwei schillernde Eisvögel flach übers Wasser. Mir war, als führen wir durch den Kongo, und es hätte mich nicht überrascht, auf den Sandbänken, die sich in den Flusskehren zeigten, Krokodile mit aufgerissenen Rachen sich fläzen zu sehen.

»Moin«, sagte Pierre und reichte mir die Weinflasche, »magst du einen Schluck?«

»Kaffee wäre deutlich besser«, erwiderte ich. »Wie lange fährst du denn schon?«

»Ich fahre nicht, ich steuere«, belehrte mich Pierre. »Ich steh' hier schon seit dem frühesten Morgen, konnte nicht schlafen und dachte mir: Ahoi und Leinen los. Afrika wartet.«

Ich konnte das Afrika-Geschwätz auf nüchternen Magen nicht ab und verzog mich, um Kaffee zu kochen. Es war ein dunstiger Tag, die Sonne war hinter einem grauweißen Schleier verborgen. Ich ging vor dem Gaskocher in die Hocke und versuchte, ein Streichholz anzuzünden. Die Dinger waren über Nacht feucht geworden, und ich brauchte die halbe Packung auf, bis sich endlich eines entzündete. Nach ein paar Minuten sprudelte das Wasser, und ich goss den löslichen Kaffee auf. Er schmeckte schauderhaft, aber eine Ahnung von Koffein war doch drin, und was wollte man mehr, als ein wenig belogen sein.

Ich brachte Pierre einen Becher mit der braunen Brühe, er

murmelte ein Danke und nahm, ohne den Blick vom Fluss abzuwenden, einen Schluck. »Von Evelyn schon etwas gehört?«, fragte er und schob hinterher: »Wird wohl noch in Morpheus' Armen liegen, wie der Dichter so schön formuliert. ... Da fällt mir ein Gedicht von Rimbaud ein: *Der Schläfer im Tal*. Kennst du das?«

Ich verneinte, und Pierre begann ohne Umschweife zu rezitieren:

»*Ein grüner winkel den ein bach befeuchtet / Der toll das gras mit silberflecken säumt / Wohin vom stolzen berg die sonne leuchtet – / Ein kleiner wasserfall von strahlen schäumt. // Ein kriegsmann jung barhaupt mit offnem munde / Den nacken badend in dem blauen kraut / Schläft unter freiem himmel · bleich · am grunde / Gestreckt · im grünen bett vom licht betaut. // Ein strauch deckt seine füsse. Wie ein kind / Lächelnd das krank ist hält er seinen schlummer. / Natur umhüll ihn warm! es friert ihn noch. // Ihm zuckt die nase nicht vom duftigen wind. / Er schläft im sonnenschein · die hand auf stummer / Brust – auf der rechten ist ein rotes loch.*«[9]

Er hatte geendigt und suchte in seinem Hosensack nach einem Taschentuch. Ich war mir nicht sicher, ob ihm die Nase vom heißen Kaffee lief oder ob er mit den Tränen kämpfte. In die Stille der Verlegenheit hinein wagte ich zu sagen: »Nicht schlecht. Aber etwas zerquält.«

Pierre wandte sich ruckartig um und fauchte mich in einer Weise, die ich an dem gutmütigen großen Kerl gar nicht kannte, an: »Zerquält??! *Zerquält* beliebt der Herr das zu benennen??! Weißt du, was *zerquält* bedeutet? Wenn einer mit siebzehn das Dichten aufgibt, weil er erkennt, dass die dreckige Welt ihm die Luft zum Atmen nimmt, weil ihm die Worte faulig im Mund zerfallen, weil er den Verrat an der Dichtung begreift, wenn man sie nur ausspricht, anstatt sie im Garten der Verschwiegenheit und des Ungesagten zu belassen! Weil Dichtung an sich schon Verrat ist! Weil das Ich nur eine Täuschung ist und von einem anderen, der einen *zerquält* nennt, gemartert wird, auf eine Weise, wie sie sich nicht einmal die frühchristlichen Märtyrer hatten ausmalen können.

Dieses Gedicht, mein Herr, ist von *absoluter Schönheit!* Aber wenn einer in einer miefigen, piefigen bundesdeutschen Reihenhaus-siedlung mit altdeutschem Eicheneinbauschrank und Thujahe-cken-Vorgarten aufgewachsen ist und daran seinen geistigen Horizont geschult hat, kann er freilich keinen *Begriff* von Schön-heit besitzen!«

Ich duckte mich unter dem Wortschwall – und dann geschah alles ganz schnell: Ich sah die Sandbank knapp vor dem Bug der Fähre auftauchen, ein Reiher saß darauf und starrte uns böse an, und ich dachte noch: Wieso fliegt das blöde Vieh nicht weg? Aber im selben Augenblick gab es schon einen fürchterlichen Rums, die Fähre bäumte sich kurz auf, nicht viel, aber doch so, dass die Wein-flasche vom Armaturenbrett fiel und an der Windschutzscheibe zerschellte. Ich flog nach vorne, auf Pierre drauf. Der ächzte und rief: »Merde! So ein verdammter Mist!«

Und dann war alles totenstill: Die Fähre *Mühlberg* saß auf der Sandbank fest, der Reiher stand noch immer bewegungslos da, und nur ein schadenfrohes Zwinkern seines Auges (so jedenfalls erschien es mir) zeigte an, dass er lebte und nicht aus der Garten-Schnickschnack-Abteilung des Baumarkts stammte. Auch die Spree stand still, träge wie der Kongostrom – oder war das nur mein Kopf, der gelähmt war?

Pierre fasste sich als Erster, rappelte sich auf, rieb sich die Schulter, mit der er auf das Steuerrad geprallt war, fluchte noch-mals und sagte dann: »Die Maschine ist bestimmt kaputt!«

Ich dachte kurz an unseren Autounfall kurz vor Ludwigsfelde, und dass wir wohl kein Glück hatten und Afrika nie erreichen würden – bis mir klar wurde, dass wir ja im tiefsten Brandenburg festsaßen und sowieso alles unsinnig war.

»Ich muss in den Maschinenraum«, rief Pierre, und schon war er draußen und zwängte sich durch die Luke, aus der er am ersten Abend auf Stralau, als wir an Bord kamen, gekrochen war.

Plötzlich fiel mir Evelyn ein, und mich packte die Angst. Wes-halb hatte man von ihr noch nichts gehört? Und was, wenn sie sich bei der Karambolage verletzt hatte? Ich rannte die Wendeltreppe hinab und riss die Tür zu ihrer Koje auf: Sie lag mit dem Rücken zu mir da, hatte noch immer die Kleider vom Vortag an und schien zu schlafen. Ich beugte mich über sie, sah ihr ins Gesicht – sie hatte die Augen noch immer offen, wie am Vorabend, aber die mir zugewandte Gesichtshälfte hing schlaff nach unten. Auf dem Laken war Erbrochenes, schon eingetrocknet, penetrant süßlich riechend, ein dünner Speichelfaden zog sich vom Mund abwärts. Panisch rüttelte ich sie, gab ihr einen Klaps auf die Wange. Sie stöhnte leise. Immerhin, sie stöhnte! Sie lebte, und ich schrie sie an: »Evelyn! Wachen Sie auf! Um Himmels willen. Aufwachen! Können Sie mich hören? Antworten Sie! Evelyn!«

Aber sie antwortete nicht und gab nur ein Stöhnen von sich. Zwischendrin glaubte ich auch ein Wort zu hören, das aber klang, als hätte sie einen Knödel im Mund. Ich stürzte hinüber in meine Koje, griff nach meinem Handy und wählte die Notrufnummer 112. Eine dunkle Männerstimme meldete sich.

»Ein Notfall«, schrie ich hinein. »Ein Schlaganfall oder so. Schnell, einen Krankenwagen.«

»Bitte beruhigen Sie sich«, sagte die Stimme. »Wo sind Sie?«

»Ich weiß es nicht. Das heißt, auf einem Schiff, auf der Spree, irgendwo oberhalb von Fürstenwalde. Wir sind auf einer Sandbank aufgelaufen. Verdammt, ich weiß nicht, wo wir sind!«

»Bleiben Sie dran«, sagte die Stimme, »dranbleiben, verstanden? Nicht auflegen. Wir orten Sie. Oberhalb von Fürstenwalde. Okay, wir fahren von Beeskow los, aber Sie bleiben die ganze Zeit dran, verstanden?«

»Ja«, sagte ich nur, und: »Danke.«

Die Stimme antwortete nicht mehr, aber ich hielt die Verbindung, ging wieder hinüber zu Evelyn, drehte sie behutsam auf den Rücken, bis mir einfiel, dass sie vielleicht an ihrem Erbrochenen ersticken könnte. Also drehte ich sie wieder halb aufs Gesicht, öffnete ihren Mund, versuchte hineinzublicken: Der Mundraum war frei. Also wieder auf den Rücken gedreht – sie war schwerer, als ich dachte, weil sie nicht mithelfen konnte – und zwei Kissen hinter Kopf und Nacken gestopft, sodass sie erhöht lag. Ich holte eine Flasche Wasser, tränkte ein Handtuch und wischte ihr das Gesicht.

»Evelyn«, bat ich, »Evelyn, nicht sterben! Bitte nicht sterben! Wir kommen doch bald nach Afrika, an den Nil!«

Pierre war noch immer im Maschinenraum und ahnte nichts. Es erschien mir eine Unendlichkeit, bis ich nach etwa zwanzig Minuten in der Ferne das Martinshorn hörte. Sie hatten uns also geortet. Ich stieg an Deck und hielt Ausschau. Am Ufer, hinter Weidengestrüpp, sah ich den Rettungswagen mit Blaulicht und Sirene. Durch das Gebüsch drangen nun drei Sanitäter mit einer Tragbahre. Eben jetzt zwängte sich auch Pierre durch die Luke des Maschinenraums, glotzte mich groß an, sah die Sanitäter am Ufer stehen und fragte nur: »Was zum Teufel?«

Ich konnte nicht antworten, stand unter Schock. Wie in Zeitlupe sah ich, wie die Sanitäter durch das seichte Wasser der Sandbank wateten. Pierre rannte mit einer Strickleiter zur Reling, hängte sie ein und ließ sie hinab. Ich spürte, wie meine Beine mich ebenfalls dorthin trugen, bemerkte in Zeitlupe, wie ich half, die Tragebahre an Bord zu hieven, und wie ich den Sanitätern, die die Strickleiter erklommen, beim Hereinklettern die Hand reichte. Und dann hörte ich mich sagen: »Sie ist unten, im Kabinenraum.«

Die schwitzenden und bis zu den Knien klatschnassen Sanitäter beachteten mich nicht weiter, setzten die Bahre vor dem Führerhaus ab und eilten die Wendeltreppe hinab. Wenige Augenblicke später kamen sie schnaufend wieder hoch, einer vorneweg, die beiden anderen hatten Evelyn unter den Schultern und an den Beinen gepackt und legten sie auf die Bahre. Mit geübten Griffen zurrten sie sie mit Gurten fest. Dann hievten sie sie vorsichtig die Reling hinab: Zwei Sanitäter standen unten, der dritte, Pierre und ich fassten oben an.

»Nee«, sagte der Sanitäter neben mir, der einen großen Leberfleck auf der Nase trug, »ick hab ja nun schon etliches miterlebt. Aber nen Einsatz uff hoher See, dit ham se mir inne Ausbildung nich beijebracht.«

»Kann ich im Krankenwagen mitfahren?«, fragte ich, und der Sanitäter antwortete nur: »Klar, is ja ooch sinnvoll. Wir wissen ja sonst jar nüscht über die Patientin.«

Ich rannte nach unten, um Jacke und Portemonnaie zu holen. Wenige Augenblicke später stieg ich bereits die Strickleiter hinab und rief Pierre noch zu: »Ich fahre mit ins Krankenhaus, nach Beeskow.«

In halsbrecherischem Tempo ging es über Landstraßen und durch verschlafene brandenburgische Dörfer mit mörderischem Kopfsteinpflaster aus der Kaiserzeit. Ich hockte auf dem Beifahrersitz, der Sanitäter mit dem Leberfleck lenkte den Einsatzwagen, während sich seine Kollegen hinten um Evelyn kümmerten. Ich schlotterte, vor Aufregung und vor Kälte, weil ich durch die kniehohe Spree gewatet war, in meinen Schuhen quatschte das Wasser, und Hose und Socken klebten mir auf der Haut.

»Na, nu fass dich mal, Junge«, sagte der Fahrer in väterlichem Ton. »Wir sinn schließlich alle nass bis uff de Knochen. Hier«, er langte in die Jackentasche und fischte eine Rolle Traubenzucker-Drops heraus, »nimm mal zweje, dass de nich ausm Sitz kippst. Wir ham schon jenuch Scherereien.«

Gehorsam kaute ich zwei Dragees und glaubte mich etwas besser zu fühlen. »Wird sie durchkommen?«, fragte ich kleinlaut, und der Fahrer schnaufte hörbar und meinte: »Wann is'n dit passiert?«

»Gestern Abend schon, vielleicht … ich weiß es nicht«, sagte ich, und der Fahrer sagte: »Mann o Mann. Da hilft nur noch Beten, Junge.«

Ich sah Ortsschilder mit mir fremden Namen: Drahendorf, Sauen, Görzig, Groß Rietz. Ich las und begriff nichts, und mir war, als treidelte mir jemand mit einem nassen Seil die Kehle zu. Ich schnappte nach Luft, der Fahrer hielt mir nochmals die Rolle mit den Drops hin, und ich kaute, kaute verzweifelt, als hinge an den

Zuckertabletten mein bisschen Leben. Irgendwann ertappte ich mich dabei, wie ich lautlos betete: »Gott, verzeih, dass ich dich jetzt bitte. Du verachtest mich vielleicht, weil ich nie gebetet habe und jetzt zu dir komme. Aber es ist ja nicht für mich, es ist für Evelyn, und die musst du doch lieb haben. Ich bitte dich, in aller Demut, ja, in Demut, lass sie durchkommen, gib ihr noch eine Chance. Ich will auch wirklich alles versuchen, sie zum Nil zu bringen, egal, was es kostet. Und wenn ich mein ganzes Sparkonto plündern muss. Das Tonhäuschen bringe ich auch dorthin. Sie hat es sich doch so sehr gewünscht.«

Dann ging alles furchtbar rasch, und ich sah es wie in einem Film, dessen Rolle zu schnell gekurbelt wird: Der Rettungswagen hielt in Beeskow vor der Klinik, einem modernen Bau in roter Klinker-Optik. Die Sanitäter sprangen aus dem Wagen. Ohne weiter Notiz von mir zu nehmen, luden sie die Bahre mit Evelyn aus und schoben sie durch die sperrangelweit offenstehende Tür der Notaufnahme. Ich stolperte hinterdrein, meine Füße waren wie betäubt, und die nassen Schuhe und Socken juckten auf der Haut wie Quallen.

Die Sanitäter eilten durch einen langen Korridor, bogen zweimal ab, ich wie in Trance hinterher. Von Evelyn sah ich hinter den breiten Rücken der Sanitäter nur einmal, für den Bruchteil einer Sekunde, Stirn und Nase, bleich wie bei einer Porzellanpuppe. Dann ging eine Automatiktür auf, die Sanitäter schoben die Bahre hindurch, hinter ihnen schlossen sich die Flügel und sperrten mich unerbittlich aus.

Ich setzte mich auf den einzigen Stuhl, der hier stand, und wartete. Mein Kopf war leer, ich konnte keinen Gedanken, keinen Entschluss fassen. Ich hatte nicht einmal die Kraft, einen der Pfleger, die über den Gang eilten und hinter seitlichen Türen verschwanden, zu fragen, was ich tun solle und was denn nun mit Evelyn geschehe? Eigentlich musste ich aufs Klo, aber ich wusste nicht, wo ich suchen sollte, und außerdem hatte ich Angst, meinen Platz zu verlassen und etwas zu verpassen.

Endlich ging die Flügeltür auf, und heraus kam eine Schwester mit liebem Gesicht. Im ersten Augenblick erschrak ich, weil sie Sivi ähnelte, aber dann sah ich, dass sie mittleren Alters war, mit grauen Strähnen im blonden Haar und Krähenfüßen um die Augen. Ihr Gesicht war freundlich wie das einer Stewardess, und ebenso professionell fragte sie mich: »Sind Sie ein Verwandter der Schlaganfallpatientin?«

»Ein Schlaganfall also?«

»Ja, leider sehr ernst. Sind Sie mit ihr verwandt?«

»Nein, eigentlich nicht. Eher befreundet.«

»Aha«, sagte sie, »das hilft uns zunächst auch weiter. Wir müssen erst mal die Personalien der Patientin erhalten. Und dann etwaige Verwandte informieren. Kommen Sie bitte mit.«

Sie ging voran, ich hinterdrein, den Flur zurück und seitwärts durch eine Tür, dann durch eine zweite. Wir gelangten zu einer Art Theke, und dort nahm mich eine ältere Frau mit großen roten Plastikohrclips in Empfang, die mich nach meinen Personalien und denen von Evelyn befragte. Ich legte meinen Personalausweis vor, gab Evelyns Namen und Adresse an, sagte auch, dass sie einen amtlichen Betreuer hatte, Dr. Bartuschek aus Oschatz. Ich war wehrlos, zu schwach, um mir jetzt noch eine Finte einfallen zu lassen.

»Aha«, sagte die Ohrclips-Frau, »und weiß dieser Dr. Bartuschek von dem Ausflug seiner Klientin?«

Ich zuckte mit den Schultern. »Naja, irgendwie schon, weil … also die Polizei sucht uns ja, und eigentlich sind wir ausgebüxt, schon in Ludwigsfelde. Aber andererseits: Es sollte eine lange Reise werden, nach Äthiopien, zum Nil.«

»Aaah, zum Nil, interessant. Und die Polizei sucht Sie?« Das Gesicht der Frau war mit einem Mal so rot wie ihre Clips. Sie griff zum Telefonhörer und sagte hinein: »Ja, hier Elfriede. Oleg, kannst du mal eben zur Theke kommen?«

Und dann stand Oleg auch schon neben mir, breit wie ein Lieferwagen, ebenso hoch, und ich dachte, im Raum wird's dunkel, weil er direkt vor dem Fenster stand.

Elfriede sagte zu ihm: »Das ist Herr Feldtmann, und ich glaube, du solltest mal ein Auge auf ihn haben, Oleg, bis die Polizei da ist. Er sagt, er würde von der Polizei gesucht, ist ein Bekannter der Schlaganfallpatientin, Notfall, die eben eingeliefert wurde. Sie hat angeblich einen amtlichen Betreuer, aber ich muss das erst noch klären.« Und zu mir: »Sie setzen sich jetzt bitte mal dort hinten hin, Herr Feldtmann, und machen keine Schwierigkeiten. Die Polizei wird sich dann um alles Weitere kümmern.«

Ich nickte und ließ mich von Oleg, der seine Riesenpratze auf meine Schulter gelegt hatte, zu einer Sitzgruppe in der Ecke führen, auf der wir beide Platz nahmen. Ich war so unendlich müde und zerschmettert, dass ich weder denken noch sprechen konnte, und stützte die Ellbogen auf meine Schenkel, beugte mich nach vorn und ließ den Kopf hängen. Irgendwann merkte ich, wie mir Tränen aus den Augen rannen. Ich wischte sie nicht weg, selbst dazu war ich zu zerschlagen.

Ich weiß nicht, wie lange ich saß und wartete, mir schien es eine halbe Ewigkeit zu sein, aber vielleicht war es ja auch nur eine Viertelstunde. Jedenfalls war die Polizei noch immer nicht da – na ja, die hatte Aufregenderes zu tun, als jemanden einzusammeln, der mit einer alten Dame eine Schifffahrt auf der Spree unternommen hatte. Da kam die Schwester mit dem netten Gesicht und den Krähenfüßen um die Augen wieder herein – ich dachte nur: So also wird Sivi in zwanzig Jahren aussehen, alle Achtung, nicht schlecht, und ich Holzkopf habe sie gehen lassen –, und hinter ihr ein älterer, grau melierter Arzt, der aussah wie einer dieser unwiderstehlichen Typen aus den Krankenhaus-Abendserien, die immer nur die Herzen der Frauen brachen, anstatt die am Infarkt gebrochenen Herzen zu retten.

Beide stellten sich vor mir auf, und die nette Schwester sagte in sanftem Ton zu mir: »Herr Feldtmann, das ist Dr. Terhooft … Sie müssen jetzt stark sein.«

Der Arzt stand vor mir, gerade wie eine Eins, er maß sicherlich zwei Meter, vielleicht kam er mir aber auch nur so groß vor, weil ich noch immer da kauerte. Er blickte mit stahlblauen Augen auf dieses Bündel vor ihm herab und sagte in makellosem, emotionslosem Hochdeutsch: »Die Patientin ist wohl Ihre Mutter?« Ich hatte nicht die Kraft zu antworten, und Terhooft fuhr ohnehin sogleich fort: »Es tut mir leid, Ihnen mitteilen zu müssen, dass wir sie nicht retten konnten. Schlaganfall mit großen Einblutungen im rechten vorderen Gehirnlappen. Selbst wenn sie nochmals zu sich gekommen wäre, wäre sie ein schwerster Pflegefall gewesen. Im Übrigen, aber das wissen Sie wohl: Sie hätte ohnehin nicht mehr lange gelebt ... Falls das ein Trost für Sie ist: Wir fanden schwere Tumorgeschwulste im gesamten Unterleib vor ... Kaum auszudenken, was für Schmerzen sie gehabt haben muss. Da war dieser Gehirnschlag, wenn man so will, eine Gnade des Schicksals. Meine Anteilnahme.«

Mir war, als hätte mir jemand mit einem Hammer auf die Schläfe geschlagen. Ich fühlte ein dumpfes Pochen im Kopf, als wollte mir der Schädel platzen. Ich spürte die sanfte Hand der netten Schwester auf meiner Schulter, hörte ihre Stimme sagen: »Sie können sie gern nochmals sehen und von ihr Abschied nehmen.« Und dann spürte ich Olegs Pratzen, die mich vom Stuhl hochzogen. »Ich gehe allein mit ihm«, sagte sie, und Oleg ließ mich los.

Sie führte mich den Gang entlang zu der Automatiktür, die rauschend aufsprang und sich hinter uns wieder schloss. Die Schwester hatte mich nun bei der Hand genommen, als wäre ich ihr Sohn, und brachte mich zu einem Raum, der mit einem schweren gummierten Vorhang abgetrennt war. Den zog sie einen Spalt breit zur Seite und schob mich hinein.

»Ich warte hier auf dem Flur«, sagte sie leise, so leise, wie man in einer Kirche spricht.

Und da stand ich, völlig unvorbereitet und geblendet von einer starken Leuchtstoffröhre, in einem weiß gekachelten Raum, wie in einer Waschküche. Da war nichts außer einer Bahre mittendrin und einem Tischchen, auf dem ein Teelicht blakte. Ich kniff die

Augen gegen das grelle Kunstlicht zusammen. Erst jetzt begriff ich, dass diese Puppe auf der Bahre, die bis zum Hals unter einem Laken verborgen war, Evelyn war. Fast hätte ich gesagt: »Wie geht's Evelyn? Wollen wir etwas essen gehen?« Da erst kam der Kinnhaken, der mich in den kalten, weißen Fliesenraum zurückschlug und mir zuraunte: »Sie ist tot, du Trottel. Mausetot.«

Ich taumelte ein paar Schritte nach vorn, stand gebeugt neben ihrem Kopf: ein Gesicht, gar nicht mehr ihres. Bleich, die Augen geschlossen, die Nase spitz, die eine Gesichtshälfte herabgerutscht, an der Schläfe ein großer blauroter Fleck. Nur an ihrer Altdamen-Frisur erkannte ich sie noch, und am liebsten hätte ich ihr den schicken neuen Hut mit dem Schleier aufgesetzt, den sie sich in Kreuzberg gekauft hatte, unter dem sie ein wenig wie die Queen ausgesehen hatte. Aber da war nichts, außer dem grellen Licht, dem ärmlich blakenden Kerzlein und dem spitzen, bleichen, herabgerutschten Gesicht. Ich sank auf die Knie, legte meinen Kopf auf das weiße, nach Chemie riechende Laken und fing an zu weinen. Ich weinte nicht laut, es war eher ein Wimmern, ich spürte, wie das Laken feucht wurde und der Rotz mir aus der Nase lief.

Mir fiel ein, dass ich das Tonhäuschen von Raffaele zurückerhalten hatte und dass ich Evelyn versprochen hatte, sie nach Lalibela und zum Nil zu bringen, auch weil es sie an ihren verstorbenen Sohn erinnerte. Und nun war sie selbst tot, und ich kam zu spät. Ich kam eigentlich immer zu spät, ich war ein Versager, ich hatte alles vermasselt: das Abenteuer mit Evelyn und meinen Job und die eben erst begonnene Sache mit Sivi. Es war unwiederbringlich alles verdorben. Draußen wartete der Schrankmensch Oleg, und die Polizei würde jeden Augenblick eintreffen und mich an Evelyns Leichnam verhaften. Eigentlich hatte Evelyn, die ich immer als verrückt und tüttelig und närrisch belächelt hatte, recht behalten: mit ihrer Verschrobenheit, die nur ihre ehrliche Antwort auf den Wahnsinn der Welt gewesen war, so wie auch Jankes Wahnsinn ja nur vorgespiegelt war, eine Maske, die Maske, die die Menschen von ihm erwartet hatten, die Freiheit des Narren Leppsch, der heute ein Teddybär war und noch in der Koje lag, im Bauch der Fähre *Mühlberg*, die nicht weit von hier auf einer Sandbank aufsaß und nicht mehr loskam, festgefressen, erstarrt, wie Jankes Sonnentrajekte erstarrt waren, als zweidimensionale Zeichnungen, nie gebaut, nie zur großen Reise in den Orbit aufgebrochen.

Aber Evelyn, wo war sie nun? War sie schon unterwegs auf der großen Reise in ferne Räume, von denen Janke stets geträumt hatte? Vor mir lag ihr toter Körper, und ich wagte es, meine Finger auf ihre Wange zu legen – und zuckte zurück, weil es sich wie Wachs anfühlte. Das war nicht sie, nicht die lachende, schauspielernde, kokettierende alte Dame, bei der man nicht genau wusste, wie man dran war, die einen ein wenig an der Nase herumführte, die etwas vorgab, was sie nicht war – oder doch war?

Ich kniete vor der Bahre und sah, dass eines ihrer Augenlider nicht ganz geschlossen war. Ein Versäumnis der Schwester? Hatte es sich widerspenstig von selbst geöffnet? Ich glaubte Evelyns Blick zu erhaschen, ein wenig skeptisch, ein wenig spöttisch, und ich hörte sie sagen: *Ach, Tim, nehmen Sie sich doch nicht gar so wichtig. Und machen Sie nicht so ein Gesicht. Im Vergleich zu Ihnen war ja Fouqué, der da nachts auf dem Grabstein hockte, eine Partyrakete.*

Entsetzt sprang ich auf, starrte sie an: Aber der Blick war unverändert, das Gesicht bleich und spitz und hart. Ich drückte mit der Hand, obwohl es mir grauste, das halb geöffnete Lid zu, und war erleichtert, dass ich mir alles nur eingebildet hatte.

»Sie sollten jetzt gehen«, sagte eine Stimme hinter mir, und als ich mich umwandte, sah ich Sivi – nein, es war natürlich nicht Sivi, sondern ihre ältere Schwester.

»Und die Polizei?«, fragte ich.

Sie lächelte verschmitzt und sagte: »Ich habe nichts gehört … Betrachten Sie mich einfach als einen Engel.«

»Der ist mir in den letzten Tagen schon mehrfach begegnet«, bekannte ich, »und immer in anderer Gestalt.«

»Das haben Engel so an sich«, sagte sie und legte, als draußen auf dem Flur Schritte zu hören waren, den Finger an die Lippen. Die Schritte entfernten sich. »Ich habe noch etwas für Sie«, sagte der Engel, »öffnen Sie die Hand.«

Ich öffnete die Hand, sie schob ihre in meine, und ich spürte etwas Kantiges, Warmes darin. Ich blickte darauf: Es war ein kleiner hölzerner Esel, die Krippenfigur, die Evelyn mir einmal gezeigt hatte und von der sie meinte, sie brächte Glück.

»Der Esel war in ihrer Hosentasche. Ich glaube nicht, dass der Bestatter ihn gebrauchen kann. Aber Sie vielleicht.«

»Das ist der Ottokar«, sagte ich verwirrt, und der Engel lachte.

Ich neigte mich ihr zu und küsste sie auf den Mund. Sie lächelte, und dann verpasste sie mir eine Ohrfeige, aber nicht fest, und ich lächelte auch und sagte: »Engel küsst man wohl nicht?«

Und dann wandte ich mich nochmals zu Evelyn um, oder was sie einmal gewesen war, und sagte: »Danke, Evelyn, dass ich mit Ihnen ein Stückchen gehen durfte … Ach ja, ich werde auf Leppsch aufpassen, und das Tonhäuschen bringe ich zum Nil – versprochen.«

»Jetzt aber mal hinne«, sagte der Engel, und ich küsste sie nochmals, und diesmal haute sie mir keine herunter, sondern öffnete nur den Gummivorhang einen Spalt breit und machte eine Geste, schleunigst zu verschwinden.

Ich ging den Weg zurück, den ich gekommen war, also durch die Notaufnahme. Als ich draußen war und um die Ecke bog, sah ich zwei Polizisten das Gebäude durch den Haupteingang betreten. Ich verließ das Klinikgelände und erblickte in einiger Entfernung den mächtigen Turm der Beeskower Marienkirche. Nach ein paar Hundert Metern erreichte ich die alte Wehrmauer und betrat durch einen runden Torturm die Altstadt. Es war Mittagszeit, schläfrige Ruhe lag über den Gassen mit ihrem Kopfsteinpflaster.

Mir fiel ein, dass ich in Jankes Aufzeichnungen gelesen hatte, er sei bei Kriegsende auf der Flucht vor der Roten Armee durch

Beeskow gekommen. Das war rund siebzig Jahre her, und nun ging ich auf seinen Spuren, nur in entgegengesetzter Richtung, von West nach Ost, und unter anderen Umständen. Immerhin war auch ich auf der Flucht: vor der Polizei und vielleicht noch mehr vor mir selbst. Aber mit Janke verband mich: Wir wussten beide nicht, wohin der Weg uns führen würde.

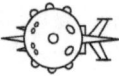

In einem der Pavillons im Unterbau des Fernsehturms gab es eine Gaststätte, und seltsamerweise war es da gar nicht so voll. So bekamen wir vom Kellner sogar Plätze angewiesen, an einem Tisch zusammen mit einem Ehepaar aus einem sozialistischen Bruderland, aus Kirgisien, wie ich nach einigem Hin und Her und viel Gebärdensprache herausbekam. Konversation war also nicht wirklich möglich, und mir war das auch recht so, denn der Tag war schon anstrengend genug gewesen. Es gab Schweineschnitzel mit Nudeln und Tomatensoße, dazu ein Pilsner. Uns beiden schmeckte es, als hätten wir eben eine ausgedehnte Wanderung durchs kirgisische Gebirge hinter uns. Ich war natürlich beruhigt, Janke so still und friedfertig sitzen und essen zu sehen, denn einen zweiten Anfall hätte ich nicht durchgestanden. Außerdem – das musste man zugeben – war der Tag für ihn wirklich eine große Pleite gewesen.

Ich zahlte (Rasmussen musste uns das als Spesen aber begleichen, dachte ich) und schaute auf die Uhr: Wir hatten bis zur Abfahrt des Zuges nach Leipzig noch ein wenig Zeit. Also sagte ich zu Janke: »Wissen Sie was, Herr Janke? Letztes Jahr ist drüben auf dem Alexanderplatz die *Weltzeituhr* eingeweiht wurden. Die zeigt die Zeit aus allen Regionen der Erde an, ich habe im Fernsehen einen Bericht darüber gesehen. Und die schauen wir uns noch rasch an.«

Wir verließen das Lokal und trotteten die paar Schritte hinüber zum Alexanderplatz. Die Uhr sahen wir schon von Weitem, sie ist immerhin rund zehn Meter hoch, habe ich gelesen. Tatsächlich waren auf der Trommel über den Zifferblättern die Namen von Städten in der ganzen Welt eingraviert. Da standen Städte aus dem sozialistischen Ausland: Moskau und Leningrad, Warschau, Budapest, ja sogar Havanna, Peking und Ulan-Bator. Ich las auch Alma-Ata, die Hauptstadt von Kasachstan, und das war nicht weit von Kirgisien weg, und ich fragte mich, ob die Kirgisen aus dem Restaurant das wohl schon entdeckt hatten. Aber auch aus dem westlichen Ausland waren Städte aufgeführt: Paris, London, Rom, New York, San Francisco, Rio de Janeiro, Buenos Aires. Nur Jerusalem oder Tel Aviv war nicht zu finden. Das wollten die vom Politbüro nicht, weil man damals in der DDR aufseiten der Palästinenser stand und man den Staat Israel, den man nur als US-amerikanischen Trabanten sah, gar nicht anerkannte.

Ich dachte, das müsse Janke doch interessieren, vor allem die aus Metall gefertigten Kugeln und Reifen, die über der Trommel mit den Weltstädten baumelten und die Planeten und ihre Umlaufbahnen unseres Sonnensystems darstellten. Er hatte doch immer so ein Faible für das Universum und dessen Eroberung – aber weit gefehlt: Janke stand scheinbar gedankenverloren da und starrte in eine ganz andere Richtung. Als ich seinem Blick folgte, sah ich einen Stand mit Softeis. Und da stieß ich ihn freundschaftlich an und sagte: »Herr Janke, heute sind Sie mein Gast. Jetzt gönnen wir uns noch eine anständige Portion Eis, bevor wir zurück nach Leipzig fahren.«

Er nickte nur stumm, und wir gingen zu dem Stand. Erst da begriff ich, dass ihn gar nicht das Eis anlockte, sondern dass er auf eine junge Frau blickte, die neben dem Stand auf einer Bank saß, umringt von ihren vier Kindern, alle im Kindergarten- und Unterstufenalter. Die leckten an ihrem Eis, und der Kleinste heulte eben, weil er zu sehr auf eine Taube geschaut und dabei sein Eis hatte fallen lassen. Das lag nun auf dem Pflaster und schmolz dahin, und der Kleine, so ein Steppke von vielleicht drei Jahren, mit rotblonder Stichelfrisur, brüllte wie am Spieß. Die Mutter versuchte, ihn zu besänftigen.

Noch bevor ich zu dem Stand gehen konnte, hatte Janke bei der Verkäuferin mit den nackten Oberarmen einer Kugelstoßerin schon ein Schoko-Softeis bestellt und von seinem eigenen Taschengeld bezahlt. Damit ging er zu dem kleinen Steppke, beugte sich zu ihm hinunter, lächelte ihn an, wie eigentlich nur Janke lächeln konnte, mit seinen blitzenden, warmen braunen Augen, und sagte nur: »Bitte sehr, kleiner Herr.« Die Mutter blickte überrascht auf, sah aber, dass man dem fremden Mann trauen konnte, lächelte anstelle des Jungen und sagte nur knapp »danke«. Und Janke strich dem Kleinen, der bereits das Eis in Händen hielt und etwas unsicher zu dem fremden Mann emporblickte, kurz und zärtlich über das Stichelhaar und sagte mehr zu sich als zu der Mutter: »Alle Kinder sollen es gut haben.«

Ich nickte der Frau begütigend zu, denn ich wollte nicht, dass sie Gott weiß was dachte, und zog Janke wieder zu dem Eisstand, wo ich nun für uns beide Vanille- und Schokogeschmack orderte und bezahlte. Dann schlenderten wir zur Bahnhofshalle, wobei Janke sich nochmals umwandte und dem Kleinen zuzwinkerte, der mit seinem Patschhändchen unbeholfen winkte.

Wir fuhren mit der S-Bahn nach Lichtenberg und stiegen dort in den Zug nach Leipzig ein. Die Rückfahrt verlief ruhig. Wir sprachen kein Wort. Janke blickte stumm auf die vorüberziehenden Häuser und Felder. Das Fiasko vom Vormittag schien er vergessen zu haben. Ich nickte irgendwann ein und wachte erst wieder in Leipzig auf, als Janke mich am Oberschenkel rüttelte und sagte: »Aufwachen, Herr Jonas! Wir sind gleich da.«

So waren die Rollen plötzlich vertauscht, als Janke – ich war vom Schlaf benommen – mich den Gang entlang zum Ausgang bugsierte. Der Zug hielt. Auf dem Bahnsteig stand bereits Rasmussen, der uns erleichtert in Empfang nahm.

»Ich weiß bereits alles«, sagte er knapp. Und zu mir gewandt: »Genosse Patzke hat mich angerufen. Kein Wort mehr darüber. Das war nun der letzte Versuch, worauf Sie wetten können.«

Vor dem Bahnhof parkte sein *Wartburg*. Wir stiegen ein und fuhren wortlos nach Wermsdorf zurück. Als wir endlich ankamen, war es bereits stockfinster. Ich führte Janke zu seinem Zimmer und stolperte dann todmüde hinüber zu den Kavaliershäusern, wo ich eine kleine

Dienstwohnung hatte. Janke hat später nie ein Wort über diesen Ausflug verloren. Und auch ich vermied, ihn darauf anzusprechen.

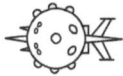

Auf dem von kleinen schmucken Bürgerhäusern gesäumten Marktplatz von Beeskow hatten fliegende Händler ein paar Stände aufgebaut. Ein paar Rentner fingerten lustlos in den ausgestellten Waren herum. An einer Ecke stand ein Wagen, der Bratwürste und Buletten anbot. Ich hatte Heißhunger und kaufte vier Bratwürste mit Senf und Brötchen und eine Flasche Cola.

»Na, Sie haben aber ordentlich Appetit«, sagte die Verkäuferin und legte noch eine Bulette dazu, »die geht aufs Haus. – Haben Sie heute noch etwas Größeres vor?«

Ich nickte: »Ich war eigentlich verabredet, auf eine Schifffahrt. Aber die Frau hat mich dann allein gelassen. Also muss ich wohl für sie mitessen.«

Die Wurstverkäuferin lachte: »Ja, so sind sie, die Frauen. Erst schöne Augen machen und dann kneifen, wenn's ans Eingemachte geht. Aber lassen Sie sich mal den Tag nicht vermiesen. Sie sind wohl nicht von hier?«

Ich verneinte und zahlte. Mir war eigentlich nicht nach Plaudern, andererseits spiegelte mir dieser kleine Straßenplausch etwas vor, was ich seit Tagen nicht mehr gehabt hatte: ein wenig Normalität in all der Aufregung.

Die Bratwurstverkäuferin war in Gesprächslaune und ließ mich nicht so einfach ziehen: »Beeskow ist zwar klein, aber man kann es hier ganz gut aushalten. Ich meine, wir haben hier alles: Geschäfte noch und nöcher, Gaststätten, ein Krankenhaus, eine mächtige alte Kirche, ein Kino, sogar eine Burg mit Museum und Kunstarchiv. Jedenfalls ist hier einiges geboten. Im Sommer sogar Oper auf dem Burghof, und jedes Jahr haben wir einen Schriftsteller hier, der auf der Burg wohnt, dort an seinen Büchern schreibt und sich dann Burgschreiber nennt – es waren schon ganz lustige Typen hier. Das kriegt man ja mit, über die Zeitung und so. Na, und einen kleinen Jachthafen haben wir auch, also Anschluss zur großen weiten Welt. Sie können mit dem Boot spreeabwärts bis Berlin schippern und in die andere Richtung bis in den Spreewald. Also, ich sag mal, umgekommen ist hier noch keiner.«

Ich dankte, wünschte einen schönen Tag und setzte mich etwas abseits auf eine Bank bei einem Brunnen, der eine Wassernixe darstellte. Fouqués Undine. Vom Turm der Marienkirche schlug es eben ein Uhr. Ich versuchte, das an diesem Tag Erlebte auszublenden, denn ich fürchtete, der Nixenbrunnen würde sich als ein Mahlstrom öffnen und mich hinabziehen, wenn ich mich meinen grüblerischen Gedanken überließe.

Die Sonne brach durch den Dunst und ließ den Marktplatz, der sich eben mit einer Busladung Touristen belebte, in einer sorglosen Stimmung erscheinen. *Busreisen Schattmeier, Kempten*, las ich auf der Flanke des Busses, und ich hörte die gutturalen Laute der Allgäuerinnen – ausnahmslos ältere Frauen in Glitzer-T-Shirts, khakifarbenen Dreiviertelhosen und mit überdimensionierten Handtaschen –, die Fotos machten, sich am Bratwurststand drängelten und sich über den Spreewald austauschten, den sie – so viel konnte ich verstehen – noch am selben Tag besuchen wollten. Eine voluminöse Endsechzigerin mit kastanienbraun gefärbter Dauerwelle und Wurstbrötchen in den fleischigen Händen setzte sich auf meine Bank und beinahe auf mich drauf und rief ihren Mitreisenden zu: »Juschtin, Kreszenz, kommts, setzts ui her do, s isch fiar alle Blaatz, der jonge Mo isch it so fett!«

Bevor Juschtin und Kreszenz mich plattdrücken konnten, kapitulierte ich, stand auf und verließ schleunigst den Marktplatz. Ich ging durch eine enge Gasse und stand mit einem Mal vor der mächtigen, himmelstürmenden Backstein-Turmfassade der Marienkirche. Der Vorplatz lag im Sonnenschein, kein Mensch war zu sehen, eine schwarze Katze mit weißen Pfoten schlich an der Kirchenmauer entlang, kam, als sie mich erblickte, zutraulich her und umstrich meine Beine. Ich streichelte sie, und etwas wie Zärtlichkeit mit der Kreatur durchströmte mich.

Ich musste nun doch an Evelyn denken, und dass ich ihr nie gesagt hatte, dass sie eine wundervolle Frau ist. Mit einem Mal wurde mir klar, dass ich nicht ewig auf der Flucht sein konnte. Und vor wem denn? Vor der Polizei? Vor mir selbst? Vor den Folgen meines »Ausflugs« mit Evelyn? Das alles war im Grunde zu läppisch. Evelyn würde bestattet werden (in Oschatz vermutlich), und ich würde natürlich hingehen. Ich würde noch meine restlichen Sachen im Wermsdorf holen, mich der Polizei stellen und diesem Dr. Bartuschek. Vielleicht würde ich in Wermsdorf Sivi nochmals sehen – andererseits: wozu? Die Sache war erledigt, beendigt, bevor es richtig begonnen hatte. Ich würde nach Berlin zurückkehren, vielleicht bei Frank in Weißensee eine Zeit lang unterkriechen, würde eine Anzeige erhalten, mir einen Anwalt nehmen. Na ja, es würde schon nicht so schlimm kommen: vielleicht ein paar Tagessätze oder ein paar Wochen soziale Arbeit, irgendwo, vielleicht in einem Behindertenheim, das hätte ja einen gewissen logischen Bezug zu Hubertusburg. Und dann würde ich von Cordula einen Vaterschaftstest verlangen und ihn notfalls einklagen. Ich glaubte noch immer nicht, dass ich der Vater des Kindes war, sondern vielmehr dieser schleimige Kevin. Aber ich wollte Gewissheit haben. Und mir dann einen neuen Job suchen, außerdem ein Zimmer. In Berlin. Oder vielleicht in Beeskow. Hier war's wirklich ganz nett, und es war, wie mir die Bratwurstverkäuferin versichert hatte, »noch keiner umgekommen«. Wahrscheinlich war ich einfach doch ein Spießer, unfähig auszusteigen. Ich hatte nicht den Mut wie Pierre und nicht die Neugierde und Unverdorbenheit wie Evelyn. Ach, Evelyn!

Die Katze sprang fort, meiner andauernden Streicheleinheiten müde geworden. Mich überkam das Bedürfnis, ein Gebet für Evelyn zu sprechen, und ich schämte mich meines Wunsches nicht. Hatte ich sie in Torgau in der Kirche, wo Luthers Frau beerdigt war, nicht auch beten sehen? Für wen hatte sie gebetet? Für ihren verstorbenen Sohn, dessen sie am Nil hatte gedenken wollen? Oder ganz einfach für sich? Oder gar für uns, ihre Reisegefährten? Mir kam nichts wahrscheinlich, aber auch nichts ganz unmöglich vor.

Ich ging zum Kirchenportal und drückte die Türklinke herunter. Es war abgeschlossen. Ich empfand zum ersten Mal in meinem Leben Enttäuschung über eine verschlossene Kirche. Mit der Hand strich ich über das gemauerte Gesims des Portals, zärtlich, als hätte ich einen geliebten Menschen vor mir. Hinter mir hörte ich Stimmen. Ich blickte mich um: Die Allgäuer Busladung ergoss sich eben aus der engen Gasse auf den Kirchenvorplatz. Noch bevor Juschtin und Kreszenz, und wie sie alle heißen mochten, mich umzingeln konnten, floh ich.

Zügig ging ich um das mächtige Kirchenschiff herum, gelangte auf der Rückseite in eine weitere enge Gasse, kam auf einen kleinen Kreisverkehr und zu einer Brücke. Rechts dehnte sich eine Sumpfwiese aus, die teilweise überflutet war, und erst jetzt begriff ich, dass ich an einem Arm der Spree war. Dahinter duckten sich einstöckige Häuschen hinter hohen Bäumen, zur Linken erhob sich auf einer Art Warft ein mächtiges Backstein-Gemäuer, aus dem ein hoher viereckiger Bergfried hervorlugte. Das musste die Burg sein, von der die Bratwurstverkäuferin so stolz gesprochen hatte. Ich bog nach links ein, den Spreearm, der Hochwasser hatte, entlang, und ging einen Weg aus Katzenkopfsteinen hinauf zur Burg. Das große Tor war zu, aber ein schmales Ein-Mann-Loch stand offen, und ich zwängte mich hindurch. Dahinter öffnete sich ein weiter Hof, von alten Backsteingebäuden umgeben, in der Mitte der wuchtige Bergfried, davor eine alte Linde, deren Baumkrone wisperte und durch deren Laubdach die Sonne vorwitzige Sprenkel auf die Buckelsteine streute. Es war ein Bild der Geborgenheit, und obwohl ich noch ganz unter den fürchterlichen Eindrücken des Vormittags stand, wehte mich hier eine Ahnung von Seelenfrieden an. Leise ging ich über den Hof, der menschenleer war. Aus einem geöffneten Fenster hörte ich eine Frau telefonieren, dazwischen

Lachen. Um die Ecke eines weißen Gebäudes bog in ebendiesem Augenblick eine alte Frau, sie mühte sich mit ihrem Gehwägelchen über das unebene Pflaster. Als sie an einem der Steine hängen blieb, ging ich zu ihr hin und half ihr. Dankbar blickte sie mich an, es war ein sehr altes, zerfurchtes Gesicht, aus dem ein langes, arbeitsreiches Leben sprach, aber auch Zuversicht und Ergebung.

»Das Pflaster hier ist für vierrädrige Fahrzeuge nicht eben geeignet«, sagte ich.

Sie lächelte und meinte, mit einer festen und klaren Stimme, die ich dem hinfälligen Körper gar nicht zugetraut hätte: »Geht schon. Ich muss nur in den Kurven aufpassen, dass es mich nicht hinausträgt.«

»Und wohin soll die Reise gehen?«, fragte ich, ermutigt durch den saloppen Ton, den sie angeschlagen hatte.

»Ach, wissen Sie, ich wohne gleich dort drüben«, sie wies mit dem Kopf zum anderen Burgtor hinaus, »im Kiez. Und ich komme immer wieder hierher auf die Burg. Weit kann ich ja nicht mehr, in meinem demolierten Zustand. Na ja, was wollen Sie … mit zweiundneunzig. Jedenfalls komme ich gern hierher, es ist immer etwas los, Lesungen, Konzerte, Kunstausstellungen. Die Burg ist ein wenig meine zweite Heimat geworden.«

»Und die erste?«

»Na ja, der Kiez natürlich. Immerhin lebe ich dort schon seit Kriegsende. Es war eine schwere Zeit, müssen Sie wissen. Mein Mann kam damals aus der Gefangenschaft zurück, schwer krank, die Lunge. Er wäre mir ums Haar gestorben, wenn es nicht so ein kleines Wunder gegeben hätte.«

»Ein Wunder?« Ich lächelte.

»Sie glauben wohl nicht an Wunder, junger Mann? Das sehe ich Ihrem Gesicht an. Aber die gibt es, manchmal … wie auch Engel übrigens. Dazu muss man gar nicht sonderlich religiös sein. Es sind einfach so Lebenserfahrungen. Also, das war damals so … Falls Sie das überhaupt interessiert? Sie haben es wahrscheinlich eilig, wie die meisten jungen Leute heutzutage.«

»Doch, doch, es interessiert mich. Und ich habe Zeit. Auf mich wartet sowieso keiner.«

Sie musterte mich skeptisch. »Na hören Sie mal. Wieso soll keiner auf Sie warten? So ein hübscher Mann wie Sie. Na ja, es geht mich ja eigentlich nichts an. Und ich kenne Sie ja nicht. Aber überlegen Sie mal in einer ruhigen Stunde: Wer alles auf Sie wartet und Sie braucht. Wenn Sie sich das mal auf einen Zettel schreiben, da kommt aber gehörig was zusammen, Sie werden sehen!«

Ich nickte, und sie fuhr fort. »Also, wie das damals mit meinem kranken Mann – Gott hab ihn selig – war? Der wäre mir beinahe unter den Händen gestorben, obwohl ich mich natürlich um ihn bemühte. Aber es gab ja nichts. Kaum etwas zu essen, keine Medikamente, keine Kur. Der Krieg war eben erst vorbei, und überall Flüchtlinge einquartiert, auch hier auf der Burg. Also, mein Mann, der kam lungenkrank aus der Gefangenschaft zurück. Wir hatten hier im Ort ein Tabakwarengeschäft, klein, aber fein. Die ganze alte Ladenausstattung hat heute historischen Wert – ich habe sie vor ein paar Jahren übrigens der Burg gestiftet. Können Sie hier im Museum anschauen, wenn Sie wollen. Aber das ist eine andere Geschichte … Also, mein Mann selig, der hustete und hustete, und keiner wusste, was man machen könnte. Da hörte ich von einer Bekannten in Spandau, die dort in einer Lungenheilanstalt als Krankenschwester arbeitete, sie habe mit dem leitenden Arzt gesprochen, und der sei bereit, meinen Mann zu behandeln, gegen Zigaretten und Zigarren … Geld hatte ja damals keinen Wert mehr. Also, Tabak hatten wir genug, aus Altbeständen. Aber da gab es ein gravierendes Problem: Spandau war britischer Sektor, und wir hier in Beeskow gehörten zur sowjetischen Besatzungszone. Die Grenze war damals kurz nach dem Krieg noch nicht fest geschlossen, also keine Mauer und kein Stacheldrahtzaun, aber eben doch scharf bewacht. Da konnte man nicht einfach so rüber. Also, was machen? Und wissen Sie, in dieser scheinbar ausweglosen Situation kam dann ein Engel zu Hilfe, oder wie immer Sie das nennen wollen: Ein Müller hier aus dem Ort, der einmal die Woche Mehl nach Spandau lieferte, erklärte sich bereit, meinen Mann im Lastwagen zwischen den Mehlsäcken zu schmuggeln. Das hat er dann auch getan, zwei Jahre lang. Es ging immer gut. Die Soldaten an der Sektorengrenze wollten sich ja nicht die Uniformen mit Mehlstaub schmutzig machen. Und so konnte mein Mann zwei Jahre lang nach Spandau, wurde dort vom Chefarzt der Lungenheilanstalt höchstpersönlich behandelt, mit den besten Medikamenten und Methoden, die es damals gab – na, ihm schmeckten unsere Zigarren, die wir ja noch aus der Zeit vor dem Krieg gelagert hatten, fachmännisch natürlich, im Humidor. Also war allen geholfen und keinem Schaden getan. Aber den Müller, den werde ich nie vergessen. Er hatte keinen Nutzen davon, dass er uns half. Das war reine Freundlichkeit und Menschenliebe. Ich habe ihm natürlich auch hin und wieder Zigaretten zugesteckt. Na ja, hoffen wir mal, dass er in der anderen Welt dafür entlohnt wird.«

Sie fasste mich unvermittelt am Arm: »So, junger Mann, nun muss ich aber weiter. Ich habe Sie schon lange genug aufgehalten mit dem Geschwätz einer alten Frau. Aber vergessen Sie nicht: Immer wartet jemand auf Sie! Und nun wünsche ich Ihnen alles Gute, und seien Sie behütet.« Dann wackelte Sie mit ihrem Gehwägelchen davon, über Stock und Stein, und ich sah ihr noch ein Weilchen zu, bis sie in einem der Burggebäude verschwand.

Ich verließ den Hof durch das andere Tor, stand wieder an der Straße, die über die beiden Spreearme führte, wandte mich nach links, kam auf einen Parkplatz und blickte nochmals zur Burg. Auf dieser, der Spree zugewandten Seite war die Wehrmauer aufgerissen wie ein Gedärm: Backsteine quollen hervor, lagen in Haufen im hohen Gras. Ich vermutete, dass die Rote Armee hier im Frühjahr 1945 mit der Artillerie hineingeschossen hatte. Ich ging weiter. Rechts lag ein Café, mit Aussichtsterrasse zur Spree. Ich war einen Augenblick lang versucht, hineinzugehen und ein kühles Bier zu trinken. Aber dann ließ ich es sein. Ich wollte allein sein, und die Gefahr, dass die Allgäuer Ausflüglerinnen hier ihr Mittagsmahl einnähmen, war mir zu groß.

Die Spreeinsel endete in einem kleinen Jachthafen. Von dem hatte die Bratwurstverkäuferin geschwärmt. Im Schatten eines gemauerten Schuppens ließ ich mich nieder und blickte träge auf die im Wasser dümpelnden Boote. Die Nachmittagsmüdigkeit übermannte mich, und ich schlief erschöpft ein. Als ich endlich wieder zu mir kam, war es bereits früher Abend. Die Zunge klebte mir am Gaumen, und ich war erneut versucht, zu dem Café an der Spree zu gehen und mir ein Bier zu genehmigen. Aber dann hob sich der Vorhang der Dösigkeit, in der ich noch immer stak, und mit einem Mal hatte ich wieder Evelyns Leichnam und den ganzen Schlamassel vor Augen, und ich blieb – mit trockenem Hals und am Gaumen klebender Zunge – wie gelähmt sitzen und glotzte aufs Wasser hinaus.

Irgendwann, es war bereits fast dunkel, schob sich von links ein Ungetüm ins Bild und legte keuchend am Pier an. Erst nach einigen Sekunden wurde mir klar, dass es sich nicht um einen lungenkranken Wal handelte, sondern um die Fähre *Mühlberg*. Pierre warf ein Tau aus, um das Schiff anzuleinen. Mühsam erhob ich mich, meine Beine waren eingeschlafen, und humpelte auf die Kaimauer zu.

»Schiff ahoi, altes Haus«, rief Pierre mir zu. »Alles in Ordnung, Tim?«

»Pierre ... wie ... wie«, krächzte ich mit eingetrocknetem Gaumen, »wie kommst du darauf, dass ich hier ...?«

»Na ja, wie wohl? Ich konnte die Maschine wieder flott machen, der Kahn war ja nur ein wenig auf Sand gelaufen. Im Rückwärtsgang wieder raus und weiter spreeaufwärts. War doch klar, dass du nach Beeskow gefahren bist und als braver Kadett mich hier am Hafen erwarten würdest.«

Noch immer glotzte ich ihn ungläubig an.

»Was ... ich meine ... Wie geht es Evelyn?« Pierres Miene verdunkelte sich.

Ich schüttelte den Kopf.

»Ist sie …?«, fragte er, »also, ist sie … tot?«

Ich nickte, und er schlug sich mit der flachen Hand an die Stirn und sagte nur: »*Merde alors.*«

Und dann kletterte ich an Bord, Pierre nahm mich in den Arm, und ich heulte mir die Seele aus dem Leib. Pierre streichelte mich und meinte: »Jetzt erst mal einen tüchtigen Schluck Rotwein aus der Pulle!«, und ich dachte an die greise Frau auf dem Burghof, und dass sie gesagt hatte, immer warte jemand auf einen.

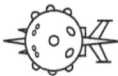

Der Nachmittag glühte. Die Vorhänge waren zugezogen, aber unvermindert drang die Hitze in den Gemeinschaftsraum. Immerhin hielt der Stoff das grelle Licht ein wenig zurück, sodass man auf der Mattscheibe des Fernsehers die Farben und Konturen einigermaßen erkennen konnte. Schon vor einem halben Jahr, im Januar 1977, hatte die Leitung die Neuerung eingeführt, wöchentlich einen Fernsehnachmittag für die Insassen anzubieten.

Rasmussen hatte die Klinik vor ein paar Jahren verlassen, wohin, wusste Janke nicht. Man munkelte so einiges. Aber eigentlich interessierte es ihn auch nicht. Die Rote war in Rente gegangen. Mit den neuen Pflegern und Schwestern, meist jungen Leuten, war besser auszukommen. Jonas war noch immer hier. Sein treuer Assistent. Er sorgte für Material und ließ ihm, Janke, im Laboratorium freie Hand. Mehr verlangte Janke nicht. Die Arbeit an seinen Konstruktionsskizzen war ihm genug. Die Welt interessierte sich nicht für ihn, und er verzichtete gern auf sie.

Im Speisesaal vernahm er die Stimmen der anderen, blätterte hin und wieder in der *Leipziger Volkszeitung* oder im *Magazin*, aber all das ging ihn nichts mehr an. Er war abhandengekommen, und niemand hatte es bemerkt. Aber er war noch nicht zuschanden, noch loderte ein kleines Flammenzünglein in seinem Herzen, und er versuchte, es zu nähren mit dem Rest an Liebe, deren er noch fähig war. *Evelyn* – diesen Namen, diese Idee eines Lebens jenseits der Anstaltsmauern, versuchte er warm zu halten, in den löchrig und rissig gewordenen Wänden seines alten Herzens.

Janke war eher aus Langeweile denn aus Interesse zu den neu eingeführten Fernsehnachmittagen im Gemeinschaftsraum gegangen. Zu den anderen Insassen *dieser Stelle* hatte er inzwischen keinen Kontakt mehr. Willi Frank mit seiner *Gesichtszeckenkrankheit* war in eine andere Anstalt verlegt worden. *Verschärfter Vollzug*, wie man munkelte, weil er gewalttätig gegen die Ärzte geworden war. Die Choräle schmetternde Betschwester war vor ein paar Jahren gestorben – wobei sie im mehrere Tage währenden Todeskampf, so hatte ihm der nette Pfleger verraten, lästerliche Worte gegen Jesus Christus und seine Heiligen und Engel geschrien hatte. Janke schauderte bei diesem Gedanken. Ob es Gott gab oder nicht – wer wusste es schon? Eher nicht, dachte er. Er glaubte an das Gute im Menschen, auch wenn es derzeit verschüttet war. Aber eines Tages würde es sich mit Gewalt Bahn brechen, und dann wollte er, Janke, zur Stelle sein und seinen Teil dazu beitragen, mit seinen Maschinen und Trajekten, die die Menschen zu neuen Lebensräumen emportragen sollten, in eine Zukunft voller Hoffnung und Licht. Aber das Heilige in der letzten Stunde zu verfluchen – davor graute ihm. Es war, als habe die Betschwester sich zum Ende dem Bösen überlassen, das in jedem schlummerte. Eine Niederlage ganz zum Schluss, die alles, woran man jahrzehntelang geglaubt und wofür man gearbeitet und gelitten hatte, mit einem Handstreich vom Tisch fegte.

Solchen Gedanken hing er in den letzten Jahren öfters nach. Aber er verscheuchte sie, so gut er konnte, und widmete sich mit Eifer und Hingabe seiner Arbeit im Laboratorium. Nur manchmal gönnte er sich eine kurze Auszeit: die Fernsehnachmittage. Es liefen Komödien und Familienserien, ab und zu auch ein Krimi. All das langweilte ihn. Aber Gefallen fand er an einer Trickfilmserie, von gewitzten Ungarn ersonnen, gezeichnet und getextet, von der *DEFA* ins Deutsche synchronisiert. Von dieser Serie konnte er, Janke, nicht genug bekommen. Und er hatte bislang keine einzige Folge verpasst: *Adolars phantastische Abenteuer.*

Der Gemeinschaftsraum war an diesem Spätnachmittag nur zur Hälfte besetzt. Das mochte an der Sommerhitze liegen, vielleicht auch daran, dass nur wenige Insassen den hintergründigen Wortwitz der Ungarn verstanden. Janke saß erwartungsvoll da. Die Hemdsärmel hatte er trotz der Schwüle korrekt geschlossen, die Stoffhose war gebügelt. So gehörte es sich im Kino, fand er. Er stützte Hände und Kinn erwartungsvoll auf den Stock. Den benutzte er seit ein paar Wochen. Das Gehen fiel ihm seit einiger Zeit immer schwerer. Jonas hatte ihm den Stock besorgt und gesagt: »Das ist keine Schande, Herr Janke. Immerhin werden Sie dieses Jahr achtundsechzig.«

Die Titelmusik setzte ein, die laufenden Bilder zeigten die Familie, um die die wechselnden Abenteuer kreisten: Der Ungar Geza Mézga, seine Frau Paula, die Kinder Christa und Adolar. Und auch der sprechende, siebengescheite Hund Schnuffi gehörte dazu. Adolar amüsierte Janke besonders: ein halbwüchsiger Bursche, gewitzt, gescheit, vorlaut, ungehorsam. So wäre Janke in seiner Jugend gern gewesen! Und das Beste: Adolar war im Besitz einer aufblasbaren Weltraumrakete (versteckt in einem Geigenkasten), einer Art Trajekt, womit er heimlich des Nachts, wenn seine Familie es nicht bemerkte, mit dem Hund Schnuffi sich in ferne Galaxien schoss, um dort die aberwitzigsten Abenteuer zu bestehen.

Janke, das Kinn auf Hände und Stock gestützt, lächelte versonnen. Eben wurde der Titel der heutigen Folge, es war die zwölfte, eingeblendet: *Planet der Langeweile.* Was für ein Planet mochte das sein? Würde gar Schloss Hubertusburg die Szenerie abgeben? Denn was konnte es Langweiligeres geben als eine Anstalt voller Verrückter, in der er, Janke, der einzige Gesunde, das einzige Genie war?

Hinter ihm rief jemand »Lauter!«, und die Schwester, die Aufsicht im Gemeinschaftsraum hatte, sprang zum Fernsehapparat und drehte an einem Knopf. Die Geschichte begann, und augenblicklich verebbte das Gemurmel, Scharren und Rascheln.

Janke blinzelte auf die helle Mattscheibe und spitzte die Ohren, um ja keinen Kalauer, keinen Wortwitz zu verpassen. Adolars neues Abenteuer sog ihn ein: Es begann mit einem Streitgespräch zwischen den Eheleuten Geza und Paula und der Tochter Christa, einer frechen Göre, die ihrem Bruder in nichts nachstand. Es war heiß, fast so heiß wie in Hubertusburg, nur dass die Familie Mézga das Privileg besaß, sich zu viert ein eigenes Badezimmer teilen zu können. Sie stritten darum, wer als Erster sich in der Wanne erfrischen dürfe, und natürlich war es Christa, die Tatsachen schuf und sich im Badezimmer einsperrte. Versehentlich ließ sie den Hahn offen, das Wasser lief über und verursachte in der Wohnung darunter einen erheblichen Schaden. Der Nachbar klingelte und revanchierte sich bei Geza Mézga, indem er ihm mit einem Eimer Wasser eine kalte Dusche verpasste. Herr Mézga jedoch zeigte sich über die Erfrischung erfreut, und das Gezerre um das familiäre Privileg der Nutzung des Badezimmers ging weiter. Unterdessen fand Adolar in seinem Zimmer keinen Schlaf. Er erinnerte sich daran, dass sein aufblasbares Raumschiff *Gulliverkli* (von dem die Familie natürlich nichts ahnte und nichts ahnen durfte) über eine Klimaanlage verfügte. Gemeinsam mit dem Hund Schnuffi stahl er sich aufs Dach des Hauses und blies dort das Raumschiff auf. Im Innern betätigten sie den Schalter der Klimaanlage und schliefen bei gemäßigten Temperaturen beseligt ein.

Doch Schnuffi, ein unruhiger Schläfer, geriet mit dem Schädel versehentlich an einen Schalter: Die Triebwerke wurden gezündet. (Janke lächelte über die naiven Vorstellungen der Zeichner von einem *Strahltriebwerk*! Er würde den werten Kollegen in Ungarn mal einen freundlichen Zuschauerbrief schreiben!) Das Raumschiff *Gulliverkli* schoss in den Orbit, ohne dass die schlafenden Passagiere etwas bemerkten. Ja, Adolar geriet im Schlummer sogar an einen weiteren Schalter, und das Raumschiff jagte mit Lichtgeschwindigkeit (Janke musste erneut über die krude Fantasie der Zeichner lächeln) durch das Universum.

Schließlich landete das Raumschiff etwas unsanft im Ozean eines fremden Planeten. Es ging unter, Adolar und Schnuffi konnten noch mit Müh und Not aus der Luke entkommen, doch sie waren bereits tief unter Wasser und fürchteten, jämmerlich zu ertrinken. Da bemerkten sie, dass das Wasser so sauerstoffgesättigt war, dass sie ohne Weiteres darin atmen, ja sogar sprechen konnten. Sie tauchten durch die unterseeische Landschaft und gelangten zu einer Art Urnenfeld: Aus großen Amphoren stiegen vereinzelt Luftblasen auf. Als sie hineinlugten, wurden sie von den einzeln hausenden Amphorenbewohnern mürrisch verjagt. Immerhin, zu einer alten, hässlichen Nixe konnten sie Kontakt knüpfen. Die spielte ein seltsames Spiel: Fand sie einen roten Kieselstein, hatte sie gegen sich selbst gewonnen, fand sie einen schwarzen, hatte sie gegen sich selbst verloren. Dieses *Monoman*-Spiel war ihr einziger Zeitvertreib in der Amphore, die ihre Welt war, denn die Nixe war, wie auch alle andere Amphorenbewohner, der festen Ansicht, allein auf der Welt zu sein, ihrer Welt, die vom endlosen Rund einer Urne begrenzt wurde. Lebendig begraben waren sie alle, und sie waren es zufrieden, ja glücklich, denn sie kannten es nicht anders.

Adolar und Schnuffi beschlossen, diesen armen Amphorenbewohnern zu helfen, sie zu befreien, indem sie sie aus den Urnen hervorholten und sie miteinander bekannt machten: Das gestaltete sich schwierig, denn die Amphorenbewohner wollten ihr Gefängnis, das ihnen ja eine Welt war, gar nicht verlassen, und nur unter recht brachialer Gewalt verließen sie ihre sicheren Behausungen und wagten den Blick über den Rand hinaus: in eine Welt, die unsicher und fremd wirkte, die aber mit einem Mal sich so herrlich weitete!

Doch nicht nur mit der Ängstlichkeit der Amphorenbewohner hatten Adolar und Schnuffi nicht gerechnet, sondern auch mit *Isolalia*, der Hüterin über den *Planeten der Langeweile*: Sie bewachte die Einsamkeit ihrer Geschöpfe, ihre Vereinzelung, ihre geistige Begrenztheit und Verblödung, ihr Unglück, das sie ihnen als Glück der Bescheidung vorgaukelte. Doch eben noch rechtzeitig konnten Adolar und Schnuffi die befreiten Gefangenen, die unterdessen staunend und fröhlich miteinander Bekanntschaft gemacht hatten, in einem der großen Töpfe in Sicherheit bringen und diesen mithilfe des flottgemachten Raumschiffs nach oben schleppen, auf eine Insel, auf die die ans Wasser gebundene *Isolalia* keinen Zugriff besaß. Nun konnten die befreiten Amphorenbewohner ein neues Leben beginnen, ein Leben in Gemeinschaft, in der aus dem *Ich* ein *Wir* wird. Adolar und Schnuffi kehrten im Raumschiff zur Erde zurück, früh genug, um ihren abenteuerlichen Ausflug vor der Familie geheim halten zu können.

Die Schlussmusik ertönte, der Abspann lief. Die diensthabende Schwester stapfte zum Apparat und drückte entschlossen einen Knopf: Die Musik riss ab, statt in die lustigen Gesichter der ungarischen Familie Mézga sah man in graue, entleerte, verhärmte Visagen werktätiger Männer und Frauen an einem Fließband, auf dem in rasender Bewegung leere Flaschen sausten, die in einer Maschine mit ekliger brauner Flüssigkeit gefüllt wurden. Die Werktätigen übten die immer selben Handbewegungen aus, dass einem davon schwindlig werden konnte. Und tatsächlich: Die grauen, verschlossenen Steine, die einst Gesichter gewesen sein mochten, schienen selber von der ekligen Brühe in Flaschen angewidert zu sein. Eine raue Sprecherstimme erzählte von der verantwortungsvollen Tätigkeit der fleißigen Arbeiter und Arbeiterinnen einer Brauerei, in der die berühmte *Vita Cola, eine schmackhafte Mischung aus einer Vielzahl ätherischer Öle, Zitrusöl, Vanille, Kolanüssen, Koffein und viel Vitamin C,* wie der Sprecher hervorhob, nach einem originalen DDR-Rezept des Werks *VEB Chemische Fabrik Miltitz* gebraut, abgefüllt und in die sozialistische Bruderwelt exportiert wurde.

»Das ist mal was Reelles«, sagte die Schwester mit Genugtuung in der Stimme und drehte den Ton lauter. »Nicht so ein Kinderkram über Raumschiffe und Leben auf dem Mars.«

Keine Äußerung der Zustimmung oder des Widerspruchs wurde laut. Einige Insassen *dieser Stelle* waren auf ihren Stühlen eingenickt, andere sahen stumpf zu, wie die Cola-Flaschen über die Fließbänder sausten und die Maschinenmenschen demütig und aufopferungsvoll ihren Dienst verrichteten.

Janke stand auf, blickte in die steingrauen, willenlosen Gesichter – und ging zur Tür. Sein Gehstock klackte bei jedem zweiten Schritt auf dem harten Linoleumboden. Scheppernd ließ er die Tür hinter sich zufallen. So hatte es einst Evelyn getan, vor vielen Jahren, als er ihr das erste Mal hier im Gemeinschaftsraum begegnet war.

Er verließ das Hauptgebäude. Speitler, der Cerberus, saß in seinem Kabuff und schnarchte. Die Sommerhitze hatte ihn müde gemacht, die Jahre im Kabuff fett, böse und debil. Ihn, Janke, ging er nichts mehr an. Vor ihm, Janke, hatte diese niedere Kreatur insgeheim Respekt, weil er wusste, dass er ihm geistig nicht das Wasser reichte, und er, Janke, sich jederzeit mithilfe von Jonas, seinem Assistenten, bei der Anstaltsleitung beschweren konnte.

Janke spazierte über den weiten Ehrenhof des Schlosses. Die Sommerhitze hockte darauf wie eine Glucke auf dem Gelege. Janke ging die Mittelachse entlang, an den Kavaliershäusern vorbei. Er sah eine mit Gold reich verzierte Equipage, von acht Schimmeln gezogen, die Auffahrt heraufkommen. Auf dem Bock saß ein Kutscher in blauer Livree, mit silbernen Tressen, einen Dreispitz auf dem Haupt. Janke trat zur Seite, verbeugte sich. Aus dem Augenwinkel konnte er erkennen, wie der Kurfürst, mit wallender ondulierter Perücke, einen Stock mit elfenbeinernem Knauf in der einen Hand, mit der anderen Hand eine huldvolle Geste machte und ihn freundlich anlächelte. Die Kutsche war vorüber. Janke richtete sich auf. Der Ehrenhof war wieder leer. Eine Schwester in weißer Schürze, einen Insassen an der Hand, ging eben über den Platz. Sie stiegen in einen wartenden himmelblauen *Trabant* ein, dessen Motor wie ein Rasenmäher tuckerte.

Janke erreichte die Stallungen, sperrte die Tür zu seinem Laboratorium auf, trat ein, schloss die Tür hinter sich, verriegelte sie. Er ließ sich auf einen Stuhl fallen. Sein Gehstock glitt zu Boden. Er blickte auf die Wände, die über und über mit seinen Konstruktionsplänen behängt waren. Vom Bord herab blickte ihn der Bär Franz mit leeren, ausdruckslosen Glasaugen an – seit wie vielen Jahren schon?

Janke stützte den Kopf auf die Hand. Er war müde. Er wusste nicht mehr, in welcher Welt und in welcher Zeit er sich befand. Die Reisen zu fernen Sonnensystemen hatten ihn leer und alt gemacht. Und sie hatten ihn in eine Zeitschleife geraten lassen, aus der er nicht mehr herausfand.

Er war allein. Allein wie die unterseeischen Amphorenbewohner in dem Zeichentrickfilm. Von den Wänden herab schrie es *Ich, ich, ich!* Beinahe hätte er das Klopfen überhört. Das musste der Kurfürst sein. Er würde ihn, Janke, erhören und ihm eine *allergnädigste Pension* gewähren. Oder war es der Knabe Adolar?

Janke hörte sich »Ja bitte?« sagen.

Jemand hämmerte an die Tür. »Herr Janke, machen Sie doch um Himmels willen auf! Ist Ihnen etwas zugestoßen?«

Langsam dämmerte es ihm: Das war Jonas, der Treueste der Treuen! Ihm würde er öffnen, aber nur ihm. Denn er allein hielt noch den Faden in der Hand. Für ihn, Janke. Janke musste ihm vertrauen und der gelegten Spur folgen. Mühsam stand er auf, hinkte zur Tür und schob den Riegel zurück. Diesmal noch.

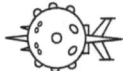

Wir fuhren spreeaufwärts, die ganze Nacht hindurch. Manchmal verzweigte sich der Fluss zu einem breiten Delta, darin Inseln mit abgestorbenen Weiden und Erlen, auf denen Hunderte von Kormoranen bewegungslos hockten und im fahlen Mondlicht wie Vampire aussahen.

Trotz meiner Übermüdung tat ich kein Auge zu. Ich saß an Deck, in ein Wolltuch gehüllt, Evelyns Bären Leppsch im Arm, und besah die unwirkliche Szenerie, die still und geheimnisvoll an mir vorüberzog. Pierre stand am Steuer und sprach kein Wort. Nur der Motor brummte, aber mein Gehirn blendete auch dieses Geräusch bald aus. Hin und wieder hörte man das leise Gurgeln des Flusses oder einen Fisch, der aus dem Wasser sprang. Es war eine Landschaft der Toten. Ich erinnerte mich blass an den Lateinunterricht in der Schule, an einen Text, der die Überfahrt der Verstorbenen ins Totenreich schilderte. Charon ruderte sie hinüber, und der Fluss hieß Styx, das Wasser des Grauens.

Eigentlich hatte ich mich in Beeskow noch der Polizei stellen wollen. Aber Pierre war wütend geworden und hatte gepoltert, wenn ich mich schon ins Unglück stürzen wolle, dann bitte allein. Er habe im Übrigen nicht vor, seine restlichen Tage im Kittchen zu verbringen, sondern kiffend unter dem Sternenzelt, so wie heute Abend; und wenn er schon nicht wie einst Rimbaud nach Afrika gelange, so wolle er doch wenigstens die brandenburgische Savanne ausreizen, schließlich sei das auch nicht schlecht, zumal wenn man frei wie ein Vogel oder ein Flussaal dahinzöge. Nur müssten die Spreewasser trinken, und da sei ihm sein Rotwein doch lieber.

Noch immer tanzten die Bilder des Vormittags in meinem Kopf: Evelyn, tot unter dem Laken, ihr bleiches Gesicht, die spitze Nase, das halb geöffnete Augenlid, unter dem sie mich so spöttisch angeblickt hatte …

Manchmal nickte ich kurz ein, fuhr aber sogleich wieder hoch und dachte im ersten Augenblick, ich hätte alles nur geträumt. Aber dann spürte ich Leppsch, und wie ein Feuerstich durchfuhr mich die Wirklichkeit, sodass ich leise aufstöhnte.

Aber das waren seltene Momente eines bitteren Bewusstseins. In den langen Phasen dazwischen saß ich fühllos und dumpf da, tot wie die Bäume mit den Vampirvögeln, die vorüberglitten. Ich hatte nicht die Kraft, an die Zukunft zu denken. Auch nicht an Sivi oder Sunny oder Raffaele, und wie es ihnen ergehen mochte. Ich hatte nicht einmal die Kraft, über mich selbst nachzudenken. Ich war eine leere Hülle, und vielleicht fuhr Charon mich ja nicht ins Totenreich, sondern einfach nur ins große Nichts, ins Nirwana, wo man frei war von allem Fühlen und Denken, losgelöst und schwerelos und entbunden von den Fesseln des Ichs. Seltsam: Dennoch hakte sich der Splitter eines Gedichts von Rimbaud in meine Ganglien, wie eine Klette, die man nicht mehr abbekam. Pierre hatte das vor Kurzem abends im Weinrausch wieder und wieder vorgetragen, und nun schien es mir wie mein Mantra zu sein:

»… *hin-ab fuhr ich abweisende Ströme da fühlt ich mich LOS vom Gängeln der Treidler: gellender Rothäute Zielbrett geworden hingen DIE an farbige Pfähle genagelt splitter-nackt*«[10]

Die Spree mäanderte wie der Nil in Äthiopien. Irgendwann streckte Pierre seinen Kopf aus dem Häuschen und sagte: »Tim, da vorne ist der Schwielochsee, einer der größten Seen Brandenburgs. Aber wir biegen vorher ab, es geht jetzt Richtung Westen.«

Mir war das egal, Osten, Westen, ich folgte in meinen Gehirnschleifen ohnehin willenlos den Windungen des Flusses, der mit mir machte, was er wollte – wie auch das Leben.

Unsere Fahrt dauerte mehrere Tage und Nächte. Zwischendurch ankerte Pierre die Fähre irgendwo, unter herabhängendem Weidengezweig am Ufer; oder auch an einem Campingplatz, wo wir tankten, uns im Kiosk oder in einem Dorfladen mit dem Nötigsten versahen, eine Kleinigkeit kochten, etwas schliefen und dann wieder den Motor anließen und weiterfuhren, ohne näheren Kontakt zur Außenwelt, ohne Gefühl für Raum und Zeit (sogar mein Handy hatte ich seit Tagen ausgeschaltet). Nur immer den endlosen Windungen des Flusses folgend, immer tiefer hinein in den Spreewald, der sich an die Ufer herandrängte und den Fluss mit seinem dichten Laubdach überwucherte.

Selbst Pierre wurde schwermütig und meinte einmal, bevor er sich einen Löffel Ravioli aus der Dose in den Mund schob: »*Ich ist ein anderer.* Das wusste schon Rimbaud.« Ich konnte ihm nur beipflichten.

Nach und nach legte sich über die Erinnerung an Evelyn ein Gefühl unendlicher Sanftheit. Der Schrecken war eingetrocknet, der Schmerz im stummen Grün des Urwalds und im trägen Wasser des Flusses gütig aufgehoben, sodass ich mich hin und wieder dabei ertappte, wie ich ins Sonnenlicht lächelte, das flirrend durch die Blätter brach. Langsam kam ich wieder zu mir selbst. Das Ich, das ein anderer gewesen war, glitt wieder hinein in diesen Körper, der der meinige zu sein vorgab.

In all dieser Zeit sprachen Pierre und ich so gut wie kein Wort. Unsere Odyssee wurde nicht erwähnt, nicht ihr Auslöser, nicht ihr Ziel, nicht Jankes waghalsige Ideen und perfekte Zeichnungen, nicht seine große, unglückliche Liebe Evelyn. Sie war tot, bereits in die Gegenwelt eingegangen, und würde nicht mehr zurückkehren. Wir änderten daran nichts, sondern konnten nur versuchen, Evelyn dankbar und lächelnd in der Erinnerung unseres Herzens zu tragen.

Einmal sagte Pierre: »Morgen kommen wir nach Lübben. Du solltest dich entscheiden, Tim, wie die Reise für dich weitergeht. Ich selbst werde nicht weiterfahren, sondern mich wieder flussabwärts begeben, zurück nach Berlin, nach Stralau, dort den Kahn abgeben – und dann«, er zuckte mit den Schultern, »mal sehen. Irgendetwas anderes beginnen. Der Weg ist bekanntlich das Ziel.«

Er schwieg, und auch ich sagte nichts. Und dann seufzte er tief und setzte nach – und es klang wie eine Beichte, wie etwas, das ihn lange umgetrieben hatte: »Ich habe übrigens die ganze Zeit geflunkert. Oder gelogen – wie immer du es nennen willst. Ich bin nie in Afrika gewesen. Es war alles nur Wunsch, Sehnsucht, Traum. Alles nur Traum. Shakespeare wusste das. *Der Sturm*. Schon mal davon gehört?«

Ich nickte, und er fuhr fort: »Prosperos Monolog: *Wir sind aus solchem Stoff wie Träume sind, und unser kleines Leben ist von einem Schlaf umringt.*[11] – Na, wer weiß, vielleicht komme ich eines Tages doch noch dorthin, nach Afrika, an den Nil – und wenn nicht: Dann ist's auch nicht schlimm. Ich trage ja die Welt im Herzen. Und dich auch, mein Junge.«

Ich schwieg. Es tat mir leid, dass unsere Wege sich trennen würden, denn dass ich Pierre nach Berlin zurückbegleiten würde, war für mich ausgeschlossen – und er schien das auch zu wissen. Aber wohin sollte ich gehen? Nach Wermsdorf? Immerhin lagen meine restlichen Sachen noch dort – sofern die reizende Zimmerwirtin sie nicht weggeworfen hatte. Aber Sivi! Vielleicht könnte ich sie wiedersehen? Ich verscheuchte diesen Gedanken sofort, unwillig über meine Illusion. Sie hatte mir ja klar genug geschrieben, dass es für uns keine Zukunft gab.

Aus Langeweile und Unbedachtheit schaltete ich das Handy ein. Eine SMS von Raffaele: *Wo steckst du? Schreib mir. Ich muss dich sehen.*

Und aus derselben Langeweile und Unbedachtheit heraus antwortete ich: *Auf einem Schiff vor Lübben. Dort zu Ende. Komme nicht zurück.*

Ich wollte eben das Handy ausschalten, da fiel mir ein, dass ich Sivis Nummer gespeichert hatte. Es war hirnrissig, ihr zu schreiben, nach ihrem letzten Brief. Und doch: Ich wollte ihr einfach nur sagen, dass ich froh war, ihr begegnet zu sein. Also tippte ich: *Bin im Spreewald. Alles fließt. Vielleicht nochmals Wermsdorf? Evelyn fortgegangen. Danke für alles.* Der Text war Unsinn, was sollte sie denn damit anfangen? Aber ich wollte nur noch einmal ein Lebenszeichen senden, bevor der Urwald mich verschlang – oder ich in Lübben auf die Polizeiwache ging und mich stellte.

Der Wald zog sich allmählich vom Ufer zurück. Datschen, Scheunen und Garagen traten an seine Stelle. Wir kamen ins Weichbild der Kleinstadt, aus deren Mitte sich der Turm einer Kirche erhob: achteckig, mit kupfernem Aufsatz und Laterne.

»Willkommen in der Stadt Paul Gerhardts«, meinte Pierre, am Steuer stehend. »Du weißt schon: *Nun ruhen alle Wälder, Vieh, Menschen, Städt' und Felder, es schläft die ganze Welt; ihr aber, meine Sinnen, auf, auf, ihr sollt beginnen, was eurem Schöpfer wohlgefällt.*«

»Du bist eine wandelnde Anthologie«, meinte ich schmunzelnd.

Pierre schüttelte missmutig den Kopf. »Kennt man. Protestantische Sozialisation. Jawohl, mein Lieber, das hättest du nicht gedacht, was? Ja, nicht nur Evelyn selig, auch Pierre, der Alt-Achtundsechziger und Rimbaud-Jünger, war mal ein Kind und ging sonntags zur Kirche und wurde konfirmiert und alles. Frisst sich ins Hirn, ein Leben lang. Oder besser: ins Herz und ins Gemüt. Und ist eigentlich auch gar nicht so schlecht.«

Es war Mittagszeit, und Pierre ankerte im Schatten eines alten Schuppens, der direkt am Ufer stand.

»Ich will nicht ganz in die Stadt hineinfahren«, meinte er. »Dort sind mir zu viele Touris unterwegs. Gurken auf den Spreewaldkanälen herum, in Kajaks, oder, noch schlimmer, in Gruppenkähnen. Zwanzig Leute, Hintern an Hintern zusammengepfercht, neues Volksliedgut schmetternd: *Schwarzbraun ist die Haselnuss* und *Schön ist es, auf der Welt zu sein.* Nein, das ist nicht meins. Und apropos gurken: Die Spreewälder Gurken, lokale Spezialität, also wenn die Dinger, groß wie ein Dildo, so in einer milchig-weißen Salzlauge dümpeln, dreht sich mir schon der Magen um. Ich habe mal vor Jahren eine gegessen. Hinterher musste ich mir den Mund mit Kölnischwasser ausspülen, weil ich gerade nichts anderes zur Hand hatte. Und als Folge stank ich eine Woche lang nach billigem Parfüm, zehn Meter gegen den Wind, dass man hätte glauben können, eine ganze Busladung voller Landfrauen wäre auf Kombinatsausflug, oder so.«

»Das stellt noch *Schattmeier* in den Schatten«, lachte ich.

»Hä?«

Das Grinsen in meinem Gesicht erstarrte. Evelyn hatte immer *hä?* gesagt.

»Nichts«, sagte ich kleinlaut, »es war nur ein blöder Kalauer.«

»Na, vielleicht schlägt dir der Hunger aufs Hirn«, brummte Pierre, »wird Zeit, dass wir etwas zu futtern bekommen. Und dann ist die Stunde des Abschieds gekommen, mein Freund.«

Ich sagte nichts, denn ich hatte geahnt, dass dies das Ende unserer gemeinsamen Fahrt sein würde. Pierre verschwand unter Deck und kam mit einer Plastiktüte und einer Kühlbox wieder. Er baute ein paar leere Obstkisten auf, legte ein nicht mehr ganz sauberes Laken als Tischdecke darüber, deckte die Tafel mit Plastiktellern, Blechbesteck und abgestoßenen Keramikbechern – was die Kombüse eben so hergab – und schmückte sie sogar mit einem Zweig mit Kirschen von einem Baum, der am Ufer stand und seine Äste über den Fluss reckte. Er öffnete die Kühlbox und holte seine kulinarischen Schätze hervor: Es roch seltsam streng und halb vergoren.

»Habe ich unterwegs eingekauft, heimlich, als du geschlafen hast. Da war mal ein Dorf mit einem *Aldi,* die hatten eben französische Woche«, verkündete er stolz. »Hier: reifer Camembert,

Brie, Pont L'Évêque, Garnelen, Foie gras, kaltes Bresse-Huhn, Rotwein aus Burgund, Grand Cru, von der Côte de Beaune und zum Abschluss Crème au caramel und Calvados aus der Normandie. Und hier habe ich noch brandenburgisches Weißbrot, statt Baguette, was anderes gab's im letzten Dorf nicht.«

Er breitete alles vor uns aus und strahlte wie ein Kind am Weihnachtsabend. Ich musste schmunzeln, strich Pierre mit der Hand über den Arm und sagte: »Danke. Danke für alles, nicht nur für das hier.«

Verlegen winkte er ab. »Schon gut. Und jetzt greif zu, bevor der Käse verläuft.«

Wir schmausten, und ich konnte mich nicht erinnern, wann ich zuletzt so gut gegessen hatte. Als wir geendigt hatten, legte sich eine bleierne Müdigkeit über mich. Der Nachmittag summte in meinen Ohren.

»Ich muss mich ein wenig hinlegen«, sagte ich schläfrig.

»*Der Mittag schlägt mit dem Zirkel der Sonne den heißen Kreis*«[12], begann Pierre zu rezitieren, aber ich winkte ab und sagte: »Lass mal. Ich kann nicht mehr.«

»Nein, mein Freund«, sagte Pierre mit ernstem Ton in der Stimme, wie ich ihn nicht von ihm kannte, »das hieße den Abschied hinauszögern. Das verstößt gegen die Spielregeln. Es war ein Spiel, ein schönes Spiel. Aber wie jedes Spiel ist auch dieses einmal zu Ende.«

Er verschwand wieder unter Deck, kam mit meinem Rucksack und Leppsch zurück, stellte die Sachen mir vor die Füße und sagte: »Du solltest nun von Bord. Es ist besser so. Wir sind nicht bis Afrika gekommen, Tim. Aber das ist nicht so wichtig. Wichtig ist, dass wir uns begegnet sind und schöne Abenteuer erlebt und bestanden haben. Ja, ich meine bestanden. Denn wir haben zwar nicht immer gesiegt, aber uns doch tapfer geschlagen, und das ist eigentlich schon das Wesentliche im Leben.«

Er bot mir die Hand dar, und ich ergriff sie, überrumpelt und verwirrt, und hätte fast aufgeschrien, so fest war sein Händedruck.

Und dann hatte ich seine Wange an der meinen, ich spürte seinen kratzigen Bart, atmete den Geruch nach Rotwein, Tabak und Kiff und spürte, wie mir die Tränen aus den Augenwinkeln rannen.

»Kleiner Junge«, sagte Pierre, »etwas zu nah ans Wasser gebaut.« Und bevor ich etwas erwidern konnte, löste er sich von mir, wandte sich ab, und ich sah, dass auch er weinte, bevor er im Führerhaus verschwand.

Ich nahm meinen Rucksack und Leppsch und kletterte über die Bordwand ans Ufer. Dann schlug ich den Weg zur Stadt ein, ohne mich nochmals umzublicken. Die Reise nach Afrika war zu Ende, sie hatte mich von Wermsdorf gerade einmal bis nach Lübben gebracht, zwei Orte, die nur zwei Autostunden voneinander entfernt lagen. Aber ich hatte größere Räume durchmessen als ein Entdecker der Kolonialepoche oder ein Astronaut aus Jankes Fantasiegebilden.

Die Räume, die er, Janke, durchmaß, wurden immer kleiner, der Radius verkürzte sich. Er wusste nicht mehr, wie viele Jahre vergangen waren, seit Evelyn, sein Evelynchen, Hubertusburg verlassen hatte; wie viele Jahre es her war, dass er gemeinsam mit Herrn Jonas, seinem Assistenten, nach Berlin gefahren war, um der Raketentechnik der Deutschen Demokratischen Republik entscheidende Impulse zu geben. Die Amerikaner waren angeblich auf dem Mond gelandet – aber das waren nur leere Behauptungen, unterfüttert durch schlecht gebastelte Hollywood-Attrappen, die man in einem Studio der Filmbranche vor laufender Kamera hin und her geschoben hatte. In Wahrheit forschte man in geheimen Bunkern im Erzgebirge an den kommenden Technologien, *Trajekten* und *Venussa*-Raumschiffen zur friedlichen Besiedelung der fernen *Sonnenländer* – und ihm, Janke, ganz allein gebührten Ruhm und Ehre, der Menschheit einen großen Dienst erwiesen und den Frieden auf Erden gefördert zu haben. Der Weg zu den Planeten stand offen, und es bedurfte nur noch eines

günstigen Augenblicks, um die in den Hangars wartenden, startberei-
ten Raketen zu zünden und die Besiedelung des Universums, *ganz
ohne Atom*, zu beginnen, eine Besiedelung, die neue, freie, glückliche
Menschen hervorbringen würde. Bis dahin freilich musste er, Janke,
sich bescheiden und warten.

Ach, das Warten!

Er hatte nach einem Streit mit der Leitung sein Laboratorium wieder räumen müssen, nur weil er einmal mit einem Bunsenbrenner
hantiert hatte. Janke hatte dagegen schriftlich protestiert, aber keine
Antwort erhalten. Immerhin war Herr Jonas so kollegial gewesen,
ihm, Janke, auf dem Speicher des Schlosses einen kleinen Lattenverschlag freizuräumen, ein Kabuff ohne Fenster, nur von einer Glühbirne
unzureichend beleuchtet. Der Verschlag war zu klein, um darin zu
forschen, und die Leitung hätte das auch nicht geduldet, von wegen
Brandgefahr und dergleichen Nonsens. Aber immerhin durfte er,
Janke, hier sein Lebenswerk, Hunderte von Konstruktionszeichnungen und die umfängliche Korrespondenz mit Akademien, Verlagen,
Ministerien und technischen Instituten und Betrieben, archivieren, um
es vor der Zerstörung zu bewahren und der Nachwelt zu erhalten.

Ach, im Grunde wusste er ja, dass ihm die Lebenszeit nicht aus-
reichen würde, dass er noch vor der Vollendung seiner technisch machbaren Träume von dieser Welt scheiden müsste. Aber er war ja nur
Einer im Pilgerzug zum weltumfassenden Ziel, zur großen Utopie, und
er stand lediglich auf den Schultern anderer, und andere wiederum
auf seinen Schultern … Das war der große Trost: zwar nicht vollendet
zu haben, aber den ihm bestimmten Weg entschieden vorangeschritten zu sein.

Nun hieß es warten, denn die ihn Begleitenden waren auf der Weg-
strecke ein Stück zurückgefallen, weil sie sein, Jankes, Genie nicht
rechtzeitig erkannt hatten, weil sie seinen geistigen Höhenflügen
nicht immer hatten folgen können. Aber all das machte nichts. Er hatte die Fackel weit vorangetragen und Licht in die Finsternis gebracht.
Bald würden andere sie übernehmen, wie bei einem Staffellauf, und
sie weitertragen, und sein, Jankes, Nachlass, gehortet und archiviert

in mehreren großen Kisten auf dem Speicher des Schlosses, würde ihnen hierbei von unschätzbarem Nutzen sein.

Aber das Warten hatte Janke müde gemacht. Unfassbar müde. Die Datumsangaben, die er auf Zeichnungen und Briefbögen setzte, waren ihm leere, sinnlose Zahlen geworden. Seit Evelyn nicht mehr im Schloss lebte, war ihm alles fade und grau. Die Worte, die er sprach, sprach er zu Tauben, die Gedanken, die er hatte, waren stumpf und belanglos, die Gefühle, die er noch hegte, zerfielen ihm wie morsches Holz, und übrig blieben nur Späne, die keinen Sinn mehr ergaben. Er hatte in den Briefdaten die Fünfziger und Sechziger durchwandert, und trotz aller innerer und äußerer Drangsal waren es gute Jahre gewesen. Aber dann kam die große Wüstenei, das Einerlei, mit Evelyns Verschwinden, ihrer Unauffindbarkeit. Hunderte von Briefen hatte er ihr geschickt, an Adressen in Schöna und Großschweidnitz. Etliche waren zurückgekommen mit dem Vermerk *Annahme verweigert*; und von den anderen hatte er nie erfahren, ob sie die Adressatin je erreicht hatten und ob sie sie auch gelesen hatte. So waren die Siebziger verronnen und die Achtziger weit vorangeschritten.

Janke empfand beim Schreiben dieser Zahlen nichts mehr. Er war der Welt abhandengekommen, und er hatte immer öfter das Gefühl, dass es ihm recht und lieb so war. Immer öfter wollte er allein sein, zog sich zurück in sein Archiv oben auf dem Dachboden, saß dort vor seinen Zeichnungen technologischer Meisterwerke, wunderte sich bisweilen selbst, dass diese Erfindungen seinem Gehirn entsprungen waren, ganz allein auf seinem Genie beruhten, und wurde in solchen Stunden doch etwas ruhiger und zufriedener. Dann stieg er wieder hinunter in die Anstaltsräume, ging zum Abendessen oder hinaus in den Hof, manchmal auch noch hinüber ins Dorf, zum *Konsum*, oder abends in den Gemeinschaftsraum, wo ein Bildschirm stand, der die beiden Farb-Televisionsprogramme empfing, die von jenem Fernsehturm in Berlin ausgestrahlt wurden, der eigentlich auf seine, Jankes, Pläne zurückging …

Er ging inzwischen sehr früh zu Bett, auch wenn das Pflegepersonal ihn deswegen ausschimpfte. Er war müde geworden. Müde vom

Leben und müde von zu viel Liebe, die er empfunden und in seine Briefe, in seine Erfindungen, in seine Gedanken gegossen hatte. Die Liebe, das wusste Janke, hatte ihn müde gemacht und zermürbt, sie hatte ihn bekrönt und gegeißelt, erhöht und gedemütigt. Wenn er abends vor seinem Spind stand, den Pyjama bereits angezogen, warf er noch einen zärtlichen Blick auf den Plüschbären, den er vor vielen Jahren bei der Feier zum 1. Mai erworben hatte, um ihn Evelyn zu schenken. Er hatte dazu nie Zeit und Gelegenheit gefunden, sie war ja auch so unnahbar gewesen, und bevor noch die richtige Situation sich eröffnet hätte, hieß es, sie sei entlassen worden. So hegte Janke den Bären wie sein eigenes Herz, und wie sein eigenes Herz traurig und alt geworden war, blickte auch der Bär mit seinen gläsernen Knopfaugen traurig und alt drein. Er, Janke, hatte einmal im *Magazin* die Geschichte von einem Mann gelesen, der sein eigenes Herz gegessen hatte. Und als ihn ein anderer entsetzt darauf ansprach, ob es denn gut schmecke, antwortete dieser: *Es ist bitter, aber ich mag es, weil es bitter ist, und weil es mein Herz ist.*[13]

Einige Male war ihm, Janke, etwas Seltsames widerfahren: Bisweilen musste er nachts aufstehen, um zur Toilette zu gehen. Es war ihm passiert, dass sich ihm auf dem Weg zurück zu seinem Schlafraum, den er mit zwei anderen Männern teilte, die Tür von allein geöffnet hatte, oder, wie man früher recht altertümlich zu sagen pflegte: *wie von Geisterhand.* Beim ersten Mal hatte er, Janke, noch geglaubt, zwei Fenster wären offen, wodurch ein Luftzug entstünde, der die Angeln in leichte Schwingung versetzte und die Türen langsam öffnete. Aber als er einmal sein Zimmer betreten hatte, mitten in der Nacht, hatte er gesehen, dass das Fenster fest verschlossen war. Seine Mitbewohner hatten geschnarcht, konnten also die Tür nicht geöffnet haben. Auch hatte Janke, als er das Türblatt und die Klinke näher untersucht hatte, keine Schnur, keinen Bindfaden oder dergleichen gefunden, was auf einen Scherz der Mitbewohner hätte rückschließen lassen. Hinter der Tür war auch keiner gestanden, Janke hatte im Licht des Mondes, das durchs Fenster fiel, nachgesehen. Und die Tür war, anders als bei einem Luftzug, nicht ruckartig aufgestoßen worden, sondern sie hatte sich langsam, aber bestimmt geöffnet, als führte eine sanfte Hand die Klinke.

Janke glaubte nicht an Gespenster, und entsprechend empfand er bei diesen Begebenheiten oder *Begegnungen*, wie er sie bald für sich zu nennen pflegte, keine Furcht. Aber sie gaben ihm doch zu denken. Nur: Das Denken brachte ihn, anders als bei seinen technischen Problemen, die er löste, hier keinen Schritt weiter. Was hier geschah, lag außerhalb der Sphäre des menschlichen Verstandes, und je länger er darüber nachdachte, desto mehr verdunkelte sich das Geschehene. Es gab keine rationale Erklärung dafür. Aber dass die Tür sich wieder und wieder ohne menschliches Zutun oder natürliche Umstände öffnete, war gleichwohl eine Tatsache, und Janke blieb nichts anderes übrig, als dies widerspruchslos anzuerkennen, wenngleich eine Erklärung hierfür ihm verwehrt blieb. Oder war es doch ein Geist? Kein Gespenst wie aus einem Schauerroman, in weißes Linnen gewandet, sondern eben ein Geist, der aus Anti-Materie bestand und aus einer Überwelt herübertrat und ihn, Janke, grüßte. Ja, ihn grüßte. Denn der Geist war offensichtlich höflich und korrekt, ja freundlich gesinnt, wenn er ihm, Janke, immer wieder einmal im Dunkeln die Tür öffnete, als wollte er ihn davor bewahren, an das Holz zu rammen und sich wehe zu tun.

Ein einziges Mal war es Janke so erschienen, als könne er diesen Geist sehen. Das war gar nicht auf dem Gang zu den Waschräumen geschehen, sondern als er einmal nachts aufgewacht war. Er war wach gewesen, das wusste Janke nur zu gut, denn im Halbdunkel hatte er nach seiner Armbanduhr gegriffen, die neben dem Bett auf dem Nachttisch lag, und hatte nach der Zeit geblickt: Das Zifferblatt hatte viertel nach zwei gezeigt. Und das war Jankes Selbstversicherung gewesen, dass er tatsächlich wach gelegen war und nicht geträumt hatte. Als er sich dann aber auf die andere Seite gerollt hatte und eben die Augen hatte schließen und weiterschlafen wollen, hatte er im Dämmer eine Gestalt neben seinem Bett sitzen sehen. Es war keiner der Zimmergenossen gewesen, denn deren Schnarchen – der eine hatte einen tiefen Bass, der andere einen löcherigen Tenor

– war deutlich zu vernehmen. Es war jemand anders gewesen, und dieser Jemand war da gesessen, eher ein Schemen, aber doch in Umrissen und wenigen Körpermerkmalen zu erkennen, und hatte ihm, Janke, wissend und freundlich zugenickt. Und als Janke die Augen aufgerissen hatte, um besser sehen zu können, hatte er einen Mann zu erblicken geglaubt wie aus einer fernen Zeit: in einer Art altmodischer Uniform, mit Epauletten und hohem, steifem Kragen, mit Goldborten verziert. Und dieser Jemand hatte krauses Haar, Geheimratsecken und ein schütteres Spitzbärtchen, das eine Auge aber hatte etwas nach außen geschielt. Und als Janke eben hatte fragen wollen, wer er denn sei und was er hier an seinem Bett wolle, da hatte der andere den Zeigefinger an die Lippen gelegt, zweimal genickt, ein Zeichen mit der Hand gemacht, das wie eine Art Segensgruß war, die Augen geschlossen – und war verblasst. Denn so sehr er, Janke, auch zu der Stelle, wo der Fremde gesessen war, hingestarrt hatte, war da nichts. Auch kein Stuhl, auf dem der andere hätte sitzen können. Sondern da war nur das Bett des löcherigen Tenors gewesen, der vor sich hin flötete und trötete ...

Janke hatte in jener Nacht noch lange an die Zimmerdecke gestarrt mit dem großen, grauen Wasserfleck von einem Rohrbruch, und hatte darüber nachsinniert, war aber zu keiner Erklärung gekommen. Aber er hatte gefühlt, dass er mit einem Mal ganz ruhig geworden war, und in seinem Herzen war so etwas wie eine große Stille und ein tiefer Friede gewesen, und eine Stimme hatte ihm zugeflüstert: *Du hast dein Leben gemeistert*. Dieses Gefühl hatte noch lange angehalten, mehrere Wochen lang, und es hatte ihn getragen – bis es im Trott des Alltags von Hubertusburg doch wieder verblichen war. Janke aber war von da an nachts des Öfteren aufgewacht und hatte sehnsüchtig zu der Stelle geblickt, wo der fremde, eigentümliche Herr gesessen hatte – aber die Begegnung hatte sich nicht wiederholt.

Vielleicht, dachte Janke, war der Fremde ein Bote, aus einer fernen Zeit gesandt, oder von einem fernen Planeten. Und solchen Menschen zu begegnen, in den zu erobernden Sternenräumen, das musste etwas Wunderbares sein.

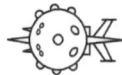

Der Planet hieß Lübben und war eine Insel inmitten des Spree-
waldlabyrinths. Ich gelangte in die Altstadt und stand vor der
Kirche, deren Turm ich schon aus einiger Entfernung erblickt
hatte. Auf dem Vorplatz entdeckte ich eine bronzene, überlebens-
große Statue des Dichterpastors Paul Gerhardt, ein offenes Buch
in der Hand haltend. Vielleicht waren es die Verse von *Nun ruhen
alle Wälder*, die Pierre vorhin rezitiert hatte – ich konnte es nicht
erkennen. Irgendwie war ja in dem Lied davon die Rede, dass
alle Welt schlafe, und auch mich überwältigte nun die Müdigkeit.
Ich schleppte mich gerade noch zu einer Bank im Schatten der
Kirche, streckte mich darauf aus – und war auch schon eingenickt …

Ich wurde von Lärmen, Schreien und Hupen geweckt, fuhr
erschrocken hoch – und glotzte in das haarige Knopfaugen-Kon-
terfei von ALF, dem vorlauten, kalauernden Wesen aus dem All,
das sich bei einer amerikanischen Familie eingenistet hatte und
deren Katze am liebsten durch die Moulinette jagen wollte. Noch
schlaftrunken, glaubte ich zunächst, in eine ferne Galaxie gebeamt
worden zu sein, auf den Planeten *Melmac*. Erst als auch noch
Mickey Mouse, Goofy, Garfield und Miss Piggy an mir vorüber-
zogen, begriff ich: Es war eine Horde maskierter Kinder.

»Das ist ja ein Bär und gar keine Katze«, sagte das Mädchen
alias ALF enttäuscht, als sie mich erblickte, und erklärte dann:
»Ich fresse aber nur Katzen, am liebsten frisch gepresst.«

»Chantal, geh sofort weg von dem Penner«, kreischte ein pani-
scher mütterlicher Sopran, und die Kleine alias ALF trottete zurück.

Ich strich mir durchs Haar, befühlte meinen Bart. Ich hatte
mich tatsächlich seit Ludwigsfelde nicht mehr rasiert und mir seit
Tagen nicht mehr die Haare gewaschen. Kein Wunder, dass Außer-
irdische mich bereits als Teil ihrer Nahrungskette ansahen. Ach
nein, ALF hatte wohl Leppsch gemeint …

Auf dem Kirchplatz versammelten sich nun immer mehr Menschen, nicht nur Mütter mit ihren maskierten Kindern, sondern auch ältere Leute, Alleinstehende und Paare ohne Kinder. Neben mir stand jetzt ein schlaksiger Teenie im knallroten Fußballdress von *Energie Cottbus*.

»Sag mal, was ist denn hier los? Kommt die Queen, oder was?«, fragte ich und versuchte, dabei möglichst lässig zu klingen.

Der Bursche blickte mich abschätzig von oben bis unten an (klar, *Penner*, dachte ich betroffen) und stellte fest: »Mann, Alter, auf welchem Planeten lebst du denn? Heute kommt hier Ria Renner durch, die ist auf Weltumrundung mit einem coolen Oldtimer ...«

Weiter kam er nicht, denn im selben Augenblick bog eine hochglänzende *Adler*-Limousine auf den Kirchplatz ein und schob sich im Schritttempo durch die johlende Menge. Die Menschen klatschten frenetisch, schwenkten Wimpel, fotografierten, und die *Adler*-Limousine antwortete wild hupend. Vor lauter Köpfen und Fähnchen sah ich das in der Sonne blitzende Schwarz der Karosserie und die spiegelnden Fensterscheiben nur bruchstückhaft. Ich versuchte, mich ein wenig vorzudrängeln, wurde aber gleich von einer resoluten Endsechzigerin mit einem beherzten Ellbogenschlag wieder auf meinen hinteren Stehplatz verwiesen. In diesem Augenblick wurde die Scheibe auf der Fahrerseite nach unten geklappt, und ich konnte Ria Renner am Steuer erkennen, im Staubmantel, eine lederne Automobilistenkappe der Dreißigerjahre auf dem Kopf, die Schutzbrille am Gummiband auf die Stirn geschoben. Sie grinste über das ganze Gesicht, ihr makelloses künstliches Gebiss funkelte im Blitzlichtgewitter.

»Danke! Danke!«, rief sie in die Menge. »Hals- und Beinbruch! Und nun geht es ab nach Afrika!«

Die *Adler*-Limousine hatte kurz angehalten. Jetzt tippte Ria Renner wieder aufs Gas, das Automobil zuckelte hupend weiter. In diesem Augenblick konnte ich einen Blick auf den Beifahrer werfen: Es war Sunny! Er hatte einen Sommeranzug aus chamoisfarbenem Leinen an, um den Hals war ein blaues Seidentuch gebunden, auf dem Kopf trug er einen schicken Panamahut.

»Sunny!«, rief ich, »Sunny!«

Aber in all dem Gejohle hörte er mich nicht, und schon fuhr die *Adler*-Limousine weiter, schnurrte über den Kirchplatz und verschwand in einer Seitenstraße.

Allmählich zerstreute sich die Menge – ich blieb zurück, wie vom Blitz getroffen. Nur ALF stand noch ein Weilchen da und sah mich verstohlen an, bis seine Mutter das Kind von dem »Penner« fortzog.

Sunny! Hatte er es also doch gewagt! Er hatte sich von zu Hause, von Wermsdorf und seiner keifenden Mutter abgenabelt, auch von Wiepersdorf und der niederbayerischen Mirl, hatte die Schnur einfach gekappt. Und nun zog er an Ria Renners resoluter Seite durch die Welt: Sie würden südwärts fahren, durch Tschechien und Österreich, über den Balkan, durch die leuchtenden Länder der Levante, bis nach Ägypten und Äthiopien oder vielleicht auch Richtung Persien, weiter durch die Regionen Indiens und Indochinas … Jedenfalls würde Sunny in wenigen Wochen weiter gelangen als ich in meinem ganzen Leben – einfach so. Und er würde vielleicht bald an den Ufern des Nils stehen, dort, wohin ich wohl nie kommen würde, und wohin Evelyn sich so sehr gesehnt hatte.

Sinnierend strich ich mit der Hand durch meinen Bart. Auf der anderen Seite des Platzes erblickte ich einen Frisiersalon. Meine Reise war hier also zu Ende, ich war ein Versager, ein Verlierer, ich würde mich hier in Lübben der Polizei stellen – aber ich wollte zumindest wie ein Mensch aussehen, und nicht wie Leppschs Cousin. Ich nahm meinen Rucksack und den Stoffbären und ging zu dem Laden, der sich *Elkes Hairboutique* nannte. Drinnen stand ein Mann mittleren Alters, braungebrannt, blondiert, Ringe in den Ohren und an allen zehn Fingern. Ich fragte nach Elke, und er sagte, er heiße nicht Elke, sondern Eike, ob ich Tomaten auf den Augen habe?

Nach einer halben Stunde verließ ich Eike und war wieder ein Mensch: flotte Frisur, frisch rasiert. Eike sagte noch: »Nun kannst du dich wieder verlieben.«

Ich antwortete: »Danke, mir ist schon schlecht.«

Und Eike meinte: »Na ja, mit einem Plüschbären allein kann man ja wohl nicht durchs Leben gehen.«

Mit dieser Stylistenweisheit beschenkt, stand ich wieder auf dem Kirchplatz, sah zu Paul Gerhardt empor, der Krieg, Not und Pest durchlitten hatte, aber immerhin wusste, wo Himmel und Erde sind, und dass der liebe Gott über allem waltet und schaltet. Insofern hatte Gerhardt einen entscheidenden Vorteil, und ich beneidete ihn darum, zog den Hut vor ihm und schlenderte weiter durch das Städtchen.

Ich gelangte zu einem großen, gelblich getünchten Gebäude mit Renaissance-Giebel. Eine Infotafel wies es als Schloss Lübben aus, worin nun das Regionalmuseum untergebracht war. Dahinter lag ein Park, und ich spazierte hinein. Ein mit hohen Hecken bepflanztes Labyrinth versprach laut einer anderen Infotafel eine Reise durch den Irrgarten des Lebens, mit der Möglichkeit, über Wege und Irrwege und den Weg als Ziel nachzudenken. Ob die Parkverwaltung den Stylisten Eike in ihrem Beirat hatte?

Ich wusste nichts anderes mit meiner Zeit anzufangen, und so begab ich mich hinein. Zunächst umsprangen mich noch ein paar spielende Kinder, die aber nach und nach verschwanden – vielleicht waren sie im Labyrinth verloren gegangen, und vielleicht gab es ja ein dunkles Geheimnis, einen Drachen oder eine Falltür. Es wurde immer schwüler, am Himmel türmten sich Gewitterwolken, ich vernahm ein erstes Donnern, achtete aber nicht weiter darauf. Ich streunte umher, gelangte wiederholt in Sackgassen, schien einmal nahe der ersehnten Mitte zu sein, wurde dann wieder fast an den Rand des Labyrinths geführt. Ich war völlig allein. Vielleicht gab es hier wirklich ein Ungeheuer, einen Minotaurus, der die Suchenden und Irrenden erwartete und sie zerfleischte, wie sie auch in Wirklichkeit langsam vom Leben zermalmt wurden? Eine frische Brise kam auf, das Grollen und Donnern näherte sich, blauschwarze Wolken hatten den Himmel bezogen.

Plötzlich hörte ich meinen Namen rufen. Ich wandte mich um, aber die Hecken waren zu hoch. Wieder ein Rufen. Eine junge Männerstimme. Ich erkannte sie zunächst nicht. Erst als die Stimme rief: »Tim, sag doch etwas! Ich habe dich doch eben noch gesehen!«, erkannte ich den Südtiroler Akzent: Raffaele!

Ich war wie vor den Kopf gestoßen. Mein Herz schlug schneller. »Hier bin ich!«, gab ich zur Antwort.

Und er, schon etwas näher: »Wo?«

»Hier!«, rief ich.

Da hörte ich seine Schritte, seinen raschen Atem, schon ganz nah, sah ihn aber noch nicht, denn ich war in eine vermaledeite Sackgasse geraten.

Auf einmal brach durchs Dickicht der Hecke ein Arm, dann zwei, Kopf und Körper zwängten sich hindurch, und Raffaele stand vor mir, übers ganze Gesicht strahlend. Ich ließ Leppsch, den ich im Arm gehalten hatte, sinken, und dann spürte ich Raffaeles vom Laufen schwitzenden, muskulösen Körper, als er mich in die Arme schloss und küsste. Ich ließ es geschehen, wehrte mich nicht mehr und erwiderte seinen Kuss. Ich hielt Raffaele fest, um ihn kein zweites Mal zu verlieren. Seine Finger berührten die Narbe an meinem Hals, aber es tat nicht mehr weh.

In diesem Augenblick blitzte es, ein lautes Krachen, wie von einem Böllerschuss. Die Stille zerriss, und dann setzte der Regen ein, rauschte, als hätte der Himmel die Schleusen geöffnet, oder als wären es die Katarakte des Nils.

Raffaele jubelte und lachte – und ich war still, still vor Glück.

Er zog aus seinem Rucksack eine Windjacke und breitete sie über unser beider Köpfe, was gegen den Sturzregen rein gar nichts nützte. Aber wir standen nun Kopf an Kopf, unter einem Himmel, der es gut mit uns meinte, Wange an Wange – und das war das Schönste.

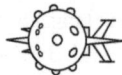

Da ist eine Hand, die seine hält. Die Gelenke tun ihm weh. Es sind die Bänder, womit man ihn gestern ins Bett gefesselt hat. Er ist *unartig* gewesen, hat in die Hose gemacht. Die Schwester hat ihm die nasse Hose heruntergerissen, das Laken abgezogen. Dann kam dieser Arzt im weißen Kittel. Sie haben ihm einen *Katheter gesetzt*. Er hängt nun an einem Schlauch, ein Plastebeutel baumelt am Bettrahmen. Er liegt da wie ein Gekreuzigter. Die Bänder schneiden ins Fleisch. Er kann nur auf dem Rücken liegen, den Blick nach oben, zur Zimmerdecke gerichtet. Da ist noch immer der graue Fleck. Was hat er zu bedeuten? Sein Rückgrat schmerzt. Es liegt sich wie auf Scherben. Er möchte schreien, aber ihm ist, als habe man ihm einen Knebel in den Mund geschoben. Der Mund fühlt sich dennoch leer an, eingesunken. Die dritten Zähne haben sie ihm herausgenommen. *Erstickungsgefahr*, hat die Schwester gemurmelt. Der Speichel trieft ihm aus dem Mundwinkel. Er kann ihn nicht wegwischen. Die Hände hängen in Schlaufen.

Da ist sie wieder, die fremde Hand. Sie ist trocken und warm. Sie streichelt seine Hand, seine Stirn. Er will den Kopf wenden, aber der Körper gehorcht ihm nicht. So starrt er zur Decke – der graue Fleck. Ein Wasserfleck? Das Wasser läuft in den Beutel.

Die warme, streichelnde Hand. Wer ist das? Er glaubt eine Stimme zu hören.

Herr Janke, ich bin bei Ihnen.

Solange die Hand da ist, ist alles gut. Alles gut. Die Müdigkeit steigt in ihm hoch, ertränkt ihn, reißt ihn mit sich ...

Jetzt sitzt er im Gras, an einem Bach, die bloßen Beine baumeln hinab. Forellen huschen durchs glasklare, murmelnde Wasser und verstecken sich unter den Soden. Er wendet den Kopf, sieht den lichtdurchfluteten Hain: die weißen Birken im hellgrünen Laub, die blauenden Buchen, das schräg fallende Sonnenlicht, das auf der Wiese mit Sternanemonen funkelt. Jetzt sieht er an sich hinab: Er hat das weiße Hemd an, die kurze blaue Hose. Der *Sonntagsstaat*, wie seine Mutter

sagt. Das darf er nicht schmutzig machen. Er sitzt hier, hält ein Stöck-
chen in der Hand, daran eine Schnur mit Haken und Köder. Vielleicht
beißt ja ein Fisch an. Den bringt er dann nach Hause, die Magd kann
ihn ausnehmen und backen. Viel Zeit hat er nicht. Wenn die Sonne am
höchsten steht, muss er nach Hause rennen, zum Mittagessen. Er kam
aus der Kirche, hat noch den Schall der Glocken im Ohr. Jetzt sitzt er
da, am Ufer der Persante, die fließt durch sein Dorf und weiter nach
Kolberg. Das ist eine Stadt, am Baltischen Meer, dahinter wartet die
Welt. Wenn er mal groß ist, will er dorthin, in die weite, weite Welt,
die auf ihn wartet. Vielleicht auch darüber hinaus, wer weiß es schon.
Abends steht er oft am Fenster seiner Dachstube und blickt hinaus:
auf den Mond, der hat ein Gesicht und lächelt; die Sterne, die zittern
und funkeln. Dort oben ist die Welt noch nicht zu Ende, da geht es
noch weiter und immer weiter. Und ganz darüber, so sagt sein Vater,
wohnt der Herrgott, aber den sieht man erst, wenn man tot ist.

Herr Janke? Ich bin hier. Es wird alles gut.

Wer spricht? Janke will sprechen, aber die Zunge klebt ihm am
Gaumen, und man hat ihm die Zähne herausgenommen. Er zerrt an
den Bändern, mit denen man ihn ins Bett fixiert hat. Er liegt auf dem
Kreuz, gekreuzigt. Das Kreuz will ihm brechen, so blindwütig fährt ihm
der Schmerz durch den Leib.

Er spürt die streichelnde Hand auf der Stirn, er sieht für einen
Augenblick den Handrücken. Behaart, eine Männerhand. Ist das
Jonas, sein Assistent, sein Freund?

Versuchen Sie zu schlafen, Herr Janke. Ich komme morgen wieder.

Die zärtliche Hand lässt von ihm ab, der Schatten verschwindet.
Wieder nur die grelle Zimmerdecke über ihm und der graue Fleck.

Geh nicht! Geh nicht! Keiner hört den stummen Schrei.

Er sieht den grauen Fleck an der Decke. Das ist der Mond, sagt die
Erinnerung. Die Erinnerung: Er sieht sich hier, in diesem Zimmer, vor
vielen Jahren, spätabends am Fenster stehen. Er blickt hinaus. Die
Schwester darf ihn nicht ertappen, sonst muss er zur Strafe in den
Bunker, Kohle schippen. Es ist der Abend des 23. Januar 1953, in der
Leipziger Volkszeitung wurde eine totale, zentrale Mondfinsternis

angekündigt. Um exakt dreizehn Minuten vor Mitternacht wird sie eintreten und knapp anderthalb Stunden dauern. Janke steht da, im Pyjama. Es ist bitterkalt. Er hat Pantoffeln an den bloßen Füßen. Es zieht durch die Ritzen der alten Holzfenster. Eisblumen blühen auf den einfachen Scheiben. Er haucht und haucht, bis eine handtellergroße Stelle frei ist, blickt auf den Mond, der goldgelb am Firmament emporsteigt. Es ist das Mondgesicht, das er als Kind schon gern sah, am Fenster seiner Dachstube, zu Hause in Pommern. Es friert ihn, doch er hält aus. Er ist das Frieren gewohnt. Er hat sein Leben lang gefroren. Davon ist das Herz ihm bitter geworden. Sein Bettnachbar schnarcht und verpasst die lunare Metamorphose: Da plötzlich schiebt sich ein roter Schatten von links über das Mondgesicht, frisst es auf, bis alles in einer Blutlache schwimmt. So hängt sie am Himmel, die Schweinesonne, und blutet aus ... Janke steht da und friert und fühlt nicht die Zeit verrinnen – bis endlich von links sich die Bluthaut zurückzieht, das Mondgesicht, honiggelb, freundlich, kommt nach und nach wieder zum Vorschein.

Blutrot ... was ist da noch gleich ... ja, der Lippenstift, *Carmen*, den er für Evelyn erwarb. Er hat die Tasse noch, im Spind, hinter seinen Socken versteckt. Blutrot der Abrieb am Tassenrand ... die letzte Begegnung mit ihr in seinem Laboratorium, als er ihr die Freiheit versprach, das Glück zu zweit, im Haus irgendwo hinter dem Collmberg. Wenn nur erst das neue, verbesserte Strahltriebwerk das *Sonnenland*-Trajekt in den Orbit schösse ...

Evelyn, wo bist du? Verloren. Sie hat ihn belogen, verraten. Verheiratet, Mann und Kinder. Ihn all die Jahre belogen. Aber es gibt nichts zu verzeihen. Es war ihm auferlegt, sein Schicksal, das er tragen musste, sein Kreuz, das nun bricht. Er hat es getragen, tapfer. Fände er Gnade vor IHM? Hat er sein Leben erfüllt, es tapfer gelebt, sich zur Erkenntnis und anderen zum Nutzen? Wer kann das von sich behaupten? Es bleibt ja nur der graue Fleck an der Decke ...

Da ist er wieder ... der gute Geist, den er vor Jahren sah. Dort zu seinen Füßen steht er. Er kann ihn erhaschen, wenn er den Kopf ein klein wenig hebt – auch wenn es ihn schmerzt. Dort steht er, in seltsamer, altertümlicher Uniform, mit Schulterklappen und Tressen. Er hat ein offenes Gesicht, gekraustes Haar, das eine Auge schielt, unter dem Bärtchen zeigt sich ein wissendes, heiteres Lächeln. Der Fremde hebt die Hand und macht mit dem Zeigefinger ein Zeichen zu kommen. Er will ja, aber die Bänder schneiden ihm in die Handgelenke, sie haben ihn auf die Matratze gekreuzigt ...

Der Fremde legt nun den Finger an die Lippen. *Sei still,* flüstert er, *weine nicht. Fürchte dich nicht. Es ist nun vollbracht.* Nun zeigt er nach oben, zur Decke.

Er folgt dem Finger: sieht ein Licht von oben, das wärmt und umfängt ihn wie eine Mutter. Er weiß nun das Schlüsselwort wieder, das er im Kohlenkeller einst vergeblich gesucht. Aber der gute Geist sagt: *Verrate es nicht, dir nicht, den Kommenden nicht. Es muss jeder selbst finden.*

Nun hüllt ihn das warme Licht, das Mutterlicht, ein. Schon hebt er sich, lässt die Matratzengruft unter sich. Auf einmal ist alles so leicht, die Gleichung, nach der er sein Lebtag lang suchte, auf Hunderten von Konstruktionsplänen, in arithmetischen Rechnungen, sie geht mit einem Mal mühelos auf: Rechts und links des Ist-Gleich-Zeichens steht das Symbolon für Unendlichkeit.

Er schwebt. Er sieht den Himmel offen. Er ist endlich er und es und alles und schon nicht mehr und hört noch die Stimme des guten Geistes singen: *Vollbracht.*

Nach einer Viertelstunde war der Gewitterregen vorüber. Die Wolken verzogen sich so schnell, wie sie gekommen waren, die Sonne schien von einem blank gewaschenen Himmel auf uns herab. Alles dampfte: die Bäume, das Heckenlabyrinth, wir.

Ich wollte den Weg zurück zum Schloss suchen gehen, aber Raffaele führte mich ins Auge des Labyrinths, als würde er den Weg in die Mitte der Welt kennen. Die Anlage war menschenleer, und wir ließen uns ins nasse Gras fallen. So lagen wir da, wohl eine halbe Stunde lang, blickten abwechselnd in die Unendlichkeit des Himmels und einander in die Augen, ließen uns von den Sonnenstrahlen trocknen, erzählten einander unsere Erlebnisse der letzten Tage und küssten uns. Er berichtete davon, dass sein Vater in Bozen krank sei, eine Herzattacke, nichts Lebensbedrohliches, aber doch heftig genug, dass er als Hotelier nun aufhören und ihm, Raffaele, den Betrieb übergeben wolle.

»Und, wirst du das Hotel übernehmen?«, fragte ich.

Raffaele seufzte. »Ja, muss ich wohl. Das heißt: Eigentlich freue ich mich darauf. Es ist doch das, wofür ich meine Ausbildung gemacht habe, und überhaupt ist es das Beste, was mir passieren kann. Aber andererseits«, er blickte mich an, »gerade jetzt. Ich weiß nicht. Da beginnt doch eben erst etwas …«

Ich wandte den Blick von ihm ab. Ich ertrug seine schönen, traurigen Augen nicht. Und nun erzählte ich ihm von Evelyns Tod und von dem Tonhäuschen, das ich noch immer in meinem Rucksack trug, und das er, Raffaele, mir zurückgebracht hatte, und dass nun die ganze Sache mit der Reise zum Nil vergebens sei. Raffaele legte seinen Arm zärtlich um mich und gluckste. Und dann flüsterte er mir ins Ohr, und seine Bartstoppeln kitzelten meine Haut: »Komm, Tim, ich will dir etwas zeigen; ganz in der Nähe.«

Er zog mich hoch, und wir fanden recht schnell aus dem Labyrinth heraus (das heißt: Raffaele fand den Weg, er schien einen sechsten Sinn zu besitzen). Er nahm mich bei der Hand, und wir gingen immer rascher. Irgendwann fing er zu laufen an und zog mich mit sich: Wir eilten am Schloss vorbei, an gaffenden Spreewald-Ausflüglern, kamen auf eine große Straße, die stadtauswärts führte, querten einen Spreearm und noch einen weiteren. Autos rauschten an uns vorbei, und ich fragte mich, was er mir denn zeigen wolle, hier, am Rande der Stadt. Rechts lag ein uncharmantes Eis-Café, mit einem Parkplatz davor, links breitete sich ein riesiges asphaltiertes Areal aus, auf dem ebenfalls Autos standen, und dahinter ein *Rewe*-Markt, wie es ihn Hunderte Male gab –

und alles war hässlich und austauschbar, und hässlich, weil es austauschbar war, und ausgerechnet hier hielt Raffaele an, wandte sich mir zu (ich war vom Laufen außer Atem – *typischer Stubenhocker*, hätte Cordula wohl gesagt), und sein Gesicht leuchtete.

»Was ist?«, japste ich.

Da bedeckte er mir mit einer Hand (eine große, warme, sanfte Hand) die Augen, drehte mich mit der anderen um die eigene Achse und raunte mir von hinten ins Ohr: »*Ècco* ... nun endlich bist du am Ziel!«

Er nahm die Hand von meinen Augen, und ich blinzelte, weil ich in die Sonne schaute, und erst nach ein paar Sekunden sah ich: einen von Bäumen überhangenen rotbraunen Wassergraben, und davor, auf einem Metallpfosten, ein braunes Schild mit weißer Schrift, wie es an Straßenrändern aufgestellt wird, um den vorbeibrausenden Autofahrern topografische und kulturelle Besonderheiten zu benennen. Und da stand in unbestechlichen amtlichen Lettern: *Roter Nil.*

Sprachlos stand ich da, wie vor einer Erscheinung, und stierte nur immer auf das Schild und die beiden Wörter *Roter Nil*, unter denen sich wie zur Bekräftigung eine Wellenlinie kräuselte.

Die Autos rauschten an uns vorbei, aus dem *Rewe*-Parkplatz kamen Menschen mit Einkaufstaschen. Und ich, Tim Feldtmann, stand vor einem Schild und starrte darauf wie auf ein Mysterium. Ich ging um das Schild herum, als müsste ich die Kulissen eines Potemkin'schen Dorfes begutachten, blickte hinab auf den mit rötlichem Wasser gefüllten Graben, der sich unter Weidengebüsch hinzog. Eine mit Supermarkttüten behangene Radfahrerin klingelte mich ärgerlich zur Seite. Erst jetzt löste ich mich aus meiner staunenden Starre. Ich blickte Raffaele, der mich angrinste, ins Gesicht und sagte: »Das ist jetzt aber nicht dein Ernst, oder?«

»Nein. Alles Fake. Bin vorhin zum Bürgermeister gegangen, habe ihm hundert Öre in die Hand gedrückt und gesagt: Bitte sofort, da ich eigens und überstürzt mit dem Regionalexpress nach Lübben gefahren bin, um den hübschen Tim zu küssen, an diesem rotbraunen Wasser ein Schild aufstellen, denn der Herr Tim wollte eigentlich nach Äthiopien fahren, mit Frau Kubelka, die aber unversehens das Zeitliche gesegnet hat, und nun hat der arme Tim es eben nicht mehr ganz geschafft, aber immerhin, von Wermsdorf aus betrachtet, ist er innerhalb von zehn Tagen oder so doch recht weit gekommen, sage und schreibe zwei Autostunden weit, und bis nach Afrika ist's da ja nur noch ein Katzensprung, den Sie, lieber Herr Bürgermeister, nun eben auch mal tun müssen, zumal mit einem Hunni in der Tasche, damit wir diesen komischen Flutgraben *Roter Nil* benennen.«

Ich schaute Raffele fassungslos an, dann musste ich lauthals lachen, und wir lagen uns glucksend in den Armen, und ich sagte: »Ja, genau, so wird es gewesen sein.«

Wieder klingelte uns ein Radfahrer beiseite, diesmal war es ein kleiner alter Mann auf einem Dreirad, eine grüne Plastikgießkanne hing seitlich am Lenker. Der Mann trug eine Schiebermütze, ein kariertes Arbeiterhemd, darüber hatte er eine blaue Arbeitsschürze umgebunden.

Raffaele trat einen Schritt beiseite, machte eine höfliche Geste, und murmelte: »Blaue Schürze! Hübsch. Wie in meiner Heimat.«

Statt vorüberzufahren, bremste der Alte abrupt, stieg umständlich und ächzend von seinem Dreirad ab, schnippte mit der Hand grüßend an seinen Mützenrand und sagte in einem fremdartig und hart klingenden Deutsch: »Hobe die Ehre, die Härren. Schon aso gut gelaunt und briederlich heit? Ist ja aach o scheen Wetter, um gliecklich ze sien. Seid ihr uf Vakanz hier im scheenen Liebben?«

Wir bejahten, und der alte Mann fuhr fort: »Nu, ich sog olleweil: Scheen is es ieberoll, obr om scheensten doch dahäm. Wann mon denn wäß, wo dos is.«

»Sind Sie Sorbe?«, fragte ich unbedarft, denn ich hatte am Ortsrand ein zweisprachiges Schild gesehen: *Lübben / Lubin.*

»Oi, weil ich aso seltsom spreche du?«, fragte er verschmitzt. »Iwo, ich bin usm Banat. Is olleweil long her. Bin nochm Krieg mit mäne Ältre hierher kumme, mir hän Verwondte ollhier gehätt. Is a seltsome Gschicht. Und mir hän dahäm olleweil nur in onsr Sproch geschwätzt. Unn ich konn eich sogn, mei Sproch is mei Hämed, egol, wo ich bin, ob hier in Liebben oder woanners. Selbst in Ofrika, wo män Kussäng orbät innä Entwicklungshilf, dät ich olleweil no mei Sproch schwätze, weil do drin mei Sääl lebt, unn ohne ä Sääl ko doch kä Mensch net sien.«

Er nestelte umständlich ein nicht eben sauberes Taschentuch aus dem Hosensack und wischte sich seine Augenwinkel, und ich wusste nicht, ob er aus Rührung über seine »Sproch« und seine »Sääl« weinte oder ob es nur chronisch tränende Altmänneraugen waren, die ihn foppten.

»Is obr och net needich, noch Ofrika ze geh«, schwadronierte er weiter, »mir hän jo ollhier in Liebben och än Nil«, er deutete auf den Wassergraben unter uns. »Dos is zwor bloß än Umflut-konol, unn in Ofrika hän se de Wäße unn de Blaae Nil, obr onser Roter Nil is doch änzichordich.«

»Und wieso rot?«, fragte ich.

»Oi, is doch klor: Des wor an Industriekonol, frieher. De hän ihr Obwosser äängeläät. Unn die Oisnoblogerunge hän des Wossr rot gefärbt, bis heit. Im iebrige: Onsr Nil is net aso breit wie der in Ofrika, obr doch scheener unn saaberer, es is holt die Hämed, unn do wohnt aach de Sääl.«

Bevor er wieder von vorne anfangen konnte, mit Heimat und Sprache und Seele, wünschte ich ihm einen guten Tag. Er grüßte zurück, indem er erneut die Fingerspitzen an den Mützenrand legte, kletterte mühselig auf den Sattel seines Dreirads und zuckel-te davon. Er drehte sich nochmals um und rief: »Unn dann wiensch ich eich ä scheene Vakanz, unn vergässt net: Besser bäu-risch gfahr wie herrisch zu Fuß gang. Man muss wisse, wo man dohäm is!«

Dann trudelte er weiter, und ich sah wieder den alten Burger vor meinem inneren Auge, damals, am ersten Schultag, als ich an der Hand der Mutter nach Hause ging und der Nachbar seine »Milchstraße« über den Asphalt zog.

»Komischer Vogel«, sagte Raffaele, und ich erwiderte nichts. Ich verließ das Trottoir, kletterte zwischen Brennnesseln und Huflattich hinunter ans Ufer des Roten Nils. Raffaele folgte mir. »Was machst du dort unten?«, fragte er. »Autsch. Jetzt habe ich mich an den Nesseln gebrannt.«

Ich nahm das Tonhäuschen aus Lalibela aus dem Rucksack, außerdem Evelyns Brief an Janke, den sie mir an Fouqués Grab zu lesen gegeben hatte. Sie war nicht wie Undine gewesen, nein, sie hatte eine Seele besessen, eine große sogar, obwohl sie Janke nicht lieben konnte, wie er es sich von ganzem Herzen und mit aller Hingabe, deren ein Mensch fähig war, gewünscht hatte. Aber Evelyn hatte die Kraft und die Größe besessen, dies einzugestehen, sich selbst und ihm. Und auch mir. Und vielleicht wog der Umstand, dass sie sich und ihm nichts vorgemacht hatte, dass sie nicht gelogen hatte, mehr als ihr Unvermögen. Sie hatte ihr Leben tapfer geführt, obwohl es ein Leben voller Sprünge und Widersprüche gewesen war. Schief hatte sie im Leben gestanden. Und wie ihr Leben war, so schief und unvollkommen, war auch ihr plötzlicher Tod gewesen. Aber gerade deshalb war es ein so unverwechselbares, eigenes Dasein gewesen, Nicht das Leben eines anderen, sondern ihr eigenes, tapfer geführt und behauptet, bis zum Ende. Nur: Der Schlusspunkt fehlte noch, und den zu setzen war nun meine Aufgabe. Die wollte ich erfüllen, das war die mir zugedachte kleine Rolle in diesem komischen Spiel.

Ich rollte Evelyns Brief zusammen und steckte ihn in die Öffnung des Tonhäuschens. Dann setzte ich das Häuschen vorsichtig aufs Wasser und ließ es los. Die sanfte, kaum merkliche Strömung des Roten Nils erfasste das Gefährt nur zögerlich. Ich gab ihm noch einen kleinen Schubs in Richtung Kanalmitte. Jetzt endlich kam das Häuschen in Fahrt und glitt langsam von mir fort, nilabwärts. Der Rote Nil würde es in die Spree schwemmen, von dort würde es flussabwärts treiben, durch den Spreewald, an Beeskow und Fürstenwalde vorbei nach Berlin, von dort weiter in die Havel und von dort wiederum in die Elbe, die hinter Hamburg in die

Nordsee mündete. Vielleicht würde eine launige Strömung das Häuschen durch die Nordsee und den Ärmelkanal in den Atlantik schwemmen, ein Sog bei Gibraltar würde es vielleicht ins Mittelmeer ziehen, und durch die Meerenge zwischen Tunesien und Sizilien weiter zum Delta des großen Nils – wer weiß? Wahrscheinlich aber würde das völlig seeuntaugliche Tonhäuschen bereits ein paar Hundert Meter spreeabwärts sich zur Seite legen, mit Wasser volllaufen und samt Brief zu Grunde sinken, um dort im jahrhundertealten Schlick sein Grab zu finden. Aber das machte nichts.

Ich war froh, als es nach ein paar Minuten in einer Biegung des Roten Nils meinem Blick entschwand und meine Illusion damit nicht zerstört war, Minuten, in denen ich Raffaeles Hand auf meiner Schulter spürte, eine Hand, die ich nun ergriff. So standen wir lange da, vielleicht eine Viertelstunde, vielleicht auch länger – es gab keine Zeit mehr – und blickten den Roten Nil entlang, der nun wieder friedlich dalag, als hätte er nicht eben eine große Sehnsucht aufgenommen, friedlich und still. Friedlich und still wurde es auch in mir. Ich hatte meine Aufgabe erfüllt. Ich hatte Evelyn und Janke miteinander ausgesöhnt.

»Und was jetzt?«, fragte Raffaele.

»Jetzt gehe ich zur Polizei.« Ich sagte es ohne Gefühl, furchtlos, erwartungslos. In mir lebte etwas, das mich über alle Angst erhob.

»Ich komme mit dir«, sagte Raffaele. Er fasste mich bei der Hand, und wir kletterten den Brennnesselhang hinan.

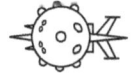

Aus Karl Jankes Krankenakte:

*24.1.87   [Janke] beherbergte verdorbene Lebensmittel in großer Anzahl in seinen Schränken, als diese entfernt wurden, wurde Pat[ient]. sehr ausfällig. U. a. wurde zwischen den Sachen die Urinflasche des Pat[ienten].

gefunden, welche ihm abgenommen wurde. Pat[ient]. wollte diese durchaus zurückhaben, da es ein Geschenk des Herrn O[ber]. A[rztes] Thomas sei!

26.4.87 [Janke] hortete seinen Kuchen im Kleiderschrank, welchen er nicht sauber hält. Pat[ient]. beschwindelte das Personal.

23.5.87 [Janke] erhielt 1 Eßl[öffel]. Rizinusöl, Pat[ient]. habe schon vier Tage keinen Stuhlgang.

24.9.87 [Janke] ist heute früh auf Toilette hingefallen, Pat[ient]. war nicht ansprechbar, wurde ins Bett gebracht u. ins Krankenzimmer verlegt.

25.9.87 [Janke] verblieb weiterhin im Bett, ausreichende Nahrungsaufnahme, Pat[ient]. erscheint etwas verdreht. Spätdienst: schläft tagsüber viel, war auch abends recht verdreht.

25.9.–26.9.87 Er war bei jedem Kontrollgang wach vorgefunden worden. Pat[ient]. ist zeitweise sehr verdreht, redet wirres Zeug u. führt Selbstgespräche. Er kann sich auch schlecht orientieren, wollte angeblich in sein Bett, aber stieg ins Bett des Pat[ienten]. Walter B., rutschte dabei aus u. saß dann davor, zog sich keine sichtbaren Verletzungen zu.

26.9.87 [Janke] ist recht verdreht, wollte von der Schwester Geld geborgt haben. Beim Betten war Pat[ient]. recht taumelig auf den Beinen.

26.9.–27.9.87 Pat[ient]. ist sehr ungehorsam, er macht immer das, was er nicht machen soll. Er ist sehr unruhig u. umtriebig. Pat[ient]. mußte deshalb fixiert werden, weil er mehrmals außer Bett war. Er wirkt den anderen Mitpat[ienten]. gegenüber sehr störend, durch seine lauten Selbstgespräche.

27.9.87 [Janke] ist sehr umtriebig. Räumt ständig sein Bett um. Pat[ient]. redet wirres Zeug. Spätdienst: urinierte ins Bett und auf den Fußboden. Machte auch heute wieder einen verdrehten Eindruck. Pat[ient]. mußte abends fixiert werden.

1.–2.1.88   [Janke] hatte diese Nacht Nasenbluten.

12.1.–13.1.88   [Janke] urinierte in sein Bett, Pat[ient]. wirkt zeitweise verwirrt. Er weiß nicht, wo er hingehört.

16./17.1.88   [Janke] ist in der Nacht sehr umtriebig und ruhelos, Pat[ient]. halluziniert zeitweise, sieht fremde Menschen in seinem Bett und im Zimmer, so daß Patient sich nicht getraut, wieder hinein zu gehen.

18.–19.1.88   [Janke] sucht in der Nacht bei anderen Patienten nach Urinflaschen, ist dabei zu Pat[ient]. Walter B. gekommen, dieser hat ihn dann laut beschimpft. Pat[ient]. J[anke]. näßt in der Nacht ein.

18.1.88   weiterhin sehr umtriebig und schwierig, findet sich nicht mehr zurecht und bringt alles durcheinander.

21.1.88   Der Allgemeinzustand des Patienten ist wackliger geworden. Er weiß nicht recht etwas mit sich anzufangen. Pat[ient]. redet teilweise wirres Zeug und hat täglich nasse Hosen.

25.1.–26.1.88   [Janke] lief ständig vom Zimmer zur Toilette und dabei fand er stets nicht in sein Bett zurück. Pat[ient]. ist verwirrt u. findet sich nicht zurecht. Er uriniert immer u. ständig ein.

Feb. 88   letzte Nacht wieder verwirrt, redete wirres Zeug, kam laufend auf den Korridor und suchte irgendwelche Personen [...] sieht immer irgendwelche Personen, die gar nicht da sind u. die in sein Bett einnässen. [...] Ist heute wieder aufgestanden (stundenweise), hat nur wenig gegessen. Am Abend recht umtriebig, drängte nach draußen, wollte nach Hause [...]

12.2.88   Nahrungsaufnahme am Abend war gut. Pat[ient]. ist sehr umtriebig, hat eine leicht verwaschene Sprache. Pat[ient]. mußte fixiert werden, da er ständig die Betten seiner Mitpatienten wegzog.

12./13.2.88	*in der Nacht sehr verwirrt, zog sich aus und sein Bett ab, lief mehrmals auf dem Korridor herum, ohne daß er wußte, was er wollte.*
13./14.2.88	*sehr unruhig und laut, erh[ielt]. 23.00 Uhr 15 ml Chloralhydrat-L[ö]s[un]g. [ein Schlafmittel] mit Erfolg.*
14.2.88	*Nahrungsaufnahme ungenügend, Pat[ient]. verlangte viel zu trinken, schlief den ganzen Vormittag. Pat[ient]. hatte einen hohen Leib und verspürte starke Schmerzen, wurde von Fr. OA [Oberarzt] Telle katheterisiert. Urinmenge 12.00 Uhr 750 ml, alle 3–4 Stunden soll Urin abgelassen werden. Allgemeinzustand verschlechtert. Pat[ient]. ist sehr schwach auf den Beinen, am Vormittag war Pat[ient]. aus dem Bett gefallen, mußte fixiert werden, zog sich keine sichtbaren Verletzungen zu. Blieb nachmittags fixiert, hat zeitweilig geschlafen, verhielt sich ruhig.*
15.2.88	*[Janke] ißt sehr schlecht, Pat[ient]. nimmt eine Abwehrhaltung ein und will niemand an sich heranlassen. [...] Spät[dienst]. Pat[ient]. ist 18.55 Uhr verstorben. †**

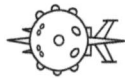

Ich habe mich in die Brennnesseln gelegt. Bildlich gesehen. Es schmerzt. Aber ich lebe. Und der Schmerz macht mich leben und hat mir gezeigt, dass ich noch da bin und dass ich überleben werde.

In Lübben ging ich zur Polizei und stellte mich. Raffaele war bei mir. Die Beamten dachten zuerst, ich sei nicht recht bei Trost, weil ich so wirres Zeug sprach, von Janke und den *Sonnentrajekten*, von Evelyn und Entführung, schließlich von der Reise nach Afrika, und wie wir zum Roten Nil gelangten. Zuerst lachten die Beamten und meinten, ich solle mal besser zurückgehen zum Roten Nil und im Unterholz gucken, sicherlich fänden sich dort auch noch Pyramiden und der Sphinx … bis dann doch ein Polizist zum Telefon griff und im Krankenhaus in Beeskow anrief und erfuhr, dass dort eine Patientin namens Evelyn Kubelka eingeliefert worden und kurz darauf gestorben war. Der Leichnam war nach Oschatz überführt worden, auf Veranlassung des amtlichen Betreuers Dr. Bartuschek, der auch Entführungsvorwürfe erhoben habe.

Ich wurde in Gewahrsam genommen und tags darauf einem Untersuchungsrichter vorgeführt. Natürlich hatte ich mir einen Anwalt genommen, und der hatte es dann hingebogen, dass ich gegen Kaution freikam. Ich fuhr zu Raffaele, nach Kreuzberg, zog in seine Wohnung. Raffaele ist nach Bozen gereist, um die Angelegenheit einer Übernahme des Hotels mit seinen Eltern zu besprechen.

Inzwischen war ich wieder ein freier Mann. Mein Anwalt hatte mich herausgepaukt. Er hatte mit Bartuschek verhandelt und ihm glaubhaft gemacht, dass keine Gewalt angewandt worden und dass Evelyn ganz freiwillig mit uns gekommen war. Bartuschek hatte in Absprache mit dem Fürsorgeamt die Anzeige zurückgezogen, und die Staatsanwaltschaft hatte die Angelegenheit ebenfalls ad acta gelegt. Wegen Geringfügigkeit – und wohl vor allem wegen Überlastung des Gerichts und der Staatsanwaltschaft.

Ich war über alle Maßen erleichtert und fuhr zu Evelyns Urnenbeisetzung nach Oschatz. Es war eine winzige Trauergemeinde auf dem Städtischen Friedhof. Bartuschek war da, der mich aber geflissentlich übersah. Vielleicht wusste er auch nicht, wer der komische Typ mit der Sonnenbrille und dem Teddybären unter dem Arm war, denn er hatte mich ja nie gesehen. Außerdem waren ein paar ältere Leute anwesend, wohl entfernte Verwandte von Evelyn oder auch Nachbarn. Und dann war da noch eine junge, blonde Frau im dunkelblauen Kostüm. Sie trug ebenfalls eine Sonnenbrille, und im ersten Augenblick erkannte ich sie gar nicht, weil ich sie ja nie vorher so schick und offiziell gesehen hatte. Bis sie mich ansprach und ich sie an ihrer Stimme erkannte: Sivi!

»Ich habe noch etwas für dich, Tim, später«, sagte sie trocken, ohne mich zu fragen, wie es mir gehe.

Wir standen mit den anderen Trauergästen in einem Halbkreis vor dem Erdloch, das nun Evelyns Grab sein sollte. Der evangelische Pastor sprach eben ein paar Psalmworte:»Herr, du hast mich erforscht und du kennst mich, du umschließt mich von allen Seiten und legst deine Hand auf mich. Wohin könnte ich fliehen vor deinem Geist, wohin mich vor deinem Angesicht flüchten? Steige ich hinauf in den Himmel, so bist du dort. Nehme ich die Flügel des Morgenrots und lasse mich nieder am äußersten Meer, auch dort wird deine Hand mich ergreifen und deine Rechte mich fassen …«

Es ging noch weiter, aber meine Gedanken drifteten ab, hin zum Himmel, von dem der Pastor eben gesprochen hatte, zu den Sternen, den unendlichen Sphären, zu denen Janke, der Visionär, mit seinen Sonnentrajekten hatte fliegen wollen. Er war seiner Evelyn bereits vorausgegangen, vor etlichen Jahren. Würde er sie dort oben, in seiner Welt, empfangen? Ich musste über diesen kindlichen Himmelsglauben lächeln, es war zu läppisch, und doch: Die Vorstellung hatte in diesem Moment etwas Tröstliches.

Der Pfarrer war mit seiner Predigt fertig und machte noch das Zeichen des Kreuzes über der bereitstehenden Urne. Für einen Moment glaubte ich, hinter der kleinen Trauergemeinde, etwas abseits, eine in einem schwarzen Frack mit gestärktem weißen Hemd und »Vatermördern« gewandete Gestalt zu sehen. Sie lüftete den Zylinder, darunter kam gekräuseltes Haar mit Geheimratsecken zum Vorschein. Das Gesicht, von einem schütteren Bärtchen geziert, war gütig, und der Herr nickte mir freundlich zu, wobei eines seiner Augen leicht nach außen schielte. Aber als ich blinzelte und nochmals hinguckte, war die Erscheinung verschwunden.

Nun war Dr. Bartuschek an der Reihe. Der amtlich bestellte Betreuer hatte die Aufgabe zu erfüllen, Evelyn, oder das, was von ihr übrig war, korrekt in das ausgehobene Loch hinabzulassen, damit er abends sein abschließendes Protokoll in die Akte heften konnte und diese dann ans Fürsorgeamt zurücksandte. Damit war die Angelegenheit beendet, für ihn, für das Amt, für alle. Nur für mich nicht.

Bartuschek packte die Urne mit seinen knochigen Händen, ging tief in die Hocke und stellte das Gefäß in das vorbereitete Erdloch. Dann erhob er sich wieder, griff in eine bereitstehende Schale, die auf einem eisernen Ständer ruhte und mit roten und gelben Rosenblättern gefüllt war. Nachlässig, als habe er darin langjährige Übung, streute er eine Handvoll davon in das Urnenloch. Dann trat er beiseite und machte den anderen Trauergästen Platz.

Sivi und ich waren die Letzten in der Reihe. Sivi streute ein paar Rosenblätter auf die Urne, dann war ich dran. Ich drückte Leppsch einen letzten Kuss auf die Schnauze, beugte mich hinab und setzte den kleinen Bären auf die von Blütenblättern bedeckte Urne.

»So etwas ist eigentlich nicht üblich«, hörte ich die tadelnde Stimme des Pfarrers hinter mir.

»Lassen Sie, ist schon gut. Jeder hat seine eigenen Verarbeitungsrituale.« Das war Bartuscheks Stimme. *Verarbeitungsrituale.* So konnte nur ein Amtsmensch sprechen.

Ich erhob mich und ging, ohne mich zu Bartuschek und dem Pastor umzublicken, den Weg zurück, der zum Ausgang führte.

Nach etwa dreißig Metern war Sivi plötzlich neben mir und fasste mich an der Schulter.

»Warte, Tim«, sagte sie mit seltsam kühler Stimme, »ich habe noch etwas für dich.«

Sie öffnete den Bügel ihrer Handtasche und holte ein Stück Papier hervor.

Es war ein Artikel aus der *Leipziger Volkszeitung*, Oschatzer Lokalteil, erst vor zwei Tagen erschienen: Unter der Überschrift *Neues Leben im alten Schloss* war zu lesen:

Der schrittweise Rückzug der psychiatrischen Klinik aus den Räum lichkeiten von Schloss Hubertusburg in Wermsdorf ist nun endgültig beschlossene Sache. Nachdem es vor wenigen Wochen noch Unstimmigkeiten zwischen einer Berliner Immobilien-Entwicklungsfirma und dem Verwaltungsrat der Klinik gegeben hatte, wurde nun nach intensiven Verhandlungen doch eine Lösung erarbeitet: Die ›Urbanitas Stadtplanung und Grundstücksentwicklung‹ aus Berlin schließt einen Vertrag über den Kauf des Schlosses und einiger historischer Nebengebäude mit dem Ziel, das Gesamtensemble nach den Vorgaben des Denkmalschutzes zu sanieren, im Innern aber moderne, zeitgemäße Eigentumswohnungen zu erschließen und zu veräußern. Die ›Urbanitas‹ verpflichtet sich zudem, auf einem nahen Gelände, das bereits im Eigentum der Klinik ist und nach der Wende von der ›Treuhand‹ dieser übereignet wurde, sich mit zwanzig Prozent der Baukosten für ein neues Krankenhausgebäude zu beteiligen. Der Rest der Bau- und Erschließungskosten, so Dr. Stavenhagen vom Verwaltungsrat der psychiatrischen Klinik Wermsdorf, werde durch den Erlös des Verkaufs des Schlosses und durch Fördermittel des Klinikverbands des Freistaates Sachsen getragen. Einem Klinik-Baubeginn bereits im nächsten Jahr stehe nichts im Wege, so Dr. Stavenhagen. Das Projekt der Umwandlung von Schloss und Nebengebäuden in Eigentumswohnungen laufe bereits seit geraumer Zeit. Die Bauarbeiten hierfür können nach Unterzeichnung des Vertrags zeitnah, noch in den nächsten Wochen, wieder aufgenommen werden, so der Verhandlungsführer der ›Urbanitas‹, Kevin Lauridsen.

Darunter war ein Foto zu sehen: Vor dem Hauptportal des Schlosses standen grinsend beieinander: Stavenhagen, ein paar Herren von der Klinikverwaltung, die ich nicht kannte, und von der Urbanitas Jotpe und Kevin Lauridsen. Kevin hatte sich direkt neben Stavenhagen geschoben und reichte ihm zur symbolischen Vertragsbesiegelung die Hand. Kevin, nicht Jotpe. Der Schleimer hatte sich also in die Mitte der Firma gespielt und sich mit seinem Verhandlungscoup goldene Sporen verdient. Und er hatte es indirekt mir, dem Loser, dem größten Versager aller Zeiten, tüchtig gezeigt.

Unter dem Foto waren noch ein paar Sätze zu finden. Und erst jetzt begriff ich, dass sie noch zu dem Artikel gehörten:

Über ein Detail zeigt sich Dr. Stavenhagen von der Klinik Schloss Hubertusburg besonders glücklich: Die ›Urbanitas‹ aus Berlin hat sich vertraglich verpflichtet, in einem Seitengebäude des Schlosses ein kleines Karl-Janke-Museum einzurichten, wo in einer Ausstellung mit originalen Text- und Bild-Dokumenten aus dem Nachlass Jankes an den verkannten Hubertusburger Erfinder und Konstrukteur erinnert werden soll. Dr. Stavenhagen hierzu: ›Janke war ja nicht nur ein begnadeter Erfinder und Techniker, sondern auch ein pazifistischer Visionär und vom Humanismus geprägter Menschenfreund. Dies passt übrigens auch zur großen Geschichte des Schlosses: Immerhin wurde hier im Jahre 1763 der Hubertusburger Friede geschlossen und damit der Siebenjährige Krieg beendet‹, so der geschichtsinteressierte Klinikarzt.

Fassungslos blickte ich Sivi an, die in diesem Augenblick die Sonnenbrille abnahm. Ich musste wieder ihre schönen Augen sehen, und es tat mir noch immer ein wenig weh.

»Da hat der Schleimer Lauridsen ja ganze Arbeit geleistet«, sagte ich, und ich meinte es nicht nur höhnisch, sondern ein wenig Anerkennung war auch dabei. »Und Janke kriegt nun sogar ein eigenes Museum.«

»Schade, dass Evelyn das nicht mehr erlebt«, meinte Sivi.

»Ja, schade«, seufzte ich. »Manchmal kommt man im Leben einfach zu spät. Auch für dich kam ich wohl zu spät.«

Sie schüttelte den Kopf. »Lass mal, Tim, es wäre ohnehin nichts mit uns geworden.«

»Hast du jemand anderen?«, fragte ich blöde, wie in der Pubertät.

Sie lächelte gequält. »Das hat Zeit, wie das meiste im Leben. Stavenhagen will mich zu seiner persönlichen Assistentin aufbauen. Seine Sekretärin geht bald in Rente. Das heißt, ich muss Zusatzqualifikationen absolvieren und ein berufsbegleitendes Studium. Also, die nächsten Jahre habe ich mehr als voll zu tun. Da will ich mich mit Herzenssachen gar nicht zu sehr binden.«

»Aha«, sagte ich sarkastisch, »das fleischgewordene Kalkül.«

»Oder die geistgewordene Vernunft«, konterte sie. Sie ließ mich stehen und ging Richtung Ausgang. Nach einigen Schritten wandte sie sich nochmals zu mir um: »Übrigens: Lauridsen hat mir auf dem Presseempfang ganz wichtig erzählt, dass er nun fest mit Cordula liiert ist. Sie hatten sich zwischenzeitlich wohl zerstritten und dann wieder versöhnt. Wie das Leben eben so spielt. Die beiden bekommen ein Kind und sie wollen heiraten. Bereits im Herbst, hat er mir gesagt ... Ich dachte, du solltest es wissen. Tut mir leid ... Mach's gut, Tim.«

Sivi verschwand hinter einer Thujahecke. Ich hörte noch das Geräusch ihrer Schritte im Kies, dann war auch das vorüber.

Ich starrte noch einmal auf den Zeitungsartikel in meiner Hand, auf das Foto ... Stavenhagen ... Jotpe ... Kevin Lauridsen ... Er würde also nun Cordula heiraten und das Kind großziehen, das vielleicht von ihm, vielleicht aber auch von mir war. In einigen Metern Entfernung stand ein großer Metallkorb für Grünabfälle. Ich zerriss den Artikel und warf die Schnipsel dort hinein, zwischen verwelkte Kränze und Blumensträuße, lauter verblichene, verrottende Liebesgaben. Dann verließ ich den Friedhof, ohne mich nochmals umzublicken.

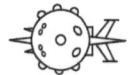

Wermsdorf, Donnerstag, 28. Dezember 1989

Sehr geehrte Frau Kubelka,
vermutlich werden Sie sich nicht mehr an mich erinnern, auf jeden Fall aber sich wundern, Paketpost aus Wermsdorf zu erhalten. Ich bin dazu vonseiten der ärztlichen Leitung der Psychiatrischen Landesanstalt nicht ermächtigt, dies muss ich gleich vorweg sagen. Und daher bitte ich Sie, über diese Angelegenheit Stillschweigen zu wahren. Und bitte verzeihen Sie, dass ich Ihnen auf diese Weise nahetrete. Mein Brief soll

keineswegs aufdringlich wirken, aber es lag und liegt mir sehr am Herzen, einen Letzten Willen zu erfüllen.

Mein Name ist Malte Jonas. Ich war seit Ende der Fünfzigerjahre technischer Leiter in der Landesanstalt Schloss Hubertusburg. Viele der Patienten nannten mich irrtümlich nur den »Hausmeister«. Und für Karl Janke war ich schlicht nur der »Assistent«. Ich schreibe: Ich war, denn zum Ende dieses Jahres gehe ich wegen eines chronischen Rückenleidens in Frührente und verlasse Hubertusburg und auch Wermsdorf, wo ich eine Dienstwohnung hatte. Die politischen Umbrüche der letzten Wochen lassen es ohnehin angeraten erscheinen, sich aus dem Berufsleben, wenn möglich, zu verabschieden, denn es wird sich in den staatlichen Betrieben und Institutionen der DDR sicherlich vieles verändern. So gehe ich im Januar zurück in meine Heimatstadt Schwerin und ziehe in das leer stehende Häuschen meiner kürzlich verstorbenen Mutter. Aber das nur am Rande.

Ich hätte Ihnen, verehrte Frau Kubelka, früher geschrieben, nämlich schon im Februar letzten Jahres, aber leider kannte ich Ihre Adresse nicht, und es war mir auch über das hiesige Sekretariat nicht möglich, diese herauszufinden. Dass Sie, gar nicht weit von Wermsdorf, in Oschatz wohnen – wer hätte das gedacht! Aber so klein ist die Welt und so seltsam sind die Lebenswege. Gestern nun kam ich ins Sekretariat, um meine Unterlagen für die bevorstehende Verabschiedung abzuholen. Die Sekretärin war eben einen Augenblick nicht im Büro, und mein Blick fiel zufällig (oder war es schicksalsbestimmt?) auf ein ungeöffnetes Kuvert, das an Karl Janke adressiert war. Ich wunderte mich sehr darüber und drehte das Kuvert rasch um, um den Absender zu sehen. Und da las ich Ihren Namen und Ihre Adresse in Oschatz, An der Döllnitz 40. Kurz darauf kam die Sekretärin zurück, und sie schrieb mit rotem Stift »retour an Absender« darauf, und dann noch etwas. Vielleicht haben Sie Ihren Brief ja bereits zurückerhalten. Falls nicht, obliegt es mir, Sie nun über Karl Janke zu informieren. Und ich bitte Sie nochmals, mir zu verzeihen, dass ich dies unberufen tue. Ich habe übrigens mit der Sekretärin kein Wort darüber gewechselt. Sie kam erst vor Kurzem nach Hubertusburg und kennt die Umstände nicht. Und selbstverständlich

*weiß ich nichts über den Inhalt Ihres Briefes an Janke. Er blieb ja unge-
öffnet.*

*Ich weiß um das schwierige Verhältnis zwischen Karl Janke und Ihnen.
Ich wurde ja selbst, vor langer Zeit, in den Sechzigern, unberufen zum
Zeugen seiner übergroßen, einseitigen Anhänglichkeit zu Ihrer Person,
und vor allem auch zum Zeugen der unglücklichen, ihn verzehrenden
Liebe, die er noch lange nach Ihrem Weggang aus der Klinik, für Sie,
verehrte Frau Kubelka, empfand. Ich weiß, dass die meisten seiner
Briefe, die er an Sie schrieb, zurückgingen. Und ich habe kein Recht, in
irgendeiner Weise über Sie und Janke zu urteilen oder mir überhaupt
eine Meinung zu bilden. Aber Sie sollten wissen, dass diese Liebe, dieses
Gefühl für Sie von seiner Seite nicht gespielt, sondern ehrlich gemeint
und, ja, durchlitten war. Diese Liebe hielt ihn so lange am Leben und gab
ihm Kraft. Und gleichzeitig ließ sie ihn auch in tiefer Traurigkeit und
Einsamkeit zurück. Wie das Leben eben manchmal so spielt ...*

*Karl Janke ist am 15. Februar letzten Jahres nach kurzer Krankheit im
Alter von achtundsiebzig Jahren verstorben. Da keine Anverwandten zu
ermitteln waren, wurde sein Leichnam auf Geheiß des zuständigen
Amtes im Krematorium in Döbeln eingeäschert und die Urne auf dem
dortigen Friedhof bestattet. Ich war bei der kleinen, aber würdigen Zeremonie anwesend. Friede seiner Asche. Und Friede seiner Seele.*

*Ich kannte Janke über die Jahrzehnte. Er war sicherlich unheilbar krank,
die schizophrenen Schübe nahmen gegen Ende seines Lebens immer
stärker zu. Gleichzeitig verfiel er zusehends in Lethargie und Depression;
von der einstigen geistigen Vitalität, die ja auch seine Erfindungen und
»Forschungen« beflügelte, war in den letzten Jahren nichts mehr vorhanden. Ich habe versucht, ihm zu helfen, wie es mir möglich war. Im
Rahmen der Beschäftigungstherapie war es ihm ja erlaubt, weitgehend
ungestört seinem Erfindungsdrang nachzugehen. Doch musste irgendwann, nach einem Beinahe-Brand, seine Werkstatt geschlossen werden.
Er erhielt auf meine Fürsprache hin einen kleinen Lattenverschlag auf
dem Dachboden des Schlosses zugewiesen, wo er immerhin noch ungestört (und nicht mehr auf dem Flur hockend) an einem Tisch zeichnen
und schreiben konnte. Dort in dem Verschlag sind in mehreren Kisten*

seine ganzen Zeichnungen, Unterlagen, Fotografien und Korresponden-
zen gesammelt. Ich habe die Kisten nach seinem Tod verschlossen und
versiegelt. Was damit einmal geschieht, weiß ich nicht. Es ist Eigentum
der Landesanstalt, und deren Zukunft ist im Rahmen der politischen
Umbrüche wohl auch unsicher. Ich habe mein Möglichstes getan und
werde Schloss Hubertusburg morgen, am Freitag, verlassen. Vielleicht
bleiben die Kisten ja erhalten, und irgendwann wird sie einer auffinden
und sich dafür interessieren. Wer weiß? Es liegt nicht mehr in meiner
Macht. Und das Schicksal allen menschlichen Tuns und Strebens ist nun
einmal die Endlichkeit.

Ich schreibe diesen Brief nicht, um Ihnen, verehrte Frau Kubelka, zu
nahezutreten. Ich hoffe natürlich sehr, dass Sie sich bei bester Gesundheit und in glücklichen Lebensumständen befinden. Nein, ich erfülle nur
eine Pflicht, ein Versprechen, das ich Janke auf dem Sterbebett gab,
wenige Stunden vor seinem Tod, als ich ihn noch in seinem Zimmer
besuchte. Er schien friedlich und gelöst, und trotz seiner Schwäche deutete eigentlich nichts darauf hin, dass er noch am selben Tag sterben
würde. Aber er selbst schien es zu wissen. Denn er deutete auf seinen
Spind und sagte mit leiser Stimme: »Herr Jonas, ich bitte Sie, nehmen
Sie den Plüschbären, er heißt Franz, heraus, und schicken Sie ihn nach
meinem Ableben an das Fräulein Evelyn Kubelka.« Ich sagte noch jovial:
»Aber, aber, Herr Janke, so schnell stirbt man nicht. Morgen geht es
Ihnen bestimmt wieder besser, und Sie müssen doch noch so viele Erfindungen für die Menschheit machen!« Aber er winkte nur müde ab und
flüsterte mir zu: *»Ich bitte, die Bilder meiner Eltern aufzubewahren, mit
den vielen Zeichnungen und Modellen, die ich für euch Menschen
geschaffen habe.«*

Das waren die letzten Worte, die er zu mir sprach, und wahrscheinlich
überhaupt die letzten Worte, die er gesagt hat. Er drehte den Kopf
zur Seite und schlief vor Erschöpfung ein. Ich blieb noch eine halbe
Stunde bei ihm, strich ihm noch einige Male über die Stirn. Er schien
zu fantasieren. Schließlich stand ich auf, öffnete seinen Spind, holte
den Stoffbären heraus und verließ das Zimmer. Ich ahnte ja nicht, dass
er wenige Stunden später sterben würde, sonst hätte ich bis zum

Schluss an seinem Bett gewacht. Tags darauf erfuhr ich von seinem Ableben.

Den Bären habe ich – widerrechtlich, denn eigentlich hätte ich ihn der Klinikleitung übergeben müssen – bei mir zu Hause aufbewahrt, immer in der Hoffnung, durch einen Zufall Ihre Adresse herauszufinden. Und nun ist dieser Zufall oder diese Fügung eingetreten, und ich erlaube mir, Ihnen beiliegend den Plüschbären Franz zu schicken. Was Sie damit tun, ist Ihre Sache. Aber bedenken Sie, dass es Jankes Letzter Wille war und dass er Ihnen den Bären bereits vor über zwanzig Jahren schenken wollte, aber nicht dazu kam, weil Sie damals, für Janke überraschend, als geheilt aus der Klinik entlassen wurden und sich wohl nicht mehr von ihm verabschiedet haben. Und bedenken Sie bitte, dass viel von Jankes Zärtlichkeit all die Jahre über auf dieses Stofftier überging. Ich bin ja sonst ein eher rationaler Mensch, aber ich bin wirklich der Überzeugung, dass der Bär durch Jankes Hingabe so etwas wie eine Seele eingehaucht bekam.

Verehrte Frau Kubelka, verzeihen Sie nochmals, dass ich mich in dieser Angelegenheit an Sie wandte. Aber nun ist auch mir wohler, denn ich habe Jankes Wunsch erfüllt. Und er war für mich nicht nur ein Patient, er war für mich ein unglücklich krank gewordener genialer Mann, und er war mein Freund, ja, mein Freund. Ich denke oft an ihn, und wenn ich an ihn denke, wird es mir warm ums Herz, und ich bin – trotz aller Schwierigkeiten, die er auch bereitete – dankbar, ihm begegnet zu sein und dass ich ihn ein Stück des Weges begleiten durfte. Manchmal sehe ich sein Gesicht vor mir: ein freundliches, kluges Gesicht, und ich sehe ihn vor meinem inneren Auge stets gütig und wissend lächeln.

Ich wünsche Ihnen alles Gute und verbleibe mit den besten Grüßen

   Ihr Malte Jonas

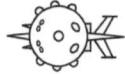

Auf dem Parkplatz war Sivi nicht mehr zu sehen. Ich ging zum Auto, das ich mir von meinem Kumpel Frank aus Weißensee geliehen hatte. Ich würde nach Berlin zurückfahren und abends in die *Schwarze Katz* gehen, auf ein Bier oder zwei. Ich freute mich auf die Gespräche dort, mit Frank, mit BVG-Paul, mit dem liebenswerten und irgendwie aus der Zeit gefallenen Freiherrn Jaromir. Sie fragten nicht, woher ich kam und wohin ich ging. Sie ließen mich einfach nur ich selbst sein. *Ich ist ein anderer*, hatte Rimbaud geschrieben. Ich fühlte mich endlich, endlich bei mir selbst.

Wie es wohl Pierre ging? Ob er wieder auf Fahrt war, seinen Träumen und Sehnsüchten hinterherschweifend? Vielleicht würde er sich bei mir melden, auf meinem Handy. Aber wie ich ihn einschätzte, verabscheute er diese neuzeitlichen Kommunikationsmöglichkeiten. Und doch, wer weiß: Vielleicht würde mich das Leben irgendwann wieder Pierres Weg kreuzen lassen. Und wenn nicht: Wir hatten uns gekannt und waren ein Stück des Weges gemeinsam gegangen. Wie auch Evelyn. Und dafür war ich dem Schicksal oder Gott oder wem auch immer dankbar. Verdammt dankbar.

Ich stieg ins Auto ein und steckte den Zündschlüssel in den Schlitz. An meinem Schlüsselbund hing seit Kurzem der kleine Esel aus Holz, den Evelyn vor langer Zeit aus der Krippe in Schloss Hubertusburg entwendet und den mir die Schwester im Krankenhaus an Evelyns Totenbahre gegeben hatte. Er brächte Glück, hatte Evelyn gemeint.

Ich schaltete das Radio ein. Die Kulturnachrichten des RBB. Die Berliner Rallye-Fahrerin Ria Renner, so wurde gemeldet, sei derzeit in Äthiopien unterwegs, zum Blauen Nil und weiter zu den weltbekannten Felsenkirchen von Lalibela. Von dort beabsichtige die Globetrotterin nach Djibouti am Golf von Aden weiterzureisen, dort ein Schiff nach Mumbai zu besteigen und dann mit ihrem Auto, einer *Adler*-Limousine, quer durch den indischen Subkontinent und Indochina zum indonesischen Archipel und nach Australien zu fahren. Die *Weltensammlerin*, so vermeldete die Radiosprecherin, sei gesund und guter Dinge, begleitet werde sie von einem achtzehnjährigen Kopiloten aus Wermsdorf in Sachsen. *Wir sind ein eingespieltes Team*, so Ria Renner gegenüber der Presse.

Ich staunte nicht schlecht. Ria Renner und Sunny! Ich hatte den Burschen unterschätzt. Nun war er dort, wohin wir es nie geschafft hatten. Ich gönnte es ihm. Letztlich waren wir alle an ein Ziel gelangt, so oder so.

Der Wetterbericht verkündete einen Mix aus Sonne und Wolken. Wie im Leben, dachte ich, wollte eben ausschalten, da vernahm ich eine hohe Männerstimme, die eine Schlagerschnulze trällerte: *Die Stewardess im blauen Dress, die schaut ein jeder Mann sich gerne zweimal an.* Fred Jacaranda! Ich war wieder in der Mitte der Welt angekommen.

Mein Handy piepste. Eine SMS von Raffaele, aus Bozen: *Setz dich in den Zug, gleich morgen. Oder in ein Trajekt, geht schneller. Du fehlst mir. Wir hatten nie so viel Zukunft wie jetzt. Bacetto.*

Ich startete den Motor, blickte in den Rückspiegel: Ein glückliches Gesicht leuchtete mir entgegen.

* * *

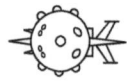

Dank

Die Arbeit an dem vorliegenden Roman wurde gefördert durch Aufenthaltsstipendien im Künstlerhaus Schloss Wiepersdorf (Brandenburg) und im Künstlerhaus Lukas, Ahrenshoop (Mecklenburg-Vorpommern). Der Autor dankt den Institutionen und Ministerien für die großzügige Unterstützung.

Mein Dank gilt ebenfalls dem Verein Rosengarten e. V. und seinen Vertretern für die bereitwillige Erlaubnis, aus Karl Jankes Briefen und Schriften und nachgelassenen Dokumenten zu seiner Person zu zitieren. Ebenso danke ich für kritische Durchsicht und Anmerkungen: Matthias Felsch, Kathrin Schmidt, Carsten Schöneberger und Hans Therre. Mein besonderer Dank gilt Annette Güthner vom Südverlag für das umsichtige und einfühlsame Lektorat.

Nachbemerkung

Dieses Buch ist ein Roman und will keine dokumentarische Biografie des Erfinders Karl Hans (Joachim) Janke (1909–1988) darstellen. Es bedient sich daher fiktionaler Freiheiten. Dennoch bin ich im Rahmen der mir literarisch sinnvoll erscheinenden Zusammenhänge den historisch verbürgten Lebensspuren Jankes gefolgt: Kindheit und Jugend in Kolberg und auf dem landwirtschaftlichen Gut Dryhn in Pommern, Ausbildung und Studium in Kolberg und Berlin, Militärdienst in Frankreich, die (angebliche, historisch nicht geklärte) Mitarbeit in der Heeresversuchsanstalt Peenemünde unter Wernher von Braun, Tod des Vaters, Flucht mit der Mutter aus Pommern, Aufenthalt in Großenhain und Verhaftung infolge der Anbringung einer antimilitaristischen Tafel, Einweisung in die psychiatrischen Anstalten Arnsdorf und Schloss Hubertusburg/Wermsdorf. In Schloss Hubertusburg lebte Karl Janke von 1950 bis zu seinem Tod am 15. Februar 1988.

Es war mir aus atmosphärischen und dokumentarischen Gründen wichtig, aus Briefen, Vorträgen und Aufzeichnungen Karl Jankes sowie aus seiner Krankenakte und aus Briefen der Ärzteschaft zu zitieren. Diese (größeren) Zitate sind *kursiv*, mit * zu Beginn und zum Ende gefasst und in der Rechtschreibung ihres jeweiligen Originals wiedergegeben. Typische Janke'sche Termini wie *Trajekt, Sonnenland, Venussa* etc. und kleinere, immer wiederkehrende Wendungen in seinen Schriften wie etwa *nur zu friedlichen Zwecken* oder *ganz ohne Atom* wurden lediglich *kursiv* gesetzt.

Für die erzählte Geschichte war mir ganz besonders Karl Jankes unglückliche, einseitige Liebe zu »Evelyn« wichtig. Auch hier habe ich Original-Dokumente einmontiert, jedoch diese Geschichte und ihren Fortlauf bis in die Gegenwart frei fiktional ausgestaltet. Mit Rücksicht auf die Integrität eventuell noch lebender Personen habe ich – auch in zitierten Original-Dokumenten –

Karl Janke mit seinem Trajekt-Modell »Venusland« (»nur zu friedlichen Zwecken«).
Bildnachweis: Verein Rosengarten e.V., Ausstellung Karl Hans Janke, Wermsdorf

Namen geändert, so die Namen von Jankes großer Liebe »Evelyn«, seines Freundes und Vertrauten »Jonas«, der Ärzte »Rasmussen« und »Dinkel«. Andere Figuren der Janke-Erzählung sind von mir frei erfunden, ebenso alle Figuren des zweiten Erzählstrangs um Tim und Evelyn. Eventuelle Ähnlichkeiten sind zufällig.

Berlin, im September 2021
Armin Strohmeyr

Publikationen, Internetseiten, Exponate zu Karl Janke (Auswahl)

Über Karl Janke, sein Leben, seine Erfindungen und seine Zeit geben u. a. die folgenden Publikationen, Internetseiten und Exponate Auskunft:

Karl Hans Janke vs. Wernher von Braun. Die Ideen eines Weltraumphantasten. Hg. von Peter Lang und Moritz Götze. Katalog zur Ausstellung im Historisch-Technischen Informationszentrum Peenemünde, 23. Juni bis 4. November 2007. Halle/Saale 2007.

Karl Hans (Joachim) Janke. Ein Brevier. Katalog zur Ausstellung »Karl Hans (Joachim) Janke – ein Brevier« im Künstlerhaus Bethanien. Berlin 2003.

Dokumente aus dem Nachlass Karl Hans Jankes, © Rosengarten e. V. Wermsdorf.

Jules Verne von der Heilanstalt. Aus dem Leben eines verrückten Erfinders. Von Rosemarie Mieder und Gislinde Schwarz. Ein Feature des Deutschlandfunks, Redaktion: Ulrike Bajohr. Sendung vom 25.4.2008.

Die Dauerausstellung »Karl Hans Janke« in Schloss Hubertusburg, Haus 21, Wermsdorf, www.karl-hans-janke.de

Anmerkungen

1 Das Original wurde 1961 von dem DDR-Schlagersänger Fred Frohberg gesungen.

2 Aus: Hedwig Lachmann: Am Strand. In: Armin Strohmeyr (Hg.): Hedwig Lachmann: *Vertraut und fremd und immer doch noch ich. Gedichte, Nachdichtungen und Essays.* Augsburg (Wißner) 2003, S. 40.

3 Zitiert nach: https://lieder-aus-der-ddr.de/pioniere-voran/

4 Text von Herbert Keller.

5 Hier und im Folgenden frei zitiert nach: Rede Erich Honeckers zum 13. Oktober 1980 in Gera. Quelle: Bundesministerium für innerdeutsche Beziehungen (Hg.), *Innerdeutsche Beziehungen 1980–1986.* Bonn 1986, S. 74–77; Neues Deutschland, 14. Oktober 1980. http://www.chronik-der-mauer.de/material/178858/rede-von-erich-honecker-in-gera-13-oktober-1980.

6 Aus: Arthur Rimbaud: *Qu'est-ce pour nous, mon cœur.* Übertragen von Klaus Möckel. Zitiert nach: Arthur Rimbaud: *Gedichte. Französisch und deutsch.* Herausgegeben und mit einem Essay von Karlheinz Barck. Leipzig (Reclam) 1991, S. 57.

7 Aus: Arthur Rimbaud: *Délires II.* Übertragen von Fritz Rudolf Fries. Zitiert nach: Arthur Rimbaud: *Gedichte. Französisch und deutsch.* Herausgegeben und mit einem Essay von Karlheinz Barck. Leipzig (Reclam) 1991, S. 103.

8 Text: Helmut Stöhr.

9 Arthur Rimbaud: *Le Dormeur du val.* Übertragen von Stefan George. Zitiert nach: Arthur Rimbaud: *Gedichte. Französisch und deutsch.* Herausgegeben und mit einem Essay von Karlheinz Barck. Leipzig (Reclam) 1991, S. 17.

10 Aus: Arthur Rimbaud: *Le Bateau ivre.* Übertragen von Hans Therre und Rainer G. Schmidt. Zitiert nach: Arthur Rimbaud: *Das poetische Werk.* München (Matthes & Seitz) 1988, S. 395.

11 Aus: William Shakespeare: *The Tempest.* Übertragen von August Wilhelm Schlegel.

12 Aus: Peter Huchel: *Südliche Insel.* In: *Chausseen Chausseen. Gedichte.* Frankfurt/M. (S. Fischer) 1963, S. 19.

13 Nach dem Gedicht *Das Herz* von Stephen Crane (1871–1900).

Bibliografische Information der Deutschen Nationalbibliothek
Die Deutsche Nationalbibliothek verzeichnet diese Publikation in der
Deutschen Nationalbibliografie; detaillierte bibliografische Daten
sind im Internet über http://dnb.dnb.de abrufbar.

ISBN 978-3-87800-156-0

© Südverlag GmbH, Konstanz 2022
Lektorat: Annette Güthner
Umschlag, Layout und Satz: nalbachtypografik Silke Nalbach,
Mannheim
Umschlagabbildung: iStockphoto / AVTG
Druck und Bindung: CPI books GmbH, Leck

Südverlag GmbH
Schützenstr. 24, 78462 Konstanz
Tel. 07531-9053-0, Fax: 07531-9053-98
www.suedverlag.de